Studien zur
Sachunmittelbaren Demokratie

herausgegeben vom
Deutschen Institut für Sachunmittelbare Demokratie

Band 1

Denise Estel

Bundesstaatsprinzip und direkte Demokratie im Grundgesetz

Nomos

Die Deutsche Bibliothek – CIP-Einheitsaufnahme

Die Deutsche Bibliothek verzeichnet diese Publikation in der Deutschen Nationalbibliografie; detaillierte bibliografische Daten sind im Internet über http://dnb.ddb.de abrufbar.

Zugl.: Leipzig, Univ., Diss., 2005

ISBN 3-8329-1754-3

1. Auflage 2006

Vorwort

Die vorliegende Arbeit ist in der Zeit von Mai 2003 bis März 2005 entstanden. Sie wurde von der Juristenfakultät der Universität Leipzig im Sommersemester 2005 als Dissertation angenommen.

Meinem Doktorvater Prof. Dr. Christoph Degenhart danke ich für die unkomplizierte Betreuung der Dissertation und die inhaltliche Freiheit, die er dieser gelassen hat, sowie für die schnelle Erstellung des Erstgutachtens. Gedankt sei auch Prof. Dr. Helmut Goerlich sowie Prof. Dr. Michael Sachs für die ebenso rasche Erstellung des Zweit- und Drittgutachtens.

Dank gebührt meinen Eltern, Maria und Thomas Estel, für ihre langjährige Unterstützung während meiner Ausbildung und der Zeit des Erstellens der Dissertation, die für mich von unschätzbarem Wert war. Sie stärkten mir nicht nur mit finanzieller Unterstützung den Rücken, sondern ebenso sehr durch die Vermittlung des Gefühls, stets für mich da zu sein. Auch ihre Hilfe bei der Korrektur des Manuskripts sei ebenso dankend erwähnt wie die meiner Schwester Daniela Estel. Meinem Lebensgefährten Sven Renger möchte ich vor allem für sein Verständnis danken, das er mir und meiner Arbeit stets entgegenbringt. Jegliche Entbehrungen räumlicher und zeitlicher Art hat er stets liebevoll ertragen. Frau Ulrike Fuhrmann gilt mein besonderer Dank für ihre überaus wertvolle, engagierte und schnelle Hilfe bei der Korrektur des Manuskripts.

Der Bundesrat hat die Verlegung der Arbeit dankenswerterweise mit einem großzügigen Druckkostenzuschuss gefördert. An dieser Stelle sei auch Peter Neumann erwähnt, dessen Engagement als Direktor des Instituts für sachunmittelbare Demokratie es zu verdanken ist, dass diese Arbeit den Auftakt der Schriftenreihe des Institutes bilden kann.

Berlin, im August 2005

Denise Estel

Inhaltsverzeichnis

Abkürzungsverzeichnis

a.A.	andere Ansicht
Abs.	Absatz
a.F.	alte Fassung
AK	Wassermann, Rudolf (Hrsg.): „Kommentar zum Grundgesetz für die Bundesrepublik Deutschland" (Alternativkommentar)
Alt.	Alternative
Anm.	Anmerkung
AöR	Archiv des öffentlichen Rechts
ArbU	Arbeitsunterlage
Art.	Artikel
Aufl.	Auflage
Ba-Wü	Baden-Württemberg
BayVBl.	Bayerische Verwaltungsblätter
BayVerfGH	Bayerischer Verfassungsgerichtshof
BbgVerfG	Brandenburgisches Verfassungsgericht
Bd.	Band
BGBl.	Bundesgesetzblatt
BGG	Bonner Grundgesetz
BGH	Bundesgerichtshof
BK	Dolzer/Vogel/Graßhof (Hrsg.): „Bonner Kommentar zum Grundgesetz"
BMin	Bundesminister(in)
BremStGH	Bremer Staatsgerichtshof
BT-Drucks.	Bundestagsdrucksache
BV	Bundesverfassung Schweiz
BVerfG	Bundesverfassungsgericht
BVerfGE	Amtliche Entscheidungssammlung des Bundesverfassungsgerichts
B-VG	Bundes-Verfassungsgesetz (Bundesverfassung Österreich)
BWG	Bundeswahlgesetz
bzgl.	bezüglich
bzw.	beziehungsweise
ca.	circa
CDU	Christlich Demokratische Union Deutschlands
CSU	Christlich-Soziale Union in Bayern e.V.
DDR	Deutsche Demokratische Republik
ders.	der-/dieselbe
d.h.	das heißt
DJZ	Deutsche Juristen-Zeitung

DÖV	Die öffentliche Verwaltung
DRZ	Deutsche Rechts-Zeitschrift
DVBl.	Deutsches Verwaltungsblatt
E	Entscheidung
EU	Europäische Union
EuGRZ	Europäische Grundrechte-Zeitschrift
f.	folgend
FAZ	Frankfurter Allgemeine Zeitung
FDP	Freie Demokratische Partei
ff.	folgende
Fn	Fußnote
FS	Festschrift
GG	Grundgesetz für die Bundesrepublik Deutschland
GO	Gemeindeordnung
GVK	Gemeinsame Verfassungskommission von Bundestag und Bundesrat 1992/1993
HbgVerfG	Hamburgisches Verfassungsgericht
HChE	Herrenchiemseer Verfassungsentwurf
HdbSächsStVerwR	Handbuch des Sächsischen Staats- und Verwaltungsrechts
HdbSächsVerf	Handbuch der Verfassung des Freistaates Sachsen
HdbVerfR	Handbuch des Verfassungsrechts der Bundesrepublik Deutschland
h.M.	herrschende Meinung
Hrsg.	Herausgeber
HS	Halbsatz
HStR	Handbuch des Staatsrechts der Bundesrepublik Deutschland
IDEE	Initiative DEmokratie entwickeln e. V.
inkl.	inklusive
insbes.	insbesondere
i.S.v.	im Sinne von
i.V.m.	in Verbindung mit
JA	Juristische Arbeitsblätter
JöR	Jahrbuch des öffentlichen Rechts der Gegenwart
JuS	Juristische Schulung
JURA	Juristische Ausbildung
JZ	Juristenzeitung
Kap.	Kapitel
KritV	Kritische Vierteljahresschrift für Gesetzgebung und Rechtswissenschaft
lit.	literature (Buchstabe)
LKV	Landes- und Kommunalverwaltung
m.w.N.	mit weiteren Nachweisen
n.F.	neue Fassung
NJW	Neue Juristische Wochenschrift

Nr.	Nummer
NRW	Nordrhein-Westfalen
NVwZ	Neue Zeitschrift für Verwaltungsrecht
NVwZ-RR	Neue Zeitschrift für Verwaltungsrecht – Rechtsprechungs-Report
NWVBl.	Nordrhein-Westfälische Verwaltungsblätter
PDS	Partei des Demokratischen Sozialismus
RGBl.	Reichsgesetzblatt
Rn	Randnummer
RuP	Recht und Politik (Vierteljahreshefte für Rechts- und Verwaltungspolitik)
RV	Reichsverfassung
s.	siehe
S.	Satz, Seite
SaarlVerfGH	Saarländischer Verfassungsgerichtshof
SächsVBl.	Sächsische Verwaltungsblätter
SächsVerfGH	Sächsischer Verfassungsgerichtshof
SchlH	Schleswig-Holstein
schriftl.	schriftlich
SJZ	Schweizerische Juristen-Zeitung
s.o.	siehe oben
sog.	sogenannt(en)
Sp.	Spalte
SPD	Sozialdemokratische Partei Deutschlands
Stellg.	Stellungnahme
StGB	Strafgesetzbuch
str.	strittig
s.u.	siehe unten
ThürBVVG	Thüringer Gesetz über das Verfahren bei Bürgerantrag, Volksbegehren und Volksentscheid
ThürVBl.	Thüringer Verwaltungsblätter
ThürVerf	Verfassung des Freistaates Thüringen
ThürVerfGH	Verfassungsgerichtshof des Freistaates Thüringen
Ts.	Taunus
u.a.	unter anderem
UNO	United Nations
Urt.	Urteil
USA	United States of America
u.s.w.	und so weiter
u.U.	unter Umständen
u.v.m.	und viele(s) mehr
v.	von, vom
v.a.	vor allem
VBlBW.	Verwaltungsblätter für Baden-Württemberg

VerfGH	Verfassungsgerichtshof
VerwArch.	Verwaltungsarchiv
VfGH	Verfassungsgerichtshof (Österreich)
vgl.	vergleiche
VR	Verwaltungsrundschau
VVDStRL	Veröffentlichungen der Vereinigung der Deutschen Staatsrechtslehrer
WP	Wahlperiode
WRV	Weimarer Reichsverfassung
ZaöRV	Zeitschrift für ausländisches öffentliches Recht und Völkerrecht
z.B.	zum Beispiel
ZfDD	Zeitschrift für Direkte Demokratie
ZfA	Zeitschrift für Arbeitsrecht
ZfP	Zeitschrift für Politik
ZG	Zeitschrift für Gesetzgebung
ZParl	Zeitschrift für Parlamentsfragen
ZRP	Zeitschrift für Rechtspolitik
z.T.	zum Teil

Direktdemokratische Elemente im Blickpunkt des Bundesstaatsprinzips – Einleitung und Problemstellung

Die Forderung nach Einführung direktdemokratischer Elemente in das Grundgesetz der Bundesrepublik Deutschland wird seit Jahrzehnten erhoben. Die Form der reinen parlamentarischen Demokratie wird im Zuge der Verdrossenheit des Volkes mit seinen gewählten Vertretern und deren Organisationen auch auf Bundesebene zunehmend in Frage gestellt und die Eröffnung plebiszitärer Wege diskutiert.[1] Besonders im Zuge der Wiedervereinigung Deutschlands und der damit verbundenen Verfassungsänderungen flammte die Diskussion heftig auf und wurde in den letzten Legislaturperioden zunehmend ernsthafter in Erwägung gezogen.

Eine Einführung direktdemokratischer Elemente auf Bundesebene muss dabei allen verfassungsrechtlichen Erfordernissen gerecht werden. Präzise bis in die Details müssen sie in das Verfassungsgefüge des Grundgesetzes eingefügt werden.[2] Die Frage der verfassungsrechtlichen Zulässigkeit einer solchen Einfügung von plebiszitären Elementen in das Grundgesetz konzentrierte sich dabei stets auf deren Vereinbarkeit mit dem Demokratieprinzip (Art. 79 Abs. 3 GG i.V.m. Art. 20 Abs. 1, 2 GG) sowie auf die verfassungspolitische Frage, ob eine Einführung von Plebisziten wünschenswert ist oder eine Schwächung der bisher für stabile politische Verhältnisse sorgenden repräsentativen Demokratie bedeutet.

Außer Acht gelassen wurde dabei die Problematik der Vereinbarkeit von direkter Demokratie auf Bundesebene mit dem Bundesstaatsprinzip des Grundgesetzes, was eine zentrale, noch zu klärende Fragestellung in der Diskussion um die direkte Demokratie darstellt.[3] Diese wesentliche Lücke aller vorangegangenen Untersuchungen betrifft im Kern die Reichweite des Schutzes der Stellung des Bundesrates bzw. einer anderen Mitwirkungsform der Länder bei der Gesetzgebung des Bundes bei der Durchführung direkter Demokratie.[4] Es ist gänzlich ungeklärt, ob Plebiszite auf Bundesebene föderative Rechte, insbesondere die des Bundesrates, ausschalten, und wie dem gegebenenfalls begegnet werden kann. Es ist somit die Frage aufgeworfen, ob mit der in einem Volksentscheid getroffenen Entscheidung fundamentale Länderrechte berührt werden können, ohne dass den Ländern ein Mitspracherecht zusteht. Auslöser dieser Problematik ist die „Ewigkeitsgarantie" des Art. 79 Abs. 3 GG, der die materiellen Schranken für eine Verfassungsrevision bezeichnet. Danach darf bei einer Verfassungsänderung die Gliederung des Bundes in Länder und die grundsätz-

1 Sachs, LKV 2002, 249
2 Stellg. Wili, abgedruckt in: Protokoll der 94. Sitzung des Innenausschusses des Deutschen Bundestages, S. 30
3 Schriftl. Stellg. Degenhart, Ausschussdrucksache 14/809E, S. 11 (abgedruckt als Anlage zum Protokoll der 94. Sitzung des Innenausschusses des Deutschen Bundestages)
4 Leonardy, ZParl 1992, 163, 165

liche Mitwirkung der Länder bei der Gesetzgebung nicht berührt werden, ebenso wenig wie die Grundsätze aus Art. 1 und 20 GG, was nach herrschender Auffassung zu einem Schutz des Bundesstaatsprinzips gemäß Art. 79 Abs. 3 GG i.V.m. Art. 20 Abs. 1 GG führt. Falls im Ergebnis ein Mitwirkungsrecht unabdingbar wäre, ist zu untersuchen, inwieweit ein Volksentscheid in der Lage ist, nicht nur den Bundestagsbeschluss, sondern auch die Stellung des Bundesrates zu ersetzen, der im repräsentativen Verfahren die Ländermitwirkung an der Bundesgesetzgebung verwirklicht. Was erfordert bei der Einführung von Volksgesetzgebung auf Bundesebene also das zu wahrende Mindestmaß an strukturellen Anforderungen an einen Bundesstaat nach dem Grundgesetz? Die Konsequenzen aus dem föderalen Staatsaufbau der Bundesrepublik Deutschland bei der Durchführung direkter Demokratie sollen mit dieser Abhandlung einer grundlegenden Untersuchung unterzogen werden. Als Ergebnis wird sich zeigen, ob die These, Volksentscheide ließen sich kaum in das gewaltenteilige Gefüge eines modernen Rechtsstaates einbauen und hebeln auf diesem Umweg den Föderalismus aus,[5] den Anspruch auf Richtigkeit erheben kann oder ob der Föderalismus des Grundgesetzes vor eine zu meisternde Herausforderung gestellt wird.

Angesprochen wurde diese Thematik vor den 90er Jahren des letzten Jahrhunderts kaum.[6] In der Gemeinsamen Verfassungskommission von Bundestag und Bundesrat 1992/1993 ist das Problem – soweit ersichtlich – in der Diskussion, ob die Einführung von Plebisziten in das Grundgesetz empfohlen werden soll, erstmalig näher betrachtet worden.[7] Auf Detailfragen wurde dabei weitestgehend nicht eingegangen; Lösungsvorschläge wurden spärlich und eher unkonkret angeboten. In der Reaktion darauf gab es in der Literatur vereinzelte Stimmen, die auf dieses Problem hingewiesen haben; eventuelle Lösungsansätze wurden mit wenigen Sätzen in den Raum gestellt.[8] In den letzten Wahlperioden sind immer wieder Gesetzentwürfe zur Einführung plebiszitärer Komponenten in das Grundgesetz in den Bundestag eingebracht worden; als am ernsthaftesten diskutierter wohl der letztlich an der notwendigen

5 These aufgestellt u.a. bei: Pflüger, RuP 2000, 142, 144

6 Leonardy behauptet von sich, 1989 der Erste gewesen zu sein, der dieses Problem erwähnt hat (Leonardy, ZParl 1992, 163, 166 Fn 10). Tatsächlich finden sich Anmerkungen zu dem bundesstaatlichen Problem bereits z.B. 1984 bei: Huber, ZRP 1984, 245, 248.

7 Deutscher Bundestag (Hrsg.), Materialien zur Verfassungsdiskussion und zur Grundgesetzänderung in der Folge der deutschen Einigung, s. u.a.: Bd. 1 (Sitzungsprotokolle): 6. Sitzung: Stellg. Geis (S. 363), Stellg. Vogel (S. 377); Bd. 2 (Anhörungsprotokolle): Stellg. Badura (S. 140), Stellg. Evers (S. 144), Stellg. Klein (S. 148 f.), Stellg. Jahn (S. 171), Stellg. Schmidt-Jortzig (S. 172), Stellg. Klein (S. 181), Stellg. Evers (S. 184); (Berichterstattergespräche): Stellg. Elmer (S. 816 f.); Bd. 3 (Arbeitsunterlagen): Nr. 16 (S. 187 ff.), Nr. 21 (S. 205 f. – Stellg. Geis), Nr. 48 (S. 304 f. – Stellg. Klein), Nr. 57a (S. 361, 366 – Stellg. Evers), Nr. 59 (S. 370 – Stellg. Thaysen), Nr. 59a (S. 376 – Stellg. Thaysen)

8 Noch am ausführlichsten: Hufschlag, Einfügung plebiszitärer Komponenten in das Grundgesetz?, S. 119 ff.+290 ff.; des Weiteren u.a.: v. Arnim, Vom schönen Schein der Demokratie, S. 187; Herrmann, Volksgesetzgebungsverfahren, S. 100; Jung, Die Logik direkter Demokratie, S. 288+291 f.; Schiller/Mittendorf, in: Schiller/Mittendorf (Hrsg.), Direkte Demokratie, S. 20

Zweidrittelmehrheit im Bundestag gescheiterte Entwurf der SPD und von Bündnis 90/Die Grünen vom 13.03.2002, bei dem das Problem der Ländermitwirkung an der Bundesgesetzgebung auch erkannt wurde.[9] In einer Expertenanhörung vor dem Innenausschuss über den Entwurf fand gerade zu diesem Problem die wohl bisher intensivste Diskussion statt, wobei die Bundesstaatlichkeit dort von einigen Sachverständigen als Hindernis für die Einführung einer Volksgesetzgebung auf Bundesebene angesehen wurde. Schulz-Schaeffer schließlich fasst das Ergebnis der bisherigen Auseinandersetzung mit dieser Problematik mit seiner Feststellung zusammen, dass „noch kein gangbarer Weg gefunden worden ist, um das föderative System bei einem Volksentscheid ohne Bundesratsbeteiligung zu wahren".[10] Eine Äußerung des Bundesverfassungsgerichts zu dieser Frage liegt ebenfalls noch nicht vor. Pointiert bezeichnet Weber dagegen diese Diskussion als politische Argumentation, die „im verfassungsrechtlichen Kleide daherwandelt", und als das letzte Abwehrgefecht, da sämtliche anderen Argumente gegen Volksgesetzgebung auf Bundesebene entkräftet seien.[11]

Die bisherige Debatte ist im Wesentlichen von zwei sich gegenüberstehenden Lagern gekennzeichnet. Die eine Ansicht hält Volksentscheide auf Grund der Ausschaltung des Bundesrates und der deshalb eintretenden Schwächung des Föderalismus für verfassungsrechtlich nicht zulässig. Einen ersten Anhaltspunkt dafür sieht z.B. Leonardy schon darin, dass sich plebiszitäre Elemente in den Verfassungen von Bundesstaaten (mit Ausnahme der Schweiz) weitaus weniger finden lassen als in Staaten ohne föderale Struktur. Er vermutet daher einen wahrscheinlichen Sachzusammenhang mit dem hier zu behandelnden Problem.[12] Ob dieser Sachzusammenhang tatsächlich aus zwingenden staatsrechtlichen Gründen gegeben ist oder vielmehr Ausdruck einer im Bundesstaat schon erweiterten Mitwirkungsmöglichkeit der

9 BT-Drucks. 14/8503; Bundestagslesung zur BT-Drucks. 14/8503 am 21.03.2002, 14. WP, 227. Sitzung, S. 22494 ff.; Protokoll der 94. Sitzung des Innenausschusses des Bundestages in der 14. WP; Stellungnahmen zur Anhörung vor dem Innenausschuss des Deutschen Bundestags zur BT-Drucks. 14/8503 – Ausschussdrucksachen 14/809 - 14/809H (abgedruckt in der Anlage zum Sitzungsprotokoll); Änderungsantrag der Fraktion der FDP: Ausschussdrucksache des Innenausschusses 14/841; Änderungsantrag der Fraktionen von SPD und Bündnis 90/Die Grünen: Ausschussdrucksache des Innenausschusses 14/843; geänderte Fassung des Gesetzentwurfs vom 05.06.2002 nach der Expertenanhörung im Innenausschuss: Beschlussempfehlung und Bericht des Innenausschusses, BT-Drucks. 14/9260; Änderungsantrag der Fraktion der FDP, BT-Drucks. 14/9296; Ablehnung des Entwurfs schließlich in der Bundestagslesung zur BT-Drucks. 14/8503 vom 07.06.2002, 14. WP, 240. Sitzung, S. 24017 ff.; Zu den Zweifeln an der Vereinbarkeit des Gesetzentwurfs mit dem Bundesstaatsprinzip s. nur: Äußerung des Bundestagsabgeordneten Marschewski, zitiert von: Kampwirth, ZParl 2003, 657, 669. SPD und Bündnis 90/Die Grünen unternahmen im Herbst 2004 einen erneuten Anlauf und arbeiteten einen neuen Gesetzentwurf zur Einführung direkter Demokratie auf Bundesebene aus. Auf Grund der ablehnenden Haltung der CDU/CSU-Fraktion wurde dieser aber nicht in den Bundestag eingebracht.

10 Schulz-Schaeffer, JZ 2003, 554, 559

11 Weber, ZfDD 2003, 30, 30+32

12 Leonardy, ZParl 1992, 163, 167

Bürger durch das Vorhandensein einer zweiten staatlichen Ebene ist, bei der das Verlangen nach noch mehr Mitbestimmung nicht so stark ausgeprägt ist, wird zu untersuchen sein. Andere vermeinen die Lösung in einem Föderalquorum ähnlich dem schweizerischen Ständemehr, bei dem neben einer Mehrheit der Abstimmenden auch eine Mehrheit in den Ländern erforderlich ist, zu finden. Daneben gibt es einige wenige Stimmen, die die Einbeziehung des Bundesrates in das Verfahren der direkten Demokratie fordern; andere wiederum befinden die Mitwirkung der Länder in diesem Verfahren als entbehrlich. Inwiefern diese Positionen Richtigkeit für sich beanspruchen können und welche Problematiken sich mit diesen Lösungsmodellen verbinden, wird neben der Erörterung weiterer Lösungsmodelle Inhalt dieser Arbeit sein. Anhand der Analyse der verfassungsrechtlichen Hintergründe der Rechte des Bundesrates und des unantastbaren Kerns föderativer Mitwirkung der Länder an der Bundesgesetzgebung werden die bisherigen Lösungsvorschläge hinterfragt und eigene Ansätze angeboten. Vordergründige Aufgabe dieser Untersuchung wird es dementsprechend sein, den von Art. 79 Abs. 3 GG garantierten Mindeststandard an bundesstaatlichen und notwendigerweise auch demokratischen Prinzipien aus der Verfassung herauszufiltern und die gewonnenen Erkenntnisse auf die aufgeworfene Problematik der Beteiligung der Länder an der Bundesgesetzgebung in Form von Volksentscheiden oder anderen Ausprägungen direkter Demokratie anzuwenden.

Zu fragen ist dabei insbesondere, inwieweit auf die Erfahrungen mit Volksentscheiden auf gesamtstaatlicher Ebene aus der Schweiz zurückgegriffen werden kann. Es soll gezeigt werden, dass ein pauschaler Verweis auf die Ständemehr-Regelung in der Schweiz, die auf Grund ihrer ausgeprägten Bundesstaatlichkeit in vielen Dingen, gerade in bundesstaatlichen Angelegenheiten, als Vorbild dient, nicht unproblematisch ist, und es soll der Frage nachgegangen werden, ob dieses Modell überhaupt auf die Erfordernisse des Grundgesetzes zugeschnitten ist. Als Schwerpunkt wird weiterhin die Einbeziehung des Bundesrates in das Verfahren der direkten Demokratie untersucht werden, wobei sich hier Probleme vor allem daraus ergeben, dass ein Organ der repräsentativen Gesetzgebung an der Volksgesetzgebung mitwirkt. Schließlich wird als dritter Schwerpunkt erörtert, ob die Einschränkung der nur grundsätzlich erforderlichen Mitwirkung der Länder die ausnahmsweise Nichtbeteiligung dieser an einem Gesetzgebungsverfahren auf Bundesebene rechtfertigt.

Sollte keines der denkbaren Lösungsmodelle die verfassungsrechtlichen Erfordernisse des Art. 79 Abs. 3 GG erfüllen, bliebe als Konsequenz die Feststellung, dass eine Einführung von plebiszitären Elementen in das Grundgesetz am Bundesstaatsprinzip scheitert. Art. 20 Abs. 2 S. 2 GG sieht die Möglichkeit von Abstimmungen auf Bundesebene jedoch vor; eine Verhinderung von Volksentscheiden auf Grund des Bundesstaatsprinzips erscheint daher nicht sachgerecht. Eine Versteinerung der Verfassung ist von Art. 79 Abs. 3 GG ebenso wenig gewollt wie die Preisgabe der Strukturpinzipien des Grundgesetzes. In Anbetracht dieser Tatsache sieht diese Arbeit ihre Aufgabe darin, einen Weg für die Vereinbarkeit der Einführung direktdemokratischer Elemente in das Grundgesetz mit dem Erfordernis der grundsätzlichen Mitwirkung der Länder an der Bundesgesetzgebung zu finden.

Gang der Untersuchung

Um einen kurzen Überblick über den Verlauf dieser Untersuchung und deren grobe Inhalte zu geben, werden im Folgenden der Gang der Untersuchung und die zu behandelnden Probleme dargelegt.

Zu Beginn wird auf Art. 79 Abs. 3 GG näher einzugehen sein, der die maßgeblichen Anforderungen für die Einbeziehung der Länder in die Gesetzgebung des Bundes aufstellt. Nach einer kurzen allgemeinen Vorstellung der Geschichte, Funktion und Auslegung der „Ewigkeitsgarantie" folgt ein Überblick über die hier relevanten geschützten Elemente. Zunächst werden die speziell in Art. 79 Abs. 3 GG genannten bundesstaatlichen Garantien vorgestellt, im Anschluss die Grundsätze der Bundesstaatlichkeit und der Demokratie. Letzteres ist notwendig, da viele Lösungsmodelle bei dem Versuch, das bundesstaatliche Element zu schützen, in Konflikt mit demokratischen Prinzipien geraten. Bei der Vorstellung der von der Unabänderlichkeitssperre geschützten Garantien soll das Augenmerk bereits ein erstes Mal auf die später im Rahmen der Erörterung der Lösungsmodelle zu behandelnden Hauptprobleme gelenkt werden, wobei deutlich werden wird, das einige der zu Art. 79 Abs. 3 GG diskutierten Standardprobleme auch in dieser Untersuchung eine Rolle spielen werden.

Im zweiten Kapitel werden in Bezug auf die direkte Demokratie die hier entscheidenden Punkte angesprochen. Es wird insbesondere darum gehen, die verschiedenen Erscheinungsformen direkter Demokratie auf ihre Relevanz für das Problem der Ländermitwirkung an der Bundesgesetzgebung hin zu untersuchen. Zudem wird ein Blick in die Verfassungsgeschichte geworfen um festzustellen, ob aus direktdemokratischen Vorläuferregelungen Erkenntnisse über den Schutz der Bundesstaatlichkeit gewonnen werden können.

Im dritten Kapitel wird die jetzige Form der Verwirklichung der Ländermitwirkung an der Bundesgesetzgebung, der Bundesrat, kurz erörtert. Es soll auf dessen verfassungsrechtliche Stellung, Funktionen, Verfahrensweise und Kompetenzen eingegangen werden, um ein Bild von der jetzigen Ausgestaltung der Ländermitwirkung zu vermitteln.

Mit der Frage, inwieweit diese auch bei der Volksgesetzgebung erhalten bleiben muss, wird sich die Arbeit in ihrem Hauptteil, dem vierten Kapitel, beschäftigen. Im Rahmen dessen werden sämtliche denkbaren Lösungsmodelle auf ihre verfassungsrechtlichen Problematiken hin erörtert. Ein Blick wird dabei zunächst auf die bisher in diversen Gesetzesentwürfen aufgetauchten Regelungen zum Schutz der Bundesstaatlichkeit geworfen, um einen Überblick darüber zu gewinnen, welche Vorschläge in welcher Intensität bisher vorgebracht worden sind. Weiterhin werden andere Bundesstaaten daraufhin untersucht, ob auf deren gesamtstaatlicher Ebene plebiszitäre Elemente vorhanden sind und ob diese den bundesstaatlichen Aufbau durch besondere Vorkehrungen wahren. Im Anschluss wird mit der Auseinandersetzung mit den unter dem Grundgesetz möglichen Varianten begonnen. In Bezug auf die Abschaffung der bundesstaatlichen Garantien aus Art. 79 Abs. 3 GG werden auf Grund der mehr als geringen Umsetzungschance nur kursorisch die dabei auftretenden Probleme, insbesondere das der Berechtigung des verfassungsändernden Gesetzgebers für eine Änderung des Art. 79 Abs. 3 GG und das Bestehen der (theoretischen) Möglichkeit der Beseitigung der bundesstaatlichen Garantien durch eine Streichung dieser aus Art. 79 Abs. 3 GG, behandelt. Es folgt die Ansicht, dass allein auf Grund der Durchführung der bundesweiten Abstimmung die Länder in Form der Landesvölker an der Gesetzgebung beteiligt sind. Hierbei stellt sich vor allem das Problem, ob überhaupt von einer Mitwirkung der Landesvölker ausgegangen werden kann oder ob es sich nicht vielmehr um eine reine Fiktion der Beteiligung handelt, die die Erfordernisse des Art. 79 Abs. 3 GG nicht wahren kann. Ob diesem Problem durch die Einführung einer Länderklausel abgeholfen werden kann, ist Gegenstand des nächsten Lösungsmodells. In Anlehnung an das schweizerische Ständemehr, welches zu Beginn der Ausführungen zu diesem Lösungsmodell vorgestellt wird, wird dabei nicht nur eine Mehrheit der Abstimmenden gefordert, sondern es müssen sich auch in der Mehrheit der Länder jeweilige Mehrheiten finden. Dabei wird u.a. vorgeschlagen, hinsichtlich der Verteilung der Länderstimmen den Schlüssel des Bundesrates anzuwenden. Gegen dieses Lösungsmodell wurde bereits vorgebracht, dass mit der Festlegung des Grundgesetzes, dass das Organ Landesvolk an der Bundesgesetzgebung beteiligt wird, ein Verstoß gegen die Verfassungsautonomie der Länder vorläge. Diesbezüglich wird dann auf die Reichweite und die Grenzen der den Ländern gewährten Verfassungsautonomie einzugehen sein. Zudem wird bezweifelt, dass eine reine Beteiligung der Landesvölker ohne eine körperschaftliche Organisation dem Erfordernis der Ländermitwirkung genügen kann. Es folgen Ausführungen zum Vorbildcharakter des schweizerischen Ständemehrs hinsichtlich dessen Zielsetzung für eine solche deutsche Regelung und inwiefern dieses den grundgesetzlichen Anforderungen entspricht. Ob eine Länderklausel den von Art. 79 Abs. 3 GG aufgestellten Anforderungen an die Wahrung des bundesstaatlichen Systems des Grundgesetzes Rechnung trägt, wird anschließend einer ausführlichen Erörterung unterzogen. Die Einführung eines solchen Föderalquorums wirft jedoch nicht nur föderalistische Problematiken auf, sondern ebenfalls solche demokratietheoretischer Art. So versetzt die Anwendung der Länderklausel eine Minderheit der Bevölkerung in die Lage, eine Mehrheit zu überstimmen. Der Begriff der demokratischen Gleichheit wird hier eine Rolle spielen, der durch die Verwirklichung der föderalen Gleichheit eine Schranke findet. Zu dem Modell der Durchführung einer gesonderten Abstimmung in jedem Bundesland zusätzlich zur bundesweiten Abstimmung wird ebenfalls Stellung genommen; auf Grund der Unpraktikabilität dieser Lösung und dem Umstand, dass sich die problematischen Punkte größtenteils mit den schon bei der Länderklausel auftretenden Problemen decken, aber nur in Form eines ausführlichen Überblicks. Weiterhin wird die Möglichkeit, den Bundesrat als Organ in das Verfahren der direkten Demokratie einzubeziehen, dargestellt. Angesprochen wird sowohl der Fakt, dass sich diese Variante bei der Umsetzung auf Grund der Inkompatibilität des direktdemokratischen mit dem repräsentativen Verfahren als schwierig erweisen dürfte, als auch die Thematik, dass der Bundesrat ein Organ des repräsentativen Verfahrens ist, was zu der Frage führt, ob er überhaupt in der Lage ist, die vom Volk als Souverän getroffene Entscheidung zu negieren. Als letzte Lösungsmöglichkeit bleibt schließlich noch, die Mitwirkung der Länder an einem Verfahren der Volksgesetzgebung ausnahmsweise als entbehrlich anzusehen. Dafür ist eine eingehende Auseinandersetzung mit dem Element „grundsätzlich" aus Art. 79 Abs. 3 GG notwendig. Es wird des Weiteren zu untersuchen sein, ob hinsichtlich der verschiedenen Gesetzesarten – Einspruchsgesetze, Zustimmungsgesetze, Verfassungsänderungen – eine differenzierte Behandlung geboten ist. Einige Möglichkeiten, dem Bundesrat doch noch zu diversen Eingriffsmöglichkeiten zu verhelfen und so seinen Machtverlust zu lindern, werden im Anschluss vorgestellt.

Eine Zusammenfassung der gefundenen Ergebnisse beschließt die Arbeit.

1. Kapitel: Artikel 79 Abs. 3 GG als Grenze einer Verfassungsänderung

Der Auslöser der Problematik der Gliedstaatsbeteiligung an der Bundesgesetzgebung bei direktdemokratischen Verfahren, Art. 79 Abs. 3 GG, wird im Folgenden in seinen relevanten Punkten erläutert. Das Augenmerk wird bei den Ausführungen vor allem darauf gelegt, die in den Lösungsmodellen auftauchenden Probleme bereits hier anzusprechen und deutlich werden zu lassen, in welchen Zusammenhang sie einzuordnen sind. Grundsätzliche Fragen sollen vorab geklärt werden, um die Erörterungen zu den möglichen Lösungsvarianten nicht mit allgemeinen dogmatischen Diskussionen zu belasten.

A. Die Unabänderlichkeitssperre als normatives Kernstück der Verfassungsordnung

Für Art. 79 Abs. 3 GG lassen sich auch Bezeichnungen wie „Ewigkeitsgarantie“, „Unabänderlichkeitssperre“, „materielle Schranken der Verfassungsänderung“, „Grenze der Revisionsgewalt“ u.v.m. finden,[13] die seine Stellung als normatives Kernstück der Verfassungsordnung ausdrücken sollen. Art. 79 Abs. 3 GG sichert als Verfassungsschutzbestimmung die existentiellen Grundlagen der freiheitlichen Staatsordnung der Bundesrepublik Deutschland und deren prägende Elemente gegen Verfassungsänderungen,[14] indem er wichtige Grundprinzipien einer solchen entzieht. Als Verfahrensvorschrift besonderer Art[15] begrenzt er die Macht der verfassungsändernden Gewalt durch die Aufstellung unübersteigbarer materieller Schranken,[16] z.B. zur Erhaltung des hier relevanten bundesstaatlichen Aufbaus. Art. 79 Abs. 3 GG bringt damit die ranghöchsten Verfassungssätze im Grundgesetz zum Ausdruck und gründet darauf seine Stellung als Verfassungskern.[17] Unter anderem mit der Ewigkeitsklausel werden die elementaren Grundlagen der grundgesetzlichen Gemeinschaftsordnung geschaffen.[18] Ein Verstoß gegen Art. 79 Abs. 3 GG führt zur Nich-

13 S. u.a. die Aufzählung bei: Dreier, in: Dreier (Hrsg.), Art. 79 III Rn 11

14 Bryde, in: v. Münch/Kunig (Hrsg.), Art. 79 Rn 24; Maurer, Staatsrecht I, § 22 Rn 17; ders., FS Stein, S. 153

15 Stern, Staatsrecht, Bd. I, § 4 II 3 d

16 Dreier, in: Dreier (Hrsg.), Art. 79 III Rn 11

17 Chen, Die immanenten materiellen Schranken der verfassungsändernden Gewalt in der Verfassung der Republik China (Taiwan) und in dem Grundgesetz für die Bundesrepublik Deutschland unter besonderer Berücksichtigung des Art. 79 III des Grundgesetzes, S. 68+72

18 Laux, Bedeutung und Inhalt der Grenzen der Grundgesetzänderung nach Art. 79 Abs. III des Bonner Grundgesetzes, S. 5

tigkeit der jeweiligen Bestimmung.[19] Inwiefern Art. 79 Abs. 3 GG konstitutiver bzw. lediglich deklaratorischer Charakter beigemessen werden kann, wird innerhalb der Erörterungen zum ersten Lösungsmodell geklärt werden.[20]

Die Vorschrift beruht auf der Unterscheidung von pouvoir constituant und pouvoir constitué. Abbé Siéyès gilt als Schöpfer dieser Lehre, der diese erstmals systematisch ausgestaltet hat. Er knüpfte mit seiner Lehre an den Grundgedanken der Trennung dieser beiden Gewalten an, der sich bereits vor 1789 in den Verfassungen der Einzelstaaten der USA und in der Unionsverfassung von 1787 fand.[21] Der pouvoir constituant als „vorverfassungsmäßige Gewalt" besitzt die Autorität, die Verfassung in ihrem Geltungsanspruch hervorzubringen, und ist befugt, die Grundentscheidungen der politischen Existenz der Nation zu treffen.[22] Ihm wird Omnipotenz in dem Sinne zugesprochen, dass seine rechtliche Macht nicht beschränkt ist.[23] Siéyès wies die pouvoir constituant der „Nation" im „Urzustand" zu, die lediglich an Naturrecht gebunden ist.[24] Die pouvoirs constitués dagegen werden auf Grund der vom pouvoir constituant geschaffenen Verfassung eingesetzt, welche auch die Reichweite ihrer Kompetenzen bestimmt; der pouvoir constituant kann die Macht der pouvoirs constitués beschränken.[25] Auch die Verfassungsänderung steht nach Siéyès der Nation zu, die für diesen „Spezialauftrag" Stellvertreter beauftragen kann, welche nicht an die bisherige Verfassungsform, sondern nur an den Auftrag der Nation gebunden sind; materielle Grenzen der Verfassungsänderung waren auf Grund der Omnipotenz der Nation nicht denkbar.[26] Diese Lehre war der geistige Ausgangspunkt für die deutschen Staatsrechtslehrer, die sich seit der Weimarer Zeit mit dem Problem der Grenzen einer Verfassungsänderung befassten. Der Rechtspositivismus, die reine Rechtslehre bei Kelsen, die Integrationstheorie Smends und die Lehre von Carl Schmitt gelten als relevant für die Weimarer Reichsverfassung und als Ausgangspunkt für die

19 Pieroth, in: Jarass/Pieroth, Art. 79 Rn 6; Dreier, in: Dreier (Hrsg.), Art. 79 III Rn 11; Bryde, in: v. Münch/Kunig (Hrsg.), Art. 79 Rn 26; Stern, Staatsrecht, Bd. I, § 4 II 2 a ζ; Harbich, Der Bundesstaat und seine Unantastbarkeit, S. 96; Möller, Die verfassungsgebende Gewalt des Volkes und die Schranken der Verfassungsrevision, S. 172

20 S.u. 4. Kap. C. I.

21 Näheres dazu: Boehl, Verfassunggebung im Bundesstaat, S. 62 ff.; Möller, Die verfassungsgebende Gewalt des Volkes und die Schranken der Verfassungsrevision, S. 11 ff.; hierzu und zum Folgenden: Hain, Die Grundsätze des Grundgesetzes, S. 37 ff.

22 Maunz, DÖV 1953, 645; Boehl, Der Staat 30 (1991), 572, 577

23 Storr, Verfassunggebung in den Ländern, S. 42; zum Ganzen ausführlich: Sauerwein, Die „Omnipotenz" des pouvoir constituant

24 Stern, Staatsrecht, Bd. I, § 5 I 2 b

25 Chen, Die immanenten materiellen Schranken der verfassungsändernden Gewalt in der Verfassung der Republik China (Taiwan) und in dem Grundgesetz für die Bundesrepublik Deutschland unter besonderer Berücksichtigung des Art. 79 III des Grundgesetzes, S. 13

26 Chen, Die immanenten materiellen Schranken der verfassungsändernden Gewalt in der Verfassung der Republik China (Taiwan) und in dem Grundgesetz für die Bundesrepublik Deutschland unter besonderer Berücksichtigung des Art. 79 III des Grundgesetzes, S. 14 f.

weitere Entwicklung.[27] Bestimmend war die Lehre von Carl Schmitt, der eine Unterscheidung von Verfassung und Verfassungsgesetz vornahm. Die Verfassung entsteht nach ihm durch einen Akt der verfassungsgebenden Gewalt, was einen einmaligen, Form und Art der als konkret bestehend vorausgesetzten politischen Einheit konstituierenden Akt darstellt.[28] Sie besteht aus der Entscheidung für die Demokratie, die parlamentarisch-repräsentative Form von Gesetzgebung und Regierung, die bundesstaatliche Struktur sowie den Rechtsstaat, insbesondere für die Grundrechte und die Gewaltenteilung.[29] Alle übrigen Verfassungsbestimmungen, die nicht zur Verfassung gehören, sind Verfassungsgesetze, die diese Verfassung voraussetzen und erst auf Grund von ihr gelten.[30] Verfassungsgesetzgeber ist die vom pouvoir constituant eingesetzte Instanz, die gesetzgebenden Körperschaften, im Allgemeinen die Repräsentanz des Volkes, die unter Beachtung bestimmter Verfahrensvorschriften ermächtigt wird, die Verfassungsgesetze abzuändern.[31] Die Verfassung hingegen als einmalige Wertentscheidung war unangreifbar, was zu immanenten Grenzen der Befugnis zur Verfassungsgesetzänderung führte.[32] Dieser Gedanke erlaubt es schließlich erst, der Vorstellung von Volkssouveränität entgegenzutreten, dass die Verfassung jederzeit und in vollem Umfang der Verfügung des Volkes und seiner Repräsentanz unterliegen müsste,[33] wie es noch die überwiegende Ansicht der Weimarer Staatsrechtslehre war. So formulierte Anschütz, dass „die Verfassung nicht über der Legislative, sondern zur Disposition derselben“ stehe und Verfassungsänderungen „ohne Unter-

27 Näheres bei: Storr, Verfassunggebung in den Ländern, S. 42 ff.; Weber, Die materiellen Schranken für die Änderung des Bonner Grundgesetzes nach Art. 79 Abs. III BGG, S. 3 ff.; zur gesamten Rezeption der Lehre von der verfassungsgebenden Gewalt in Deutschland: Möller, Die verfassungsgebende Gewalt des Volkes und die Schranken der Verfassungsrevision, S. 21 ff.

28 Schmitt, Verfassungslehre, S. 21; Möller, Die verfassungsgebende Gewalt des Volkes und die Schranken der Verfassungsrevision, S. 27; Haug, Die Schranken der Verfassungsrevision, S. 184; Curtius, Die Schranken der Änderung des Grundgesetzes, S. 34

29 Schmitt, Verfassungslehre, S. 23 f.; Curtius, Die Schranken der Änderung des Grundgesetzes, S. 34; Chen, Die immanenten materiellen Schranken der verfassungsändernden Gewalt in der Verfassung der Republik China (Taiwan) und in dem Grundgesetz für die Bundesrepublik Deutschland unter besonderer Berücksichtigung des Art. 79 III des Grundgesetzes, S. 22+26

30 Schmitt, Verfassungslehre, S. 22; Möller, Die verfassungsgebende Gewalt des Volkes und die Schranken der Verfassungsrevision, S. 27; Haug, Die Schranken der Verfassungsrevision, S. 184; Curtius, Die Schranken der Änderung des Grundgesetzes, S. 34

31 Schmitt, Verfassungslehre, S. 25 f.+102 ff.; Maunz/Dürig, in: Maunz/Dürig, Art. 79 Abs. III Rn 23; Harbich, Der Bundesstaat und seine Unantastbarkeit, S. 92; Curtius, Die Schranken der Änderung des Grundgesetzes, S. 34 f.

32 Schmitt, Verfassungslehre, S. 26+177 f.; Dreier, in: Dreier (Hrsg.), Art. 79 III Rn 2; Stern, Staatsrecht, Bd. I, § 3 II 2 a; Möller, Die verfassungsgebende Gewalt des Volkes und die Schranken der Verfassungsrevision, S. 28; Curtius, Die Schranken der Änderung des Grundgesetzes, S. 35; zur Kritik an dieser Lehre von Schmitt s. u.a.: Haug, Die Schranken der Verfassungsrevision, S. 184 ff.; Curtius, Die Schranken der Änderung des Grundgesetzes, S. 36 ff. m.w.N.

33 Maunz/Dürig, in: Maunz/Dürig, Art. 79 Abs. III Rn 21

schied des Inhalts und der politischen Tragweite“ zulässig seien.[34] Die Normierung des Art. 79 Abs. 3 GG ist unter anderem auf diese historischen Weimarer Erfahrungen zurückzuführen und knüpft nach überwiegender Ansicht an die Lehre von C. Schmitt an.[35] Die Einteilung in pouvoir constituant als vorkonstitutionelle Gewalt und pouvoirs constitués als konstitutionelle Gewalten, die an die vom pouvoir constituant geschaffenen verfassungsrechtlichen Schranken gebunden sind, übernahm die deutsche Staatsrechtslehre von Siéyès.[36] Die verfassungsgebende Gewalt ist lediglich an die jedem geschriebenen Recht vorausliegenden überpositiven Rechtsgrundsätze gebunden;[37] z.T. wird in der neueren Lehre auch eine Bindung an das Völkerrecht angenommen[38] bzw. durch das Bundesverfassungsgericht eine Bindung daraus, dass der Auftrag der verfassungsgebenden Versammlung ein auf die Herstellung eines verfassungsmäßigen Zustandes beschränkter ist.[39] Im Grundgesetz ist die Bestimmung des pouvoir constituant in der Präambel und in Art. 146 GG verankert.[40] Als Verfassungsgeber wurde nunmehr in Anerkennung des Grundsatzes der Volkssouve-

34 Anschütz, Die Verfassung des Deutschen Reichs vom 11. August 1919, Art. 76 Rn 1; vgl. dazu auch: Thoma, in: Anschütz/Thoma (Hrsg.), Handbuch des deutschen Staatsrechts, Bd. 2, S. 140+153 ff.; Dreier, in: Dreier (Hrsg.), Art. 79 III Rn 1; Laux, Bedeutung und Inhalt der Grenzen der Grundgesetzänderung nach Art. 79 Abs. III des Bonner Grundgesetzes, S. 13 ff.

35 Katz, Staatsrecht, Rn 134; Weber, Die materiellen Schranken für die Änderung des Bonner Grundgesetzes nach Art. 79 Abs. III BGG, S. 5; Elgeti, Inhalt und Grenzen der Föderativklausel des Art. 79, III GG, S. 8; Chen, Die immanenten materiellen Schranken der verfassungsändernden Gewalt in der Verfassung der Republik China (Taiwan) und in dem Grundgesetz für die Bundesrepublik Deutschland unter besonderer Berücksichtigung des Art. 79 III des Grundgesetzes, S. 1 f.+68 (ausführlich zur heutigen Ansicht der deutschen Staatsrechtslehre hinsichtlich der Befugnis des pouvoir constituant, den pouvoirs constitués materielle Schranken setzen zu können: S. 81 ff.); A.A.: Murswiek, Die verfassunggebende Gewalt nach dem Grundgesetz für die Bundesrepublik Deutschland, S. 171 ff. (m.w.N. zum Streitstand auf S. 171 in Fn 41), der behauptet, das Grundgesetz kenne ebenso wenig wie die WRV eine Trennung der beiden Gewalten; Art. 79 Abs. 3 GG hat nach ihm nur den für die Verfassungsrevision entscheidenden Gedanken Schmitts der Unberührbarkeit des Verfassungskerns übernommen. Ausführlich zur Entwicklung nach 1945: Laux, Bedeutung und Inhalt der Grenzen der Grundgesetzänderung nach Art. 79 Abs. III des Bonner Grundgesetzes, S. 15 ff.

36 Chen, Die immanenten materiellen Schranken der verfassungsändernden Gewalt in der Verfassung der Republik China (Taiwan) und in dem Grundgesetz für die Bundesrepublik Deutschland unter besonderer Berücksichtigung des Art. 79 III des Grundgesetzes, S. 35 ff.; s. dazu auch: Goerlich, „Formenmissbrauch“ und Kompetenzverständnis, S. 8 ff.; Verwischt wird diese Unterscheidung aber z.B. bei der Argumentation von Elicker, ZRP 2004, 225, 228 f., gegen die sich dann auch Herbst, ZRP 2005, 29 ff. überzeugend wendet.

37 BVerfGE 1, 14, 17 („Südweststaat-Urteil“)

38 Murswiek, Die verfassunggebende Gewalt nach dem Grundgesetz für die Bundesrepublik Deutschland, S. 143+183; a.A.: Tosch, Die Bindung des verfassungsändernden Gesetzgebers an den Willen des historischen Verfassunggebers, S. 80 f.

39 BVerfGE 1, 14, 61

40 Stern, Staatsrecht, Bd. II, § 25 II 2; Möller, Die verfassungsgebende Gewalt des Volkes und die Schranken der Verfassungsrevision, S. 72 m.w.N.

ränität stets das Volk als Träger des pouvoir constituant angesehen.[41] Die pouvoirs constitués als Normadressaten des Art. 79 Abs. 3 GG sind die unter dem Grundgesetz zur Verfassungsänderung befugten Organe.

Welcher Art von Schranke Art. 79 Abs. 3 GG innerhalb des Verfassungsgefüges zuzuordnen ist – autonome oder heteronome –, wird je nach Blickwinkel unterschiedlich beantwortet und soll hier nur kurz angesprochen werden. Bezüglich der Differenzierung zwischen verfassungsgebender und verfassungsändernder Gewalt wird die Ewigkeitsgarantie als heteronome Bindung des verfassungsändernden Gesetzgebers an bestimmte Grundentscheidungen des Verfassungsgebers angesehen.[42] Heteronom soll die Bindung deshalb sein, da sie nicht dem Willen des verfassungsändernden Gesetzgebers entspringt, sondern ihm von einem anderen Subjekt vorgegeben wird.[43] Eine zweite Kategorisierung setzt bei der Frage an, ob die Bindung von der Verfassung selbst gewollt ist oder von einem anderen – insoweit übergeordneten – Rechtskreis vorgegeben wird. Art. 79 Abs. 3 GG stellt danach eine autonome Schranke dar; sie rührt nicht von einem äußeren Willen her wie z.B. völkerrechtliche Schranken.[44]

Die Bestimmung des Art. 79 Abs. 3 GG verursacht weitere schwierige Fragen sowohl rechtstheoretischer als auch rechtsphilosophischer Art.[45] Die Justiziabilität der Norm dürfte heute überwiegend anerkannt sein.[46] Der Problemkreis erstreckt sich weiterhin auf die Frage, ob das Postulat der Wandelbarkeit des Rechts der Normierung einer Unabänderlichkeitssperre entgegensteht, ob die Statuierung einer Verfassungsänderungssperre also überhaupt möglich ist.[47] Damit zusammenhängend unterliegt vor allem der Punkt der Zulässigkeit der Bindung aller zukünftigen Generationen durch die verfassungsgebende Gewalt einer kontroversen Diskussion. Fraglich

41 Pieroth, in: Jarass/Pieroth, Art. 20 Rn 4; Maunz/Dürig, in: Maunz/Dürig, Art. 79 Abs. III Rn 23; Goerlich, „Formenmissbrauch“ und Kompetenzverständnis, S. 8; Peters, Die Problematik der deutschen Demokratie, S. 32 f.; ausführlich dazu: Steiner, Verfassunggebung und verfassunggebende Gewalt des Volkes; Im Unterschied dazu sah Carl Schmitt die verfassungsgebende Gewalt nicht notwendig beim Volk liegen (s. dazu: Möller, Die verfassungsgebende Gewalt des Volkes und die Schranken der Verfassungsrevision, S. 28).

42 Hain, in: v. Mangoldt/Klein/Starck (Hrsg.), Art. 79 Abs. 3 Rn 31

43 Hain, in: v. Mangoldt/Klein/Starck (Hrsg.), Art. 79 Abs. 3 Rn 31 Fn 40; Siegenthaler, Die materiellen Schranken der Verfassungsrevision als Problem des positiven Rechts, S. 128 ff.+156+181 f.

44 Begründet wurde diese Lehre von: Jellinek, Grenzen der Verfassungsgesetzgebung, S. 4 ff.; s. dazu auch: Evers, in: BK, Art. 79 Abs. 3 Rn 42+46; Hain, in: v. Mangoldt/Klein/Starck (Hrsg.), Art. 79 Abs. 3 Rn 31; Siegenthaler, Die materiellen Schranken der Verfassungsrevision als Problem des positiven Rechts, S. 128 ff.; Laux, Bedeutung und Inhalt der Grenzen der Grundgesetzänderung nach Art. 79 Abs. III des Bonner Grundgesetzes, S. 4; Curtius, Die Schranken der Änderung des Grundgesetzes, S. 8; Zülch, Das Verbot von Verfassungsänderungen nach dem Bonner Grundgesetz, S. 61; Stern, JuS 1985, 329

45 Elgeti, Inhalt und Grenzen der Föderativklausel des Art. 79, III GG, S. 1

46 Dazu näher: Harbich, Der Bundesstaat und seine Unantastbarkeit, S. 108 ff.

47 Dazu näher: Hain, in: v. Mangoldt/Klein/Starck (Hrsg.), Art. 79 Abs. 3 Rn 33 f.; Weber, Die materiellen Schranken für die Änderung des Bonner Grundgesetzes nach Art. 79 Abs. III BGG, S. 46 ff.; Elgeti, Inhalt und Grenzen der Föderativklausel des Art. 79, III GG, S. 3 ff.

ist, ob damit nicht die Gestaltungsbefugnis des Verfassungsgebers überschritten wird.[48] Diese Thematik berührt auch die Frage der Möglichkeit der (Teil-) Abschaffung von Art. 79 Abs. 3 GG, die im Rahmen des ersten Lösungsmodells angesprochen werden wird.[49] Gerungen wurde auch um eine Antwort auf die Frage, ob die auf dem Prinzip der Volkssouveränität beruhende grundgesetzgebende Gewalt den ebenfalls auf dem Prinzip der Volkssouveränität beruhenden verfassungsändernden Gesetzgeber nach dem Grundgesetz beschränken kann.[50] Schließlich fehlt es auch nicht an Kritik an der Normierung bestimmter unabänderlicher Grundsätze, die sich vor allem darauf bezieht, dass Sperrklauseln Revolutionen wahrscheinlich eher fördern als verhindern, indem sie eventuell notwendige Entwicklungen ausschließen.[51] Es sei nur kurz bemerkt, dass dem Argument der fehlenden Anpassungsfähigkeit an eine gewandelte Verfassungswirklichkeit oft entgegengetreten wird, da Art. 79 Abs. 3 GG Grundsätze von solch hoher Evidenz schütze, dass man kaum ihre selbst nur hypothetische Revidierbarkeit befürworten könne.[52]

Aufgabe dieser Untersuchung muss es sein, den garantierten Mindestbestand der bundesstaatlichen Prinzipien und des Demokratieprinzips herauszufiltern. Art. 79 Abs. 3 GG wird als eine der interessantesten, aber auch eine der gewagtesten Bestimmungen des Grundgesetzes angesehen, dessen Bedeutung noch immer nicht voll ausdiskutiert ist.[53] Eine Analyse des unantastbaren Kernbereichs kann sich daher kaum auf eine Wiedergabe von bisher einhellig in der Rechtsprechung und Literatur anerkannten Auslegungsergebnisse stützen, da diese z.T. nicht vorhanden sind oder sich kontroverse Positionen finden lassen. Die geringen Erfahrungswerte mit der Anwendung dieser Norm verstärken diese Schwierigkeit. Bei der Auslegung der bundesstaatlichen Garantien wird es notwendig werden, auch außerrechtliche, vor allem politische Gesichtspunkte in den Kreis der Betrachtungen mit einzubeziehen, da es um die Auseinandersetzung mit einer Norm geht, die den Bestand eines politischen Formprinzips sichert.[54]

48 Dazu näher: Evers, in: BK, Art. 79 Abs. 3 Rn 67 f. m.w.N.; Hain, in: v. Mangoldt/Klein/Starck (Hrsg.), Art. 79 Abs. 3 Rn 35 f.; Dreier, in: Dreier (Hrsg.), Art. 79 III Rn 14; Harbich, Der Bundesstaat und seine Unantastbarkeit, S. 99 f.

49 S.u. 4. Kap. C.

50 Dazu näher: Hain, Die Grundsätze des Grundgesetzes, S. 50 f.; Chen, Die immanenten materiellen Schranken der verfassungsändernden Gewalt in der Verfassung der Republik China (Taiwan) und in dem Grundgesetz für die Bundesrepublik Deutschland unter besonderer Berücksichtigung des Art. 79 III des Grundgesetzes, S. 69+72 ff.

51 Bryde, in: v. Münch/Kunig (Hrsg.), Art. 79 Rn 25 m.w.N. zum Diskussionsstand; Maunz/Dürig, in: Maunz/Dürig, Art. 79 Abs. III Rn 27; Wolff, Gedächtnisschrift Jellinek, S. 50

52 Bryde, in: v. Münch/Kunig (Hrsg.), Art. 79 Rn 25

53 Harbich, Der Bundesstaat und seine Unantastbarkeit, S. 89; Chen, Die immanenten materiellen Schranken der verfassungsändernden Gewalt in der Verfassung der Republik China (Taiwan) und in dem Grundgesetz für die Bundesrepublik Deutschland unter besonderer Berücksichtigung des Art. 79 III des Grundgesetzes, S. 2; Stern, JuS 1985, 329

54 Harbich, Der Bundesstaat und seine Unantastbarkeit, S. 89

I. Die geringe Relevanz der verfassungsgeschichtlichen Entwicklung und der Entstehungsgeschichte der Unabänderlichkeitssperre

Ein Blick in die Verfassungsgeschichte kann oftmals klärend bei der Bewältigung heute anstehender Probleme helfen. Als anerkannte Auslegungsmethode gilt daher die historische Auslegung des Willens des Normgebers. Der Frage, ob die Betrachtung der Verfassungs- und Entstehungsgeschichte von Art. 79 Abs. 3 GG Aufschlüsse für die Lösung der aufgeworfenen Thematik bringen kann, wird daher zunächst nachgegangen.

Vorbilder für eine Unabänderlichkeitssperre im Sinne von Art. 79 Abs. 3 GG gab es in der deutschen Verfassungsgeschichte wenige. Sofern überhaupt eine Sicherung bestimmter Grundsätze gewollt war, wurden die formellen Voraussetzungen für eine Änderung dieser unerreichbar hoch angesetzt.[55] Als Beispiel möge Art. 78 der Reichsverfassung von 1871 gelten. Eine Verfassungsänderung war dort bereits abgelehnt, wenn im Bundesrat 14 Stimmen gegen den Entwurf votierten, Abs. 1. Dies bedeutete ein absolutes Vetorecht für Preußen, welches über 17 Stimmen verfügte, Art. 6 Abs. 1 RV 1871. Des Weiteren sah Art. 78 Abs. 2 RV 1871 ein Zustimmungsrecht des jeweiligen Bundesstaates vor, wenn Vorschriften der Reichsverfassung geändert werden sollten, durch welche bestimmte Rechte einzelner Bundesstaaten im Verhältnis zur Gesamtheit festgestellt sind. Erste geschriebene materielle Grenzen für eine Verfassungsänderung wurden nach 1945 in einige deutsche Landesverfassungen aufgenommen.[56] Ein Schutz der Bundesstaatlichkeit kam dort aber naturgemäß nicht in Betracht.

Verfassungsrechtliche Vorläufer im ausländischen Recht waren bei der Schaffung von Art. 79 Abs. 3 GG nur spärlich vorhanden. Die älteste Revisionsklausel befindet sich in Art. 112 Abs. 1 S. 3 (Art. 110 S. 4 a.F.) der Verfassung Norwegens von 1814; es folgten Art. 132 der Verfassung von Ecuador von 1861 und Art. 107 der griechischen Verfassung von 1864 sowie einige weitere.[57] Die Vorstellung vom änderungsfesten Minimum kann also erst als das Ergebnis der modernen Verfassungsentwicklung angesehen werden.[58] Der Schutz der bundesstaatlichen Struktur taucht erstmals in den brasilianischen Verfassungen von 1891 (Art. 90, § 4: „Die Vorschläge, die gegen die föderative, republikanische Form oder gegen die Gleichheit der Vertretung

55 Vgl. die Verweise bei: Evers, in: BK, Art. 79 Abs. 3 Rn 1 ff.

56 Vgl. die Verweise bei: Evers, in: BK, Art. 79 Abs. 3 Rn 26 ff.; Laux, Bedeutung und Inhalt der Grenzen der Grundgesetzänderung nach Art. 79 Abs. III des Bonner Grundgesetzes, S. 34 f.

57 Dreier, in: Dreier (Hrsg.), Art. 79 III Rn 1; Evers, in: BK, Art. 79 Abs. 3 Rn 23 ff.; Möller, Die verfassungsgebende Gewalt des Volkes und die Schranken der Verfassungsrevision, S. 118 f.; Curtius, Die Schranken der Änderung des Grundgesetzes, S. 16; Hamm, Die ausdrücklichen Schranken der Verfassungsänderung im Bonner Grundgesetz, S. 43 f.; Lediglich die Staatsform der Republik wird von der französischen und der italienischen Verfassung festgeschrieben (Laux, Bedeutung und Inhalt der Grenzen der Grundgesetzänderung nach Art. 79 Abs. III des Bonner Grundgesetzes, S. 34).

58 Menzel, FS Giese, S. 189

der Einzelstaaten im Senat sind, dürfen nicht erörtert werden.") und 1946 (Art. 217, § 6: „Não serão admitidos como objecto de deliberação projetos tendentes a abolir a Federação ou a República." – Erklärung der Unzulässigkeit der Abschaffung der bundesstaatlichen oder republikanischen Staatsform) auf.[59] Die Brasilianische Verfassung von 1988 sieht diesen Schutz nunmehr in Art. 60 § 4 (No proposal of amendment shall be considered which is aimed at abolishing: I. the federative form of the state; ...)[60] vor. Einige weitere Staaten schützen ebenfalls die Staatsform des Bundesstaates, indem die Existenz von Gliedstaaten verbürgt wird. Ein konkretes Beispiel des Schutzes der Mitwirkung der Gliedstaaten bei der Gesetzgebung des Zentralstaates existiert hingegen nicht. In ihrem Umfang und ihrer Stringenz ist die deutsche Verfassungsrevisionsklausel einzigartig.[61]

Das Problem des Vorhandenseins gewisser Grenzen für eine Verfassungsänderung war in der deutschen Staatsrechtslehre schon vor der Weimarer Zeit bekannt. Eine Auseinandersetzung damit erfolgte dann aber erst nach 1918 im Zusammenhang mit Art. 76 WRV und der Diskussion um die Zulässigkeit von Verfassungsdurchbrechungen.[62] Im Ergebnis bleibt die Verfassungsgeschichte für das vorliegende Problem jedoch unergiebig, da sich die Staatsrechtslehre erst nach 1945 mit den konkreten Inhalten einer Ewigkeitsgarantie auseinandersetzte und sich die Diskussion vorher nur um die grundsätzliche Anerkennung von materiellen Schranken für eine Verfassungsrevision drehte. Historisches Vergleichsmaterial steht für eine Auslegung von Art. 79 Abs. 3 GG demzufolge nicht zur Verfügung.

Auch die bis heute nicht voll geklärte Entstehungsgeschichte von Art. 79 Abs. 3 GG im Parlamentarischen Rat[63] gibt kaum Aufschlüsse darüber, welche Inhalte die Mitglieder aus welchen Beweggründen unter den Schutz der Bundesstaatlichkeit gefasst haben wollten.[64] Es wird zuweilen der Eindruck vermittelt, dass die Abge-

59 http://www.georgetown.edu/pdba/Constitutions/Brazil/brazil46.html; Menzel, FS Giese, S. 190; Curtius, Die Schranken der Änderung des Grundgesetzes, S. 18; Zülch, Das Verbot von Verfassungsänderungen nach dem Bonner Grundgesetz, S. 41 f.

60 http://www.georgetown.edu/pdba/Constitutions/Brazil/brtitle4.html

61 Franz, ZParl 2004, 409, 415

62 Laux, Bedeutung und Inhalt der Grenzen der Grundgesetzänderung nach Art. 79 Abs. III des Bonner Grundgesetzes, S. 11; Chen, Die immanenten materiellen Schranken der verfassungsändernden Gewalt in der Verfassung der Republik China (Taiwan) und in dem Grundgesetz für die Bundesrepublik Deutschland unter besonderer Berücksichtigung des Art. 79 III des Grundgesetzes, S. 67; dazu ausführlich: Zülch, Das Verbot von Verfassungsänderungen nach dem Bonner Grundgesetz, S. 53 ff.; allgemein zur geschichtlichen Entwicklung der Diskussion um das Bestehen von Grenzen für eine Verfassungsänderung: Ehmke, Grenzen der Verfassungsänderung

63 Materielle Begrenzungen der Revisionsgewalt sah auch bereits eine am 30. Juli 1948 verabschiedete Denkschrift des Zonenbeirats der britischen Besatzungszone vor, die konkrete Vorschläge für eine neue Verfassung enthielt. Die dortigen Vorschläge bezogen das Bundesstaatsprinzip jedoch nicht mit ein (dazu: Weber, Die materiellen Schranken für die Änderung des Bonner Grundgesetzes nach Art. 79 Abs. III BGG, S. 9 f.).

64 Dreier, in: Dreier (Hrsg.), Art. 79 III Rn 4; Hesse, AöR 98 (1973), 1, 5 Fn 7; zum Einfluss der Alliierten auf diese Norm: Kempen, ZParl 1990, 354 ff.

ordneten bis zum Schluss keine klaren Vorstellungen über den konkreten Inhalt der Unabänderlichkeitssperre hatten.[65] Um die Formulierung des Art. 79 Abs. 3 GG wurde hart gerungen.[66] Ausgangspunkt der Diskussion um den ersten Teil, der die beiden speziell genannten bundesstaatlichen Garantien enthält, war Art. 107 HChE, der für ein Gesetz, durch das von der bundesstaatlichen Grundordnung abgegangen wird, neben den sonstigen Erfordernissen für eine Verfassungsänderung die einstimmige Annahme im Bundesrat vorsah.[67] Im Unterschied zum dann Gesetz gewordenen Art. 79 Abs. 3 GG sollten Veränderungen in der bundesstaatlichen Ordnung anfänglich nicht gänzlich unmöglich sein, sondern nur einem zusätzlichen erschwerenden Verfahrenserfordernis unterliegen; dafür sollte wiederum die gesamte bundesstaatliche Grundordnung geschützt werden und nicht lediglich zwei spezielle Ausschnitte.[68] Die Befürworter einer Aufnahme dieses Artikels in das Grundgesetz machten deutlich, dass ansonsten das Paradoxon entstehe, dass den als eigenständig angesehenen Gliedstaaten, die ihr Dasein nicht vom Bund ableiten, in Form eines Mehrheitsbeschlusses ihre Staatlichkeit abgesprochen werden könne.[69] Tiefgreifende Strukturänderung wie die Änderung der Länder in Provinzen sollten so zwar noch möglich sein, praktisch jedoch weitgehend ausgeschlossen werden.[70] Für den Schutz des bundesstaatlichen Charakters des neuen Staatsgebildes sei eine solche Regelung unerlässlich.[71] Die Gegner einer solchen Regelung beschworen bei einem absoluten Vetorecht eines Landes „UNO-Verhältnisse" herauf und hielten sie für zu unbestimmt, was eine Reihe von Prozessen vor dem Bundesverfassungsgericht zur Folge hätte; sie erachteten den Schutz der Eigenstaatlichkeit über die normalen Erschwernisse einer Verfassungsänderung als ausreichend und bezeichneten das Einstimmigkeitserfordernis als heuchlerisch und unüberwindliche Hürde, die einem Verbot jeglicher Änderung der bundesstaatlichen Grundordnung gleichkomme.[72] Nach der Ablehnung dieser Fassung wurde die Auseinandersetzung mit einigen weiteren For-

65 Curtius, Die Schranken der Änderung des Grundgesetzes, S. 69

66 Harbich, Der Bundesstaat und seine Unantastbarkeit, S. 110; zum detaillierten Gang der damaligen Diskussionen: Weber, Die materiellen Schranken für die Änderung des Bonner Grundgesetzes nach Art. 79 Abs. III BGG, S. 18 ff.

67 v. Doemming/Füsslein/Matz, JöR n.F. 1 (1951), 1, 579; Hain, in: v. Mangoldt/Klein/Starck (Hrsg.), Art. 79 Abs. 3 Rn 30; Evers, in: BK, Art. 79 Abs. 3 (Entstehungsgeschichte); Weber, Die materiellen Schranken für die Änderung des Bonner Grundgesetzes nach Art. 79 Abs. III BGG, S. 12; Die Entstehungsgeschichte im Parlamentarischen Rat ist auch bei: Möller, Die verfassungsgebende Gewalt des Volkes und die Schranken der Verfassungsrevision, S. 126 ff. nachgezeichnet.

68 Inwiefern sich inhaltliche Unterschiede zwischen dem Schutz der bundesstaatlichen Grundordnung einerseits und dem Schutz der Gliederung des Bundes in Länder sowie der Mitwirkung der Länder bei der Gesetzgebung andererseits ergeben, sei hier dahingestellt.

69 v. Doemming/Füsslein/Matz, JöR n.F. 1 (1951), 1, 579

70 v. Doemming/Füsslein/Matz, JöR n.F. 1 (1951), 1, 579; Weber, Die materiellen Schranken für die Änderung des Bonner Grundgesetzes nach Art. 79 Abs. III BGG, S. 14

71 v. Doemming/Füsslein/Matz, JöR n.F. 1 (1951), 1, 580

72 v. Doemming/Füsslein/Matz, JöR n.F. 1 (1951), 1, 579 f.; Weber, Die materiellen Schranken für die Änderung des Bonner Grundgesetzes nach Art. 79 Abs. III BGG, z.B. S. 13+21+25

mulierungsvorschlägen fortgeführt. Es standen sich die Verfechter eines uneingeschränkten Föderalismus und die mit einem eher unitarischen Verständnis gegenüber.[73] Immer wieder taucht dabei auch das Argument auf, man dürfe nicht jede künftige Entwicklung, deren Notwendigkeiten man nicht vorab bestimmen könne, von vornherein blockieren.[74] Ziel der Verfassungsväter war es somit, das Bundesstaatsprinzip nur in groben Zügen festzuschreiben, so dass grundlegende Neuerungen nicht verhindert werden. Hauptanliegen aller Vorschläge war es, den Aufbau des Bundesstaates aus Ländern für die grundgesetzliche Ordnung zu bewahren, also den Aufbau des Bundesstaates auf der Grundlage von echten Ländern mit Eigenstaatlichkeit zu schützen.[75] Einer Entwicklung hin zum Staatenbund sollte allerdings auch nicht Tür und Tor geöffnet werden.[76] Es sollte auf jeden Fall ausgeschlossen sein, dass eine lediglich Kompetenzverschiebung innerhalb des bundesstaatlichen Gefüges von der Abänderungssperre erfasst ist.[77] Erst später brachte der Abgeordnete Dr. Süsterhenn die Frage der Mitwirkung der Länder bei der Bildung des Bundeswillens in die Diskussion ein, um auch einer Aufhebung des Bundesrates entgegenzuwirken.[78] Es schloss sich eine Debatte darüber an, ob der Übergang vom Bundesrats- zum Senatssystem dieser Regelung unterfalle.[79] Das Zustandekommen des endgültigen Wortlauts der Vorschrift bleibt dann allerdings unklar. Der Allgemeine Redaktionsausschuss wandelte ohne Begründung das Erfordernis einer Zustimmung des Bundesrates mit Vierfünftelmehrheit, wie es der interfraktionelle Fünferausschuss vorgeschlagen hatte und wie es noch in der dritten Lesung des Hauptausschusses angenommen wurde, in eine generelle verfassungsrechtliche Unzulässigkeit um; warum er dies tat, bleibt im Dunkeln.[80] Ebenfalls der interfraktionelle Fünferausschuss war es, der den bis dahin verwendeten allgemeinen Topos „bundesstaatlicher Aufbau“ in einen Schutz der Gliederung des Bundes in Länder und der grundsätzlichen Mitwirkung der Länder bei Gesetzgebung und zunächst Verwaltung des Bundes umgewandelt hatte.[81] Ohne Erörterungen wurde die Formulierung des Allgemeinen Redaktionsausschusses schließlich in der vierten Lesung des Hauptausschusses end-

73 Weber, Die materiellen Schranken für die Änderung des Bonner Grundgesetzes nach Art. 79 Abs. III BGG, S. 18

74 v. Doemming/Füsslein/Matz, JöR n.F. 1 (1951), 1, 580

75 v. Doemming/Füsslein/Matz, JöR n.F. 1 (1951), 1, 581 f.; Weber, Die materiellen Schranken für die Änderung des Bonner Grundgesetzes nach Art. 79 Abs. III BGG, S. 20 ff.

76 Weber, Die materiellen Schranken für die Änderung des Bonner Grundgesetzes nach Art. 79 Abs. III BGG, S. 22

77 v. Doemming/Füsslein/Matz, JöR n.F. 1 (1951), 1, 580 ff.

78 v. Doemming/Füsslein/Matz, JöR n.F. 1 (1951), 1, 582; Weber, Die materiellen Schranken für die Änderung des Bonner Grundgesetzes nach Art. 79 Abs. III BGG, S. 37

79 v. Doemming/Füsslein/Matz, JöR n.F. 1 (1951), 1, 582

80 Bryde, Verfassungsentwicklung, S. 241; Laux, Bedeutung und Inhalt der Grenzen der Grundgesetzänderung nach Art. 79 Abs. III des Bonner Grundgesetzes, S. 36 f.; Weber, Die materiellen Schranken für die Änderung des Bonner Grundgesetzes nach Art. 79 Abs. III BGG, S. 42 f.; Zülch, Das Verbot von Verfassungsänderungen nach dem Bonner Grundgesetz, S. 23

81 Weber, Die materiellen Schranken für die Änderung des Bonner Grundgesetzes nach Art. 79 Abs. III BGG, S. 43

gültig angenommen.[82] In dieser Form wurde sie dann schließlich von der Vollversammlung des Parlamentarischen Rates angenommen.[83]

Die zweite Hälfte des Art. 79 Abs. 3 GG, der Schutz der Grundsätze der Art. 1 und 20 GG, basiert auf Art. 108 HChE, der Anträge auf Änderungen des Grundgesetzes, durch die die freiheitliche und demokratische Grundordnung beseitigt würde, für unzulässig erklärt.[84] Ursprünglich war diese Regelung also nicht zum Schutz der allgemeinen Bundesstaatlichkeit vorgesehen; dafür gab es bereits Art. 107 HChE. Für das föderative Element sollte der letztgültige Rang einer absoluten Unverbrüchlichkeit auch nicht beansprucht werden; es wurde für dieses nicht der gleich hohe Stellenwert wie für die freiheitlich-demokratische Grundordnung vorgesehen, da diese im Gegensatz zur Bundesstaatlichkeit als überpositives Recht anerkannt wurde.[85] Da nicht geklärt werden konnte, wer über die Zulässigkeit von Anträgen, die die freiheitliche demokratische Grundordnung beseitigen könnten, entscheiden soll und da die Fassung auf Grund dessen, dass revolutionäre Bestrebungen nicht in Form solcher Anträge agieren würden, als wenig realistisch gesehen wurde, verwarf man die Regelung zunächst.[86] Ein neuer Vorschlag entzog dann dem verfassungsändernden Gesetzgeber die Kompetenz zur Änderung dieser Grundsätze, was zum Ausdruck bringen sollte, dass revolutionäre Bewegungen nicht auf scheinbar „legalem" Weg die demokratisch-rechtsstaatliche Grundordnung revidieren können sollen.[87] Nach einigen kleineren Korrekturen und der Verbindung der Aussagen der Art. 107 und 108 HChE in einer Vorschrift wurde diese Fassung schließlich vom Hauptausschuss in vierter Lesung angenommen.[88] Über einen Schutz der Bundesstaatlichkeit, der nach der endgültigen Fassung durch den Verweis auf Art. 20 GG eingetreten ist, wurde nicht diskutiert. Er sollte wohl durch die redaktionelle Änderung auch nicht eintreten.[89] Die inhaltliche Änderung wurde von den Abgeordneten wahrscheinlich nicht erkannt. Zu einer Diskussion über das Verhältnis der speziellen bundesstaatlichen Sicherungen zum allgemeinen Schutz der Bundesstaatlichkeit kam es deshalb nicht.[90]

82 v. Doemming/Füsslein/Matz, JöR n.F. 1 (1951), 1, 584; Weber, Die materiellen Schranken für die Änderung des Bonner Grundgesetzes nach Art. 79 Abs. III BGG, S. 45; Even, Die Bedeutung der Unantastbarkeitsgarantie des Art. 79 Abs. 3 GG für die Grundrechte, S. 39

83 Weber, Die materiellen Schranken für die Änderung des Bonner Grundgesetzes nach Art. 79 Abs. III BGG, S. 46; Even, Die Bedeutung der Unantastbarkeitsgarantie des Art. 79 Abs. 3 GG für die Grundrechte, S. 39

84 v. Doemming/Füsslein/Matz, JöR n.F. 1 (1951), 1, 585; Dreier, in: Dreier (Hrsg.), Art. 79 III Rn 5

85 Dreier, in: Dreier (Hrsg.), Art. 79 III Rn 5 Fn 16; Weber, Die materiellen Schranken für die Änderung des Bonner Grundgesetzes nach Art. 79 Abs. III BGG, S. 14+16 f.

86 v. Doemming/Füsslein/Matz, JöR n.F. 1 (1951), 1, 585; Evers, in: BK, Art. 79 Abs. 3 (Entstehungsgeschichte)

87 v. Doemming/Füsslein/Matz, JöR n.F. 1 (1951), 1, 585 f.; Hain, in: v. Mangoldt/Klein/Starck (Hrsg.), Art. 79 Abs. 3 Rn 30

88 v. Doemming/Füsslein/Matz, JöR n.F. 1 (1951), 1, 587

89 Hain, in: v. Mangoldt/Klein/Starck (Hrsg.), Art. 79 Abs. 3 Rn 30

90 Hain, in: v. Mangoldt/Klein/Starck (Hrsg.), Art. 79 Abs. 3 Rn 30 Fn 34

Zusammenfassend lässt sich feststellen, dass die Entstehungsgeschichte der Unabänderlichkeitssperre nur spärlich Aufschlüsse über den Umfang der Gewährleistungen des Schutzes der Bundesstaatlichkeit gibt. Den Abgeordneten des Parlamentarischen Rates ging es zuvörderst um die Erhaltung des bundesstaatlichen Aufbaus durch eine Gliederung der Bundesrepublik in Länder. Bezüglich der Ländermitwirkung an der Bundesgesetzgebung hat offensichtlich nur ansatzweise eine kurze Diskussion darüber stattgefunden, ob nach dieser Formulierung auch ein Senatsmodell statt dem Bundesratsmodell zulässig wäre. Genauere Ausführungen darüber, wie die Ländermitwirkung ausgestaltet sein muss, lassen sich nicht finden. Rückschlüsse für das vorliegende Problem lassen sich daher nicht ziehen.

II. Die Funktion der Unabänderlichkeitssperre

Das Bundesverfassungsgericht hat sich im sog. „Abhörurteil" explizit zur Funktion der Unabänderlichkeitssperre im Grundgesetz geäußert. Art. 79 Abs. 3 GG habe als Schranke für den verfassungsändernden Gesetzgeber den Sinn zu verhindern, dass die geltende Verfassungsordnung in ihrer Substanz, in ihren Grundlagen auf dem formal-legalistischen Weg eines verfassungsändernden Gesetzes beseitigt und zur nachträglichen Legalisierung eines totalitären Regimes missbraucht werden kann.[91] Eine scheinbar legale Verfassungsbeseitigung wie 1933 die der Weimarer Reichsverfassung sollte ausgeschlossen werden und die Gegner der Verfassung in die Illegalität gedrängt werden.[92] Das Grundgesetz sollte keine Handhabe zu seiner eigenen Totalbeseitigung oder Totalvernichtung bieten.[93] Die Ewigkeitsgarantie stellt nicht an sich den Anspruch, taugliches Abwehrmittel gegen revolutionäre Bestrebungen zu sein, sondern sie unterbindet die Möglichkeit, einem „Verfassungsumsturz den Mantel der Legalität umzulegen";[94] die Intention für die Normierung einer Unabänderlichkeitssperre lag darin, „einer Revolution die Maske der Legalität zu nehmen".[95]

Da sich die Bestandsgewähr ebenfalls auf Bereiche erstreckt, die nicht einen totalitären Umsturz bewirken können (z.B. Sozialstaatsprinzip), kommt Art. 79 Abs. 3 GG daneben die allgemeine Funktion einer Verfassungsschutzbestimmung zu.[96] Neben der Illegalisierung einer Verfassungsvernichtung soll die Ewigkeitsgarantie also auch einen bestimmten materiellen Kern der Verfassung festlegen und bewahren.[97] Im Ergebnis soll so die „Identität der geschichtlich-konkreten Ordnung" ge-

91 BVerfGE 30, 1, 24; Sannwald, in: Schmidt-Bleibtreu/Klein (Hrsg.), Art. 79 Rn 32

92 Maunz/Dürig, in: Maunz/Dürig, Art. 79 Abs. III Rn 28; Evers, in: BK, Art. 79 Abs. 3 Rn 66+112; Harbich, Der Bundesstaat und seine Unantastbarkeit, S. 119

93 Sannwald, in: Schmidt-Bleibtreu/Klein (Hrsg.), Art. 79 Rn 3

94 Dreier, in: Dreier (Hrsg.), Art. 79 III Rn 12

95 Hain, in: v. Mangoldt/Klein/Starck (Hrsg.), Art. 79 Abs. 3 Rn 30

96 Dreier, in: Dreier (Hrsg.), Art. 79 III Rn 13; Dürig, Festgabe Maunz, S. 47

97 Evers, in: BK, Art. 79 Abs. 3 Rn 112+115; ähnlich: Lücke, in: Sachs (Hrsg.), Art. 79 Rn 25

schützt werden,[98] indem das „änderungsfeste Minimum" jeder Verfassungsänderung entzogen wird.[99] Die Ewigkeitsklausel schützt demzufolge nicht ein abstraktes Ideal der Grundsätze, sondern es geht um die Sicherung der konkret durch die Verfassung ausgeprägten Grundsätze. Sinn und Zweck ist deshalb aber nicht, die Eigenarten der Verfassung als solcher zu bewahren; Aufgabe der Sperrklausel bleibt der Schutz ihrer Kerninhalte.[100]

Auf Grund dieser stabilisierenden Funktionen der Unabänderlichkeitssperre[101] hat die Haltung des Bundesverfassungsgerichts mit seiner Begrenzung der Aufgabe von Art. 79 Abs. 3 GG auf die Verhinderung der Legalisierung einer Revolution einige Kritik hervorgerufen.[102] Natürlich kann eine Ewigkeitsgarantie die Verfassung nicht am Leben erhalten, wenn sie ihre normative Kraft verloren hat, aber dieser Anspruch wird an sie auch nicht gestellt. Ihre Aufgabe liegt vielmehr in der „Erhaltung der Kontinuität im geschichtlichen Wandel", indem die Verfassung durch die Unabänderlichkeitssperre in die Lage versetzt wird, eine rechtliche Grundordnung für das Gemeinwesen darzustellen.[103] Aber auch die Anerkennung überpositiver Grundsätze, die vom Grundgesetzgeber als vorhanden vorausgesetzt und durch die Aufnahme in die Verfassung als positives Recht geschützt werden, der Minderheitenschutz und eine gewisse Einschränkung des Grundsatzes der repräsentativen Demokratie werden durch die Normierung einer Ewigkeitsgarantie verwirklicht.[104]

Mit dem Schutz der föderativen Komponenten sichert Art. 79 Abs. 3 GG den Bestand eines politischen Formprinzips.[105] Die Unabänderlichkeitssperre bezweckt hier nicht den Erhalt eines abstrakten Bundesstaatsprinzips, sondern die Sicherung des durch das Grundgesetz konstituierten Typus bundesstaatlicher Ordnung.[106] Es geht also um die Aufrechterhaltung der konkreten Grundkonzeption des Bundesstaates, wie ihn das Grundgesetz formt; dieser Typus bundesstaatlicher Ordnung soll erhalten bleiben.[107]

Die Beweggründe für den Schutz der Ländermitwirkung werden in mehreren sich ergänzenden Erklärungen gefunden. Zum einen spielt die Erkenntnis, dass den Län-

98 Hesse, Grundzüge des Verfassungsrechts der Bundesrepublik Deutschland, Rn 702

99 Dürig, Festgabe Maunz, S. 43

100 BayVerfGH BayVBl. 1999, 719, 721

101 Evers, in: BK, Art. 79 Abs. 3 Rn 74 f.

102 S. bereits die Ausführungen im Sondervotum: BVerfGE 30, 1, 38 f.; Lücke, in: Sachs (Hrsg.), Art. 79 Rn 25; Evers, in: BK, Art. 79 Abs. 3 Rn 150; Dreier, in: Dreier (Hrsg.), Art. 79 III Rn 13+15; Even, Die Bedeutung der Unantastbarkeitsgarantie des Art. 79 Abs. 3 GG für die Grundrechte, S. 92 f.; Rux, ThürVBl. 2002, 48; ausführlich dazu auch unten 1. Kap. A. III.

103 Hesse, Grundzüge des Verfassungsrechts der Bundesrepublik Deutschland, Rn 701

104 Katz, Staatsrecht, Rn 134; Chen, Die immanenten materiellen Schranken der verfassungsändernden Gewalt in der Verfassung der Republik China (Taiwan) und in dem Grundgesetz für die Bundesrepublik Deutschland unter besonderer Berücksichtigung des Art. 79 III des Grundgesetzes, S. 69

105 Harbich, Der Bundesstaat und seine Unantastbarkeit, S. 89

106 Hesse, AöR 98 (1973), 1, 5 ff.

107 Hesse, AöR 98 (1973), 1, 7; s. dazu auch: Degenhart/Šarčević, in: Degenhart/Meissner (Hrsg.), HdbSächsVerf, § 3 Rn 2 ff

dern dort ein Einflussrecht zugebilligt werden muss, wo sie der Bundesgewalt unterworfen sind, um so ihren Staatscharakter zu erhalten, eine Rolle; zum anderen die Tatsache, dass die Länder anderenfalls auf Grund der Normenhierarchie völlig überspielt werden könnten.[108] Den Ländern soll ein einflussreiches Mitspracherecht auf Bundesebene gesichert werden, um sie so als gewichtige Entscheidungszentren zu erhalten. Die Erörterungen in der Literatur nehmen insbesondere die dadurch bewirkte zusätzliche horizontale Gewaltenteilung in den Blick und stellen sie als hauptsächlichen Zweck dar, nachdem sich die vertikale Gewaltenteilung, d.h. die Aufgliederung der Staatsgewalt auf Bundes- und Landesebene, durch den Kompetenzzuwachs des Bundes und Kooperationen der Länder untereinander zunehmend abgeschwächt hat. Durch diese, von Hesse erstmals dargestellte, Erscheinung[109] der zusätzlichen Gewaltenteilung wird die funktionale Verteilung der Leitungsaufgaben auf Bundestag und Bundesregierung ergänzt.[110] Der Bundesrat als Organ der Mitwirkung ist als Gesetzgebungsorgan in der Lage, die Macht des Bundestages zu hemmen. Letztlich soll die Einbindung der Länder auf Bundesebene aber auch eine Vorkehrung gegen deren provinzielle Verkümmerung sowie einen Schutz vor partikularer Absonderung bewirken.[111] Eine tiefgreifende Auseinandersetzung mit diesen Wirkungen wird bei der Erörterung des Lösungsmodells der Einführung von Länderklauseln sowie bei dem der ausnahmsweisen Nichtbeteiligung der Länder an der Gesetzgebung notwendig werden.[112]

III. Die Kriterien für eine „Berührung" der geschützten „Grundsätze"

Die Analyse des Kernbereichs von Art. 79 Abs. 3 GG stößt auf die Schwierigkeit, dass die Normierung der Unzulässigkeit auch nur einer „Berührung" der geschützten Elemente höchst rigide formuliert ist, die geschützten Grundsätze andererseits ein erhebliches Maß an normativer Offenheit aufweisen.[113]

In der Literatur herrscht größtenteils die Ansicht vor, Art. 79 Abs. 3 GG sei eine Ausnahmevorschrift und als solche restriktiv zu interpretieren.[114] Gegen die Einord-

108 Elgeti, Inhalt und Grenzen der Föderativklausel des Art. 79, III GG, S. 75; Šarčević, Das Bundesstaatsprinzip, S. 235
109 Hesse, Der unitarische Bundesstaat, S. 27 ff.
110 Hempel, Der demokratische Bundesstaat, S. 200
111 Äußerung des Bundesratspräsidenten Kiesinger, abgedruckt bei: Hempel, Der demokratische Bundesstaat, S. 205 Fn 22
112 S.u. 4. Kap. E. III. 2. c. bb. sowie 4. Kap. H. I. 2. c.
113 Hain, in: v. Mangoldt/Klein/Starck (Hrsg.), Art. 79 Abs. 3 Rn 31
114 Pieroth, in: Jarass/Pieroth, Art. 79 Rn 6; Bryde, in: v. Münch/Kunig (Hrsg.), Art. 79 Rn 28; Maunz/Dürig, in: Maunz/Dürig, Art. 79 Abs. III Rn 27; Tosch, Die Bindung des verfassungsändernden Gesetzgebers an den Willen des historischen Verfassunggebers, S. 124 f.; schriftl. Stellg. Degenhart, Ausschussdrucksache 14/809E, S. 1 f. (abgedruckt als Anlage zum Protokoll der 94. Sitzung des Innenausschusses des Deutschen Bundestages); kritisch: Even, Die Bedeutung der Unantastbarkeitsgarantie des Art. 79 Abs. 3 GG für die Grundrechte, S. 90 ff.

nung als Ausnahmevorschrift werden allerdings vereinzelt auch Bedenken erhoben, da das Grundgesetz nicht vom Regelfall der vollständigen inhaltlichen Ungebundenheit der pouvoirs constitués ausgehe und deshalb kein Regel-Ausnahme-Verhältnis statuiert werden könne.[115] Zudem lasse sich die durch das Verbot der „Berührung" ausgesprochene Bindung ohnehin nicht restriktiv auslegen.[116] Die Befürchtungen der Befürworter einer restriktiven Auslegung, der verfassungsändernde Gesetzgeber könnte sonst keinen Spielraum mehr für eine zeit- und aufgabengerechte Ausgestaltung der Verfassung haben, seien in diesem Zusammenhang nicht tragend, da trotz des Schutzes des absoluten Geltungsanspruches der Grundsätze nach dem Inhalt der einzelnen Grundsätze zu fragen sei, der meist erheblichen Modifikationen zugänglich ist.[117] Dem verfassungsändernden Gesetzgeber bleibe damit auch bei einer Abkehr von der restriktiven Auslegung genügend Spielraum. Letztlich ist diese Diskussion im Hinblick auf die konkrete Auslegung der von Art. 79 Abs. 3 GG geschützten Elemente jedoch wenig gewinnbringend.

Die juristische Diskussion bezüglich der Auslegung des Art. 79 Abs. 3 GG bezieht sich des Weiteren vor allem auf die Frage, ob ein verfassungsänderndes Gesetz die Grenze des Art. 79 Abs. 3 GG erst dann überschreitet, wenn einzelne Grundelemente des geschützten Rechtsbestandes preisgegeben oder völlig außer Acht gelassen werden, oder ob bereits die Einleitung eines allmählichen Verfallsprozesses einer der den Grundsätzen zugeordneten konstituierenden Elemente genügt. Das Bundesverfassungsgericht hat im „Abhörurteil",[118] in dem es erstmals ausführlich zum Schutzbereich der Sperrklausel Stellung genommen hat, den Begriff der „Berührung" der geschützten Elemente eher eng gezogen. Die Grundsätze werden als Grundsätze von vornherein nicht berührt, wenn ihnen im Allgemeinen Rechnung getragen wird und sie nur für eine Sonderlage entsprechend deren Eigenart aus evident sachgerechten Gründen modifiziert werden. Art. 79 Abs. 3 GG verbiete nur die prinzipielle Preisgabe der dort genannten Grundsätze. Das Berührungsverbot habe also keine striktere Bedeutung als die ihr verwandte Formel in Art. 19 Abs. 2 GG, wonach ein Grundrecht in keinem Fall in seinem Wesensgehalt angetastet werden darf.[119]

Wie bereits erwähnt hat diese Reduktion der Sperrklausel auf ein Revolutionsverbot in der Literatur harte Kritik hervorgerufen.[120] Man sah den Bedeutungsgehalt der

115 Hain, in: v. Mangoldt/Klein/Starck (Hrsg.), Art. 79 Abs. 3 Rn 32; Möller, Die verfassungsgebende Gewalt des Volkes und die Schranken der Verfassungsrevision, S. 153 ff.; Alberts, JuS 1972, 319, 321; Häberle, JZ 1971, 145, 150; Schlink, Der Staat 12 (1973), 85, 108; Stern, JuS 1985, 329, 332; differenzierend: Evers, in: BK, Art. 79 Abs. 3 Rn 152

116 Hain, in: v. Mangoldt/Klein/Starck (Hrsg.), Art. 79 Abs. 3 Rn 32

117 Evers, in: BK, Art. 79 Abs. 3 Rn 151

118 BVerfGE 30, 1 ff.

119 Zum Ganzen: BVerfGE 30, 1, 24

120 S. nur: Dreier, in: Dreier (Hrsg.), Art. 79 III Rn 15; Rupp, NJW 1971, 275, 276 f.; Erichsen, VerwArch. 62 (1971), 291, 294 f.; ders., JURA 1992, 52, 53; Stern, JuS 1985, 329, 331+333 f. sowie die folgenden Fußnoten; Bryde, Verfassungsentwicklung, S. 240 f., differenziert hingegen anhand der Entstehungsgeschichte von Art. 79 Abs. 3 GG und verneint auf Grund des Schutzes von bundesstaatlichen Aspekten den Charakter als bloßes Revolutionsverbot.

Ewigkeitsgarantie durch den zu restriktiven Ansatz der Rechtsprechung des Bundesverfassungsgerichts stark reduziert und nur noch für die Fälle der Revolution relevant, die Art. 79 Abs. 3 GG ohnehin nicht verhindern kann.[121] Art. 79 Abs. 3 GG wolle nicht nur gegen ein zweites „Ermächtigungsgesetz" schützen, sondern habe vor allem die Funktion, die materiellen Eckpfeiler der grundgesetzlichen Ordnung zu bewahren.[122] Es sei darum nicht nur die prinzipielle Preisgabe verboten, sondern jegliche Verfassungsänderung, die nicht mit dem normativen Gehalt eines der geschützten Grundsätze vereinbar ist.[123] Besondere Betonung wird dabei vor allem auf die Verhinderung einer allmählichen Aushöhlung der Schutzgüter durch „nicht aufs Ganze" gehende Akte des Verfassungsgesetzgebers gelegt.[124] Die tragenden Entscheidungen des Grundgesetzes werden jeder legalen, nicht-revolutionären Revision entzogen,[125] woran deutlich wird, dass sich Art. 79 Abs. 3 GG nicht nur an revolutionäre Kräfte wendet, sondern genauso an den verfassungstreuen grundgesetzändernden Gesetzgeber, wenn er vermeintlich gut gemeinte Motive verfolgt.[126] Art. 79 Abs. 3 GG bringt somit ein gewisses Misstrauen gegenüber dem verfassungsändernden Gesetzgeber zum Ausdruck.[127] Vor allem die Aussage des Senats, die in Art. 79 Abs. 3 GG garantierten Grundsätze können „systemimmanent" modifiziert werden,[128] stößt auf Widerspruch, wobei besonders die fehlende Normierung von Grenzen für den Gesetzgeber bemängelt wurde.[129] Dadurch werde einem entscheidenden Abbau der Verfassung an ihrer vermeintlich resistentesten Stelle Vorschub geleistet.[130] Betont wird immer wieder, dass es innerhalb des Kerns der elementaren Prinzipien keine zulässigen Modifizierungen gibt, auch keine „systemimmanenten".[131] Man befürwortete daher eher die Formulierung der Richter, die ein Sondervotum zu der Entscheidung des Bundesverfassungsgerichts abgegeben haben. Nach deren Ansicht ist ein Grundsatz nicht erst berührt, wenn er vollständig aufgehoben oder prinzipiell preisgegeben wird, sondern schon dann, wenn er in einem Teilbereich ganz oder zum Teil außer Acht gelassen werde; es müsse bereits den Anfängen einer Revolution

121 Bryde, in: v. Münch/Kunig (Hrsg.), Art. 79 Rn 28; Dreier, in: Dreier (Hrsg.), Art. 79 III Rn 15; Sachs, LKV 2002, 249, 250

122 Huber, Volksgesetzgebung und Ewigkeitsgarantie, S. 50

123 Hain, in: v. Mangoldt/Klein/Starck (Hrsg.), Art. 79 Abs. 3 Rn 32; Degenhart, in: Neumann (Hrsg.), Sachunmittelbare Demokratie im Freistaat Thüringen, S. 45; Häberle, JZ 1971, 145, 149

124 Lücke, in: Sachs (Hrsg.), Art. 79 Rn 25; Waigel, Die Unabhängigkeit der Europäischen Zentralbank, S. 239

125 Hempel, Der demokratische Bundesstaat, S. 201

126 Dürig, Festgabe Maunz, S. 47 f.

127 Weber, Die materiellen Schranken für die Änderung des Bonner Grundgesetzes nach Art. 79 Abs. III BGG, S. 6

128 BVerfGE 30, 1, 25

129 Hall, JuS 1972, 132, 136; Häberle, JZ 1971, 145, 149 f.

130 Alberts, JuS 1972, 319, 321

131 Häberle, JZ 1971, 145, 150

gewehrt werden.[132] So konstatiert z.B. auch der Thüringer Verfassungsgerichtshof für die in Art. 83 Abs. 3 ThürVerf enthaltene, dem Art. 79 Abs. 3 GG nachgebildete Ewigkeitsgarantie, dass nicht erst der Revolution selbst gewehrt werden soll, sondern es soll bereits in den Anfängen Entwicklungen entgegengetreten werden, an deren Ende die Revolution stehen kann, was ebenso für Art. 79 Abs. 3 GG gelte.[133] Dies entspricht dem Wortlaut von Art. 79 Abs. 3 GG, da ein Berührungsverbot jegliche Einschränkung des Geltungsanspruchs der Grundsätze abwehrt.[134] Das Berührtsein tragender Grundsätze ist eher erreicht als deren generelle Preisgabe.[135] Zudem könne nur so der Zweck der Unabänderlichkeitssperre erreicht werden, einem Verfallsprozess der konstituierenden Elemente der Verfassung vorzubeugen.[136] Funktion der Bestimmung könne es nicht sein, eine Revolution zu verhindern, sondern sie bereits im Keim zu ersticken.[137]

Auch diese Aussagen blieben nicht kritiklos in der Literatur. In Annäherung an die bundesverfassungsgerichtlichen Feststellungen sieht Rux die Grenzen einer Verfassungsänderung nicht bereits dann erreicht, wenn einer der geschützten Grundsätze einem „allmählichen Verfallsprozess" ausgesetzt wird, sondern erst dann, wenn objektive Umstände mit hinreichender Sicherheit darauf hindeuten, dass einer der geschützten Grundsätze aufgegeben oder tatsächlich seines Inhalts entkernt wird.[138]

Das Bundesverfassungsgericht hat in späteren Entscheidungen dann seine Rechtsprechung dahingehend geändert, dass zwar eine Modifizierung der geschützten Grundsätze aus evident sachgerechten Gründen weiterhin möglich sei; den Passus, dass nur die „prinzipielle Preisgabe" verboten sei, verfolgte es aber nicht mehr.[139]

Neben dem zeitlichen Moment, ab dem der Schutz des Art. 79 Abs. 3 GG greifen soll, erfolgte, damit eng zusammenhängend, auch eine Auseinandersetzung über dessen sachliche Reichweite, d.h. über die Frage, bis zu welcher Grenze die Ausprägungen der Grundsätze im Grundgesetz vom Schutz der Unabänderlichkeitssperre umfasst sind. Im Ergebnis herrscht wohl Einigkeit darüber, dass eine zu extensive, alle Ausprägungen der genannten Grundsätze in den Schutzbereich einbeziehende

132 BVerfGE 30, 1, 41; dem folgend z.B.: Evers, in: BK, Art. 79 Abs. 3 Rn 149; Möller, Die verfassungsgebende Gewalt des Volkes und die Schranken der Verfassungsrevision, S. 152+158 f.; Ähnlich drückte sich bereits Curtius, Die Schranken der Änderung des Grundgesetzes, S. 77 aus, bei dem die von Art. 79 Abs. 3 GG geschützten Grundentscheidungen nicht einmal am Rande beeinträchtigt werden dürfen. Jeder „Einbruch in das durch Art. 79 Abs. 3 GG gekennzeichnete Verfassungssystem", egal wie geringfügig er ist, sei daher verfassungswidrig; es sind nicht nur „allumfassende Umwälzungen" erfasst.

133 ThürVerfGH LKV 2002, 83, 85; für Art. 79 Abs. 3 GG: Lücke, in: Sachs (Hrsg.), Art. 79 Rn 25; Evers, in: BK, Art. 79 Abs. 3 Rn 71+115

134 Evers, in: BK, Art. 79 Abs. 3 Rn 150; Möller, Die verfassungsgebende Gewalt des Volkes und die Schranken der Verfassungsrevision, S. 158 f.

135 ThürVerfGH LKV 2002, 83, 85

136 Evers, in: BK, Art. 79 Abs. 3 Rn 150; Möller, Die verfassungsgebende Gewalt des Volkes und die Schranken der Verfassungsrevision, S. 152; Erichsen, VerwArch. 62 (1971), 291, 295

137 Alberts, JuS 1972, 319, 321

138 Rux, ThürVBl. 2002, 48; ders., LKV 2002, 252, 256

139 BVerfGE 84, 90, 121; 94, 49, 103

Auslegung mit dem Grundsatz der Volkssouveränität unvereinbar ist, da dies zu einer umfassenden Kontrolle des Bundesverfassungsgerichts über die Rechts- und Verfassungsentwicklung der Bundesrepublik führen würde.[140] In einem Verfassungsstaat muss jedoch im Grundsatz die Abänderbarkeit der Verfassung auf der Grundlage der Volkssouveränität erhalten bleiben.[141] Es sind die Grundsätze unantastbar, nicht deren positive Ausprägungen in einzelnen Verfassungsvorschriften.[142] Mit dem Schutz der Grundsätze will die Ewigkeitsgarantie diese in ihren tragenden, für den Inhalt der sie ausprägenden Rechtsnormen maßgeblichen Teilen erhalten; es geht um den Schutz des die Verfassungsordnung in ihrer Identität prägenden Wesentlichen.[143] Art. 79 Abs. 3 GG schützt demnach nur ein Minimum an Anforderungen, welches gewahrt bleiben muss, um weiterhin von den in der Ewigkeitsklausel genannten Begriffen sprechen zu können. Art. 79 Abs. 3 GG schreibt somit nicht den speziellen Gehalt eines der genannten Elemente fest, sondern der Ewigkeitssperre geht es darum, den Kerngehalt der einzelnen Prinzipien zu bewahren, um so die Stabilität der Gesamtverfassung zu gewährleisten; besondere Ausgestaltungen der Prinzipien genießen also grundsätzlich keinen Schutz.[144] Es ist im Ergebnis demnach zu fragen, ob eine Grundgesetzänderung den prinzipiellen Inhalt (eines) der Elemente aufhebt oder ob ein im Hinblick auf die Sicherung der Gesamtverfassung genügender grundsätzlicher Bestand der Prinzipien erhalten bleibt.[145] Es soll so nicht jede Veränderung des Rechtsnormenbestandes, der die unveränderbaren Prinzipien in ihrer konkreten Ausgestaltung ausformt, verhindert und jede Annäherung an deren Schutzbereich verwehrt werden. Schon der Wortlaut des Art. 79 Abs. 3 GG, der von einer Berührung der Grundsätze spricht, verbietet einen Rückgriff auf andere Vorschriften des Grundgesetzes zur Bestimmung des Gehalts der durch die Sperrklausel für unantast-

140 Bryde, in: v. Münch/Kunig (Hrsg.), Art. 79 Rn 28; Hufschlag, Einfügung plebiszitärer Komponenten in das Grundgesetz?, S. 115

141 Degenhart, in: Neumann (Hrsg.), Sachunmittelbare Demokratie im Freistaat Thüringen, S. 45; schriftl. Stellg. Degenhart, Ausschussdrucksache 14/809E, S. 2 (abgedruckt als Anlage zum Protokoll der 94. Sitzung des Innenausschusses des Deutschen Bundestages)

142 BVerfGE 84, 90, 121; 94, 49, 103; Maunz/Zippelius, Deutsches Staatsrecht, § 6 III 2.; Degenhart, Staatsrecht I, Rn 692; ders., in: Neumann (Hrsg.), Sachunmittelbare Demokratie im Freistaat Thüringen, S. 42; ders., ThürVBl. 2001, 201, 202; schriftl. Stellg. Degenhart, Ausschussdrucksache 14/809E, S. 1 f. (abgedruckt als Anlage zum Protokoll der 94. Sitzung des Innenausschusses des Deutschen Bundestages)

143 Hain, in: v. Mangoldt/Klein/Starck (Hrsg.), Art. 79 Abs. 3 Rn 43; Stern, JuS 1985, 329, 331+333; zu Art. 83 Abs. 3 ThürVerf, der Art. 79 Abs. 3 GG inhaltlich sehr nahe ist: ThürVerfGH LKV 2002, 83, 85

144 Laux, Bedeutung und Inhalt der Grenzen der Grundgesetzänderung nach Art. 79 Abs. III des Bonner Grundgesetzes, S. 161; Schutz genießt der Inhalt einzelner, aus den jeweiligen Prinzipien abgeleiteter Verfassungssätze jedoch dann, wenn er selbst zum unabänderlichen Kern des Prinzips gezählt werden muss (s. dazu ausführlich: Laux, Bedeutung und Inhalt der Grenzen der Grundgesetzänderung nach Art. 79 Abs. III des Bonner Grundgesetzes, S. 123 ff.).

145 Laux, Bedeutung und Inhalt der Grenzen der Grundgesetzänderung nach Art. 79 Abs. III des Bonner Grundgesetzes, S. 127 f.+162

bar erklärten Grundsätze.[146] Damit ist freilich nicht gesagt, dass die bisherigen konkretisierenden Verfassungsvorschriften gänzlich außer Acht gelassen werden dürfen. Zur Interpretation dessen, was der Grundgesetzgeber unter das jeweilige Prinzip gefasst haben wollte, müssen die Konkretisierungen zwangsläufig mit herangezogen werden, um nicht vor einem inhaltsleeren Prinzip zu stehen.[147] Allein schon auf Grund der Tatsache, dass der Grundgesetzgeber solche Konkretisierungen gewählt haben wird, die er selbst unter dem jeweiligen Prinzip verstanden wissen wollte, bieten diese eine wertvolle Interpretationshilfe.[148] Eine dramatisch andere Sicht auf ein Prinzip ist damit jedoch keineswegs verwehrt; mehr als eine Gradmesserfunktion kann der Blick auf die ursprüngliche Ausgestaltung der Grundsätze im Grundgesetz nicht bieten.

Als gemeinsamer Konsens wird schließlich von den meisten Autoren vertreten, dass es notwendig ist, bei der Auslegung des unantastbaren Kernbereichs des Art. 79 Abs. 3 GG einen Mittelweg zu finden zwischen einer „normativen Zementierung“[149] bzw. „Versteinerung“ der Verfassung,[150] die dem verfassungsändernden Gesetzgeber keine Möglichkeit lässt, auf neue Anforderungen reagieren zu können, und der Minimalisierung seines Bedeutungsgehaltes.[151] Die Gegensatzpaare Starrheit und Flexibilität bzw. Stabilität und Anpassungsfähigkeit müssen im Rahmen der Ewigkeitsklausel in Einklang gebracht werden.[152] Auf Grund der Tatsache, dass keine Versteinerung der Verfassung gewollt ist, darf man also auch einschneidenden Änderungen gegenüber nicht abgeneigt sein, solange sie sich im Rahmen des nach Auslegung Möglichen halten.

Der Thüringer Verfassungsgerichtshof hat in einem Urteil vom 15.8.2001, verkündet am 19.9.2001, in dem er über die Zulässigkeit eines Volksbegehrens entschieden hat, das u.a. die Herabsenkung von Unterstützungsquoren bzw. die Abschaffung eines Zustimmungsquorums zum Ziel hatte,[153] eine weitere interessante Erwägung angesprochen. So wurde von den Initiatoren des Volksentscheids befürwortet, dass bei der Auslegung der Ewigkeitsgarantie unterschieden werden solle zwischen solchen Grundsätzen, die im Interesse einer nicht durch die Sperrklausel geschützten Verfassungsentscheidung verändert werden, und solchen, bei denen es

146 Hufschlag, Einfügung plebiszitärer Komponenten in das Grundgesetz?, S. 115

147 Bryde, Verfassungsentwicklung, S. 245

148 Bryde, Verfassungsentwicklung, S. 245

149 Maunz/Dürig, in: Maunz/Dürig, Art. 79 Abs. III Rn 31; Dreier, in: Dreier (Hrsg.), Art. 79 III Rn 15; Degenhart, in: Neumann (Hrsg.), Sachunmittelbare Demokratie im Freistaat Thüringen, S. 45; schriftl. Stellg. Degenhart, Ausschussdrucksache 14/809E, S. 2 (abgedruckt als Anlage zum Protokoll der 94. Sitzung des Innenausschusses des Deutschen Bundestages)

150 Degenhart, Staatsrecht I, Rn 520b

151 Bryde, in: v. Münch/Kunig (Hrsg.), Art. 79 Rn 28; Laux, Bedeutung und Inhalt der Grenzen der Grundgesetzänderung nach Art. 79 Abs. III des Bonner Grundgesetzes, S. 7; Alberts, JuS 1972, 319, 322

152 Curtius, Die Schranken der Änderung des Grundgesetzes, S. 3; Elgeti, Inhalt und Grenzen der Föderativklausel des Art. 79, III GG, S. 31

153 Abgedruckt in: LKV 2002, 83 ff.

um den Ausgleich zwischen zwei oder mehreren Grundsätzen des Art. 79 Abs. 3 GG geht. Bei ersteren sei das Gericht zu einer strikten Kontrolle befugt, bei letzteren habe es dagegen einen weiten Gestaltungsspielraum des Gesetzgebers zu akzeptieren.[154] Da bei der Einführung von Volksentscheiden auf Bundesebene Demokratie- und Bundesstaatsprinzip miteinander konkurrieren, welche beide zu den von Art. 79 Abs. 3 GG geschützten Grundsätzen gehören, entfaltet diese Auffassung eine gewisse Relevanz für die vorliegende Problematik. Das Gericht lehnt diese Sichtweise jedoch ab, da es nicht einsichtig sei, warum es bei den um einen Ausgleich zwischen zwei ewig geschützten Grundsätzen ringenden Verfassungsänderungen nur zu der Prüfung befugt sein soll, ob mit hoher Wahrscheinlichkeit der unantastbare Kern der Landesverfassung verändert wird. Wesentlicher Teil der Prüfung der Zulässigkeit des Volksbegehrens ist die Prognose, wohin die Gesetzesinitiative sich im Rechtsgestaltungsprozess entwickeln kann. Diese Prüfungskompetenz ist der Thüringische Verfassungsgerichtshof nicht gewillt aufzugeben.[155] Trotzdem wird an entscheidender Stelle auch auf diese Auffassung zurückzukommen sein.[156]

Das eigentliche Problem aber wird mit der Diskussion um die Auslegung von Art. 79 Abs. 3 GG und den Kriterien für eine „Berührung" der dort genannten Elemente nicht gelöst. Vorrangig geht es um die Bestimmung des normativen Gehalts und die inhaltliche Konkretisierung der durch Art. 79 Abs. 3 GG geschützten Gehalte.[157] Ziel muss die Ermittlung von Inhalt, Reichweite und Bindungswirkung der einzelnen Grundsätze sein.[158] Nur so kann der zu bewahrende Identitätskern der Verfassung herausgefiltert und die Kerninhalte der Verfassung, ihre Substanz, dem notwendigen Schutz zugeführt werden. Inhaltliche Aussagen können dabei nur aus der Verfassung selbst gewonnen werden. Als Aufgabe steht daher, die Leitgedanken der bundesstaat-

154 Diese Gedanken entsprechen der von Huber, Volksgesetzgebung und Ewigkeitsgarantie, S. 50 f.; ders., Maastricht – ein Staatsstreich?, S. 26 f. dargelegten „vermittelnden Konzeption". Die „absolute Grenze" ist für den verfassungsändernden Gesetzgeber danach an der Stelle zu ziehen, wo die Durchbrechung eines von Art. 79 Abs. 3 GG geschützten Grundsatzes zur Regel wird. Eine „relative Grenze" besteht insofern, als der Ausgleich zwischen zwei Verfassungsgütern verhältnismäßig erfolgen muss. Der verfassungsändernde Gesetzgeber besitzt insofern bei einer Modifizierung eines geschützten Grundsatzes zu Gunsten eines nicht in Art. 79 Abs. 3 GG aufgeführten Gutes nur einen geringen Spielraum und unterliegt der strikten Verhältnismäßigkeitskontrolle durch das jeweilige Verfassungsgericht. Einen weiten Spielraum genießt der verfassungsändernde Gesetzgeber hingegen, wenn ein Ausgleich zwischen von der Ewigkeitsgarantie geschützten Verfassungsgütern erfolgt, was das Verfassungsgericht auf eine Evidenzkontrolle beschränkt. Ähnlich verfährt Even, Die Bedeutung der Unantastbarkeitsgarantie des Art. 79 Abs. 3 GG für die Grundrechte, S. 95 ff., der bei zwei betroffenen Grundsätzen des Art. 79 Abs. 3 GG eine Abwägung ähnlich der praktischen Konkordanz vorschlägt, bei der beide Grundsätze in einen möglichst schonenden Ausgleich gebracht werden.

155 Zum Ganzen: ThürVerfGH LKV 2002, 83, 86

156 S.u. 4. Kap. H. I. 2. d.

157 So auch: Hain, in: v. Mangoldt/Klein/Starck (Hrsg.), Art. 79 Abs. 3 Rn 32+43; Evers, in: BK, Art. 79 Abs. 3 Rn 152; Stern, JuS 1985, 329, 333

158 Evers, in: BK, Art. 79 Abs. 3 Rn 153

lichen Garantien und des Demokratieprinzips zu bestimmen.[159] Die Entwicklung von notwendigerweise pauschalisierenden, allgemeingültigen Formeln für die Festlegung der konkreten Reichweite der Sperrklausel erscheint dagegen verfehlt,[160] da diese in der Sache keinen neuen Erkenntnissen zuträglich wären. Sodann ist festzustellen, ob die verfassungsändernde Norm einen der in Art. 79 Abs. 3 GG genannten Grundsätze aufhebt oder einzelne Lebensbereiche von seiner Geltung ausnimmt, obwohl der Grundsatz absolute Geltung beansprucht. Dann ist die Norm als verfassungswidrig anzusehen.[161] Ist dies nicht der Fall, ist eine abwägende Entscheidung zu treffen, die die Gestaltungsfreiheit des verfassungsändernden Gesetzgebers, den Zweck des Art. 79 Abs. 3 GG und den Grundsatz der Einheit der Verfassung zu berücksichtigen hat.[162] Auch ist auf die Folgewirkungen zu achten, wenn die verfassungsändernde Norm in das bisherige Verfassungsgeflecht eingebaut wird und der Grundsatz damit einer Modifizierung unterzogen wird. Bei jeder späteren Auslegung der Grundsätze wird diese Norm, die den Grundsatz ursprünglich einmal durchbrochen hat, die Interpretation des Grundsatzes mitbestimmen.[163]

Da mit der Einführung direktdemokratischer Elemente auf Bundesebene eventuell die inhaltliche Reichweite des Bundesstaatsprinzips berührt wird, ist für alle denkbaren Lösungsentwürfe zu prüfen, inwieweit sich deren Änderungen auf das Bundesstaatsprinzip auswirken und ob die Grenze des Berührtseins dessen tragender Elemente erreicht wird. Eines der Kernprobleme wird dabei sein, die Grenze zu markieren, ab denen die essentiellen Bestandteile des Bundesstaatsprinzips einer Berührung unterliegen. Liegt eine solche bei einem der Lösungsmodelle vor, so ist dieses als gegen Art. 79 Abs. 3 GG verstoßend zu verwerfen.

B. Die relevanten Garantien im Einzelnen

Im Folgenden werden nun die relevanten Garantien des Art. 79 Abs. 3 GG vorgestellt. Einige kurze Hinweise auf diejenigen Probleme, die später bei der Erörterung der Lösungsmodelle von Bedeutung sein werden, sollen eine Hilfe für die Orientierung im weiteren Verlauf geben, damit deren Auftauchen an späterer Stelle problemlos eingeordnet werden kann. Zu untersuchen sind dabei zunächst die beiden explizit in Art. 79 Abs. 3 GG genannten bundesstaatlichen Garantien der Sicherung der Gliederung des Bundes in Länder und der grundsätzlichen Mitwirkung der Länder an der Gesetzgebung. Sodann widmet sich die Arbeit der allgemeinen Absicherung der Grundsätze der Bundesstaatlichkeit über den Schutz der Grundsätze des Art. 20 GG,

159 Vgl. zum Ganzen: Evers, in: BK, Art. 79 Abs. 3 Rn 153; Hain, in: v. Mangoldt/Klein/Starck (Hrsg.), Art. 79 Abs. 3 Rn 45 ff. versucht eine Annäherung anhand der Unterscheidung der Kategorien der Prinzipien und Regeln.

160 Dreier, in: Dreier (Hrsg.), Art. 79 III Rn 15

161 Evers, in: BK, Art. 79 Abs. 3 Rn 155

162 Evers, in: BK, Art. 79 Abs. 3 Rn 156

163 Vgl. zum Ganzen. Evers, in: BK, Art. 79 Abs. 3 Rn 160

in dessen Abs. 1 das Bundesstaatsprinzip verbürgt ist. Schließlich wird auch noch auf die ewig garantierten Grundsätze des Demokratieprinzips zu sprechen kommen sein, da die Erörterung der Lösungsmodelle, die dem Einwand des Verstoßes gegen die Bundesstaatlichkeit bei der Einfügung direktdemokratischer Elemente in die Verfassung auf Bundesebene begegnen sollen, unweigerlich demokratietheoretische Problemfragen aufwirft.

Bezüglich der Schutzgüter des Art. 79 Abs. 3 GG begegnet jedem sich damit Befassenden die Schwierigkeit, dass nicht von einer präzisen Festlegung der Änderungsgrenzen ausgegangen werden kann.[164] Es erscheint daher nahezu unmöglich, die Frage, welche Elemente für einen Grundsatz so konstituierend sind, dass sie in dessen Schutzbereich aufgenommen werden können, einheitlich zu beantworten. Letztlich wird nur für die Auseinandersetzung mit einem konkreten Problem entschieden werden können, ob die Grenzen des Art. 79 Abs. 3 GG erreicht werden; eine pauschale, allgemeingültige Festlegung kann nicht getroffen werden. Es kann daher an dieser Stelle zunächst nur der Mindestgehalt an geschützten Elementen, der bisher in Rechtsprechung und Literatur gefunden wurde, wiedergegeben werden.

I. Die Gliederung des Bundes in Länder

Die Garantie der Gliederung des Bundes in Länder ist das konstituierende Element eines Bundesstaates schlechthin. Diese Staatsstrukturbestimmung von zentraler Bedeutung[165] stellt die Entscheidung für den politischen Bundesstaat dar, die den Bund und die Länder als politisch kraftvolle Faktoren erhalten will.[166] Art. 79 Abs. 3 GG bejaht damit verfassungsrechtlich ein Spannungsverhältnis zwischen Bund und Ländern und fordert dessen Aufrechterhaltung.[167] Das Grundgesetz nimmt mit dieser Formulierung Bezug auf ein Mindestmaß struktureller Gemeinsamkeit aller staatlichen Ordnungen, die sich als Bundesstaaten verstehen. Diese Festlegung des Art. 79 Abs. 3 GG gewährleistet sowohl die regionale Gliederung als auch die Essentialen der Staatlichkeit.

1. Der Schutz der Existenz der Länder

Die Gewährleistung der „Gliederung des Bundes in Länder“ umfasst zunächst die sich aus dem Wortlaut zweifelsfrei ergebende Garantie der Existenz der Länder als

164 Bushart, Verfassungsänderung in Bund und Ländern, S. 65
165 Hempel, Der demokratische Bundesstaat, S. 201
166 Evers, in: BK, Art. 79 Abs. 3 Rn 205; Harbich, Der Bundesstaat und seine Unantastbarkeit, S. 125
167 Harbich, Der Bundesstaat und seine Unantastbarkeit, S. 120

rechtsfähige Einheiten, wenn auch nicht in ihrem gegenwärtigen Bestand.[168] Der viel diskutierten Frage, wie viele Bundesländer in ihrem Bestand mindestens erhalten bleiben müssen – ob zwei oder drei –, um noch von einer Bundesstaatlichkeit sprechen zu können, muss hier nicht nachgegangen werden.[169] Entscheidend ist auf jeden Fall, dass überhaupt ein gegliedertes Gemeinwesen existiert.[170] Da die Länder als organisierte Einheiten bei einer Einführung von Volksentscheiden auf Bundesebene unproblematisch erhalten bleiben, wird diese Garantie nicht berührt.

2. Der Schutz des Wesensgehaltes der Länderstaatlichkeit

Neben der Garantie der Existenz der Länder schützt Art. 79 Abs. 3 GG nach herrschender, heute weitestgehend unstrittiger Ansicht aber vor allem auch den Staatscharakter der Bundesländer und damit die Grundlage des Bundesstaates.[171] Es soll also nicht nur das formale Bestehen der Länder gewährleistet werden, sondern Art. 79 Abs. 3 GG hat ihre „materielle Eigenstaatlichkeit“ im Blick.[172] Unzulässig wäre es danach, den Bund in Provinzen mit mehr oder weniger großer Autonomie aufzuteilen und den Ländern damit die Qualität von Staaten bzw. eine Essentiale der Staat-

168 Sannwald, in: Schmidt-Bleibtreu/Klein (Hrsg.), Art. 79 Rn 41; Maunz/Dürig, in: Maunz/Dürig, Art. 79 Abs. III Rn 34; Weber, Die materiellen Schranken für die Änderung des Bonner Grundgesetzes nach Art. 79 Abs. III BGG, S. 132 ff.; Harbich, Der Bundesstaat und seine Unantastbarkeit, S. 121; Monz, Das Verhältnis der Bundesländer untereinander, S. 18; Erichsen, JURA 1992, 52, 53

169 Nachweise dazu, dass die Existenz von zwei Bundesländern genügt: Isensee, AöR 115 (1990), 248, 261 Fn 30; Weber, Die materiellen Schranken für die Änderung des Bonner Grundgesetzes nach Art. 79 Abs. III BGG, S. 134; Elgeti, Inhalt und Grenzen der Föderativklausel des Art. 79, III GG, S. 77 f.; a.A.: Pieroth, in: Jarass/Pieroth, Art. 79 Rn 8; Kaufmann, Bundesstaat und Deutsche Einheit, S. 117

170 Laux, Bedeutung und Inhalt der Grenzen der Grundgesetzänderung nach Art. 79 Abs. III des Bonner Grundgesetzes, S. 106

171 BVerfGE 1, 14, 34; 36, 342, 360 f.; Jestaedt, in: Isensee/Kirchhof (Hrsg.), HStR II, § 29 Rn 65; Vogel, in: Benda/Maihofer/Vogel (Hrsg.), HdbVerfR, § 22 Rn 27 ff.; Stern, Staatsrecht, Bd. I, § 5 IV 5 a α; Degenhart, Staatsrecht I, Rn 104; Šarčević, Das Bundesstaatsprinzip, S. 230 ff.; Barschel, Die Staatsqualität der deutschen Länder, S. 171; Elgeti, Inhalt und Grenzen der Föderativklausel des Art. 79, III GG, S. 32; Bushart, Verfassungsänderung in Bund und Ländern, S. 65; Tüller, Die Rechtsstellung der Länder und des Bundesrates im Prozeß der politischen Willensbildung in Angelegenheiten der Europäischen Union (Art. 23 GG n.F.), S. 5; Schubert, JURA 2003, 607, 608; A.A.: Kaufmann, Bundesstaat und Deutsche Einheit, S. 117, der die Staatsqualität der Länder einzig in der allgemeinen Verbürgung des Bundesstaates (Art. 79 Abs. 3 i.V.m. Art. 20 Abs. 1 GG) geschützt sieht. Kritisch: Pützer, Landesorganisationshoheit als Schranke der Bundeskompetenzen, S. 220 ff.; allgemein zur Staatlichkeit der Bundesländer: Barschel, Die Staatsqualität der deutschen Länder

172 Šarčević, Das Bundesstaatsprinzip, S. 237

lichkeit zu nehmen.[173] Die erste der beiden speziellen bundesstaatlichen Gewährleistungen des Art. 79 Abs. 3 GG ist also nicht als Garantie einer bloßen Selbstverwaltung zu verstehen, sondern als Gewährleistung der regionalen Gliederung der politischen Leitungsgewalt, kraft deren die Länder eigene Leitungsgewalt wahrzunehmen haben.[174] Die Staatsgewalt ist zwischen Bund und Ländern aufgeteilt, wobei die Staatlichkeit der Länder nicht vom Bund abgeleitet, sondern originärer Natur ist, sie also über unabgeleitete Hoheitsmacht verfügen.[175] Die Länder sind als selbständige politische Entscheidungszentren anzuerkennen, denen ein von der Bundespolitik unabhängiger Bereich eigener politischer Willensbildung gewährleistet wird; es ist somit die Tatsache garantiert, dass im Bundesstaat überhaupt eine „Mehrzahl von Zentren demokratisch legitimer politischer Entscheidung" vorhanden ist.[176]

Um nicht nur der Beseitigung, sondern vor allem auch der Aushöhlung der Länder nach dem Muster von 1933/34 vorzubeugen[177] und die Funktionsfähigkeit der Länder aufrechtzuerhalten,[178] umfasst Art. 79 Abs. 3 GG daher den Schutz des „Wesensgehaltes"[179] der Staatlichkeit, der verlangt, den Ländern ein Mindestmaß an eigenständigen Regelungskompetenzen zu belassen. Ihnen muss ein unentziehbarer Kern eigener Aufgaben als „Hausgut" verbleiben.[180] Die Länder sollen so in die Lage versetzt werden, ein politisches Gegengewicht zum Bund bilden zu können.[181] Als wichtigster Ausfluss dieser so verstandenen Staatlichkeit der Länder wird ihnen durch Art. 79 Abs. 3 GG die Verfassungsautonomie zugesichert, nach der die Länder befugt sind, sich eine Verfassung zu geben und diese im Rahmen von Art. 28 Abs. 1

173 Sannwald, in: Schmidt-Bleibtreu/Klein (Hrsg.), Art. 79 Rn 42; Evers, in: BK, Art. 79 Abs. 3 Rn 213; Elgeti, Inhalt und Grenzen der Föderativklausel des Art. 79, III GG, S. 32; Weber, Die materiellen Schranken für die Änderung des Bonner Grundgesetzes nach Art. 79 Abs. III BGG, S. 136 ff.

174 Maunz/Dürig, in: Maunz/Dürig, Art. 79 Abs. III Rn 33; Hempel, Der demokratische Bundesstaat, S. 201 f.; Barschel, Die Staatsqualität der deutschen Länder, S. 171; Ossenbühl, DVBl. 1989, 1230, 1231

175 BVerfGE 1, 14, 34; Evers, in: BK, Art. 79 Abs. 3 Rn 213; Konow, DÖV 1966, 368, 371; Kritisch: Degenhart/Šarčević, in: Degenhart/Meissner (Hrsg.), HdbSächsVerf, § 3 Rn 19, nach denen auf Grund der vielfältigen Einbindungen des Landesrechts in das Bundesrecht nicht von einem rechtlich ungebundenen und ursprünglichen pouvoir constituant gesprochen werden kann.

176 Hesse, AöR 98 (1973), 1, 14 ff.; ders., Grundzüge des Verfassungsrechts der Bundesrepublik Deutschland, § 21 Rn 706; Stern, Staatsrecht, Bd. I, § 5 IV 5 a α; Halfmann, Entwicklungen des deutschen Staatsorganisationsrechts im Kraftfeld der europäischen Integration, S. 170; Herzog, JuS 1967, 193, 196; Konow, DÖV 1966, 368, 371 f.; im Ergebnis auch: Liebrecht, DVBl. 1967, 72, 74 f.; ferner: BVerfGE 3, 383, 402

177 Harbich, Der Bundesstaat und seine Unantastbarkeit, S. 119

178 Bushart, Verfassungsänderung in Bund und Ländern, S. 65 f.; Hesse, AöR 98 (1973), 1, 16

179 Sannwald, in: Schmidt-Bleibtreu/Klein (Hrsg.), Art. 79 Rn 42

180 BVerfGE 87, 181, 196 f.; Pieroth, in: Jarass/Pieroth, Art. 79 Rn 8; Evers, in: BK, Art. 79 Abs. 3 Rn 213

181 Harbich, Der Bundesstaat und seine Unantastbarkeit, S. 119+125 f.

S. 1 GG frei zu gestalten.[182] Ihnen obliegt damit im Mindestmaß die freie Bestimmung über ihre Organisation.[183] Über die Verfassungsautonomie hinaus muss den Ländern noch eine Mindestanzahl von zusätzlichen ausschließlichen Kompetenzen zugestanden werden, damit eine für die Eigenstaatlichkeit ausreichende Hoheitsgewalt sichergestellt ist.[184] Zudem muss die Finanzautonomie gewährleistet werden.[185] Im Einzelnen ist hier nicht hinreichend ausgereift, welche Materien unentziehbar sind. Deren Bestimmung hat sich primär am Zweck von Art. 79 Abs. 3 GG zu orientieren.[186] Letztere Fragen stellen bezüglich der Thematik dieser Untersuchung kein Problem dar. Die Einführung von Volksentscheiden auf Bundesebene entzieht den Ländern ihre Kompetenzen naturgemäß nicht, da diese in Angelegenheiten stattfinden, die unter Bundeskompetenzen fallen. Auf mit der Verfassungsautonomie zusammenhängende Problematiken wird hingegen auf Grund ihrer Relevanz für einige der Lösungsmodelle im weiteren Verlauf der Arbeit näher eingegangen.[187]

II. Die grundsätzliche Mitwirkung der Länder bei der Gesetzgebung

Die Auseinandersetzung hinsichtlich der bundesstaatlichen Problematik der Einführung von Volksentscheiden auf Bundesebene hat sich als Kernproblem mit der Gewährleistung der grundsätzlichen Mitwirkung der Länder bei der Gesetzgebung zu befassen. In der Staatslehre war vor allem in der Weimarer Zeit, aber noch bis heute umstritten, ob dieses Element zu den einen Bundesstaat zwingend charakterisierenden Merkmalen gehört.[188] Jedenfalls das Grundgesetz hat dies für sich mit der Festlegung in Art. 79 Abs. 3 GG bejaht. Auch in der Literatur wird die Ländermitwirkung – insbesondere auf Grund der dadurch bewirkten zusätzlichen horizontalen Gewaltenteilung – als die verfassungsrechtlich maßgebende Eigenart der Bundesstaatlichkeit des Grundgesetzes angesehen und besonders hervorgehoben.[189] In der Debatte im Bundestag über den letzten Gesetzentwurf zur Einführung von Volksentscheiden in das Grundgesetz von 2002 wurde die gemeinsame Gesetzgebung von

182 BVerfGE 1, 14, 34; 60, 175, 207; als generelles Element jeden Bundesstaates: VfGH Wien EuGRZ 2002, 62, 68

183 BVerfGE 34, 9, 20; Pieroth, in: Jarass/Pieroth, Art. 79 Rn 8; Evers, in: BK, Art. 79 Abs. 3 Rn 214; Ossenbühl, DVBl. 1989, 1230, 1231

184 Tüller, Die Rechtsstellung der Länder und des Bundesrates im Prozeß der politischen Willensbildung in Angelegenheiten der Europäischen Union (Art. 23 GG n.F.), S. 5 f.; Ossenbühl, DVBl. 1989, 1230, 1231; Erichsen, JURA 1992, 52, 53

185 Ossenbühl, DVBl. 1989, 1230, 1231

186 Hesse, AöR 98 (1973), 1, 7 ff.

187 S.u. 4. Kap. E. II.

188 Bejahend: Helms, ZfP 2002, 125, 128; vgl. die Nachweise bei: Stern, Staatsrecht, Bd. I, § 19 III 8 a; s. auch: Harbich, Der Bundesstaat und seine Unantastbarkeit, S. 72 f.

189 Hesse, Der unitarische Bundesstaat, S. 26 ff.; Jahrreiß, Gedächtnisschrift Peters, S. 542

Bundestag und Bundesrat ebenfalls als zentrales Element unseres Bundesstaates gekennzeichnet.[190]

1. Die Materie der Beteiligung: Die Gesetzgebung

Zunächst soll kurz das Verständnis des Art. 79 Abs. 3 GG vom Begriff der „Gesetzgebung" festgehalten werden. Für diese Untersuchung ist dies unproblematisch, da hinsichtlich des Begriffs insoweit Einigkeit besteht, dass die Gesetzgebung des Bundes auf jeden Fall umfasst wird. Streitigkeiten bestehen demgegenüber dahingehend, ob gleichzeitig auch die Gesetzgebung auf Landesebene geschützt wird,[191] was weitestgehend mit dem Argument abgelehnt wird, die Landesgesetzgebung unterstehe bereits dem Schutz der ersten Alternative des Art. 79 Abs. 3 GG. Die Frage, ob auch Änderungen der Verfassung unter den Begriff der „Gesetzgebung" fallen, obwohl diese hierarchisch über der gewöhnlichen Gesetzgebung steht, wird fast einhellig bejaht, da dies ebenfalls durch ein Bundesgesetz geschieht.[192] Die Mitwirkung der Länder in Angelegenheiten der Europäischen Union hingegen wird nicht von Art. 79 Abs. 3 GG, sondern von Art. 23 GG geschützt.[193]

2. Das Erfordernis der Mitwirkung als Postulat einer wirksamen Einflussnahme

Art. 79 Abs. 3 GG garantiert den Ländern das Recht zur „Mitwirkung" an der Bundesgesetzgebung. Die Ausfüllungsbedürftigkeit dieses keineswegs klar umrissenen Begriffs dürfte evident sein. Die Auslegung dieses Erfordernisses wird im weiteren Verlauf einer der zentralen Punkte dieser Arbeit werden. Die wesentlichen Ergebnisse bisheriger Forschungen über dessen Bedeutungsgehalt seien deshalb an dieser

190 Stellg. Scholz, Bundestagslesung zur BT-Drucks. 14/8503, 14. WP, 227. Sitzung, S. 22497

191 Ablehnend: Evers, in: BK, Art. 79 Abs. 3 Rn 217; Lücke, in: Sachs (Hrsg.), Art. 79 Rn 28; Dreier, in: Dreier (Hrsg.), Art. 79 III Rn 18; Hain, in: v. Mangoldt/Klein/Starck (Hrsg.), Art. 79 Abs. 3 Rn 133; Bryde, in: v. Münch/Kunig (Hrsg.), Art. 79 Rn 32 (dort: „vor allem" Bundesgesetzgebung gemeint); Isensee, in: Isensee/Kirchhof (Hrsg.), HStR IV, § 98 Rn 280; Harbich, Der Bundesstaat und seine Unantastbarkeit, S. 130 f.; Elgeti, Inhalt und Grenzen der Föderativklausel des Art. 79, III GG, S. 65 ff.; Weber, Die materiellen Schranken für die Änderung des Bonner Grundgesetzes nach Art. 79 Abs. III BGG, S. 143 ff.; Hesse, AöR 98 (1973), 1, 18; Erichsen, JURA 1992, 52, 53; bejahend: Maunz/Dürig, in: Maunz/Dürig, Art. 79 Abs. III Rn 37; Sannwald, in: Schmidt-Bleibtreu/Klein (Hrsg.), Art. 79 Rn 43; Curtius, Die Schranken der Änderung des Grundgesetzes, S. 80; Zinn, AöR 75 (1949), 291, 299; unentschieden: Hempel, Der demokratische Bundesstaat, S. 208 f.; allgemein zum Begriff „Gesetzgebung": Weber, Die materiellen Schranken für die Änderung des Bonner Grundgesetzes nach Art. 79 Abs. III BGG, S. 142 ff.

192 Dreier, in: Dreier (Hrsg.), Art. 79 III Rn 18; Harbich, Der Bundesstaat und seine Unantastbarkeit, S. 136; Elgeti, Inhalt und Grenzen der Föderativklausel des Art. 79, III GG, S. 75

193 Robbers, in: Sachs (Hrsg.), Art. 50 Rn 7; Šarčević, Das Bundesstaatsprinzip, S. 234

Stelle dargestellt. Wenn auch die Meinungen über den Schutz einzelner konkreter Erscheinungsformen auseinandergehen, so ist doch Übereinstimmung dahingehend festzustellen, dass die Wirksamkeit und Effektivität der Einflussnahme im Vordergrund steht.[194] Den Ländern ist eine Mitbeteiligung an der Bundesgesetzgebung garantiert, die aber nicht zwingend das Maß der Mitbestimmung erreichen muss.[195] Das bisherige System der Einspruchs- und Zustimmungsgesetze kann nach überwiegender Ansicht verändert oder sogar ganz abgeschafft werden.[196] Es ist nicht notwendig, dass zumindest partiell Zustimmungserfordernisse gewährleistet werden;[197] oft betont wird jedoch, dass zumindest die Einspruchsmöglichkeit in der Form eines aufschiebenden Vetos ähnlich der jetzigen Form des Art. 77 Abs. 4 GG erhalten bleiben muss.[198] Die Einräumung einer absoluten Vetoposition ist also nicht zwingend erforderlich; Beteiligungsrechte, die lediglich das Niveau von Anhörungsrechten erreichen, genügen den Anforderungen jedoch nicht.[199] Die Grenze der Verfassungswidrigkeit wird dort angesiedelt, wo die Ländermitwirkung auf eine lediglich formale Beteiligung ohne sachliche Einflussmöglichkeiten reduziert wird.[200] Die Idee der vertikalen Gewaltenteilung verbietet ein bloßes „Dabeisein“, welches nur eine Alibifunktion erfüllen würde.[201] Die Bestimmung der Anforderungen hat sich insgesamt am Leitbild der Gesamtbalance von Bund und Ländern und der Bindung des Bundes durch die Verschränkung mit den Ländern zu orientieren. Das Mindestmaß

194 Hain, in: v. Mangoldt/Klein/Starck (Hrsg.), Art. 79 Abs. 3 Rn 134; Sannwald, in: Schmidt-Bleibtreu/Klein (Hrsg.), Art. 79 Rn 44; Harbich, Der Bundesstaat und seine Unantastbarkeit, S. 135; Laux, Bedeutung und Inhalt der Grenzen der Grundgesetzänderung nach Art. 79 Abs. III des Bonner Grundgesetzes, S. 108; Weber, Die materiellen Schranken für die Änderung des Bonner Grundgesetzes nach Art. 79 Abs. III BGG, S. 140

195 Lücke, in: Sachs (Hrsg.), Art. 79 Rn 28

196 Hain, in: v. Mangoldt/Klein/Starck (Hrsg.), Art. 79 Abs. 3 Rn 133; Sannwald, in: Schmidt-Bleibtreu/Klein (Hrsg.), Art. 79 Rn 44; Evers, in: BK, Art. 79 Abs. 3 Rn 218; Pieroth, in: Jarass/Pieroth, Art. 79 Rn 9; Bryde, in: v. Münch/Kunig (Hrsg.), Art. 79 Rn 32; Lücke, in: Sachs (Hrsg.), Art. 79 Rn 28; Maunz/Dürig, in: Maunz/Dürig, Art. 79 Abs. III Rn 36; Nawiasky, Die Grundgedanken des Grundgesetzes für die Bundesrepublik Deutschland, S. 122; Harbich, Der Bundesstaat und seine Unantastbarkeit, S. 135; Laux, Bedeutung und Inhalt der Grenzen der Grundgesetzänderung nach Art. 79 Abs. III des Bonner Grundgesetzes, S. 108; Erichsen, JURA 1992, 52, 53

197 Bryde, in: v. Münch/Kunig (Hrsg.), Art. 79 Rn 32; Hain, in: v. Mangoldt/Klein/Starck (Hrsg.), Art. 79 Abs. 3 Rn 134; Dreier, in: Dreier (Hrsg.), Art. 79 III Rn 19; Elgeti, Inhalt und Grenzen der Föderativklausel des Art. 79, III GG, S. 72; Lücke, in: Sachs (Hrsg.), Art. 79 Rn 28 fordert dann aber einen dem Zustimmungserfordernis gleichwertigen Ersatz. Zweifelnd: Evers, in: BK, Art. 79 Abs. 3 Rn 218, der ebenfalls zumindest einen gleichwertigen Ausgleich fordert.

198 Bushart, Verfassungsänderung in Bund und Ländern, S. 66; Elgeti, Inhalt und Grenzen der Föderativklausel des Art. 79, III GG, S. 72; Harbich, Der Bundesstaat und seine Unantastbarkeit, S. 135

199 Dreier, in: Dreier (Hrsg.), Art. 79 III Rn 19; Elgeti, Inhalt und Grenzen der Föderativklausel des Art. 79, III GG, S. 72

200 Evers, in: BK, Art. 79 Abs. 3 Rn 219

201 Stern, Staatsrecht, Bd. I, § 5 IV 5 a β

an Mitwirkung ist dabei unter Berücksichtigung der übrigen rechtlichen Ausgestaltung der Bundesstaatlichkeit im Grundgesetz und den sie umgebenden tatsächlichen Bedingungen so festzulegen, dass das erforderliche Maß an Bindung des Bundes im Hinblick auf diese Gesamtbalance erreicht wird.[202] Den Ländern müssen insgesamt Mitsprachemöglichkeiten von substantiellem Gewicht belassen werden und sie dürfen nicht zu einer letztlich vernachlässigenswerten Größe reduziert werden, was durch die Erstellung einer Gesamtbilanz der gliedstaatlichen Einwirkungsrechte ermittelt wird.[203] Die Lösungsmodelle sehen sehr unterschiedliche Formen der Beteiligung der Länder vor, von denen einige im Hinblick auf dieses Postulat der Wirksamkeit der Einflussnahme nicht unproblematisch sind.[204]

3. Die Länder als Subjekte der Mitwirkung

Die derzeitige Ausgestaltung des Grundgesetzes lässt die Länder in Form des Bundesrates an der Bundesgesetzgebung teilhaben, Art. 50 ff. GG. In diesem nach dem Ratsmodell gebildeten Organ wirken von den jeweiligen Landesregierungen ernannte Vertreter, die Mitglieder der Landesregierungen sein müssen, Art. 51 Abs. 1 GG. Von Beginn an wurde in der staatsrechtlichen Literatur darum gestritten, inwiefern dieses föderative Mitwirkungsorgan von Art. 79 Abs. 3 GG garantiert ist. Einigkeit herrscht insoweit, dass die konkrete Ausgestaltung des Bundesrates abänderbar ist.[205] Das Kernproblem betrifft dagegen die Frage, ob der Begriff „Länder“ zwingend die Mitwirkung der Länder als staatsrechtliche Rechtspersonen erfordert und zu einer Beteiligung der Landesregierungen nötigt, oder ob ebenso ein Organ nach dem Prinzip des Senatsmodells verfassungsrechtlich zulässig wäre, bei dem die Mitglieder des

202 Hain, in: v. Mangoldt/Klein/Starck (Hrsg.), Art. 79 Abs. 3 Rn 134
203 Dreier, in: Dreier (Hrsg.), Art. 79 III Rn 19; Erichsen, JURA 1992, 52, 53
204 S. nur unten 4. Kap. E. III. 2. b.
205 Lücke, in: Sachs (Hrsg.), Art. 79 Rn 28; Evers, in: BK, Art. 79 Abs. 3 Rn 219; Sannwald, in: Schmidt-Bleibtreu/Klein (Hrsg.), Art. 79 Rn 44; Pieroth, in: Jarass/Pieroth, Art. 79 Rn 9; Bryde, in: v. Münch/Kunig (Hrsg.), Art. 79 Rn 32; Dreier, in: Dreier (Hrsg.), Art. 79 III Rn 19; Hain, in: v. Mangoldt/Klein/Starck (Hrsg.), Art. 79 Abs. 3 Rn 133; Maunz/Dürig, in: Maunz/Dürig, Art. 79 Abs. III Rn 36; Isensee, in: Isensee/Kirchhof (Hrsg.), HStR IV, § 98 Rn 280; Stern, Staatsrecht, Bd. I, § 5 IV 5 a β; Nawiasky, Die Grundgedanken des Grundgesetzes für die Bundesrepublik Deutschland, S. 63; Weber, Die materiellen Schranken für die Änderung des Bonner Grundgesetzes nach Art. 79 Abs. III BGG, S. 140; Seidel, RuP 2004, 86, 95; Walle, Die Staatlichkeit der deutschen Länder und ihre Bestandsgarantie in Art. 79 Abs. III GG, S. 81 sieht die grundsätzliche Stellung des Bundesrates gewährleistet, Harbich, Der Bundesstaat und seine Unantastbarkeit, S. 131 ff. dessen „Grundstruktur“.

Föderativorgans von den Landesvölkern gewählt werden.[206] Auch einige Mischmodelle wurden diskutiert,[207] die in diesem Zusammenhang jedoch nicht von Interesse sind, da es nur auf die grundsätzliche Frage ankommt, ob der Begriff „Länder" auch eine Beteiligung der Landesvölker zulässt. Die Klärung dieser Frage wird bei dem Modell der Länderklausel notwendig werden, da dort durch die gesonderte Auszählung der bundesweiten Abstimmung in jedem Bundesland auf eine Beteiligung des Volkes in den Ländern zurückgegriffen wird.[208] Als zweiter Schritt wird sodann die Thematik anstehen, ob die Ländermitwirkung die Existenz eines körperschaftlich verfassten Organs erfordert. Ein solches wirkt im Rahmen von Volksentscheiden auf Bundesebene, bei denen die Beteiligung der Länder durch ein Föderalquorum realisiert wird, gerade nicht mit.[209] Kann also auch eine reine Abstimmung der Landesvölker ohne eine Zwischenschaltung von Vertretern oder Repräsentanten der Länder die Ländermitwirkung verwirklichen? Die Lösung wird sich wohl auch hier am schon bei dem Begriff der „Mitwirkung" eingeführten Postulat der Effektivität der Einflussnahme zu orientieren haben.

4. Das Element „grundsätzlich" als Sicherung eines Minimalbestandes an Mitwirkungsrechten

Eine vertiefte Behandlung wird das Merkmal „grundsätzlich" verlangen.[210] Das Grundgesetz schützt die Ländermitwirkung nicht absolut, sondern sichert nur einen Kernbestand an Beteiligungsrechten.[211] Die Länder sind also nicht an allen gesetzgeberischen Entscheidungen des Bundes mitwirkungsberechtigt. Fraglich wird deshalb sein, ob bei Volksentscheiden auf Bundesebene eine Nichtbeteiligung der Länder eine zulässige Ausnahme vom grundsätzlichen Mitwirkungsrecht darstellen würde, oder ob die Länder bei diesem Verfahren zwingend zu beteiligen sind. Im Gegensatz zum Begriff der „Länder" wurde die Auseinandersetzung in der Literatur über das Merkmal „grundsätzlich" bislang vernachlässigt. Es lassen sich viele Allgemeinplätze finden, die der Auslegung wenig dienlich sind. Sicher ist nur, dass der aktuelle

206 S. dazu: Lücke, in: Sachs (Hrsg.), Art. 79 Rn 28; Evers, in: BK, Art. 79 Abs. 3 Rn 219 ff.; Bryde, in: v. Münch/Kunig (Hrsg.), Art. 79 Rn 32; Dreier, in: Dreier (Hrsg.), Art. 79 III Rn 19; Hain, in: v. Mangoldt/Klein/Starck (Hrsg.), Art. 79 Abs. 3 Rn 133 m.w.N.; Stern, Staatsrecht, Bd. I, § 5 IV 5 a β; Nawiasky, Die Grundgedanken des Grundgesetzes für die Bundesrepublik Deutschland, S. 63+122; Elgeti, Inhalt und Grenzen der Föderativklausel des Art. 79, III GG, S. 69 ff.; Harbich, Der Bundesstaat und seine Unantastbarkeit, S. 131 ff.; Hempel, Der demokratische Bundesstaat, S. 204

207 Z.B.: Schlussbericht der Enquête-Kommission Verfassungsreform, BT-Drucks. 7/5924, S. 97 f.

208 S.u. 4. Kap. E. III. 2. a.

209 S.u. 4. Kap. E. III. 2. b.

210 S.u. 4. Kap. H. I.

211 Elgeti, Inhalt und Grenzen der Föderativklausel des Art. 79 III, GG, S. 76

Umfang der Ländermitwirkungsrechte nicht geschützt ist.[212] Deren Reduzierung hält sich solange im Rahmen des Vertretbaren, wie den Ländern noch hinreichend gewichtige Mitsprachemöglichkeiten verbleiben. Das Merkmal deutet jedenfalls an, dass es Ausnahmefälle geben kann, in denen eine Länderbeteiligung ausgeschlossen werden darf, wenngleich Dreier dies auf staatspolitisch extraordinäre Ausnahmen einschränkt.[213] Lücke erachtet einen Ausschluss der Länder in besonderen, auch gewichtigen Fällen der Bundesgesetzgebung für zulässig, da „grundsätzlich" keine ausnahmslose und keine grundlegende Mitwirkung sichert.[214] In der ersten Auflage vertrat er hierzu noch die Auffassung, ein Ausschluss sei nur bei besonderen, insgesamt gesehen nicht wichtigen Fällen der Bundesgesetzgebung zulässig.[215] Diese Ansicht wird heute noch vertreten von Sannwald, der aber unter Hinweis auf das Bundesstaatsprinzip auf große Zurückhaltung drängt.[216] Maunz und Dürig fordern lediglich, dass ein bestimmter Kreis an Gesetzen vorhanden sein muss, bei dem die Länder an der Gesetzgebung des Bundes beteiligt sind.[217] Grundlegend wird zu klären sein, ob sich die auf das Merkmal „grundsätzlich" stützenden Ausnahmen nur auf einen Ausschluss bestimmter Materien beziehen dürfen, oder ob auch Ausnahmen im Hinblick auf bestimmte Verfahrensarten statuiert werden können. Nur wenn auch letzteres umfasst ist, könnte eine Nichtbeteiligung der Länder im Verfahren der Volksgesetzgebung gerechtfertigt werden. Inwieweit dabei an den herkömmlichen Kategorien der Einspruchs- und Zustimmungsgesetze festgehalten werden kann, wird kritisch betrachtet werden, zumal sich die wenigen Stimmen, die sich bisher zu diesem Problem geäußert haben, oft eng an diese Unterscheidung anlehnen und zumindest für Zustimmungsgesetze eine Mitwirkung fordern. In die Erwägungen wird schließlich auch einzustellen sein, dass das Bundesstaatsprinzip als Garant für eine effektive Beteiligung der Länder an der Bundesgesetzgebung bereits schwerwiegende Gewichtsverlagerungen weg von den Länderparlamenten hin zum Bundesrat erfahren hat. Dem Bundesrat kommt heute eine gestiegene Bedeutung zu als Ausgleich für den Verlust von Landeskompetenzen. Es könnte sich daraus die Schlussfolgerung ziehen lassen, dass das Merkmal „grundsätzlich" heute eher eng auszulegen ist und die Beteiligungsrechte ein höheres Niveau erreichen müssen als bei Schaffung des Grundgesetzes. Der Richtigkeit dieser These wird mit einem Blick auf die Gesamtbilanz der Wirkungsmöglichkeiten der Länder im bundesstaatlichen Gefüge, deren Verluste nicht so weit gehen dürfen, dass die regionale Leitungsgewalt der Länder preisgegeben wird, nachzugehen sein.[218] Außerdem muss geklärt werden,

212 Pieroth, in: Jarass/Pieroth, Art. 79 Rn 9; Evers, in: BK, Art. 79 Abs. 3 Rn 218; Dreier, in: Dreier (Hrsg.), Art. 79 III Rn 19; Bryde, in: v. Münch/Kunig (Hrsg.), Art. 79 Rn 32

213 Dreier, in: Dreier (Hrsg.), Art. 79 III Rn 18; ohne diese Einschränkung: Pieroth, in: Jarass/Pieroth, Art. 79 Rn 9

214 Lücke, in: Sachs (Hrsg.), Art. 79 Rn 29

215 Lücke, in: Sachs (Hrsg.), 1. Aufl., Art. 79 Rn 29

216 Sannwald, in: Schmidt-Bleibtreu/Klein (Hrsg.), Art. 79 Rn 44

217 Maunz/Dürig, in: Maunz/Dürig, Art. 79 Abs. III Rn 36; dem sich anschließend: Stern, Staatsrecht, Bd. I, § 5 IV 5 a β

218 S.u. 4. Kap. H. I. 2. b.

ob die Zulassung einer Ausnahme in dem vorliegenden Fall die Intention des Grundgesetzgebers zur Schaffung des Ländermitwirkungsrechts untergraben würde.

III. Die Grundsätze der Bundesstaatlichkeit

Art. 79 Abs. 3 GG gewährleistet durch das Verbot der Berührung der in Art. 20 GG niedergelegten Grundsätze die Unabänderlichkeit der Grundsätze des Bundesstaatsprinzips,[219] welches in Art. 20 Abs. 1 GG verankert ist. Auffällig ist, dass Art. 79 Abs. 3 GG mit den beiden explizit aufgeführten bundesstaatlichen Garantien und der allgemeinen Verbürgung der Bundesstaatlichkeit durch den Schutz der in Art. 20 GG niedergelegten Grundsätze die Strukturen der bundesstaatlichen Ordnung eingehender absichert als die des Demokratie- oder Rechtsstaatsprinzips.[220] Das Bundesstaatsprinzip ist als Prinzip an keiner Stelle definiert, sondern wird als Oberbegriff für alle bundesstaatlichen Merkmale des Grundgesetzes verwendet.[221] Die Ausgestaltung der grundgesetzlichen Ordnung als eine bundesstaatliche zählt zu den Besonderheiten, die sich vor allem aus der deutschen Verfassungstradition ergeben.[222] Art. 79 Abs. 3 GG i.V.m. Art. 20 Abs. 1 GG will dabei nicht einen abstrakten wissenschaftlichen Bundesstaatsbegriff, sondern das inhaltlich und hinsichtlich seiner Grenzen konkret vom Grundgesetz festgelegte Verständnis dieses Begriffs für unantastbar erklären.[223] Geschützt wird die konkrete Grundkonzeption des Bundesstaates der Bundesrepublik Deutschland, also ein ganz bestimmter Typus von Bundesstaatlichkeit.[224] Dieser ist stets von besonderen raumgebundenen, zeitlichen, geistig-kulturellen, sozialen, gesellschaftlichen, wirtschaftlichen, soziologischen und politischen Voraussetzungen abhängig und von seinen verfassungsrechtlichen Zielsetzun-

219 Zur Frage, ob das Bundesstaatsprinzip als „Prinzip" in Art. 79 Abs. 3 GG determiniert ist: Šarčević, Das Bundesstaatsprinzip, S. 74 ff.

220 Isensee, AöR 115 (1990), 248, 250; Hain, in: v. Mangoldt/Klein/Starck (Hrsg.), Art. 79 Abs. 3 Rn 119 Fn 417 betont jedoch, dass daraus keine Schlussfolgerungen auf einen doppelten Schutz vor Verfassungsrevisionen gezogen werden können, da eine Steigerung der Schutzintensität gegenüber der Unberührbarkeit der Grundsätze kaum denkbar ist.

221 Halfmann, Entwicklungen des deutschen Staatsorganisationsrechts im Kraftfeld der europäischen Integration, S. 163

222 Chen, Die immanenten materiellen Schranken der verfassungsändernden Gewalt in der Verfassung der Republik China (Taiwan) und in dem Grundgesetz für die Bundesrepublik Deutschland unter besonderer Berücksichtigung des Art. 79 III des Grundgesetzes, S. 115

223 Degenhart, Staatsrecht I, Rn 99; Elgeti, Inhalt und Grenzen der Föderativklausel des Art. 79, III GG, S. 25

224 Hesse, AöR 98 (1973), 1, 7; Stern, Staatsrecht, Bd. I, § 5 IV 5 a γ; Einschränkend sieht Kaufmann, Bundesstaat und Deutsche Einheit, S. 119 trotzdem die Notwendigkeit, auf eine allgemeine Theorie des Bundesstaatsbegriffs, somit auf verfassungsexterne Kriterien, zurückgreifen, um so keinen Zirkelschluss zu provozieren.

gen und Aufgaben geprägt.[225] Ziel des Schutzes der Bundesstaatlichkeit ist zudem nicht vordergründig die Regelung organisatorischer Belange, sondern die Festlegung auf bestimmte unabänderliche Inhalte, Zwecke und Funktionen, die die Bundesstaatlichkeit gewährleisten soll.[226] Die Interpretation der Bundesstaatlichkeit hat daher primär nach der Funktion der den Bundesstaat ausmachenden staatlichen Institutionen zu fragen.[227] Art. 79 Abs. 3 GG sichert demzufolge nur die Grobstruktur des Bundesstaates und lässt Änderungen hinsichtlich der konkreten Ausgestaltung des Bundesstaatsprinzips zu.[228]

Zunächst gilt es jedoch zu untersuchen, ob die allgemeine Garantie der Bundesstaatlichkeit überhaupt über die explizit in Art. 79 Abs. 3 GG genannten Garantien hinausgehende Elemente enthält, die für das Problem der Vereinbarkeit von Volksentscheiden auf Bundesebene mit dem Bundesstaatsprinzip relevant sind. Nur wenn dies der Fall ist, muss im weiteren Verlauf darauf Bezug genommen werden.

1. Das Verhältnis zu den in Art. 79 Abs. 3 GG explizit genannten bundesstaatlichen Garantien

Dafür ist eine Klärung des Verhältnisses der beiden explizit aufgeführten bundesstaatlichen Garantien zur allgemeinen Verbürgung der Grundsätze der Bundesstaatlichkeit gemäß Art. 79 Abs. 3 GG i.V.m. Art. 20 Abs. 1 GG notwendig. Nach fast einhelliger Ansicht schützen die beiden konkreten bundesstaatlichen Festlegungen des ersten Teils von Art. 79 Abs. 3 GG bereits die Grundzüge des Bundesstaates.[229] Dass der Schutz der Bundesstaatlichkeit zusätzlich auch vom Schutz des zweiten

225 Schambeck, FS Geiger, S. 646; Katz, Staatsrecht, Rn 241; Hesse, Grundzüge des Verfassungsrechts der Bundesrepublik Deutschland, § 7 Rn 217; Scheuner, DÖV 1962, 641; Isensee, AöR 115 (1990), 249, 251 f.

226 Hesse, AöR 98 (1973), 1, 8

227 Hempel, Der demokratische Bundesstaat, S. 187

228 Maurer, Staatsrecht I, § 10 Rn 17

229 Elgeti, Inhalt und Grenzen der Föderativklausel des Art. 79, III GG, S. 17

Teils des Art. 79 Abs. 3 GG umfasst ist, wird heute kaum noch bestritten.[230] Kernproblem der Auseinandersetzungen um das Verhältnis der bundesstaatlichen Garantien ist die Frage, ob dem Schutz der Grundsätze des Bundesstaatsprinzips neben den konkret genannten Garantien überhaupt noch ein eigenständiger Bedeutungsgehalt zuteil wird, oder ob eine der beiden Kategorien verzichtbar ist. Ein Teil der Literatur sieht in den beiden konkret genannten Elementen einen Ausschnitt des allgemeinen Bundesstaatsprinzips und lässt den Schutz der Grundsätze des Bundesstaatsprinzips zusätzliche Elemente enthalten. Die ersten beiden Alternativen des Art. 79 Abs. 3 GG werden dabei als Konkretisierungen,[231] beispielhafte namentliche Aufzählungen zweier Einrichtungen des bundesstaatlichen Prinzips[232] oder Ausprägungen[233] des Bundesstaatsprinzips aufgefasst; das allgemeine Prinzip wiederum bedeute dann eine

230 S. nur: Degenhart, Staatsrecht I, Rn 104; Maurer, Staatsrecht I, § 10 Rn 16; Ipsen, Staatsrecht I, Rn 1028; Hempel, Der demokratische Bundesstaat, S. 201; Weber, Die materiellen Schranken für die Änderung des Bonner Grundgesetzes nach Art. 79 Abs. III BGG, S. 70; Seidel, RuP 2004, 86, 87; A.A.: Ridder, in: AK, Art. 79 Rn 30 ff., der aus der Entstehungsgeschichte der Norm, deren Vorläufer Art. 108 HChE war, der wiederum die Frage der Bundesstaatlichkeit nicht regelte (s. dazu oben 1. Kap. A. I.), den Ausschluss folgern will. Elgeti, Inhalt und Grenzen der Föderativklausel des Art. 79, III GG, S. 27 ff. bezieht sich ebenfalls v.a. auf die Entstehungsgeschichte der Norm und bezeichnet diese Ansicht als die (zumindest zur damaligen Zeit) herrschende Lehre. Curtius, Die Schranken der Änderung des Grundgesetzes, S. 71 sowie ders., DÖV 1954, 705, 707 tritt für eine deutliche Zäsur zwischen den beiden Alternativen von Art. 79 Abs. 3 GG ein. Die expliziten bundesstaatlichen Garantien würden das Schutzgut der Bundesstaatlichkeit näher umgrenzen und damit abschließend regeln. Wohl auch: Pieroth, in: Jarass/Pieroth, Art. 79 Rn 11, der sich in Bezug auf die von Art. 20 GG geschützten Prinzipien nur zum Demokratie-, Rechtsstaats- und Sozialstaatsprinzip äußert. Das geschichtliche Argument kann insofern Geltung beanspruchen, als selbst bei den Beratungen in den Ausschüssen des Parlamentarischen Rates von der Bundesstaatlichkeit im Zusammenhang mit Art. 108 HChE nie gesprochen wurde (s.o. 1. Kap. A. I.). Mit dem Wortlaut von Art. 79 Abs. 3 GG i.V.m. Art. 20 Abs. 1 GG dürfte diese Ansicht jedoch schwerlich vereinbar sein; die historische Auslegung muss hier wohl hinter die Wortlautauslegung zurücktreten (so auch: Hain, in: v. Mangoldt/Klein/Starck (Hrsg.), Art. 79 Abs. 3 Rn 119 Fn 422).

231 Evers, in: BK, Art. 79 Abs. 3 Rn 207; Rubel, in: Umbach/Clemens (Hrsg.), Art. 79 Rn 33; Hempel, Der demokratische Bundesstaat, S. 201

232 Dreier, in: Dreier (Hrsg.), Art. 79 III Rn 15 Fn 56; Maunz, in: Isensee/Kirchhof (Hrsg.), HStR IV, § 94 Rn 24; Laux, Bedeutung und Inhalt der Grenzen der Grundgesetzänderung nach Art. 79 Abs. III des Bonner Grundgesetzes, S. 104; Kramer, Grenzen der Verfassungsänderung im Bereich der bundesstaatlichen Finanzverfassung, S. 21 ff.

233 Sannwald, in: Schmidt-Bleibtreu/Klein (Hrsg.), Art. 79 Rn 54; ähnlich: Möller, Die verfassungsgebende Gewalt des Volkes und die Schranken der Verfassungsrevision, S. 171

Sicherung des Bundesstaates schlechthin.[234] Nach diesen Auffassungen werden die Inhalte der konkreten Garantien doppelt abgesichert und alle drei Teilelemente sind bedeutsam.[235] Zum Teil wird in den unterschiedlichen Formulierungen dahingehend eine Unterstreichung der Bedeutung des Bundesstaatsprinzips für das Grundgesetz gesehen.[236] Hain dagegen geht von der Identität der Regelungsgehalte aus. Ihm erscheint es wenig aussichtsreich, die geschützten Inhalte auseinanderzudividieren. Die ersten beiden Alternativen des Art. 79 Abs. 3 GG gehören als integrale Bestandteile zum Bundesstaatsprinzip des Grundgesetzes, weshalb alle drei Alternativen als einheitliche Absicherung der Bundesstaatlichkeit zu verstehen sind.[237] In eine ähnliche Richtung geht die Auffassung von Weber, der die Bundesstaatlichkeit in den Grenzen der beiden speziellen föderativen Gewährleistungen geschützt sieht; die Absicherung der Bundesstaatlichkeit dürfe nicht weiter gehen als der Schutz der beiden bundesstaatlichen Elemente, da allein diese ausdrücken, was der Verfassungsgeber als unantastbar hinsichtlich der Bundesstaatlichkeit gewährleisten will.[238] Für Walle muss der Streit nicht entschieden werden, da sich seiner Ansicht nach kein praktischer Unterschied zwischen den verschiedenen Auffassungen ergibt; Alt. 3 verwirkliche letztlich nichts anderes als Alt. 1 und 2.[239] Ein anderer Teil der Staatsrechtslehre schließlich vertritt die Auffassung, die allgemeine Sicherung des Bundesstaates werde von den speziellen konkreten Gewährleistungen verdrängt, indem die speziellen Merkmale die änderungsfeste Kernmaterie abschließend beschreiben, so dass der

234 Maunz, in: Isensee/Kirchhof (Hrsg.), HStR IV, § 94 Rn 24; Weber, Die materiellen Schranken für die Änderung des Bonner Grundgesetzes nach Art. 79 Abs. III BGG, S. 70; Bryde, in: v. Münch/Kunig (Hrsg.), Art. 79 Rn 31, der jedoch bezüglich der inhaltlichen Aussagen nicht zwischen Art. 79 Abs. 3 1. Alt. GG und der 3. Alt. unterscheidet; Sannwald, in: Schmidt-Bleibtreu/Klein (Hrsg.), Art. 79 Rn 53-55, der allerdings unter diese Garantie neben dem Schutz der eigenen Staatlichkeit des Bundes lediglich die Inhalte der 1. und 2. Alt. von Art. 79 Abs. 3 GG fassen will. Dreier, in: Dreier (Hrsg.), Art. 79 III Rn 39 sieht neben den speziellen Sicherungen die Grundsubstanz der Eigenstaatlichkeit der Länder garantiert, wozu deren Verfassungsautonomie, ein gewisser Bestand an Gesetzgebungs-, Verwaltungs- und Rechtsprechungskompetenzen sowie eigene Einnahmequellen gehören, was nach ganz überwiegender Auffassung jedoch schon zur Garantie der Gliederung des Bundes in Länder zählt (s.o. 1. Kap. B. I. 2.). Insofern bleibt unklar, welche Elemente er zusätzlich zu den speziellen Gewährleistungen unter die allgemeine Garantie fassen will.

235 Isensee, in: Isensee/Kirchhof (Hrsg.), HStR IV, § 98 Rn 263; ders., AöR 115 (1990), 248, 250; Hesse, AöR 98 (1973), 1, 6+8

236 Kaufmann, Bundesstaat und Deutsche Einheit, S. 118

237 Zum Ganzen: Hain, in: v. Mangoldt/Klein/Starck (Hrsg.), Art. 79 Abs. 3 Rn 119; ähnlich: ders., Die Grundsätze des Grundgesetzes, S. 393 f.

238 Weber, Die materiellen Schranken für die Änderung des Bonner Grundgesetzes nach Art. 79 Abs. III BGG, S. 131; wohl auch: Hamm, Die ausdrücklichen Schranken der Verfassungsänderung im Bonner Grundgesetz, S. 106 ff.

239 Walle, Die Staatlichkeit der deutschen Länder und ihre Bestandsgarantie in Art. 79 Abs. III GG, S. 81 f.

Verweis auf Art. 20 Abs. 1 GG insoweit leer liefe.[240] Die letztgenannte Ansicht kann für sich verbuchen, dass die geschützte Kernmaterie klar dargestellt wird.[241] Die Gegner dieser Auffassung sehen damit jedoch die Garantie der Bundesstaatlichkeit des Art. 79 Abs. 3 GG nicht vollständig erfasst. Geschützt wird dieser Auffassung nach der gesamte in Art. 20 Abs. 1 GG niedergelegte Staatstypus des demokratischen und sozialen Bundesstaates, der sich aus mehr als den beiden Teilelementen zusammensetzt.[242] Die organisatorischen Garantien allein können den konkreten Bundesstaatstypus des Grundgesetzes, in dem Organisation nicht bloßer Selbstzweck sein darf und der nach Zweck und Funktion bestimmt werden muss, nicht beschreiben. Zweck und Funktion des Bundesstaates können aber erst durch eine Auffüllung der formalen Prinzipien mit den inhaltlichen Aussagen des Art. 20 Abs. 1 GG ausgedrückt werden.[243] Art. 79 Abs. 3 1. und 2. Alt. GG beschreiben also wesentliche organisatorische Elemente,[244] die das Mindestmaß an strukturellen Vorgaben darstellen, die auf jeden Fall erhalten bleiben müssen und die eine formale Konkretisierung der inhaltsbezogenen Anordnung des Art. 20 Abs. 1 GG darstellen.[245] Die Absicherung der bundesstaatlichen Ordnung schlechthin beschreibt demgegenüber das Ziel und lässt strukturell offen, wie dieses Ziel erreicht werden kann. Dies wird auch durch die Materialien zur Entstehung der Grundgesetznormen bestätigt, in denen zum Ausdruck kommt, dass der Begriff „Bundesstaat" in Art. 20 Abs. 1 GG den Gesamtcharakter der Staatsgestaltung zum Ausdruck bringen soll.[246] Dagegen verwahrt sich Hain, der den demokratischen und sozialen Bundesstaat genauso gut durch die ersten beiden Alternativen des Art. 79 Abs. 3 GG ausgedrückt sieht. Ein Sinnzusammenhang zwischen der Bundesstaatlichkeit und den Prinzipien der Demokratie und der Sozialstaatlichkeit wird nicht erst durch die Nennung in Art. 20 Abs. 1 GG hergestellt, sondern besteht unabhängig davon zwischen allen von Art. 79 Abs. 3 GG geschützten Gehalten.[247] Hinsichtlich des demokratischen und sozialen Bundesstaates mag Hain Recht haben. Würde man der allgemeinen Garantie der Bundesstaatlichkeit keinen eigenständigen Bedeutungsgehalt zumessen bzw. der 1. und 2. Alt. von Art. 79 Abs. 3 GG denselben Regelungsgehalt zuordnen wie der 3. Alt.,

240 Maunz/Dürig, in: Maunz/Dürig, Art. 79 Abs. III Rn 40; Lücke, in: Sachs (Hrsg.), Art. 79 Rn 37, der neben der Staatlichkeit des Bundes offensichtlich nur die Eigenstaatlichkeit der Länder als von der Bundesstaatlichkeit geschütztes Element ansieht, was bereits durch Art. 79 Abs. 3 1. Alt. GG verbürgt werde; Kölble, DÖV 1964, 217, 222; ders., DÖV 1967, 1, 6 f.; Bushart, Verfassungsänderung in Bund und Ländern, S. 65, der dies als die herrschende Meinung bezeichnet; nach Hesse, AöR 98 (1973), 1, 8 ausgeschlossen

241 Isensee, in: Isensee/Kirchhof (Hrsg.), HStR IV, § 98 Rn 263

242 Evers, in: BK, Art. 79 Abs. 3 Rn 209; Isensee, in: Isensee/Kirchhof (Hrsg.), HStR IV, § 98 Rn 263

243 Zum Ganzen: Evers, in: BK, Art. 79 Abs. 3 Rn 210

244 Evers, in: BK, Art. 79 Abs. 3 Rn 204

245 Evers, in: BK, Art. 79 Abs. 3 Rn 209; Isensee, in: Isensee/Kirchhof (Hrsg.), HStR IV, § 98 Rn 263

246 Äußerung des Abgeordneten Seebohm im Parlamentarischen Rat, abgedruckt in: v. Doemming/Füsslein/Matz, JöR n. F. 1 (1951), 1, 201; Evers, in: BK, Art. 79 Abs. 3 Rn 210

247 Hain, in: v. Mangoldt/Klein/Starck (Hrsg.), Art. 79 Abs. 3 Rn 119 Fn 422

käme man trotzdem zu der Annahme einer Verbürgung des demokratischen und sozialen Bundesstaates. Der Schutz der Demokratie und Sozialstaatlichkeit ergäbe sich weiterhin aus dem Verweis des Art. 79 Abs. 3 3. Alt. GG auf Art. 20 Abs. 1 GG. Der Schutz der Mitwirkung der Länder an der Gesetzgebung würde weiterhin eine vertikale Gewaltenteilung bewirken, wie sie für die jetzige Ausformung des Bundesstaates typisch ist. Setzt man diese Bausteine zusammen, sähe das Ergebnis bezüglich der Gewährleistung des demokratischen und sozialen Bundesstaates nicht anders aus als bei der Annahme von Evers. Gefolgt werden kann der Ansicht von Hain jedoch in dem Punkt nicht, als dass er alle geschützten Inhalte der Bundesstaatlichkeit genauso allein durch die 1. und 2. Alt. von Art. 79 Abs. 3 GG verbürgt sieht. Wie sich noch zeigen wird, gehört zum Schutzumfang der Bundesstaatlichkeit nicht nur die Gliederung des Bundes in Länder und die Mitwirkung der Länder bei der Gesetzgebung.[248] Eine Identität der Regelungsgehalte zwischen der 1./2. Alt. und der 3. Alt. von Art. 79 Abs. 3 GG kann daher nicht angenommen werden. Alle drei Alternativen des Art. 79 Abs. 3 GG stehen somit bezüglich der bundesstaatlichen Gewährleistungen in einem Ergänzungsverhältnis.

2. Die geschützten Elemente des Bundesstaatsprinzips

Die Frage, was Bundesstaat im Sinne der Unantastbarkeitsbestimmung bedeutet, ist, was im Ansatz bereits deutlich wurde, mit schwierigen Interpretationsproblemen behaftet. Wichtigste Aufgabe wird sein, die bereits angeklungenen zusätzlichen Gewährleistungen der allgemeinen Garantie der Grundsätze der Bundesstaatlichkeit, Art. 79 Abs. 3 3. Alt. i.V.m. Art. 20 Abs. 1 GG, die noch nicht im Rahmen der ersten beiden Alternativen des Art. 79 Abs. 3 GG behandelt wurden, herauszufiltern und zu bestimmen, ob sie für die Thematik dieser Arbeit von Interesse sind. Der Bundesstaatsbegriff stellt die Essenz der einzelnen bundesstaatsrechtlichen Verfassungsbestimmungen dar, die im Wege der Abstraktion aus den konkreten Regelungen sowie aus den den Regelungen zugrunde liegenden Sinn- und Formprinzipien gewonnen wird.[249] Die Bestimmung der allgemeinen Charakteristika der deutschen Bundesstaatlichkeit bleibt also in gewissem Sinne an die positiv-rechtlichen Regelungen des Grundgesetzes zur Bundesstaatlichkeit gebunden.[250] Die Schwierigkeit besteht dabei im Typuscharakter der Bundesstaatlichkeit, der es verbietet, sie einfach nach einem Minimum an Merkmalen zu definieren. Der Bundesstaatsbegriff besteht vielmehr aus einer Fülle von Strukturen, die nicht abschließend beschrieben werden können, da es immer auch ein Mehr oder Weniger, ein höheres oder geringeres Maß an Bundesstaatlichkeit gibt und der Föderalismus vielfältige Entwicklungsmöglichkeiten bie-

248 S.u. 1. Kap. B. III. 2.
249 Isensee, in: Isensee/Kirchhof (Hrsg.), HStR IV, § 98 Rn 267
250 Degenhart/Šarčević, in: Degenhart/Meissner (Hrsg.), HdbSächsVerf, § 3 Rn 3

tet.[251] Die noch zu nennenden anerkannten unantastbaren föderativen Strukturen können damit naturgemäß den ganzen Begriff der Bundesstaatlichkeit nicht ausschöpfen, da Art. 79 Abs. 3 GG nur den Kern der Bundesstaatlichkeit bewahren will.

Der Verweis auf Art. 20 Abs. 1 GG stellt klar, dass unter der grundgesetzlichen Ordnung die Glieder des Bundes an der eigenverantwortlichen Ausübung der Staatsgewalt zu beteiligen sind, es also nicht nur eine zentral organisierte Staatsgewalt gibt.[252] Die allgemeine Garantie der Bundesstaatlichkeit beinhaltet ebenso wie Art. 79 Abs. 3 1. Alt. GG das Erfordernis der Wahrung der Eigenstaatlichkeit von Bund und Ländern unter Einhaltung eines ausbalancierten Systems von Funktionen und Aufgabenverteilung, welches ein Spannungsverhältnis zwischen Bund und Ländern erzeugen muss.[253] Auch hieraus ergibt sich, dass sowohl dem Bund als auch den Ländern Verfassungsautonomie gewährt werden muss.[254] Auf Grund der Staatlichkeit der Länder wird ihnen auch untereinander eine föderale Gleichheit eingeräumt, nach der ihnen zumindest grundsätzlich alle Rechte in formal gleicher Weise gewährt werden müssen.[255] Zu den im weiteren Verlauf nicht weiter interessierenden Gewährleistungen zählt das Gebot des bundesfreundlichen Verhaltens,[256] gegenseitige Einwirkungsrechte[257] über die Mitwirkung der Länder bei der Gesetzgebung, die

251 Vgl. zum Ganzen: Isensee, in: Isensee/Kirchhof (Hrsg.), HStR IV, § 98 Rn 267; Evers, in: BK, Art. 79 Abs. 3 Rn 207; zur spezifischen Ausgestaltung der Bundesstaatlichkeit unter dem Grundgesetz in allen ihren Punkten: z.B.: Stern, Staatsrecht, Bd. I, § 19 III; Maunz/Zippelius, Deutsches Staatsrecht, § 15 IV

252 Weber, Die materiellen Schranken für die Änderung des Bonner Grundgesetzes nach Art. 79 Abs. III BGG, S. 129

253 Sannwald, in: Schmidt-Bleibtreu/Klein (Hrsg.), Art. 79 Rn 53; Lücke, in: Sachs (Hrsg.), Art. 79 Rn 37; Laux, Bedeutung und Inhalt der Grenzen der Grundgesetzänderung nach Art. 79 Abs. III des Bonner Grundgesetzes, S. 105+158; Die Unabänderlichkeitssperre zeigt mit dem Schutz der Staatlichkeit des Bundes gleichzeitig auf, dass die Schaffung eines Staatenbundes, in dem die Befugnisse des Zentralstaates fortgesetzt auf die Länder übertragen werden, gegen Art. 79 Abs. 3 GG verstoßen würde (Weber, Die materiellen Schranken für die Änderung des Bonner Grundgesetzes nach Art. 79 Abs. III BGG, S. 129 f.).

254 Laux, Bedeutung und Inhalt der Grenzen der Grundgesetzänderung nach Art. 79 Abs. III des Bonner Grundgesetzes, S. 105 f.

255 Kaufmann, Bundesstaat und Deutsche Einheit, S. 120; Auf die föderale Gleichheit wird unten (4. Kap. E. IV. 2. a.) ausführlich eingegangen.

256 Dreier, in: Dreier (Hrsg.), Art. 79 III Rn 39

257 Katz, Staatsrecht, Rn 245; Maurer, Staatsrecht I, § 10 Rn 41 ff.; So kann das Prinzip der Bundesstaatlichkeit über die Mitwirkung der Länder bei der Gesetzgebung hinaus auch eine Mitwirkung generell bei der Ausübung von Herrschaftsgewalt, z.B. bei der Verwaltung oder im Finanzwesen, erforderlich machen, wenn ansonsten das Bund-Länder-Verhältnis unter das vertretbare Maß entleert würde und man nicht mehr von einer Eigenstaatlichkeit der Länder sprechen könnte. Dies wäre insbesondere dann der Fall, wenn der Bund ohne Mitwirkung der Länder in einen den Ländern vorbehaltenen Bereich eingreift (Laux, Bedeutung und Inhalt der Grenzen der Grundgesetzänderung nach Art. 79 Abs. III des Bonner Grundgesetzes, S. 103 ff.).

sowohl von der 2. als auch der 3. Alt. des Art. 79 Abs. 3 GG geschützt wird,[258] hinaus sowie sicher auch eine gewisse Homogenitätssicherung.[259]

Insgesamt gewährleistet die inhaltliche Dimension der Bundesstaatlichkeit, wie bereits oben bei der Frage des Verhältnisses der verschiedenen föderalen Sicherungen des Art. 79 Abs. 3 GG zueinander behandelt, dass sich die nach einer Verfassungsänderung vorgefundene Bundesstaatlichkeit als demokratischer und sozialer Bundesstaat beschreiben lässt. Die Bundesstaatlichkeit des Grundgesetzes wird durch die in Art. 20 Abs. 1 GG verewigte Entscheidung für den demokratischen und sozialen Bundesstaat stärker bestimmt als durch starre organisatorische Strukturen oder Kompetenzen.[260] Sie muss stets so ausgestaltet sein, dass sie ihrer Funktion der Schaffung eines demokratischen Bundesstaates gerecht werden kann.[261] Eine Ausgestaltung der Bundesstaatlichkeit, die die Verwirklichung der Demokratie oder Sozialstaatlichkeit unmöglich macht, wäre verfassungswidrig, was sich freilich bereits aus der Unantastbarkeit dieser Prinzipien auf Grund des Verweises des Art. 79 Abs. 3 GG auf Art. 20 Abs. 1 GG ergibt. Doch wird man nicht nur die vollkommene Unterbindung der Realisierung dieser Prinzipien darunter fassen können, sondern es muss verlangt werden, dass die Bundesstaatlichkeit den anderen Prinzipien nicht in einem Maß zuwiderlaufen darf, welches die Schutzfunktion der Sperrklausel zwar noch nicht auslöst, aber diese Prinzipien doch erheblich in ihrer Wirkungsweise beeinträchtigt. Als wichtigstes Kriterium ist hier der Erhalt der Länder als Zentren demokratisch legitimierter politischer Entscheidung zu nennen.[262] Nur so kann es annähernd gleichgewichtige Partner geben, die die Funktion der Gewaltenbalancierung und des Machtausgleichs zwischen Bund und Ländern ausfüllen können; die Länder müssen in der Lage sein, eigene gewichtige politische Entscheidungen treffen zu können, damit es der Opposition auf Landesebene möglich ist, sich durch starke eigene Positionen auf der Bundesebene zur Geltung zu bringen.[263] Durch diese Koppelung der parlamentarischen mit der föderativen Arena und der dadurch bewirkten ausgeprägten institutionellen Politikverflechtung mit einem Zwang zur Einigung zwischen dem Bund und zumindest der Mehrheit der Länder ist die Bundesrepublik gekennzeichnet.[264] Wenn dagegen eingewandt wird, der unantastbare Kern der Unabänderlichkeitssperre könne nicht von einer Zweckbestimmung her erfasst werden,

258 Weber, Die materiellen Schranken für die Änderung des Bonner Grundgesetzes nach Art. 79 Abs. III BGG, S. 129

259 Vgl. dazu: Harbich, Der Bundesstaat und seine Unantastbarkeit, S. 136 ff.

260 Jekewitz, RuP 2003, 89, 90

261 So auch: Hesse, Grundzüge des Verfassungsrechts der Bundesrepublik Deutschland, § 21 Rn 706; Halfmann, Entwicklungen des deutschen Staatsorganisationsrechts im Kraftfeld der europäischen Integration, S. 169; Möller, Die verfassungsgebende Gewalt des Volkes und die Schranken der Verfassungsrevision, S. 171; Wenngleich dies auch nicht die erschöpfende Funktion der Bundesstaatlichkeit sein kann (s. dazu: Isensee, in: Isensee/Kirchhof (Hrsg.), HStR IV, § 98 Rn 270).

262 Hesse, AöR 98 (1973), 1, 14 ff.

263 Hesse, AöR 98 (1973), 1, 15 f.; Benz, Föderalismus und Demokratie, in: Benz/Simonis, S. 17

264 Benz, Föderalismus und Demokratie, in: Benz/Simonis, S. 17

da der Bundesstaat kein „zweckrationales Konstrukt“ sei,[265] so mag dies zwar seine Richtigkeit haben; es muss dem aber entgegengehalten werden, dass die aufgezeigte Offenheit des Bundesstaatsbegriffs, der nur auf wenige Merkmale konkret festgelegt ist, geradezu dazu zwingt. Fehlen klare Kriterien, um die unantastbaren Strukturen des Bundesstaates definieren zu können, so bietet der Zweck ein probates Mittel, an dem sich eine Abstraktion dieser orientieren kann. Zudem wurde bereits festgestellt, dass es dem Grundgesetz weniger um die Festschreibung starrer Strukturen ging, sondern vielmehr um die Festlegung bestimmter Funktionen, die die Bundesstaatlichkeit erfüllen soll.

Hinsichtlich der Thematik dieser Arbeit muss untersucht werden, ob die Argumente derjenigen, die auf dem Standpunkt stehen, eine Einführung der Volksgesetzgebung auf Bundesebene verletze das Bundesstaatsprinzip, auf Grund der herausgearbeiteten Kriterien tragfähig sind und die spezifische Ausgestaltung der Bundesstaatlichkeit in ihren geschützten Elementen betroffen ist. Angeführt wird dabei mehr oder weniger konkret, die Volksgesetzgebung würde nicht die Stellung des ansonsten an der Gesetzgebung mitwirkenden Bundesrates ersetzen, etwaige Lösungen in Richtung einer Länderklausel, angelehnt an das Schweizer Ständemehr, bei der sich auch in den Ländern eine Mehrheit finden muss, können eine konstruktive Mitwirkung der Länder auf Grund ihrer Formalität nicht erreichen und würden zudem lediglich unter personeller Duplizität verschiedene Zählweisen verwirklichen. Zudem sei auch die föderale Gewaltenteilung in Gefahr, wenn die Länder gar nicht oder nur über eine Länderklausel beteiligt würden.

Es wird sich bei der Erörterung dieser Problematiken zeigen, dass eine strikte Trennung zwischen der formalen Garantie des grundsätzlichen Mitwirkungsrechts der Länder an der Gesetzgebung und der inhaltlichen Dimension des Bundesstaatsprinzips kaum möglich ist, da die Ausgestaltung des Mitwirkungsrechts wesentlich von den Anforderungen, die das Grundgesetz an einen demokratischen Bundesstaat stellt, geprägt ist. Zudem ist das grundsätzliche Mitwirkungsrecht der Länder als ein kennzeichnendes Merkmal der deutschen Bundesstaatlichkeit sowohl in der 2. als auch in der 3. Alt. des Art. 79 Abs. 3 GG verbürgt. Der Versuch, diese beiden Alternativen auseinanderzudividieren, wäre zum Scheitern verurteilt. Aus diesem Grund wird die Bearbeitung das Problem der ausreichenden Beteiligung der Länder an der Gesetzgebung im Rahmen der Lösungsmodelle zwar vordergründig unter dem Stichpunkt der Wahrung des Erfordernisses der grundsätzlichen Mitwirkung der Länder an der Gesetzgebung behandeln, andere bundesstaatliche Elemente fließen dort aber unweigerlich mit ein.

265 Isensee, in: Isensee/Kirchhof (Hrsg.), HStR IV, § 98 Rn 271

3. Die Bedeutung der Bundesstaatlichkeit des Grundgesetzes

Die Darstellung der Bedeutung und Wirkungen der Bundesstaatlichkeit des Grundgesetzes kommt auf Phänomene zurück, die in der Literatur unter dem Stichwort der Legitimation der Bundesstaatlichkeit abgehandelt werden. Es sei an dieser Stelle offengelassen, inwieweit das Staatsprinzip der Bundesstaatlichkeit überhaupt legitimationsbedürftig ist und inwieweit die gefundenen Ergebnisse zu einer Legitimation des Bundesstaates in der Lage wären.[266] Erwähnt sei jedoch, dass Äußerungen dahingehend, dass der Bundesstaat auf Grund seiner Vereinbarkeit und Förderlichkeit mit den Geboten der Demokratie und des Rechtsstaates gerechtfertigt ist und nicht aus sich selbst heraus, er seine Legitimation somit aus dem Nutzen, den er für andere Verfassungsprinzipien erbringt, zieht und nicht aus eigenem Wert, er damit letztlich nur eine abgeleitete Legitimation besitzt,[267] nicht unproblematisch sind. Hier geht es allein darum, die der Bundesstaatlichkeit zugeschriebenen Wirkungen darzustellen und auf ihre Relevanz für das vorliegende Problem hin zu untersuchen. Gleichzeitig wird damit wiederum auf die inhaltliche Komponente der Bundesstaatlichkeit eingegangen, die nach dem eben Erörterten neben den formalen Kriterien des Art. 79 Abs. 3 GG dessen Schutz unterliegt.

Die Argumente zur Rechtfertigung des bundesstaatlichen Prinzips setzen im Kern bei der Pluralität der politischen Leitungsgewalt an, die zu einer Machtaufgliederung und damit zur Dezentralisation führt.[268] Letztlich lassen sich vier große Leitlinien finden. Zunächst wird der Bundesstaatlichkeit die Funktion zugeschrieben, der Erhaltung und Sicherung regionaler Besonderheiten zu dienen.[269] Geschichtlich kann dies wohl als ein Nachwirken des bündischen Elements der Reichsgründung im 19. Jahrhundert verstanden werden.[270] Diese Funktion tritt angesichts der Mobilität und

266 Die Frage nach der Legitimationsbedürftigkeit wird u.a. gestellt von: Isensee, in: Isensee/Kirchhof (Hrsg.), HStR IV, § 98 Rn 299 ff.; Vogel, in: Benda/Maihofer/Vogel (Hrsg.), HdbVerfR, § 22 Rn 12; Katz, Staatsrecht, Rn 256; Hain, Die Grundsätze des Grundgesetzes, S. 396 ff.; Schenke, JuS 1989, 698; Bauer, DÖV 2002, 837 ff.; kritisch: Oeter, Integration und Subsidiarität im deutschen Bundesstaatsrecht, S. 393 f.; dem folgend: Menzel, Landesverfassungsrecht, S. 148, der die Form als Ergebnis eines historischen Prozesses sieht, der sich keinen theoretischen Gesetzmäßigkeiten unterwirft, und die Frage nach der Legitimation als typisch deutsche Frage qualifiziert, da sie in anderen Bundesstaaten nicht gestellt werde.

267 So z.B.: Isensee, AöR 115 (1990), 248, 260

268 Stern, Staatsrecht, Bd. I, § 19 II 1; Vogel, in: Benda/Maihofer/Vogel (Hrsg.), HdbVerfR, § 22 Rn 13; Hempel, Der demokratische Bundesstaat, S. 188; Schubert, JURA 2003, 607, 611; eingehende Auseinandersetzung mit allen vertretenen Legitimationstheorien: Isensee, in: Isensee/Kirchhof (Hrsg.), HStR IV, § 98 Rn 300 ff.; weiterführende Literaturhinweise bei: Bauer, DÖV 2002, 837, 838 Fn 8 und Grimm, AöR 97 (1972), 489, 532 Fn 142

269 Ausführliche Darstellung dazu, ob der Föderalismus dies überhaupt leisten kann, bei: Benz, Föderalismus und Demokratie, in: Benz/Simonis (Hrsg.), S. 8 f.

270 Schmidt, AöR 87 (1962), 253, 268

Durchmischung der Bevölkerung heute allerdings zunehmend in den Hintergrund.[271] Die Wertschätzung der Vielfalt und die territoriale Verschiedenheit spielen zunehmend nur noch eine untergeordnete Rolle,[272] auch auf Grund des ewigen Rufes nach gleichwertigen Lebensverhältnissen im gesamten Bundesgebiet. Trotz dessen soll dies nicht ganz aus den Augen verloren werden, da der Bundesrat als Vertretung der Interessen der Länder beim Bund auch darauf abzielt, den Ländern Gelegenheit zu geben, ihre auf Grund ihrer Eigenart im Vergleich mit anderen Ländern differierende Auffassung darzulegen. Bei der Frage, ob die Einführung von Volksentscheiden auf Bundesebene verfassungswidrigerweise den Bundesrat ausschaltet, wird diese Funktion des Bundesrates zu berücksichtigen sein. Der Gesichtspunkt der Schaffung eines Wettbewerbes auf sozialem, kulturellem, wirtschaftlichem und politischem Gebiet zwischen Bund und Ländern und den Ländern untereinander,[273] dem allerdings in der Praxis durch Konsenslösungen oftmals ausgewichen wird,[274] spielt dagegen hier keine Rolle, da die Mitwirkung der Länder auf der Bundesebene in Frage steht, bei der keine Wettbewerbsposition zwischen mehreren staatlichen Ebenen entsteht. Durch die bestehende Aufteilung der Bundesrepublik kann auch kaum von einer sachgerechten Erfüllung der Aufgaben durch die Länder gesprochen werden; diese Funktion des Föderalismus erfüllt die deutsche Bundesstaatlichkeit also nicht unbedingt;[275] sie wäre hier auch nicht relevant. Das Bestehen der Möglichkeit eines „Pluralismus der Initiativen“[276] wird weiterhin z.B. über den Bundesrat und dessen Recht zur Gesetzesinitiative (Art. 76 Abs. 1 GG) ausgefüllt. Der Aspekt der Ergänzung und Verstärkung der Elemente der Demokratie durch eine Doppelung der demokratischen Entscheidungsebenen und damit der Schaffung von sachnaher und eigenverantwortlicher Entscheidung[277] wird hier ebenfalls nicht eingeschränkt.

271 Hesse, Grundzüge des Verfassungsrechts der Bundesrepublik Deutschland, Rn 223; v. Münch, Staatsrecht, Bd. 1, Rn 512; v. Arnim, Vom schönen Schein der Demokratie, S. 132; Hempel, Der demokratische Bundesstaat, S. 217 m.w.N.; Schmidt, AöR 87 (1962), 253, 268; Schenke, JuS 1989, 698; Bauer, DÖV 2002, 837, 838

272 v. Arnim, Vom schönen Schein der Demokratie, S. 133 f.; Kaufmann, Bundesstaat und Deutsche Einheit, S. 1; Grimm, AöR 97 (1972), 489, 532

273 Stern, Staatsrecht, Bd. I, § 19 II 2; Katz, Staatsrecht, Rn 512; Hempel, Der demokratische Bundesstaat, S. 218; Pechstein/Weber, JURA 2003, 82, 83

274 Pechstein/Weber, JURA 2003, 82, 83

275 v. Arnim, Vom schönen Schein der Demokratie, S. 132 f.

276 Elgeti, Inhalt und Grenzen der Föderativklausel des Art. 79, III GG, S. 90

277 Dazu: Stern, Staatsrecht, Bd. I, § 19 II 2; Vogel, in: Benda/Maihofer/Vogel (Hrsg.), HdbVerfR, § 22 Rn 15; Hesse, Der unitarische Bundesstaat, S. 30 f.; ders., Grundzüge des Verfassungsrechts der Bundesrepublik Deutschland, Rn 224+273; Maurer, Staatsrecht I, § 7 Rn 53; Benz, Föderalismus und Demokratie, in: Benz/Simonis, S. 5 ff.; Isensee, AöR 115 (1990), 248, 270; Hesse, AöR 98 (1973), 1, 12 f.

Einer der das bundesstaatliche System letztlich tragenden Gesichtspunkte wird jedoch zunehmend in seiner gewaltenhemmenden Funktion gesehen.[278] Die Statuierung einer Kontrolle der Macht ist eine der wichtigsten Funktionen der Verfassung als normative Grundordnung des Staates.[279] In Zeiten zunehmender Gefährdung der Freiheit des Einzelnen durch kollektive Kräfte kann das Bundesstaatsprinzip durch die Aufteilung der Staatgewalt zwischen Bund und Ländern dazu beitragen, den Grundwert der Gewaltenteilung, den Montesquieu hervorgehoben hat, zu verwirklichen, nämlich Sicherung der Freiheit und Personenwürde des Einzelnen durch Machtbeschränkung.[280] Die Bezüge von Staatenverbindung und Freiheitssicherung waren dabei auch Montesquieu durchaus schon bewusst, wenn er konstatiert, dass Staatenassoziationen in der Lage sind, den Vorzug der Freiheit mit der Kraft großer Staaten vereinen zu können.[281] Der Aspekt der Gewaltenteilung vervollständigt die rechtsstaatliche Ordnung, indem durch gegenseitige Mitwirkungs- und Kontrollbefugnisse einem Machtmissbrauch gewehrt werden soll.[282] Sie soll integrierend wirken sowie für stabile und kontinuierliche politische Verhältnisse sorgen.[283] Die föderative Gewaltenteilung führt zur Dezentralisation sowie zur Verhinderung von Machtkonzentration, vor allem in Zeiten, in denen eine wirksame Opposition zur Regierungsmehrheit „im Hafen der Allparteienregierung" ihr Ende findet.[284] Zugleich wird durch eine territoriale Gliederung, bei der die Glieder gewichtige Mitspracherechte haben, ein Minderheitenschutz bewirkt, z.B. durch die Möglichkeit für eine Minderheit, in einem Bundesland staatliche Verantwortung zu übernehmen und den Einbau einer möglichen Opposition in die Ausübung der Befugnisse durch

278 Für die bundesstaatliche Ordnung des Grundgesetzes hat erstmals Hesse, Der unitarische Bundesstaat, die gewaltenteilenden Wirkungen der Bundesstaatlichkeit als Legitimationsgrund für diese hervorgehoben. S. auch: BVerfGE 12, 205, 229; 55, 274, 318 f.; Stern, FS Huber, S. 323; Laufer/Münch, Das föderative System der Bundesrepublik Deutschland, S. 149; Reuter, Föderalismus, S. 80; Degenhart, DÖV 1981, 477, 484; kritisch: v. Arnim, Vom schönen Schein der Demokratie, S. 134 ff.

279 Schambeck, FS Geiger, S. 643

280 Vogel, in: Benda/Maihofer/Vogel (Hrsg.), HdbVerfR, § 22 Rn 17; Stein/Frank, Staatsrecht, § 13 V; Maurer, Staatsrecht I, § 10 Rn 75; Maunz/Zippelius, Deutsches Staatsrecht, § 15 IV 2; Katz, Staatsrecht, Rn 257; Schambeck, FS Geiger, S. 644+658+660; Schodder, Föderative Gewaltenteilung in der Bundesrepublik Deutschland, S. 1, 3; Schmidt, AöR 87 (1962), 253, 268 f.

281 Schambeck, FS Geiger, S. 661

282 Hesse, Grundzüge des Verfassungsrechts der Bundesrepublik Deutschland, Rn 229; Katz, Staatsrecht, Rn 257; Scheuner, DÖV 1962, 641, 645

283 Flemming, Entwicklung und Zukunft des Föderalismus in Deutschland, S. 249

284 Stern, Staatsrecht, Bd. I, § 6 II 7+§ 19 II 2; Maurer, Staatsrecht I, § 10 Rn 75; Maunz/Zippelius, Deutsches Staatsrecht, § 15 IV 2; Hesse, Der unitarische Bundesstaat, S. 27; Oeter, Integration und Subsidiarität im deutschen Bundesstaatsrecht, S. 396 f.; Šarčević, Das Bundesstaatsprinzip, S. 195; Flemming, Entwicklung und Zukunft des Föderalismus in Deutschland, S. 182; Grimm, AöR 97 (1972), 489, 532; Isensee, AöR 115 (1990), 248, 269; Schenke, JuS 1989, 698, 699; Pechstein/Weber, JURA 2003, 82, 83

den Bund.[285] Durch diese von der Bundesstaatlichkeit mit bewirkte Breite der Gewaltenteilung wird der Weg geebnet für die Annahme einer umfassenden Gewaltenteilungslehre weg von der klassischen, sich auflösenden Dreiteilung der Gewalten.[286] Vorausgesetzt wird dabei die Existenz eines Systems dezentraler, autonomer Entscheidungseinheiten; es müssen sich echte, selbständige und eigenverantwortliche Gegenspieler gegenüberstehen, in deren Hintergrund verschiedene Machtgruppen wirken.[287] Das bundesstaatliche Prinzip als ein Element der Gewaltenteilung der deutschen Verfassung entfaltet sich vertikal durch die Aufteilung der Kompetenzen zwischen Bundes- und Landesorganen, d.h. dem Vorhandensein von Entscheidungsträgern sowohl beim Bund als auch beim Land, und horizontal durch die Mitwirkungsrechte des Bundesrates an der Gesetzgebung und Verwaltung des Bundes, die die Befugnisse von Bundesregierung und Bundestag beschränken.[288] Die vertikale Gewaltenteilung ist durch die Verteilung des Schwergewichts der Gesetzgebungskompetenzen beim Bund und der Verwaltungskompetenzen bei den Ländern gekennzeichnet.[289] Auf Grund dieser Orientierung an den drei Staatsfunktionen tritt eine Überschneidung mit der klassischen horizontalen Gewaltenteilung ein.[290] Die im Wesentlichen auf Kontrolle und Korrektur angelegten Befugnisse des die horizontale Gewaltenteilung verwirklichenden Bundesrates spielen vor allem als Gegengewicht zum Bundestag eine wesentliche Rolle im Gewaltenteilungssystem des Grundgeset-

285 Vogel, in: Benda/Maihofer/Vogel (Hrsg.), HdbVerfR, § 22 Rn 15; Maunz/Zippelius, Deutsches Staatsrecht, § 15 IV 4; Hesse, Grundzüge des Verfassungsrechts der Bundesrepublik Deutschland, Rn 225; Thieme, Föderalismus im Wandel, S. 152; Benz, Föderalismus und Demokratie, in: Benz/Simonis, S. 8 ff.; Hesse, AöR 98 (1973), 1, 13; Bereits im „Federalist" (Nr. 51), später z.B. auch von Ernst Fraenkel, wurde für die Zwecke des Minoritätenschutzes der föderative Staatsaufbau gefordert. Ein solcher Minoritätenschutz wurde im Übrigen seit jeher durch eine Aufspaltung der Gesamtkörperschaft z.B. der Völker in Klassen oder der Stände in Kollegien verwirklicht. Der föderative Staatsaufbau ist nur eine dieser Ausformungen (Varain, ZfP 1964, 239, 248).

286 Dazu: Kägi, FS Huber, S. 151 ff. (insbesondere S. 169); Schambeck, FS Geiger, S. 659 f.; Hesse, Der unitarische Bundesstaat, S. 28

287 Hesse, Grundzüge des Verfassungsrechts der Bundesrepublik Deutschland, Rn 230; Schodder, Föderative Gewaltenteilung in der Bundesrepublik Deutschland, S. 28 ff.

288 BT-Drucks. 7/5924, S. 96; Stern, Staatsrecht, Bd. I, § 19 II 2+III 1; Maunz/Zippelius, Deutsches Staatsrecht, § 15 IV 2; v. Münch, Staatsrecht, Bd. 1, Rn 512; Schodder, Föderative Gewaltenteilung in der Bundesrepublik Deutschland, S. 24 ff.; Hempel, Der demokratische Bundesstaat, S. 223 m.w.N.; Hesse, Grundzüge des Verfassungsrechts der Bundesrepublik Deutschland, Rn 231; ders., Der unitarische Bundesstaat, S. 27; ders., AöR 98 (1973), 1, 12; kritisch: Thieme, Föderalismus im Wandel, S. 151; Jekewitz, RuP 2003, 89, 90; Isensee, AöR 115 (1990), 248, 269 f. m.w.N.; Beaud, Der Staat 35 (1996), 45, 52 f. lehnt dieses Merkmal als ein den Bundesstaat kennzeichnendes ab, da zumindest die vertikale Gewaltenteilung auch in Einheitsstaaten realisiert werden könne; zur Entwicklung dieser Legitimation unter Madison in den USA: Schmidt, AöR 87 (1962), 253, 266 f.; Benz, Föderalismus und Demokratie, in: Benz/Simonis, S. 4 f.; Eine Untersuchung aller konkreten gewaltenteilenden bundesstaatlichen Elemente im Grundgesetz und deren Effektivität nimmt: Schodder, Föderative Gewaltenteilung in der Bundesrepublik Deutschland, S. 30 ff. vor.

289 Schodder, Föderative Gewaltenteilung in der Bundesrepublik Deutschland, S. 9

290 Schambeck, FS Geiger, S. 661 f.

zes.[291] Ursprünglich gründete sich der gewaltenteilende Gedanke hinsichtlich des Bundesrates auf der Annahme, durch ihn würden spezifische Landesinteressen in das Bundesgesetzgebungsverfahren einfließen. Diese Erwartung erfüllte sich aus verschiedenen Gründen nur in geringem Umfang: Zum einen spielt die Ausweitung der Zustimmungsbedürftigkeit von Gesetzen durch das Bundesverfassungsgericht auch auf solche Teile des Gesetzes, die für sich genommen keine Zustimmungsbedürftigkeit auslösen,[292] eine Rolle, zum anderen der parteienstaatliche Einfluss auf den Bundesrat sowie der durch die moderne Industriegesellschaft festzustellende Trend zur Unitarisierung.[293] Vielmehr sind die gewaltenteilenden Effekte neben der doch nicht völlig ausgeblendeten Einbringung der Länderinteressen in der möglichen parteipolitischen Opposition zum Bundestag sowie der Einbeziehung der Verwaltungserfahrungen der Bundesländer zu sehen, die eine Kontrolle der Länderexekutive über die Legislativgewalt des Bundes bewirkt.[294] Dem Bundesgesetzgeber tritt die Länderbürokratie über den Bundesrat als ein Gegenspieler eigener Positionen gegenüber.[295] Der gewaltenteilende Effekt wird allerdings wieder eingeschränkt, wenn im Bundestag und Bundesrat die gleichen parteipolitischen Kräfte vorherrschen, auch wenn ein völliger Gleichklang auch dann u.a. auf Grund der unterschiedlichen Zusammensetzung und Zielsetzungen dieser Organe und des Länderbezugs der Gesetze in der politischen Praxis verhindert wird.[296] Nur solange die Opposition im Bundestag die beherrschende Kraft im Bundesrat ist, ist jedoch eine effektive wechselseitige Kontrolle und Beschränkung der Macht der Organe gewährleistet. Die im Bundesrat verwirklichte horizontale Gewaltenteilung hat wiederum negative Effekte auf die Effektivität der vertikalen Gewaltenteilung, da er die ohnehin bestehenden, die Wirkungen der vertikalen Gewaltenteilung erheblich abschwächenden Unitarisierungstendenzen weiter verstärkt.[297] Trotzdem wird das Prinzip des Föderalismus heute als einer der wichtigsten, wenn nicht als der bedeutendste Faktor der Gewaltentrennung angesehen.[298] Im Fernsehurteil des Bundesverfassungsgerichts wird der Föderalismus dann auch ausdrücklich dem Interesse einer wirksamen Gewaltenteilung verschrieben.[299] Inwieweit diese sich dann im Endeffekt auswirkt, ist eine Frage

291 Maurer, FS Winkler, S. 631; Reuter, Föderalismus, S. 80; Hebeler, JA 2003, 522, 527

292 BVerfGE 8, 274, 294 f.

293 Schenke, in: Schneider/Zeh (Hrsg.), Parlamentsrecht und Parlamentspraxis, § 55 Rn 31 f.

294 Schenke, in: Schneider/Zeh (Hrsg.), Parlamentsrecht und Parlamentspraxis, § 55 Rn 33; Hesse, Grundzüge des Verfassungsrechts der Bundesrepublik Deutschland, § 7 Rn 232; ders., Der unitarische Bundesstaat, S. 27 f.; Šarčević, Das Bundesstaatsprinzip, S. 195 f.; Reuter, Föderalismus, S. 80+118; Merten, VVDStRL 58 (1999), 125, 126; Schenke, JuS 1989, 698, 702

295 Hesse, Der unitarische Bundesstaat, S. 27; Tüller, Die Rechtsstellung der Länder und des Bundesrates im Prozeß der politischen Willensbildung in Angelegenheiten der Europäischen Union (Art. 23 GG n.F.), S. 253; kritisch: Scheuner, DÖV 1962, 641, 645

296 S. dazu: Schenke, JuS 1989, 698, 701

297 Hesse, Der unitarische Bundesstaat, S. 26; Schenke, JuS 1989, 698, 701 f.

298 Peters, Die Gewaltentrennung in moderner Sicht, S. 24

299 BVerfGE 12, 205, 229

der Effektivität der Machtverteilung, die sich nicht in einer formell-organisatorischen Gewaltentrennung erschöpfen darf, sondern auch materiell-inhaltlich ausgeprägt sein muss.[300] Der Verteilung der staatlichen Befugnisse und Aufgaben kommt somit entscheidende Bedeutung zu.[301] Die Bundesstaatlichkeit kann dem Anliegen der Gewaltenteilung nur gerecht werden, wenn sie durch die Herstellung eines Gleichgewichts der politischen Kräfte zu einer Mäßigung der staatlichen Macht führt.[302]

Die vorliegende Untersuchung hat sich vor allem den Folgen für die horizontale Gewaltenteilung zu widmen, die eintreten, wenn der Bundesrat als Gesetzgebungsorgan im konkreten Einzelfall ausgeschaltet wird. In der Literatur bislang ungeklärt ist die Frage, ob auch die vertikale Gewaltenteilung bei einer Ausschaltung des Bundesrates betroffen ist. Laut der Definition, nach der diese durch die Aufteilung der staatlichen Gewalt, also der Gesetzgebungs-, Vollziehungs- und Rechtsprechungskompetenzen, zwischen Organen des Bundes und der Länder gekennzeichnet ist, wäre dies auf den ersten Blick zu verneinen. Trotz dessen wird der Bundesrat als Organ gelegentlich auch mit der vertikalen Gewaltenteilung in Verbindung gebracht,[303] was nur insofern überzeugend ist, als man an die Einbringung der Verwaltungserfahrung der Länder anknüpft.[304] Auf Grund dieser unterschiedlichen Ansichten dessen, was unter vertikaler Gewaltenteilung verstanden werden soll, wird im Folgenden allgemein von föderativer Gewaltenteilung gesprochen.

IV. Die Grundsätze des Demokratieprinzips

Die Grundsätze der Demokratie werden über den Verweis des Art. 79 Abs. 3 GG auf Art. 20 Abs. 1, 2 GG geschützt. Vom Schutz umfasst sind die Grundsätze der klassischen Demokratie,[305] was wiederum bedeutet, dass nicht alle Ausprägungen und Ausgestaltungen der verfassungsrechtlichen Entscheidung für das Demokratieprinzip

300 Schambeck, FS Geiger, S. 663 f.; dazu ausführlich: Hesse, Der unitarische Bundesstaat, S. 27; Flemming, Entwicklung und Zukunft des Föderalismus in Deutschland, S. 249 ff.+286 f.; Schenke, JuS 1989, 698, 699 f.

301 Schodder, Föderative Gewaltenteilung in der Bundesrepublik Deutschland, S. 25

302 Schodder, Föderative Gewaltenteilung in der Bundesrepublik Deutschland, S. 228, der der Bundesstaatlichkeit diese Funktion in der Verfassungswirklichkeit nicht zuzusprechen vermag (vgl. S. 228 ff.).

303 S. nur: Vogel, in: Benda/Maihofer/Vogel (Hrsg.), HdbVerfR, § 22 Rn 17; Böckenförde/Stern, Überlegungen zur Verfassungsreform, S. 65; Schambeck, FS Geiger, S. 671; Merten, VVDStRL 58 (1999), 125; Hablitzel, BayVBl. 1979, 39, 42; Hebeler, JA 2003, 522, 527, der dies allerdings mit der Stellung als Gegengewicht zum Bundestag begründet, was wohl eher ein Aspekt der horizontalen Gewaltenteilung darstellt. Deshalb wird von einigen Autoren auch nur auf die horizontale Gewaltenteilung abgestellt, z.B.: Schenke, JuS 1989, 698, 701 f.

304 So auch: Šarčević, Das Bundesstaatsprinzip, S. 195 f.

305 Maunz/Dürig, in: Maunz/Dürig, Art. 79 Abs. III Rn 47; Bushart, Verfassungsänderung in Bund und Ländern, S. 61

im Grundgesetz unabänderlich sind.[306] Das Demokratieprinzip findet sich an verschiedenen Stellen in jeweils unterschiedlichen Zusammenhängen im Grundgesetz, wobei Art. 20 Abs. 1 GG mit der Benennung der tragenden Verfassungsprinzipien eine Selbstcharakterisierung des Grundgesetzes beinhaltet, die bei Zweifeln und Lücken ergänzend zu den zahlreichen Konkretisierungen in der Verfassung eingreift.[307] Trotz der historischen Wandelbarkeit des politischen Begriffs der Demokratie und dessen Inhalts ändern sich die wesentlichen Elemente der demokratischen Idee nicht.[308] Die Gesamtkonzeption des Grundgesetzes muss bei der Auslegung jedoch trotzdem beachtet werden, da nicht ein beliebiger Demokratiebegriff geschützt ist, sondern der konkret vom Grundgesetz gestaltete.[309] Zu beachten ist auch hier die Einbettung dieser demokratischen Gesamtkonzeption des Grundgesetzes in die Verfassung in ihrer gesamtheitlichen Aussage.[310]

1. Die geschützten Elemente des Demokratieprinzips

Die Interpretation der demokratischen Ordnung hat zwei Fragenkreise zu unterscheiden: die Entstehung und Institutionalisierung der staatlichen Autorität (Art. 20 Abs. 2 S. 1 GG) sowie die Ausübung politischer Leitungsgewalt (Art. 20 Abs. 2 S. 2 GG).[311] Unabänderlich sind sowohl das Prinzip der Volkssouveränität als auch das Erfordernis der demokratischen Legitimation allen Staatshandelns. Der Schutz der Grundsätze des Demokratieprinzips gebietet nach dem klassischen Verständnis von moderner Demokratie, dass es das Volk sein muss, von dem sich alle Staatsgewalt zumindest mittelbar ableitet und aus dem sich alle Herrschaft legitimiert.[312] Demokratie bedeutet, dass das Volk nicht nur Ursprung und Träger der politischen Herrschaftsgewalt ist, sondern sie auch selbst ausübt und innehat.[313] Letztlich muss es das Volk sein, welches entscheidet; die Herrschaft muss sich von unten nach oben voll-

306 Birkenheier, Wahlrecht für Ausländer, S. 90

307 Maurer, FS Stein, S. 153

308 Chen, Die immanenten materiellen Schranken der verfassungsändernden Gewalt in der Verfassung der Republik China (Taiwan) und in dem Grundgesetz für die Bundesrepublik Deutschland unter besonderer Berücksichtigung des Art. 79 III des Grundgesetzes, S. 81

309 Curtius, Die Schranken der Änderung des Grundgesetzes, S. 74, der dies mit dem Beispiel belegt, dass die Einführung einer Volksdemokratie unzulässig wäre.

310 Curtius, Die Schranken der Änderung des Grundgesetzes, S. 74

311 Hempel, Der demokratische Bundesstaat, S. 156

312 Degenhart, Staatsrecht I, Rn 12 ff.; Maurer, Staatsrecht I, § 7 Rn 26; Birkenheier, Wahlrecht für Ausländer, S. 91; Peters, Die Problematik der deutschen Demokratie, S. 25 ff.; Curtius, Die Schranken der Änderung des Grundgesetzes, S. 110; Weber, Die materiellen Schranken für die Änderung des Bonner Grundgesetzes nach Art. 79 Abs. III BGG, S. 102; Leibholz, DVBl. 1951, 554, 555; Rux, LKV 2002, 252, 256

313 Böckenförde, in: Isensee/Kirchhof (Hrsg.), HStR II, § 24 Rn 8; Laux, Bedeutung und Inhalt der Grenzen der Grundgesetzänderung nach Art. 79 Abs. III des Bonner Grundgesetzes, S. 79; Kruis, DÖV 2003, 10, 13

ziehen.[314] Das Volk muss auch die Befugnis haben, die getroffenen politischen Entscheidungen zu kontrollieren.[315] Derzeit realisiert das Grundgesetz dies in der Form der mittelbaren Demokratie, was die regelmäßige Durchführung von effektiven Wahlen erforderlich macht,[316] wobei die Repräsentation als Modell nicht alleinig zulässig ist.[317] Im Stadium der Abstimmung über ein Volksgesetz im Rahmen des Volksentscheids handelt das Volk dagegen selbst als Souverän und übt Staatsgewalt aus; hier wird von Gesetzes wegen unmittelbare Legitimation hergestellt.[318] Die demokratische Legitimation wird ansonsten ausschließlich über eine ununterbrochene Legitimationskette[319] vom Volk hin zu den mit Staatsgewalt betrauten Organen vermittelt. Nur so können die Entscheidungen der Amtsträger dem Volk zugerechnet werden.[320] Die Legitimation kann auf verschiedenen Wegen hergestellt werden; entscheidend ist dabei die Effektivität der Legitimation, die Erreichung eines bestimmten Legitimationsniveaus.[321] Die Art und Weise der Herleitung der demokratischen Legitimation aus dem Volkswillen regelt Art. 20 Abs. 2 S. 1 GG nicht.[322]

Als fundamentaler Grundsatz gehört ebenso das Mehrheitsprinzip zum Schutzumfang, d.h. die mehrheitlich vom Souverän getroffene Entscheidung muss sich durchsetzen,[323] wobei unerlässliche Voraussetzung für die Verwirklichung des Mehrheitsprinzips in einer Demokratie sowohl die staatsbürgerliche Freiheit[324] als auch die demokratische Egalität aller, die gleichberechtigte Teilhabe aller an der Selbstbe-

314 v. Münch, Staatsrecht, Bd. 1, Rn 125+134; Chen, Die immanenten materiellen Schranken der verfassungsändernden Gewalt in der Verfassung der Republik China (Taiwan) und in dem Grundgesetz für die Bundesrepublik Deutschland unter besonderer Berücksichtigung des Art. 79 III des Grundgesetzes, S. 83 f.

315 Hesse, Grundzüge des Verfassungsrechts der Bundesrepublik Deutschland, § 5 Rn 134; Katz, Staatsrecht, Rn 149; Chen, Die immanenten materiellen Schranken der verfassungsändernden Gewalt in der Verfassung der Republik China (Taiwan) und in dem Grundgesetz für die Bundesrepublik Deutschland unter besonderer Berücksichtigung des Art. 79 III des Grundgesetzes, S. 84

316 Bushart, Verfassungsänderung in Bund und Ländern, S. 61; Badura, Staatsrecht, S. 277 f.

317 Hain, in: v. Mangoldt/Klein/Starck (Hrsg.), Art. 79 Abs. 3 Rn 81; Maunz/Dürig, in: Maunz/Dürig, Art. 79 Abs. III Rn 47; Katz, Staatsrecht, § 9 Rn 143; Curtius, Die Schranken der Änderung des Grundgesetzes, S. 112

318 ThürVerfGH LKV 2002, 83, 89

319 BVerfGE 47, 253, 275; 93, 37, 67; Evers, in: BK, Art. 79 Abs. 3 Rn 180; Hain, in: v. Mangoldt/Klein/Starck (Hrsg.), Art. 79 Abs. 3 Rn 83

320 Hain, in: v. Mangoldt/Klein/Starck (Hrsg.), Art. 79 Abs. 3 Rn 83

321 BVerfGE 83, 60, 72; 89, 155, 182; Hain, in: v. Mangoldt/Klein/Starck (Hrsg.), Art. 79 Abs. 3 Rn 84; Sannwald, in: Schmidt-Bleibtreu/Klein (Hrsg.), Art. 79 Rn 57

322 Rinken, FS Schefold, S. 223 ff.; Bryde, in: v. Münch/Kunig (Hrsg.), Art. 79 Rn 40

323 Curtius, Die Schranken der Änderung des Grundgesetzes, S. 120 f.; Leibholz, DVBl. 1951, 554, 556

324 Curtius, Die Schranken der Änderung des Grundgesetzes, S. 112; Leibholz, DVBl. 1951, 554, 556

stimmung des Volkes ist.[325] Die Entscheidung der Mehrheit gilt bei der Ausübung von Staatsgewalt als Wille der Gesamtheit und entfaltet nach der Idee der freien Selbstbestimmung der Bürger Verpflichtungskraft für alle.[326] Es rechtfertigt sich vor allem aus der Tatsache, dass in einer pluralistischen und bevölkerungsreichen Gesellschaft Einstimmigkeit fast nie erreicht werden kann und ansonsten Immobilismus Einzug halten würde.[327] Da es ein für vielfache Ausgestaltungen offenes Prinzip darstellt, ist eine zurückhaltende Interpretation nötig.[328] Das Gesetz der Stimmenmehrheit setzt nach Rousseau jedenfalls aber ein mit einmaliger Einstimmigkeit beschlossenes Übereinkommen voraus, dass es gelten soll,[329] sowie ein Minimum an Grundkonsens über fundamentale Werte und Spielregeln.[330] Zudem ist die Anerkennung der Möglichkeit unterschiedlicher und sich verändernder Mehrheitsverhältnisse und einer pluralistisch sich integrierenden Gesellschaft in einem demokratischen Staat Voraussetzung, wodurch die jeweilige Minderheit die real gleiche Chance hat, in einem späteren Fall die Mehrheit zu gewinnen.[331] Die Macht der Mehrheit unterliegt in einer freiheitlichen demokratischen Grundordnung jedoch auch vielfältigen Bindungen und ist keineswegs unumschränkt oder absolut.[332] Sie findet ihre Grenzen dort, wo es u.a. der Minderheitenschutz erfordert, d.h. es sieht seine Grenzen im Schutz der das Demokratieprinzip materialisierenden Freiheitsrechte und des Gleichheitsgrundsatzes, in denen vor allem die Schutzpositionen der Minderheiten verankert sind.[333] Auch das Bundesverfassungsgericht deutet rechts- und bundesstaatliche Grenzen des Mehrheitsprinzips an.[334] Vor allem das Merkmal der demokratischen Egalität und seine Grenzen, die andere Staatsstrukturprinzipien diesem ziehen, hier

325 Böckenförde, in: Isensee/Kirchhof (Hrsg.), HStR II, § 24 Rn 52; Hain, in: v. Mangoldt/Klein/Starck (Hrsg.), Art. 79 Abs. 3 Rn 76+86; ders., Die Grundsätze des Grundgesetzes, S. 336 ff.; Katz, Staatsrecht, Rn 151; Birkenheier, Wahlrecht für Ausländer, S. 91; Storr, Verfassunggebung in den Ländern, S. 268; Curtius, Die Schranken der Änderung des Grundgesetzes, S. 112; Peters, Die Problematik der deutschen Demokratie, S. 34 ff.; Kruis, DÖV 2003, 10, 13; zweifelnd, ob die Gleichheit an der Teilhabe der Staatsgewalt Art. 79 Abs. 3 GG unterfällt: Evers, in: BK, Art. 79 Abs. 3 Rn 183

326 BVerfGE 44, 125, 142; Storr, Verfassunggebung in den Ländern, S. 268

327 Hesse, Grundzüge des Verfassungsrechts der Bundesrepublik Deutschland, § 5 Rn 142; Storr, Verfassunggebung in den Ländern, S. 268

328 Sachs, LKV 2002, 249, 250

329 Harbich, Der Bundesstaat und seine Unantastbarkeit, S. 56

330 Katz, Staatsrecht, Rn 151; Hesse, Grundzüge des Verfassungsrechts der Bundesrepublik Deutschland, § 5 Rn 143

331 Maunz/Dürig, in: Maunz/Dürig, Art. 79 Abs. III Rn 47; Hesse, Grundzüge des Verfassungsrechts der Bundesrepublik Deutschland, § 5 Rn 143

332 Vgl. zum Ganzen näher: Chen, Die immanenten materiellen Schranken der verfassungsändernden Gewalt in der Verfassung der Republik China (Taiwan) und in dem Grundgesetz für die Bundesrepublik Deutschland unter besonderer Berücksichtigung des Art. 79 III des Grundgesetzes, S. 116 ff.

333 Katz, Staatsrecht, Rn 151

334 BVerfGE 44, 125, 141

relevant ist das Bundesstaatsprinzip, bereitet innerhalb des Lösungsmodells der Einführung von Länderklauseln erhebliche Schwierigkeiten.[335]

Das Demokratieprinzip beinhaltet in seiner Ausformung durch das Grundgesetz weitere Elemente, die z.T. nicht unbedingt zu den klassischen Grundsätzen der Demokratie gehören und bei denen deshalb strittig ist, inwiefern sie unabänderlich geschützt sind;[336] auf diese muss nicht näher eingegangen werden.

2. Das (Spannungs-)Verhältnis zwischen Demokratie und Bundesstaat

Die bereits angeklungenen Beziehungen des Bundesstaats- zum Demokratieprinzip werden vor allem im Zusammenhang mit dem Lösungsmodell der Länderklausel, bei dem sich ein schwieriges Verhältnis von demokratischer und bundesstaatlicher Gleichheit zeigen wird, relevant werden. Es ist daher unerlässlich, das Augenmerk auf das bereits viel diskutierte Zusammenwirken von Demokratie und Bundesstaatlichkeit zu richten. Auf Grund der Fülle der hierzu ergangenen staatsrechtlichen Literatur wird die Darstellung jedoch auf die Grundlinien beschränkt.

Das Grundgesetz besteht aus verschiedenen gleichrangigen Strukturprinzipien, die sich auf Grund ihrer unterschiedlichen Stoßrichtungen gegenseitig beeinflussen und begrenzen.[337] Die Ansichten über das konkrete Verhältnis von Demokratie und Föderalismus haben sich dabei im Laufe der Zeit von der Annahme der Antinomie dieser

335 S.u. 4. Kap. E. IV.

336 Weitere Kernelemente: Prinzip der politischen Pluralität (str.: Sannwald, in: Schmidt-Bleibtreu/Klein (Hrsg.), Art. 79 Rn 56; Katz, Staatsrecht, Rn 150), Kommunikations- und Gleichheitsgrundrechte (Katz, Staatsrecht, Rn 152; Evers, in: BK, Art. 79 Abs. 3 Rn 187; Sannwald, in: Schmidt-Bleibtreu/Klein (Hrsg.), Art. 79 Rn 56; Lücke, in: Sachs (Hrsg.), Art. 79 Rn 39; Laux, Bedeutung und Inhalt der Grenzen der Grundgesetzänderung nach Art. 79 Abs. III des Bonner Grundgesetzes, S. 79). Das parlamentarische Regierungssystem unterfällt nach herrschender Auffassung nicht Art. 79 Abs. 3 GG (dazu: BVerfGE 9, 268, 281 f.; Stern, Staatsrecht, Bd. I, § 22; Dreier, in: Dreier (Hrsg.), Art. 79 III Rn 35; Badura, Staatsrecht, S. 270; Maurer, FS Stein, S. 145 f.; Flemming, Entwicklung und Zukunft des Föderalismus in Deutschland, S. 248), ebenso wie die Konstruktion der streitbaren Demokratie (dazu: Bulla, AöR 98 (1973), 340 ff.; Lameyer, Streitbare Demokratie; Badura, Staatsrecht, S. 270 m.w.N.). Zum Erfordernis des freien Willensbildungsprozesses: BVerfGE 80, 124, 134; Katz, Staatsrecht, Rn 140; Maunz/Zippelius, Deutsches Staatsrecht, § 11 III 3; Evers, in: BK, Art. 79 Abs. 3 Rn 183; zu weiteren Elementen der freiheitlichen demokratischen Grundordnung, die nicht zum Typuskern des Demokratieprinzips zählen: Katz, Staatsrecht, Rn 153

337 Klein, in: Bundesrat (Hrsg.), Vierzig Jahre Bundesrat, S. 103

beiden Verfassungsgrundsätze[338] zu der Auffassung, Demokratie und Föderalismus unterstützen sich gegenseitig, gewandelt. Spätestens seit Konrad Hesse[339] besteht heute überwiegender Konsens, dass die Demokratie ein dem Föderalismus förderliches Prinzip ist und sich die bundesstaatliche Ordnung als ein der Demokratie komplementäres Element erweist,[340] wobei der Zusammenhang zwischen Demokratie und Föderalismus ein wechselseitiger ist. Wenn die Gemeinsamkeiten dieser beiden Prinzipien betrachtet werden, löst sich, trotz dessen, dass die Demokratie die Einheit sichern will, der Föderalismus dagegen die Vielheit in der Einheit erhalten,[341] die behauptete Antinomie auf, da sich dann zeigt, dass die bundesstaatliche Ordnung des Grundgesetzes geeignet ist, Demokratie zu ergänzen und zu stützen.[342] Der Föderalismus bedarf der Demokratie, um politisch repräsentiert zu sein und zur Staatswillensbildung ausreichend beitragen zu können; der Demokratie dagegen kann es nur förderlich sein, wenn es eine Mehrzahl politischer Bereiche gibt, die die Vielfalt der Meinungsbildung fördern und verlebendigend wirken.[343] Da auch die Völker in den Gliedstaaten für sich in Anspruch nehmen, Träger der Staatsgewalt zu sein, verhindert dies eine Ausformung der Bundesstaatlichkeit, die den Ländern nur unwesentliche Sachbereiche oder Teilfragen zur Regelung überlässt.[344] Die demokratischen Entscheidungszentren werden so vervielfacht; die Entscheidungsvorgänge sind für

338 Nach Schmitt, Verfassungslehre, S. 388 f. ist es notwendige Folge der Bildung eines Bundes aus demokratischen Staaten, dass die homogene Einheit des Volkes über die politischen Grenzen hinweggeht und den Bund zu einer durchgängigen Einheit formt. Die Vorstellung eines einigen und ungeteilten Volkes müsse in demokratischer Konsequenz zur staatlichen Einheit führen. In dem Maße, wie die Demokratie vordringt, verringere sich die politische Selbständigkeit der Gliedstaaten. Die Verbindung von Bundesstaat und Demokratie könne dann nur noch zu einem eigenartigen, selbständigen Typus bundesstaatlicher Ordnung führen, dem „Bundesstaat ohne bündische Grundlage", der nur auf Grund der Festlegung in der Verfassung noch den bundesstaatlichen Charakter wahren kann. Für einen Bund sei entscheidend, dass eine Vielheit politischer Einheiten bestehen bleibt, mit dem demokratischen Begriff der verfassungsgebenden Gewalt des gesamten Volkes würde der Bundesstaatscharakter jedoch aufgehoben. Dennoch konstatierte Schmitt bereits damals, dass die verbleibende bundesstaatliche Organisation dann einem komplizierten System von Gewaltenunterscheidung und Dezentralisation dient. Vgl. dazu z.B.: Maunz/Zippelius, Deutsches Staatsrecht, § 15 II 3; Möllers, in: Aulehner/Dengler/Konrad/Langer/Leisner/Lepsius/Möller/Möstl/Pfab/Stender/Waldhoff (Hrsg.), Föderalismus – Auflösung oder Zukunft der Staatlichkeit?, S. 82 ff., der vor allem auch die Entstehung dieser Ansicht und deren weitere Entwicklung erläutert.

339 Hesse, Der unitarische Bundesstaat, S. 26 ff. (explizit: S. 32)

340 Klein, in: Bundesrat (Hrsg.), Vierzig Jahre Bundesrat, S. 104; Jaeger, in: Süsterhenn (Hrsg.), Föderalistische Ordnung, S. 15; Möllers, in: Aulehner/Dengler/Konrad/Langer/Leisner/Lepsius/Möller/Möstl/Pfab/Stender/Waldhoff (Hrsg.), Föderalismus – Auflösung oder Zukunft der Staatlichkeit?, S. 90 ff.; Peters, Die Problematik der deutschen Demokratie, S. 65; Klein, ZG 2002, 297, 307

341 Stern, Staatsrecht, Bd. I, § 19 III 8 g γ

342 Reuter, in: Schneider/Zeh (Hrsg.), Parlamentsrecht und Parlamentspraxis, § 56 Rn 78

343 Wenngleich die heutige Parteienlandschaft viele dieser Effekte sogleich wieder abschwächt (dazu: Schambeck, FS Geiger, S. 667 ff.).

344 Kruis, DÖV 2003, 10, 14

den Bürger leichter überschaubar.[345] Eine Dezentralisation politischer Entscheidungsmacht bietet einen Zuwachs an Möglichkeiten zu demokratischer Partizipation, macht Demokratie auch an der Basis möglich, fördert den Einbau der Opposition, indem diese in den Ländern die Gelegenheit zur Übernahme von Regierungsverantwortung erhält, und schützt Minderheiten.[346] Die Bundesstaatlichkeit hat zudem einen auflockernden Einfluss auf die innere Ordnung von Parteien und Verbänden, da regionale Parteigremien eine größere Unabhängigkeit und Selbständigkeit gegenüber der zentralisierend wirkenden Gesamtparteiführung entfalten können und die sonst starren inneren organisatorischen Linien aufgelockert werden.[347] Die bereits dargestellte, durch das föderalistische Prinzip bewirkte Gewaltenteilung, die im Bundesstaat ergänzend zur klassischen Gewaltentrennung tritt, ist ein Zeichen der Verbundenheit des föderalen und des demokratischen Prinzips.[348] Speziell das Grundgesetz verknüpft die föderative eng mit der demokratischen Ordnung zum „demokratischen Bundesstaat" und stellt die beiden Leitideen qualitativ nicht in ein Rangverhältnis.[349]

Es steht in Frage, ob die heutige Auffassung dieses Verhältnis nicht doch durch zu viel Harmonie kennzeichnet. Demokratie und Föderalismus sind in ihren Ansätzen nicht nur einander förderlich, sondern die gleichzeitige Verwirklichung beider Prinzipien ist teilweise schwer in Einklang zu bringen.[350] Insbesondere die Verwirklichung föderaler Inhalte kann zur Konterkarierung demokratischer Ansätze führen. Die Problematik ergibt sich vor allem auf Grund des Prinzipiencharakters der beiden Verfassungsgrundsätze. Prinzipien lassen sich generell schwer ganz rein verwirklichen, sondern sie können mit anderen Prinzipien in Widerstreit geraten und in einzelnen Beziehungen begründungsbedürftige Ausnahmen zulassen, wobei ein Optimierungsgebot dahingehend besteht, den möglichst optimalen Ausgleich zwischen ihnen zu finden, der beide größtmöglich zur Geltung bringt.[351] Bereits 1951 stellte das Bundesverfassungsgericht im „Südweststaat-Urteil" diesbezüglich fest, dass sich in der Stellung des Gliedstaates im Bundesstaat in gewissem Umfang das föderalistische und das demokratische Prinzip widerstreiten und ein Ausgleich nur gefunden

345 Vogel, in: Benda/Maihofer/Vogel (Hrsg.), HdbVerfR, § 22 Rn 15; Kruis, DÖV 2003, 10, 13

346 Hesse, Der unitarische Bundesstaat, S. 30 f.; Stern, Staatsrecht, Bd. I, § 19 II 1.; Maunz/Zippelius, Deutsches Staatsrecht § 15 II 3; Kuttenkeuler, Die Verankerung des Subsidiaritätsprinzips im Grundgesetz, S. 43 f.; Klein, ZG 2002, 297, 307; Kruis, DÖV 2003, 10, 13

347 Hesse, Der unitarische Bundesstaat, S. 29

348 BVerfGE 12, 205, 229; Schambeck, FS Geiger S. 666 f.+671; Hesse, Der unitarische Bundesstaat, S. 27 ff.; Jaeger, in: Süsterhenn (Hrsg.), Föderalistische Ordnung, S. 15; Klein, ZG 2002, 297, 307; Kruis, DÖV 2003, 10, 13; ausführlich dazu: Ebke, Bundesstaat und Gewaltenteilung, S. 29 ff.; Schodder, Föderative Gewaltenteilung in der Bundesrepublik Deutschland; Schenke, JuS 1989, 698 ff.

349 Stern, Staatsrecht, Bd. I, § 19 III 8 g γ; Reuter, in: Schneider/Zeh (Hrsg.), Parlamentsrecht und Parlamentspraxis, § 56 Rn 78; Konzeptionell liegt dem die Idee der gemischten Verfassung (dédoublement fonctionnel) zugrunde (dazu: Stern, Staatsrecht, Bd. I, § 19 III 8 f).

350 Angedeutet bei: Schambeck, FS Geiger, S. 667

351 Schnapp, in: v. Münch/Kunig (Hrsg.), Art. 20 Rn 6

werden kann, wenn beide gewisse Einschränkungen erleiden.[352] Die beiden Prinzipien verlangen also nach gegenseitiger Abstimmung und gegenseitigem Ausgleich, da jedes Prinzip teilweise das Gegenteil von dem verlangt, was ein anderes fordert.[353] Dieses Spannungsverhältnis, das in der Verfassungswirklichkeit kein unauflösbares bleiben kann, muss durch die Herstellung einer lückenlosen Konkordanz zwischen den gleichrangig nebeneinander stehenden Prinzipien aufgelöst werden.[354] Die dadurch ausgelösten Reibungsverluste sind um des Ausgleichs verschiedener Interessen und einer wirksamen Machtbalance willen hinzunehmen.[355]

352 BVerfGE 1, 14, 50; Kritik daran äußert Starck, in: Isensee/Kirchhof (Hrsg.), HStR II, 2. Aufl., § 29 Rn 34, der nicht von widerstreitenden Interessen sprechen will, wenn die Bundesstaatlichkeit die Demokratie verstärkt.

353 Herzog, in: Maunz/Dürig, Art. 20 I. Rn 36

354 Herzog, in: Maunz/Dürig, Art. 20 I. Rn 36

355 Klein, ZG 2002, 297, 314

2. Kapitel: Direkte Demokratie: Beteiligung der Aktivbürgerschaft an Abstimmungen

Direkte Demokratie bedeutet die Einbindung der Aktivbürgerschaft in staatliche Entscheidungen in der Form von Abstimmungen, d.h. Entscheidungen über Sachfragen. Die Einführung dieser auf Bundesebene ist seit Inkrafttreten des Grundgesetzes stets gescheitert, wobei die Gründe hierfür sowohl in verfassungspolitischen als auch in demokratietheoretischen Erwägungen zu suchen sind. In diesem Kapitel wird sich dieser Materie der direkten Demokratie genähert werden, wobei die Darstellung letztlich auf die Herausfilterung der in Bezug auf die bundesstaatliche Problematik relevanten Formen der Volksgesetzgebung sowie auf eine kurze geschichtliche Betrachtung, bei der geklärt werden soll, ob in der deutschen Verfassungsgeschichte bei der Regelung von direkter Demokratie auf das Bundesstaatsprinzip Rücksicht genommen wurde, fokussiert wird.

Weitgehend übereinstimmend wird heute die Einführung von direktdemokratischen Elementen in das Grundgesetz als mit dem Demokratieprinzip (Art. 79 Abs. 3 GG) vereinbar angesehen.[356] Des Weiteren gilt herrschend, dass eine solche Einführung nur über eine Grundgesetzänderung möglich wäre, der bloße Erlass eines Gesetzes unterverfassungsrechtlichen Ranges nicht genügt.[357] Die Frage, ob Volksgesetzgebung[358] im Grundgesetz verfassungspolitisch wünschenswert oder nützlich ist, wurde ausschweifend sowohl in der staatsrechtlichen, intensiver aber noch in der

356 Löwer, in: v. Münch/Kunig (Hrsg.), Art. 28 Rn 19 f.; Herdegen, in: Isensee/Kirchhof (Hrsg.), HStR IV, § 97 Rn 11; Degenhart, Staatsrecht I, Rn 62; Badura, Staatsrecht, S. 452; Katz, Staatsrecht, Rn 143; Maurer, Staatsrecht I, § 7 Rn 35 m.w.N.; ders., Plebiszitäre Elemente in der repräsentativen Demokratie, S. 20 f.; Hufschlag, Einfügung plebiszitärer Komponenten in das Grundgesetz?, S. 113 ff.; v. Danwitz, DÖV 1992, 601, 606; Sachs, LKV 2002, 249, 250 f.; Schweiger, NVwZ 2002, 1471 ff.; Engelken, DÖV 2002, 977, 979 ff.; den Meinungsstand umfassend darstellend: Bugiel, Volkswille und repräsentative Entscheidung, S. 79 ff.; vgl. aber noch a.A.: Krause, in: Isensee/Kirchhof (Hrsg.), HStR II, 2. Aufl., § 39

357 Löwer, in: v. Münch/Kunig (Hrsg.), Art. 28 Rn 19; Stern, Staatsrecht, Bd. II, § 25 II 1 b γ; Degenhart, Staatsrecht I, Rn 62; Katz, Staatsrecht, Rn 143; Maurer, Staatsrecht I, § 7 Rn 32 ff.; ders., Plebiszitäre Elemente in der repräsentativen Demokratie, S. 8 ff.; v. Danwitz, DÖV 1992, 601, 601 f.; differenzierend: v. Münch, Staatsrecht, Bd. 1, Rn 139; Stein/Frank, Staatsrecht, S. 118; gegen einen Verfassungsvorbehalt: Elicker, ZRP 2004, 225 ff.

358 Zur unterschiedlichen Terminologie beim Thema direkte Demokratie: Körkemeyer, Direkte Demokratie und Europäische Integration, S. 10 f.

politikwissenschaftlichen Literatur behandelt.[359] Die Argumente für und wider wurden erschöpfend ausgetauscht. Ein weiterer Streitpunkt in der Diskussion um die Einführung von Volksgesetzgebung betrifft traditionell die Frage, ob bestimmte Materien, z.B. die Haushaltsgesetzgebung, Abgabengesetze, Besoldungsgesetze oder völkerrechtliche Verträge, davon ausgeschlossen sein sollen.[360] Zur Funktion der Volksgesetzgebung wird oftmals angeführt, sie diene der Milderung und des Ausgleichs von Defiziten der parlamentarischen Gesetzgebung und sie soll dem Parlament Anlass zur Selbstkorrektur geben.[361] Es sollen dabei jedoch nicht die Interessen einer Minderheit durchgesetzt werden, sondern es wird angestrebt, eine Entscheidung des Volkes über gesetzgeberische Vorhaben unter Berücksichtigung der Belange der Allgemeinheit herbeizuführen.[362]

A. Plebiszitäre Erscheinungsformen und ihre Relevanz für das Problem der Bundesstaatlichkeit

Im Folgenden werden sämtliche gängigen Erscheinungsformen plebiszitärer Demokratie daraufhin untersucht, ob sich bei ihnen das Problem der Bundesstaatlichkeit stellt. Notwendig dafür ist zum einen, dass es sich bei der plebiszitären Erscheinungsform um Gesetzgebung handeln muss, zum anderen dürfen die Länder nicht bereits beteiligt sein. Dafür ist eine Auseinandersetzung mit den verschiedenen in der

359 Vgl. nur: Herdegen, in: Isensee/Kirchhof (Hrsg.), HStR IV, § 97 Rn 13; Maunz/Zippelius, Deutsches Staatsrecht, § 11 V; Maurer, Staatsrecht I, § 7 Rn 37 ff.; ders., Plebiszitäre Elemente in der repräsentativen Demokratie, S. 28 ff.; Heußner/Jung (Hrsg.), Mehr direkte Demokratie wagen; Hufschlag, Einfügung plebiszitärer Komponenten in das Grundgesetz?, S. 143 ff.; Evers, in: Evangelische Akademie Hofgeismar/Evers (Hrsg.), Autonomie als Verfassungsprinzip? (Hofgeismarer Protokolle – Tagungsbeiträge aus der Arbeit der Evangelischen Akademie Hofgeismar), S. 152 ff.; Obst, Chancen direkter Demokratie in der Bundesrepublik Deutschland; Troitzsch, Volksbegehren und Volksentscheid, S. 37 ff.; Schlussbericht der Enquête-Kommission Verfassungsreform, BT-Drucks. 7/5924, S. 12 ff.; Rux, ThürVBl. 2002, 48, 50; Pflüger, RuP 2000, 142 ff.; Schulz-Schaeffer, JZ 2003, 554, 557 ff.; Oberreuter, ZfP 2002, 290 ff.

360 Anschaulich dazu sind u.a. die zum Ausschluss haushaltsrelevanter Gesetze ergangenen Entscheidungen der Landesverfassungsgerichte: BayVerfGH BayVBl. 2000, 397, 399 f.; BbgVerfG LKV 2002, 77 ff.; ThürVerfGH LKV 2002, 83, 91 ff.; SächsVerfGH LKV 2003, 327, 328 f.; s. zur Diskussion auch: Schlussbericht der Enquête-Kommission Verfassungsreform, BT-Drucks. 7/5924, S. 13 f.; Entwurf eines Gesetzes zur Einführung von Volksinitiative, Volksbegehren und Volksentscheid in das Grundgesetz, BT-Drucks. 14/8503, S. 5; Badura, Staatsrecht, S. 453; Rux, LKV 2002, 252 ff.; Jung, LKV 2003, 308 ff.; Platter, ZParl 2004, 496 ff.

361 Schweiger, NVwZ 2002, 1471 m.w.N.

362 BayVerfGH BayVBl. 1977, 143, 147; s. dazu auch: BremStGH BayVBl. 2000, 342, 343 f.; BayVerfGH BayVBl. 2000, 397, 398 ff.; ThürVerfGH LKV 2002, 83, 87 ff.

Literatur und Praxis existierenden Begriffen zur direkten Demokratie, die durchaus unterschiedliche Verwendungen finden, notwendig.[363]

I. Volksbefragung

Die Volksbefragung stellt eine offizielle Befragung der Bevölkerung über eine bestimmte politische Angelegenheit dar. Sie führt zu keiner rechtlich verbindlichen Entscheidung,[364] sondern ihr Ergebnis kann allenfalls eine politische Verbindlichkeit entwickeln. In der Regel entscheidet das Parlament oder die Regierung über die Durchführung einer Volksbefragung und die ihr zu Grunde liegende Fragestellung; es ist jedoch auch eine volksinitiierte Volksbefragung denkbar (Volksenquête).[365] Volksbefragungen gestalten das repräsentativ-demokratische Gesetzgebungsverfahren nicht um und können auf Grund ihres rechtlich unverbindlichen Charakters nicht zur Gesetzgebung im Sinne von Art. 79 Abs. 3 GG gezählt werden, so dass den Ländern hieran keine Mitwirkungsrechte zuteil werden müssen.[366]

II. Volksinitiative / -antrag

Die Form der Volksinitiative bzw. des Volksantrags umschreibt das Recht einer bestimmten Zahl von Stimmberechtigten oder Einwohnern, Themen der politischen Willensbildung dem Parlament zur Befassung vorzulegen und so die Änderung bzw. Aufhebung bestehender Gesetze oder den Erlass eines neuen Gesetzes aus dem Zuständigkeitsbereich des Parlaments vorzuschlagen, wobei die Berechtigung auf die

363 Vgl. schon die unterschiedliche Verwendung der Begriffe „Plebiszit“ und „direkte Demokratie“: „Plebiszit“ wird nur in Deutschland gleichgesetzt mit direkter Demokratie; in anderen Ländern wird darunter eine autokratisch vom Präsidenten und/oder der Regierung, jedenfalls eine „von oben“ angeordnete Abstimmung verstanden (Gross, in: Heußner/Jung (Hrsg.), Mehr direkte Demokratie wagen, S. 87; Schiller/Mittendorf, in: Schiller/Mittendorf (Hrsg.), Direkte Demokratie, S. 11 f.; Thürer, SJZ 98 (2002), 593, 594). Im Folgenden werden – entsprechend dem in Deutschland verbreiteten Gebrauch (wobei auch hier eine Unterscheidung der beiden Begriffe immer öfter vorgenommen wird) – die Begriffe „Plebiszit“ und „direkte Demokratie“ gleichgesetzt. Andere Auflistungen direktdemokratischer Institutionen finden sich z.B. bei: Troitzsch, Volksbegehren und Volksentscheid, S. 24 ff.; Erne, in: Schiller/Mittendorf (Hrsg.), Direkte Demokratie, S. 78 ff. sowie Möckli, Direkte Demokratie, S. 89.

364 S. nur: Degenhart, Der Staat 31 (1992), 468, 469

365 Vgl. zum Ganzen: Klages/Paulus, Direkte Demokratie in Deutschland, S. 19; Maurer, Staatsrecht I, § 7 Rn 31; ders., Plebiszitäre Elemente in der repräsentativen Demokratie, S. 4; Berlit, KritV 1993, 318, 329 f.

366 Ebenso: Hufschlag, Einfügung plebiszitärer Komponenten in das Grundgesetz?, S. 119

Vorlage von Gesetzesentwürfen beschränkt sein kann.[367] Es handelt sich um ein Recht zur Gesetzesinitiative für das Volk.[368] Sie kann als erste Stufe integrativer Bestandteil eines Volksgesetzgebungsverfahrens sein.[369] Die Volksinitiative allein führt ebenfalls nicht zu einer rechtlich verbindlichen Entscheidung in der Form eines Gesetzes, sondern das Parlament hat die Möglichkeit, die Befassung mit der Vorlage in der Verabschiedung eines Gesetzes münden zu lassen oder die Vorlage zu verwerfen. In ersterem Fall würde das vom Grundgesetz vorgesehene repräsentative Gesetzgebungsverfahren angewandt, bei dem der Bundesrat entsprechende Beteiligungsrechte besitzt, und nur das Gesetzesinitiativrecht dem Volk zugesprochen. Die grundsätzliche Ländermitwirkung ist damit bei dem dem Volksantrag nachfolgenden Gesetzesbeschluss gewahrt, das Initiativrecht selbst erfordert noch keine Beteiligung der Länder, da es sich um keine verbindliche Rechtssetzung handelt.[370] Sollte die Volksinitiative erste Stufe eines dreistufigen Volksgesetzgebungsverfahrens darstellen und das Parlament die Initiative nicht aufgreifen, würde erst das Volksbegehren den endgültigen Volksentscheid auslösen. Zwar gehört das Gesetzesinitiativrecht mit zum Prozess der Gesetzgebung, Art. 79 Abs. 3 GG kann aber nicht in dem Sinne verstanden werden, dass die Länder auf jeder Stufe des Gesetzgebungsprozesses einbezogen werden müssen, sondern Sinn und Zweck ist die Schaffung einer Möglichkeit für die Länder, ihre Interessen wirksam einbringen zu können. Dafür gibt es geeignetere Phasen der Gesetzgebung als das Initiativrecht, welches am Beginn steht. Überzeugender ist die Einräumung der einen Mitwirkungsmöglichkeit, die zwingend geschaffen werden muss, in entscheidenderen Phasen des Volksgesetzgebungsverfahrens.

367 Maurer, Plebiszitäre Elemente in der repräsentativen Demokratie, S. 3; Tschannen, Stimmrecht und politische Verständigung, S. 18; vgl. ausführlich zur Volksinitiative: Engelken, BayVBl. 2002, 289 ff.

368 Degenhart, in: Stober (Hrsg.), HdbSächsStVerwR, § 2 Rn 86

369 Vgl. zum Ganzen: Maurer, Staatsrecht I, § 7 Rn 31; Klages/Paulus, Direkte Demokratie in Deutschland, S. 19; Paterna, Volksgesetzgebung, S. 23 f.; Berlit, KritV 1993, 318, 329; Schweiger NVwZ 2002, 1471, 1474; Bis in die neunziger Jahre verwendeten manche hingegen „Volksinitiative" und „Volksbegehren" auch als Synonyme (Paterna, Volksgesetzgebung, S. 22; Klages/Paulus, Direkte Demokratie in Deutschland, S. 19).

370 Ebenso: Hufschlag, Einfügung plebiszitärer Komponenten in das Grundgesetz?, S. 119; Jung, RuP 2001, 144, 146, der dies jedoch auf den Fall der Anwendung eines Föderalquorums beim Volksentscheid einschränkt; S. dazu auch: Engelken, BayVBl. 2002, 289, 296 f., der auch bei einer isolierten Einführung von Volksinitiativen die Notwendigkeit sieht, den föderalen Rahmen für eine eventuelle spätere vollplebiszitäre Gesetzgebung mit zu bedenken. Ein Eckpunktepapier der SPD aus dem Vorfeld des Gesetzentwurfs zur Einführung direkter Demokratie (BT-Drucks. 14/8503) sah für Volksinitiativen eine Verteilungsklausel vor (dazu mehr unten 4. Kap. A.).

III. Volksbegehren

Als Volksbegehren wird das Recht der Gesetzesinitiative für eine vorgeschriebene Mindestzahl an Stimmberechtigten bezeichnet, die einen Antrag an ein Staatsorgan, insbesondere an die gesetzgebende Körperschaft stellen, um damit das verfassungsrechtlich vorgegebene Gesetzgebungsverfahren auszulösen.[371] Nach der Nicht- oder nur veränderten Annahme des Entwurfs im Parlament führt das Volksbegehren in der Regel zu einem Volksentscheid.[372] Es handelt sich um einen „Antrag aus dem Volk an das Volk";[373] es ist der Antrag auf Durchführung einer Volksabstimmung.[374] Es richtet sich in der Regel auf den Erlass, die Änderung oder Aufhebung eines Gesetzes und ist zumeist auf einen ausgearbeiteten Gesetzentwurf beschränkt, kann jedoch auch einen Antrag auf vorzeitige Parlamentsauflösung oder andere Gegenstände der politischen Willensbildung beinhalten.[375] Auch das Volksbegehren als Vorstufe zum Volksentscheid führt noch nicht direkt zum Erlass eines Gesetzes, so dass hierbei keine Rechte des Bundesrates bzw. generell der Länder zu wahren sind.[376] Sofern dem Bundestag das Recht eingeräumt wird, das Volksbegehren aufzugreifen, gilt ähnliches wie bei der Volksinitiative. Bei einer endgültigen Verabschiedung des Gesetzes durch den Bundestag ist der Bundesrat auf normalem Wege beteiligt. Für das Zustandekommen des Volksbegehrens ist die Ländermitwirkung nicht zwingend erforderlich. Die Schaffung der Beteiligungsmöglichkeit für die Länder auf der Stufe des endgültigen Volksentscheids erscheint sinnvoller als in der Phase, in der es einzig darum geht, den Volksentscheid überhaupt auf den Weg zu bringen. Eine Beteiligung wäre zwar durchaus denkbar, etwa in Form einer Regelung wie in Russland, wo ein Zulassungsquorum vorgesehen ist, nach dem nur 10% der zwei Millionen Einwohner, die ein Volksbegehren unterschreiben müssen, in derselben föderierten

371 Paterna, Volksgesetzgebung, S. 24

372 Ein Volksbegehren muss jedoch nicht zwingend nach allen Verfassungsordnungen als eine Vorstufe des Volksentscheids anzusehen sein (s. dazu: Paterna, Volksgesetzgebung, S. 22).

373 Stern, Staatsrecht, Bd. II, § 25 II 1 b α

374 Maurer, Staatsrecht I, § 7 Rn 31; ders., Plebiszitäre Elemente in der repräsentativen Demokratie, S. 2

375 Paterna, Volksgesetzgebung, S. 24; Klages/Paulus, Direkte Demokratie in Deutschland, S. 19; Berlit, KritV 1993, 318, 330

376 Ebenso: Hufschlag, Einfügung plebiszitärer Komponenten in das Grundgesetz?, S. 119; Jung, RuP 2001, 144, 146 (wiederum mit der Einschränkung der Anwendung eines Föderalquorums beim Volksentscheid); Das soeben erwähnte Eckpunktepapier der SPD sah auch für Volksbegehren eine Verteilungsklausel vor (dazu Weiteres unten 4. Kap. A.).

Einheit leben dürfen.[377] Zur Wahrung des Föderalismus in Deutschland ist dies jedoch nicht erforderlich.

IV. Volksentscheid

Im Volksentscheid wird nun schließlich nach dem Zustandekommen des Volksbegehrens auf der letzten Stufe eine Abstimmung des Volkes über einen Gesetzentwurf oder eine Sachfrage durchgeführt, die zu einer verbindliche Entscheidung des Volkes über diese Frage führt.[378] Hierbei werden die gesetzgebenden Repräsentativorgane in der Abstimmungsphase gänzlich ausgeschaltet. Alleinig das Volk hat die Letztentscheidungsbefugnis über den Erlass eines Gesetzes. Damit liegt hier eine Form von Gesetzgebung vor, bei der das Erfordernis der grundsätzlichen Ländermitwirkung an der Gesetzgebung aus Art. 79 Abs. 3 GG zu beachten ist.

V. Gesetzes- / Verfassungsreferendum

Bei Referenden entscheidet das Volk entweder nach einer Anordnung von Amts wegen, d.h. in der Regel vom Parlament oder der Regierung (fakultatives Referendum), oder auf Grund einer bereits von vornherein bestehenden Festlegung in der Verfassung (obligatorisches Referendum) über bereits gefasste Parlamentsbeschlüsse, also über eine „fremde" Vorlage, die nicht vom Volk selbst stammt.[379] Bezieht sich die Abstimmung auf eine einfache Gesetzesänderung, liegt ein Gesetzesreferendum vor; bezieht sie sich auf eine Verfassungsänderung, liegt ein Verfassungsreferendum vor. Das Ergebnis eines Referendums ist rechtlich bindend, wobei das Volk

377 Erne, in: Schiller/Mittendorf (Hrsg.), Direkte Demokratie, S. 85; Ein Quorum mit ähnlicher Zielsetzung befand sich in der Thüringer Verfassung, wo ein Bürgerantrag „landesweit von mindestens sechs vom Hundert der Stimmberechtigten sowie wenigstens in der Hälfte der Zahl der Landkreise und kreisfreien Städte jeweils von zumindest fünf vom Hundert der Stimmberechtigten unterzeichnet sein" musste, Art. 68 Abs. 3 ThürVerf a.F. Mit Gesetz vom 24.11.2003 wurde diese Regelung abgeschafft und durch ein einfaches Quorum, wonach landesweit mindestens 50.000 Stimmberechtigte den Bürgerantrag unterzeichnen müssen, ersetzt (s. auch § 7 Abs. 2 S. 2 ThürBVVG).

378 Stern, Staatsrecht, Bd. II, § 25 II 1 b β; Maurer, Staatsrecht I, § 7 Rn 31; ders., Plebiszitäre Elemente in der repräsentativen Demokratie, S. 2; Klages/Paulus, Direkte Demokratie in Deutschland, S. 19; Berlit, KritV 1993, 318, 330

379 Maurer, Staatsrecht I, § 7 Rn 31; Tschannen, Stimmrecht und politische Verständigung, S. 18; Paterna, Volksgesetzgebung, S. 25; Klages/Paulus, Direkte Demokratie in Deutschland, S. 19 f.; v. Danwitz, DÖV 1992, 601, 605; Stellg. Thürer, abgedruckt in: Protokoll der 94. Sitzung des Innenausschusses des Deutschen Bundestages, S. 22; zu den Referenden in den deutschen Landesverfassungen: schriftl. Stellg. Weber, Ausschussdrucksache 14/809D, S. 2 (abgedruckt als Anlage zum Protokoll der 94. Sitzung des Innenausschusses des Deutschen Bundestages); s. auch: Jung, Die Logik direkter Demokratie, S. 289 ff.

lediglich auf einen bereits gefassten Parlamentsbeschluss mit dessen Annahme oder Ablehnung reagieren, nicht jedoch selbst gestalterisch tätig werden kann.[380] Nicht einig ist man sich darüber, ob die Initiative zur Abstimmung bei einem Referendum auch vom Volk ausgehen kann. Häufig wird dies verneint, da die Abgrenzung zwischen Volksentscheid und Referendum nach der Initiativbefugnis, die im ersten Fall beim Volk, im zweiten Fall bei einem anderen Staatsorgan liegt, vorgenommen wird.[381] Bisweilen wird jedoch auch die Abstimmung über einen Parlamentsbeschluss auf Antrag der Bürger als Möglichkeit des Referendums angesehen.[382] Ein Referendum auf bundesdeutscher Ebene wäre jedenfalls so ausgestaltet, dass das Volk über einen Gesetzentwurf abstimmt, an dem alle zuständigen repräsentativ-demokratischen gesetzgebenden Organe bereits mitgewirkt haben, d.h. sowohl Bundestag als auch Bundesrat haben zugestimmt. Der Bundesrat hatte somit die Möglichkeit der Erhebung eines Einspruchs bzw. musste seine Zustimmung erteilen. Auf diese Weise waren die Länder also bereits in das Gesetzgebungsverfahren involviert. Trotz dessen taucht in der Literatur die Ansicht auf, das Recht auf Auslösung eines Referendums dürfe bei zustimmungsbedürftigen Gesetzen nicht allein der Bundestagsmehrheit zukommen, sondern in dieses Recht müsse auch der Bundesrat einbezogen werden, um so eine Schwächung der Länder bzw. des föderalen Prinzips zu vermeiden.[383] Zudem wird gefordert, dass die Annahme des Entwurfs im Referendum durch ein Quorum ähnlich dem schweizerischen Ständemehr erschwert werden müsse,[384] d.h. es genügt für die Annahme nicht nur die Mehrheit der Abstimmenden, sondern zusätzlich muss sich eine Mehrheit in den Ländern finden. Gestützt werden kann diese Auffassung auf Grund der Vorgänge im Parlamentarischen Rat. Dort wurde bei der Diskussion um die Einführung direkter Demokratie auch über die Möglichkeit der Verankerung des Referendums im Grundgesetz debattiert, wobei einige Mitglieder des Rates befürworteten, dem Bundesrat auch allein das Recht zur Referendumsinitiative zu geben.[385] Nun mag es seine Richtigkeit haben, dass diese Möglichkeiten das föderale Prinzip stärken und die Länder gewichtigere Mitspracherechte bei der Gesetzgebung erhalten würden. Ob ein Referendum jedoch zwingend auf diese Weise ausgestaltet sein muss, darf bezweifelt werden. Das Problem der Beteiligung des Bundesrates bei der Auslösung eines Referendums stellt sich bei einem obligatorischen Referendum nicht, da hier die Verfassung bestimmte Materien

380 Klages/Paulus, Direkte Demokratie in Deutschland, S. 20

381 Klages/Paulus, Direkte Demokratie in Deutschland, S. 19; Rux, KritV 2002, 273, 274

382 Stellg. Thürer, abgedruckt in: Protokoll der 94. Sitzung des Innenausschusses des Deutschen Bundestages, S. 22

383 Jung, Die Logik direkter Demokratie, S. 291; Hinsichtlich der Auslösung eines Referendums besitzen die Philippinen eine Regelung, die Rücksicht auf die Bundesstaatlichkeit nimmt. Dort sind für das Zustandekommen eines Gesetzesreferendums die Unterschriften von zehn Prozent der Stimmberechtigten und aus jedem Legislativbezirk die Unterschriften von drei Prozent aller Stimmberechtigten gefordert (Wili, Kollektive Mitwirkungsrechte von Gliedstaaten in der Schweiz und im Ausland, S. 519+566 f.).

384 Jung, Die Logik direkter Demokratie, S. 291 f.

385 Jung, Grundgesetz und Volksentscheid, S. 277 f.

bzw. Situationen festlegt, in denen eine Abstimmung über einen Gesetzentwurf zu erfolgen hat. Wird den Ländern bei der Annahme eines obligatorischen Referendums oder bei einem fakultativen Referendum generell keine Mitsprachemöglichkeit zuteil, kann dies kaum als Verstoß gegen das grundsätzliche Mitwirkungsrecht der Länder aus Art. 79 Abs. 3 GG gewertet werden können, da diese bereits zuvor in das Gesetzgebungsverfahren eingeschaltet waren und über den Bundesrat Einspruch erheben bzw. ihre Zustimmung verweigern konnten. Die Länder sind also trotzdem in das Gesetzgebungsverfahren einbezogen und ihr garantiertes Recht auf eine wirksame Einflussnahme auf die Gesetzgebung wird nicht vereitelt. Damit wird ihrem grundsätzlichen Mitwirkungsrecht an der Gesetzgebung aus Art. 79 Abs. 3 GG Genüge getan. Für das nachfolgende Referendum, welches den vom Parlament sowie Bundesrat angenommenen Gesetzentwurf bestätigen oder ablehnen soll, ist eine solche Ländermitwirkung nicht mehr zwingend erforderlich. Die Möglichkeit der Referendumsinitiative für den Bundesrat wäre sicher eine dem Bundesstaatsprinzip zuträgliche Ausgestaltung; Gründe für einen Verstoß gegen das Bundesstaatsprinzip bei einer Verweigerung der Einführung dieser Möglichkeit sind jedoch nicht ersichtlich. Ebenso verhält es sich mit der Forderung nach einem Quorum ähnlich dem Ständemehr. Ein solches ist nach erfolgtem Einfluss der Länder über den Bundesrat jedenfalls nicht auf Grund von Art. 79 Abs. 3 GG nötig. Die Gründe, warum diese Formen der Ausgestaltung des Referendums im Parlamentarischen Rat diskutiert wurden, sind heute nicht mehr nachvollziehbar. Es erscheint jedoch unwahrscheinlich, dass die Überlegungen sich auf den zukünftigen Art. 79 Abs. 3 GG bezogen, da dessen Formulierung und Schutzumfang selbst bis kurz vor Erlass des Grundgesetzes unklar waren.[386] Dem Parlamentarischen Rat wird es vielmehr allgemein um die Stärkung des föderalistischen Prinzips gegangen sein. Die Auffassung, dem Bundesrat müsse zwingend die Referendumsinitiative eingeräumt werden und es müsse ein Quorum ähnlich dem schweizerischen Ständemehr für die Annahme des Entwurfs im Referendum vorgesehen werden, ist also aus dem Blickpunkt des Art. 79 Abs. 3 GG nicht haltbar. Das Bundesstaatsprinzip verstärkende Effekte können nicht abgestritten werden; dem grundsätzlichen Mitwirkungsrecht der Länder an der Gesetzgebung aus Art. 79 Abs. 3 GG ist mit dem Einfluss über den Bundesrat auf das Gesetzgebungsverfahren jedoch genügend Rechnung getragen.[387] Die Untersuchungen hinsichtlich der Vereinbarkeit direktdemokratischer Elemente mit dem Bundesstaatsprinzip müssen daher in diese Richtung nicht weiter fokussiert werden.

386 S.o. 1. Kap. A. I.
387 Ebenso: Hufschlag, Einfügung plebiszitärer Komponenten in das Grundgesetz?, S. 119

VI. Sonstige

Sonstige plebiszitäre Erscheinungsformen, wie z.B. die Volkswahl des Bundespräsidenten[388] oder der in einigen Landesverfassungen verankerte, auf Parlamentsauflösung zielende Volksentscheid,[389] sind im Rahmen dieser Untersuchung nicht relevant, da sie keine Form der Gesetzgebung betreffen, für die Art. 79 Abs. 3 GG den Ländern ein Mitwirkungsrecht zugesteht.

Im Ergebnis kann somit festgehalten werden, dass die Form des Volksentscheides als einzige Erscheinungsform näher auf ihre Vereinbarkeit mit dem Bundesstaatsprinzip hin zu untersuchen ist. Hinsichtlich des Referendums wird es abgelehnt, die Problematik der Vereinbarkeit plebiszitärer Elemente mit dem Bundesstaatsprinzip als eröffnet anzusehen. Volksbegehren und Volksinitiative – letztere nur, sofern das Volksgesetzgebungsverfahren dreistufig ausgestaltet wird – gehören zwar zur Gesetzgebung iSv Art. 79 Abs. 3 GG, kommen aber ohne eine Ländermitwirkung aus, sofern diese auf der verbindlichen Stufe des Volksentscheids beachtet wird. Föderalistische Elemente auf diesen Stufen einzubauen, könnte dann in Erwägung gezogen werden, wenn diese beim Volksentscheid nicht zu realisieren sind. Dafür wäre aber wiederum Voraussetzung, dass die Einräumung einer Beteiligungsmöglichkeit für die Länder beim Volksgesetzgebungsverfahren überhaupt als notwendig angesehen werden kann.

B. Die Berücksichtigung der Bundesstaatlichkeit bei der Ausgestaltung von Plebisziten in der deutschen Verfassungsgeschichte

Ein kurzer Exkurs in die Verfassungsgeschichte soll die Frage klären, ob aus dieser Erkenntnisse für die Bundesstaatsproblematik gewonnen werden können. Dieselbe Problemkonstellation wie heute unter dem Grundgesetz hätte sich dabei unter früheren Verfassungen nur ergeben, wenn damals bereits Volksentscheide in der gesamtstaatlichen Verfassung geregelt waren, die Verfassungen einen bundesstaatlichen Aufbau vorsahen und die Mitwirkung der Länder an der Gesetzgebung des Zentralstaates unabänderlich festgeschrieben gewesen wäre. Da zumindest letzteres erstmals im Grundgesetz erfolgte, kann die konkrete, sich heute zeigende Problemkonstellation in der Verfassungsgeschichte nicht vorgelegen haben. Eventuell lassen sich je-

388 Wobei dies, zwar oft unter dem Begriff direkte Demokratie verstanden, genau genommen eine Abstimmung über eine Personalie, also eine Form von Wahlen, somit mittelbare Demokratie darstellt (so auch: Schiller/Mittendorf, in: Schiller/Mittendorf (Hrsg.), Direkte Demokratie, S. 11; differenzierend: Maurer, Plebiszitäre Elemente in der repräsentativen Demokratie, S. 5).

389 Troitzsch, Volksbegehren und Volksentscheid, S. 37; Berlit, KritV 1993, 318, 333

doch Ausgestaltungen der direkten Demokratie finden, die zumindest Rücksicht auf den bundesstaatlichen Aufbau genommen haben.

I. Plebiszitäre Elemente in der Weimarer Reichsverfassung

Bundesstaatlich aufgebaut war Deutschland seit der Reichsgründung 1871. Die ersten Regelungen über Volksentscheide gab es dagegen erst in der Weimarer Reichsverfassung. Art. 73, 74 Abs. 3 sowie Art. 76 Abs. 1 S. 4, Abs. 2 WRV[390] kannten sowohl Referendumsrechte als auch Möglichkeiten zur Durchführung von Volksbegehren und Volksentscheiden.[391] Entschieden hat bei Volksentscheiden, die eine Verfassungsänderung betrafen, die Mehrheit der Stimmberechtigten, Art. 76 Abs. 1 S. 4 WRV, ansonsten genügte die einfache Mehrheit der Stimmenden (§ 21 des Gesetzes über den Volksentscheid),[392] wobei die Teilnahme der Mehrheit der Stimmberechtigten in den Fällen erforderlich war, in denen ein Beschluss des Reichstages außer Kraft gesetzt werden sollte, Art. 75 WRV. Eine Regelung zum Schutz der Bundesstaatlichkeit war nicht vorgesehen. Das Problem war zur damaligen Zeit auch nicht im Bewusstsein der Staatsrechtslehre, zumal es eine Ewigkeitssperre wie im Grundgesetz nicht gab. Es wurden auf Grund dieses Fehlens ausdrücklicher Schranken noch allgemeine Grundsatzdiskussionen über das Bestehen von Schranken für eine Verfassungsänderung geführt; das spezielle Problem der Vereinbarkeit von Volksentscheiden mit dem Bundesstaatsprinzip wurde dann naturgemäß nicht erörtert.[393] Einzig das Recht des Reichsrates auf Initiierung eines Referendums gemäß Art. 76 Abs. 2 WRV verknüpft in gewisser Weise die Thematiken Bundesstaatlichkeit und direkte Demokratie. Danach konnte der Reichsrat den Volksentscheid verlangen, wenn der Reichstag entgegen des Einspruchs des Reichsrates eine Verfassungsänderung beschlossen hatte. Dieses Referendumsinitiativrecht des Reichsrates bestand auf Grund der fehlenden Unabänderlichkeitssperre in der WRV nicht auf Grund zwingender verfassungsrechtlicher Vorschriften. Gewisse Verstärkungseffekte für das föderalistische Prinzip konnten dadurch zwar auftreten, fraglich ist aber, ob es den Vätern der Weimarer Reichsverfassung darauf ankam, da in der Weimarer Republik die Bundesstaatlichkeit doch eher schwach ausgeprägt war. Jedenfalls bringen Erkenntnisse über diese Form des Schutzes der Bundesstaatlichkeit keine Gewinne für diese Untersuchung, da oben bereits festgestellt wurde, dass bezüglich

390 Entnommen: Huber (Hrsg.), Dokumente zur deutschen Verfassungsgeschichte, Bd. 4, S. 162

391 Ausführlich dazu: Kirchgässner/Feld/Savioz, Die direkte Demokratie, S. 146 ff.; zusammenfassend: Paterna, Volksgesetzgebung, S. 28 ff.

392 Gesetz über den Volksentscheid vom 27.6.1921, geändert durch Art. III des Gesetzes vom 31.12.1923 (RGBl. 1921 II S. 790; 1924 I S. 4), abgedruckt bei: Huber (Hrsg.), Quellen zum Staatsrecht der Neuzeit, Bd. 2, S. 92 ff.; s. auch: Huber, Deutsche Verfassungsgeschichte seit 1789, Bd. VI, S. 432

393 S. auch bereits oben 1. Kap. A. I.

der Einführung von Referenden keine bundesstaatlichen Probleme auf Grund von Art. 79 Abs. 3 GG bestehen.

II. 1933-1945: „Gesetz über Volksabstimmung"

In der Zeit von 1933 bis 1945 existierte ein „Gesetz über Volksabstimmung",[394] welches jedoch lediglich Volksbefragungsrechte enthielt.[395] Diese sind hier nicht von Interesse.[396]

III. Art. 106 HChE

Interessant dagegen gestaltet sich die Betrachtung von Art. 106 HChE.[397] Dort war ein obligatorisches Verfassungsreferendum mit doppeltem Abstimmungsquorum vorgesehen. Verfassungsänderungen waren danach nur zulässig, wenn neben einer Zweidrittelmehrheit der gesetzlichen Stimmenzahl des Bundestages und des Bundesrates auch das Volk durch Volksentscheid zustimmte. Zur Annahme des Gesetzes mussten beim Volksentscheid mindestens die Hälfte der Stimmberechtigten teilgenommen und die Mehrheit der Abstimmenden sowohl insgesamt als auch in der Mehrzahl der Länder für die Annahme gestimmt haben.[398] Hier findet sich also ein dem Schweizer Ständemehr ähnliches Quorum. Grundlage des Art. 106 HChE war das Frankfurter Dokument Nr. 1, welches die Ratifizierung des Grundgesetzes und die Bestätigung jeder künftigen Grundgesetzänderung durch Landesreferenden vorsah.[399] Im Laufe der Verhandlungen schlug Bayern sogar das Erfordernis einer „Zweidrittelländermehrheit" vor, welches – wie später im Parlamentarischen Rat festgestellt wurde – bereits eine Forderung der Alliierten aus dem Frankfurter Dokument Nr. 1 war.[400] Im Parlamentarischen Rat schließlich wurde das Erfordernis des Volksentscheides als zu hohe Hürde neben der erforderlichen Zweidrittelmehrheit in Bundestag und Bundesrat angesehen und nach der vorerst vorgenommenen Abänderung in ein fakultatives Referendum später gänzlich abgeschafft.[401] Beratungen be-

394 Abgedruckt z.B. in: Sartorius (Hrsg.), Verfassungs- und Verwaltungsrecht, Nr. 47
395 Dazu: Paterna, Volksgesetzgebung, S. 33 ff.
396 S.o. 2. Kap. A. I.
397 HChE abgedruckt in: Huber (Hrsg.), Quellen zum Staatsrecht der Neuzeit, Bd. 2, S. 219 ff.
398 Dazu: Paterna, Volksgesetzgebung, S. 38
399 Abgedruckt in: Huber (Hrsg.), Quellen zum Staatsrecht der Neuzeit, Bd. 2, S. 197 f. sowie Frotscher/Pieroth, Verfassungsgeschichte, Rn 720; schriftl. Stellg. Jung, Ausschussdrucksache 14/809B, S. 32 (abgedruckt als Anlage zum Protokoll der 94. Sitzung des Innenausschusses des Deutschen Bundestages)
400 Jung, Grundgesetz und Volksentscheid, S. 236 f.+272 ff.; zur weiteren Entwicklung: Jung, Grundgesetz und Volksentscheid, S. 275 ff.
401 v. Doemming/Füsslein/Matz, JöR n.F. 1 (1951), 1, 374 ff.

züglich der bundesstaatlichen Komponente des Art. 106 HChE, dem Erfordernis einer Mehrheit der Abstimmenden in der Mehrheit der Länder, fanden nur insofern statt, als das vor allem hinsichtlich dieses Elements festgestellt wurde, es erschwere eine Verfassungsänderung zusätzlich.[402] Die bundesstaatliche Tragweite dieser Formulierung wurde also nicht ins Auge gefasst.[403] Auch hinsichtlich dieser Regelung wird jedoch gelten, dass die Verfassungsväter einen Schutz der Bundesstaatlichkeit in der Weise, wie er heute diskutiert wird, nicht in Bezug nehmen mussten, da die endgültige Fassung des Art. 79 Abs. 3 GG bis zum Schluss der Verhandlungen im Parlamentarischen Rat unsicher war und sich die Vertreter dort kaum über die Reichweite der zukünftigen Unabänderlichkeitssperre im Klaren waren. Ohne Begründung wurde schließlich das Erfordernis der Annahme durch Volksentscheid aus dem Entwurf zu Art. 79 Abs. 2 GG gestrichen.[404] Die Forderung nach der Einführung einer Länderklausel nach dem Vorbild des schweizerischen Ständemehrs findet demnach in der Verfassungsgeschichte durchaus Anknüpfungspunkte, wenngleich sie für ein Verfassungsreferendum vorgesehen war und sich die Regelung des Art. 106 HChE nicht bis zur endgültigen Grundgesetzfassung durchsetzen konnte.

402 v. Doemming/Füsslein/Matz, JöR n.F. 1 (1951), 1, 574

403 So auch: Jung, FS v. Arnim, S. 363

404 v. Doemming/Füsslein/Matz, JöR n.F. 1 (1951), 1, 578; zur gesamten Entwicklung der Diskussion um die Aufnahme direktdemokratischer Elemente in das Grundgesetz von den Vorberatungen bis hin zur Verabschiedung des Grundgesetzes: Rittger, Der Streit um die direkte Demokratie in der Bundesrepublik Deutschland, S. 32 ff.

3. Kapitel: Der Bundesrat – Die Verwirklichung der Ländermitwirkung an der Bundesgesetzgebung im Grundgesetz

Im dritten Kapitel werden nun die Grundsätze desjenigen Organs aufgezeigt, dessen Rechte nach der derzeitigen Verfassungslage durch die Einführung von Volksentscheiden auf Bundesebene beschnitten werden könnten. Die grundsätzliche Mitwirkung der Länder an der Gesetzgebung vollzieht sich gemäß Art. 50 ff. GG durch den Bundesrat. Die Existenz dieses Organs erklärt sich aus dem föderativen Prinzip, dass zumindest nach dem Grundgesetz eine wirksame Beteiligung der Länder an der gesetzgeberischen Willensbildung des Bundes verlangt.[405] Dessen Rechtsstellung wird im Folgenden erläutert, um dann bei der Erörterung der Lösungsmodelle einen Vergleich zwischen der jetzigen Form der Mitwirkung der Länder und der durch die Lösungsmodelle verwirklichten Form ziehen zu können.

A. Der Bundesrat als föderatives Verfassungsorgan des Bundes

Der Bundesrat ist ein einzigartiges Organ in der Welt,[406] dessen Stellung im Verfassungsgefüge durch die Einbettung in ein Geflecht aus politischer Einflussnahme und Länderinteressen gekennzeichnet ist, und der auch mehr als ein halbes Jahrhundert nach seiner Konstituierung immer wieder kontrovers politisch, politologisch und verfassungsrechtlich diskutiert wird.[407] Er verdient dabei auf Grund seiner geschichtlichen Vorläufer in früheren deutschen Verfassungen die Bezeichnung als ein kennzeichnendes Verfassungserbe der Bundesrepublik.[408] Der Grundgesetzgeber wollte mit dem Bundesrat ein Organ schaffen, in dem der gebündelte Wille der Länder als rechtlicher und politischer Faktor den übrigen Verfassungsorganen gegenübertreten kann und der sich so zu einem Instrument des Einflusses der Länder entwickeln kann.[409] Mitglieder des Bundesrates sind die Länder, die auf Grund ihrer Eigenschaft als Körperschaften nicht selbst handlungsfähig sind und deshalb durch die jeweiligen

405 Stern, Staatsrecht, Bd. I, § 19 III 8 e

406 Reuter, in: Schneider/Zeh (Hrsg.), Parlamentsrecht und Parlamentspraxis, § 56 Rn 1; Vitzthum, VVDStRL 46 (1988), 7, 38

407 Hablitzel, NWVBl. 2003, 80

408 Stellg. Degenhart, abgedruckt in: Protokoll der 94. Sitzung des Innenausschusses des Deutschen Bundestages, S. 49; ähnlich auch: Stern, Staatsrecht, Bd. II, § 27 I 1 b

409 Stern, Staatsrecht, Bd. II, § 27 II 1, Katz, Staatsrecht, Rn 367

Landesregierungen vertreten werden.[410] Der Bundesrat ist heute das Organ, in dem die bundesstaatliche Ordnung einen großen Teil ihrer Wirksamkeit entfaltet.[411] Als ein nach Art. 20 Abs. 2 S. 2 GG Bundesstaatsgewalt ausübendes, seine verfassungsrechtliche Stellung im Grundgesetz gründendes Organ des Bundes werden seine Beschlüsse dem Bund und nicht den Ländern zugerechnet.[412] Seine bundesstaatliche Bedeutung leitet sich aus seiner Eigenschaft als Ländervertretung ab;[413] er repräsentiert dabei sowohl Polyzentrismus als auch Homogenität, Eigenständigkeit der Gliedstaaten und bündischen Ausgleich.[414] Wie beim Thema der föderativen Gewaltenteilung bereits angesprochen, ist er ein Organ der Verflechtung unterschiedlicher Kräfte: zwischen Bund und Gliedstaaten, vor allem aber auch zwischen Gesetzgebung und Verwaltung sowie parlamentarischem Verfahren und Regierungs- und Verwaltungstätigkeit, was die Zuweisung einer eindeutigen Stellung im Gewaltengefüge erschwert.[415] Deutlich wird dies allein an den folgenden Merkmalen: im Bundesrat wirken Mitglieder der Exekutive der Länder mit, die an der Legislativgewalt des Bundes teilhaben und die in Erfüllung von Bundesaufgaben die Landesinteressen vertreten sollen.[416] Diese Konstruktion macht im Wesentlichen die eigenartige verfassungsorganisatorische Situation des Bundesrates aus,[417] was im Ergebnis dann jedoch dazu führt, dass er als aus demokratischem Blickpunkt heraus problematisches Organ angesehen werden muss.[418] Die Ausübung von Bundeskompetenzen hängt jedenfalls faktisch oftmals von der absoluten Mehrheit der Landesregierungen ab.[419] Die Länder werden an den Leitungsaufgaben des Bundes beteiligt, bei Zustimmungsgesetzen ist für die Wahrnehmung dieser die Mitwirkung der Länder gar konstitutiv.[420] Sie sollen durch den Bundesrat vor allem ihre Verwaltungserfahrung einbringen, die dem Bund auf Grund der Kompetenzstruktur des Grundgesetzes und

410 Die Frage, ob die Länder oder die Vertreter der Landesregierungen Mitglieder des Bundesrates sind, ist umstritten (wie hier: Maurer, Staatsrecht I, § 16 Rn 10; ders., FS Winkler, S. 617 f.; Reuter, Praxishandbuch Bundesrat, Art. 50 Rn 45 ff.; ders., in: Schneider/Zeh (Hrsg.), Parlamentsrecht und Parlamentspraxis, § 56 Rn 2 ff.; a.A.: BVerfGE 8, 104, 120; 106, 310, 330; Maunz/Scholz, in: Maunz/Dürig, Art. 51 Rn 5; Korioth, in: v. Mangoldt/Klein/Starck (Hrsg.), Art. 51 Rn 2; s. dazu auch: Burkiczak, JA 2003, 463, 465; eingehende Darstellung bei: Küpper, Der Staat 42 (2003), 387 ff. m.w.N.).

411 Hesse, Grundzüge des Verfassungsrechts der Bundesrepublik Deutschland, § 16 Rn 609

412 BVerfGE 1, 299, 311; 8, 104, 120; Stern, Staatsrecht, Bd. I, § 19 III 8 d α; Herzog, in: Isensee/Kirchhof (Hrsg.), HStR II, 2. Aufl., § 44 Rn 2; Maunz/Scholz, in: Maunz/Dürig, Art. 50 Rn 5; Korioth, in: v. Mangoldt/Klein/Starck (Hrsg.), Art. 50 Rn 10 f.; Badura, Staatsrecht, S. 492; Lange, FS Stein, S. 185; ausführlich: Reuter, Praxishandbuch Bundesrat, Art. 50 Rn 36 ff.

413 Schubert, JURA 2003, 607, 610

414 Schefold, in: Stuby (Hrsg.), Föderalismus und Demokratie, S. 101

415 Schefold, in: Stuby (Hrsg.), Föderalismus und Demokratie, S. 101; Jekewitz, RuP 2003, 89, 94

416 Stern, Staatsrecht, Bd. I, § 19 III 8 d β; Jekewitz, RuP 2003, 89, 94

417 Jekewitz, RuP 2003, 89, 94

418 Hennis, zitiert bei: Sturm, ZParl 2002, 166, 167 sowie Jekewitz, RuP 2003, 89, 98

419 Vitzthum, VVDStRL 46 (1988), 7, 38

420 Hempel, Der demokratische Bundesstaat, S. 181

der Verfassungswirklichkeit, nach der der Bund hauptsächlich für die Gesetzgebung zuständig ist, die Länder hingegen vorrangig für den Vollzug der Gesetze, weitgehend fehlt.[421] Durch die Mitarbeit und Entscheidungsbefugnisse im Bundesrat werden die Exekutivspitzen der Länder gestärkt, der Einfluss der Landesparlamente ist eher marginal.[422] Der durch den Bundesrat bewirkte Zwang zur Verständigung zwischen zentral und regional legitimierten Faktoren kann auch aus der Tatsache heraus gerechtfertigt werden, dass die Länder im eigenen Bereich politische Leitungsgewalt ausüben, weshalb ihre Interessen und Initiativen für den Gesamtstaat als so gewichtig angesehen werden können, dass sie bei der Ausübung der zentral wahrgenommenen Leitungsaufgaben zu berücksichtigen sind.[423] Die Idee des Grundgesetzes war im Ergebnis, dass der staatliche Wille von einem unitarischen und föderativen Organ gemeinsam hervorgebracht werden soll.[424]

Auf die wenig gewinnbringende Diskussion, ob der Bundesrat als zweite Kammer angesehen werden kann, soll hier nur verwiesen werden,[425] ebenso auf die Problematik der parteipolitischen Beeinflussung des Bundesrates und dessen Eigenschaft als „Blockadeinstrument“.[426]

Näher wird dagegen auf die Problematik der demokratischen Legitimation des Bundesrates einzugehen sein. Demokratische Legitimation wird nach dem Bundesverfassungsgericht durch „eine ununterbrochene Legitimationskette vom Volk über die von diesem gewählte Vertretung zu den mit staatlichen Aufgaben betrauten Organen und Amtswaltern hergestellt“.[427] Unproblematisch ist die personelle Legitimation mittelbar dahingehend gegeben, dass die Mitglieder des Bundesrates als von der Landesregierung bestellte Vertreter auf die Landesparlamente und damit das Lan-

421 Herzog, in: Isensee/Kirchhof (Hrsg.), HStR II, 2. Aufl., § 44 Rn 21 ff.; Maurer, Staatsrecht I, § 16 Rn 40; Badura, Staatsrecht, S. 492; Reuter, Praxishandbuch Bundesrat, Art. 50 Rn 256

422 Maurer, Staatsrecht I, § 16 Rn 44

423 Hempel, Der demokratische Bundesstaat, S. 205

424 Stern, Staatsrecht, Bd. II, § 27 II 1

425 Verneinend: BVerfGE 37, 363, 380 („Nach der Regelung des Grundgesetzes ist der Bundesrat nicht eine zweite Kammer eines einheitlichen Gesetzgebungsorgans, die gleichwertig mit der „ersten Kammer“ entscheidend am Gesetzgebungsverfahren beteiligt wäre.“); Stern, Staatsrecht, Bd. I, § 19 III 8 i („Organ sui generis“); ders., Staatsrecht, Bd. II, § 27 II 3 c; Jekewitz, RuP 2002, 83, 84; bejahend: Schefold, in: Stuby (Hrsg.), Föderalismus und Demokratie, S. 115; Wyduckel, DÖV 1989, 181 ff.; differenzierend: Korioth, in: v. Mangoldt/Klein/Starck (Hrsg.), Art. 50 Rn 24; Herzog, in: Isensee/Kirchhof (Hrsg.), HStR II, 2. Aufl., § 44 Rn 14+29; Maurer, Staatsrecht I, § 16 Rn 46; v. Münch, Staatsrecht, Bd. 1, Rn 728; Badura, Staatsrecht, S. 488; Reuter, Praxishandbuch Bundesrat, Art. 50 Rn 63 ff.; Vonderbeck, Der Bundesrat - ein Teil des Parlaments der Bundesrepublik Deutschland?; Zinn, AöR 75 (1949), 291, 301; Klein, AöR 108 (1983), 329, 330 ff.

426 Dazu: Maunz/Scholz, in: Maunz/Dürig, Art. 50 Rn 25; Korioth, in: v. Mangoldt/Klein/Starck (Hrsg.), Art. 50 Rn 17 f.; Stern, Staatsrecht, Bd. I, § 19 III 8 k; Herzog, in: Isensee/Kirchhof (Hrsg.), HStR II, 2. Aufl., § 44 Rn 16 ff.; Maurer, Staatsrecht I, § 16 Rn 41 ff.; v. Münch, Staatsrecht, Bd. 1, Rn 730 ff.; Reuter, Praxishandbuch Bundesrat, Art. 50 Rn 78 ff.; Klein, AöR 108 (1983), 329, 358 ff.; Strohmeier, ZParl 2004, 717 ff.; Hillgruber, JZ 2004, 837 ff.

427 BVerfGE 83, 60, 73

desvolk zurückführbar sind.[428] Dass Vertreter der Landesregierungen wesentliche politische Entscheidungen treffen, tut der Legitimation keinen Abbruch, da nach dem Grundgesetz demokratische legitimierte Staatsgewalt nicht nur durch Parlamente ausgeübt werden kann.[429] Wenngleich damit das Problem aufgeworfen wird, dass die Legitimation hier nicht vom Bundesvolk her geschieht, sondern von der Aktivbürgerschaft der Länder vermittelt wird. Da diese voneinander unabhängige Legitimationskörper sind, werden fremde politische Kräfte für die Legitimation des Bundesorgans Bundesrat benutzt.[430] Dass der Bundesrat auf Grund dieser Tatsache wie ein „Fremdkörper" wirkt, ist jedoch letztlich die unvermeidbare Konsequenz der Einrichtung eines solchen föderativen Organs und keine demokratische Inkonsequenz.[431] Seine Legitimation bezieht er des Weiteren aus der Regelung seiner Einrichtung in der Verfassung, somit aus der verfassungsgebenden Gewalt des Bundesvolkes.[432] Inwiefern dieses Organ damit schwächer legitimiert ist als der Bundestag, ist eine Fragestellung, die auf den Bundesrat als Föderativorgan nicht passt.[433] Einer problembezogenen Untersuchung wird jedoch an der erforderlichen Stelle im Rahmen der Erörterung der Lösungsmodelle die spezifisch bundesstaatliche Legitimation des Bundesrates unterzogen werden müssen, die immer dann greifen muss, wenn Besonderheiten des Bundesrates, speziell hier relevant die Stimmenverteilung, demokratisch kaum gerechtfertigt werden können.[434] Dies ist eine der Auswirkungen des Typus „gemischte Verfassung", den das Grundgesetz verfolgt und der im Bundesrat mit der Kombination von Demokratie- und Bundesstaatsprinzip augenfällig zu Tage tritt.[435] Bei diesem stützt sich die Verfassung auf eine Vielzahl sie legitimierender Prinzipien, die als Optimierungsgebote zu verstehen sind, welche sich gegenseitig ergänzen und bei Kollisionsfällen in schonenden Ausgleich gebracht werden müssen, was nicht in jedem Fall problemlos bewältigt werden kann.[436]

428 Korioth, in: v. Mangoldt/Klein/Starck (Hrsg.), Art. 50 Rn 15; Maunz/Scholz, in: Maunz/Dürig, Art. 50 Rn 8; Stern, Staatsrecht, Bd. I, § 19 III 8 g; Maurer, Staatsrecht I, § 16 Rn 47; v. Münch, Staatsrecht, Bd. 1, Rn 716; Reuter, Praxishandbuch Bundesrat, Art. 50 Rn 55 ff.

429 BVerfGE 49, 89, 124 ff.; 68, 1, 86 f.; Reuter, Praxishandbuch Bundesrat, Art. 50 Rn 57; Hesse, AöR 98 (1973), 1, 20; Klein, ZG 2002, 297, 306

430 Tetzlaff, DÖV 2003, 693, 697; dazu: Korioth, in: v. Mangoldt/Klein/Starck (Hrsg.), Art. 50 Rn 15; Flemming, Entwicklung und Zukunft des Föderalismus in Deutschland, S. 253 m.w.N.

431 Korioth, in: v. Mangoldt/Klein/Starck (Hrsg.), Art. 50 Rn 15; Stern, Staatsrecht, Bd. II, § 27 II 1

432 Korioth, in: v. Mangoldt/Klein/Starck (Hrsg.), Art. 50 Rn 15; Reuter, Praxishandbuch Bundesrat, Art. 50 Rn 54; Klein, ZG 2002, 297, 307

433 Dazu: Herzog, in: Isensee/Kirchhof (Hrsg.), HStR II, 2. Aufl., § 44 Rn 25 f.; Stern, Staatsrecht, Bd. I, § 19 III 8 g; ausführlich zur demokratischen Legitimation des Bundsrates: Knies, DÖV 1977, 575, 578

434 S.u. 4. Kap. E. IV. 2. b.

435 Klein, in: Bundesrat (Hrsg.), Vierzig Jahre Bundesrat, S. 105; Korioth, in: v. Mangoldt/Klein/Starck (Hrsg.), Art. 50 Rn 16; Tetzlaff, DÖV 2003, 693, 697

436 S. nur: Reuter, Praxishandbuch Bundesrat, Art. 50 Rn 59 ff.; Klein, ZG 2002, 297, 305

Die Zusammensetzung des Bundesrates aus ernannten Regierungsvertretern ist weltweit einmalig, der Rückgriff auf das Ratsprinzip steht jedoch in verfassungsrechtlicher Tradition zur Reichsverfassung von 1871 und der Weimarer Reichsverfassung, wenngleich er gegenüber dem Bundesrat von 1871 und dem Reichsrat von 1919 als seinen Vorgängern eine erhebliche Aufwertung erfahren hat, da er nunmehr aus Mitgliedern der Regierungen der Länder besteht, also ein Regierungskongress ist und nicht mehr wie früher ein Gesandtenkongress.[437] Die Regierungsvertreter werden von ihren jeweiligen Landesregierungen instruiert, d.h. sie sind im Gegensatz zu den Bundestagsabgeordneten (Art. 38 Abs. 1 S. 2 GG) an Aufträge und Weisungen gebunden.[438] Dadurch soll die notwendige einheitliche Stimmabgabe jedes Landes (Art. 51 Abs. 3 S. 2 GG) ermöglicht werden. Die Anzahl der Stimmen ist je nach Bevölkerungsgröße eines Landes zwischen drei und sechs Stimmen gestaffelt, Art. 51 Abs. 2 GG. Dies stellt einen Mittelweg zwischen der egalitären Gleichheit aller Länder, nach der jedem Land die gleiche Stimmenanzahl zusteht, und der proportionalen Gleichheit der Länder, bei der die Stimmenanzahl entsprechend der Bevölkerungszahl berechnet wird, dar.[439] Die einheitliche Stimmabgabe, schon in der Verfassung von 1871 enthalten und in der Weimarer Zeit trotz fehlender Normierung in der Verfassung von der herrschenden Meinung trotzdem angenommen,[440] ist die notwendige Konsequenz aus der Repräsentation der Länder im Bundesrat.[441] Der Struktur des Bundesrates nach müssen die Stimmen eines Landes denselben Inhalt haben, da die Vertreter die Stimmrechte der jeweiligen Länder wahrnehmen und nicht den individuellen Willen der Mandatsträger zum Ausdruck bringen sollen und ein Land schlechterdings mehrere sich widersprechende Willen haben kann.[442] Im Bundesrat sollen sich entsprechend der verfassungsgeschichtlichen Tradition nicht die politischen Machtverhältnisse und die politische Vielfalt der Länder widerspiegeln, sondern Ziel ist es, eine Vertretung der Länder in ihrer landesstaatlichen Einheit zu

437 Maurer, FS Stein, S. 154

438 H.M.: Stern, Staatsrecht, Bd. II, § 27 III 2 b β; Herzog, in: Isensee/Kirchhof (Hrsg.), HStR II, 2. Aufl., § 46 Rn 9; Maunz/Scholz, in: Maunz/Dürig, Art. 51 Rn 14 ff.; Korioth, in: v. Mangoldt/Klein/Starck (Hrsg.), Art. 51 Rn 23 m.w.N.; v. Münch, Staatsrecht, Bd. 1, Rn 723; Reuter, Praxishandbuch Bundesrat, Art. 51 Rn 65 ff.; Schäfer, Der Bundesrat, S. 52

439 Maurer, Staatsrecht I, § 16 Rn 7; ähnlich: v. Münch, Staatsrecht, Bd. 1, Rn 721; dazu unten (4. Kap. E. IV. 2. b. cc.) Näheres

440 Reuter, in: Schneider/Zeh (Hrsg.), Parlamentsrecht und Parlamentspraxis, § 56 Rn 30

441 Stern, Staatsrecht, Bd. II, § 27 III 2

442 Laband, Das Staatsrecht des Deutschen Reiches, Bd. 1, S. 243; Schäfer, Der Bundesrat, S. 50; Jekewitz, RuP 2002, 83, 88; Küpper, Der Staat 42 (2003), 387, 394; Anders: Maunz/Scholz, in: Maunz/Dürig, Art. 51 Rn 26, wo das Gebot der einheitlichen Stimmabgabe als eine politisch zumindest nahe liegende Folgerung aus dem bundesstaatlichen Aufbau charakterisiert wird.

gewährleisten.[443] Im Ergebnis können die den Ländern zustehenden Stimmenzahlen auch als jeweils eine Stimme mit je unterschiedlichem Gewicht gewertet werden.[444]

C. Die Kompetenzen und Rechte des Bundesrates im Gesetzgebungsverfahren

Neben der Mitwirkung bei der Verwaltung des Bundes und in Angelegenheiten der Europäischen Union über Art. 23 Abs. 2-6 GG sowie einigen vereinzelten weiteren Rechten, liegen die hier interessierenden Befugnisse des Bundesrates in der Mitwirkung bei der Gesetzgebung. Die Einführung von Volksentscheiden auf Bundesebene berührt diese legislativen Kompetenzen des Bundesrats, da hier ein gesetzgeberischer Akt des Volkes ohne seine Beteiligung oder die der Länder erlassen wird. Insbesondere wird sich die Frage der möglichen Notwendigkeit einer Beibehaltung der Unterscheidung der verschiedenen Gesetzesarten, Einspruchs-, Zustimmungs- und – als Sonderfall der Zustimmungsgesetze – Verfassungsgesetze, stellen, die freilich nicht durch Art. 79 Abs. 3 GG geschützt ist.[445] Eventuell kann sie jedoch als Orientierungshilfe dafür dienen, in welcher Intensität die Befugnisse des Bundesrates und damit der Länder durch den Volksentscheid betroffen sind und inwiefern diese ersetzt werden müssen.

Hinsichtlich der Kompetenzen des Bundesrates im Gesetzgebungsverfahren hat das Bundesverfassungsgericht ihn als „föderativen Teil der Legislative" bezeichnet.[446] Art. 50 GG ist hierbei lediglich als deklaratorische, grundsätzliche und unvollständige Aufgabenzuweisung bzw. generelle Aufgabenumschreibung, die das Hauptaufgabengebiet des Bundesrates benennt, jedoch noch keine konkreten Kompetenzen zuweist, zu sehen; die einzelnen Befugnisse des Bundesrates ergeben sich aus anderweitigen Regelungen des Grundgesetzes.[447] Die Kompetenzen des Bundesrates liegen vornehmlich in korrigierender und kontrollierender Mitwirkung, weniger in selbständiger Leitung, d.h. er besitzt kaum alleinige und endgültige Entscheidungsrechte.[448] Im Gesetzgebungsverfahren steht dem Bundesrat das Initiativrecht (Art. 76 Abs. 1 GG), das Recht auf Stellungnahme zu Vorlagen der Bundesregierung (Art. 76 Abs. 2 GG), ein Zutritts- und Rederecht der Bundesratsmitglieder bei allen Sitzungen des Bundestages und seiner Ausschüsse (Art. 43 Abs. 2 GG), das Recht auf Anrufung des Vermittlungsausschusses (Art. 77 Abs. 2 GG), das Recht auf Einspruch

443 Pünder, JURA 2003, 622, 623; Tetzlaff, DÖV 2003, 693, 694; Küpper, Der Staat 42 (2003), 387, 394 f.

444 Maurer, Staatsrecht I, § 16 Rn 10

445 S. nur: Evers, in: BK, Art. 79 Abs. 3 Rn 218

446 BVerfGE 24, 184, 197

447 Pieroth, in: Jarass/Pieroth, Art. 50 Rn 2; Korioth, in: v. Mangoldt/Klein/Starck (Hrsg.), Art. 50 Rn 1; Stern, Staatsrecht, Bd. I, § 19 III 8 c

448 Hesse, Grundzüge des Verfassungsrechts der Bundesrepublik Deutschland, § 16 Rn 610; Schefold, in: Stuby (Hrsg.), Föderalismus und Demokratie, S. 108; Hebeler, JA 2003, 522, 527

gegen ein vom Bundestag beschlossenes Gesetz (Art. 77 Abs. 3 GG) bzw. Erteilung oder Verweigerung der Zustimmung (Art. 77 Abs. 2a GG) zu. Als ein Spezialfall ausdrücklich genannt werden soll auf Grund der besonderen Mehrheit von Zweidrittel der zu erreichenden Stimmen der Fall der Verfassungsänderungen (Art. 79 Abs. 2 GG), bei denen der Bundesrat eine überaus starke Stellung inne hat. Interessieren soll hier lediglich das Einspruchs- bzw. Zustimmungsrecht. Ersteres stellt theoretisch den Regelfall dar, während das Grundgesetz die Fälle der Zustimmungspflichtigkeit enumerativ aufzählt.[449] Einspruchsgesetze sind also all diejenigen, bei denen das Grundgesetz die Zustimmungspflicht nicht ausdrücklich vorsieht. Die Zustimmungsrechte gewähren neben den im Fall des Ausnahmezustandes vorhandenen Befugnissen die gewichtigsten Einflussrechte der Länder auf die Willensbildung des Bundes.[450] Für diese Gesetze ist der Wille des Bundesrates nicht überwindbar. Er besitzt die Letztentscheidungsbefugnis bzw. ein absolutes Vetorecht, wohingegen bei Einspruchsgesetzen lediglich ein suspensives Veto besteht und der Bundestag sich über das eingelegte Veto des Bundesrates mit Beschluss hinwegsetzen kann.[451] Vereinfacht dargestellt gibt es neben einigen Sonderfällen, zu denen z.B. der Bereich der Verfassungsänderungen oder die Übertragung von Hoheitsrechten auf die EU nach Art. 23 Abs. 1 S. 2 GG gehört, zwei wesentliche Komplexe zustimmungsbedürftiger Bundesgesetze: bei Eingriffen des Bundes in die Verwaltungshoheit der Länder sowie bei Berührungen deren Finanzaufkommens.[452] Ob Volksentscheide, die finanzwirksame Gesetze betreffen (z.B. Art. 104 a Abs. 3 S. 3 GG), tatsächlich vorgesehen werden würden, erscheint angesichts der bisher in den Ländern anzutreffenden Tendenz, haushaltswirksame Gesetze vom Volksgesetzgebungsverfahren auszunehmen – zumal diese Klausel von den meisten Landesverfassungsgerichten denkbar weit ausgelegt wird –,[453] äußerst zweifelhaft. Als sonstige Einzelfälle sollen noch Art. 23 Abs. 1 S. 2 GG sowie Art. 59 Abs. 2 S. 1 GG, sofern der Bundesrat bei dem Zustimmungsgesetz zum völkerrechtlichen Vertrag ein Zustimmungs- und nicht lediglich ein Einspruchsrecht hat, betrachtet werden. Ein Zustimmungsgesetz zu einem völkerrechtlichen Vertrag wird in der Praxis wohl eher selten durch einen Volksentscheid zustande kommen.[454] Entschließt sich der Bund zum Abschluss eines solchen Vertrages, wird er auch das entsprechende Zustimmungsgesetz, sofern eines

449 S. die Aufzählung aller Normen, die eine Zustimmungspflicht vorsehen, bei: Stern, Staatsrecht, Bd. II, § 27 IV 2 b β; Reuter, Praxishandbuch Bundesrat, Art. 50 Rn 170 und Schmidt, JuS 1999, 861, 863 Fn 13

450 Stern, Staatsrecht, Bd. I, § 19 III 8 i

451 Stern, Staatsrecht, Bd. I, § 19 III 8 i; Maurer, Staatsrecht I, § 17 Rn 69; Ebke, Bundesstaat und Gewaltenteilung, S. 88; Schweitzer, Der Staat 15 (1976), 169, 170; Schubert, JURA 2003, 607, 610; Hebeler, JA 2003, 522, 524

452 Reuter, Praxishandbuch Bundesrat, Art. 50 Rn 159; Ebke, Bundesstaat und Gewaltenteilung, S. 89; Ossenbühl, AöR 99 (1974), 369, 376; Antoni, AöR 113 (1988), 329, 330 f.

453 BayVerfGH BayVBl. 2000, 397, 400; BremStGH NVwZ 1998, 388, 389 ff.; ThürVerfGH LKV 2002, 83, 91 ff.; a.A.: SächsVerfGH LKV 2003, 327, 328 ff.

454 Die Enquête-Kommission Verfassungsreform empfahl in ihrem Schlussbericht, solche Gesetze von dem Verfahren des Volksentscheides auszunehmen (BT-Drucks. 7/5924, S. 13 f.)

notwendig ist, dazu erlassen. Es bleibt daher kaum Raum für eine Initiative aus dem Volk, welche in einen Volksentscheid mündet, zumal das Zustimmungsgesetz den Vertragsinhalt des völkerrechtlichen Vertrages wiedergibt, somit fast kein Spielraum für eine inhaltliche Ausfüllung des Zustimmungsgesetzes besteht. Wahrscheinlicher ist für diese Art von Gesetzen eher die Einführung eines Referendums.[455] Für die Übertragung von Hoheitsrechten auf die Europäische Union wird ähnliches gelten. Auch hier wird der Bund vorher in den Gremien der EU am Beschluss einer entsprechenden Erweiterung von deren Kompetenzen mitgewirkt haben. Der Bund wird sich seiner Verpflichtung zur Umsetzung genügend bewusst sein. Daher kommen wohl auch hier Referenden über die Beschlüsse der gesetzgebenden Organe in Betracht.[456] Als Sonderfall würde sich in diesem Zusammenhang die Annahme der künftigen Europäischen Verfassung darstellen, sofern bei dieser das Verfahren des Volksentscheides in das Grundgesetz eingeführt sein sollte. Je nach deren Ausgestaltung und dem Verständnis vom Begriff der Verfassung wird man die Annahme dieser Verfassung in Deutschland entweder als Fall des Art. 23 Abs. 1 S. 2 GG ansehen können, bei dem sich dann das Problem der Ersetzung der Zustimmung des Bundesrates stellen würde, oder man sieht die Grenzen der Integrationsermächtigung nach Art. 23 Abs. 1 S. 3 GG i.V.m. Art. 79 GG als überschritten an und erachtet das Tätigwerden der verfassungsgebenden Gewalt des deutschen Volkes als notwendig, wofür Ansatzpunkt Art. 146 GG wäre.[457] Sollte sich deren Äußerung in Form eines Volksentscheides vollziehen, taucht das Problem der Bundesstaatlichkeit nicht auf, da die verfassungsgebende Gewalt keinen Bindungen, also auch nicht denen des Art. 79 Abs. 3 GG, unterliegt.[458]

Für die weiteren Ausführungen ist neben der Existenz der Unterscheidung von Einspruchs- und Zustimmungsgesetzen vor allem der Hintergrund, warum das Grundgesetz in bestimmten Fällen gerade eine Zustimmungspflicht anordnet, relevant. Allgemein wird dazu oftmals ausgeführt, der Interessensbereich der Länder werde in den Fällen der Zustimmungspflicht besonders stark berührt.[459] Die verstärk-

455 Zur Frage der Ergänzung des Art. 59 Abs. 2 S. 1 GG mit einem Referendumsrecht: schriftl. Stellg. Degenhart, Ausschussdrucksache 14/809E, S. 12 f. (abgedruckt als Anlage zum Protokoll der 94. Sitzung des Innenausschusses des Deutschen Bundestages); schriftl. Stellg. Jung, Ausschussdrucksache 14/809B, S. 33 f. (abgedruckt als Anlage zum Protokoll der 94. Sitzung des Innenausschusses des Deutschen Bundestages)

456 So auch: schriftl. Stellg. Jung, Ausschussdrucksache 14/809B, S. 34 (abgedruckt als Anlage zum Protokoll der 94. Sitzung des Innenausschusses des Deutschen Bundestages)

457 S. nur die Diskussion in der Sachverständigenanhörung zum Gesetzentwurf vom 13.03.2002 (BT-Drucks. 14/8503) im Innenausschuss des Deutschen Bundestages: Stellg. Degenhart, abgedruckt in: Protokoll der 94. Sitzung des Innenausschusses des Deutschen Bundestages, S. 13+33 f.; Stellg. Huber, abgedruckt in: Protokoll der 94. Sitzung des Innenausschusses des Deutschen Bundestages, S. 15+39 f.; Stellg. Kempen, abgedruckt in: Protokoll der 94. Sitzung des Innenausschusses des Deutschen Bundestages, S. 34; Stellg. Peschel-Gutzeit, abgedruckt in: Protokoll der 94. Sitzung des Innenausschusses des Deutschen Bundestages, S. 35

458 S.o. 1. Kap. A.

459 BVerfGE 1, 76, 79; 37, 363, 381; Katz, Staatsrecht, Rn 367; Ehard, in: Süsterhenn (Hrsg.), Föderalistische Ordnung, S. 103

ten Mitwirkungsrechte sollen dann eine Kompensation für Eingriffe in die Organisations- und Finanzhoheit der Länder sein, die u.a. den Kernbereich ihrer Kompetenzen darstellen, und die Aushöhlung der Substanz der Länder durch eine schrittweise Ausdehnung der Einflüsse des Bundes verhindern bzw. solche Eingriffe kontrollieren.[460] Diesen Elementen der Staatlichkeit der Länder (Kernbestand an Kompetenzen, Organisationshoheit der Länder im Bereich der Verwaltung, Haushalts- und Finanzverfassung) gewährt das Grundgesetz durch das Zustimmungserfordernis des Bundesrates also einen erhöhten Schutz.[461] Dies kann jedoch nicht die einzige Erklärung sein, da es einige weitere Fälle gibt, in denen Länderinteressen fundamental berührt werden, die aber keiner Zustimmungspflicht unterliegen. Zum anderen ist gelegentlich eine Zustimmungspflicht begründet, obwohl eine besonders starke Berührung von Länderinteressen bzw. des bundesstaatlichen Gefüges nicht erkennbar ist.[462] Einen allgemeinen Grundsatz, in welchen Fällen die Pflicht zur Zustimmung besteht, kann man somit kaum formulieren.[463] Hintergrund für Art. 84 Abs. 1 GG, einen der wichtigsten Fälle der Zustimmungsbedürftigkeit, ist jedenfalls die Tatsache, dass die Länderinteressen berücksichtigt werden sollen, wenn der Bund den Ländern die Ausführung seiner Gesetze aufgibt und er die Ermächtigung hat, auf die Behördenstruktur der Länder zuzugreifen, er somit die grundsätzliche Organisationsgewalt der Länder einschränken kann.[464] Das Bundesverfassungsgericht hat den Zweck des Zustimmungserfordernisses darin gesehen, die Grundentscheidung der Verfassung für eine umfassende Verwaltungszuständigkeit der Länder zu Gunsten des föderativen Staatsaufbaus mit abzusichern und zu verhindern, dass insoweit Verschiebungen des bundesstaatlichen Gefüges im Wege der einfachen Gesetzgebung über Bedenken des Bundesrates hinweg herbeigeführt werden können.[465] Auf Grund des eben erörterten fehlenden charakteristischen Modells für die Auslösung einer Zustimmungspflicht wurde diese Argumentation des Bundesverfassungsgerichts mit „Systemverschiebungen" als nicht ganz überzeugend empfunden.[466] Warum diese Argumentation bzgl. einer einzelnen Vorschrift nicht griffig sein soll, ist allerdings nicht nachvollziehbar. Das Bundesverfassungsgericht bezieht sich auf eine konkrete Vorschrift, das von ihm dargelegte System der Verteilung der Verwaltungszuständigkeiten ist im Grundgesetz verankert und eindeutig als ein Teil des Systems Bundesstaat zu qualifizieren. Art. 84 Abs. 1 GG will einer schleichenden

460 Katz, Staatsrecht, Rn 435; Šarčević, Das Bundesstaatsprinzip, S. 236; Ebke, Bundesstaat und Gewaltenteilung, S. 89

461 Šarčević, Das Bundesstaatsprinzip, S. 236

462 S. die Aufzählung bei: Stern, Staatsrecht, Bd. II, § 27 IV 2 b α; Reuter, Praxishandbuch Bundesrat, Art. 50 Rn 159; dazu auch: Hesse, Grundzüge des Verfassungsrechts der Bundesrepublik Deutschland, § 16 Rn 621

463 Stern, Staatsrecht, Bd. II, § 27 IV 2 b α; Reuter, Praxishandbuch Bundesrat, Art. 50 Rn 159

464 Antoni, AöR 113 (1988), 329, 353; Hebeler, JA 2003, 522, 524 (Ähnliches kann wohl auch für Art. 84 V und 85 I GG gelten.)

465 BVerfGE 37, 363, 379 f.; 55, 274, 319; Schmidt, JuS 1999, 861, 863; ausführlich zu Ziel- und Zwecksetzung des Art. 84 Abs. 1 GG: Antoni, AöR 113 (1988), 329, 352 ff.

466 Stern, Staatsrecht, Bd. II, § 27 IV 2 b α m.w.N. in Fn 165

Aushöhlung der Landeszuständigkeiten wehren. Lediglich auf diese befürchtete Systemverschiebung bezieht sich das Bundesverfassungsgericht. Es werden nicht alle Normen, die eine Zustimmungspflicht vorsehen, mit dem Argument der Systemverschiebung begründet, sondern eine spezielle mit deren konkreter bundesstaatlicher Kompetenzverteilung. Jedenfalls fungiert Art. 84 Abs. 1 GG in der Verfassungspraxis auf Grund dessen weiter Auslegung, nach der das gesamte Gesetz zustimmungsbedürftig ist und nicht nur die an sich die Zustimmungsbedürftigkeit auslösenden Teile, das Gesetz also als gesetzestechnische Einheit verstanden wird, als eine Norm, die eine wesentliche Ausgleichsfunktion zwischen Bund und Ländern inne hat, vor allem im Hinblick auf den bisherigen fast steten Verlust von Länderkompetenzen, der über eine Ausweitung der Mitwirkungsbefugnisse des Bundesrates abgefangen werden soll.[467] Die Zustimmungsbedürftigkeit bei Verfassungsänderungen ergibt sich schließlich aus der Staatlichkeit von Bund und Ländern und der Tatsache, dass das Grundgesetz die Verfassung für Bund und Glieder ist.[468]

D. Die Funktionen des Bundesrates

Wenn bei der Einführung von Volksentscheiden in das Grundgesetz der Bundesrat bei den auf direktdemokratischem Weg zustande gekommenen Gesetzen sein Mitwirkungsrecht verliert, so ist zu ermitteln, aus welchem Grund ihm diese Rechte im repräsentativen Gesetzgebungsverfahren außer den speziell für die Zustimmungsbedürftigkeit von Gesetzen bereits gefundenen Gründen zustehen. Nur so kann herausgefunden werden, ob die Mitwirkung im Sinne von Art. 79 Abs. 3 GG zwingend erforderlich ist, was nur dann der Fall wäre, wenn die von der Ewigkeitsklausel geforderte grundsätzliche Mitwirkung der Länder diese Funktion bei allen denkbaren dem Volksentscheid unterliegenden Gesetzesarten sichern will. Diese Sichtweise rechtfertigt sich vor allem aus dem bereits erwähnten Hintergrund, dass es Art. 79 Abs. 3 GG nicht um die Bewahrung formeller Strukturen geht, sondern entscheidend ist, welche Funktionen durch diese Strukturen ermöglicht werden. Deren Kerngehalte sollen durch die Ewigkeitsklausel unabänderlich festgeschrieben werden.

I. Sprachrohr der Länderinteressen und Repräsentation des Willens der Länder

Der Bundesrat als Vertreter der Länder ist dazu berufen, die Interessen der Länder im Gesetzgebungsprozess des Bundes zu vertreten, als „Sprachrohr"[469] der im Bundesrat

467 Antoni, AöR 113 (1988), 329, 354
468 Stern, Staatsrecht, Bd. II, § 27 IV 2 a
469 Katz, Staatsrecht, Rn 368

gebündelten Länderinteressen zu dienen.[470] Durch ihn wird eine unmittelbare Einflussnahme der Landesregierungen auf die Bundesgesetzgebung möglich. Er hat die Rolle des Partners des Bundes für die Einbringung der Interessen und politischen Ziele der Länder in die Entscheidungsprozesse auf Bundesebene inne und dient dabei quasi als „Gelenkstelle“, durch die der Wille der Länder in die Bundeswillensbildung übergeleitet wird.[471] Er erfüllt eine unentbehrliche Mittlerrolle zwischen Bund und Ländern und verklammert als Bindeglied beide wirkungsvoll, indem die Landesregierungen eng in das politische Handeln des Gesamtstaates einbezogen werden.[472] Damit werden im Bundesrat nicht die Landesvölker repräsentiert, sondern die Länder mit ihren für den Gesamtstaat unentbehrlichen Charakteristika, ihren Besonderheiten und ihrer Vielfalt.[473] Die Gliedstaaten werden in die gesamtstaatliche Verantwortung genommen, am Gesamtwohl des Bundes fördernd mitzuwirken, wodurch sie sich ein Stück weit auch ihren Fortbestand als eigenstaatliche politische Faktoren sichern.[474] Die Erfüllung dieser Funktion ist unerlässlich in einer Verfassungsordnung wie der des Grundgesetzes, die das Schwergewicht der Gesetzgebung auf den Bund, das der Vollziehung auf die Länder legt.[475] Damit sollen die sich aus der Einordnung der Länder in den Bund ergebenden Beschränkungen kompensiert werden und ein Ausgleich für den auf Grund der herrschenden Unitarisierungstendenzen immer weitergehenden Verlust der eigenen Gesetzgebungszuständigkeiten der Länder geschaffen werden.[476] Freilich ist dies nur bedingt möglich, da das einzelne Land im Bundesrat von den anderen Ländern überstimmt werden kann und der Bundesrat nur Mitwirkungsrechte und keine Alleinentscheidungsbefugnisse hat.[477] Zudem sind im Bundesrat die Landesexekutiven und nicht die Landesparlamente vertreten, so dass deren Bedeutungsverlust auf diesem Weg nicht ausgeglichen werden kann.[478] Im Ergebnis ist der Bundesrat jedenfalls das Organ, in dem sich die Integration der Länder in den Bund vollzieht.[479] Diese Funktion verwehrt es ihm jedoch selbstverständlich nicht, auch Interessen des Bundes wahrzunehmen; im Gegenteil soll er als Organ des Bundes genauso gesamtstaatliche Verantwortung wahrnehmen.[480]

470 Korioth, in: v. Mangoldt/Klein/Starck (Hrsg.), Art. 50 Rn 2; Maurer, Staatsrecht I, § 16 Rn 3; Reuter, Praxishandbuch Bundesrat, Art. 50 Rn 262

471 Stern, Staatsrecht, Bd. II, § 27 II 2 b; Katz, Staatsrecht, Rn 368; Ebke, Bundesstaat und Gewaltenteilung, S. 84;

472 Katz, Staatsrecht, Rn 368; Reuter, Praxishandbuch Bundesrat, Art. 50 Rn 259

473 Vitzthum, VVDStRL 46 (1988), 7, 47

474 Korioth, in: v. Mangoldt/Klein/Starck (Hrsg.), Art. 50 Rn 16; Katz, Staatsrecht, Rn 368; Reuter, Praxishandbuch Bundesrat, Art. 50 Rn 261

475 Schefold, in: Stuby (Hrsg.), Föderalismus und Demokratie, S. 113

476 Maurer, Staatsrecht I, § 16 Rn 3; Reuter, Praxishandbuch Bundesrat, Art. 50 Rn 260

477 Maurer, Staatsrecht I, § 16 Rn 3; ders., FS Winkler, S. 629

478 Degenhart, Staatsrecht I, Rn 508

479 Ebke, Bundesstaat und Gewaltenteilung, S. 85

480 S. zum Problem: Korioth, in: v. Mangoldt/Klein/Starck (Hrsg.), Art. 50 Rn 18; Maurer, FS Winkler, S. 629; Hebeler, JA 2003, 522, 527

II. Element der föderativen Gewaltenteilung

Die bereits erörterte durch das bundesstaatliche Prinzip bewirkte föderative Gewaltenteilung wird im Föderativorgan Bundesrat besonders deutlich. Allein auf Grund der Existenz eines zweiten, an der Gesetzgebung beteiligten Organs wird eine Form der Gewaltenteilung verwirklicht.[481] Von deren Ausgestaltung ist dann jedoch die Effektivität dieser Gewaltentrennung abhängig. Durch seine Mitwirkung sowohl an Gesetzgebung als auch an der Verwaltung und auf Grund der Abhängigkeit sowohl des Bundestages als auch der Bundesregierung von der Kooperation mit dem Bundesrat ist er ein Organ der Verknüpfung unterschiedlicher Funktionen und Gewalten.[482] Er wirkt im Sinne der „checks and balances" kontrollierend, regulierend und hemmend auf den Gesamtstaatswillen ein, indem er ein Gegengewicht zur Bundestagsmehrheit und der aus ihr hervorgegangenen Bundesregierung und damit ein alternatives Machtzentrum bildet, auch wenn er lediglich korrigierend der Regierungspolitik entgegentreten und keine Führungsrolle übernehmen kann.[483] Da die regierende Fraktion kaum Vorlagen der Regierung ablehnen würde, die Opposition im Bundesrat dazu aber durchaus bereit ist, bedeutet die gegenseitige Kontrolle von Bundestag und Bundesrat einen zu schätzenden Faktor.[484] Diese Stellung als Gegengewicht zur Bundestagsmehrheit und zur Bundesregierung ist vom Grundgesetz so gewollt, indem es den Bundesrat mit den entsprechenden Mitwirkungsrechten im Gesetzgebungsverfahren ausgestattet hat.[485] Da der Bundesrat weniger nach demokratischen, sondern eher nach bundesstaatlichen Gesichtspunkten aufgebaut ist, spiegeln sich dort bisweilen andere Kräfteverhältnisse wider als im Bundestag, was die nötige Ausgangsbasis für eine effektive Kontrolle und somit Gewaltenteilung schafft. Dieses besondere, im Bundesrat wirkende föderative Element besteht aus vier Komponenten: es sollen regionale Besonderheiten in die Bundesgesetzgebung eingebracht werden, die in den Ländern regierenden politischen Parteien können ein Gegengewicht zu den auf Bundesebene regierenden Parteien schaffen, das Prinzip der Gleichheit der Bundesländer wird – modifiziert durch das System der Stimmenstaffelung – ansatzweise verwirklicht und die Länder bringen über den Bundesrat das administrative Element in den Gesetzgebungsprozess ein. Die Gewaltenteilung findet

481 Schmitt, Verfassungslehre, S. 293; Ebke, Bundesstaat und Gewaltenteilung, S. 84 f.

482 Hesse, Grundzüge des Verfassungsrechts der Bundesrepublik Deutschland, § 16 Rn 610; Wobei Schodder, Föderative Gewaltenteilung in der Bundesrepublik Deutschland, S. 170 ff. der Ansicht ist, der Bundesrat bewirke derzeit auf Grund des durch den parteipolitischen Einfluss ausgelösten Funktionswandels keine spezifisch bundesstaatliche Gewaltenteilung, sondern als aliud eine Partei-Gewaltenteilung; es fehle das Auftreten des Bundesrates gegenüber dem Bund als Wahrer der Länderbelange.

483 Katz, Staatsrecht, Rn 368; Maurer, Staatsrecht I, § 16 Rn 38; Schefold, in: Stuby (Hrsg.), Föderalismus und Demokratie, S. 116; Ebke, Bundesstaat und Gewaltenteilung, S. 86; Hebeler, JA 2003, 522, 527

484 Heger, Deutscher Bundesrat und Schweizer Ständerat, S. 146

485 Hebeler, JA 2003, 522, 527

damit auch zwischen legislativen und exekutiven Gewaltenträgern statt.[486] Primär sollte sich der gewaltenteilende Effekt des Bundesrates wohl auf die Einbringung der spezifischen Länderinteressen gründen, was unter anderem begründen kann, dass die Form der Zustimmungsgesetze meist für solche Gesetze vorgesehen ist, die die Länderinteressen in besonderer Weise tangieren.[487] Ob dies für die heutige Zeit noch in dieser Form gilt, kann bezweifelt werden, wenngleich der Einfluss von landeseigenen Interessen trotz allem durchaus als existent anzusehen ist. Die im Bundestag und Bundesrat gegenläufigen parteipolitischen Mehrheiten dürften jedoch mittlerweile – solange sie vorhanden sind – eine mindestens ebenso gewichtige Rolle spielen. Der Bundesrat will zudem – wie bereits mehrfach angesprochen – die gewaltenteilende Funktion, die früher den Ländern auf Grund ihrer Eigenstaatlichkeit zukam (vertikale Gewaltenteilung), übernehmen und sich durch die extensive Ausweitung der Zustimmungsbedürfnisse bei Bundesgesetzen die verloren gegangene Macht der Länder ein Stück weit zurückholen.[488] Die Kontrollfunktion des Bundesrates erstreckt sich schließlich auch auf die Kontrolle der Bundesbürokratie durch die Landesbürokratie. Das Parlament ist heute weitgehend auf die Beschließung der von den Bundesministerien bis in die Details ausgearbeiteten Gesetzesentwürfe reduziert, so dass die Landesexekutiven über den Bundesrat die Exekutive des Bundes kontrollieren können („bürokratische Bürokratiekontrolle").[489] Andererseits wird gerade die klassische Gewaltenteilungsidee von Montesquieu beim Bundesrat dadurch konterkariert, dass in ihm Vertreter der Exekutive an der Legislative mitwirken.[490] Dieser Bruch der klaren Rechtssystematik muss jedoch im Sinne der effektiven Gewährleistung der föderativen Gewaltenteilung, die begrifflich schon nicht in das klassische Gewaltenteilungsschema passt, hingenommen werden. Nicht von der spezifisch deutschen Vorstellung vom Begriff föderative Gewaltenteilung ausgehend könnte man im Bundesrat sogar einen „Fremdkörper" sehen, da es diesem Prinzip eher entspräche, eine strikte Trennung der gliedstaatlichen und zentralstaatlichen Gewalt durchzuführen.[491] Angesichts der seit Beginn der Bundesstaatlichkeit auf deutschem Gebiet vorherrschenden Ansicht, dass gerade der Bundesrat das Element föderativer Gewaltenteilung darstellt, indem er die Gewalten auf der Bundesebene trennt, Bundes- und Landesebene andererseits aber miteinander verbindet, kann dies als Gedankenspielerei beiseite gelegt werden. Föderative Gewaltenteilung meint eben nicht nur Aufteilung

486 Vgl. Hesse, Grundzüge des Verfassungsrechts der Bundesrepublik Deutschland, § 16 Rn 614 + § 7 Rn 232; Heger, Deutscher Bundesrat und Schweizer Ständerat, S. 146 ff.

487 Schenke, in: Schneider/Zeh (Hrsg.), Parlamentsrecht und Parlamentspraxis, § 55 Rn 31

488 Herzog, in: Isensee/Kirchhof (Hrsg.), HStR II, 2. Aufl., § 45 Rn 12; Schefold, in: Stuby (Hrsg.), Föderalismus und Demokratie, S. 108; Heger, Deutscher Bundesrat und Schweizer Ständerat, S. 147 f.

489 Herzog, in: Isensee/Kirchhof (Hrsg.), HStR II, 2. Aufl., § 44 Rn 45 ff.; Ebke, Bundesstaat und Gewaltenteilung, S. 94

490 Ebke, Bundesstaat und Gewaltenteilung, S. 86; Schodder, Föderative Gewaltenteilung in der Bundesrepublik Deutschland, S. 26; Schambeck, FS Geiger, S. 671 m.w.N.

491 Harbich, Der Bundesstaat und seine Unantastbarkeit, S. 73

der Macht zwischen Bund und Gliedstaaten, sondern gerade auch die Begrenzung der Macht des Bundes bei seiner eigenen Gesetzgebung durch die Länder.

4. Kapitel: Lösungsmodelle

Das vierte Kapitel widmet sich der Erörterung der für das Problem der Bundesstaatlichkeit in Betracht kommenden Lösungsmodelle. Nach der Darstellung sämtlicher bisher diskutierter sowie in ausländischen Rechtsordnungen vorkommender Regelungen zum Schutz der Bundesstaatlichkeit bei Volksentscheiden auf der gesamtstaatlichen Ebene wird die Arbeit die verschiedenen unter dem Grundgesetz denkbaren Ansätze auf ihre verfassungsrechtliche Vereinbarkeit mit dem Grundgesetz, speziell Art. 79 Abs. 3 GG, hin untersuchen. Zeigen sich sonstige gravierende Hindernisse für die Durchsetzung eines der Modelle, z.B. verfassungspolitische Gesichtspunkte oder Praktikabilitätserwägungen, werden auch diese besprochen.

A. Die Lösungsversuche in bisherigen Gesetzesentwürfen zur Einführung direkter Demokratie in das Grundgesetz

Wie oben bereits dargestellt,[492] sind die bisherigen Versuche, eine Lösung für das Problem der Bundesstaatlichkeit zu finden, eher spärlich gesät, da das Problem erst in den letzten Jahren erkannt und schließlich erst in jüngster Vergangenheit ernst genommen wurde. Ein Überblick über die bisher in Gesetzes- und Verfassungsentwürfen sowie Kommissionsberichten aufgetauchten Lösungsmodelle kann daher bewältigt werden.

Die im Jahr 1974 eingesetzte Enquête-Kommission Verfassungsreform diskutierte die Einführung direkter Demokratie in das Grundgesetz, lehnte diese aber ab; bundesstaatliche Gesichtspunkte wurden nicht erörtert.[493] Der Hofgeismarer Entwurf aus dem Jahr 1991 sah die Einführung von Volksentscheiden auf Bundesebene vor, Regeln zum Schutz der Bundesstaatlichkeit beinhaltete er jedoch nicht. In der Begründung zum Entwurf heißt es, für eine Einschaltung des Bundesrates sei bei einer Abstimmung durch das Bundesvolk als Gesetzgeber kein Raum mehr. Es wäre danach eine demokratisch unerträgliche Vorstellung, dass eine Mehrheit der Landesregierungen sich gegen die Entscheidung des Volkes stellen kann. Eine Mehrheit unter parallel abgehaltenen Landesvolksentscheiden zu verlangen, wäre verfassungsrecht-

492 S.o. Direktdemokratische Elemente im Blickpunkt des Bundesstaatsprinzips – Einleitung und Problemstellung

493 S. den Schlussbericht der Kommission: BT-Drucks. 7/5924, S. 12 ff.; zur Entwicklung der ansonsten nicht sehr ausgeprägten Diskussion über die Einführung direktdemokratischer Elemente in das Grundgesetz in der Bundesrepublik Deutschland vor der Wiedervereinigung: Paterna, Volksgesetzgebung, S. 77 f.

lich schon eher denkbar, aber unpraktikabel.[494] Der Verfassungsentwurf des „Kuratoriums für einen demokratisch verfaßten Bund deutscher Länder" vom 29.6.1991, der die Bestimmungen zur Volksgesetzgebung aus dem Verfassungsentwurf des Runden Tisches vom 4./6. April 1990 weiterentwickelte, sah die Einführung von Volksentscheiden in einem neuen Art. 82a GG vor, ebenfalls ohne eine bundesstaatliche Regelung.[495] Des Weiteren beschäftigte sich die Kommission Verfassungsreform des Bundesrates 1991/1992 mit dem Thema direkte Demokratie. Die Mehrheit der Länder befürwortete generell die Aufnahme von Volksentscheiden in das Grundgesetz, eine Mehrheit für einen bestimmten Formulierungsvorschlag fand sich jedoch nicht.[496] Bayern hob hier aber hervor, Plebiszite bedeuten eine Stärkung des Zentralismus und die Länder würden Einflussmöglichkeiten über den Bundesrat auf die Bundesgesetzgebung verlieren. Vorschläge wie ein Föderalquorum nähmen demgegenüber ein verfassungspolitisch bedenkliches Ungleichgewicht der Stimmen in den einzelnen Ländern in Kauf.[497] Der Abschlussentwurf, der maßgeblich auf den von Nordrhein-Westfalen eingebrachten Vorschlag zurückging, enthielt dann schließlich ein Föderalquorum.[498] Dieses war in der Weise ausgestaltet, dass neben der Mehrheit der Abstimmenden zugleich Mehrheiten in der Mehrzahl der Länder, gemessen an der jeweiligen Stimmenzahl im Bundesrat, erreicht werden mussten.[499] Ebenso sah der Vorschlag von Rheinland-Pfalz ein Föderalquorum vor.[500] Der Abschlussentwurf scheiterte schließlich. Die Einsetzung der Gemeinsamen Verfassungskommission von Bundestag und Bundesrat (GVK) 1992/93 stand schließlich als entscheidender Schlusspunkt der im Zusammenhang mit der politischen Wende in der DDR 1989 ausgelösten verfassungspolitischen Entwicklung, in deren Zusammenhang die Einführung von Volksgesetzgebung debattiert wurde. Der von der SPD in die GVK eingebrachte Entwurf sah ein Föderalquorum für zustimmungspflichtige – also auch

494 Vgl. zum Ganzen: Punkt 18 der Begründung zum Hofgeismarer Entwurf: Evangelische Akademie Hofgeismar/Stiftung Mitarbeit (Hrsg.), Direkte Demokratie in Deutschland (Hofgeismarer Entwurf), S. 42 f.

495 Klages/Paulus, Direkte Demokratie in Deutschland, S. 53 ff.; Paterna, Volksgesetzgebung, S. 105

496 S. den Bericht und die Beschlussempfehlung des Arbeitsausschusses 2 zu Plebiszitäre Elemente, abgedruckt in: Deutscher Bundestag (Hrsg.), Materialien zur Verfassungsdiskussion und zur Grundgesetzänderung in der Folge der deutschen Einigung, Bd. 3, S. 187 (ArbU Nr. 16)

497 Bericht und Beschlussempfehlung des Arbeitsausschusses 2 zu Plebiszitäre Elemente, abgedruckt in: Deutscher Bundestag (Hrsg.), Materialien zur Verfassungsdiskussion und zur Grundgesetzänderung in der Folge der deutschen Einigung, Bd. 3, S. 188 (ArbU Nr. 16)

498 Klages/Paulus, Direkte Demokratie in Deutschland, S. 65

499 Klages/Paulus, Direkte Demokratie in Deutschland, S. 63; Vorschlag abgedruckt bei: Giehl, Direkte Demokratie: verfassungsrechtliche, verfassungshistorische und verfassungspolitische Überlegungen zu einer Einführung plebiszitärer Elemente auf Bundesebene, S. 183

500 Klages/Paulus, Direkte Demokratie in Deutschland, S. 64; Vorschlag abgedruckt bei: Giehl, Direkte Demokratie: verfassungsrechtliche, verfassungshistorische und verfassungspolitische Überlegungen zu einer Einführung plebiszitärer Elemente auf Bundesebene, S. 186

verfassungsändernde – Gesetze vor.[501] Bündnis 90/Die Grünen brachten ebenfalls einen Entwurf in die GVK ein, der jedoch auf ein Föderalquorum verzichtete.[502] Grundlage dieser beiden Entwürfe war ein bereits 1990 in den Bundestag eingebrachter Gesetzentwurf zur Änderung des Grundgesetzes, der auch die Einführung eines dreistufigen Volksgesetzgebungsverfahren vorsah.[503] Die Diskussion zum Punkt Bürgerbeteiligung führte die GVK in ihrer 6. Sitzung am 14.5.1992 durch. Das Argument der Schwächung föderaler Strukturen durch Volksentscheide auf Bundesebene wurde für die CDU/CSU vom Abgeordneten Geis vorgetragen. Der Bundesrat würde ausgeschaltet; der Lösung durch ein Föderalquorum hielt er entgegen, dass der Bundesrat keine bloße Addition von Ländern sei, sondern eine selbständige Einheit innerhalb der grundgesetzlichen Machtverteilung.[504] Er wies auch auf das Problem der Gefahr der Überstimmung des Souveräns durch eine Minderheit der Bevölkerung hin.[505] Weitere Redner griffen das Problem ohne eigene Argumentation auf.[506] Der Abgeordnete Vogel schließlich befürwortete das Föderalquorum. Dass an die Stelle der Bundesratsmitglieder die Landesvölker treten, erachtete er nicht als problematisch, denn dem Bundestag erginge es genauso, dass an seine Stelle das Gesamtvolk tritt.[507] In der öffentlichen Anhörung zum Thema „Bürgerbeteiligung und Plebiszite" am 17.6.1992 wurde das Problem auf der Grundlage eines Fragenkataloges behandelt, dessen Fragen 12 bis 14 sich auf die Föderalismusproblematik bezogen.[508] Nach Auffassung des Sachverständigen Badura könne die auf Grund des Bundesstaatsprinzips bestehende Vielfalt nicht durch eine ursprüngliche Äußerung des Volkes beiseite gedrängt werden, sondern es muss die Stimme der Länder gehört werden.[509] Der Sachverständige Evers dagegen sah die Lösung im Föderalquorum, da so auch

501 Klages/Paulus, Direkte Demokratie in Deutschland, S. 101; Der Entwurf ist in der Fassung vom 26.11.1992 abgedruckt in: Deutscher Bundestag (Hrsg.), Materialien zur Verfassungsdiskussion und zur Grundgesetzänderung in der Folge der deutschen Einigung, Bd. 2, S. 820.

502 Klages/Paulus, Direkte Demokratie in Deutschland, S. 103 f.; Später wurde dieser Entwurf auch als Gesetzentwurf in den Bundestag eingebracht (BT-Drucks. 12/3826).

503 BT-Drucks. 11/8412; Klages/Paulus, Direkte Demokratie in Deutschland, S. 103

504 Stellg. Geis, abgedruckt in: Deutscher Bundestag (Hrsg.), Materialien zur Verfassungsdiskussion und zur Grundgesetzänderung in der Folge der deutschen Einigung, Bd. 1, S. 363; s. auch die Argumentation in der von Geis erstellten ArbU Nr. 21, abgedruckt in: Deutscher Bundestag (Hrsg.), Materialien zur Verfassungsdiskussion und zur Grundgesetzänderung in der Folge der deutschen Einigung, Bd. 3, S. 205 f.

505 Geis, ArbU Nr. 21, abgedruckt in: Deutscher Bundestag (Hrsg.), Materialien zur Verfassungsdiskussion und zur Grundgesetzänderung in der Folge der deutschen Einigung, Bd. 3, S. 206

506 So z.B.: Stellg. Thierse, Schnoor, abgedruckt in: Deutscher Bundestag (Hrsg.), Materialien zur Verfassungsdiskussion und zur Grundgesetzänderung in der Folge der deutschen Einigung, Bd. 1, S. 366, 370

507 Stellg. Vogel, abgedruckt in: Deutscher Bundestag (Hrsg.), Materialien zur Verfassungsdiskussion und zur Grundgesetzänderung in der Folge der deutschen Einigung, Bd. 1, S. 377

508 Fragenkatalog abgedruckt in: Deutscher Bundestag (Hrsg.), Materialien zur Verfassungsdiskussion und zur Grundgesetzänderung in der Folge der deutschen Einigung, Bd. 2, S. 133 f.

509 Stellg. Badura, abgedruckt in: Deutscher Bundestag (Hrsg.), Materialien zur Verfassungsdiskussion und zur Grundgesetzänderung in der Folge der deutschen Einigung, Bd. 2, S. 140

das Landesvolk zur Abstimmung gerufen werden könne, wobei die Fälle des Volksentscheides, bei denen dann der Bundesrat übergangen würde, gleichwohl nur die Ausnahme seien. Zudem könne man dem Bundesrat die Möglichkeit zur Einbringung einer eigenständigen Konkurrenzvorlage geben. Außerdem sah er die Bundesstaatsfeindlichkeit schon dadurch relativiert, dass die Mehrzahl der Bundesratsmitglieder in der Kommission den Volksentscheid befürworten. Zudem sei die Volksgesetzgebung ein Element der Gewaltenteilung und damit ein Verbündeter des Föderalismus und kein Gegner.[510] Der Sachverständige Klein sah den Föderalismus in Gefahr und wies auf die zentralisierende Tendenz der Volksgesetzgebung hin; das Föderalquorum überzeugt ihn nicht, da die Länder als vom Bund getrennte territoriale Einheiten zu Wort kommen müssen und nicht durch ihre Bevölkerung. Die konkrete Stellung des Bundesrates könne nicht durch diese doppelte Mehrheit ersetzt werden. Die Bevölkerung könne nicht in personeller Duplizität und funktionaler Verdoppelung gleichzeitig für den Bund und das jeweilige Land sprechen. Der Föderalismus des Grundgesetzes sei anders gestaltet.[511] Der Sachverständige Schmidt-Jortzig dagegen befürwortete ein Föderalquorum als Lösung.[512] Im Berichterstattergespräch zum Beratungsgegenstand „Bürgerbeteiligung/Plebiszite“ tauchte das Föderalismusproblem ebenfalls mehrmals auf. Der Abgeordnete Geis wies erneut auf die zentralisierende Wirkung von Plebisziten hin und dass sie die bundesstaatliche Ordnung unterlaufen würden.[513] Auch für den Abgeordneten Eylmann steuert ein Föderalquorum nur unzureichend der Bundesstaatsfeindlichkeit von Plebisziten entgegen.[514] Der Sachverständige Thaysen vertrat den Standpunkt, die Länder seien zwingend in den Prozess der Volksgesetzgebung einzuschalten. Das Föderalquorum käme als Lösung in Betracht; er bezweifelt aber, ob die einzelnen Länder in der Lage wären, sich dem Druck der Mehrheitsentscheidung des Souveräns entgegenzustellen.[515]

510 Stellg. Evers, abgedruckt in: Deutscher Bundestag (Hrsg.), Materialien zur Verfassungsdiskussion und zur Grundgesetzänderung in der Folge der deutschen Einigung, Bd. 2, S. 144+184; s. auch die Argumentation in der von Evers erstellten ArbU Nr. 57 a, abgedruckt in: Deutscher Bundestag (Hrsg.), Materialien zur Verfassungsdiskussion und zur Grundgesetzänderung in der Folge der deutschen Einigung, Bd. 3, S. 361+366

511 Stellg. Klein, abgedruckt in: Deutscher Bundestag (Hrsg.), Materialien zur Verfassungsdiskussion und zur Grundgesetzänderung in der Folge der deutschen Einigung, Bd. 2, S. 148 f.+181; s. auch die Argumentation in der von Klein erstellten ArbU Nr. 48, abgedruckt in: Deutscher Bundestag (Hrsg.), Materialien zur Verfassungsdiskussion und zur Grundgesetzänderung in der Folge der deutschen Einigung, Bd. 3, S. 305

512 Stellg. Schmidt-Jortzig, abgedruckt in: Deutscher Bundestag(Hrsg.), Materialien zur Verfassungsdiskussion und zur Grundgesetzänderung in der Folge der deutschen Einigung, Bd. 2, S. 172

513 Stellg. Geis, abgedruckt in: Deutscher Bundestag (Hrsg.), Materialien zur Verfassungsdiskussion und zur Grundgesetzänderung in der Folge der deutschen Einigung, Bd. 2, S. 816

514 Stellg. Eylmann, abgedruckt in: Deutscher Bundestag (Hrsg.), Materialien zur Verfassungsdiskussion und zur Grundgesetzänderung in der Folge der deutschen Einigung, Bd. 2, S. 818

515 Thaysen, ArbU Nr. 59+59 a, abgedruckt in: Deutscher Bundestag (Hrsg.), Materialien zur Verfassungsdiskussion und zur Grundgesetzänderung in der Folge der deutschen Einigung, Bd. 3, S. 370+376

Letztlich empfahl die GVK die Einführung direkter Demokratie nicht; ein entsprechender Beschluss scheiterte an der erforderlichen Zweidrittelmehrheit, die eine Vorlage in der GVK erreichen musste, um als Empfehlung im Schlussbericht aufgenommen zu werden. In der Begründung der Ablehnung wurde dennoch auf die Möglichkeit des Föderalquorums bei einer eventuellen Einführung direkter Demokratie hingewiesen, damit die ausgewogene Balance zwischen zentral- und gliedstaatlichen Entscheidungsbefugnissen in der Bundesgesetzgebung nicht verloren geht.[516] In der GVK wurde das Problem der Vereinbarkeit der Einführung von Volksgesetzgebung mit dem Bundesstaatsprinzip also durchaus erörtert, wenngleich die nötige Tiefe der Argumentation noch fehlte. Einige im Zusammenhang mit dem Föderalquorum auftauchende Probleme wurden jedoch bereits angesprochen. In der im Nachgang der GVK erschienenen Literatur[517] wurden diese Argumente dann unreflektiert dargestellt. Eine tiefergehende Beschäftigung mit den neu aufgetauchten Problemen fand nicht statt. Auch ein kurze Zeit später von der SPD-Fraktion in den Bundestag eingebrachter Gesetzentwurf, der dem in die GVK eingebrachten bezüglich des Volksgesetzgebungsverfahrens ähnelte und wiederum ein Föderalquorum bei zustimmungspflichtigen Gesetzen und Verfassungsänderungen vorsah, konnte daran nichts ändern.[518]

In den Blickpunkt rückte die Thematik dann wieder im Jahr 2002 im Zuge des von der Fraktion der SPD und von der Fraktion Bündnis 90/Die Grünen in den Bundestag eingebrachten Gesetzentwurfs zur Einführung von Volksentscheiden in das Grundgesetz.[519] Diesem ging ein Eckpunktepapier der SPD voraus, welches für Volksinitiativen Unterschriften aus mindestens der Hälfte der Bundesländer forderte, bei den für Volksbegehren erforderlichen Eintragungen verlangte, dass „mindestens 2/3 der Bundesländer entsprechend ihrem Anteil an der wahlberechtigten Bevölkerung vertreten“ sind, und für Volksentscheide bestimmte, dass sie „aus mindestens 2/3 der Länder“ kommen müssen.[520] Die Regelungen für die erste und dritte Stufe des Volksgesetzgebungsverfahrens sollten die Durchsetzung von Vorhaben mit lediglich regionaler Bedeutung verhindern, was ihnen nicht gelingen könnte, da danach trotzdem der absolut überwiegende Teil der Stimmen aus einem Bundesland kommen kann, solange sich in den übrigen erforderlichen Bundesländern auch nur ein paar wenige Unterschriften bzw. Stimmen finden; es wäre also eine proportionale Vertei-

516 BT-Drucks. 12/6000, S. 85 f.

517 Die Arbeit der Kommission zum Thema Bürgerbeteiligung und Plebiszite zusammenfassende Literatur: Kloepfer, Verfassungsänderung statt Verfassungsreform, S. 83 ff. (das Problem der Schwächung föderaler Strukturen wird auf S. 87 erwähnt); Schmack-Reschke, in: Konegen/Nitschke (Hrsg.), Revision des Grundgesetzes?, S. 77 ff. (das Problem der Schwächung föderaler Strukturen wird auf S. 86, 90, 96 f. erwähnt); Paterna, Volksgesetzgebung, S. 107 ff. (das Problem der Schwächung föderaler Strukturen wird auf S. 135 ff. erwähnt)

518 BT-Drucks. 12/6323

519 BT-Drucks. 14/8503; Jung, ZfP 2002, 267 ff. stellt die Entwicklung und Ausarbeitung dieses Entwurfs ausführlich dar.

520 Jung, RuP 2001, 144

lung notwendig.[521] Zudem sind solche Erfordernisse für die erste und zweite Stufe nicht notwendig, da bestimmte Quoren auf der dritten Stufe das Ziel, nur regional bedeutsame Vorhaben herauszufiltern, genauso gut verwirklichen können.[522] Im endgültigen Entwurf wurden diese untauglichen Kriterien dann auch fallen gelassen. Dieser sah für Zustimmungsgesetze und Verfassungsänderungen ein Föderalquorum vor. Im Innenausschuss des Deutschen Bundestages fand dazu am 19.4.2002 eine Sachverständigenanhörung statt, in deren Vorfeld die Sachverständigen schriftliche Stellungnahmen abgaben.[523] Nach Ansicht des Sachverständigen Degenhart muss die Beteiligung der Länder nicht zwingend über die Landesregierungen erfolgen, so dass die unmittelbare Abstimmung des Staatsvolkes in den Ländern eine nach Art. 79 Abs. 3 GG nötige Mitwirkung darstellen würde. Klärungsbedarf sah er noch hinsichtlich der Notwendigkeit einer Bundesratsklausel. Die Nichtbeteiligung der Länder bei Einspruchsgesetzen sei durchaus noch vom Bundesstaatsprinzip getragen. Überhaupt sollte die Übertragung der verschiedenen Gesetzeskategorien auf das Verfahren der Volksgesetzgebung nur mit äußerster Vorsicht vorgenommen werden. Bei einem Föderalquorum sei problematisch, dass das abstimmende Staatsvolk dadurch aufgesplittet würde, obwohl das Bundesvolk nicht mit dem aus der Schweiz vergleichbar ist, da diese eine mehr staatenbündisch geprägte Bundesstaatlichkeit besitzt. Zudem sah auch er das Problem der Überstimmung des Souveräns durch eine Minderheit. Ein Mischsystem, bei der der vom Volk beschlossene Entwurf dem Bundesrat zugeleitet wird, lehnte er ab, da dies praktisch auf Grund der Unvereinbarkeit der beiden Systeme nicht funktionieren kann. Er wies darauf hin, dass nicht der Bundesrat in Art. 79 Abs. 3 GG festgeschrieben sei, sondern die Mitwirkung der Länder, was ein für vielfältige Ausgestaltungen offenes Prinzip darstellt. Kernpunkt bei diesem Problem sei jedenfalls die Verlagerung der Gewichte innerhalb des Spannungsverhältnisses zwischen Föderalismus und Demokratie.[524] Der Sachverständige Huber vermeinte in einer Föderalklausel einen Verstoß gegen die Verfassungsautonomie der Länder zu sehen, da sie diesen vorgibt, wie sie ihren Willen zu bilden haben und das Landesstaatsvolk als Staatsorgan kraft bundesrechtlicher und nicht kraft landesverfassungsrechtlicher Anordnung tätig werden würde. Art. 50 GG könne kein Argument für die Zulässigkeit einer solchen Regelung sein, da dies eine Norm des Verfassungsgebers sei, der nicht an Art. 79 Abs. 3 GG gebunden gewesen ist. Die Länder können jedoch alle Fragen, die nicht im Homogenitätsgebot des Art. 28 Abs. 1 GG vorgegeben sind, selbst entscheiden. Die Nichtbeteiligung der Länder, die sich auf das Wort „grundsätzlich" in Art. 79 Abs. 3 GG beziehen könnte, lehnte er

521 Jung, RuP 2001, 144

522 Jung, RuP 2001, 144, 144 f.

523 Ausschussdrucksachen 14/809-14/809H (abgedruckt als Anlage zum Protokoll der 94. Sitzung des Innenausschusses des Deutschen Bundestages)

524 Stellg. Degenhart, abgedruckt in: Protokoll der 94. Sitzung des Innenausschusses des Deutschen Bundestages, S. 12 f.+49 f.; Ähnlich äußert er sich auch in seiner schriftl. Stellg., Ausschussdrucksache 14/809E, S. 11 f. (abgedruckt als Anlage zum Protokoll der 94. Sitzung des Innenausschusses des Deutschen Bundestages).

zumindest für den Fall der Zustimmungsgesetze und Verfassungsänderungen ebenfalls ab, da die Mitwirkung der Länder in diesen Fällen in erheblichem Maß qualitativ beeinträchtigt würde. Seiner Auffassung nach sollte der Bundesrat in das Volksgesetzgebungsverfahren einbezogen werden.[525] In seiner schriftlichen Stellungnahme äußert er zusätzlich die Ansicht, Art. 79 Abs. 3 GG meine die Mitwirkung der Länder als Gebietskörperschaften, womit ein Föderalquorum, bei dem die Landesvölker beteiligt sind, keine Mitwirkung im Sinne der Ewigkeitsklausel darstellen würde. Der Einfluss des Bundesrates bei der Stellung einer Konkurrenzvorlage könne keine konstitutive Mitwirkung gewährleisten, da er auf das politische Ermessen des Bundestages angewiesen ist.[526] Der Sachverständige Jung teilte die Bedenken hinsichtlich der Verfassungsautonomie nicht und sprach sich für eine Länderklausel nach Schweizer Vorbild aus. Der Bundesrat sei schließlich ein Bundesorgan, welches in der Bundesverfassung geregelt werden können müsse.[527] In seiner schriftlichen Stellungnahme wies er auf die seit langem bewährte Regelung in der Schweiz und auf die bereits im Frankfurter Dokument Nr. 1 befindliche, in diese Richtung weisende Bestimmung[528] hin. Die Interessen der Länder im föderalen Aufbau des Gesamtstaates würden von dieser Machtverschiebung von den Landesregierungen auf die Landesvölker nicht berührt.[529] Nach dem Sachverständigen Kempen ist eine Mitwirkung der Länder zwingend geboten; eine völlige Verdrängung der Länder bei Einspruchsgesetzen, wie sie der Gesetzentwurf vorsieht, ist unzulässig wegen Verstoßes gegen das Föderalismusprinzip. Dass die Mitwirkung als Ausnahme bei der Volksgesetzgebung entbehrlich ist, bestreitet er, da die grundsätzliche Mitwirkung nicht als Regel-Ausnahme-Verhältnis statuiert sei und die Volksgesetzgebung nicht als Ausnahme zur parlamentarischen Gesetzgebung verstanden werden könne. Die Lösung des Föderalquorums lehnt er ab, da die Länder als Gebietskörperschaften zustimmen müssten, um ihren eigenen Willen ausdrücken zu können, und sonst ein Verstoß gegen die Verfassungsautonomie der Länder zu verzeichnen sei. Ein Föderalquorum könne nicht sicherstellen, den Willen der Länder in sachangemessener Weise zu repräsentieren. Zudem könne nicht eine Minderheit in einem Land in die Lage versetzt werden, das Votum des Landes zu erklären.[530] Eine Länderklausel verstößt nach Ansicht des Sachverständigen Vogel nicht gegen die Verfassungsautonomie; die

525 Stellg. Huber, abgedruckt in: Protokoll der 94. Sitzung des Innenausschusses des Deutschen Bundestages, S. 14+39+47

526 Schriftl. Stellg. Huber, Ausschussdrucksache 14/809F, S. 2 ff. (abgedruckt als Anlage zum Protokoll der 94. Sitzung des Innenausschusses des Deutschen Bundestages)

527 Stellg. Jung, abgedruckt in: Protokoll der 94. Sitzung des Innenausschusses des Deutschen Bundestages, S. 16+48

528 S. dazu bereits oben 2. Kap. B. III.

529 Schriftl. Stellg. Jung, Ausschussdrucksache 14/809B, S. 31 ff. (abgedruckt als Anlage zum Protokoll der 94. Sitzung des Innenausschusses des Deutschen Bundestages)

530 Stellg. Kempen, abgedruckt in: Protokoll der 94. Sitzung des Innenausschusses des Deutschen Bundestages, S. 17 f.+41+45 f.; Ähnlich äußert er sich auch in seiner schriftl. Stellg., Ausschussdrucksache 14/809H, S. 2 f. (abgedruckt als Anlage zum Protokoll der 94. Sitzung des Innenausschusses des Deutschen Bundestages).

Gefahr, dass die Ländermehrheit den Souverän überstimmt, empfand er auf Grund des bundesstaatlichen Prinzips als gerechtfertigt. Die Notwendigkeit, diese Lösung auch auf Einspruchsgesetze zu übertragen, sah er nicht unbedingt.[531] Der Sachverständige Weber ging ganz selbstverständlich von einer Länderklausel aus und gab bereits Stellungnahmen zur Höhe der zu erreichenden Länderstimmen ab. Bei Verfassungsänderungen soll seiner Ansicht nach keine Zweidrittelmehrheit in den Ländern nötig sein, sondern es soll die einfache Mehrheit genügen, da die Meinungs- und Willensbildung in einem politischen Organ anderen Prinzipien unterliegt als bei den Abstimmenden.[532] In seiner schriftlichen Stellungnahme betonte er bereits, dass mit dem im Entwurf enthaltenen Föderalquorum Art. 79 Abs. 3 GG Rechnung getragen würde. Aber auch ohne ein solches wären die Länder dadurch, dass bei einem Volksentscheid die Landesvölker selbst abstimmen, am Gesetzgebungsverfahren beteiligt. Zudem sind die Exekutivorgane der Länder durch die Möglichkeit der Mitwirkung des Bundesrates bei einer Konkurrenzvorlage und das Recht der Landesregierungen auf Anrufung des Bundesverfassungsgerichts vor Beginn eines Volksbegehrens hinreichend beteiligt. Natürlich würde ein Föderalquorum den Föderalismus stärken, nachteilig sei jedoch, dass eine Verzerrung der Gleichheit der Stimmen eintritt, die jedoch wiederum durch die Anwendung des Bundesratsschlüssels abgemildert werden kann.[533] Der Sachverständige Badura betonte nochmals, dass der Bundesrat nicht aus der Bundesgesetzgebung gedrängt werden dürfe, auch nicht bei Einspruchsgesetzen, und dass die Landesvölker seine Stellung nicht ersetzen könnten.[534] In seiner schriftlichen Stellungnahme bekräftigt er, dass die bundesstaatliche Vielfalt erhalten bleiben muss und nicht durch eine ursprüngliche Äußerung des Souveräns beiseite geschoben werden darf. Das dem Bundesrat zugrunde liegende Konstruktionssystem müsse durchgeführt werden.[535] Nach Auffassung des Abgeordneten Häfner sind die Länder bei einem Föderalquorum beteiligt. Die unmittelbare Beteiligung der Landesvölker sei dem Organ Bundesvolk adäquat. Das Argument des Verstoßes gegen die Verfassungsautonomie treffe beim jetzigen Bundesrat auch nicht zu; er sei ein Bundesorgan, das verfassungsrechtlich auf Bundesebene zu regeln sei. Eine Beteiligung des Bundesrates im Verfahren der direkten Demokratie schließt er aus, da die beiden Verfahren inkompatibel sind.[536] Der Sachverständige Wili berichtet von der Entwicklung des Ständemehrs in der Schweiz, welches zwischen

531 Stellg. Vogel, abgedruckt in: Protokoll der 94. Sitzung des Innenausschusses des Deutschen Bundestages, S. 26

532 Stellg. Weber, abgedruckt in: Protokoll der 94. Sitzung des Innenausschusses des Deutschen Bundestages, S. 29

533 Schriftl. Stellg. Weber, Ausschussdrucksache 14/809D, S. 7 f. (abgedruckt als Anlage zum Protokoll der 94. Sitzung des Innenausschusses des Deutschen Bundestages)

534 Stellg. Badura, abgedruckt in: Protokoll der 94. Sitzung des Innenausschusses des Deutschen Bundestages, S. 41

535 Schriftl. Stellg. Badura, Ausschussdrucksache 14/809A, S. 7 f. (abgedruckt als Anlage zum Protokoll der 94. Sitzung des Innenausschusses des Deutschen Bundestages)

536 Stellg. Häfner, abgedruckt in: Protokoll der 94. Sitzung des Innenausschusses des Deutschen Bundestages, S. 43

1848 und 1874 von den Kantonen selbst ausgestaltet wurde, ab 1874 jedoch von der Bundesverfassung.[537] In der schriftlichen Stellungnahme der Sachverständigen Peschel-Gutzeit kommt zum Ausdruck, dass das seit 50 Jahren bewährte System der Mitwirkung der Länder durch Mitglieder der Exekutive so weit als möglich in einem Volksgesetzgebungsverfahren erhalten bleiben müsse und Systembrüche zu vermeiden seien. Das im Gesetzentwurf vorgesehene Föderalquorum trägt ihrer Ansicht nach Art. 79 Abs. 3 GG nicht Rechnung, wobei sie solch ein Quorum im Ergebnis nicht völlig ablehnt, sondern dessen konkrete Formulierung im Gesetzentwurf bemängelt.[538]

Als Ergebnis kann festgehalten werden, dass bisher – wenn überhaupt das Problem der Vereinbarkeit von Volksentscheiden mit dem Bundesstaatsprinzip erwähnt wurde – in den Entwürfen eine Regelung ähnlich dem schweizerischen Ständemehr vorgesehen war oder eine Regelung zum Schutz der Bundesstaatlichkeit als überflüssig erachtet wurde und die Länder daher nicht beteiligt wurden. Zu denken gibt dabei, dass es vor allem Bundespolitiker sind, die die Gefahr der Schwächung des Föderalismus durch plebiszitäre Elemente sehen, während sich viele Landespolitiker eher für die Einführung plebiszitärer Elemente aussprechen, wie es z.B. in der Verfassungskommission Bundesrat deutlich wurde.[539] Diejenigen, deren Rechte also von der Einführung von Volksentscheiden betroffen sind – die Landesregierungen, sehen z.T. in der Bundesstaatlichkeit keinen Hinderungsgrund für die Einführung direkter Demokratie bzw. wollen ihre Rechte durch ein Föderalquorum wahren. Auffällig ist auch, dass sich keiner derjenigen Politiker und Sachverständigen, die eine Unvereinbarkeit von Föderalismus und Volksgesetzgebung annehmen, mit den doch recht nahe liegenden Erfahrungen aus der Schweiz versucht hat auseinanderzusetzen.[540]

B. Ein Vergleich der Regelungsmodelle anderer Bundesstaaten

Interessant für diese Untersuchung ist nicht nur ein Blick in die deutsche Entwicklung, sondern auch, ob Vergleiche mit anderen Staaten gezogen werden können. Sinnvoll ist dabei natürlich nur ein Vergleich mit Volksgesetzgebungsverfahren anderer Bundesstaaten auf deren gesamtstaatlicher Ebene.[541] Eine exakte Kopie der Situation in Deutschland wird sich allerdings allein schon auf Grund der Tatsache nicht finden lassen, dass nur im Grundgesetz die Ländermitwirkung an der Bundes-

537 Stellg. Wili, abgedruckt in: Protokoll der 94. Sitzung des Innenausschusses des Deutschen Bundestages, S. 51

538 Schriftl. Stellg. Peschel-Gutzeit, Ausschussdrucksache 14/809G, S. 4 f. (abgedruckt als Anlage zum Protokoll der 94. Sitzung des Innenausschusses des Deutschen Bundestages)

539 Paterna, Volksgesetzgebung, S. 137

540 Paterna, Volksgesetzgebung, S. 136

541 Eine Auflistung aller Bundesstaaten findet sich bei: Wili, Kollektive Mitwirkungsrechte von Gliedstaaten in der Schweiz und im Ausland, S. 415 ff., die allerdings auf Grund ihres Alters teilweise überholt ist.

gesetzgebung explizit festgeschrieben ist. Eine Festschreibung der Bundesstaatlichkeit allgemein oder mit anderen Ausprägungen findet sich dagegen vereinzelt. Dies bedeutet dann jedoch keine zwingende Möglichkeit der Mitwirkung der Gliedstaaten, da dies nach herrschender Lehre kein anerkanntes allgemeines staatstheoretisches Merkmal der Bundesstaatlichkeit ist.[542] Nichtsdestotrotz kann ein Vergleich mit anderen Bundesstaaten Aufschlüsse darüber geben, ob dort die Volksgesetzgebung als Gefährdung des Föderalismus angesehen wird und auf Grund dessen dagegen in der Ausgestaltung des Verfahrens Vorkehrungen getroffen werden.

Plebiszitäre Elemente lassen sich in zahlreichen Verfassungen anderer Staaten finden. Meist handelt es sich jedoch um Volksbefragungs- und Volksinitiativrechte sowie Referendumsrechte.[543] Echte, die Befugnisse des Parlaments begrenzende Volksabstimmungen auf der gesamtstaatlichen Ebene sind dagegen selten zu finden.[544] Paradebeispiel hierfür ist immer noch die Schweiz. Diese besitzt zur Stärkung des Föderalismus das bereits vielfach erwähnte Institut des Ständemehrs, bei dem sich neben der Mehrheit der Stimmberechtigten auf gesamtschweizerischer Ebene eine Mehrheit in den Kantonen finden muss.[545] Auch in Australien ist für Verfassungsänderungen eine Volksabstimmung nötig, bei der die Mehrheit der Stimmberechtigten und die Ländermehrheit erreicht werden muss, nachdem der Entwurf aber schon in beiden gesetzgebenden Häusern eine Mehrheit gefunden haben muss (Art. 128 Abs. 4 Australische Verfassung).[546] Es handelt sich somit um ein Referendumsrecht. Diese Regelung geht vor allem auf die in der Schweiz gemachten politischen Erfahrungen zurück, von denen die australischen Verfassungsväter ihre Modellvorstellungen bezogen.[547] Nach demselben Modell verfährt ebenfalls Mikronesien (Art. XIV Abs. 2 Verfassung Mikronesien), wobei hier für die Annahme einer Verfassungsänderung eine Dreiviertelmehrheit aller stimmenden Bürger in drei Viertel aller

542 Vgl. die Nachweise bei: Stern, Staatsrecht, Bd. I, § 19 III 8 a; s. auch: Harbich, Der Bundesstaat und seine Unantastbarkeit, S. 72 f.

543 Vgl. die Darstellung der Volksrechte in ausgewählten Staaten bei: Bugiel, Volkswille und repräsentative Entscheidung, S. 267 ff.

544 Linder, Schweizerische Demokratie, S. 328

545 Näheres unten 4. Kap. E. I.

546 Wili, Kollektive Mitwirkungsrechte von Gliedstaaten in der Schweiz und im Ausland, S. 457; Stellg. Wili, abgedruckt in: Protokoll der 94. Sitzung des Innenausschusses des Deutschen Bundestages, S. 30; Quelle der Rechtsnorm: schriftl. Stellg. Wili, Ausschussdrucksache 14/809C, Anhang Rechtsvergleichende Hinweise, S. 9 (abgedruckt als Anlage zum Protokoll der 94. Sitzung des Innenausschusses des Deutschen Bundestages); Zülch, Das Verbot von Verfassungsänderungen nach dem Bonner Grundgesetz, S. 40 f.; s. dazu auch: Doeker, Parlamentarische Bundesstaaten im Commonwealth of Nations: Kanada, Australien, Indien, Bd. I, S. 51 f.+133 f.

547 Doeker, Parlamentarische Bundesstaaten im Commonwealth of Nations: Kanada, Australien, Indien, Bd. I, S. 134; Möckli, Direkte Demokratie, S. 138; Wili, Kollektive Mitwirkungsrechte von Gliedstaaten in der Schweiz und im Ausland, S. 457 Fn 151

Gliedstaaten notwendig ist.[548] Der Bundesstaat Österreich kennt sowohl Volksbefragungen (Art. 49b B-VG) als auch Volksbegehren (Art. 41 Abs. 2, Art. 46 B-VG) sowie Volksabstimmungen, letztere jedoch nur in Form von fakultativen Gesetzesreferenden (Art. 43, Art. 46 B-VG) und Verfassungsreferenden (Art. 44 Abs. 3, Art. 46 B-VG).[549] Regelungen zum Schutz der Bundesstaatlichkeit sind nicht vorgesehen. Ein Gesetzesreferendum findet dabei erst nach Abschluss des normalen Gesetzgebungsverfahrens auf Beschluss des Nationalrates hin statt, nachdem der Bundesrat also bereits die Möglichkeit zur Mitwirkung (Einspruch nach Art. 42 Abs. 2-5 B-VG bzw. Zustimmungsrecht nach Art. 44 Abs. 2 B-VG, Art. 35 Abs. 4 B-VG, Art. 15 Abs. 6 S. 2 B-VG) hatte. Das Problem der Bundesstaatlichkeit stellt sich in diesem Sinne also nicht.[550] Zudem kennt Österreich auch keine Ewigkeitsgarantie.[551] Ein echter Volksentscheid fand am 12.6.1994 auf Grund des Beitritts-Bundesverfassungsgesetzes, welches das Verfahren zum Beitritt Österreichs zur Europäischen Union regelte, statt. Eine Beteiligung der Länder fand beim Volksentscheid selbst nicht statt, jedoch musste auch der Bundesrat dem Beitritt zustimmen.[552] Die in Russland und den Philippinen geltenden besonderen Unterschriftenquoren für Volksbegehren bzw. Gesetzesreferenden wurden bereits erwähnt.[553] Weitere Bundesstaaten wie Brasilien, Nigeria, Argentinien und Venezuela besitzen ebenfalls vereinzelte direktdemokratische Elemente auf der gesamtstaatlichen Ebene in ihren Verfassungen, Regelungen zum Schutz der Bundesstaatlichkeit sind dort jedoch nicht zu finden.[554] Die Verfassungen anderer Bundesstaaten wie USA, Indien, Kanada (zwei landesweite Volksentscheide fanden trotzdem statt),[555] Belgien (gleichwohl wurde 1950 ein Referendum über die Rückkehr des Königs durchgeführt),[556] Malaysia,

548 Wili, Kollektive Mitwirkungsrechte von Gliedstaaten in der Schweiz und im Ausland, S. 462; Quelle der Rechtsnorm: schriftl. Stellg. Wili, Ausschussdrucksache 14/809C, Anhang Rechtsvergleichende Hinweise, S. 10 (abgedruckt als Anlage zum Protokoll der 94. Sitzung des Innenausschusses des Deutschen Bundestages)

549 Die Normen sind Schauer (Hrsg.), Österreichische Gesetze entnommen.

550 S.o. 2. Kap. A. V.

551 Adamovich/Funk, Österreichisches Verfassungsrecht, S. 12

552 Körkemeyer, Direkte Demokratie und Europäische Integration, S. 48 ff.

553 S.o. 2. Kap. A. III.+V.

554 Entnommen der Auflistung in der schriftl. Stellg. Wili, Ausschussdrucksache 14/809C, Anhang 3 (abgedruckt als Anlage zum Protokoll der 94. Sitzung des Innenausschusses des Deutschen Bundestages)

555 IDEE (Hrsg.), Direkte Demokratie für Deutschland, S. 17

556 IDEE (Hrsg.), Direkte Demokratie für Deutschland, S. 17; Über die Eigenschaft Belgiens als Bundesstaat scheint die Literatur unentschieden zu sein: z.T. wird es als ein solcher bezeichnet (Polaschek, in: Aulehner/Dengler/Konrad/Langer/Leisner/Lepsius/Möller/Möstl/Pfab/Stender/Waldhoff (Hrsg.), Föderalismus – Auflösung oder Zukunft der Staatlichkeit?, S. 17+20 f.: Belgien sei ein entstehender Bundesstaat; Belgien selbst bezeichnet sich in der Verfassung als „Föderalstaat, der sich aus den Gemeinschaften und den Regionen zusammensetzt".), z.T. nicht. Selbst wenn ihm die Eigenschaft als Bundesstaat im verfassungsmäßigen Sinn nicht zugeschrieben werden sollte, weil es in erster Linie eine parlamentarische Monarchie ist, ähnelt es jedoch auf Grund der Unterteilung in verschiedene Sprachgruppen, die sich sowohl in der Verfassung als auch in der Verfassungswirklichkeit zeigt, einem Bundesstaat.

Mexiko, Pakistan, Tansania, Vereinigte Arabische Emirate sowie Komoren (seit der in einem Referendum 2001 angenommenen neuen Verfassung; in der alten Verfassung war ein obligatorisches Verfassungsdoppelreferendum vorgesehen)[557] sehen keine plebiszitären Möglichkeiten bzw. nur äußerst rudimentäre vor.[558] Dem Ständemehr ähnliche Formen finden sich in einigen Verfassungen für das repräsentative Verfahren. So müssen z.B. in Belgien oder Zypern zu bestimmten Gesetzesvorhaben bzw. Verfassungsänderungen bestimmte Mehrheiten innerhalb der Abgeordneten bzw. Mitglieder der zweiten Kammer einer Sprachgruppe erreicht werden.[559] Als Beispiel sei Belgien näher ausgeführt. Dort müssen für einige Verfassungsänderungen zum einen im Senat und in der Repräsentantenkammer die Mehrheit aller Mitglieder jeder Sprachgruppe anwesend sein, zum anderen muss neben der in jeder der beiden Kammern erforderlichen Zweidrittelmehrheit der abgegebenen Stimmen auch in jeder Kammer jeweils innerhalb jeder Sprachgruppe eine Stimmenmehrheit erreicht werden.[560] In Kanada ist für Verfassungsrevisionen neben der Zustimmung von Senat und House of Commons die Zustimmung von zwei Dritteln aller Provinzparlamente, die die absolute Mehrheit der kanadischen Bevölkerung darstellen müssen, notwendig.[561] Ähnliche Regelungen, die zumindest ein gewisses Mitwirkungsrecht der Gliedstaaten manifestieren, finden sich u.a. in den Verfassungen von Mexiko, Venezuela, Indien und Nigeria.[562]

Im Ergebnis kann für die Problematik der Gliedstaatsbeteiligung an direkter Demokratie auf zentralstaatlicher Ebene nur die Schweiz mit dem dortigen Ständemehr als Vergleich dienen. Andere Bundesstaaten kennen keine Volksabstimmungen im Sinne einer Letztentscheidungsbefugnis des Volkes auf gesamtstaatlicher Ebene. Regelungen zum Schutz bundesstaatlich determinierter Minderheiten im repräsentativen Verfahren verfolgen demgegenüber keine anderen Ansätze als das schweizerische Ständemehr, welches als auf direktdemokratische Verfahren angewendetes Instrument spezieller auf das vorliegende Problem zugeschnitten ist. Auf die Rege-

557 Nach Art. 45 Abs. 2 der damaligen Verfassung bedurften Verfassungsänderungen der Zweidrittelmehrheit der Mitgliederzahl in der Bundesversammlung und mussten in der anschließenden Volksabstimmung sowohl die Mehrheit der Stimmen erreichen als auch die Mehrheit der Stimmenden in der Mehrheit aller vier Inselgruppen. Im Falle einer Zustimmung einer Zweidrittelmehrheit auf einem Kongress aller Gliedstaaten- und Bundesabgeordneten konnte von dieser Regel jedoch abgewichen werden (Wili, Kollektive Mitwirkungsrechte von Gliedstaaten in der Schweiz und im Ausland, S. 440).

558 Ausführliche Auflistung fast aller Staaten und deren plebiszitärer Elemente: schriftl. Stellg. Wili, Ausschussdrucksache 14/809C, Anhang 3 (abgedruckt als Anlage zum Protokoll der 94. Sitzung des Innenausschusses des Deutschen Bundestages); internationale Links auf viele Verfassungstexte: www.jura.uni-sb.de/internet/Rechtsnormen-int.html; für die USA: v. Danwitz, DÖV 1992, 601, 604 f.

559 S. dazu ausführlich: Wili, Kollektive Mitwirkungsrechte von Gliedstaaten in der Schweiz und im Ausland, S. 424 ff.

560 Wili, Kollektive Mitwirkungsrechte von Gliedstaaten in der Schweiz und im Ausland, S. 426

561 Wili, Kollektive Mitwirkungsrechte von Gliedstaaten in der Schweiz und im Ausland, S. 431

562 S. die Darstellung dazu bei: Wili, Kollektive Mitwirkungsrechte von Gliedstaaten in der Schweiz und im Ausland, S. 434 ff.

lungen in Australien und Mikronesien muss im Folgenden nicht weiter eingegangen werden, da sie stark an die Schweizer Regelung angelehnt sind, zumindest bezüglich der hier interessierenden bundesstaatlichen und demokratietheoretischen Auswirkungen, und sich lediglich in den Abstimmungsmodalitäten und im Abstimmungsverfahren unterscheiden (so zählt in Australien z.B. nicht die Abstimmendenmehrheit, sondern die Mehrheit der Stimmberechtigten).[563] Auf eine ausführliche Darstellung des Ständemehrs wird an dieser Stelle noch verzichtet und auf das Lösungsmodell der Länderklausel verwiesen.[564]

C. Die Abschaffung der bundesstaatlichen Garantien aus Art. 79 Abs. 3 GG

Es soll nunmehr dazu übergegangen werden, die verschiedenen unter dem Grundgesetz denkbaren Lösungsmodelle zu untersuchen. Begonnen wird dabei mit einer Möglichkeit, die die Charakterisierung als „Lösungsmodell" kaum verdient. Die radikalste Methode, dem Problem der Bundesstaatlichkeit aus dem Weg zu gehen, wäre, die bundesstaatlichen Garantien des Art. 79 Abs. 3 GG abzuschaffen. Diese zugegebenermaßen sehr theoretische Möglichkeit soll ausnehmend kurz durchgespielt werden, da sie wohl in Anbetracht der Tatsache, dass damit eines der fundamentalsten Prinzipien des Grundgesetzes vernichtet werden würde, niemand ernsthaft in Erwägung ziehen kann. Angesprochen werden sollen nur die beiden Kernpunkte dieser Lösung: zum einen, ob durch die Streichung der bundesstaatlichen Garantien aus Art. 79 Abs. 3 GG die Bundesstaatlichkeit wirklich beseitigt werden würde, und zum anderen, ob der verfassungsändernde Gesetzgeber dazu überhaupt berechtigt ist.

I. Die konstitutive Bedeutung der Festlegung der Bundesstaatlichkeit in der Unabänderlichkeitssperre

In der Literatur herrscht keinesfalls Einigkeit über die Rechtsnatur der Ewigkeitsklausel. Die Ansichten variieren zwischen einer lediglich deklaratorischen Wirkung, der Annahme einer konstitutiven Wirkung und der Zerlegung in konstitutiv und deklaratorisch wirkende Teile. Bei einer lediglich deklaratorischen Wirkung würde eine Streichung der Garantien keine Beseitigung dieser Schranken bedeuten, da die Unabänderlichkeit der Grundsätze auch ohne die Normierung aus anderen Gründen

563 Wili, Kollektive Mitwirkungsrechte von Gliedstaaten in der Schweiz und im Ausland, S. 457 f.; schriftl. Stellg. Wili, Ausschussdrucksache 14/809C, Anhang Rechtsvergleichende Hinweise, S. 9 (abgedruckt als Anlage zum Protokoll der 94. Sitzung des Innenausschusses des Deutschen Bundestages)

564 S.u. 4. Kap. E. I.

besteht.[565] Die neuere Literatur beschäftigt sich hauptsächlich mit den letzten beiden der drei genannten Ansichten. Einhelligkeit besteht unter den Vertretern dieser beiden Richtungen jedenfalls dahingehend, dass die Bundesstaatlichkeit konstitutiv in Art. 79 Abs. 3 GG für unabänderlich erklärt wird.[566] Die Entscheidung für den Bundesstaat ist eine politische und keine rechtlich zwingende. Nach heute absolut überwiegender Auffassung würde somit die Schranke der Bundesstaatlichkeit für den verfassungsändernden Gesetzgeber mit der Abschaffung der bundesstaatlichen Garantien aus Art. 79 Abs. 3 GG beseitigt.

II. Die Berechtigung der pouvoirs constitués zur Änderung des Art. 79 Abs. 3 GG

Eine andere Frage ist nun aber, ob man den pouvoirs constitués die Berechtigung zuspricht, die Ewigkeitsklausel zu ändern. Rümelin hat diese Vorstellung als Konstruktion „aus der Blütezeit der Begriffsjurisprudenz" bezeichnet.[567] Die heute ganz überwiegende Auffassung reiht sich in diese Ansicht ein und negiert eine dementsprechende Berechtigung der verfassungsändernden Gewalt.[568] Allein der pouvoir constituant hat die Kompetenz zur Änderung oder Abschaffung des Art. 79 Abs. 3

565 Näheres: Schmitt, Verfassungslehre, S. 23 f.+103; Elgeti, Inhalt und Grenzen der Föderativklausel des Art. 79, III GG, S. 11

566 Goerlich, „Formenmissbrauch" und Kompetenzverständnis, S. 10; Ehmke, Grenzen der Verfassungsänderung, S. 99 f. sieht nur die Bundesstaatlichkeit als konstitutiv in Art. 79 Abs. 3 GG niedergeschrieben an; Elgeti, Inhalt und Grenzen der Föderativklausel des Art. 79, III GG, S. 12 f. nimmt für alle Grundsätze des Art. 79 Abs. 3 eine konstitutive Festlegung in Art. 79 Abs. 3 GG an; s. auch: Evers, in: BK, Art. 79 Abs. 3 Rn 92 ff.; Harbich, Der Bundesstaat und seine Unantastbarkeit, S. 100 ff.

567 Rümelin, Die bindende Kraft des Gewohnheitsrechtes und ihre Begründung, S. 28

568 BVerfGE 84, 90, 120; Hain, in: v. Mangoldt/Klein/Starck (Hrsg.), Art. 79 Abs. 3 Rn 41 f.; Lücke, in: Sachs (Hrsg.), Art. 79 Rn 22; Dreier, in: Dreier (Hrsg.), Art. 79 III Rn 47; Bryde, in: v. Münch/Kunig (Hrsg.), Art. 79 Rn 27; Maunz/Dürig, in: Maunz/Dürig, Art. 79 Abs. III Rn 50; Sannwald, in: Schmidt-Bleibtreu/Klein (Hrsg.), Art. 79 Rn 36; Pieroth, in: Jarass/Pieroth, Art. 79 Rn 13; Stern, Staatsrecht, Bd. I, § 4 II 2 a γ („Gebot der Normlogik") + § 5 IV 6; Hesse, Grundzüge des Verfassungsrechts der Bundesrepublik Deutschland, § 21 Rn 707; Ipsen, Staatsrecht I, Rn 1027; Hain, Die Grundsätze des Grundgesetzes, S. 67 ff.; Elgeti, Inhalt und Grenzen der Föderativklausel des Art. 79, III GG, S. 14 ff.; Harbich, Der Bundesstaat und seine Unantastbarkeit, S. 104 f.; Even, Die Bedeutung der Unantastbarkeitsgarantie des Art. 79 Abs. 3 GG für die Grundrechte, S. 97 ff.; Hamm, Die ausdrücklichen Schranken der Verfassungsänderung im Bonner Grundgesetz, S. 75 ff.; Zülch, Das Verbot von Verfassungsänderungen nach dem Bonner Grundgesetz, S. 20; Möller, Die verfassungsgebende Gewalt des Volkes und die Schranken der Verfassungsrevision, S. 189 ff. m.w.N.; Laux, Bedeutung und Inhalt der Grenzen der Grundgesetzänderung nach Art. 79 Abs. III des Bonner Grundgesetzes, S. 114; Weber, Die materiellen Schranken für die Änderung des Bonner Grundgesetzes nach Art. 79 Abs. III BGG, S. 161 ff., der zuvor (ab S. 153 ff.) noch einen ausführlichen Überblick über die bisherige staatsrechtliche Literatur gibt; kritisch: Evers, in: BK, Art. 79 Abs. 3 Rn 133 ff.; ausführlich: Spreitler, Die Abänderbarkeit der Unabänderbarkeitsklausel

GG. Bei einer Änderung des Art. 79 Abs. 3 GG durch den verfassungsändernden Gesetzgeber würde sonst die Möglichkeit geschaffen, die Kompetenzen des verfassungsändernden Gesetzgebers zu erweitern, was nicht der herkömmlichen Unterscheidung zwischen den beiden Gewalten entspricht, da nur der Verfassungsgeber befugt ist, die Kompetenzen der verfassungsmäßigen Staatsorgane festzulegen.[569] Es entspräche zudem auch dem Willen des Parlamentarischen Rates, dass Art. 79 Abs. 3 GG nicht abgeändert werden können soll, um so den Zweck, einer Revolution die Maske der Legalität zu nehmen, erreichen zu können.[570] Ein kontroverses Ergebnis wäre auch absurd und widerspräche der Natur einer solchen Revisionsbestimmung: die Revisionsgewalt kann nicht dazu befugt sein, die Bestandsgarantie zu ändern, wo diese der verfassungsändernden Gewalt doch gerade Grenzen setzen soll.[571] Auf Grund dessen wird Art. 79 Abs. 3 GG z.T. gegenüber den übrigen Verfassungsbestimmungen ein höherer Rang eingeräumt, der es verbiete, die Ewigkeitsklausel selbst zu ändern.[572]

Die Abschaffung der bundesstaatlichen Garantien durch den verfassungsändernden Gesetzgeber kommt damit nicht in Betracht. Um dies zu erreichen, müsste sich das Volk als pouvoir constituant versammeln und dies beschließen.

Das Lösungsmodell der Abschaffung der bundesstaatlichen Garantien stellt also nicht nur eine praktisch kaum zu realisierende Möglichkeit dar, sondern theoretische Hürden stehen der Umsetzung ebenso im Wege. Als Lösung des Problems der Vereinbarkeit der Einführung von Volksentscheiden in das Grundgesetz mit dem Bundesstaatsprinzip kann dieses Modell nicht angesehen werden.

D. Die Landesvölker als allein durch die bundesweite Abstimmung beteiligte Subjekte

Das erste Modell, mit dem eine eingehendere Auseinandersetzung erfolgen muss, wird erst durch eine denklogische Konstruktion möglich. Vorgestellt werden muss sich das Verfahren der Durchführung eines Volksentscheides in der üblichen Weise:

569 Möller, Die verfassungsgebende Gewalt des Volkes und die Schranken der Verfassungsrevision, S. 198; Chen, Die immanenten materiellen Schranken der verfassungsändernden Gewalt in der Verfassung der Republik China (Taiwan) und in dem Grundgesetz für die Bundesrepublik Deutschland unter besonderer Berücksichtigung des Art. 79 III des Grundgesetzes, S. 75

570 Evers, in: BK, Art. 79 Abs. 3 Rn 135; Weber, Die materiellen Schranken für die Änderung des Bonner Grundgesetzes nach Art. 79 Abs. III BGG, S. 161 ff.; Meyer-Arndt, AöR 82 (1957), 275, 287

571 Lücke, in: Sachs (Hrsg.), Art. 79 Rn 22; Bushart, Verfassungsänderung in Bund und Ländern, S. 68; Weber, Die materiellen Schranken für die Änderung des Bonner Grundgesetzes nach Art. 79 Abs. III BGG, S. 162 f.

572 Curtius, Die Schranken der Änderung des Grundgesetzes, S. 90 f. m.w.N.; Entwickelt wurde dieser Gedanke allgemein für Unantastbarkeitsbestimmungen ausführlich von: Nef, Zeitschrift für Schweizerisches Recht, N.F. 61 (1942), 108, 120 ff.

eine Frage wird dem Volk zur Abstimmung vorgelegt, das gesamte Volk entscheidet schließlich. Der Gesetzentwurf ist angenommen, wenn die erforderliche Mehrheit der Abstimmenden zugestimmt hat. Eine Beteiligung der Länder wird nun darin gesehen, dass nicht nur das Volk in seiner Gesamtheit – also als Bundesvolk – zur Abstimmung aufgerufen war, sondern damit gleichzeitig das Volk in den Ländern. Indem das Bundesvolk abgestimmt hat, soll also auch gleichzeitig das Volk in den Ländern beteiligt gewesen sein. In der Konsequenz hieße dies, dass ein Bürger nicht nur als Bundesbürger, sondern zugleich als Landesbürger abstimmt. Es wird somit ohne eine gesonderte Auszählung der Stimmen der Landesvölker trotzdem eine Beteiligung dieser angenommen. Diese Lösung tauchte bisher spärlich in den Diskussionen auf, ist aber durchaus schon in Erwägung gezogen worden.[573]

I. Die Wahrung der grundsätzlichen Mitwirkung der Länder durch eine Fiktion der Beteiligung

Es drängt sich bei diesem Modell förmlich die Frage auf, ob hier wirklich die Landesvölker als solche beteiligt werden, oder ob nicht lediglich eine Fiktion einer Beteiligung gegeben ist. Eine bloße Fiktion würde dem Erfordernis der Beteiligung der Länder an der Bundesgesetzgebung i.S.v. Art. 79 Abs. 3 GG nicht gerecht werden, da eine Mitwirkung dann nur gedanklich konstruiert werden und nicht tatsächlich stattfinden würde. Eine solche gewährleistet keine effektive Einflussnahme der Länder auf die Gesetzgebung des Bundes.

1. Die Landesvölker als Träger von Staatsgewalt

Als Subjekte, die das Erfordernis der Mitwirkung der Länder an der Gesetzgebung wahren sollen, kommen hier einzig die Landesvölker in Betracht, da keine anderen Organe der Länder bei dieser Lösung in Erscheinung treten. Um als Organ, das diesem Erfordernis gerecht werden soll, handeln zu können, ist zunächst Voraussetzung, dass die Landesvölker existieren bzw. zumindest als Träger von Staatsgewalt angesehen werden können.

Aus der bundesstaatlichen Gliederung der Bundesrepublik folgt die Teilung in den Gesamtstaat und die Bundesländer als Gliedstaaten. Weitgehend anerkannt ist heute,

573 Hufschlag, Einfügung plebiszitärer Komponenten in das Grundgesetz?, S. 123; Stellg. Kempen, abgedruckt in: Protokoll der 94. Sitzung des Innenausschusses des Deutschen Bundestages, S. 45, der eine Beteiligung der Länder in dieser Form mit der plastischen Umschreibung ablehnt, bei Bundesgesetzen sei die Mitwirkung der Länder auch nicht bereits dadurch gegeben, dass Wahlkreisabgeordnete im Bundestag mitwirken, sondern es existiere mit der Versammlung der Länder im Bundesrat ein gestuftes System.

dass dieser Teilung auf Grund der den Ländern zuerkannten Staatsqualität[574] auch die Teilung in das Volk auf Bundesebene und die Landesvölker auf Landesebene folgt, die Länder also eigene Landesvölker besitzen.[575] Das Staatsvolk des Zentralstaates gliedert sich also in jene Volksteile, die als Gesamtheit der in den Ländern ansässigen deutschen Staatsangehörigen zu definieren sind.[576] Die Gegenmeinung verneint in Anlehnung an die Lehre Georg Waitz' trotz der Annahme der Staatsqualität der Länder die Existenz eigener Landesvölker, die neben dem Bundesvolk stehen. Es handele sich vielmehr um dasselbe gesamtstaatliche Volk, das zweifach sowohl zum Bund als auch zu den Ländern organisiert ist. Es liegt kein Teilvolk, sondern ein integraler Volksteil vor.[577] Einig ist man sich jedoch, dass gemäß der bundesstaatlichen Ordnung des Grundgesetzes das Volk bei der Ausübung seiner Staatsgewalt nach Bund und Ländern gegliedert handelt: Träger der in der staatlichen Organisation Bund ausgeübten Staatsgewalt ist das gesamte Volk als Bundesvolk; Träger und Legitimationsquelle der in der einzelnen staatlichen Organisation Land ausgeübten Staatsgewalt ist der jeweilige Teil des gesamten Volkes als Landesvolk.[578] Die eine, einheitlich vom ganzen Volk ausgehende Staatsgewalt wird an der Quelle in zwei Ströme geteilt: der eine Teil wird durch Wahlen und Abstimmungen im Bund und durch besondere Organe des Bundes ausgeübt, der andere durch Wahlen und Abstimmungen in den Ländern und durch besondere Organe der Länder.[579] Die Staatsgewalt eines Bundeslandes muss somit von dem Landesvolk dieses Bundeslandes ausgehen, es muss das demokratische Legitimationssubjekt auf der jeweiligen Ebene – Bund oder Land – handeln.[580] Begründet wird die Annahme, dass auch in den Ländern das Volk Träger der Staatsgewalt ist, neben der Begründung aus dem bundesstaatlichen Aufbau zum anderen mit Art. 20 Abs. 2 S. 1 GG, wonach alle Staatsgewalt vom Volke ausgeht, was – wiederum mit dem bundesstaatlichen Aufbau zusammenhängend – über Art. 28 Abs. 1 S. 1 GG auch für die verfassungsmäßige

574 Der Streit um die Staatsqualität der Gliedstaaten soll hier nicht wieder aufgeworfen werden; es wird insofern die Rechtsprechung des Bundesverfassungsgerichts zu Grunde gelegt.

575 BVerfGE 1, 14, 50; Löwer, in: v. Münch/Kunig (Hrsg.), Art. 28 Rn 26; Herzog, in: Maunz/Dürig, Art. 20 II. Rn 101; Stern, Staatsrecht, Bd. I, § 19 III 2 c; Grawert, in: Isensee/Kirchhof (Hrsg.), HStR II, § 16 Rn 33; Sachs, AöR 108 (1983), 68, 69 ff.; Schubert, JURA 2003, 607, 608; a.A.: Schmitt, Verfassungslehre, S. 389 f., für den es – unitarische Konsequenz der Demokratie – nur ein einziges Volk, nur eine politische Einheit gab, zumindest bei Bundesstaaten ohne bündische Grundlage, wozu er den Bundesstaat der Weimarer Verfassung zählte (im Gegensatz zum echten Bund, bei dem es eine Vielzahl politischer Entscheidungszentren gibt) (s. dazu auch: Vitzthum, VVDStRL 46 (1988), 7, 15).

576 Löwer, in: v. Münch/Kunig (Hrsg.), Art. 28 Rn 26; Stern, Staatsrecht, Bd. I, § 19 III 2 c

577 Isensee, in: Isensee/Kirchhof (Hrsg.), HStR IV, § 98 Rn 45; zum Streitstand über diese beiden gegensätzlichen Ansichten näher: Boehl, Verfassunggebung im Bundesstaat, S. 176 ff. m.w.N.; Im Folgenden wird – ohne jede Wertung – allgemein vom Landesvolk gesprochen.

578 BVerfGE 83, 37, 53; 83, 60, 74 f.; Löwer, in: v. Münch/Kunig (Hrsg.), Art. 28 Rn 26; Isensee, in: Isensee/Kirchhof (Hrsg.), HStR IV, § 98 Rn 63; Schmidt, AöR 87 (1962), 253, 259; Schubert, JURA 2003, 607, 608

579 Schmidt, AöR 87 (1962), 253, 258

580 Stern, Staatsrecht, Bd. I, § 19 III 2 c; Engelken, DÖV 2002, 977, 978

Ordnung in den Ländern gilt.[581] Dementsprechend wird auch in allen Landesverfassungen das Volk ausdrücklich als Träger von Staatsgewalt genannt.[582] Was dann unter dem Begriff „Volk“ auf Landesebene zu verstehen ist, ob ein echtes Landesvolk oder das deutsche Staatsvolk in den Ländern, das gegliedert nach Länderabschnitten handelt, ist hier noch irrelevant. Jedenfalls existiert mit dem Volk in den Ländern ein vom Bundesvolk in seiner Gesamtheit verschiedener Träger von Staatsgewalt auf Landesebene. Freilich hat diese geteilte Staatsgewalt – unerheblich, welcher Ansicht zur Existenz von eigenen Landesvölkern man folgt – dasselbe personale Substrat.[583]

2. Das Vorliegen eines relevanten Handelns der Landesvölker

Zu behandeln ist nunmehr die Frage, ob dieser Träger von Staatsgewalt auf der Landesebene tatsächlich beteiligt wird, ob das Landesvolk durch eine rein gedankliche Aufsplittung mit einer Handlung in Erscheinung tritt. Ist es möglich, dass das Volk, das als einheitliches Bundesvolk an der Abstimmung teilnimmt, gleichzeitig im selben Akt gegliedert in Landesvölker auftreten kann?

Die Landesvölker müssten dafür als organschaftliche Einheiten handeln. Die Eigenschaft der organschaftlichen Einheit setzt wiederum die Abgrenzbarkeit des Volkes als entscheidende bzw. legitimierende Einheit voraus.[584] Diese Aussage steht zwar im Zusammenhang mit dem Erfordernis des Staatsangehörigkeitsrechts, welches eine Gruppe von Menschen in der Weise eint, dass diese als abgegrenzte Gruppe in der Lage sind, die ihnen gegenüber ausgeübte Herrschaft zu legitimieren. Auf dieser Ebene liegt das Problem hier nicht, da die Zugehörigkeit zum abstimmenden Landesvolk feststeht. Diese Aussage lässt sich jedoch insofern auf das vorliegende Problem übertragen, als dass auch hier problematisch ist, ob die Landesvölker bei einer Abstimmung auf Bundesebene, bei der das Volk in seiner Gesamtheit als Bundesvolk auftritt, von diesem Gesamtvolk auseinanderdividiert werden können. Fraglich ist dies vor allem deshalb, weil keine gesonderte Auszählung der in den jeweiligen Ländern abgegebenen Stimmen und keine Abstimmung der einzelnen Landesvölker stattfindet. An dieser Stelle soll die bereits angedeutete Konstruktion der gedanklichen Trennung der beiden Ebenen – Bundesvolk und Landesvölker – eingreifen. Der einheitliche Vorgang der Abstimmung wird gedanklich aufgespalten in einen Akt des Bundesvolkes, bei dem gleichzeitig dieses Bundesvolk gegliedert in

581 Boehl, Verfassunggebung im Bundesstaat, S. 175 f.; Sachs, AöR 108 (1983), 68, 74 f.; Nach Herzog, in: Maunz/Dürig, Art. 20 II. Rn 101, Birkenheier, Wahlrecht für Ausländer, S. 31 und Sachs, AöR 108 (1983), 68, 75 gilt Art. 20 Abs. 2 S. 1 GG unmittelbar in den Ländern, ohne dass es Art. 28 Abs. 1 S. 2 GG bedürfte.

582 Stellg. Vogel, abgedruckt in: Protokoll der 94. Sitzung des Innenausschusses des Deutschen Bundestages, S. 26

583 Isensee, in: Isensee/Kirchhof (Hrsg.), HStR IV, § 98 Rn 46

584 Birkenheier, Wahlrecht für Ausländer, S. 60

die einzelnen Landesvölker sein Votum abgegeben hat. Ermöglicht wird diese gedankliche Konstruktion durch die Tatsache, dass es sich beim Volk im Bund und dem Volk in den Ländern praktisch gesehen um ein und dieselbe Personeneinheit handelt, die nur unter territorialem Aspekt untergliedert wird.[585] Voraussetzung für die Zugehörigkeit zum Bundesvolk ist die deutsche Staatsangehörigkeit, Voraussetzung für die Zugehörigkeit zu einem Landesvolk ist die deutsche Staatsangehörigkeit in Verbindung mit der Wohnsitznahme in diesem Bundesland bzw. der Wahlberechtigung im Bundesland.[586] Hinter der Summe der Landesvölker steht damit die gleiche Zusammensetzung wie die des Bundesvolkes. Diese territoriale Untergliederung des Bundesvolkes in Landesvölker wird dann auf die gedankliche Trennung übertragen. An dieser Stelle kommen nun aber die bereits angesprochenen Differenzen hinsichtlich der Annahme der Existenz eigener Landesvölker zum Tragen. Haltbar ist dieses Gedankenspiel nur, wenn man der Ansicht folgt, dass keine eigenen Landesvölker existieren, sondern das Bundesvolk für die Ausübung von Landesstaatsgewalt nur territorial untergliedert handelt, da dann hinter dem Volk in den Ländern letztlich wieder das Bundesvolk steht, es dasselbe Volk ist, was sich auf beiden Ebenen organisiert. Es kann sich dann das abstimmende Bundesvolk vorgestellt werden, dessen integrale Volksteile in den Ländern im selben Akt mit abgestimmt haben. Nach der überwiegenden Ansicht, die die Existenz eigener Landesvölker annimmt, sind die Landesvölker trotz personeller Teilidentität mit dem Bundesvolk und der Formulierung in Art. 28 Abs. 1 S. 2 GG aber nicht nur deren Teile, sondern die Länder bestimmen auf Grund ihrer Staatsqualität ihr Staatsvolk prinzipiell durch eigene Angehörigkeitsbestimmungen.[587] Das Landesvolk kann demnach nicht einfach mit einem Teil des Bundesvolkes identifiziert werden.[588] Das gesamte Volk ist nicht auch gleichzeitig Träger der Landesstaatsgewalt, sondern es ist zwischen dem Bundesvolk als dem Träger der Bundesgewalt und dem jeweiligen Landesvolk als dem Träger der Landesstaatsgewalt zu unterscheiden.[589] Das Bundesvolk ist also eine vom Verein der Landesvölker zu unterscheidende Einheit, so dass die Träger der Staatsgewalt in Bund und Ländern trotz der Gleichheit der personalen Substanz rechtlich nicht identisch sind.[590] Es kann also schlechthin nicht möglich sein, ein Handeln des Bundesvolkes in Teile entsprechend den Landesvölkern aufzuteilen und dann zu behaupten, es wären die Landesvölker als eigene organschaftliche Einheiten in Erscheinung getreten. Das Bundesvolk besitzt im staatsrechtlichen Sinne eine

585 So sieht es im Ergebnis wohl auch Birkenheier, Wahlrecht für Ausländer, S. 26.

586 Grawert, in: Isensee/Kirchhof (Hrsg.), HStR II, § 16 Rn 33; Boehl, Verfassunggebung im Bundesstaat, S. 180 m.w.N.; Sachs, AöR 108 (1983), 68, 77 ff.+89; Isensee, AöR 115 (1990), 248, 271 f.; Die Landesangehörigkeit ist Grundlage der nur Deutschen zukommenden Teilhabe an der Landesstaatsgewalt; es wäre mit Art. 33 Abs. 1 i.V.m. Art. 28 Abs. 1 S. 2 GG unvereinbar, würde der Landesverfassungsgeber diesen Kreis einschränken oder erweitern (Grawert, in: Isensee/Kirchhof (Hrsg.), HStR II, § 16 Rn 33).

587 Grawert, in: Isensee/Kirchhof (Hrsg.), HStR II, § 16 Rn 33

588 Maurer, FS Winkler S. 630

589 Hempel, Der demokratische Bundesstaat, S. 244; Schmidt, AöR 87 (1962), 253, 259

590 Herzog, DÖV 1962, 81, 86

völlig andere Organqualität als die Summe der Landesvölker, so dass das handelnde Bundesvolk die Länder im Gesetzgebungsverfahren nicht repräsentieren kann.[591] Wenn ein Handeln des Bundesvolkes vorliegt, kann somit nicht im selben Akt ein solches der Landesvölker gesehen werden.

Ein weiterer Gedanke könnte eventuell die These stützen, dass eine Aufteilung des handelnden Bundesvolkes entsprechend den Gebietsgrenzen der Länder nicht automatisch als Summe der Landesvölker angesehen werden kann. Bemüht werden soll dazu ein Vergleich mit der Situation der Ratifizierung des Grundgesetzes, bei der trotz der nach Art. 144 Abs. 1 GG notwendigen Zustimmung einer Zweidrittelmehrheit der Landtage eine Legitimation durch das gesamtdeutsche Volk gewollt war und keine Zustimmung durch die einzelnen Landesvölker. Die Landtage sollten auf diese Weise eine Bundesverfassung für den Gesamtstaat annehmen. Problematisch ist dabei, dass die Landtage von den jeweiligen Landesvölkern mit Landesstaatsgewalt ausgestattet wurden und nicht mit der Befugnis, zusammen mit anderen Ländervertretungen eine Bundesverfassung anzunehmen.[592] Haben deshalb hier also die Landesvölker in ihrer Gesamtheit gehandelt, was im Ergebnis als Handeln des vereinigten deutschen Volkes gelten sollte? Wenn ja, kann daraus der Umkehrschluss gezogen werden, dass durch die Aufteilung des handelnden Bundesvolkes doch ein Handeln der Summe aller Landesvölker konstruiert werden kann? Um dem nachzukommen, ist ein Ausflug in die Lehre der Verfassungsentstehung in einem Bundesstaat notwendig. Die Verfassung eines Bundesstaates kann auf zwei Wegen entstehen. Entweder handeln in Ermangelung eines Gesamtstaatsvolkes die verfassungsgebenden Gewalten der Gliedstaatsvölker oder die Bundesverfassung entsteht auf Grund der verfassungsgebenden Gewalt des Gesamtstaatsvolkes.[593] Bei der ersten Variante entsteht der Gesamtstaat durch den Zusammenschluss der Gliedstaaten, bei der letzteren Variante wird dagegen ein Einheitsstaat „rückföderalisiert".[594] Die Annahme des Grundgesetzes lässt sich schematisch nicht rein in eine der beiden Kategorien einordnen. Die Besonderheit bei der Ratifizierung des Grundgesetzes liegt darin, dass trotz der Aufsplittung in Landtage das deutsche Volk in seiner Gesamtheit und nicht der Zusammenschluss der einzelnen Landesvölker als Schöpfer der Verfassung angesehen wird, was auch in der Präambel des Grundgesetzes zum Aus-

591 Hufschlag, Einfügung plebiszitärer Komponenten in das Grundgesetz?, S. 123, der mit dieser Begründung dieses Lösungsmodell ablehnt.

592 Steiner, Verfassunggebung und verfassunggebende Gewalt des Volkes, S. 150; Mußgnug, in: Isensee/Kirchhof (Hrsg.), HStR I, § 8 Rn 99

593 S. dazu: Steiner, Verfassunggebung und verfassunggebende Gewalt des Volkes, S. 151 ff.; Boehl, Verfassunggebung im Bundesstaat, S. 151 ff.

594 Boehl, Verfassunggebung im Bundesstaat, S. 159

druck kommt.[595] Die Verfassung wurde also vom deutschen Volk, das untergliedert in Länder gehandelt hat und von den Landtagen vertreten wurde, angenommen. Das Verfahren nach Art. 144 GG stellt einen besonderen, an der einzelstaatlichen Gliederung orientierten Abstimmungsmodus des vorausgesetzten gesamtstaatlichen deutschen Volkes dar.[596] Lediglich aus organisatorischen Gründen wurden die Stimmbürger zu Einheiten zusammengefasst, die sich personell mit den Landesstaatsvölkern decken; die Länder sind demzufolge nur als organisatorische Einheiten in Erscheinung getreten, deren sich das deutsche Volk zur Ausübung seiner verfassungsgebenden Gewalt bedient hat.[597] Die Landesvertretungen haben für das deutsche Volk aus dem jeweiligen zukünftigen Bundesland und nicht für das Volk aus den Gliedstaaten gehandelt, wobei die verfassungsgebende Gewalt in der Lage ist, den Landtagen diese Funktion zu verleihen.[598] Die Annahme durch die Landtage stellte „nur einen behelfsmäßigen Ersatz der Ratifikation durch das Volk“ dar.[599] Zweifel an der Legitimität des Grundgesetzes kamen hier insofern auf, als die Landtage unter landespolitischen Gesichtspunkten gewählt wurden und nicht mit dem Auftrag ausgestattet waren, eine Bundesverfassung zu ratifizieren; diese setzten sich

595 Starck, in: v. Mangoldt/Klein/Starck (Hrsg.), Präambel Rn 20; v. Campenhausen, in: v. Mangoldt/Klein/Starck (Hrsg.), Art. 144 Rn 4; Huber, in: Sachs (Hrsg.), Präambel Rn 20; Kunig, in: v. Münch/Kunig (Hrsg.), Präambel Rn 33; Jarass, in: Jarass/Pieroth, Präambel Rn 3; Murswiek, Die verfassunggebende Gewalt nach dem Grundgesetz für die Bundesrepublik Deutschland, S. 42; Möllers, in: Aulehner/Dengler/Konrad/Langer/Leisner/Lepsius/Möller/Möstl/Pfab/Stender/Waldhoff (Hrsg.), Föderalismus – Auflösung oder Zukunft der Staatlichkeit?, S. 91; Hempel, Der demokratische Bundesstaat, S. 245; Isensee, FS Mikat, S. 721; Möller, Die verfassungsgebende Gewalt des Volkes und die Schranken der Verfassungsrevision, S. 43; Schmidt, AöR 87 (1962), 253, 260; Herzog, DÖV 1962, 81, 86 m.w.N.; Unklar insofern Kloepfer, ZRP 1983, 57, 59, der formuliert, es sei für einen Bundesstaat nichts Anrüchiges, dass sich das Grundgesetz aus der Zustimmung der Länder legitimiert, was eher auf die Variante der Verfassungsentstehung durch den Zusammenschluss der Gliedstaaten deutet.

596 Steiner, Verfassunggebung und verfassunggebende Gewalt des Volkes, S. 154 f.; Monz, Das Verhältnis der Bundesländer untereinander, S. 34; Boehl, Verfassunggebung im Bundesstaat, S. 163; zum Verfahren der Verabschiedung des Grundgesetzes s. auch: Walle, Die Staatlichkeit der deutschen Länder und ihre Bestandsgarantie in Art. 79 Abs. III GG, S. 88 ff.

597 Huber, in: Sachs (Hrsg.), Präambel Rn 20; Boehl, Verfassunggebung im Bundesstaat, S. 163

598 Herzog, in: Maunz/Dürig, Art. 20 IV. Rn 25; Steiner, Verfassunggebung und verfassunggebende Gewalt des Volkes, S. 153 f.; Boehl, Verfassunggebung im Bundesstaat, S. 163

599 Zinn, AöR 75 (1949), 291, 293; Steiner, Verfassunggebung und verfassunggebende Gewalt des Volkes, S. 155 m.w.N.

im Ergebnis aber nicht durch.[600] Es hat demzufolge nicht, wie es üblich gewesen wäre, das versammelte deutsche Volk der Annahme zugestimmt und den Bund konstituiert. Das in Länder untergliederte Volk muss also nicht zwangsläufig für die Länder auftreten, sondern kann auch für denjenigen Teil des Bundesvolkes, der in dem jeweiligen Bundesland lebt, handeln. Selbst wenn jedoch die Landtage in Vertretung der jeweiligen Landesvölker gehandelt hätten, hätte Art. 144 GG keine Antwort auf die oben gestellte Frage geben können. Denn dann wäre die Verfassung auf dem bereits beschriebenen bundesstaatlichen Weg, also als Zusammenschluss der Gliedstaaten zu einem Gesamtstaat entstanden, und ein Handeln des gesamtdeutschen Volkes wäre gar nicht beabsichtigt gewesen. Für das Problem, ob die Summe der Landesvölker auch als Bundesvolk gelten kann, hätten sich daher keine Anhaltspunkte ergeben. Die Frage, ob die Gesamtheit aller Länder trotz personaler Identität mit dem Bundesvolk keine Bundesgewalt vermitteln kann und daraus ein Umkehrschluss für das vorliegende Problem gezogen werden kann, wird durch einen Vergleich mit der Situation der Ratifikation des Grundgesetzes also nicht beantwortet. Im Ergebnis können aus der Methode der Annahme des Grundgesetzes keine Schlüsse für das vorliegende Problem gezogen werden. Im Übrigen wäre dieser Vergleich zudem insofern problematisch, als die Situation des Inkrafttretens einer Verfassung in vielen Dingen nicht vergleichbar mit der einer Abstimmung unter der bereits geltenden Verfassung ist. Die Regeln über das Inkrafttreten einer Verfassung gehören nicht zum Verfassungsrecht, sondern werden von der – an noch keinerlei Festlegungen aus der zukünftigen Verfassung gebundenen – verfassungsgebenden Gewalt für diesen einmaligen Akt festgelegt.[601]

Des Weiteren erfordert die Problematik ein Eingehen auf das Bundestagswahlrecht, da sich auch dort auf den ersten Blick Parallelen zu der Frage ergeben, ob die Landesvölker beteiligt sind. Bekanntlich werden bei einer Bundestagswahl zwei Stimmen abgegeben, die Erststimme für den jeweiligen Wahlkreiskandidaten, die Zweitstimme für die jeweilige Landesliste (vgl. §§ 1 Abs. 2, 4, 6, 27 BWG). Auch hier tritt das Volk in seiner Gesamtheit auf, gewertet wird die Zweitstimme jedoch innerhalb einer Untergliederung nach Bundesländern. Es stellt sich somit die Frage, ob hier das bei einer Bundestagswahl unzweifelhaft handelnde Bundesvolk aufgesplittet wird in die jeweiligen Landesvölker, um so eine Zurechnung der Stimmen zur Landesliste bewirken zu können. Wäre dies der Fall, ergäbe sich dasselbe Prob-

600 Überwiegend wird eine nachträgliche Legitimation durch die erste Bundestagswahl sowie alle weiteren Bundestagswahlen angenommen (Mußgnug, in: Isensee/Kirchhof (Hrsg.), HStR I, § 8 Rn 100 ff.; Murswiek, Die verfassunggebende Gewalt nach dem Grundgesetz für die Bundesrepublik Deutschland, S. 80 ff.; Steiner, Verfassunggebung und verfassunggebende Gewalt des Volkes, S. 150 ff.; Möller, Die verfassungsgebende Gewalt des Volkes und die Schranken der Verfassungsrevision, S. 100 ff.; Schneider, NJW 1954, 937; Abendroth, AöR 76 (1950), 1, 6; kritisch: Kempen, ZParl 1990, 354, 356 f.). Für Starck, in: v. Mangoldt/Klein/Starck (Hrsg.), Präambel Rn 19 und Quaritsch, Der Staat 1 (1962), 175, 179 dagegen nahmen die Landtage mangels gesamtdeutscher Repräsentation durchaus gesamtstaatliche Verantwortung wahr.

601 Starck, in: v. Mangoldt/Klein/Starck (Hrsg.), Präambel Rn 8

lem, inwiefern das Bundesvolk in Landesvölker auseinanderdividiert werden kann bzw. wäre ein Indiz dafür gegeben, dass kein eigener, vom Bundesvolk separater Entscheidungsakt notwendig ist, um als Landesvolk handlungsfähig zu sein. Voraussetzung dafür wäre jedenfalls, dass die Wahl der Landesliste durch die Landesvölker erfolgt. Zugegebenermaßen ist die Vorstellung, bei der Wahl der Volksvertretung des Gesamtstaates würden die Völker der Gliedstaaten mitwirken, eher abwegig, in einem Bundesstaat aber denkbar. Das an einer Bundestagswahl beteiligte Volk wäre dann die Summe aller Landesvölker und nicht das Bundesvolk in seiner Gesamtheit. Als problematisch könnte in diesem Fall dann angesehen werden, dass das Volk der Länder in seiner Eigenschaft als Landesvolk im Normalfall dazu befugt ist, Hoheitsgewalt über sein jeweiliges Landesgebiet auszuüben und nicht in einer Angelegenheit des Bundes tätig zu werden. Mit einer Ermächtigung des Grundgesetzes an das Landesvolk könnte man über diese Hürde jedoch hinwegkommen. Bei der Annahme, es läge ein Handeln der Landesvölker vor, fällt jedoch sogleich ein weiteres daraus entstehendes Problem auf. Der über die Landesliste in den Bundestag eingezogene Abgeordnete bezieht seine Legitimation dann nicht aus dem gesamten Bundesvolk, sondern lediglich aus dem jeweiligen Landesvolk. Handlungen der Staatsgewalt sind jedoch nur gegenüber dem Personenkreis zulässig, der den Ausführenden gewählt hat bzw. auf den seine Legitimation zurückzuführen ist. Eine Legitimation eines Bundestagsabgeordneten, der für die gesamtstaatliche Ebene tätig wird, wäre aus diesem Grund problematisch.[602] Die Untergliederung nach Landeslisten wird daher überwiegend als rein organisatorische Regelung verstanden, um die auf der Liste stehenden Kandidaten nicht zu weit vom Wähler zu entfernen. Es handelt sich nicht um eine föderale Unterteilung, sondern allgemein um eine dezentrale, die sich aus praktischen Erwägungen heraus an den Ländergrenzen orientiert; das Bundeswahlgesetz kann demzufolge nicht als vom föderalen Gedanken geprägt angesehen werden.[603] Am augenscheinlichsten wird dies, wenn man sich vergegenwärtigt, dass die Einteilung der Listen entsprechend den Grenzen der Bundesländer nicht zwingend ist und zugunsten z.B. in etwa gleich großer Listengebiete aufgegeben werden könnte. Die Situation stellt sich somit ähnlich dar wie bei Art. 144 GG. Das Bundesvolk tritt in seiner Gesamtheit auf und wird lediglich aus organisatorischen Gründen in Teile untergliedert, die sich personell mit den jeweiligen Landesstaatsvölkern decken. Die von den Abstimmenden abgegebene Stimme wird lediglich auf eine tiefere Ebene,

602 S. dazu: Herzog, in: Maunz/Dürig, Art. 20 II. Rn 54 ff., der offensichtlich ein Handeln der Landesvölker annimmt. Die Landeslisten sieht er nur deshalb als zulässig an, weil die Abgeordneten auf Grund von Art. 38 Abs. 1 S. 2 GG von zu stringenten Weisungen der Landesvölker freigestellt sind und die Bundesrepublik eben ein föderalistisches Gebilde ist (Rn 59).

603 BVerfGE 6, 84, 99; 16, 130, 143; Nicolaus, Grundmandatsklausel, Überhangmandate & Föderalismus, S. 49 ff. m.w.N.+55+61+72 ff.+85 ff.; ders., Demokratie, Verhältniswahl & Überhangmandate, S. 155 ff.; a.A.: Papier, JZ 1996, 265, 266+272+274; Mager/Uerpmann, DVBl. 1995, 273, 278; Für Schreiber, Handbuch des Wahlrechts zum Deutschen Bundestag, § 1 BWG Rn 35 ist die Verteilung der Bundestagssitze nach Landeslisten „durch den gliedstaatlichen Aufbau der Bundesrepublik Deutschland legitimiert", er bezeichnet dies als „Regionalisierung des Wahlvorgangs".

die Landeslisten, weitergeleitet. Zudem wäre ein Vergleich mit der Bundestagswahl auch insofern problematisch, als hier der Bürger seine Stimme explizit für die Landesliste abgibt und darin nicht gleichzeitig ein zweites Votum gesehen werden soll.

Selbst wenn man die gedankliche Aufspaltung des Bundesvolkes in Landesvölker als zulässig ansehen würde, wäre in einem nächsten Schritt zu fragen, ob dies genügt, um ein Handeln der Landesvölker im Sinne der Ausübung von Staatsgewalt begründen zu können. Für die Ausübung von Staatsgewalt durch Abstimmungen muss diese abgrenzbare Gruppe von Menschen auch im Besitz entsprechender Entscheidungs- und Handlungsfähigkeit sein.[604] An dieser Stelle wird der entscheidende Punkt deutlich. Wie sollten die Landesvölker in der Lage sein, in dem Abstimmungsakt eine eigene Entscheidungs- und Handlungsfähigkeit an den Tag zu legen, sind sie doch in erster Linie vereint als Bundesvolk dazu aufgerufen abzustimmen? Die Möglichkeit der eigenen Handlungs- und Entscheidungsfähigkeit setzt voraus, anders abstimmen zu können als in der Eigenschaft als Bundesbürger und zwischen Bundes- und Landesinteressen differenzieren zu können.[605] Der Landesvolkangehörige hat diese Chance mit der einen ihm zur Verfügung stehenden Stimme nicht. Gerade die Ausübung von Landesstaatsgewalt wäre für die Wahrung des Erfordernisses der Mitwirkung der Länder an der Gesetzgebung des Bundes jedoch notwendig. Denn die Staatsgewalten der einzelnen Bundesländer sind nicht auf das Bundesvolk zurückzuführen, sondern die Staatsgewalt der Länder muss gemäß dem bundesstaatlichen Prinzip von den jeweiligen Landesvölkern ausgehen.[606] Das Volk im Bund und das Volk in den Ländern sind im Bundesstaat voneinander unabhängige, je originäre und staatsrechtlich nicht vermittelte Legitimationskörper.[607] Wenn der Legitimationskörper Bundesvolk handelt, kann darin nicht gleichzeitig eine Handlung des Legitimationskörpers Landesvolk liegen. Die Vertreter der Ansicht, es existieren keine eigenen Landesvölker, gehen davon aus, dass die Bundes- und Landesgewalt „in Wahrheit nur verschiedene Werkzeuge und Treuhänder des einen Volkes, ausgestattet mit verschiedenen Kompetenzen und ausgerichtet auf verschiedene Zwecke" sind.[608] Verschiedene Zwecke können bei einer Identität des Abstimmungsvorganges auf der Bundes- und Landesebene aber nicht verwirklicht werden. Eine Ausrichtung auf verschiedene Zwecke ist bei einer einzigen Abstimmung nicht möglich. Dem könnte wiederum entgegengehalten werden, dass es zwar vielleicht ein rechtliches Landesvolk gibt, nicht jedoch ein reales. Die personale Substanz beider Völker ist dieselbe. Das Bundesverfassungsgericht greift dies auf, indem es den Unterschied des Landesvolkes zu einem „soziologisch-ethnologisch-politischen Volksbegriff" herausstellt.[609]

604 Birkenheier, Wahlrecht für Ausländer, S. 22

605 Dieses Problem sieht auch: Jung, FS v. Arnim, S. 364.

606 Herzog, in: Maunz/Dürig, Art. 20 II. Rn 101

607 Flemming, Entwicklung und Zukunft des Föderalismus in Deutschland, S. 253; Birkenheier, Wahlrecht für Ausländer, S. 31

608 Madison, in: The Federalist, zitiert nach: Isensee, in: Isensee/Kirchhof (Hrsg.), HStR IV, § 98 Rn 61; ders., AöR 115 (1990), 248, 271

609 BVerfGE 1, 14, 50

Dies könnte dafür sprechen, dass das Landesvolk keinen anderen Willen haben kann als der entsprechende Teil des Bundesvolkes, da hinter der Entscheidung über eine vorgelegte Frage dieselben Personen stehen. Fraglich ist, ob dies seine Richtigkeit hat und daraus die Konsequenz gezogen werden kann, dass das Landesvolk gar nicht anders entscheiden kann als es das als Teil des Bundesvolkes bereits getan hat. Dies ist zu verneinen, da es sich zwar um dieselben Personen handelt, diese jedoch sehr wohl in der Lage sind, zwischen Bundes- und Landesebene zu unterscheiden und entsprechend verschiedene Prioritäten zu setzen, was sie dann zumindest theoretisch auch im konkreten Abstimmungsverhalten deutlich machen können. Die Gleichheit der personalen Substanz steht der Handlungsfähigkeit der Landesvölker also nicht entgegen. Selbst wenn man die Möglichkeit der gedanklichen Aufsplittung des Bundesvolkes in die Landesvölker also noch befürwortet, eine eigenständige Handlung des Landesvolkes als solches kann nicht mehr begründet werden.

Verstärkt wird diese Annahme, wenn ein Blick auf die Kategorie der Vermittlung demokratischer Legitimation geworfen wird. Für jede Ausübung von Staatsgewalt, unabhängig, ob sie von einem Repräsentativorgan oder unmittelbar vom Volk ausgeht, ist immer erforderlich, dass erkennbar ist, vom wem die Staatsgewalt ausgeht bzw. auf wen sie zurückführbar ist. Es muss deutlich zu erkennen sein, welche Staatsgewalt von welchem Volk ausgeübt wird. Die abgegebene Stimme muss eindeutig einem Träger von Staatsgewalt zugeordnet werden können. Bei dem vorliegenden Lösungsmodell kann dies schwerlich begründet werden. Es sollen sowohl Landes- als auch Bundesvolk handeln, zur Verfügung haben beide jedoch nur eine Stimme gemeinsam. Offen bleibt, wem diese abgegebene Stimme am Ende zugerechnet wird, ob beiden gemeinsam, dem Bundesvolk oder dem Landesvolk. Wenn beide Ebenen handeln sollen, müsste die Stimme doppelt zugerechnet werden, zum einen dem Bundesvolk, zum anderen dem Landesvolk. Dies widerspricht jedoch dem Gedanken des Verantwortungszusammenhanges, wonach jede Ausübung von Staatsgewalt eindeutig einem Organ zuzuordnen ist. Es können nicht zwei verschiedene Träger von Staatsgewalt als Initiator einer Stimme auftreten. Im Ergebnis hieße dies sonst, zwei Träger von Staatsgewalt für nur eine Stimme verantwortlich machen zu können.

Schließlich ist zudem darauf hinzuweisen, dass das Volk bei einem Plebiszit nur auf Grund verfassungsrechtlicher Kompetenzzuweisung als legitimiertes Organ tätig wird.[610] Das Grundgesetz legt fest, welches Organ in welchem Akt handelt. Bei einer Abstimmung auf Bundesebene handelt bei keinen weiteren Anordnungen im Grundgesetz das Bundesvolk. Eine Regelung des Volksentscheides auf Bundesebene in der vorbeschriebenen Weise, also ohne die Erwähnung, dass in der Abstimmung des Bundesvolkes zugleich die Beteiligung der Landesvölker gesehen wird, kann somit schon aus diesem Grund kein Handeln der Landesvölker begründen. Notwendig wäre also zumindest die Erwähnung der Landesvölker. Dies allein kann jedoch ein

610 Grawert, in: Isensee/Kirchhof (Hrsg.), HStR II, § 16 Rn 31

Handeln der Landesvölker aus den zuvor erörterten Gesichtspunkten heraus trotzdem nicht begründen.

II. Schlussfolgerungen

Das Volk handelt bei einer Volksabstimmung auf Bundesebene organschaftlich als Bundesvolk und ist nicht gleichzeitig in der Lage, in seiner Eigenschaft als Summe aller Landesvölker zu handeln. Es kann deshalb nur die Ausübung von Bundesstaatsgewalt rechtfertigen. Im Ergebnis kann somit nicht davon ausgegangen werden, dass bei diesem Modell die Landesvölker durch eine Handlung in Erscheinung treten. Die Annahme einer Beteiligung der Landesvölker wäre reine Fiktion. Konsequenz daraus kann nur sein, dass diese Lösung das Erfordernis der Beteiligung der Länder an der Bundesgesetzgebung nicht erfüllen kann. Eine Beteiligung erfordert ein Handeln, zumindest die Möglichkeit einer Handlung der Länder. Wer jedoch nicht handelt bzw. handeln kann, ist auch nicht beteiligt.

E. Die Einführung eines Föderalquorums

Um den soeben geschilderten Problemen aus dem Weg zu gehen, könnte in Erwägung gezogen werden, ein Modell ähnlich dem Schweizer Ständemehr umzusetzen. Danach wäre bei einer Abstimmung nicht nur eine Mehrheit der Abstimmenden oder Abstimmungsberechtigten bundesweit erforderlich, sondern zugleich müsste sich in jedem Bundesland eine entsprechende Mehrheit für die Vorlage finden. Die abgegebenen Stimmen werden also doppelt ausgezählt, einmal auf der gesamten Bundesebene, um das Bundesergebnis feststellen zu können, zum zweiten auf den Landesebenen, um das Ergebnis in den Ländern zu ermitteln. Die Länderstimmen können dann eventuell noch in der Weise gewichtet werden, dass das Prinzip des Bundesrates mit der Stimmenstaffelung übernommen wird. Jedem Land würden dann genauso viele Stimmen wie im Bundesrat zustehen, für eine Mehrheit wären bei den derzeit 69 Bundesratsstimmen der Länder also 35 Stimmen notwendig. In den bisherigen Gesetzesentwürfen, Vorschlägen und Stellungnahmen wurde diese Lösung favorisiert und tauchte in ähnlichen Spielarten immer wieder auf, wobei die Anwendung meist auf zustimmungspflichtige Gesetze und Verfassungsänderungen begrenzt wurde.[611] So sah beispielsweise Art. 82c Abs. 5 GG aus dem letzten Gesetzentwurf zur Einführung direkter Demokratie vor, dass bei Gesetzen, die der Zustimmung des Bundesrates bedürfen, und bei verfassungsändernden Gesetzen das Ergebnis der Abstimmung in einem Land als Abgabe seiner Bundesratsstimme gilt.[612] In den Diskussionen wurde die Regelung aus der Schweiz dabei unreflektiert auf die deutschen Verhältnisse übertragen, lediglich die Anwendung des Bundesratsschlüssels wurde hinzugefügt sowie teilweise die Differenzierung nach einfacher und Zweidrittelmehrheit je nach Gesetzesart (Zustimmungsgesetz oder verfassungsänderndes Gesetz). Auf eventuell aufkommende Probleme wurde das Augenmerk erst in der jüngsten Debatte um den letzten Gesetzentwurf gerichtet. Trotz dessen scheint es, als ob die Einführung eines Föderalquorums das Allheilmittel für das Problem der Vereinbarkeit der Einführung von Volksentscheiden in das Grundgesetz mit dem Bundesstaatsprinzip darstellen soll. Die Gegner der Regelung bezeichnen dieses Modell dagegen als „Scheinlösung" und fordern eine echte Mitwirkung der Länder.[613] Die Prüfung dieses Modells erfolgt zum einen dahingehend, ob damit die erforderliche Beteiligung der Länder an der Gesetzgebung realisiert werden kann, zum anderen werden weitere bei diesem Lösungsmodell auftauchende, sowohl mit dem Bundesstaats- als auch mit dem Demokratieprinzip verbundene Probleme behandelt werden müssen. Interessant ist diese Lösung im Übrigen auch deshalb, da sie für die Einführung direktdemokratischer Elemente auf der Ebene der Europäischen Union ebenso im Gespräch ist.[614]

I. Vorbild: Das Schweizer Ständemehr

Um einen ersten Zugang zu diesem Modell zu schaffen, soll zunächst die Regelung in der Schweizer Bundesverfassung, die der deutschen Regelung Pate stehen würde, vorgestellt werden. Das Ständemehr gehört als wesentlicher Baustein zum schweizerischen Staatsverständnis und ist Eckpfeiler deren Bundesstaatlichkeit.[615] Verankert

611 Befürworter dieser Regelung sind u.a.: Degenhart, Staatsrecht I, Rn 520b; s. dann jedoch seine eher kritische Stellungnahme im Innenausschuss: Stellg. Degenhart, abgedruckt in: Protokoll der 94. Sitzung des Innenausschusses des Deutschen Bundestages, S. 13; Schmack-Reschke, in: Konegen/Nitschke (Hrsg.), Revision des Grundgesetzes?, S. 97 Fn 27; Leonardy, ZParl 1992, 163, 166; ders., in: Landtag Nordrhein-Westfalen (Hrsg.), Plebiszitäre Elemente in der repräsentativen Demokratie?, S. 61; Berlit, KritV 1993, 318, 351; Thaysen, RuP 1993, 190, 197 f.; Zahlreiche Nachweise finden sich bei: Hufschlag, Einfügung plebiszitärer Komponenten in das Grundgesetz?, S. 123 Fn 60. Maurer, Plebiszitäre Elemente in der repräsentativen Demokratie, S. 27 f. erwähnt die Lösung der Schweiz für das Problem der Beteiligung der Gliedstaaten an der Gesetzgebung des Bundes ohne eine eigene Stellungnahme abzugeben. S. auch oben 4. Kap. A.

612 BT-Drucks. 14/8503, S. 3

613 Stellg. Scholz, Bundestagslesung zur BT-Drucks. 14/8503, 14. WP, 227. Sitzung, S. 22498

614 d'Estaing/Amato/Dehaene, EuGRZ 2003, 686, 688

615 Hangartner, Grundzüge des schweizerischen Staatsrechts, Bd. I, S. 226

ist das doppelte Mehr in Art. 142 Abs. 2-4 BV. Nach Art. 142 Abs. 2 BV sind Vorlagen, die sowohl dem Volk als auch den Ständen zur Abstimmung zu unterbreiten sind, angenommen, wenn die Mehrheit der Stimmenden und die Mehrheit der Stände sich für die Vorlage aussprechen. Gemäß Art. 142 Abs. 3 BV gilt dabei das Ergebnis der Volksabstimmung im Kanton als dessen Standesstimme. Abs. 4 bestimmt schließlich, dass bestimmten Kantonen nur eine halbe Standesstimme zusteht. Eine Vorlage ist neben dem Volk auch den Ständen in folgenden Fällen zu unterbreiten:[616] Gemäß dem am 01.08.2003 in Kraft getretenen Art. 139 Abs. 1 BV können 100.000 Stimmberechtigte innerhalb von 18 Monaten seit der amtlichen Veröffentlichung ihrer Initiative eine Teilrevision der Bundesverfassung in der Form eines ausgearbeiteten Entwurfs verlangen, der nach Art. 139 Abs. 3 BV i.V.m. Art. 194, 195 BV auch den Ständen zur Abstimmung unterbreitet wird. Auch nach der Altfassung des Art. 139 BV wurde nach Abs. 4 bis 6 eine Initiative bzw. ein auf ihr basierender Entwurf auf Teilrevision der Bundesverfassung den Ständen vorgelegt. Durch die zur Abstimmung gestellte Volksinitiative auf Totalrevision der BV nach Art. 138 BV wird lediglich die Grundsatzfrage entschieden, ob eine Totalrevision eingeleitet werden soll (vgl. auch Art. 140 Abs. 2 lit. a BV sowie Art. 193 BV). Bejaht das Volk dies, arbeitet die Bundesversammlung in einem zweiten Schritt eine Vorlage aus, die nach Art. 140 Abs. 1 lit. a BV Volk und Ständen zur Abstimmung unterbreitet wird.[617] Die Initiative für eine auch den Ständen in einem obligatorischen Referendum[618] zu unterbreitende Teil- bzw. Totalrevision der Verfassung kann neben dem Volk zudem von der Bundesversammlung, vom Bundesrat oder von einem Kanton ergriffen werden (Art. 160 Abs. 1, Art. 181 BV). Art. 140 Abs. 1 BV führt zusammenfassend alle Varianten der Gesetzgebung auf, bei denen die Stände zu beteiligen sind. Danach werden den Ständen in einem obligatorischen Referendum die Änderungen der Bundesverfassung (lit. a), der Beitritt zu Organisationen für kollektive Sicherheit oder zu supranationalen Gemeinschaften (lit. b) sowie die für dringlich erklärten Bundesgesetze, die keine Verfassungsgrundlage haben und deren Geltungsdauer ein Jahr übersteigt (lit. c i.V.m. Art. 165 Abs. 3 BV),[619] unterbreitet. Es lässt sich somit konstatieren, dass das Ständemehr bei jeglichen Verfassungsänderungen – sei es bei Volksinitiativen auf Teilrevision der Bundesverfassung oder neben den anderen Fällen des Art. 140 Abs. 1 BV im sich dem repräsentativen Verfahren anschließenden obligato-

616 Einen Überblick über die verschiedenen Volksrechte in der Schweiz geben: Hangartner/Kley, Die demokratischen Rechte in Bund und Kantonen der Schweizerischen Eidgenossenschaft, Rn 582 ff.; ebenso: Kirchgässner/Feld/Savioz, Die direkte Demokratie, S. IX (Vorwort) sowie Möckli, Direkte Demokratie, S. 60 ff.+94 ff., die noch einen kurzen Abriss der geschichtlichen Entwicklung der Volksrechte aufzeigen.

617 Lombardi, in: Ehrenzeller/Mastronardi/Schweizer/Vallender (Hrsg.), Art. 138 Rn 10; zur Frage der Abgrenzung von Teil- und Totalrevision: Lombardi, in: Ehrenzeller/Mastronardi/Schweizer/Vallender (Hrsg.), Vorbemerkungen zu Art. 192-195 Rn 7 ff.

618 D.h. die Repräsentativorgane haben über den Entwurf bereits abgestimmt (s.o. 2. Kap. A. V.).

619 Diese Gesetze müssen innerhalb eines Jahres nach der Annahme durch die Bundesversammlung zur Abstimmung gestellt werden.

rischen Referendum – angewandt wird.[620] Bei Abstimmungen über einfache Gesetze genügt hingegen die Mehrheit der Abstimmenden, wobei für diese auch nur ein fakultatives Referendum, kein obligatorisches wie für Verfassungsänderungen, vorgesehen ist (Art. 141 BV).[621] Die Kantone sollen also nur bei Verfassungsänderungen an der Gesetzgebung des Gesamtstaates beteiligt werden, bei der einfachen Gesetzgebung wird dies nicht als nötig erachtet.[622]

Eingeführt wurde das Ständemehr 1848; auch damals galt es nur für die Verfassungsrevision.[623] 1891 wurde sein Einflussbereich mit der Einführung der Volksinitiative auf Verfassungsteilrevision erheblich ausgeweitet.[624] Seit 1949 ist es auch für die erwähnten Dringlichkeitsbeschlüsse, die sich nicht auf die Bundesverfassung der Schweiz stützen und deshalb die bundesstaatliche Kompetenzordnung berühren, anzuwenden; seit 1977 auch auf Referenden über Staatsverträge, die den Beitritt der Schweiz zu supranationalen Gemeinschaften oder Organisationen für kollektive Sicherheit regeln.[625]

Neben der Verwirklichung der Autonomie der Kantone, die deren Beteiligung an der gesamtstaatlichen Gesetzgebung gebietet, dient das Ständemehr vor allem auch als Minderheitenschutz für die diversen sprachlichen, kulturellen und religiösen Minderheiten, die sich entlang der Kantonsgrenzen definieren lassen.[626] Es ist in der Konsequenz in der Lage, über eine knappe Volksmehrheit hinwegzugehen, so dass nicht die Entscheidung getroffen wird, die von der Mehrheit der Abstimmenden gewollt ist, sondern die, welche die Mehrheit der kleinen Kantone vorzieht.[627] Bisher sind acht Vorlagen am Ständemehr gescheitert.[628] Dasselbe Problem wird auch in Australien gesehen, wo die Minderheit der hochindustrialisierten Bundesländer der Ostküste von der Mehrheit der Agrarländer des Westens und Südens majorisiert

620 S. dazu auch: Hangartner/Kley, Die demokratischen Rechte in Bund und Kantonen der Schweizerischen Eidgenossenschaft, Rn 756

621 Dahinter steht im Übrigen der Gedanke: „Alle wichtigsten Entscheide dem Volk, wichtige Entscheide in der Regel dem Parlament, übrige Entscheide der Regierung.“ (Linder, Schweizerische Demokratie, S. 238). Da eine Volksinitiative nur auf Verfassungsänderung möglich ist, wurden aus einigen Gesetzesvorhaben von den Initiatoren einer Volksinitiative Verfassungsbestimmungen gemacht. Es gibt daher einige Bestimmungen in der Schweizer Verfassung, denen eigentlich nur Gesetzesrang zusteht.

622 S. dazu: Schaal, in: Schiller/Mittendorf (Hrsg.), Direkte Demokratie, S. 154

623 Wili, Kollektive Mitwirkungsrechte von Gliedstaaten in der Schweiz und im Ausland, S. 132; Gross, Die Union 1998, 99, 103

624 S. dazu: Wili, Kollektive Mitwirkungsrechte von Gliedstaaten in der Schweiz und im Ausland, S. 157

625 Wili, Kollektive Mitwirkungsrechte von Gliedstaaten in der Schweiz und im Ausland, S. 158 ff.; zu sonstigen z.T. außerverfassungsrechtlichen punktuellen Anwendungsfällen des Ständemehrs: Wili, Kollektive Mitwirkungsrechte von Gliedstaaten in der Schweiz und im Ausland, S. 161 ff.

626 Zur Funktion des Ständemehrs folgen unten (4. Kap. E. III. 3. a.) ausführliche Erörterungen.

627 http://de.wikipedia.org/wiki/St%E4ndemehr

628 Vatter/Sager, Schweizerische Zeitschrift für Politische Wissenschaft 1996 Volume 2 Issue 2, 165; Hangartner/Kley, Die demokratischen Rechte in Bund und Kantonen der Schweizerischen Eidgenossenschaft, Rn 766

wird.[629] Diese Möglichkeit der Überstimmung des Souveräns ist dann auch Hauptkritikpunkt an dieser Regelung, der in etwas abgewandelter Form auch bei der Einführung einer Länderklausel zum Tragen kommen wird und mit dem sich näher beschäftigt werden muss.[630] Im Übrigen scheint das Ständemehr in der Schweiz als selbstverständlich angesehen zu werden, da sich literarische Abhandlungen, die sich mit den grundlegenden dogmatischen Fragen dazu befassen, kaum finden lassen.[631] Erst in jüngster Zeit ist es ins Zentrum der Föderalismuskritik geraten und es finden sich einige Überlegungen, wie es reformiert werden könnte. Anstoß der Kritik ist vor allem die geänderte Kantonsdemographie, die die Gewichte zwischen Föderalismus und Demokratie zuungunsten der Demokratie verschiebt.[632] Hintergrund dessen ist die Tatsache, dass die Demokratie auf dem Prinzip der Gleichheit der Bürger beruht, der Föderalismus jedoch auf dem Prinzip der Gleichheit der Gliedstaaten, welche wiederum ungleiche Bevölkerungsstärken aufweisen. Die Dosierung beider Prinzipien wird in der Verfassung festgelegt.[633] Die bundesstaatliche Gleichheit der Gliedstaaten übernimmt dabei den Schutz der kleinen, bevölkerungsarmen Gliedstaaten, die dadurch ein besonderes, ihren numerischen Anteil am Ganzen deutlich übersteigendes Gewicht bekommen und auf diese Weise nicht ohne Weiteres von den großen Gliedstaaten überstimmt werden können.[634] Dabei wird freilich die demokratische Mehrheitsregel zugunsten des Föderalismus gebrochen, da Bürger aus kleinen Gliedstaaten ungleich mehr wert sind als Bürger der bevölkerungsreichen Gliedstaaten.[635] In den letzten Jahren hat sich das Bevölkerungswachstum in den urbanen, vom Ständemehr benachteiligten Zentren wesentlich stärker entwickelt als in den ländlichen, bevorzugten Gebieten, so dass von einer Kantonsstimme eines benachteiligten Kantons immer mehr Bürger vertreten werden, während die Stimmen der bereits bevorzugten Kantone immer weniger Bürger vertreten. Diese krassen Stimmkraftunterschiede, die die „Differenz“ zwischen den beiden Legitimationsverfahren des Volks- und des Ständemehrs ständig vergrößern, verstoßen nach Ansicht vieler schweizerischen Wissenschaftler zunehmend gegen das sich in den letzten Jahrzehnten gewandelte Demokratieverständnis, nach dem alle Menschen gleichberechtigt sind und

629 Doeker, Parlamentarische Bundesstaaten im Commonwealth of Nations: Kanada, Australien, Indien, Bd. I, S. 134

630 S.u. 4. Kap. E. IV.

631 Dies muss auch: Jung, FS v. Arnim, S. 362 feststellen. Zu den wenigen Abhandlungen zählen z.B.: Meyer, Die Mitwirkungsrechte der Bundesglieder in der Schweizerischen Eidgenossenschaft sowie Wili, Kollektive Mitwirkungsrechte von Gliedstaaten in der Schweiz und im Ausland.

632 Wili, Kollektive Mitwirkungsrechte von Gliedstaaten in der Schweiz und im Ausland, S. 195

633 Vatter/Sager, Schweizerische Zeitschrift für Politische Wissenschaft 1996 Volume 2 Issue 2, 165, 167

634 Gross, Die Union 1998, 99, 103

635 Gross, Die Union 1998, 99, 103

demzufolge auch gleiches Stimmgewicht besitzen müssen.[636] Da sich die Egalisierung der kantonalen Stimmkraft über alle Bevölkerungsunterschiede hinweg nicht mehr rechtfertigen lässt, auch nicht aus dem geschichtlichen Hintergrund der föderalen Gleichheit der ehemals selbständigen Kantone, sei eine Gewichtung der Kantonsstimmen anhand der Bevölkerungszahl vorzunehmen.[637] Andere lehnen eine an der Bevölkerungszahl orientierte Gewichtung der Kantonsstimmen, die für dieses Problem zumindest eine Abmilderung darstellen würde, ab, da dies eine zentrale Leitidee des schweizerischen Föderalismus in ihrem Kern berühren und die historischen Wurzeln des Bundesstaates Schweiz verkennen würde, der auf dem Zusammenschluss der Kantone als souveräne und gleichberechtigte Staaten beruht.[638]

Die Kritik am Ständemehr bezieht sich schließlich auch noch auf eine andere Gefahr, die bei der Abstimmung über die neue Bundesverfassung der Schweiz im Jahr 1999 deutlich wurde. So wäre diese Verfassungsreform beinahe am Ständemehr gescheitert, wobei dies unter anderem auf eine gezielte Beeinflussung der Einwohner der kleinen Kantone durch finanzstarke Gruppen zurückzuführen ist. Mit einer Konzentration der Werbemittel und gezielten Falschmeldungen in den kleinen Kantonen konnten diese davon überzeugt werden, gegen die neue Verfassung zu stimmen. Gruppen, die ihren Einfluss geltend machen wollen, müssen also nicht die große Mehrheit der Wähler für sich gewinnen, um ein bestimmtes politisches Ziel zu erreichen, sondern können über das „billige“ Ständemehr schneller und einfacher zum Ziel kommen. Damit wird das aus föderalistischen Motiven konzipierte Ständemehr zunehmend seines Sinnes entleert und gezielt von finanzstarken Gruppen missbraucht, um gegen unliebsame Vorlagen effektiv vorgehen zu können.[639]

Allein anhand dieser kurzen Einführung wird bereits deutlich, dass das in Deutschland so hoch gehandelte Föderalquorum nicht als Allheilmittel für den Schutz des Föderalismus angesehen werden kann, sondern tiefgreifende Probleme vor allem auf demokratietheoretischer Ebene mit sich bringt. Diesen im Zusammenhang mit der Einführung einer Länderklausel auftretenden Problemen widmen sich die folgenden Ausführungen.

636 Vatter/Sager, Schweizerische Zeitschrift für Politische Wissenschaft 1996 Volume 2 Issue 2, 165, 168+171 f.; Tschannen, Stimmrecht und politische Verständigung, S. 504; Neidhart, Die politische Schweiz, S. 391

637 Tschannen, Stimmrecht und politische Verständigung, S. 503 f.

638 Vatter/Sager, Schweizerische Zeitschrift für Politische Wissenschaft 1996 Volume 2 Issue 2, 165, 191; Näheres zu den Gedanken einer Neuordnung des Ständemehrs unten (4. Kap. E. IV. 2. c. dd.).

639 http://www.curac.edu/Press/Academia/19/Art_16.asp

II. Die Festlegung der Beteiligung des Organs Landesvolk durch die Bundesverfassung als Verstoß gegen den Grundsatz der Verfassungsautonomie der Länder

Die Länderklausel ist in der Sachverständigenanhörung des Innenausschusses des Deutschen Bundestages nicht nur in Bezug auf die Erfüllung des Erfordernisses der grundsätzlichen Mitwirkung der Länder diskutiert worden, sondern es wurde zunächst das Problem aufgeworfen, ob eine solche Regelung gegen die in Art. 79 Abs. 3 GG durch die Gliederung des Bundes in Länder verbürgte, zum Schutz der Staatlichkeit der Länder gehörende Verfassungsautonomie der Länder verstößt. Anstoß wurde konkret daran genommen, dass die Bundesverfassung in diesem Fall den Ländern vorschreibt, welches Landesorgan sich in welcher Weise an der Bundesgesetzgebung zu beteiligen hat. Vor allem der Sachverständige Huber vertrat die Ansicht, dass der Bund nicht auf das Volk in den Ländern zugreifen und dieses zum Verfassungsorgan der Länder „adeln" kann, da dies eine in der Verfassungsautonomie der Länder liegende Frage sei.[640] Das Landesvolk als Staatsorgan der Länder könne nur auf Grund der Anordnung der Länder tätig werden und nicht kraft bundesrechtlicher Anordnung. Der Bund dürfe das Staatsvolk der Länder als deren Staatsorgan daher nicht für zuständig erklären, sondern die Länder müssen nach ihren Kriterien und ihrem selbst gewählten Verfahren an der Willensbildung des Bundes mitwirken. Der Bund sei nicht berechtigt, den Ländern deren interne Willensbildung zu oktroyieren.[641] Der Sachverständige Häfner weist demgegenüber darauf hin, dass die Mitwirkung der Länder durch den Bundesrat auch im Grundgesetz geregelt sei, da der Bundesrat eben ein Bundesorgan sei und kein Organ der Länder. Wenn die Mitwirkung bisher so geregelt ist und dies zudem dem guten Gebrauch deutschen Verfassungsrechts entspreche, dann müsse das auch für das direktdemokratische Verfahren möglich sein.[642] In dieselbe Richtung argumentiert der Sachverständige Jung, der betont, dass der Bundesrat keine Ländervertretung ist, wo die Länder das Verfahren bestimmen und nach ihrem Verfassungsrecht die Mitwirkung regeln. Die Regelung des Verfahrens des Bundesorgans Bundesrat ist vielmehr der Bundesver-

640 Stellg. Huber, abgedruckt in: Protokoll der 94. Sitzung des Innenausschusses des Deutschen Bundestages, S. 39

641 Stellg. Huber, abgedruckt in: Protokoll der 94. Sitzung des Innenausschusses des Deutschen Bundestages, S. 14+47; schriftl. Stellg. Huber, Ausschussdrucksache 14/809F, S. 3 (abgedruckt als Anlage zum Protokoll der 94. Sitzung des Innenausschusses des Deutschen Bundestages). Dem schließt sich Kempen in seiner Stellg., abgedruckt in: Protokoll der 94. Sitzung des Innenausschusses des Deutschen Bundestages, S. 18 an. Ähnlich sieht dies wohl Meyer, Die Mitwirkungsrechte der Bundesglieder in der Schweizerischen Eidgenossenschaft, S. 59+92 f., der für die entsprechende Bestimmung in der schweizerischen Verfassung annimmt, dass sie „zweifellos die bundesstaatliche Grundidee der organisatorischen Freiheit kantonaler Mitwirkungsrechte" verletze.

642 Stellg. Häfner, abgedruckt in: Protokoll der 94. Sitzung des Innenausschusses des Deutschen Bundestages, S. 43; Die Schlüssigkeit der Argumentation, dass die Verfassungsautonomie beeinträchtigt wird, wird von: Paterna, Volksgesetzgebung, S. 136 f. ebenso für zweifelhaft gehalten.

fassung überlassen. Auch er verweist auf die bisherige Regelung, die ebenfalls vom Grundgesetz als Verfassung des Bundes vorgenommen wurde. Das Abstellen auf die Autonomie der Länder ist für ihn keine tragfähige Lösung für die Regelung der Beteiligung der Länder an einem Bundesgesetzgebungsprozess. Im Übrigen sei die Charakterisierung der derzeitigen Verfassungsrechtslage, die Länder würden nach ihrem selbstgewählten Verfahren an der Willensbildung des Bundes mitwirken, nicht zutreffend, was bereits an den Urteilen des Bundesverfassungsgerichts zu den hamburgischen und bremischen Volksbefragungsgesetzen über die Atombewaffnung deutlich werde, in denen der Bund den Ländern die interne Willensbildung durchaus vorgegeben hat.[643] Schließlich vermag auch der Sachverständige Degenhart der Argumentation von Huber nicht folgen zu wollen, da es für ihn hinsichtlich der Beeinträchtigung der Bundesstaatlichkeit keinen Unterschied in der Intensität bedeutet, ob der Bundesverfassungsgeber auf die Landesregierungen oder unmittelbar auf das Landesvolk zugreift.[644] Des Weiteren bemängelt auch Weber diese Argumentation von Huber, da sie im Ergebnis doch auf eine Änderungsfestigkeit des Bundesrates hinauslaufen und eine „Überhöhung des Organs Bundesrat" darstellen würde.[645]

Ein Verstoß gegen die Verfassungsautonomie der Länder könnte nur dann angenommen werden, wenn die Ausgestaltung der Mitwirkung der Länder an der Bundesgesetzgebung eine zwingend einzig von den Ländern zu regelnde Angelegenheit darstellt. Landesverfassungen sind Ausdruck der eigenen verfassungsgebenden Gewalt der Länder und damit essentielle rechtliche Grundlage ihres staatlichen Lebens; in der Verfassungsautonomie findet die Eigenstaatlichkeit der Länder und das föderalistische Prinzip seinen Ausdruck.[646] Die Verfassungsautonomie der Länder wird von Art. 28 Abs. 1 GG vorausgesetzt, indem ihr dort inhaltliche Schranken gesetzt werden.[647] Sie gehört zum Hausgut der Länderstaatlichkeit und ist damit über Art. 79 Abs. 3 GG verfassungsänderungsresistent.[648] Sie gibt den Ländern die Befugnis, aus eigenem Recht für ihre staatsrechtliche Grundausstattung zu sorgen.[649] Die Zuständigkeit der Länder zur Regelung ihres Verfassungsrechts und die Unzuständigkeit des Bundes für diese Materie ist selbstverständlich und folgt bereits aus dem Demokratieprinzip;[650] sie lässt sich daneben aus der Normierung in Art. 28 Abs. 1 GG und

643 Jung, FS v. Arnim, S. 359; Stellg. Jung, abgedruckt in: Protokoll der 94. Sitzung des Innenausschusses des Deutschen Bundestages, S. 16+48

644 Stellg. Degenhart, abgedruckt in: Protokoll der 94. Sitzung des Innenausschusses des Deutschen Bundestages, S. 49; Dem schließt sich: Jung, FS v. Arnim, S. 360 an.

645 Weber, ZfDD 2003, 30, 32

646 Nierhaus, in: Sachs (Hrsg.), Art. 28 Rn 1; Bartlsperger, in: Isensee/Kirchhof (Hrsg.), HStR IV, § 96 Rn 15; Kersten, DÖV 1993, 896; Vitzthum, VVDStRL 46 (1988), 7, 22; Schneider, DÖV 1987, 749, 750

647 Löwer, in: v. Münch/Kunig (Hrsg.), Art. 28 Rn 4; Pieroth, in: Jarass/Pieroth, Art. 28 Rn 1; Kersten, DÖV 1993, 896

648 Löwer, in: v. Münch/Kunig (Hrsg.), Art. 28 Rn 4; s. bereits oben 1. Kap. B. I. 2.

649 Löwer, in: v. Münch/Kunig (Hrsg.), Art. 28 Rn 2; Nierhaus, in: Sachs (Hrsg.), Art. 28 Rn 1; Isensee, in: Isensee/Kirchhof (Hrsg.), HStR IV, § 98 Rn 78; Sachs, ThürVBl. 1993, 121, 122

650 BVerfGE 1, 14, 50

der deutschen bundesstaatlichen Tradition ableiten.[651] Ein Verstoß gegen die Verfassungsautonomie wäre dann gegeben, wenn die Länder ihre Verfassungen im Rahmen der bestehenden bundesstaatlichen Bindungen nicht frei gestalten könnten. So darf beispielsweise durch Homogenitätsvorschriften die Möglichkeit der Selbstbestimmung der Länder über ihre interne Organisation nicht auf Null reduziert werden.[652]

Das sich hier im Kern stellende Problem wurde bereits bei der kurzen Darstellung der Ansichten der Sachverständigen deutlich: Auch diese waren sich wohl einig, dass die Regelung der Kompetenzen der Landesstaatsorgane grundsätzlich den Ländern obliegt, unterschiedlich gestaltet sich dann jedoch die Behandlung der Frage, wie die bundesstaatliche Einbindung eines Landesorgans in die Gesetzgebung des Bundes zu beurteilen ist, ob es dann bei der Landeszuständigkeit verbleibt oder ob der Bund zuständig ist.

Die Annahme eines Verstoßes gegen die Verfassungsautonomie hätte als Konsequenz, dass eine Regelung in der Form der Länderklausel nicht möglich wäre, da es den Ländern überlassen werden müsste, mit welchem Organ sie sich an der Willensbildung des Bundes beteiligen wollen. Der Bund wäre danach nur berechtigt, die Anzahl der Stimmen für jedes Land vorzugeben und die Länder müssten dann in eigener Regie festsetzen, wie diese Stimmen zustande kommen. Dies könnte zur Anwendung der unterschiedlichsten Modelle in den Ländern führen. Vorstellbar wäre eine Beteiligung der Repräsentativorgane, z.B. der Landesparlamente oder Landesregierungen, oder eine direkte Beteiligung des Volkes, sei es in einer gesonderten Abstimmung, sei es ähnlich der Länderklausel, dass das Ergebnis des bundesweiten Volksentscheides im Land als Landesstimme gilt. Um ein funktionierendes Konstrukt der Beteiligung zu gewährleisten, wären alle Länder gezwungen, entsprechende Bestimmungen zu erlassen. Dies wirft die Frage auf, ob die Länder überhaupt verpflichtet sind, Festlegungen über das zu beteiligende Organ zu treffen. Bestünde in dieser Hinsicht keine Pflicht zur Verfassungsgebung für die Länder, würden diese unter Umständen ihre Mitwirkung gar nicht regeln. Da die Länder auf dieses Mitspracherecht nicht verzichten würden, ist dies zugegebenermaßen ein sehr theoretischer Fall; deshalb sollen ein paar kurze Bemerkungen dazu genügen. Gewisse materielle verfassungsrechtliche Regeln werden die Länder in jedem Fall erlassen müssen, um überhaupt das staatliche Wesen im Bundesland zu ordnen. Wie schon u.a. Jellinek festgestellt hat, kann es ohne eine rechtliche Organisation keine Staatlichkeit geben.[653] Das Grundgesetz setzt diesbezügliche Regelungen an mehreren

651 Menzel, Landesverfassungsrecht, S. 170

652 Sachs, DVBl. 1987, 857, 863 f.

653 Jellinek, Allgemeine Staatslehre, S. 505; s. zur Frage der Verpflichtung, materielles Verfassungsrecht zu schaffen, auch: Sachs, FS Stern, S. 478 ff.; Davon zu unterscheiden ist die Problematik, ob die Länder verpflichtet sind, sich eine formelle Verfassung zu geben: Löwer, in: v. Münch/Kunig (Hrsg.), Art. 28 Rn 9; Bartlsperger, in: Isensee/Kirchhof (Hrsg.), HStR IV, § 96 Rn 27; Sachs, in: Neumann/v. Raumer (Hrsg.), Die verfassungsrechtliche Ausgestaltung der Volksgesetzgebung, S. 137 ff.; Storr, Verfassunggebung in den Ländern, S. 59+178 ff.

Stellen voraus und entwickelt Pflichten zur materiellen Verfassungsgebung für die Länder.[654] Ob konkret Art. 28 Abs. 1 GG von den Ländern die Schaffung eines Mindestbestandes an staatsrechtlich verfasster Ordnung im Sinne eines Organisationsstatutes fordert, ist umstritten.[655] Bezüglich des Umfangs der Pflicht werden nicht viele Vorgaben gemacht. Der Umfang der Staatlichkeit der Länder, d.h. was und wieviel die Länder an Staatlichkeit in ihrem Zuständigkeitsbereich entwickeln, hängt allein von ihrer eigenen demokratischen Aufgabenformulierung ab.[656] Fraglich ist, ob die Pflicht zur Schaffung eines Organisationsstatutes auch die Regelung der Mitwirkung an der Bundesgesetzgebung erfassen würde. Ein Organisationsstatut hat grundsätzlich die Aufgabe, die Verhältnisse innerhalb des Landes zu regeln und nicht die Mitwirkung des Landes an einem Organ einer höheren Ebene. Ansatzpunkt könnte hier jedoch sein, dass jedenfalls die Pflicht besteht, die Konstitution und Funktion der obersten Landesorgane zu regeln.[657] Eventuell kann sich hier auch aus dem Gebot der Bundestreue folgern lassen, dass die Länder in einem solchen Fall verpflichtet wären, entsprechende Bestimmungen zu erlassen, um so einen reibungslosen Ablauf der Bundesgesetzgebung nicht zu behindern.

1. Ein Vergleich mit Art. 29 GG

Ein Vergleich mit Art. 29 GG verdeutlicht die Problematik noch einmal. Nach Art. 29 Abs. 2 S. 2 GG sind die von einem Länderneugliederungsverfahren betroffenen Länder in einem solchem Verfahren anhörungsberechtigt. Über die Frage, welches Verfassungsorgan der Länder anzuhören ist, schweigt sich das Grundgesetz aus. Diese Frage ist daher nach Landesverfassungsrecht zu beurteilen. Die gelegentlich diskutierte Pflicht zur Anhörung der Landesparlamente würde nach einigen Literaturstimmen einen unzulässigen Eingriff in die Verfassungsautonomie der Länder

654 S. die Aufzählung bei: Sachs, FS Stern, S. 489; s. auch: Menzel, Landesverfassungsrecht, S. 177 f.; Storr, Verfassunggebung in den Ländern, S. 179 Fn 60; Grawert, NJW 1987, 2329, 2331+2337

655 Dafür: Löwer, in: v. Münch/Kunig (Hrsg.), Art. 28 Rn 9; Kersten, DÖV 1993, 896, 902; dagegen: Degenhart/Šarčević, in: Degenhart/Meissner (Hrsg.), HdbSächsVerf, § 3 Rn 12

656 Pernthaler, Der differenzierte Bundesstaat, S. 13 f.

657 Menzel, Landesverfassungsrecht, S. 178

darstellen.[658] Der Verstoß gegen die Verfassungsautonomie ergäbe sich hier aus demselben Gesichtspunkt, wie er für die Länderklausel problematisiert wird. Der Bund würde mit der Festlegung der Anhörungsberechtigung eine Kompetenz für ein Landesorgan festlegen; diese Aufgabe fällt jedoch in den unentziehbaren Zuständigkeitsbereich der Länder. Die Argumentation Hubers wird dadurch gestützt, zumal Art. 29 GG bereits mehrmals neu gefasst wurde und die Anhörungspflicht erst nach 1949 in das Grundgesetz aufgenommen wurde. Es handelt sich also um eine Regelung des verfassungsändernden Gesetzgebers, der die Verfassungsautonomie der Länder in jedem Fall zu beachten hat. Andererseits bietet Art. 29 GG selbst den Gegenbeweis, dass der verfassungsändernde Gesetzgeber auch im Grundgesetz Kompetenzen für Landesorgane festlegt, indem Abs. 2 und 3 bestimmen, dass ein Bundesgesetz zur Neugliederung der Bestätigung durch Volksentscheid in den betroffenen Ländern bedarf.[659] Hier wird also das Landesvolk durch das Grundgesetz dazu aufgerufen, über die Neugliederung abzustimmen. Nach der Argumentation Hubers hätte es jedoch den Ländern überlassen werden müssen festzulegen, welches Organ in welchem Verfahren für das Land das Bundesgesetz bestätigt. Ähnliche Fragen können wohl auch im Rahmen des Art. 32 Abs. 2 GG aufgeworfen werden, wobei es sich hier um eine unveränderte Regelung des Grundgesetzgebers handelt.[660] Diese Beispiele zeigen jedenfalls, dass das Grundgesetz in dieser Frage keine einheitliche Linie kennt und den Ländern in ähnlich gelagerten Fällen die Regelung überlässt, in einem anderen Fall trifft es sie selbst. Letztere Fälle sprechen aber in jedem Fall dafür, sich gegen einen Verstoß gegen die Verfassungsautonomie auszusprechen.

658 So: Erbguth, in: Sachs (Hrsg.), Art. 29 Rn 38; a.A.: Kunig, in: v. Münch/Kunig (Hrsg.), Art. 29 Rn 30, der entgegen der Ansicht aus der 2. Auflage (Art. 29 Rn 36, wo er noch an der Kompetenz des Bundes zweifelt) annimmt, dass das Grundgesetz als Verfassung des Bundes eine solche Regelung wohl wird treffen können. Außer diesen Aufstellungen von Behauptungen findet sich keine tiefer gehende Literatur zu diesem Thema. Eine intensive Beschäftigung scheint also damit nicht stattgefunden zu haben. Zur Anhörungspflicht äußern sich – allerdings ohne Erörterung des Problems der Verfassungsautonomie – des Weiteren: Maunz/Herzog/Scholz, in: Maunz/Dürig, Art. 29 Rn 52 ff. (die eine Anhörungspflicht der Landesparlamente annehmen); Meyer-Teschendorf, in: v. Mangoldt/Klein/Starck (Hrsg.), Art. 29 Abs. 2 Rn 37 f.; Pieroth, in: Jarass/Pieroth, Art. 29 Rn 3.

659 Wobei auch bereits der Grundgesetzgeber in der Erstfassung des Art. 29 GG durch die Bestimmung eines Volksentscheids in ähnlicher Weise auf das Landesvolk zugegriffen hat, allerdings galt dies unter anderen Bedingungen und hatte andere Voraussetzungen (s. BGBl. I 1949, 1, 4).

660 Die Kommentarliteratur befasst sich dann in diesem Zusammenhang auch nicht mit dem Problem der Verfassungsautonomie; die Frage, welches Landesorgan zu beteiligen ist, behandelt lediglich: Maunz, in: Maunz/Dürig, Art. 32 Rn 22, der feststellt, dass sich dies nach Landesrecht richtet.

2. Die Regelung des Art. 51 GG als Argument für die Zulässigkeit einer Bundesregelung

Um in die Diskussion über die Frage eines Verstoßes gegen die Verfassungsautonomie der Länder einzusteigen, soll sich zunächst dem Argument gewidmet werden, die Mitwirkung der Länder sei auch bisher in der Bundesverfassung geregelt und dies müsse daher auch für das direktdemokratische Verfahren zulässig sein. Die Beteiligung der Länder durch den Bundesrat wird in Art. 51 GG, also in der Bundesverfassung, festgelegt. Dieser bestimmt in Abs. 1, dass die Länderregierungen über die von ihr bestimmten weisungsabhängigen Vertreter das im Bundesrat mitwirkungsberechtigte Landesorgan sind. Den Ländern wird somit die Art der Beteiligung durch den Bund vorgeschrieben. Es ist nicht ersichtlich, dass dahingehend jemals ernsthafte Bedenken hinsichtlich der Verfassungsautonomie der Länder geäußert wurden. Kann Art. 51 GG damit als Argument für die Zulässigkeit der Regelung der Länderbeteiligung in der Länderklausel dienen? Ausgeschlossen wäre dies, wenn die Möglichkeit bestünde, dass er selbst auf Grund eines Eingriffs in die Verfassungsautonomie der Länder verfassungswidrig ist. Dies führt zum Problem der verfassungswidrigen Verfassungsnormen. Hier ist zunächst zu klären, ob Verfassungsnormen selbst überhaupt gegen die Verfassung verstoßen können, danach muss für Art. 51 GG festgelegt werden, ob er in den Kreis derjenigen Verfassungsnormen fällt, für die eine Verfassungswidrigkeit denkbar ist. Wäre dies nicht gegeben, bestünde also nicht die Möglichkeit, dass Art. 51 GG als verfassungswidrige Verfassungsnorm angesehen werden kann, so kann das Argument, bisher war die Regelung in der Bundesverfassung zulässig, kaum noch tragen, da dann gegen deren Zulässigkeit generell keine Bedenken erhoben werden können.

a. Die Existenz verfassungswidriger Verfassungsnormen

Die Existenz der Möglichkeit verfassungswidriger Verfassungsnormen ist heute weitgehend anerkannt.[661] Eine Norm aus der Verfassung kann dann gegen dieselbige verstoßen, wenn es innerhalb des Verfassungswerkes noch Normen höheren Ranges gibt.[662] Im Grundgesetz wird Art. 79 Abs. 3 GG als eine solche behandelt, da dieser verbindliche Richtlinien für alle übrigen Verfassungsnormen aufstellt. Es darf also keine Verfassungsnorm gegen Art. 79 Abs. 3 GG verstoßen, ansonsten ist sie eine verfassungswidrige Verfassungsnorm.[663] Daran schließt sich jedoch die nächste

661 Es wird der Bearbeitung insofern die Auffassung aus dem Standardwerk zu dieser Problematik von: Bachof, Verfassungswidrige Verfassungsnormen? zu Grunde gelegt.

662 Zur Verfassungswidrigkeit verfassungsändernder Gesetze: Bachof, Verfassungswidrige Verfassungsnormen?, S. 35 ff.

663 Bachof, Verfassungswidrige Verfassungsnormen? S. 8; Badura, in: Isensee/Kirchhof (Hrsg.), HStR VII, § 159 Rn 7; ders., in: Isensee/Kirchhof (Hrsg.), HStR VII, § 160 Rn 29; Dreier, in: Dreier (Hrsg.), Art. 79 III Rn 11

Frage an, ob auch der Verfassungsgeber Verfassungsnormen schaffen kann, die gegen die spätere Verfassung verstoßen. Die hier verfolgte überwiegende Ansicht verneint dies und unterscheidet, ob eine Verfassungsnorm vom verfassungsgebenden oder vom verfassungsändernden Gesetzgeber erlassen wurde. Erstere können nicht gegen Art. 79 Abs. 3 GG verstoßen, da dieser eine Bindung der verfassungsändernden Gewalt durch die verfassungsgebende Gewalt darstellt und keine Selbstbindung der verfassungsgebenden Gewalt.[664] Der Verfassungsgeber kann kraft seiner Autonomie von seinem selbstgesetzten Recht Ausnahmen zulassen, sofern diese nicht gegen überpositive Rechtsgrundsätze bzw. das Naturrecht verstoßen, an die auch der Verfassungsgeber gebunden ist.[665] Ursprünglich in der Verfassung enthaltene Normen, die gegen Art. 79 Abs. 3 GG verstoßen würden, sind also als vom Verfassungsgeber zugelassene Ausnahmen von der Unabänderlichkeitssperre zulässig, sofern sie nicht gegen die soeben genannten Rechtsgrundsätze verstoßen.[666]

b. Art. 51 GG und die Regelung der Länderklauseln als verfassungswidrige Verfassungsnormen

Die Anwendung dieser Grundsätze auf das vorliegende Problem ergibt ein differenziertes Bild. Während zumindest die Festlegung der Mitwirkung des Organs Landesregierung in Art. 51 GG eine ursprünglich in der Verfassung enthaltene Norm ist, also eine Entscheidung des Verfassungsgesetzgebers darstellt, wäre die Regelung der Länderklausel eine vom verfassungsändernden Gesetzgeber erlassene Norm. Art. 51 GG konnte somit ohne Beachtung des Art. 79 Abs. 3 GG erlassen werden. Eine Unverbindlichkeit käme für diese Norm nur bei einer Naturrechtswidrigkeit bzw. einem Verstoß gegen überpositives Recht in Betracht, von dem man hier nicht sprechen kann. Die Bundesstaatlichkeit, unter die die Verfassungsautonomie zählt, ist kein Naturgesetz oder überpositiver Rechtsgrundsatz, sondern erst durch Art. 79 Abs. 3 GG konstitutiv geschützt.[667] Selbst wenn Art. 51 GG aus heutiger Sicht als Verstoß gegen die Verfassungsautonomie zu werten wäre, wäre er als vom Verfassungsgesetzgeber zugelassene Ausnahme zulässig. Eine Verfassungswidrigkeit dieser Norm kommt generell nicht in Betracht. Die Regelung der Länderklausel dagegen hat sich an Art. 79 Abs. 3 GG zu messen, so dass sie bei einem Verstoß gegen die in der Unabänderlichkeitssperre verbürgte Verfassungsautonomie verfassungswidrig ist.

664 Auf die Ansicht, die unter Bezugnahme auf frühere Urteile des Bundesverfassungsgerichts z.T. auch die Möglichkeit von originären verfassungswidrigen Verfassungsbestimmungen bejaht, kann hier nicht eingegangen werden (s. Dreier, in: Dreier (Hrsg.), Art. 79 III Rn 11 Fn 34).

665 Bachof, Verfassungswidrige Verfassungsnormen?, S. 38+43 ff.

666 Bachof, Verfassungswidrige Verfassungsnormen?, S. 38

667 S.o. 4. Kap. C. I.

c. Ergebnis: Nichttragfähigkeit dieses Arguments

Aus der Regelung des Art. 51 GG als Norm des Verfassungsgesetzgebers, der nicht an Art. 79 Abs. 3 GG gebunden war, können somit keine Anhaltspunkte für die Zulässigkeit einer Länderklausel als Norm des verfassungsändernden Gesetzgebers, der den Bindungen des Art. 79 Abs. 3 GG unterliegt, gewonnen werden. Im Ergebnis ist somit das Argument, die Regelung der Beteiligung der Länder an der Willensbildung des Bundes sei bereits in Art. 51 GG niedergelegt, womit auch eine Regelung der Länderbeteiligung im direktdemokratischen Verfahren durch die Bundesverfassung erfolgen können müsse, nicht tragfähig. Die bisherige Regelung mag eventuell Anhaltspunkte für die Annahme der Zulässigkeit geben, formal jedoch unterliegen beide Normen verschiedenen Prüfungsmaßstäben; allein die Länderklausel unterfällt Art. 79 Abs. 3 GG. Für die Länderklausel als verfassungsändernde Norm, die nicht gegen Art. 79 Abs. 3 GG verstoßen darf, kann die Regelung in Art. 51 GG nicht als Zulässigkeitskriterium gelten.[668]

3. Die Regelung der Beteiligung der Gliedstaaten an der gesamtstaatlichen Gesetzgebung in anderen Bundesstaaten

Um einen weiteren Anhaltspunkt für die Zulässigkeit der Regelung einer Länderklausel hinsichtlich des Problems der Verfassungsautonomie zu bekommen, soll ein kurzer Blick auf Regelungen in anderen Bundesstaaten geworfen werden, wobei aus Platzgründen nur exemplarisch auf die beiden Paradebeispiele des Föderalismus – die USA und die Schweiz – eingegangen werden kann. Zu beachten ist jedoch, dass der Schutz der Gliedstaaten, so wie er in Deutschland ausgeprägt ist, nicht ohne Weiteres auf ausländische Rechtsordnungen übertragen werden kann. Dort wird dieser Schutz über andere Modelle verwirklicht.[669] Die Verfassungsautonomie der Gliedstaaten muss daher nicht notwendig einer Unabänderlichkeitssperre unterliegen.

Der Senat in den USA besteht nach Art. I § 3 der amerikanischen Verfassung aus zwei Senatoren für jeden Staat.[670] Ursprünglich wurden diese von den Staatenlegislativen gewählt, später dann direkt vom Volk.[671] Die Bundesverfassung legt also auch hier fest, welches Organ des Landes die Senatoren wählt, wobei der verfassungsändernde Gesetzgeber in den USA mit der Änderung der Ländermitwirkung im Senat

668 Wie hier: Stellg. Huber, abgedruckt in: Protokoll der 94. Sitzung des Innenausschusses des Deutschen Bundestages, S. 47; a.A.: Stellg. Häfner, abgedruckt in: Protokoll der 94. Sitzung des Innenausschusses des Deutschen Bundestages, S. 43; Stellg. Jung, abgedruckt in: Protokoll der 94. Sitzung des Innenausschusses des Deutschen Bundestages, S. 48

669 Zu den Regelungen in den USA: Brugger, Einführung in das öffentliche Recht der USA, S. 51 ff.

670 Brugger, Einführung in das öffentliche Recht der USA, S. 34

671 Brugger, Einführung in das öffentliche Recht der USA, S. 34 f.; Meyer, Die Mitwirkungsrechte der Bundesglieder in der Schweizerischen Eidgenossenschaft, S. 35 f.

bereits Zugriff auf das Organ Landesvolk genommen hat. Lediglich die Wahlberechtigung richtet sich nach gliedstaatlichen Bestimmungen.[672]

In der Schweiz sind die Kantone auf der gesamtstaatlichen Ebene im Ständerat organisiert. Die Schweizer Bundesverfassung legt fest, dass zwei bzw. ein Abgeordneter (für Kantone mit halber Standesstimme) in den Ständerat entsendet werden (Art. 150 Abs. 2 BV). Das Wahlverfahren selbst wird hingegen – obwohl der Ständerat ein Bundesorgan ist – durch das kantonale Recht geregelt (Art. 150 Abs. 3 BV), wobei heute alle Ständeräte vom Volk gewählt werden.[673] Gelegentlich ist aber auch in der Schweiz die Forderung aufgetaucht, das Wahlverfahren auf Bundesebene zu regeln, da nur der Bund für die Ausgestaltung des Wahlverfahrens für Bundesorgane zuständig sein könne.[674] Hinsichtlich des Ständemehrs ist als interessant anzusehen, dass die Kantone vor der letzten Totalrevision der Bundesverfassung 1874 selbst regeln konnten, wie ihre Standesstimme beim Ständemehr zustande kommt. Die Bestimmung der Zuständigkeit des Organs, welches befugt ist, die Standesstimme abzugeben, verblieb bei den Kantonen.[675] So wurden die Standesstimmen in mehreren Kantonen nicht von dem an der Volksabstimmung beteiligten Volk gebildet, sondern von diversen anderen Organen der Kantone wie Landsgemeinden und den kantonalen Parlamenten.[676] 1874 wurde dann in der Schweizer Bundesverfassung festgelegt, dass das Ergebnis der bundesrechtlichen Volksabstimmung im Kanton als dessen Standesstimme gilt (Art. 142 Abs. 3 BV).[677] Beachtlich ist dies bereits auf Grund der Tatsache, dass der Grad der Autonomie der Kantone in der Schweiz höher einzustufen ist als der der Bundesländer in Deutschland.[678] Auch der verfassungsändernde Gesetzgeber in der Schweiz nimmt somit trotz einer höheren Autonomie der Kantone Zugriff auf das Organ Landesvolk, indem er dieses als das zur Abgabe der Standesstimme maßgebliche Organ bestimmt.

Im Ergebnis kann auch hier festgehalten werden, dass die Beteiligung der Gliedstaaten an der Gesetzgebung des Bundes durch ein Organ stattfindet, welches vor allem durch die Bundesverfassung festgesetzt und geregelt wird. Der verfassungsändernde Gesetzgeber hat sowohl in den USA als auch in der Schweiz bereits Zugriff auf das Organ Landesvolk genommen und Regelungen getroffen, in welchen Situationen dieses handeln soll. In den USA wurde vom verfassungsändernden Gesetzgeber festgelegt, dass die Senatoren vom Landesvolk zu wählen sind; die Bundesverfas-

672 Brugger, Einführung in das öffentliche Recht der USA, S. 35

673 Häfelin/Haller, Schweizerisches Bundesstaatsrecht, Rn 958+1495 f.

674 Lanz, in: Ehrenzeller/Mastronardi/Schweizer/Vallender (Hrsg.), Art. 150 Rn 5

675 Wili, Kollektive Mitwirkungsrechte von Gliedstaaten in der Schweiz und im Ausland, S. 132

676 Jung, FS v. Arnim, S. 361; s. dazu die umfassende Darstellung bei: Wili, Kollektive Mitwirkungsrechte von Gliedstaaten in der Schweiz und im Ausland, S. 132 f.

677 Wili, Kollektive Mitwirkungsrechte von Gliedstaaten in der Schweiz und im Ausland, S. 140 f.+148; Vatter/Sager, Schweizerische Zeitschrift für Politische Wissenschaft 1996 Volume 2 Issue 2, 165, 196; Stellg. Wili, abgedruckt in: Protokoll der 94. Sitzung des Innenausschusses des Deutschen Bundestages, S. 51

678 Vgl. dazu nur: Häfelin/Haller, Schweizerisches Bundesstaatsrecht, Rn 941 ff.; Näheres unten 4. Kap. E. III. 1.

sung legt hier also Kompetenzen des Landesorgans Landesvolk fest. Am deutlichsten ist der Zugriff auf das Landesvolk beim Schweizer Ständemehr. Wenn dort die Kantone bis 1874 bestimmen konnten, wie ihre Stimme zustande kommt, so haben die Kantone bis zu diesem Zeitpunkt selbst festgelegt, welches Landesorgan an der Willensbildung im Bund beteiligt wird. Als dann jedoch der verfassungsändernde Gesetzgeber in der Bundesverfassung bestimmte, dass das Landesvolk als das Organ der Mitwirkung dienen soll, konnten die Kantone nicht mehr nach ihrem selbstgewählten Verfahren und ihren eigenen Kriterien an der Willensbildung des Gesamtstaates mitwirken. Die Schweizer Bundesverfassung hat somit genau das festgelegt, was mit dem Argument des Verstoßes gegen die Verfassungsautonomie in Deutschland nicht zulässig sein soll und dies, obwohl – wie bereits erwähnt – die Autonomie der Schweizer Kantone einen höheren Stellenwert hat als in Deutschland. Auch wenn es bei dieser Frage immer auf die jeweilige Ausgestaltung der Bundesstaatlichkeit in den Staaten ankommt[679] und der den Gliedstaaten verbleibende Freiraum für ihr gliedstaatliches Verfassungsrecht variiert,[680] spricht doch auch der Vergleich mit ausländischen Bundesstaaten gegen einen Verstoß gegen die Verfassungsautonomie. Es scheint, als läge die Entscheidung über die Regelung der Mitgliedschaft im Föderativorgan bzw. die Festlegung des zur Abgabe der Gliedstaatsstimme bei einem Föderalquorum zuständigen Landesorgans beim jeweiligen Zentralstaat. Überlässt er diese Regelung den Gliedstaaten, spricht dies für eine sehr föderalistische Auffassung, tut er dies nicht, scheint deshalb die Verfassungsautonomie der Gliedstaaten aber noch nicht berührt.

4. Die Regelungsgegenstände von Bundes- und Landesverfassung

Um sich dem Problem nun speziell aus der derzeitigen deutschen Verfassungslage heraus zu nähern, sollen zunächst die Regelungsgegenstände von Bundes- und Landesverfassung bestimmt werden, da nur bei einem Eingriff des Bundes in einen Gegenstand, der eindeutig der Kompetenz des Landesverfassungsgebers unterliegt, ein Verstoß gegen die Verfassungsautonomie gegeben wäre. Zwangsläufig wird damit die Frage nach dem Verhältnis von Bundes- und Landesverfassung aufgeworfen. Grundsätzlich stehen die Rechtsordnungen, insbesondere auch die Verfassungsordnungen, von Bund und Ländern auf Grund deren angenommener Staatlichkeit selbständig nebeneinander.[681] In den Ländern existiert ein pouvoir constituant, der prin-

679 Eine ausführliche Darstellung der Stellung der Gliedstaaten im Bundesstaat gibt: Menzel, Landesverfassungsrecht, S. 56 ff. für verschiedene Bundesstaaten auf der Welt.

680 Menzel, Landesverfassungsrecht, S. 121

681 BVerfGE 4, 178, 189; 6, 376, 382; 22, 267, 270; 60, 175, 209; Löwer, in: v. Münch/Kunig (Hrsg.), Art. 28 Rn 3; Nierhaus, in: Sachs (Hrsg.), Art. 28 Rn 3; Stern, Staatsrecht, Bd. I, § 19 I 4; Kersten, DÖV 1993, 896; Grawert, NJW 1987, 2329, 2330; Schneider, DÖV 1987, 749, 750

zipiell ebenso rechtlich ungebunden ist wie der auf Bundesebene.[682] Das Grundgesetz ordnet diese verschiedenen Verfassungsrechtskomplexe zu einer prinzipiellen Funktionseinheit der Gesamtverfassung, in der die einzelnen Verfassungsebenen sich ergänzende Bedeutung haben sollen.[683] Erst die Summe aus Bundes- und Landesverfassungsrecht bildet also das für die Bundesrepublik maßgebliche Verfassungsrecht.[684] Die bundes- und die gliedstaatliche Normsetzung beanspruchen die Gleichwertigkeit der beiderseitigen Geltungsansprüche, was bereits dadurch zum Ausdruck kommt, dass das Grundgesetz mit Art. 31 eine Kollisionsregel für den Fall bereithält, dass sich Bundes- und Landesverfassungsrecht widersprechen.[685] Die Kollisionsregel gibt jedoch auch einen Anhaltspunkt dafür, dass sich Bundes- und Landesverfassung nicht beziehungslos gegenüberstehen und dass die Landesverfassung im Stufenbau der Rechtsordnung unter der Bundesverfassung steht. Hierin zeigt sich, dass die Bundesländer von vornherein im Hinblick auf die Einordnung in einen deutschen Bundesstaat existieren.[686] Sie sind durch ihre Zugehörigkeit zu einem Bundesstaat in vielfältiger Weise eingebunden, begrenzt, determiniert und dadurch von den besonderen Bedingungen der Gliedstaatlichkeit geprägt; diese Abhängigkeiten übertragen sich auch auf die Verfassungsautonomie, die sich nur nach Maßgabe des bundesverfassungsrechtlichen Rahmens entfalten kann.[687] Der Landesverfassungsgeber ist insofern in seiner Regelungsfreiheit begrenzter als der Bundesverfassungsgeber. Der Geltungsanspruch der Landesverfassungen erhebt sich also nur im Rahmen zwingender bundesrechtlicher Vorgaben.[688] Insbesondere relevant ist das in Art. 28 Abs. 1 S. 1, 2 GG normierte Homogenitätsgebot, das ein Mindestmaß an Übereinstimmung der Grundprinzipien in Bund und Ländern sicherstellt und ohne das ein Bundesstaat nicht existieren kann.[689] Das Grundgesetz trifft hier die zentralen Grundent-

682 Neumann, in: Neumann/v. Raumer (Hrsg.), Die verfassungsrechtliche Ausgestaltung der Volksgesetzgebung, S. 44; kritisch: Degenhart/Šarčević, in: Degenhart/Meissner (Hrsg.), HdbSächsVerf, § 3 Rn 19

683 Grawert, NJW 1987, 2329, 2337

684 Vitzthum, VVDStRL 46 (1988), 7, 12; Kersten, DÖV 1993, 896; Grawert, NJW 1987, 2329

685 Jutzi, Landesverfassungsrecht und Bundesrecht, S. 13; v. Mutius, VerwArch. 66 (1975), 161, 164

686 Boehl, Verfassunggebung im Bundesstaat, S. 143

687 BVerfGE 1, 14, 50+61; VfGH Wien EuGRZ 2002, 62, 68; Stern, Staatsrecht, Bd. I, § 19 I 4+III 5; Bartlsperger, in: Isensee/Kirchhof (Hrsg.), HStR IV, § 96 Rn 1; Isensee, in: Isensee/Kirchhof (Hrsg.), HStR IV, § 98 Rn 277; Sachs, FS Stern, S. 486; ders., in: Neumann/v. Raumer (Hrsg.), Die verfassungsrechtliche Ausgestaltung der Volksgesetzgebung, S. 136; Monz, Das Verhältnis der Bundesländer untereinander, S. 24; Boehl, Verfassunggebung im Bundesstaat, S. 223; Kersten, DÖV 1993, 896; Sachs, ThürVBl. 1993, 121; Grawert, NJW 1987, 2329, 2337; Bereits C. Schmitt stellte fest, dass der Bund jeden Mitgliedsstaat in eine politisch existierende Verbindung einfügt und sich zur Erhaltung und Sicherung der Bundesstaatlichkeit in Angelegenheiten der Mitgliedsstaaten einmischen muss (Schmitt, Verfassungslehre, S. 367+370).

688 Sachs, ThürVBl. 1993, 121, 124

689 Sacksofsky, NVwZ 1993, 235, 236; Pestalozza, NVwZ 1987, 744, 745; dazu: Jutzi, Landesverfassungsrecht und Bundesrecht, S. 33

scheidungen, die „politischen Formentscheidungen" für die Regelung des Gemeinwesens, die auch für die Länder verbindlich sind und stellt damit die maßgebliche Grundordnung für die Gestaltung der Landesverfassungen auf.[690] Dies ist die logische Konsequenz aus der Tatsache, dass das Grundgesetz die für alle Staatsgewalt der Bundesrepublik – also auch für die Staatsgewalt der Länder – verbindliche Gesamtordnung ist und dass es nicht lediglich für die Organe des Zentralstaates gilt.[691] Dies zeigt, dass im Bundesstaat Grundlage jeder Kompetenz die Bundesverfassung ist, dass die Länder ihre Staatlichkeit und Hoheitsbefugnisse nur auf Grund der Anerkennung durch das Grundgesetz besitzen. Die Bundesverfassung bestimmt durch ihre Kompetenzordnung ihr eigenes Anwendungsfeld und die Möglichkeit der Schaffung vorrangigen Bundesrechts; die Länderverfassungen existieren nur unter dem Vorbehalt dieses vorrangigen Bundesrechts.[692] Auch die Verfassungsautonomie selbst gilt nur auf Grund grundgesetzlicher Anordnung.[693] All dies zeigt, dass das oben beschriebene grundsätzliche Nebeneinanderstehen der Verfassungsräume von Bund und Ländern durch vielfältige Überlagerungen und Ausstrahlungen geprägt ist und die Verfassungsräume nicht beziehungslos nebeneinander stehen.[694]

Auf diesen Grundgedanken basierend ist nun konkret zu klären, welche Fragen der Bund in der gesamtstaatlichen Verfassung regeln darf und welche er den Ländern auf Grund ihrer Verfassungsautonomie für ihre Verfassung zur Regelung überlassen muss. Der Umfang der Verfassungsautonomie beantwortet also die Frage, welche Angelegenheiten die Länder selbst regeln können müssen, für welche Materien sie also die ausschließliche Zuständigkeit besitzen. Grundsätzlich ist der Landesverfassungsgeber allzuständig zur Setzung formellen Verfassungsrechts.[695] Die Länder können auf Grund ihrer Verfassungsautonomie die verfassungsmäßige Ordnung im Land im Rahmen der beschriebenen Schranken der Bundesverfassung nach Belieben regeln.[696] Unter den ureigenen Bereich der verfassungsgebenden Gewalt der Länder zählt, wie das Staatsvolk in den Ländern die Konstituierung und Ausübung der staatlichen Macht für den Bereich seiner Staatsgewalt regelt, also die Selbstorganisation des Landes.[697] Die Legitimierung und Begrenzung der Staatsgewalt im jeweiligen

690 Löwer, in: v. Münch/Kunig (Hrsg.), Art. 28 Rn 5; Bartlsperger, in: Isensee/Kirchhof (Hrsg.), HStR IV, § 96 Rn 26; Isensee, in: Isensee/Kirchhof (Hrsg.), HStR IV, § 98 Rn 79; Boehl, Verfassunggebung im Bundesstaat, S. 232

691 Boehl, Verfassunggebung im Bundesstaat, S. 233; Isensee, SächsVBl. 1994, 28, 30

692 Sachs, DVBl. 1987, 857, 865

693 Sachs, FS Stern, S. 493

694 Degenhart/Šarčević, in: Degenhart/Meissner (Hrsg.), HdbSächsVerf, § 3 Rn 8; Hufen, BayVBl. 1987, 513, 515+520

695 Dreier, in: Dreier (Hrsg.), Art. 31 Rn 29; Storr, Verfassunggebung in den Ländern, S. 201

696 BVerfGE 1, 14, 34; 60, 175, 207; Nierhaus, in: Sachs (Hrsg.), Art. 28 Rn 1; Maunz, in: Isensee/Kirchhof (Hrsg.), HStR IV, § 94 Rn 5; Sachs, FS Stern S. 488; Schmidt, AöR 87 (1962), 253, 275; Grawert, NJW 1987, 2329, 2330; Pestalozza, NVwZ 1987, 744; Schneider, DÖV 1987, 749, 750; Boehl, Der Staat 30 (1990), 572, 582 ff.; Isensee, SächsVBl. 1994, 28, 30

697 Degenhart/Šarčević, in: Degenhart/Meissner (Hrsg.), HdbSächsVerf, § 3 Rn 21; Schambeck, FS Geiger, S. 613; Sacksofsky, NVwZ 1993, 235, 236+239; Grawert, NJW 1987, 2329, 2331

Land ist die wichtigste Funktion der Länderverfassungen.[698] Im Regelfall besteht eine Verfassung daher aus Rechtssätzen, die „die obersten Organe des Staates bezeichnen, die Art ihrer Schöpfung, ihr gegenseitiges Verhältnis und ihren Wirkungskreis festsetzen, ferner die grundsätzliche Stellung des einzelnen zur Staatsgewalt".[699] Den Ländern obliegt somit in erster Linie die Regelung des eigenen Staatsorganisationsrechts, d.h. die Bestimmung der Regeln, nach denen sich die Bildung der Landesverfassungsorgane, ihre Verfahrensweise, Funktion und Kompetenzen vollzieht,[700] der Staatsfundamentalnormen und der Grundbeziehungen des Landes zum Bürger, so dass das staatliche Leben innerhalb des Bundeslandes funktionieren kann.[701] Der Bundesverfassungsgeber hält sich in diesem Bereich in Anerkennung der Eigenstaatlichkeit der Länder mit der Normierung verbindlicher Vorgaben zurück, so dass besonders auf diesem Gebiet Raum für die Entfaltung der Verfassungsautonomie der Länder besteht.[702] Die Staatsqualität der Länder gebietet hier, dass die Landesverfassungen nicht zum bloßen Torso verkommen, sondern dass die Länder ihre Staatsfundamentalnormen in eigener Verantwortung artikulieren, ihnen also ein Exklusivbereich landesrechtlicher Legislation eingeräumt wird.[703] Einschränkungen der Landesverfassungshoheit durch grundgesetzliche Regeln haben grundsätzlich Bestand, solange sie das unentziehbare Hausgut der Länder nicht antasten.[704] Eingreifen darf der Bund in den Bereich der Staatsorganisation der Länder allerdings nur, wenn es das Grundgesetz ausdrücklich zulässt.[705]

Dem Bund dagegen steht in jedem Fall die Regelung der verfassungsmäßigen Ordnung des Gesamtstaates zu, wozu u.a die Staatsorganisation des Bundes zählt. Er regelt durch seine Organe das Rechtsleben innerhalb des Gesamtstaates, um das Funktionieren des Bundesstaates zu gewährleisten.[706] Letztlich kann der Bund wohl all das regeln, was den Ländern nicht unbedingt als unentziehbares Hausgut verbleiben muss, was also nicht in den ausschließlichen Kompetenzbereich der Länder fällt.

Über die Beziehung zwischen diesen beiden Bereichen staatsorganisatorischer Regelungen herrscht indessen in Rechtsprechung und Literatur Einigkeit nur insofern, dass Probleme grundsätzlich über Art. 28 Abs. 1 S. 1, 2 GG gelöst werden.

698 Storr, Verfassunggebung in den Ländern, S. 175

699 So die Definition der materiellen Verfassung bei: Jellinek, Allgemeine Staatslehre, S. 505

700 BVerfGE 1, 14, 34; 34, 9, 20; Pieroth, in: Jarass/Pieroth, Art. 79 Rn 8; Evers, in: BK, Art. 79 Abs. 3 Rn 214; Stern, Staatsrecht, Bd. I, § 19 III 2 a; Sachs, FS Stern, S. 488 f.; Stiens, Chancen und Grenzen der Landesverfassungen im deutschen Bundesstaat der Gegenwart, S. 90; Menzel, Landesverfassungsrecht, S. 128+146+172; Ossenbühl, DVBl. 1989, 1230, 1231; dazu ausführlich: Boehl, Verfassunggebung im Bundesstaat, S. 197 ff.

701 BVerfGE 1, 14, 61; Menzel, Landesverfassungsrecht, S. 146

702 Degenhart, Staatsrecht I, Rn 576; Pützer, Landesorganisationshoheit als Schranke der Bundeskompetenzen, S. 348; Stiens, Chancen und Grenzen der Landesverfassungen im deutschen Bundesstaat der Gegenwart, S. 43; Sachs, DVBl. 1987, 857, 862 f.

703 BVerfGE 36, 342, 361; Menzel, Landesverfassungsrecht, S. 172; Hufen, BayVBl. 1987, 513, 514

704 Menzel, Landesverfassungsrecht, S. 173

705 BVerfGE 11, 77, 85 f.; Stern, Staatsrecht, Bd. I, § 19 III 2 a

706 Maunz, in: Isensee/Kirchhof (Hrsg.), HStR IV, § 94 Rn 5

Uneinig ist man sich demgegenüber, ob darüber hinaus auch Raum für die Anwendung von Art. 31 GG besteht. Die wohl überwiegende Ansicht schließt dies aus. Weniger wird generell die Anwendbarkeit von Art. 31 GG auf das Verhältnis von Bundes- und Landesverfassungsrecht verneint,[707] oftmals wird jedoch für den Bereich der verfassungsmäßigen Ordnung bzw. einschränkender für den Bereich der staatsorganisationsrechtlichen Regelungen der zwei Ebenen die Existenz von Kollisionsfällen negiert.[708] Erlässt der Bundesverfassungsgesetzgeber eine staatsorganisationsrechtliche Bestimmung, die dem Bereich verfassungsautonomer Regelung der Länder zuzuordnen ist, so erfolge der Erlass dieser Norm kompetenzwidrig, womit diese nichtig ist; für die Anwendung von Art. 31 GG sei kein Raum, da der Erlass dieser Norm eindeutig in den Zuständigkeitsbereich eines Hoheitsträgers eingeordnet werden kann.[709] Stützen wollen die Vertreter dieser Ansicht dies unter anderem auf ein Urteil des Bundesverfassungsgerichts, in dem es heißt: „...Divergenzen im Bundes- und Landesverfassungsrecht sind deshalb miteinander „vereinbar", weil der „Ort" der divergierenden Vorschriften im Gefüge der Gesamtrechtsordnung ein verschiedener ist, weil sie also unabhängig voneinander in je verschiedenen Bereichen Geltung beanspruchen."[710] Das in dieser Arbeit auftretende Problem wird jedoch deutlich machen, dass dieses Schema nicht strikt auf alle Fälle übertragbar ist, wenn eine Regelung vorliegt, die sowohl dem Staatsorganisationsrecht der Bundesverfassung als auch dem der Landesverfassungen zugerechnet werden könnte. Es gibt daher auch andere Stimmen in der Literatur, die durchaus die Möglichkeit der Existenz von Kollisionen zwischen staatsorganisatorischen Regelungen des Bundes und

707 So aber: Pietzcker, in: Isensee/Kirchhof (Hrsg.) HStR IV, § 99 Rn 30; Kersten, DÖV 1993, 896, 898 und Schneider, DÖV 1987, 749, 752, der zur Vermeidung der Anwendung von Art. 31 GG Art. 28 Abs. 1 GG etwas extensiver auslegen will, da ein den Ländern eingeräumter Gestaltungsspielraum nicht an anderer Stelle mit Hilfe einer Kollisionsnorm zu Gunsten des Bundes wieder beseitigt werden könne. Dagegen wendet sich überzeugend Storr, Verfassunggebung in den Ländern, S. 201 f., nach dem trotz Art. 28 Abs. 1 GG auf Grund der Allzuständigkeit des Landesverfassungsgebers zur Setzung formellen Landesverfassungsrechts Normwidersprüche auftreten können.

708 So z.B.: Pieroth, in: Jarass/Pieroth, Art. 28 Rn 2; März, in: v. Mangoldt/Klein/Starck (Hrsg.), Art. 31 Rn 90; Bartlsperger, in: Isensee/Kirchhof (Hrsg.), HStR IV, § 96 Rn 22; Pützer, Landesorganisationshoheit als Schranke der Bundeskompetenzen, S. 568 ff.; März, Bundesrecht bricht Landesrecht, S. 186 ff.; Bushart, Verfassungsänderung in Bund und Ländern, S. 94 ff.; v. Mutius, VerwArch. 66 (1975), 161, 166 ff.; Sachs, DVBl. 1987, 857, 862 f.; Grawert, NJW 1987, 2329, 2331; Sacksofsky, NVwZ 1993, 235, 236; Einschränkend: Jutzi, Landesverfassungsrecht und Bundesrecht, S. 33 ff. sowie Dreier, in: Dreier (Hrsg.), Art. 31 Rn 29+58, der diese Aussage nur grundsätzlich mit trägt, da er die Möglichkeit von Ausnahmefällen sieht.

709 Vgl. zum Verhältnis von Kompetenzverstoß und Kollisionsfall: März, in: v. Mangoldt/Klein/Starck (Hrsg.), Art. 31 Rn 49+87; Pietzcker, in: Isensee/Kirchhof (Hrsg.), HStR IV, § 99 Rn 26; Boehl, Verfassunggebung im Bundesstaat, S. 203

710 BVerfGE 36, 342, 362; Auch v. Mutius, VerwArch. 66 (1975), 161 ff. legt dieses Urteil so aus, kritisiert dann aber die in dieser Weise ausgelegten Aussagen des Bundesverfassungsgerichts.

der Länder sehen. Diese befürworten in solchen Fällen die Anwendung von Art. 31 GG neben Art. 28 Abs. 1 S. 1, 2 GG.[711]

5. Die Regelung der Willensbeteiligung als Bundes- oder Landesangelegenheit?

Um zu klären, ob ein solcher Kollisionsfall gegeben ist, müssen die Grenzen für die einseitige Bestimmungsmacht der Gebietskörperschaft Land bzw. Bund ausgelotet werden. Überschreitet der Bund mit der Festlegung der Beteiligung des Organs Landesvolk an der Bundesgesetzgebung seinen Kompetenzbereich zur Regelung seines Staatsorganisationsrechts, fällt dies also in den ausschließlichen Kompetenzbereich der Länder zur Regelung ihres Staatsorganisationsrechts als unentziehbares Hausgut, ist ein Verstoß gegen die Verfassungsautonomie anzunehmen. Tut er dies nicht und kann diese Festlegung ebenso in den Kompetenzbereich der Länder eingeordnet werden, stellt sich die Frage nach der Lösung von Kollisionen zwischen staatsorganisatorischen Regelungen auf Bundes- und Landesebene. Die Beantwortung dieser Frage konfrontiert den Bearbeiter mit den Problemen eines differenzierten föderalen und integrativen Mehrebenensystems[712] wie dem des Grundgesetzes.

a. Das Vorliegen einer Regelung des Staatsorganisationsrechts des Bundes oder der Länder

Hier geht es ersichtlich um den Konflikt zwischen der Regelung des Verfahrens von Volksentscheiden auf der gesamtstaatlichen Ebene und der Mitwirkung der Länder an dieser Willensbildung des Bundes durch den Bund und der Regelung der Kompetenzen des Landesorgans Landesvolk durch das Land. Die Existenz von doppelt zugewiesenen Kompetenzen ist mittlerweile trotz der durch das Grundgesetz vorgenommenen vollständigen Kompetenzabschichtung in Art. 70 ff. GG für den einfachgesetzlichen Bereich anerkannt, ebenso für die Verfassungsebene und das Verhältnis von einfachgesetzlichem Recht zu Bundesrecht. Eine Materie kann durchaus dem Bund durch einen Kompetenztitel zugewiesen werden, gleichzeitig auf der Basis einer anderen Kompetenzanknüpfung aber auch den Ländern.[713] Mit der Abgrenzung von Kompetenztiteln hatte sich das Bundesverfassungsgericht vor allem im Presserecht bereits mehrmals zu beschäftigen, wobei es dort stets um die Abgrenzung zweier Kompetenztitel für die einfachgesetzliche Ebene nach Art. 73 ff. GG ging. Auf eine Darstellung der Rechtsprechung kann deshalb hier verzichtet werden. Im Groben verständigte sich das Bundesverfassungsgericht aber auf die Leitlinie, die Kompetenztitel in ihrer verfassungsrechtlichen Tradition auszulegen und die kompe-

711 S. dazu unten 4. Kap. E. II. 5. b.
712 Tetzlaff, DÖV 2003, 693, 700
713 S. nur: Stern, Staatsrecht, Bd. II, § 37 II 4 c ; Wolfrum, DÖV 1982, 674, 676

tenzielle Kontinuität in den Vordergrund zu stellen.[714] Der Frage, ob die Kompetenztitel zugunsten des Bundes restriktiv ausgelegt werden müssen, um einer zu starken Einengung der Gesetzgebungsbefugnisse der Länder entgegenzuwirken,[715] muss nicht nachgegangen werden, da sich diese Frage auf Verfassungsebene nicht stellt. Hier besitzen die Länder umfassende Befugnisse, sie können in ihren Verfassungen innerhalb der durch das Grundgesetz z.B. durch Art. 28 Abs. 1 S. 1, 2 GG gezogenen Schranken für den Landesbereich regeln, was sie möchten.[716] Da sich auf Verfassungsebene die Frage nach Kompetenztiteln nicht stellt, können die dazu aufgestellten Leitlinien nicht unbesehen übernommen werden, als Hilfe zur Abgrenzung der beiden Verfassungsbereiche werden sie aber an geeigneter Stelle mit herangezogen.

aa. Das Plebiszit als Gesetzgebungsverfahren des Bundes

Die Einführung von Volksentscheiden auf der gesamtstaatlichen Ebene fällt ohne Zweifel in den Kompetenzbereich des Bundes, da es sich um einen Fall des Gesetzgebungsverfahrens des Bundes handelt. Dessen Verfahren regelt grundsätzlich der Bund. Zum Verfahren gehört zwar auch die Beteiligung der Länder auf Grund von Art. 79 Abs. 3 GG, für diesen speziellen Aspekt ist jedoch nicht eindeutig, ob er noch zur Kompetenz des Bundes zur Regelung des Verfahrens der Bundesgesetzgebung gehört. Dafür spricht, dass die Länder hier in der Sphäre des Bundes tätig werden und die Ebene des Landes verlassen. Die Parallele zum repräsentativen Gesetzgebungsverfahren ist schnell gezogen. Dort wird diese Mitwirkung der Länder durch den Bundesrat verwirklicht, der als Bundesorgan angesehen wird, der durch den Bund konstituiert und geregelt wird.[717] Auf Grund seiner Zusammensetzung aus Vertretern der Landesregierungen könnte man ihn zwar auch als politisches Organ der Länder betrachten, seine Kompetenzen sind jedoch Bundeskompetenzen; er übt Bundesgewalt aus.[718]

bb. Die Regelung der Kompetenzen der Landesorgane als Kompetenzgegenstand der Landesverfassung

Eine Regelungskompetenz für die Länder wäre nur dann anzunehmen, wenn die Regelung der Beteiligung der Länder an der Bundesgesetzgebung die Frage der Aus-

714 BVerfGE 36, 193, 203; 36, 314, 319; 48, 367, 373; kritisch dazu: Wolfrum, DÖV 1982, 674, 676

715 Diesem Aspekt der Rechtsprechung des Bundesverfassungsgerichts widmet sich u.a.: Bullinger, DÖV 1970, 797, 798 f.

716 S. bereits oben 4. Kap. E. II. 4. (Allzuständigkeit der Länder zur Setzung formellen Verfassungsrechts)

717 Schefold, in: Stuby (Hrsg.), Föderalismus und Demokratie, S. 105

718 Harbich, Der Bundesstaat und seine Unantastbarkeit, S. 69

übung von Staatsgewalt durch Länderorgane für den Bereich des Landes beträfe. Hier soll auf Grund der Länderklausel das Landesvolk als Verfassungsorgan des Landes tätig werden. Die Kompetenz der Länder zur Regelung ihres Staatsorganisationsrechts umfasst – wie oben bereits beschrieben – die Festlegung der Bildung, Verfahrensweise, Funktion und Kompetenzen der Landesorgane. Soll eines der von der Landesverfassung geschaffenen Organe Landesstaatsgewalt ausüben, so wird diese durch Regelungen in der Länderverfassung legitimiert. Die Landesverfassung darf die Gestaltung der Ausübung der politischen Macht regeln. Dies bezieht sich jedoch im Normalfall nur auf die im Land auf die Landesbürger ausgeübte staatliche Herrschaft und nicht auf die Beteiligung an der Bundesgesetzgebung. Bei einem Vergleich mit dem repräsentativen Verfahren und dem Bundesrat findet sich auch dort die Ansicht, dass die Mitwirkung der Länder im Bundesrat zwar im weitesten Sinne zum Staatsorganisationsrecht der Länder gezählt werden könne, als Mitglieder eines Bundesorgans würden sie sich jedoch nicht in der Sphäre des Landes, sondern in der des Bundes bewegen.[719] Das Bundesverfassungsgericht hat dies ausdrücklich bestätigt, indem es festgestellt hat, dass die Landesregierungen bei der Erteilung einer Weisung an ihre Bundesratsmitglieder keinen Landesstaatswillen bildet, sondern das Organ Landesregierung ist dazu berufen, unmittelbar an der Bildung von Bundeswillen mitzuwirken.[720] Es liegt hier also die Besonderheit vor, dass das Landesvolk nicht in einer Länderangelegenheit, sondern in einer Bundesangelegenheit tätig wird. Es handelt sich nicht um einen Fall der Selbstorganisation oder Staatsleitung des Landes, der typischerweise von der Verfassungsautonomie der Länder erfasst ist.

Eine erste Analyse ergibt somit, dass die Regelung der Beteiligung der Länder an der Willensbildung des Bundes im Rahmen eines Plebiszits sowohl dem Zuständigkeitsbereich des Bundes zur Regelung seines Staatsorganisationsrechts als auch dem Zuständigkeitsbereich der Länder zugeordnet werden kann. Zweifel an einer unbedingten Kompetenz der Länder und einem Verstoß gegen deren Verfassungsautonomie sind aber bereits aufgetaucht. An diesem Punkt zeigt sich sehr eindringlich die Einbindung der Länder als Gliedstaaten in den Bund und es wird deutlich, dass sich die Länderstaatlichkeit nur im Rahmen der Staatenverbindung entfalten kann. Ob die gesamtstaatliche Einwirkung auf ein Organ der Länder in der Form der Länderklausel zulässig ist, konnte anhand dieser Analyse jedoch noch nicht umfassend geklärt werden. Es sind daher weitere Merkmale zu suchen, die eine differenziertere Aussage zulassen.

719 Boehl, Verfassunggebung im Bundesstaat, S. 202
720 BVerfGE 8, 104, 120 f.

cc. Die kompetenzielle Tradition

Zunächst ist dafür auf den Anknüpfungspunkt der kompetenziellen Tradition zurückzukommen und es soll ein kurzer historischer Vergleich der Regelung der Vorläufer des Bundesrates unternommen werden. Auch wenn es eine geschriebene Unabänderlichkeitssperre und damit einen unabänderlichen Schutz der Verfassungsautonomie erst seit dem Grundgesetz gibt und eine Vergleichsgrundlage damit streng genommen nicht gegeben ist, soll doch zumindest untersucht werden, ob die Festlegungen über die Beteiligung der Gliedstaaten an der Willensbildung des Bundes durch ein Bundesorgan, in dem die Länder vertreten sind, jemals den Länderverfassungen überlassen worden sind. Ein Vergleich bietet sich insofern an und gibt zumindest Anhaltspunkte für die jetzige verfassungsrechtliche Situation, als der Bundesrat allgemein als Föderativorgan mit großer deutscher bundesstaatlicher Tradition verstanden wird und er seit Bestehen eines deutschen Bundesstaates in ähnlicher Form stets tragendes Element deutscher Bundesstaatlichkeit war. Ein direkter Vergleich mit Regelungen über die Gliedstaatsbeteiligung bei Plebisziten kann dahingegen nicht gezogen werden, da Plebiszite erstmals in der Weimarer Reichsverfassung vorgesehen waren, es jedoch keine Regelung zum Schutz der Länder gab.[721]

In der Verfassung des Norddeutschen Bundes vom 16.April1867 bestimmte Art. 6, dass der Bundesrat aus Vertretern der Mitglieder des Bundes besteht und er bestimmte die Stimmenanzahl für jeden Gliedstaat.[722] Nach Art. 7 durften die Stimmen nur einheitlich abgegeben werden. Aus der Bestimmung des Art. 7, dass nicht instruierte Stimmen nicht gezählt werden, wurde geschlussfolgert, dass sich der Bundesrat aus weisungsgebunden Vertretern der einzelstaatlichen Regierungen zusammensetzt.[723]

Die Verfassung des Reiches von Bismarck vom 16.April1871 ähnelte der des Norddeutschen Bundes stark. Auch hier bestimmte Art. 6 die Zusammensetzung aus Vertretern der Mitglieder des Bundes.[724] Zudem findet sich hier das Gebot der einheitlichen Stimmabgabe. Art. 7 bestimmte schließlich die Weisungsgebundenheit. Auch die Reichsverfassung wollte mit diesen Bestimmungen sicherstellen, dass im Bundesrat der Wille parlamentarisch unabhängiger Landesregierungen zum Ausdruck kam.[725]

Die Weimarer Reichsverfassung vom 11. August 1919 bestimmte in Art. 60, dass ein Reichsrat zur Vertretung der deutschen Länder bei der Gesetzgebung und Verwaltung des Reichs gebildet wird.[726] Nach Art. 63 werden die Länder im Reichsrat durch Mitglieder der Landesregierungen vertreten. Für Preußen galt nach S. 2 die

721 S.o. 2. Kap. B. I.

722 Quelle: Huber (Hrsg.), Dokumente zur deutschen Verfassungsgeschichte, Bd. 2, S. 274; Kimminich, Deutsche Verfassungsgeschichte, S. 411

723 Holste, Der deutsche Bundesstaat im Wandel (1867-1933), S. 109

724 Quelle: Huber (Hrsg.), Dokumente zur deutschen Verfassungsgeschichte, Bd. 2, S. 387 f.

725 Huber, Deutsche Verfassungsgeschichte seit 1789, Bd. III, S. 856

726 Quelle: Huber (Hrsg.), Dokumente zur deutschen Verfassungsgeschichte, Bd. 4, S. 160 f.

Sonderregelung, dass die Hälfte der preußischen Stimmen nach Maßgabe eines Landesgesetzes von den preußischen Provinzialverwaltungen bestellt wird. Eine ausdrückliche Anordnung der Weisungsgebundenheit fehlte, es hatte sich aber die Einsicht durchgesetzt, dass nur eine einheitliche Stimmabgabe verbunden mit weisungsgebundenen Vertretern der Länder das notwendigerweise geschlossene Votum des Landes kundtun konnte.[727]

Die historischen Bestimmungen sahen also ähnlich wie die heutigen Vorschriften eine Vertretung der Länder in einem Bundesorgan vor. In allen drei Vorläufern des Bundesrates wurde der Wille der Landesregierungen als der letztlich maßgebende festgeschrieben, der sich mit Hilfe weisungsabhängiger Vertreter auf der gesamtstaatlichen Ebene äußern sollte. Vor allem bezüglich des vorliegenden Streitpunktes, ob die Bundesverfassung festlegen darf, welches Organ des Landes an der Willensbildung des Bundes mitwirkt, kann festgestellt werden, dass dies stets Regelungsgegenstand der Bundesverfassung war. In Art. 63 WRV wurde dies explizit festgeschrieben, aus Art. 7 der Verfassung des Norddeutschen Bundes sowie Art. 7 der Bismarckschen Reichsverfassung ergab sich dies inzident bzw. wurde als vorausgesetzt angesehen. Auch wenn dies Regelungen des Verfassungsgebers waren und die Verfassungsautonomie nicht explizit durch eine Ewigkeitsgarantie geschützt wurde, kann dies zusammen mit der jetzigen Regelung in Art. 51 GG zumindest als Indiz dafür gewertet werden, dass der Annahme eines Eingriffs in die Verfassungsautonomie eher nicht zuzustimmen ist.

dd. Der Schwerpunkt der Regelung

Das zur Abgrenzung von Kompetenztiteln ebenfalls herangezogene Kriterium des Schwerpunktes der Regelung führt in diesem Fall zu keinen neuen Erkenntnissen. Ein Schwerpunkt wäre bei einem Übergewicht eines Spezialbezuges gegeben.[728] Die prägende Funktion der Regelung müsste sich auf einen der beiden Anknüpfungspunkte für die Kompetenz festlegen lassen.[729] Dies ist hier kaum auszumachen. Weder steht eindeutig die Regelung der Kompetenzen der Landesorgane im Vordergrund, noch besteht ein Übergewicht zugunsten des Bundes und der Regelung seines Staatsorganisationsrechts.

727 Huber, Deutsche Verfassungsgeschichte seit 1789, Bd. VI, S. 386

728 Lerche, JZ 1972, 468, 471

729 Lerche, JZ 1972, 468, 471; Für den Bereich des Presserechts hat Groß, VR 2004, 289, 294 f. die verschiedenen Konfliktfelder und die Suche nach dem jeweiligen Schwerpunkt dargestellt.

ee. Die Kriterien der Willensbildung und Willensdurchsetzung

Um spezifischere Kriterien für eine Abgrenzung des Bereichs des Staatsorganisationsrechts der Länder von dem des Bundes zu finden, ist ein Vergleich mit dem Bundesrat hilfreich. Dieser wird zwar als Bundesorgan angesehen, dessen Regelung folgerichtig dem Bund obliegt und innerhalb dessen die von den Ländern entsandten Bundesratsmitglieder nicht als Organe der Länder handeln, weshalb sich auch in den Art. 50 ff. sowie Art. 76 ff. GG kein Verweis auf eigenständig von den Ländern zu regelnde Materien in Bezug auf deren Mitwirkung durch den Bundesrat findet,[730] die Problematik des Übergreifens in den Bereich des Verfassungsrechts der Länder wird jedoch im Zusammenhang mit Art. 51 GG ebenfalls gesehen. Nach einer Ansicht dürfte der Bund den Ländern demnach theoretisch nur eine bestimmte Anzahl von Bundesratssitzen zusprechen, um ein solches Übergreifen zu verhindern. Der bundesstaatliche Aufbau würde dann grundsätzlich verlangen, dass die Besetzung dieser Sitze dem Land selbst überlassen bleibt. Wenn jedoch wie zurzeit im Grundgesetz die Bundesverfassung selbst bestimmt, durch wen und aus welchem Organ sowie nach welchen Gesichtspunkten die Besetzung der Sitze erfolgt, so liegt darin eine Einwirkung in die innere Sphäre der Länder, die allerdings zweifellos rechtlich zulässig und sachlich gerechtfertigt sein soll.[731] Der Sinn dieser Aussage vermag indes nicht recht zu überzeugen: Der Entzug des unentziehbaren Hausgutes der Länder kann mit dem Begriff „Eingriff in die Sphäre des Landes“ nicht gemeint sein, da dieser nicht rechtfertigungsfähig ist. Für alle anderen Eingriffe in die Sphäre des Landes ist der Bund auf Grund seiner Kompetenz-Kompetenz berechtigt, ohne dass es einer Rechtfertigung bedürfte.

Andere setzen die Nuancen etwas konkreter und setzen die Grenze der Regelungsbefugnis des Bundes am Schnittpunkt von Willensbildung und Willensdurchsetzung an. Nach dieser Unterscheidung wird lediglich die bundesrechtliche Durchsetzung des von den Ländern gebildeten Willens durch das Grundgesetz geregelt; die Art und Weise, wie ein Land im Hinblick auf seine bundesrechtlichen Mitsprachebefugnisse seinen Willen bildet, ist dagegen eine Frage des Landesrechts.[732] Nur der Prozess der Willensbildung würde dieser Ansicht nach den Bereich des Landesstaatsorganisationsrechts betreffen, die Art der Durchsetzung dieses Willens dagegen wäre eine dem Staatsorganisationsrecht des Bundes unterfallende Angelegenheit. Alle die Dinge, die im Inneren des Staates, hier also des Bundeslandes, verbleiben, sind somit von diesem Staat zu regeln. Betrifft eine Angelegenheit jedoch das Verhältnis zu einer höheren „Instanz“, so ist diese zur Regelung befugt. Dem entspricht auch die allgemeine Ansicht darüber, dass zum Staatsrecht eines Landes diejenigen Normen des öffentlichen Rechts gehören, „die ... das Funktionieren des Staates im Inneren, in seinen tragenden Prinzipien, in seiner wesentlichen Organisation und in

730 Jung, FS v. Arnim, S. 358

731 Zum Ganzen: Maunz/Scholz, in: Maunz/Dürig, Art. 50 Rn 6

732 Schefold, in: Stuby (Hrsg.), Föderalismus und Demokratie, S. 106

seinem Grundverhältnis zum Bürger erfassen und ordnen".[733] Anders ausgedrückt: Eine Verfassung soll den staatlichen Willensbildungsprozess innerhalb des Landes ordnen.[734] Der Gesamtstaat muss dagegen für die Bereiche, in denen ein Zusammenwirken beider staatlichen Ebenen notwendig ist, auch für die Länder den groben Rahmen schaffen, damit eine einheitliche Vorgehensweise auf der gesamtstaatlichen Ebene möglich ist. Durch einen Regelungsverzicht des Bundes auf bestimmte Detailfragen verbleibt den Ländern hier noch genügend Spielraum für die Ausfüllung dieser Lücke durch eigene Regelungen. Landesverfassungsrechtliche Normen dürfen dann jedoch nicht das Organisationsrecht des Bundes hinsichtlich seiner Bundesorgane unterlaufen, insoweit gilt ein Vorrang des Bundesrechts.[735] Bei dieser Unterscheidung kommt wieder die Eingebundenheit der Gliedstaaten in die Verfassungsordnung des Bundes als Kennzeichen des Bundesstaates zum Vorschein. Diese Differenzierung war ähnlich teilweise bereits unter der Geltung der Weimarer Reichsverfassung anerkannt. Es sollte sich auch dort bei dem Vorprozess zur Abstimmung im Reichsrat um ein Landes-Internum handeln, das der Gesamtstaat nicht regeln dürfe.[736] Die Organe des Gesamtstaates haben nur die Pflicht, auf die Abgabe der Stimmen durch die Vertreter des Landes zu achten.[737] Schließlich sah auch der Bremische Staatsgerichtshof bei einem ähnlichen Problem der Kompetenzabgrenzung eine in diese Richtung weisende Lösung vor. Zu klären war dort das Verhältnis von § 36 StGB zu dazu teilweise abweichenden Vorschriften in den Landesverfassungen. Auch hier ging es um die Frage, ob noch eine Materie der Staatsorganisation der Länder vorlag oder die Regelung der Indemnität der Abgeordneten der Landtage der bundesgesetzlichen Kompetenz zur Regelung des Strafrechts zugewiesen werden muss.[738] Der Bremische Staatsgerichtshof führt dazu aus, dass konkrete Regeln für eine genaue Verteilung der Kompetenzen in dieser Angelegenheit zwar nicht unbedingt aufgestellt werden müssten, jedenfalls sei der Bund aber allenfalls zur Regelung von Teilbereichen der Indemnität befugt.[739] Letztlich wurde es von etlichen in diesem Zusammenhang erschienen Literaturstimmen den Ländern überlassen, den Umfang der Indemnität zu bestimmen, die Rechtsfolgen dieser Eigenschaft ergeben sich hingegen aus § 36 StGB bzw. müssen die bundesrechtlichen Vorschriften zu-

733 Stern, Staatsrecht, Bd. I, § 1 II 2
734 Löwer, in: v. Münch/Kunig (Hrsg.), Art. 28 Rn 3
735 Tetzlaff, DÖV 2003, 693, 699
736 Bilfinger, Der Einfluss der Einzelstaaten auf die Bildung des Reichswillens, S. 103; Meyer-Lüerßen, Die rechtliche Stellung der Bevollmächtigten zum Reichsrat, S. 9; Fuß, AöR 83 (1958), 383, 421; dazu auch: Heyland, Zur Lehre von der staatsrechtlichen Stellung der Reichsratsmitglieder nach dem deutschen Reichs- und Landesstaatsrecht, S. 86 ff.
737 Bilfinger, Der Einfluss der Einzelstaaten auf die Bildung des Reichswillens, S. 103
738 Dieser Konflikt stellt sich ähnlich u.a. auch bei den Regelungen über die Immunität und das zivil- bzw. strafprozessuale Zeugnisverweigerungsrecht (Wolfrum, DÖV 1982, 674, 675).
739 BremStGH DVBl. 1967, 622, 624; kritisch dazu: Friesenhahn, DÖV 1981, 512, 516

mindest auf die landesrechtlichen Regelungen mit abstellen.[740] Auch hier wird die Kompetenz zur Regelung einer Materie also auf die verschiedenen Kompetenzträger aufgeteilt und nicht einem von ihnen in vollem Umfang zugesprochen.

Schwierigkeiten bereitet bei dieser Lösung indes die Unterscheidung, welche Dinge zur Willensdurchsetzung und welche zur Willensbildung gehören. Abgesehen davon und der Ungewissheit, ob diese Kriterien generelle Bedeutung beanspruchen können oder allein anhand der jetzigen verfassungsrechtlichen Situation aufgestellt wurden, erscheinen diese Merkmale zumindest als Anhaltspunkte für die Bestimmung der Reichweite der Zuständigkeit der Länder zur autonomen Regelung ihres Staatsorganisationsrechts akzeptabel. Sie stellen geeignete Kriterien dar, um die Grenze zu markieren, bis zu der die Regelungsbefugnis des Bundes für sein Staatsorganisationsrecht reicht und ab der ein Eingriff in die Verfassungsautonomie der Länder anzunehmen ist.

Aus diesem Grund ist auch die Auffassung abzulehnen, die Verfassungsautonomie der Länder spiele bei der vorliegenden Problematik keinerlei Rolle, da die Mitglieder des Bundesrates einen Bundesstaatswillen bilden und nicht den Landesstaatswillen aller Bundesländer.[741] Die Richtigkeit dessen kann nicht abgestritten werden – das Bundesverfassungsgericht hat dies selbst bestimmt, indem es deutlich gemacht hat, dass die Länder bei der Erteilung von Weisungen an der Bildung des Bundesstaatswillens mitwirken, es dabei also nicht um die Bildung von Landesstaatswillen geht.[742] Damit ist aber noch keine Aussage darüber getroffen, ob den Ländern bei ihrer Mitwirkung an der Bundesgesetzgebung nicht trotzdem ein gewisses Maß an eigenständiger Regelung belassen werden muss. Es kommt hier auf die Bestimmung der Reichweite des Merkmals Willensbildung an. Auch der Einwand, das Bundesverfassungsgericht greife sehr wohl auch auf die Willensbildung des Bundes zu, was mit dem Urteil über die hamburgischen und bremischen Volksbefragungsgesetze über die Wiederbewaffnung belegt werden soll, ist nicht stichhaltig, da es dort nach der hier vorgenommenen Differenzierung um bundesstaatliche Einwirkungen auf die Willensdurchsetzung und nicht auf die Willensbildung ging. Das Bundesverfassungsgericht hat den Ländern untersagt, die Landesvölker durch eine Volksbefragung an der Entscheidung eines Bundesorgans mitwirken zu lassen, da diese Mitwirkung kraft der Entscheidung des Grundgesetzes nur durch die Landesregierungen vermittelt wird.[743] Wie sogleich ausgeführt wird, ging es damit um die Frage, welches Organ eingeschaltet wird, was nach der hier vertretenen Auffassung der Rege-

740 Dazu u.a.: BGH NJW 1980, 780 ff.; März, in: v. Mangoldt/Klein/Starck (Hrsg.), Art. 31 Rn 90 Fn 124 m.w.N.; Trute, in: v. Münch/Kunig (Hrsg.), Art. 46 Rn 5 m.w.N.; Dreier, in: Dreier (Hrsg.), Art. 31 Rn 58 m.w.N.; Pietzcker, in: Isensee/Kirchhof (Hrsg.), HStR IV, § 99 Rn 36 m.w.N.; Degenhart, in: Stober (Hrsg.), HdbSächsStVerwR, § 2 Rn 76; Friesenhahn, DÖV 1981, 512 ff.; Ruland, Der Staat 14 (1975), 457, 460 ff.; Wolfrum, DÖV 1982, 674 ff.; im Einzelnen sehr str.

741 So aber: Jung, FS v. Arnim, S. 358 ff.

742 BVerfGE 8, 104, 120 f.

743 BVerfGE 8, 104, 120

lungskompetenz des Bundes unterliegt, und keine Frage der internen Willensbildung darstellt.

Um diesen Fragenkreis näher darzustellen, soll zunächst ein Versuch der Abgrenzung anhand des Bundesrates vorgenommen werden, um diese Ergebnisse dann auf die Länderklausel übertragen zu können. Das Grundgesetz schreibt den Ländern vor, dass ihre Mitwirkung durch ein besonderes Organ, den Bundesrat, zu erfolgen hat, der aus Mitgliedern der Regierungen der Länder gebildet wird, und dass sie ihre Stimmen einheitlich abzugeben haben; ebenso wird das Stimmgewicht der Länder bestimmt. Der Bund legt also fest, ob das Föderativorgan nach dem Bundesrats- oder dem Senatsprinzip gebildet wird; er entscheidet, in welcher Weise er die Länder an seiner Willensbildung beteiligt, insbesondere, welches Landesorgan zur Mitwirkung an seiner Gesetzgebung befugt ist. Alle diese Festlegungen gehören zur Willensdurchsetzung. Unzweifelhaft gehört zwar die Frage des den Landeswillen bildenden Organs zunächst mit in die Kategorie der Willensbildung, hier muss jedoch wieder die vom Bundesverfassungsgeber geschaffene Besonderheit eines föderativen Mitwirkungsorgans, in dem die Länder an der Bundesgesetzgebung beteiligt werden, beachtet werden. Das zuständige Landesorgan verbleibt nicht in der Sphäre des Landes, sondern tritt mit der Abgabe der Landesstimmen auf der Bundesebene auf und beteiligt sich dort an der Durchsetzung seines vorher gebildeten Willens. Diese Beteiligung an der Willensdurchsetzung gibt dem Bund letztlich auch im Interesse eines funktionierenden Bundesorgans die Befugnis, das zu beteiligende Organ festzulegen. Der Vorgang der Stimmabgabe im Bundesrat als solcher wird somit als ein im Rahmen der Ausübung von bundesstaatlicher Staatsgewalt erfolgender Vorgang erfasst. Auf Grund der Festlegung des Grundgesetzes, dass die Landesregierungen an der Bildung des Bundeswillens zu beteiligen sind, kam auch das Bundesverfassungsgericht in seinem bereits erwähnten Urteil über die hamburgischen und bremischen Gesetze betreffend die Volksbefragung über Atomwaffen zu dem Ergebnis, dass den Ländern in dieser Bundesangelegenheit nicht nur die Kompetenz zur Bildung eines Landeswillens fehlte, sondern dass ebenso die Landesvölker keine Kompetenz zur Information der Bundesratsmitglieder über die Meinung des Landesstaatsvolkes haben. Einzig die Landesregierungen sind zur Weisung befugt, da diese das von der Bundesverfassung vorgesehene Organ der Beteiligung der Länder an der Willensbildung des Bundes sind.[744] Das Grundgesetz legt damit zwar die Abstimmungsregeln fest, nimmt aber keinen Einfluss auf den Inhalt der Stimmabgabe und kümmert sich auch nicht um das Verfahren der Willensbildung in den Ländern, solange der Landeswille nur von den Landesregierungen gebildet wird. Die Frage der Willensbildung innerhalb des Organs Landesregierung ist bundesverfassungsrechtlich den Landesverfassungen und ihrer Verfassungsautonomie im Rahmen von Art. 28 Abs. 1 GG überlassen. Den Ländern obliegt die Ausgestaltung der Stellung der Mitglieder des Bundesrates, also die Frage, wer Mitglied einer Landesregierung und damit potentielles Bundesratsmitglied ist, sowie die Regelung der Art und Weise der Herstel-

744 BVerfGE 8, 104, 117 ff. (insbes. auch S. 120 f.)

lung der Einheitlichkeit der Stimmabgabe, insbesondere die Modalitäten der Erteilung von Weisungen durch die Landesregierungen.[745] Ihnen wird die Bildung eines eindeutigen Willens abverlangt, wobei es der Landespolitik überlassen bleibt, wie dieser Wille zustande kommt, sofern er nur selbständig durch die Landesregierungen gebildet wird.[746] Diese haben deshalb für die Willensbildung Verfahren entwickelt, wie über die Stimmabgabe beraten und beschlossen wird.[747] Angesprochen sind hier vor allem in Koalitionsvereinbarungen auf Länderebene enthaltene Bundesratsklauseln, in denen die Stimmabgabe im Bundesrat bei divergierenden Meinungen innerhalb der Koalition geregelt wird.[748]

Übertragen auf die Länderklausel bedeutet dies, dass der Bund die grundsätzliche Art der Beteiligung regeln kann, insbesondere welches Organ die Mitsprachebefugnisse hat und wie dieses seinen Willen äußert. Den Ländern bleibt hingegen überlassen, wie das vom Bund festgelegte Organ seinen Willen bildet. Wenn Huber diese Festlegung als einen Verstoß gegen die Verfassungsautonomie ansieht,[749] kann dies anhand dieser Kriterien nicht überzeugen. Die Festlegung des in die Bundesgesetzgebung eingeschalteten Länderorgans ordnet er der internen Willensbildung zu, die den Ländern überlassen bleiben müsse.[750] Bezüglich dessen wurde jedoch im Rahmen der Unterscheidung zwischen Willensbildung und -durchsetzung beim Bundesrat bereits dargelegt, dass die Festlegung des zu beteiligenden Landesorgans zwar auch die interne Willensbildung im Land beeinflusst, dieses Organ sich aber ebenso mit der Abgabe der Stimmen auf der gesamtstaatlichen Ebene bewegt und an der Durchsetzung des landesstaatlich gebildeten Willens beteiligt. Auf Grund dessen kann diese Kompetenz dem Bund zugesprochen werden, ohne dass darin ein Verstoß gegen die Verfassungsautonomie der Länder liegt. Eine Regelung zur Willensbildung stellt bei einem Föderalquorum hingegen die Festlegung der Mehrheiten, die bei der Abstimmung durch das jeweilige Volk erreicht werden müssen, um eine zustimmende Landesstimme zu erreichen, und eines eventuellen Beteiligungsquorums dar. Insofern erscheint eine Bestimmung in der Art, dass das Ergebnis des bundesweiten Volksentscheides im Land als dessen Landesstimme gilt, hinsichtlich eines Verstoßes gegen die Verfassungsautonomie als problematisch, da der Bund damit die zu erreichende Mehrheit auch für die Landesstimme festlegen würde, da die für die Bundesebene geltende Mehrheitsregel automatisch mit auf die Landesebene übertragen werden würde.[751] Spätestens an dieser Stelle ist dann jedoch auf die bereits oben angesprochene Frage zurückzukommen, inwieweit diese Kriterien der

745 Vgl. Tetzlaff, DÖV 2003, 693, 698
746 Badura, in: Bundesrat (Hrsg.), Vierzig Jahre Bundesrat, S. 322 f.
747 Starck, ZG 2003, 81, 89 f.
748 Starck, ZG 2003, 81, 90
749 Stellg. Huber, abgedruckt in: Protokoll der 94. Sitzung des Innenausschusses des Deutschen Bundestages, S. 39+47
750 Stellg. Huber, abgedruckt in: Protokoll der 94. Sitzung des Innenausschusses des Deutschen Bundestages, S. 47
751 So auch: schriftl. Stellg. Huber, Ausschussdrucksache 14/809F, S. 3 (abgedruckt als Anlage zum Protokoll der 94. Sitzung des Innenausschusses des Deutschen Bundestages)

Willensbildung und Willensdurchsetzung zwingend sind und ob die Abgrenzung zwischen dem Bereich des Staatsorganisationsrechts des Bundes und der Länder auch anhand anderer Kriterien erfolgen kann. Wenn das Grundgesetz die Regelung der Willensbildung den Ländern im Rahmen von Art. 28 Abs. 1 GG überlassen hat, so ist zu fragen, ob es das dann auch anders regeln kann. Die Regelungsbefugnis der Länder wird oftmals mit dem Regelungsverzicht des Grundgesetzes begründet: Der Bund habe eine Regelungslücke hinterlassen, die die Länder ausfüllen können.[752] Daraus müsste dann umgekehrt geschlussfolgert werden können, dass der Bund auch berechtigt wäre, die Dinge, auf deren Regelung er bisher verzichtet hat, schließlich doch noch regeln zu wollen; dies natürlich wieder nur bis zur Grenze des den Ländern verbleibenden unentziehbaren Hausguts. Damit befindet man sich wieder am Ausgangspunkt der hier geführten Diskussion, bei der Frage, ob der Bund mit einer solchen Regelung in die Staatsorganisation der Länder eingreifen würde.

Für deren Beantwortung ist bisher der Zweck der Gewährung von Verfassungsautonomie außen vor geblieben. Er liegt vor allem darin zu verhindern, dass die Gliedstaaten lediglich noch mit einem Verfassungstorso ausgestattet sind, bei dem nicht mehr von einer eigenständigen Regelung der Staatsfundamentalnormen durch die Länder gesprochen werden kann.[753] Die Bestimmung des zur Mitwirkung an der Bundesgesetzgebung berechtigten Landesorgans beschneidet die Länder in ihrem Raum zur Ausgestaltung der eigenen verfassungsrechtlichen Verhältnisse jedoch nur unwesentlich. Für den Bereich der innerstaatlichen Organisation ergeben sich dadurch keine Beeinträchtigungen. Da der Bund den Ländern überhaupt erst die Möglichkeit einräumt, ihre Interessen auf Bundesebene einzubringen, kann er dann wohl auch selbst bestimmen, welches Länderorgan er beteiligen möchte. Es geht hier nicht um den Bereich der den Ländern von vornherein zustehenden, auf ihrer Staatlichkeit beruhenden Befugnisse, sondern um eine vom Bund freiwillig gewährte Beteiligungsmöglichkeit. Es kann keine Rede davon sein, dass dadurch nur noch ein Verfassungstorso übrig bleibt.

Jedenfalls fällt es angesichts des Vergleiches mit der Schweiz schwer, einen Verstoß gegen die Verfassungsautonomie anzunehmen, wenn es dort nur bis 1874 den Kantonen überlassen war, die Mehrheiten festzulegen, die für eine zustimmende Kantonsstimme erreicht werden mussten, die Bundesverfassung danach aber bestimmte, dass das Ergebnis der bundesrechtlichen Volksabstimmung im Kanton als dessen Standesstimme gilt (Art. 142 Abs. 3 BV).[754] Selbst in der Schweiz, in der die Autonomie der Kantone höher zu bewerten ist als die der deutschen Bundesländer,[755] trifft diese Festlegung also die gesamtstaatliche Verfassung. Nicht verschwiegen werden darf natürlich, dass auch im Zuge der Festlegung der Bestimmung der Kantonsstimme durch den Zentralstaat in der Schweiz Stimmen laut geworden sind, die allein in der Bestimmung der Kantonsstimme durch die Kantone die vom bundes-

752 März, Bundesrecht bricht Landesrecht, S. 179

753 BVerfGE 36, 342, 361

754 S.o. 4. Kap. E. II. 3.; Mit diesem Argument arbeitet auch: Jung, FS v. Arnim, S. 361.

755 S. dazu unten 4. Kap. E. III. 1.

staatlichen Standpunkt her korrekte Methode sahen; die Kantone könnten ihre Stimme nur in der durch die Kantonsverfassung vorgezeichneten Weise abgeben.[756] Teilweise wurde „ein systemwidriger Einbruch in den kantonalen Bereich" reklamiert, wenn die eidgenössischen und nicht die kantonalen Stimmrechtsvorschriften maßgeblich sind.[757] Dies entspricht ansatzweise der Argumentation der Befürworter eines Verstoßes gegen die Verfassungsautonomie. Durchgesetzt haben sich diese Bedenken letztlich nicht. Führend bleibt der Gedanke, dass die Kantone bei der Mitwirkung an der Bildung des Bundeswillens im Rahmen der Organisation und Zuständigkeit des Bundes handeln.[758] Ob diese Aussagen die heutige Diskussion in Deutschland um den Verstoß gegen die Verfassungsautonomie stützen könnten, ist angesichts der damaligen schweizerischen Verhältnisse zudem ebenfalls noch nicht begründet. Allein die bundesstaatliche Korrektheit einer solchen Lösung bedeutet nicht, dass eine Festlegung durch den Bund gleichzeitig einen Verstoß gegen die Verfassungsautonomie darstellt. Auch heute wird noch vereinzelt die Forderung erhoben, die Bildung der Standesstimme wieder den Kantonen zu überlassen; in der Diskussion darüber werden jedoch Argumente in der Weise, wie sie die Sachverständigen in der Anhörung des Innenausschusses des Deutschen Bundestages vorgebracht haben, nicht gestreift; die Autonomie der Kantone spielt in der Diskussion keine Rolle.[759]

ff. Die Beachtung des Bedürfnisses nach einer bundeseinheitlichen Regelung

Für die Abgrenzung von Kompetenztiteln auf der einfachgesetzlichen Ebene favorisiert Bullinger, in die Auslegung nicht nur den Schutz der Länder und deren Erhalt als kraftvolle Faktoren im bundesstaatlichen Gefüge einzubeziehen, sondern für die Annahme einer Bundeskompetenz das Bedürfnis nach bundesgesetzlicher Regelung sprechen zu lassen. Das an die Erforderlichkeitsklausel des Art. 72 Abs. 2 GG angelehnte Merkmal kann eine Kompetenz des Bundes zwar nicht begründen, was das Grundgesetz in den Art. 72, 74 und 75 GG deutlich macht, indem es erst die Zuweisung eines Kompetenztitels verlangt, der dann vom Bund nur in Anspruch genommen werden kann, wenn das Erfordernis einer bundeseinheitlichen Regelung dies

756 Meyer, Die Mitwirkungsrechte der Bundesglieder in der Schweizerischen Eidgenossenschaft, S. 57 ff.+92 f.

757 Imboden, Zeitschrift für Schweizerisches Recht, N.F., Bd. 74 (1955), 209, 234; Kley, in: Ehrenzeller/Mastronardi/Schweizer/Vallender (Hrsg.), Art. 142 Rn 5 spricht hingegen von einer folgerichtigen Demokratisierung, da vorher „unerwünschte Diskrepanzen" zwischen Volks- und Standesstimme möglich waren.

758 Hangartner, Grundzüge des schweizerischen Staatsrechts, Bd. I, S. 57

759 Diese Diskussion ist bei: Wili, Kollektive Mitwirkungsrechte von Gliedstaaten in der Schweiz und im Ausland, S. 700 ff. dargestellt. Auf S. 262 Fn 48 schätzt er die Regelung durch den Bund als „nicht weniger vertretbar" als eine innerkantonale Zuständigkeitsnorm ein. Wili fordert im Gegenteil sogar die Regelung in der Bundesverfassung (schriftl. Stellg. Wili, Ausschussdrucksache 14/809C, S. 14 (abgedruckt als Anlage zum Protokoll der 94. Sitzung des Innenausschusses des Deutschen Bundestages)).

notwendig macht. Für die Entscheidung von Kompetenzkonflikten habe es jedoch stets tragende Bedeutung, auch wenn es beispielsweise um die Abgrenzung einer ausschließlichen Bundeskompetenz von einer Landeskompetenz geht. Ausschlaggebend sei daher auch der Grad der Dringlichkeit einer bundesgesetzlichen Regelung, der zur Substanz der verbleibenden Länderrechte in Beziehung zu setzen ist.[760] Auch das Bundesverfassungsgericht bezieht in seine Überlegungen die Frage des Bedürfnisses nach Rechtseinheit und damit einer bundesgesetzlichen Regelung mit ein.[761] Dagegen wendet sich überzeugend Wolfrum, der hier die Verwischung zweier Ebenen reklamiert.[762] Die Erforderlichkeitsklausel setzt ausdrücklich erst das Bestehen eines Kompetenztitels voraus, bevor dessen Inanspruchnahme anhand dieser begründet werden muss. Das Erfordernis einer bundeseinheitlichen Regelung durch die Hintertür dann doch als Abgrenzungskriterium für Zweifelsfälle hinsichtlich der Zuweisung eines Kompetenztitels anzuwenden, widerspricht dieser verfassungsrechtlichen Systematik in nicht hinnehmbarer Weise.

Zudem kann dieses Merkmal auf das Verhältnis von Bundes- und Landesverfassungsrecht grundsätzlich nicht angewendet werden, da dies der verfassungsrechtlich verbürgten Verfassungsautonomie der Länder zuwiderlaufen würde. Der Bund kann nicht die Regelung jeder Materie, für die sowohl ein Anknüpfungspunkt auf der verfassungsrechtlichen Ebene des Bundes als auch auf der der Länder besteht, an sich ziehen, wenn er hinsichtlich dessen ein Bedürfnis nach bundeseinheitlicher Regelung sieht. Auf Verfassungsebene gelten lediglich die Vorgaben des Art. 28 Abs. 1 GG, innerhalb deren die Länder frei ihre Verfassungen auch hinsichtlich der zu regelnden Materien gestalten können; der Bund kann hier nicht mit dem Bedürfnis nach bundeseinheitlicher Regelung eingreifen und damit alle Zweifelsfälle an sich ziehen. Im Ergebnis ist das Bedürfnis nach bundeseinheitlicher Regelung nicht geeignet, bei Kompetenzabgrenzungsschwierigkeiten behilflich zu sein.

Zudem kann ein solches Bedürfnis auch kaum angenommen werden. Lediglich aus dem Gesichtspunkt der Gewährleistung funktionsfähiger Bundesorgane und einer funktionsfähigen Bundesgesetzgebung könnte sich ein solches ergeben, wenn auf Grund der Fülle der verschiedenen denkbaren Regelungsmodelle der Beteiligung der Länder eine Gefährdung der Funktionsfähigkeit befürchtet werden könnte, unterschiedliche Regelungen der Länder also nicht hinnehmbar wären. Dies wäre z.B. dann denkbar, wenn die vom Bund festgelegte Einheitlichkeit der Stimmabgabe nicht mit allen Modellen realisiert werden könnte. Zu einer solchen Vorgabe der Einheitlichkeit der Stimmabgabe ist der Bund auf Grund seiner Organisationskompetenz hinsichtlich der Bundesorgane bzw. der Regelung der Bundesgesetzgebung zweifellos berechtigt: Er muss bei der Ausgestaltung der Ländermitwirkung den groben Rahmen vorgeben, da sich die Länder in der Sphäre des Bundes bewegen und

760 Vgl. zum Ganzen: Bullinger, DÖV 1970, 797, 797+799; Dass der Schutz der Länder als Verfassungsgeber auf Grund der umfassenden Befugnis zur Setzung von Landesverfassungsrecht nicht berücksichtigt werden muss, wurde bereits dargelegt (s.o. 4. Kap. E. II. 4.+5. a.).

761 BVerfGE 36, 193, 209

762 Wolfrum, DÖV 1982, 674, 678

sich an dessen Willensbildung beteiligen. Die Einheitlichkeit war auch in der Verfassungsgeschichte stets prägendes Merkmal des Föderativorgans, um so einen eindeutigen Willen eines Bundeslandes darstellen zu können. Der Bund wird daher auch im Rahmen der Beteiligung der Länder am plebiszitären Gesetzgebungsverfahren berechtigt sein, diese Einheitlichkeit zu verlangen. Problematisch wäre die Sicherstellung der Einheitlichkeit der Stimmabgabe jedenfalls bei einem Modell, das gewählten Vertretern die Abgabe der Landesstimmen zuweist. Sollten diese mit einem freien Mandat ausgestattet werden, sind die Vertreter nicht weisungsgebunden; eine einheitliche Stimmabgabe wäre ohne zusätzliche Absicherungen nicht realisierbar. Verweigert man ihnen das freie Mandat und macht sie von Weisungen sonstiger Landesverfassungsorgane abhängig,[763] besteht kein Unterschied mehr zwischen ihnen und ernannten Vertretern, eine Weisungsgebundenheit für gewählte Vertreter ist daher absurd. Ein imperatives Mandat ist auf Grund dessen nur sinnvoll, wenn das Erfordernis der Einheitlichkeit der Stimmabgabe aufgegeben wird.[764] Tut dies der Bund nicht, könnte eine einheitliche Stimmabgabe notfalls aber auch durch die Anwendung des Mehrheitsprinzips gesichert werden, etwa in der Art, dass die Vertreter ihre Stimmen alle frei abgeben, sich die Stimme des Landes dann aber an der Mehrheit der abgegebenen Stimmen orientiert.[765] Auch wenn der Ausschluss dieser Vielfalt im Sinne eines reibungslosen und effizienten Ablaufs des Volksgesetzgebungsverfahrens vielleicht wünschenswert wäre, ein unabweisbares Bedürfnis für eine Regelung des Bundes besteht nicht, da sich die Einheitlichkeit der Stimmabgabe bei allen Lösungsmodellen (mehr oder weniger sinnvoll) regeln ließe. Andere Gesichtspunkte, auf Grund derer das Verfahren des Volksentscheids auf Bundesebene durch die Vielfalt der möglichen Regelungsmodelle der Länder gefährdet wäre, sind nicht ersichtlich.

gg. Art. 28 Abs. 1 GG als Ausschluss jeglicher Bundeskompetenz im Bereich der Regelung der verfassungsmäßigen Ordnung der Länder

Wolfrum sieht die Lösung von Kompetenzkonflikten schließlich in Art. 28 Abs. 1 GG, der seiner Ansicht nach jegliche Bundeskompetenzen in Angelegenheiten der verfassungsmäßigen Ordnung der Länder ausschließt. Sobald eine Materie in der Landesverfassung geregelt ist und zu den Staatsfundamentalnormen dieser gehört, somit unter den materiellen Verfassungsbegriff fällt, sei dem Bund jegliche Regelung auf diesem Gebiet verwehrt.[766] Es sei dem Bund weder durch das Grundgesetz

763 Dieser Vorschlag ist – in anderem Zusammenhang – bei: Evers, in: BK, Art. 79 Abs. 3 Rn 220 zu finden.

764 Wagschal/Grasl, ZParl 2004, 732, 742

765 Diese Lösung ist ebenfalls angesprochen bei: Harbich, Der Bundesstaat und seine Unantastbarkeit, S. 133, der auch auf die (meines Erachtens lösbaren) Schwierigkeiten hinweist, die bei einer geraden Stimmenzahl eines Landes entstehen.

766 Wolfrum, DÖV 1982, 674, 679 f.

noch durch einfachgesetzliches Recht gestattet, Landesverfassungsrecht zu verdrängen.[767] Art. 28 Abs. 1 GG entziehe ihm die Kompetenz, in diesem Bereich tätig zu werden, da er den äußersten Rahmen für bundesrechtliche Vorgaben enthält und diese lediglich als Gestaltungsauftrag für die Länder bezeichnet hat; Durchgriffe seitens des Bundes seien also nicht zulässig, sondern die beiden Verfassungskreise von Bund und Ländern stünden ohne unmittelbare Berührung nebeneinander.[768] Regelt der Bund eine solche Materie doch, soll diese Regelung wegen Verstoßes gegen Art. 28 Abs. 1 GG nichtig sein.[769] Für das vorliegende Problem würde dies bedeuten, dass allein der genannte Anknüpfungspunkt im Staatsorganisationsrecht der Länder dem Bund die Kompetenz zur Festlegung des zu beteiligenden Organs entzieht. Wolfrum bietet damit jedoch gerade keine Lösung des Kompetenzkonflikts, sondern unterstellt pauschal alle Angelegenheiten, die die Staatsfundamentalnormen der Länder in irgendeiner Weise betreffen, der Regelungskompetenz der Landesverfassungsgeber. Er negiert damit in letzter Konsequenz das Vorhandensein eines Kompetenzkonflikts, obwohl zuvor auch von ihm festgestellt wurde, dass die Regelungskompetenz des Bundes betroffen ist. Das Anwendungsfeld des Landesverfassungsrechts würde damit hinsichtlich der Normierung der Staatsfundamentalnormen erheblich ausgeweitet und der Bundesgesetzgeber einiger Regelungsmöglichkeiten, die ihm nach den Kompetenztiteln der Art. 73 ff. GG zustehen, beraubt, da viele Gebiete einen Bezug zum Staatsorganisationsrecht der Länder bzw. deren Fundamentalnormen aufweisen und diese nach Ansicht von Wolfrum stets den Ländern vorbehalten bleiben müssten, gleichgültig wie stark der Bezug zum Landesverfassungsrecht ist.

Schließlich, und das dürfte wohl der stärkste Einwand gegen die Argumentation Wolfrums sein, ist die von ihm angenommene strikte Trennung der Verfassungsräume von Bund und Ländern im deutschen Bundesstaat nicht durchgeführt, da der Bund den Ländern die Regelung ihres Staatsorganisationsrechts auch außerhalb von

767 Wolfrum, DÖV 1982, 674, 679

768 Wolfrum, DÖV 1982, 674, 679 f.

769 Wolfrum, DÖV 1982, 674, 680; Er verweist hier auf Dreher/Tröndle, 38. Aufl., § 36 Rn 2, wo jedoch die Konsequenz der Nichtigkeit des § 36 StGB nicht gezogen wird, obwohl auch dort die Kompetenz des Bundesgesetzgebers verneint wird, da es sich um Landesverfassungsrecht handele. Angemerkt wird nur, dass die entsprechenden landesverfassungsrechtlichen Regelungen neben § 36 StGB in Kraft bleiben. Diese Aussagen stützen die Argumentation Wolfrums nicht unbedingt. Der zweite Verweis kann ebenfalls nicht überzeugen: Schröder, Der Staat 21 (1982), 25, 49 f. geht zwar ebenso wie Wolfrum von der Verfassungswidrigkeit des § 36 StGB aus, dies jedoch unter einem anderen Gesichtspunkt. Die Frage der Kompetenz hat er vorab geklärt: Die Länder können die Voraussetzungen für den Indemnitätsschutz festlegen, der Bund dann die Auswirkungen dieser landesverfassungsrechtlichen Vorentscheidung auf die allgemeine Rechtsordnung. Da § 36 StGB jedoch auch solche den Ländern überlassene Entscheidungen mit trifft, ist er wegen Kompetenzverstoßes des Bundes verfassungswidrig. Schröder zieht also nicht Art. 28 Abs. 1 GG als alles vernichtende Kompetenznorm für die Länder heran, sondern differenziert hinsichtlich der Zuständigkeiten zwischen Bundes- und Landesebene, überlässt also auch dem Bund die Regelung von Angelegenheiten, die einen Verknüpfungspunkt mit Landesstaatsorganisationsrecht haben.

Art. 28 Abs. 1 GG nicht vollständig überlässt. Das Dogma der ausschließlichen Zuständigkeit der Länder zur Regelung ihres Staatsorganisationsrechts erhält beispielsweise durch die Kategorie der Durchgriffsnormen eine Einschränkung.[770] Als solche werden diejenigen Normen in der Bundesverfassung bzw. im einfachen bundesgesetzlichen Recht bezeichnet, die Ausschnitte des Staatsorganisationsrechts der Länder regeln, d.h. die Regelungen des Bundes, die normative Durchgriffswirkung unmittelbar auf die Gliedstaaten haben, die also die Landesstaatsgewalt unmittelbar und ohne Transformation binden.[771] Dies bedeutet, dass hier der Bund Regelungen getroffen hat, die nach dem bisherigen Schema, nach dem die Länder für ihre Staatsorganisation ausschließlich zuständig sind, nur von ihnen hätten getroffen werden können. Die Bundesverfassung enthält hier also unmittelbar Bestimmungen des materiellen Landesverfassungsrechts.[772] Darunter zählen neben vielen weiteren Vorschriften z.B. teilweise die Vorgaben aus Art. 20 Abs. 2 und 3 GG; anerkannt sind auch Art. 21, 28 Abs. 2, 33 Abs. 4 und 5 GG sowie z.T. Art. 92, 93 Abs. 1 Nr. 4a, b

770 Alle Abhängigkeiten der Landesverfassungen vom Grundgesetz sind bei: März, Bundesrecht bricht Landesrecht, S. 175 f. aufgeführt. Das Bundesverfassungsgericht hat zumindest in seinen Entscheidungen zum Ausländerwahlrecht (E 83, 37 ff.+60 ff.) von dieser Theorie keinen Gebrauch gemacht, sondern die Lösung auf Art. 28 Abs. 1 S. 1 und 2 GG gestützt (Kersten, DÖV 1993, 896, 901). Im Einzelnen ist hinsichtlich eines in das Landesverfassungsrecht hineinwirkenden Bundesrechts dogmatisch vieles ungeklärt. Teilweise wird von Normativbestimmungen, die die Länder zu einer entsprechenden Gestaltung ihrer Landesverfassungen verpflichten, ohne selbst Geltung in den Ländern zu erlangen, gesprochen (so z.B.: Boehl, Verfassunggebung im Bundesstaat, S. 184). Das Bundesverfassungsgericht entwickelte die viel kritisierte Kategorie der Bestandteilsformen, nach der die Landesverfassungen teilweise aus Bundesverfassungsrecht bestehen, es also Grundgesetzbestimmungen gibt, die zugleich auch unmittelbar Bestandteil des förmlichen Landesverfassungsrechts sind (BVerfGE 1, 208, 233; Nierhaus, in: Sachs (Hrsg.), Art. 28 Rn 5; Friedrich, in: Aulehner/Dengler/Konrad/Langer/Leisner/Lepsius/Möller/Möstl/Pfab/Stender/Waldhoff (Hrsg.), Föderalismus – Auflösung oder Zukunft der Staatlichkeit?, S. 70). Menzel, Landesverfassungsrecht, S. 132 handelt sowohl die Bestandteilstheorie als auch die Kategorie der Durchgriffsnormen unter dem gemeinsamen Oberbegriff „Hineinwirkungslehre" ab.

771 BVerfGE 13, 54, 79 f.; Nierhaus, in: Sachs (Hrsg.), Art. 28 Rn 4; Löwer, in: v. Münch/Kunig (Hrsg.), Art. 28 Rn 6; Friedrich, in: Aulehner/Dengler/Konrad/Langer/Leisner/Lepsius/Möller/Möstl/Pfab/Stender/Waldhoff (Hrsg.), Föderalismus – Auflösung oder Zukunft der Staatlichkeit?, S. 69; Boehl, Verfassunggebung im Bundesstaat, S. 202; Kersten, DÖV 1993, 896, 897; Herzog, DÖV 1962, 81, 82

772 Sachs, ThürVBl. 1993, 121; Kritisch dazu: März, Bundesrecht bricht Landesrecht, S. 180 f. sowie Menzel, Landesverfassungsrecht, S. 157+170+243 m.w.N., nach dem sich der Bundesverfassungsgeber nicht zum Landesverfassungsgeber erklären darf, somit für die Staatsorganisation der Länder bedeutsame grundgesetzliche Regeln nicht zu Landesverfassungsrecht werden, sondern als bundesgesetzliche Regeln neben den Landesverfassungen stehen. Eine Transformation in Landesverfassungsrecht sei überflüssig; die Regelungen können genauso gut in den Ländern unmittelbar als Bundesrecht gelten. Das formelle Landesverfassungsrecht bestehe daher ausschließlich aus der Landesverfassung (kritisch wiederum dazu: Storr, Verfassunggebung in den Ländern, S. 191 ff.).

und Art. 97 GG.[773] Wichtige Fragen für die Substanz der Landesverfassungen werden damit kraft bundesverfassungsrechtlicher Anordnung vorentschieden und der Staatsgewalt der Länder werden dadurch Schranken gesetzt.[774] Für die Länder wiederum bedeutet dies, dass sich ihr Verfassungsrecht sowohl aus dem originären Landesverfassungsrecht als auch aus dem grundgesetzlichen „Einwirkungsrecht" zusammensetzt.[775] Allein diese Kategorie der Durchgriffsnormen beweist, dass auch der Bund die Staatsfundamentalnormen der Landesebene teilweise mit bestimmt und die Aussage Wolfrums, dem Bund sei jede Regelung auf diesem Gebiet auf Grund von Art. 28 Abs. 1 GG verwehrt, nicht zutrifft. Art. 28 Abs. 1 GG kann demzufolge nicht als „Totschlagargument" gegen jegliche Bundeskompetenzen auf dem Gebiet des Landesstaatsorganisationsrechts benutzt werden.

Da die Kategorie der Durchgriffsnormen nun bereits angesprochen wurde, sei auf einen für diese Erörterung interessanten Punkt hingewiesen: Die Grenze des Umfangs, bis zu der eine Regelung des Bundes vertretbar ist, wird im Hinblick auf die Verfassungsautonomie kaum problematisiert.[776] Immerhin wird jedoch noch angemerkt, dass einer Ausdehnung solcher Regelungen hin zu einer Tendenz der Vollregelung der Landesverfassung im Hinblick auf die Verfassungsautonomie Grenzen gesetzt sind.[777] Die ersten Anstrengungen eines Erklärungsversuchs, auf Grund welcher Konstruktion der Bund berechtigt ist, Angelegenheiten der Länder trotz ihrer Staatsqualität zu regeln, führten unter anderem mit zu der vielfach diskutierten Frage der Souveränität der Gliedstaaten und der Abgeleitetheit bzw. Unabgeleitetheit deren Staatsgewalt sowie zur Frage der Drei- bzw. Zweigliedrigkeit des Bundesstaates.[778] Diese können heute als erledigt gelten. Ebenso sollen auch die dogmatischen Bundesstaatstheorien zur Erklärung des Gebildes Bundesstaat nicht wieder aufgeworfen werden, die hauptsächlich der Klärung der Problematik der Staatsqualität der Gliedstaaten und deren Souveränität dienten.[779] Heute verstricken sich die Begründungen weniger in solchen tief dogmatischen Fragen. Durchgriffsnormen werden unter dem

773 S. die Aufzählung bei: Nierhaus, in: Sachs (Hrsg.), Art. 28 Rn 4; Pietzcker, in: Isensee/Kirchhof (Hrsg.), HStR IV, § 99 Rn 37; Boehl, Verfassunggebung im Bundesstaat, S. 202 f.; Kersten, DÖV 1993, 896, 897; Sachs, ThürVBl. 1993, 121

774 Harbich, Der Bundesstaat und seine Unantastbarkeit, S. 79; Sachs, FS Stern, S. 500; ders., ThürVBl. 1993, 121

775 BVerfGE 1, 208, 232; 27, 44, 55; Nierhaus, in: Sachs (Hrsg.), Art. 28 Rn 3; Boehl, Verfassunggebung im Bundesstaat, S. 183; Stiens, Chancen und Grenzen der Landesverfassungen im deutschen Bundesstaat der Gegenwart, S. 27; Schmidt, AöR 87 (1962), 253, 280; Kersten, DÖV 1993, 896, 898; Grawert, NJW 1987, 2329, 2331; Hufen, BayVBl. 1987, 513, 520

776 Stiens, Chancen und Grenzen der Landesverfassungen im deutschen Bundesstaat der Gegenwart, S. 27; Kersten, DÖV 1993, 896, 897; Vitzthum, VVDStRL 46 (1988), 7, 11

777 Sachs, ThürVBl. 1993, 121; ähnlich: ders., FS Stern, S. 500

778 S. dazu u.a.: Stern, Staatsrecht, Bd. I, § 19 I 3; Hempel, Der demokratische Bundesstaat, S. 64 ff.; Harbich, Der Bundesstaat und seine Unantastbarkeit, S. 37 ff.; Storr, Verfassunggebung in den Ländern, S. 92 ff.; Boehl, Verfassunggebung im Bundesstaat, S. 145 ff. m.w.N.; Herzog, DÖV 1962, 81 ff.; Schmidt, AöR 87 (1962), 253, 271 ff.

779 Dargestellt u.a. bei: Hempel, Der demokratische Bundesstaat, S. 240 ff.; Harbich, Der Bundesstaat und seine Unantastbarkeit, S. 21 ff.

Aspekt der besonderen Bedingungen, unter denen die Landesverfassungen in der Gliedstaatlichkeit stehen,[780] als gerechtfertigt bzw. sogar als notwendige Homogenisierungsvorschriften angesehen.[781] Die besonderen Verhältnisse der Bundesstaatlichkeit und die besondere Stellung der Länder zwar als Staaten, aber eben gleichzeitig als Gliedstaaten des Bundes spielen hier eine Rolle. Die Konstituierung von Bundesverfassungsrecht für die Länder erkläre sich „aus der geltungsmäßigen Reichweite der Bundesverfassung als staatsrechtlicher Teilordnung des Gesamtstaates in den gliedstaatlichen Bereich hinein".[782] Eine Grundlage für diese Erklärung lässt sich wohl bereits bei C. Schmitt finden, nach dem die Intervention des Bundes in Angelegenheiten der Mitgliedsstaaten keine fremde Einmischung und politisch und rechtlich möglich ist, da der Gesamtstaat „auf einer seinsmäßigen und substanziellen Gleichartigkeit der Mitglieder beruht".[783] Das Bild der nebeneinander stehenden Verfassungsräume von Bund und Ländern wird hier jedenfalls relativiert, was das Bundesverfassungsgericht mit der Formulierung des nur grundsätzlichen Nebeneinanderstehens andeutet.[784] Im Ergebnis scheint die Qualifizierung des Grundgesetzes als die gemeinsame Grundordnung des Bund und Länder zusammenschließenden Bundesstaates, die damit der Staatsgewalt der Länder die Grenze aufzeigt,[785] als zwar eine grob erscheinende, aber wahrscheinlich einzig mögliche Erklärung für die Existenz von Durchgriffsnormen. Der Bund als Gesamtstaat muss die Befugnis haben, auf die Gliedstaaten einzuwirken, um den Gesamtstaat funktionsfähig zu halten.[786] Einen Erkenntnisgewinn für die vorliegende Problematik können solche Aussagen freilich nicht bringen.

780 Sachs, ThürVBl. 1993, 121

781 Bartlsperger, in: Isensee/Kirchhof (Hrsg.), HStR IV, § 96 Rn 21 ff.; März, Bundesrecht bricht Landesrecht, S. 179

782 Bartlsperger, in: Isensee/Kirchhof (Hrsg.), HStR IV, § 96 Rn 25

783 Schmitt, Verfassungslehre, S. 378

784 BVerfGE 4, 178, 189; 60, 175, 209; Boehl, Verfassunggebung im Bundesstaat, S. 183

785 Stern, Staatsrecht, Bd. I, § 19 I 4; Auf die Frage, woraus sich dieser Vorrang des Bundesrechtes gegenüber dem Landesrecht ableitet, kann hier nicht eingegangen werden (s. dazu z.B.: Stern, Staatsrecht, Bd. I, § 19 III 7 b). Die Begründung, diese Einschränkung der eigenen Staatsgewalt der Länder beruhe auf ihrer Entscheidung, dem Bund die Macht zu dieser Einschränkung zu geben (Herzog, DÖV 1962, 81, 85; Harbich, Der Bundesstaat und seine Unantastbarkeit, S. 59+79+82), erscheint jedenfalls problematisch. Sie geht von einer Entstehung des Bundesstaates im Wege des Zusammenschlusses von Einzelstaaten aus und nicht von der Entstehung im Wege der Rückföderalisierung eines Einheitsstaates. Es wurde zwar festgestellt, dass sich die Entstehung des Grundgesetzes als ein Mittelweg dieser beiden Arten darstellt, diese Erklärung für die Erscheinung der Durchgriffsnormen missachtet jedoch die Annahme, dass sich das gesamtdeutsche Volk die Ordnung für den Gesamtstaat gegeben hat und nicht die einzelnen Landesvölker zugestimmt haben (s.o. 4. Kap. D. I. 2.).

786 So wird für den „Durchgriff" von Art. 20 Abs. 2 GG auf die Landesverfassungen dann beispielsweise auf dessen existenzielle Bedeutung für ein demokratisches Staatsgebilde verwiesen (Kersten, DÖV 1993, 896, 900).

hh. Die Vermutungswirkung nach Art. 30, 70 GG

Sofern die obigen Kriterien der Willensbildung und Willensdurchsetzung nicht angenommen werden sollten, erhebt sich die Frage, ob Vermutungsregeln das Kompetenzproblem klären können, da anderweitige taugliche Zuordnungskriterien nicht vorhanden sind. Gelegentlich wird bei Kompetenzkonflikten aus Art. 30, 70 GG eine Vermutung zugunsten der Länderkompetenz aufgestellt[787] bzw. das Auftreten eines Kompetenzkonflikts auf Verfassungsebene verneint, da Art. 30 GG mit der Festlegung, dass die Länder nur insoweit tätig werden können, als das Grundgesetz keine andere Regelung trifft, solche Fälle generell ausschließe.[788] Diese Auffassung ist jedoch abzulehnen, da keine Bindung des Landesverfassungsgebers an die grundgesetzliche Kompetenzverteilung besteht und die Länder insoweit ein allgemeinpolitisches Mandat besitzen, sich in der Verfassung grundsätzlich auch mit nach der Kompetenzordnung des Grundgesetzes dem Bund zustehenden Fragen zu befassen.[789] Art. 30, 70 GG regeln zudem die Frage der Regelzuständigkeit innerhalb der grundgesetzlichen Kompetenzverteilung, können aber keine Wirkung haben auf ein Problem der Kollision zweier Kompetenzen. Für ein solches Problem der Normkonkurrenz ist eine Kollisionslösung erforderlich.[790] Art. 70 GG hat seine Funktion in der vollständigen Verteilung der Gesetzgebungskompetenzen im Zusammenspiel mit Art. 71 ff. GG und will Kompetenzlücken vermeiden, die bei einer enumerativen Aufzählung sowohl der Bundes- als auch Landeskompetenzen zwangsläufig aufgetreten wären. Eine Zuständigkeitsvermutung zugunsten der Länder ist darin aber nicht zu sehen.[791] Auch deshalb gilt Art. 70 GG oder dessen Rechtsgedanke nicht im vorliegenden Verhältnis. Art. 30 GG kommt nach dem oben Gesagten ebenfalls keine Vermutungswirkung zu.

b. Der Ansatz über Art. 31 GG

Nach bisherigem Ergebnis ergibt sich nach der hier vertretenen Ansicht eine Unterscheidung der beiden Verfassungsbereiche von Bund und Ländern nach den Krite-

787 Stern, Staatsrecht, Bd. I, § 19 III 3 a+b m.w.N.; Verneinend: Wolfrum, DÖV 1982, 674, 676, der generell in Frage stellt, ob Art. 70 GG überhaupt eine solche Vermutungswirkung zukommt.

788 Harbich, Der Bundesstaat und seine Unantastbarkeit, S. 77

789 S. nur: März, in: v. Mangoldt/Klein/Starck (Hrsg.), Art. 31 Rn 88, der sich auch mit den bisweilen geäußerten Gegenmeinungen auseinandersetzt, sowie Menzel, Landesverfassungsrecht, S. 167 f. Wolfrum, DÖV 1982, 674, 676 scheint dies nicht bedacht zu haben, da er – zwar im Ergebnis mit anderen Argumenten verneinend – die Anwendung des Art. 70 GG auf das Verhältnis von einfachgesetzlichem Bundesrecht und Landesverfassungsrecht ausgiebig erörtert. Auf S. 679 stellt er diesen Mangel dann auch fest, ohne Konsequenzen für seine vorherige Diskussion zu ziehen.

790 Lerche, JZ 1972, 468, 471; Pestalozza, DÖV 1972, 181, 189 f.

791 Vgl. zum Ganzen: Wolfrum, DÖV 1982, 674, 676

rien der Willensbildung und -durchsetzung. An dieser Stelle soll auf Grund der aufgezeigten erheblichen Unsicherheiten, die mit dieser Lösung verbunden sind, auch auf einen anderen Lösungsweg eingegangen werden. Da alle methodischen Ansätze zur Abgrenzung der Verfassungsbereiche von Bund und Ländern bis auf den der Unterscheidung von Willensbildung und -durchsetzung abgelehnt wurden, wäre es – folgt man dieser nicht – auf Grund der Schwierigkeiten einer eindeutigen Zuordnung letztendlich ebenso vertretbar, die Kompetenz sowohl dem Bund als auch den Ländern auf Grund ihrer Zuständigkeit zur Regelung des jeweils eigenen Staatsorganisationsrechts zuzuschreiben. Bei der Zuerkennung auch einer Kompetenz an den Bund wäre ein Verstoß gegen die Verfassungsautonomie der Länder ausgeschlossen. Für mögliche Kollisionsfälle könnte eine Lösung dann eventuell über Art. 31 GG gefunden werden.

Dieser resultiert aus dem rechtsstaatlichen Erfordernis einer einheitlichen Rechtsanwendung, welches auf Grund der Anerkennung eines Spannungsprinzips zwischen Bundes- und Landesverfassungen und der daraus resultierenden Möglichkeit divergierender Regelungsanordnungen eine Kollisionsnorm erfordert.[792] Art. 31 GG ordnet den Vorrang allen Bundesrechts vor Landesrecht an, also auch den Vorrang des Grundgesetzes vor den Länderverfassungen.[793] Seine Regelungswirkungen treten ein, sobald eine Normenkollision vorliegt. Voraussetzung dafür ist selbstverständlich zunächst, dass sowohl der Bund als auch die Länder von ihrer Regelungsbefugnis Gebrauch machen. Des Weiteren müssen diese beiden Normen rechtsgültig und auf denselben Sachverhalt anwendbar sein sowie bei ihrer Anwendung zu verschiedenen Ergebnissen führen.[794] Gültig wären bei dieser Lösung beide Normen, da die vorrangige Frage der Kompetenz eine Zuweisung der Zuständigkeit zur Bestimmung des an der Bundesgesetzgebung zu beteiligenden Länderorgans an den Bund und die Länder ergäbe. Die Normen regeln denselben Sachverhalt, wobei sich eine Kollision in dem Fall ergäbe, dass der Bund ein anderes Landesorgan zur Mitwirkung am Plebiszit bestimmt als zumindest eines der Länder.

Für den Bereich der einfachgesetzlichen Gesetzgebung hat bereits Pestalozza eine solche Lösung vorgeschlagen, wenn es hinsichtlich einer zu regelnden Materie sowohl für den Bund als auch für die Länder kompetenzielle Anknüpfungspunkte gibt und die Kompetenzfrage anhand der einschlägigen Abgrenzungskriterien nicht geklärt werden konnte.[795] Ihm folgte Lerche, der wiederum Art. 31 GG nicht direkt anwenden will, sondern dessen Wirkungen schon auf die Stufe der Entscheidung der Kompetenzfrage vorverlagerte; er gibt also letztlich nicht beiden in Betracht kom-

792 Menzel, Landesverfassungsrecht, S. 155; zur Wirkungsweise des Art. 31 GG in Bezug auf das Verhältnis von Bundes- und Landesverfassungsrecht umfassend: März, Bundesrecht bricht Landesrecht, S. 169 ff.

793 Sachs, DVBl. 1987, 857, 862

794 BVerfGE 36, 342, 363; Stern, Staatsrecht, Bd. I, § 19 III 7 e γ; Storr, Verfassunggebung in den Ländern, S. 202 f.

795 Pestalozza, DÖV 1972, 181, 189 f.

menden Kompetenzträgern die Möglichkeit zur Regelung.[796] Diese Lösung über Art. 31 GG lehnen einige ab, da Art. 70 ff. GG eine doppelte Regelungskompetenz untersage, der Kompetenzkonflikt also in jedem Fall aufzulösen sei.[797] Die Anwendung des Art. 31 GG liefe praktisch auf eine Kompetenzvermutung zugunsten des Bundes hinaus, was aus denselben Gründen, wie sie gegen Art. 70 GG als Vermutung zugunsten der Länder vorgetragen wurden, nicht überzeugt. Art. 31 GG könne nicht herangezogen werden, um eine Kompetenz zu begründen.[798] Dieses von Wolfrum vorgetragene Argument lässt jedoch befürchten, dass er den von Pestalozza vorgeschlagenen Lösungsweg missverstanden hat. Pestalozza geht von dem Fall einer Zuweisung der Kompetenz an Bund und Länder aus und fragt in einem zweiten Schritt, wie die Inanspruchnahme einer Kompetenz durch zwei Kompetenzträger zu lösen ist; der Einwand der kompetenzbegründenden Wirkung greift schon aus diesem Grund nicht. Auch kann nicht von einer Kompetenzvermutung zugunsten des Bundes die Rede sein, da auch die Länder zur Regelung der Materie befugt sind, dabei jedoch in Kauf nehmen müssen, dass ihre Regelung durch die vorrangige Bundesregelung gebrochen wird.[799] Für eine Lösung über Art. 31 GG spricht des Weiteren, dass er anderenfalls eines Großteils seines Anwendungsbereichs beraubt würde, da dieser zwei sich widersprechende, aber rechtsgültige, d.h. kompetenzgerecht erlassene Rechtnormen voraussetzt. Würde jeder Kompetenzkonflikt streng aufgelöst, wären unter keinen Umständen jemals zwei Rechtsträger zur Regelung befugt.[800] Denjenigen, die bei einer solchen Lösung eine nicht erträgliche Ausweitung der Kompetenzen des Bundes befürchten, kann nur entgegengehalten werden, dass Fälle einer Kompetenzkollision nicht allzu häufig vorkommen, da sich Konflikte zwischen zwei Kompetenztiteln oft mit dem Kriterium des Schwerpunktbezuges lösen lassen und somit in den meisten Fällen die Materie eindeutig einem Kompetenzträger zugeordnet werden kann.[801] Zudem wird die Kompetenz zur Regelung der Materie gerade nicht nur dem Bund zugewiesen, sondern ebenfalls den Ländern, so dass zumindest theoretisch die Möglichkeit besteht, dass die Länder verbindliche Regelungen treffen, wenn der Bund von seiner Kompetenz keinen Gebrauch macht.

Bei einer Übertragung dieser Lösung auf die Verfassungsebene begegnet man nun dem oben bereits angedeuteten Problem, dass nach allgemeiner Auffassung in der

796 Lerche, JZ 1972, 468, 471

797 BVerfGE 36, 193, 203; Stern, Staatsrecht, Bd. I, § 19 III 3 a β; Wolfrum, DÖV 1982, 674, 677; Sachs, ThürVBl. 1993, 121, 123

798 Wolfrum, DÖV 1982, 674, 678

799 Pestalozza, DÖV 1972, 181, 190: „Art. 31 GG wirkt sich dahin aus, daß die Länder unbeschadet der Bundeskompetenz „ihr" Sonderrecht setzen können, jedoch seine Verdrängung durch einschlägiges Bundessonderrecht hinnehmen müssen."; Die von Wolfrum vorgebrachten Bedenken können aber gegen die Abwandlung der Lösung von Pestalozza durch Lerche, JZ 1972, 468, 471 erhoben werden, da hier (zumindest der Rechtsgedanke aus) Art. 31 GG auf der Ebene der Zuweisung einer Kompetenz angewandt wird.

800 So sieht dies auch: Pestalozza, DÖV 1972, 181, 190 (m.w.N. auf schweizerische Literatur).

801 So auch: Lerche, JZ 1972, 468, 471; auf ausländische Erfahrungen verweisend: Pestalozza, DÖV 1972, 181, 190

Literatur Art. 31 GG auf staatsorganisationsrechtliche Regelungen keine Anwendung finden kann, da allein Art. 28 Abs. 1 S. 1 und 2 GG einschlägig sei. Die hier vorliegende besondere Situation lässt jedoch deutlich werden, dass dies nicht absolut gelten kann. Auch wenn das Staatsorganisationsrecht von Bund und Ländern selten zu kollidierenden Konflikten führt, da der Bund sich aus der Regelung des Staatsorganisationsrechts der Länder weitgehend fernhält, Art. 31 GG seinen Schwerpunkt also nicht bei der Lösung von widerstreitenden staatsorganisationsrechtlichen Normen finden wird,[802] so kann doch die seltene Ausnahme des Konflikts auftreten. Auch die bereits angesprochene Kategorie der Durchgriffsnormen[803] kann zu solchen Kollisionsfällen führen. Die Landeskompetenz zur Regelung eines Gegenstandes, den die Bundesverfassung als Durchgriffsnorm bereits geregelt hat, wird durch die bundesverfassungsrechtliche Regelung nicht verbraucht, womit dem Ausnahmecharakter solcher Vorschriften gegenüber der Selbständigkeit der Verfassungsräume von Bund und Ländern Rechnung getragen wird.[804] Auch hier besteht somit die Möglichkeit kollidierenden Verfassungsrechts, wobei dem Bundesverfassungsrecht widersprechende Landesverfassungsnormen nichtig wären.[805] Einzig die Begründung der Nichtigkeit erfolgt auf unterschiedlichem Weg. Auch dies zeigt, dass die Aussage, im Bereich des Staatsorganisationsrechtes könne es naturgemäß keine widersprechenden Kompetenzen auf Bundes- und Landesebene geben, nicht hinnehmbar ist. Divergierende Regelungen des Bundes und der Länder treffen sich auch hier am selben Ort, sie betreffen beide die Ausübung der Staatsgewalt durch die Länder.

Existieren unterschiedliche staatsorganisationsrechtliche Regelungen auf Bundes- und Landesebene, ist einer Regelung des Bundes über Art. 31 GG der Vorrang zu geben. Wie Art. 31 GG dann konkret zu verstehen ist, ob nach ihm die bundesrechtliche Regel die Nichtigkeit der landesrechtlichen Regel bewirkt oder ob die landesverfassungsrechtliche Norm lediglich im konkreten Fall verdrängt wird,[806] was die Verfassungsautonomie der Länder in größerem Maße respektieren würde, sei zunächst einmal dahingestellt. Diese Lösung klingt ähnlich auch bei Boehl an, der bei ebenfalls bestehenden Landesbestimmungen zur Regelung der Verhältnisse des Bundesrates Art. 31 GG anwenden will, wenn nicht bereits die Kompetenz des Landesverfassungsgebers verneint wird.[807] Auch er geht damit offensichtlich davon aus, dass es nicht undenkbar ist, sowohl dem Land als auch dem Bund die Kompetenz zur Regelung bestimmter Angelegenheiten in Bezug auf den Bundesrat zu geben. Es gibt also entgegen der oben dargestellten Ansicht auch im staatsorganisatorischen Bereich nicht nur Regelungen, die unter Art. 28 Abs. 1 GG fallen, sondern es sind gera-

802 Menzel, Landesverfassungsrecht, S. 186

803 S.o. 4. Kap. E. II. 5. a. gg.

804 Sachs, FS Stern, S. 502 f.; ders., ThürVBl. 1993, 121, 123

805 Boehl, Verfassunggebung im Bundesstaat, S. 203

806 So: Menzel, Landesverfassungsrecht, S. 201 ff.; Sacksofsky, NVwZ 1993, 235, 239; dagegen: Sachs, ThürVBl. 1993, 121, 124; differenzierend: BVerfGE 36, 342, 365 f.; Pützer, Landesorganisationshoheit als Schranke der Bundeskompetenzen, S. 150 ff.

807 Boehl, Verfassunggebung im Bundesstaat, S. 202

de auf Grund der bundesstaatlichen Organisation auch Fälle wie der vorliegende denkbar, die mit Hilfe des Art. 31 GG zu lösen sind.[808] Des Weiteren löst auch Menzel Konfliktlagen, die auf Grund der unbeschränkten Kompetenz des Landesverfassungsgebers entstehen können, mit Hilfe von Art. 31 GG.[809] Das Urteil des Bundesverfassungsgerichts, welches die oben genannte gegenteilige herrschende Ansicht in der Literatur[810] für sich in Anspruch nimmt,[811] sei unglücklich formuliert. Aus der Aussage, dass Art. 31 GG im Anwendungsbereich des Art. 28 GG keine Anwendung finde,[812] wurde der Schluss gezogen, dass Art. 28 GG eine Ausnahmevorschrift zu Art. 31 GG sei. Dass die Landesverfassungen aber ebenso der Regelungsanordnung des Art. 31 GG unterfallen müssen, zeigt bereits der Wortlaut von Art. 142 GG, der das In-Kraft-Bleiben von landesverfassungsrechtlichen Grundrechten bei deren Übereinstimmung mit denen des Grundgesetzes anordnet, „ungeachtet" des Art. 31 GG. Fehlt diese Übereinstimmung, ist Art. 31 GG folglich anwendbar. Genauso verhält es sich mit Art. 28 GG: Lässt sich ein Problem mit Hilfe dessen lösen, ist kein Raum für die Anwendung von Art. 31 GG; in den Fällen, in denen Art. 28 GG nicht einschlägig ist, greift Art. 31 GG.[813] Staatsorganisationsbestimmungen können deshalb genauso an Art. 31 GG scheitern, was sie auf Grund fehlender einschlägiger Regelungen des Grundgesetzes jedoch nur selten tun, da der Bund im Regelfall nur Normen zur Regelung des politischen Prozesses auf Bundesebene erlässt. Zudem hat sich das Bundesverfassungsgericht in derselben fraglichen Entscheidung auch dahingehend geäußert, dass Art. 28 GG nicht abschließend alle Vorgaben für das Staatsorganisationsrecht der Länder enthält, und es stellt fest, dass inhaltlich mit dem Grundgesetz unvereinbares Landesverfassungsrecht durch Art. 31 GG gebrochen wird,[814] was der Auslegung dieses Urteils durch die herrschende Ansicht ebenfalls widerspricht. In der Sanktion des Art. 31 GG liegt dann auch kein Widerspruch zur Verfassungsautonomie, wenn die Kollisionsregel als Suspensivnorm und nicht als Nichtigkeitsanordnung aufgefasst wird.[815]

Andere sehen ebenfalls die Möglichkeit der Existenz von Kompetenzkonflikten zwischen Bundes- und Landesverfassung, wollen aber Art. 31 GG nicht anwenden, sondern einen allgemeinen Vorrang des Grundgesetzes in solchen Kollisionsfällen statuieren, der sich bereits aus Art. 28 Abs. 1, 20 GG und „insgesamt aus dem Sinn der bundesstaatlichen Verfassung, die den Gesamtrahmen verbindlich setzt", ergä-

808 Boehl, Verfassunggebung im Bundesstaat, S. 201

809 S. hierzu und zum Folgenden: Menzel, Landesverfassungsrecht, S. 183 f.

810 S.o. 4. Kap. E. II. 4.

811 BVerfGE 36, 342, 360 ff.

812 BVerfGE 36, 342, 360; Weitere Anmerkungen tätigt das Bundesverfassungsgericht zu Art. 142 GG (BVerfGE 36, 342, 362 f.), die in diesem Zusammenhang ebenfalls missgedeutet wurden.

813 Auch: Pützer, Landesorganisationshoheit als Schranke der Bundeskompetenzen, S. 159 legt das Urteil des Bundesverfassungsgerichts so aus.

814 BVerfGE 36, 342, 361+366

815 Menzel, Landesverfassungsrecht, S. 183 Fn 3

be.[816] Warum hier auf das allgemeine Bundesstaatsprinzip rekurriert wird, wo es doch mit Art. 31 GG offensichtlich eine spezielle Regelung im Grundgesetz gibt, bleibt indessen verborgen.[817] Einen ähnlichen Vorwurf trifft wohl die Lösung von Sachs, der darauf verweist, dass das Landesverfassungsrecht seinen Geltungsanspruch immer nur im Rahmen der zwingenden Vorgaben aus der Bundesverfassung erhebt und dem Grundgesetz zuwiderlaufende landesverfassungsrechtliche Regelungen daher schon gar keinen Geltungsanspruch erheben.[818] Diese Selbstbeschränkung des Verfassungsgebers ergäbe sich allgemein aus der Position der Landesverfassungen in einem bundesstaatlichen Gefüge und könne notfalls auch anhand einer grundgesetzkonformen Auslegung erreicht werden.[819] Fälle wie der vorliegende machen jedoch deutlich, dass nicht jeder Konfliktfall mit einer grundrechtskonformen Auslegung zu lösen ist, da sich diametral entgegenstehende Aussagen nicht auf einen gemeinsamen Nenner bringen lassen.

Anhand dieses Beispiels sollte deutlich geworden sein, dass es im grundgesetzlichen Bundesstaat auf Grund der bundesstaatlichen Verknüpfung beider staatlichen Ebenen nicht ausgeschlossen ist, dass Kompetenzkonflikte auf Verfassungsebene auch im Bereich des Staatsorganisationsrechts auftreten und dass nicht immer ein rein schematisches „Entweder-Oder“ möglich ist. Die Frage der Abgrenzung der Bereiche des Staatsorganisationsrechts von Bund und Ländern ist stets vorrangig zu klären. Ist die Einordnung einer Materie nicht eindeutig in den Hoheitsbereich einer der Ebenen möglich, sind sowohl Bund als auch Länder auf Grund ihres jeweils eigenen Anknüpfungspunktes zur Regelung befugt, weshalb dann eine Kollisionslösung gefragt ist. Sofern die Materie zumindest auch in den Regelungsbereich des Bundes fällt, ist der Verdacht eines Verstoßes gegen die Verfassungsautonomie der Länder nicht haltbar. Anhand der Unterscheidung der Materien, die zur Willensbildung innerhalb der Länder und damit zu deren Staatsorganisationsrecht gehören, und derjenigen, die der Durchsetzung des so gebildeten Willens auf der Bundesebene dienen und vom Bund zu regeln sind, wurde die Festlegung des an der Bundesgesetzgebung zu beteiligenden Länderorgans als eine Angelegenheit des Bundes gekennzeichnet. Verneint man die unbedingte Gültigkeit dieser Kriterien zur Bestimmung eines Eingriffs in die Organisationshoheit der Länder, so kann mangels anderer tauglicher Abgrenzungskriterien nur eine Doppelzuständigkeit von Bund und Ländern angenommen werden, die bei beiderseitiger Inanspruchnahme der Kompetenz die Anwendung der Kollisionsnorm des Art. 31 GG nach sich zieht. Da auch in diesem Fall der Bund zur Regelung befugt ist, scheidet ein Verstoß gegen die Verfassungsautonomie der Länder in beiden Fällen aus.

816 Pietzcker, in: Isensee/Kirchhof (Hrsg.), HStR IV, § 99 Rn 30
817 Diese Kritik übt auch: Menzel, Landesverfassungsrecht, S. 184.
818 Sachs, ThürVBl. 1993, 121, 124
819 Sachs, ThürVBl. 1993, 121, 124

III. Die Erfüllung der Pflicht zur grundsätzlichen Mitwirkung der Länder an der Bundesgesetzgebung

Nachdem sich die Bearbeitung bisher dem Verstoß gegen die Eigenstaatlichkeit der Länder gewidmet hat, die sich unter anderem in der Zuerkennung von Verfassungsautonomie äußert, mithin die Einführung eines Föderalquorums auf die Vereinbarkeit mit dem Merkmal der „Gliederung des Bundes in Länder“ aus Art. 79 Abs. 3 GG hin überprüft wurde, gelangen die Erörterungen nun zur Problematik der grundsätzlichen Mitwirkung der Länder bei der Bundesgesetzgebung und deren Verwirklichung mit diesem Lösungsmodell. Zunächst stellt sich dabei wiederum die Frage, ob mit einem Föderalquorum eine Beteiligung der Landesvölker an der Gesetzgebung des Bundes verwirklicht wird.

1. Die Länderklausel als Abhilfe zum Problem der lediglich fiktiven Beteiligung der Landesvölker

Auf die Problematik, ob allein durch eine bundesweite Abstimmung eine Beteiligung der Landesvölker fingiert werden kann, ist oben bereits im Rahmen der Erörterung des zweiten Lösungsmodells eingegangen worden.[820] Es steht jetzt die Frage, ob auf Grund der bei der Länderklausel erfolgenden gesonderten Auszählung und eventuellen Gewichtung der Stimmen in jedem Bundesland eine tatsächliche Beteiligung der Landesvölker und keine Fiktion mehr gegeben ist, obwohl diese genau wie beim zweiten Lösungsmodell nicht als getrennte Einheiten auftreten, sondern als einheitliches Bundesvolk abstimmen.

Oben wurde festgestellt, dass das Kernproblem in der Annahme liegt, das handelnde Bundesvolk könne gleichzeitig auch gegliedert in Landesvölker auftreten. Als Voraussetzungen für ein gleichzeitiges Handeln der Landesvölker wurden die Notwendigkeit des Handelns als organschaftliche Einheiten, d.h. das Volk als die Entscheidung treffende Einheit muss abgrenzbar sein, sowie das Erfordernis des Besitzes entsprechender Entscheidungs- und Handlungsfähigkeit für diese abgegrenzte Gruppe von Menschen herausgearbeitet. Zudem muss die Ausübung der Staatsgewalt eindeutig einem bestimmten Hoheitsträger zugeordnet werden können. Bezüglich der ersten Voraussetzung des Handelns als organschaftliche Einheit steht hier wieder das Problem, ob das in seiner Gesamtheit auftretende Bundesvolk in die verschiedenen Landesvölker auseinanderdividiert werden kann. Bei dem Lösungsmodell der Länderklausel besteht im Vergleich zum zweiten Lösungsmodell der Unterschied, dass die abgegebenen Stimmen in jedem Bundesland gesondert ausgezählt werden und – sofern dies im Grundgesetz so vorgesehen werden würde – das Ergebnis aus jedem Bundesland entsprechend dem Bundesratsschlüssel gewichtet wird. Eine Trennung der Völker findet somit nicht mehr nur gedanklich statt, sondern wird sichtbar ge-

820 S.o. 4. Kap. D. I. 2.

macht. Mit diesem Versuch, die Landesvölker durch die gesonderte Auszählung plastisch zu machen, werden die Bedenken hinsichtlich der Aufspaltung des einheitlichen Bundesvolkes jedoch nicht unbedingt ausgeräumt. Die gesonderte Auszählung ändert nichts an der Tatsache, dass das Landesvolk nicht einfach mit einem Teil des Bundesvolkes identifiziert werden kann und dass das einheitliche Bundesvolk nicht als Summe aller Landesvölker gilt. Es liegt keine gesonderte Handlung eines abgegrenzten Legitimationssubjekts vor und die fehlende Identität von Bundesvolk und dem Verein der Landesvölker trotz der Gleichheit ihrer personalen Substanz schlägt auch hier durch. Die Landesvölker treten nicht mit einer eigenen, gesonderten Handlung als organschaftliche Einheiten zutage. Die andere Organqualität des Bundesvolkes verhindert selbst bei einer gesonderten Auszählung die Repräsentation der Summe der Landesvölker. Da auch beim Lösungsmodell der Länderklausel dem Bürger lediglich eine Stimme zusteht, besteht dasselbe Problem, dass dieser in seiner Eigenschaft als Bundes- und zugleich als Landesbürger handeln muss. Die gesondert ausgezählten Stimmen können kaum den Angehörigen der jeweiligen Landesvölker zugerechnet werden, sondern könnten höchstens als organisatorische Untergliederungen des handelnden Bundesvolkes aufgefasst werden. Folgt man hingegen der anderen Ansicht zur Staatsvolkqualität in den Gliedstaaten, nach der es keine eigenen Landesvölker gibt, sondern das Bundesvolk bei der Ausübung von Landesstaatsgewalt territorial untergliedert handelt,[821] kann dagegen aus den oben genannten Erwägungen heraus ein gleichzeitiges Handeln der „Landesvölker" begründet werden.

Auch die zweite Voraussetzung des Besitzes entsprechender Entscheidungs- und Handlungsfähigkeit wurde beim zweiten Lösungsmodell eindeutig verneint. Die gesonderte Auszählung im Rahmen der Länderklausel kann hieran nichts ändern. Auch hier hat der Bürger nur eine Stimme, mit der er sowohl eigenverantwortlich als Bundes- als auch als Landesbürger entscheiden soll, was schlechterdings nicht möglich ist. Bei der Abgabe nur einer Stimme ist der Bürger nicht gleichzeitig als Landes- und Bundesbürger handlungsfähig und muss sich bei einer entgegengesetzten Interessenlage von Bundes- und Landesebene entscheiden, welcher er den Vorzug gibt. Dem Abstimmenden steht hier genauso wenig die Möglichkeit zu, als Landesbürger anders entscheiden zu können als in seiner Eigenschaft als Bundesbürger und seine spezifischen Landesinteressen einzubringen. Die Bürger werden nicht in die Lage versetzt, in ihrem konkreten Abstimmungsverhalten jeweils unterschiedliche Prioritäten zu setzen, sie können nicht getrennt nach den jeweiligen Präferenzen abstimmen.[822] Eine Ausrichtung auf verschiedene Zwecke ist nicht möglich. Die Annahme, auf Grund der gesonderten Auszählung der Stimmen auf den Landesebenen träten die Landesvölker als entscheidungsfähige Einheiten hervor, ist also nicht haltbar.

Schließlich bestätigt auch das letzte Kriterium des notwendigen Zurechnungs- bzw. Verantwortungszusammenhanges zwischen der Abgabe der Stimme und dem

821 S.o. 4. Kap. D. I. 1.
822 So auch: Hufschlag, Einfügung plebiszitärer Komponenten in das Grundgesetz?, S. 124

Handeln als Bundes- bzw. Landesbürger das gefundene Ergebnis. Durch die gesonderte Auszählung soll impliziert werden, dass die eine abgegebene Stimme dem Bürger sowohl als Angehörigen des Bundesvolkes als auch als Angehörigen des Landesvolkes zugerechnet wird. Damit soll erkennbar sein, von wem die Staatsgewalt ausgeht. Dies hält einer Überprüfung nicht stand. Es wird nur ein Akt der Staatsgewalt ausgeführt, der durch die gesonderte Auszählung künstlich aufgespalten wird. Wenn nur ein Akt vorhanden ist, kann dieser auch nur einem Organ zugerechnet werden, so dass es nicht möglich ist, einen Verantwortungszusammenhang zu beiden Völkern herzustellen. Gibt es nur eine abgegebene Stimme, muss diese eindeutig einem Träger von Staatsgewalt zugeordnet werden können. Es wäre reine Fiktion, die Stimmabgabe sowohl auf das Bundes- als auch auf das Landesvolk zurückführen zu wollen. Es bleibt dabei, dass nicht zwei verschiedene Träger von Staatsgewalt als die Initiatoren einer Stimme auftreten und dann im Nachhinein beide für diese eine Stimme verantwortlich gemacht werden können.

Zusammenfassend kann festgestellt werden, dass ein Föderalquorum die Bedenken gegen die Handlungsfähigkeit der Landesvölker in diesem konkreten Abstimmungsakt nicht ausräumen kann. Das Kernproblem, dass mit der Abgabe nur einer Stimme zugleich als Bundes- und als Landesbürger gehandelt werden soll, bleibt auch bei der mit einem Föderalquorum verbundenen gesonderten Auszählung bestehen. Somit kann auch im Rahmen der Länderklausel ein Handeln der Landesvölker als organschaftliche Einheiten wohl schwerlich begründet werden.[823] Bei einem Lösungsmodell, dass die Abgabe nur einer Stimme vorsieht, handelt das abstimmende Volk organschaftlich als Bundesvolk und nicht gleichzeitig als Summe aller Landesvölker. Es werden nur Stimmenanteile am Bundesvolk berücksichtigt, nicht jedoch die Länder als „politisch-staatliche Einheiten".[824]

Ähnlich äußerte sich in der Sachverständigenanhörung des Innenausschusses zur BT-Drucks. 14/8503 der Sachverständige Degenhart, der Bedenken erhoben hatte, ob der an sich einheitlich handelnde Souverän für die Länderklausel „quasi aufgesplittet"[825] werden kann. Er stellte ebenso heraus, dass bei einem Volksentscheid der Souverän, somit das Staatsvolk der Bundesrepublik, zur Abstimmung aufgerufen ist und es deshalb in Frage stehe, ob das als Träger der Staatsgewalt im Bund fungierende Staatsvolk für das Verfahren des Volksentscheides aufgeteilt werden darf. Es spräche entscheidend dagegen, dass das Bundesvolk zwar nicht „das „unteilbare"

823 Ebenso: Engelken, BayVBl. 2002, 289, 297 Fn 49; Stellg. Scholz, Bundestagslesung zur BT-Drucks. 14/8503, 14. WP, 227. Sitzung, S. 22497 f., der ein Föderalquorum als Scheinlösung bezeichnet; a.A.: Hufschlag, Einfügung plebiszitärer Komponenten in das Grundgesetz?, S. 123 f.+291; Evers, ArbU Nr. 57a, abgedruckt in: Deutscher Bundestag (Hrsg.), Materialien zur Verfassungsdiskussion und zur Grundgesetzänderung in der Folge der deutschen Einigung, Bd. 3, S. 361; schriftl. Stellg. Weber, Ausschussdrucksache 14/809D, S. 8 (abgedruckt als Anlage zum Protokoll der 94. Sitzung des Innenausschusses des Deutschen Bundestages)

824 Bosbach, Wirtschaftsdienst 2002, 518, 520

825 schriftl. Stellg. Degenhart, Ausschussdrucksache 14/809E, S. 11 (abgedruckt als Anlage zum Protokoll der 94. Sitzung des Innenausschusses des Deutschen Bundestages); ders., abgedruckt in: Protokoll der 94. Sitzung des Innenausschusses des Deutschen Bundestages, S. 13

Staatsvolk einer einzigen und unteilbaren Republik" sei, es aber auch nicht so staatenbündisch wie in der Schweiz verfasst sei.[826] Dieser zusätzliche Hinweis auf die Verhältnisse in der Schweiz führt zu einem Vergleich der föderalistischen Prägungen der Eidgenossenschaft und der Bundesrepublik.

Die Schweiz besitzt bis heute ein wesentlich stärker ausgeprägtes föderalistisches System als das deutsche. Der Bund wird nicht von einem einheitlichen Staatsvolk getragen, sondern von den Kantonen, die den Bund konstituieren.[827] Dies wird bereits in der Präambel der Bundesverfassung deutlich, die davon spricht, dass sich das Schweizervolk und die Kantone die nachfolgende Verfassung geben. Die Kantone stehen demzufolge als Verfassungsgeber neben dem Bundesvolk.[828] Auch Art. 1 BV ist dafür ein Beleg, nach dem die Eidgenossenschaft vom Schweizervolk und den (im Einzelnen aufgeführten) Kantonen gebildet wird. Dies ist das Ergebnis der Sichtweise, dass sowohl das Schweizervolk als auch die Kantone die Träger der Schweizerischen Eidgenossenschaft sind.[829] Als strukturprägend für die Eidgenossenschaft gelten demgegenüber weiterhin die Kantone mit ihren Stimmbürgerschaften.[830] Diese doppelte Einbindung der Bürger in die Gemeinschaft des Bundes und die des Kantons wird noch immer als tragende Rechtfertigung des schweizerischen Bundesstaates angesehen.[831] Im schweizerischen Bundesstaatsrecht spielt der Gedanke eine bedeutende Rolle, dass die Kantone vor der Bildung der Eidgenossenschaft unabhängige und gleichberechtigte Staaten waren und alle gleichzeitig und in gleicher Weise bei der Gründung der Schweiz ihre Souveränität aufgaben.[832] Deshalb garantiert Art. 3 BV den Kantonen weiterhin Souveränität, soweit diese nicht durch die Bundesverfassung beschränkt ist. Diese Formulierung stellt klar, dass die Schweiz von unten nach oben aufgebaut ist und die Kantone zahlreiche Merkmale eines Staates aufweisen.[833] Sie soll zudem der Empfindlichkeit der Kantone Rechnung tragen.[834] Auch verpflichtet Art. 47 BV den Bund, die Eigenständigkeit der Kantone zu wahren. Dem korrespondiert eine weitaus größere Autonomie der Kantone als in anderen Bundesstaaten, die als Kernstück des schweizerischen Föderalismus verstanden wird und aus der eine wesentlich größere rechtliche und tatsächliche Ver-

826 schriftl. Stellg. Degenhart, Ausschussdrucksache 14/809E, S. 11 f. (abgedruckt als Anlage zum Protokoll der 94. Sitzung des Innenausschusses des Deutschen Bundestages); ders., abgedruckt in: Protokoll der 94. Sitzung des Innenausschusses des Deutschen Bundestages, S. 13; Der Vergleich mit der Regelung der Volksrechte und des Föderalismus in der Schweiz wird ebenfalls bei: Engelken, BayVBl. 2002, 289, 297 Fn 49 kurz angesprochen.

827 Linder, Schweizerische Demokratie, S. 30

828 S. dazu: Ehrenzeller, in: Ehrenzeller/Mastronardi/Schweizer/Vallender (Hrsg.), Präambel Rn 1; Darauf verweist auch: Jung, FS v. Arnim, S. 361.

829 Hafner/Schweizer, in: Ehrenzeller/Mastronardi/Schweizer/Vallender (Hrsg.), Art. 1 Rn 2

830 Hafner/Schweizer, in: Ehrenzeller/Mastronardi/Schweizer/Vallender (Hrsg.), Art. 1 Rn 7

831 Hangartner, Grundzüge des schweizerischen Staatsrechts, Bd. I, S. 23

832 Heger, Deutscher Bundesrat und Schweizer Ständerat, S. 77 ff.+87 f.

833 Schweizer, in: Ehrenzeller/Mastronardi/Schweizer/Vallender (Hrsg.), Art. 3 Rn 8

834 Häfelin/Haller, Schweizerisches Bundesstaatsrecht, Rn 942; zum Konzept dieser „aufgeteilten Souveränität": Schweizer, in: Ehrenzeller/Mastronardi/Schweizer/Vallender (Hrsg.), Art. 3 Rn 7

schiedenheit der Kantone resultiert als dies beispielsweise bei den deutschen Bundesländern der Fall ist.[835] Allein im Hinblick auf die Gesetzgebung sind ihnen wesentlich umfangreichere Spielräume verblieben. Im Vergleich mit anderen weniger föderalistisch geprägten Demokratien besitzt das schweizerische Nationalparlament deshalb deutlich geringere Befugnisse und hat nicht die überragende Bedeutung.[836] Die Kantone zeichnen sich gesetzgeberisch weitreichend verantwortlich für die Bereiche der Kultur, Verwaltung (inkl. Polizei), Gerichtsbarkeit und Steuererhebung.[837] So gibt es u.a. 26 Zivil- und Strafprozessordnungen.[838] Als Beispiel möge zudem der Kanton Appenzell-Innerrhoden dienen, dem es gelang, sich bis 1990, als das schweizerische Bundesgericht dies erzwang, gegen die Einführung des Frauenstimmrechts zu wehren, obwohl der Bund und fast sämtliche übrigen Kantone dieses bereits bis 1972 eingeführt hatten.[839] Zudem sind die Kantone nicht nur zum „Vollzug" der gesamtstaatlichen Gesetze berechtigt, sondern zu dessen „Umsetzung", was verdeutlichen soll, dass der Vollzug von Bundesgesetzen nicht nur Verwaltungsaufgabe ist, sondern ein wichtiges Element der politischen Gestaltung.[840] Schließlich entscheiden die Kantone auch über das Kantonsbürgerrecht.[841] Die Parteien sind im Gegensatz zu Deutschland nicht auf den Zentralstaat ausgerichtet, sondern auf die Kantone, was zu starken kantonalen Unterschieden in der Parteienlandschaft führt.[842] Diese starke föderalistische Prägung ist im Wesentlichen auf die Entstehungsgeschichte des Bundesstaates zurückzuführen. Die nationale Einigung vereinigte nicht wie in Deutschland ein Volk von gleicher Ethnie, Sprache oder Kultur, sondern fasste 25 Kantone mit unterschiedlicher Geschichte und Kultur zusammen, die vier politisch noch heute bedeutsamen Sprachgruppen zugeordnet werden müssen.[843] Der Föderalismus soll diese kulturell gespaltene Gesellschaft zusammenhalten und ist nicht nur auf politischer Ebene verankert, sondern spiegelt sich ebenso in den gesellschaftlichen Strukturen wider.[844] Da die Eidgenossenschaft somit nicht als eine einheitliche Kulturnation verstanden werden kann, wird von den politischen Organen eine besondere Integ-

835 Häfelin/Haller, Schweizerisches Bundesstaatsrecht, Rn 948; Benz, Föderalismus und Demokratie, in: Benz/ Simonis, S. 25; Jung, FS v. Arnim, S. 361; Helms, ZfP 2002, 125, 134

836 Kirchgässner/Feld/Savioz, Die direkte Demokratie, S. 62

837 Menzel, Landesverfassungsrecht, S. 73 Fn 128; weitere Beispiele bei: Häfelin/Haller, Schweizerisches Bundesstaatsrecht, Rn 947

838 Helg, in: Aulehner/Dengler/Konrad/Langer/Leisner/Lepsius/Möller/Möstl/Pfab/Stender/Waldhoff (Hrsg.), Föderalismus – Auflösung oder Zukunft der Staatlichkeit?, S. 145

839 Menzel, Landesverfassungsrecht, S. 79

840 Häfelin/Haller, Schweizerisches Bundesstaatsrecht, Rn 945

841 Häfelin/Haller, Schweizerisches Bundesstaatsrecht, Rn 946

842 Menzel, Landesverfassungsrecht, S. 73 Fn 128

843 Linder, Schweizerische Demokratie, S. 22; Benz, Föderalismus und Demokratie, in: Benz/Simonis, S. 25; Konkret war die föderalistische Prägung der Schweiz schließlich das Ergebnis eines politischen Verfassungskompromisses zwischen den beiden Gegnern im Sonderbundskrieg (Linder, Schweizerische Demokratie, S. 24).

844 Benz, Föderalismus und Demokratie, in: Benz/Simonis, S. 25

rationsleistung verlangt.[845] Auf Grund des Föderalismus schaffen es die Kantone bis heute, ihre kulturellen Eigenarten zu bewahren.[846]

Dem steht in Deutschland eine eher schwach ausgeprägte Autonomie der Länder gegenüber, die das Ergebnis eines nach wie vor übermäßig starken Verlangens der Mehrheit der deutschen Bevölkerung nach einer größtmöglichen Einheitlichkeit der Lebensverhältnisse im Bundesgebiet ist.[847] Der deutsche Bundesstaat ist im Gegensatz zur Schweiz auf das deutsche Volk fundiert und nicht auf die einzelnen Gliedstaaten; der Bund wird nicht von den Bundesländern getragen, sondern vom einheitlichen Bundesvolk, das den Bund konstituiert. Der Gesamtstaat ist kein Bund der Länder, sondern ein Bund des deutschen Volkes.[848] Allein die Präambel des Grundgesetzes lässt den Unterschied zur Schweiz sichtbar werden, da diese im Gegensatz zur Präambel der BV nur das Deutsche Volk als Verfassungsgeber benennt und nur von den „Deutschen in den Ländern" spricht, nicht aber die Bundesländer als Träger des Bundesstaates bezeichnet. Wenn das versammelte Bundesvolk handelt, ist somit jegliche Unterteilung in Gliedstaaten hinfällig, so dass keine einfache Aufsplittung dieses Volkes möglich ist. Dies zeigt sich auch in der seit In-Kraft-Treten des Grundgesetzes einsetzenden Annäherung des deutschen Föderalismus an einen Bundesstaat ohne bündische Grundlage, wie ihn C. Schmitt beschrieben hat. Die Schweiz dagegen ist trotz der auch dort vorhandenen Tendenzen zur Konzentration von Kompetenzen beim Bund auf Grund der soeben beschriebenen Mechanismen noch mehr selbständig gegliedert. Die Bundesstaatlichkeit der Schweiz tendiert also im Ergebnis mehr noch in Richtung eines Staatenbundes,[849] während die deutsche Bundesstaatlichkeit einen eher unitarischen Zug angenommen hat. Auf Grund dessen ist es auch vertretbar, in der Schweiz beim Ständemehr trotz des Auftretens des versammelten Bundesvolkes eine Beteiligung der Kantone anzunehmen, da dort das Bundesvolk von vornherein als Versammlung der Kantonsvölker auftritt. In Deutschland dagegen tritt das Bundesvolk als Einheit auf und nicht als Versammlung aller Landesvölker. Der Vergleich mit der Schweiz bestätigt also, dass hinsichtlich der Annahme einer Beteiligung der Landesvölker durch die Länderklausel bei den deutschen bundesstaatlichen Verhältnissen erhebliche Bedenken angemeldet werden müssen.

Aus allen diesen Gründen erscheint es der Verfasserin bereits an dieser Stelle äußerst zweifelhaft, ob die Einführung einer Länderklausel die an sie gestellten Erwartungen erfüllen und das Erfordernis der grundsätzlichen Beteiligung der Länder aus Art. 79 Abs. 3 GG wahren kann. Da die Länderklausel jedoch in den bisherigen Diskussionen als Lösungsmodell von vielen Vertretern favorisiert wurde, wird deren Erörterung an dieser Stelle trotz dieser Feststellung weitergeführt und weitere prob-

845 Linder, Schweizerische Demokratie, S. 22

846 Linder, Schweizerische Demokratie, S. 24

847 Helms, ZfP 2002, 125, 146

848 Isensee, in: Isensee/Kirchhof (Hrsg.), HStR IV, § 98 Rn 60; Schmidt, AöR 87 (1962), 253, 279

849 Stellg. Degenhart, abgedruckt in: Protokoll der 94. Sitzung des Innenausschusses des Deutschen Bundestages, S. 13

lematische Punkte werden ebenfalls zur Sprache kommen, zumal einige von ihnen auch für das zweite Lösungsmodell Gültigkeit beanspruchen.

2. Die Beteiligung des Landesvolkes als Systembruch im bestehenden Föderalismusbild

Nimmt man die Beteiligung des Landesvolkes als Organ entgegen der hier dargestellten Ansicht bei der Lösung der Frage der Beteiligung der Länder an der Bundesgesetzgebung über ein Föderalquorum an, eröffnet sich daran anschließend das bereits bei der Vorstellung von Art. 79 Abs. 3 GG angesprochene Problem,[850] ob die von Art. 79 Abs. 3 GG geforderte grundsätzliche Mitwirkung der Länder durch das Organ Landesvolk überhaupt verwirklicht werden kann, ob also das Landesvolk in der in einem Plebiszit handelnden Form der Aktivbürgerschaft zu den mitwirkungsberechtigten Organen zählt, die unter den Begriff „Länder“ in der Ewigkeitsgarantie fallen. Problematisch hierbei ist insbesondere, ob ein Repräsentativorgan bzw. eine körperschaftlich verfasste Einheit notwendig ist, um die geforderte Mitwirkung erfüllen zu können, oder ob auch die unmittelbare Abstimmung der Landesvölker ohne Zwischenschaltung von Vertretern oder Repräsentanten zulässig ist. Diese Diskussion ergibt sich aus diversen Anstößen, die die Unzulässigkeit der Beteiligung des Landesvolkes behaupten und nur die Länder in ihrer staatlichen Verfasstheit als zu beteiligendes Subjekt ansehen mit der Folge, dass nur die Landesregierungen dazu befugt wären, an der Willensbildung des Bundes mitzuwirken. Dieser Ansicht nach zwingt der Begriff „Länder“ in Art. 79 Abs. 3 GG zu einer Unterscheidung zwischen dem Einfluss der Länder und dem Einfluss des Landesvolkes.[851]

Auch in der Sachverständigenanhörung des Innenausschusses bezogen sich die Bedenken der meisten Sachverständigen vor allem auf die ihrer Ansicht nach fehlende Wahrung des Föderalismusbildes des Grundgesetzes. Die Länderklausel entspreche nicht der bisherigen Ausgestaltung der Beteiligung der Gliedstaaten an der Willensbildung des Bundes durch den Bundesrat und negiere die herkömmlichen Strukturen deutscher Bundesstaatlichkeit. Sie könne daher die Grundsätze des Bundes-

850 S.o. 1. Kap. B. II. 3.
851 Harbich, Der Bundesstaat und seine Unantastbarkeit, S. 133

staatsprinzips i.S.v. Art. 79 Abs. 3 GG nicht wahren.[852] Die Beteiligung der Gliedstaaten an der Willensbildung des Bundes über ein Föderalquorum stelle einen Systembruch im Rahmen des vom Grundgesetz ausgeformten Bundesstaatsprinzips dar.[853] Da das Volk keine zweite Kammer besitze, sei der vom Grundgesetz konkret ausgestalteten Bundesstaatlichkeit „der institutionelle Boden entzogen".[854] Mit der Einführung der Länderklausel würden somit die bestehenden föderalen Strukturen

852 Andere empfinden es angesichts des viel ausgeprägteren Föderalismus in der Schweiz, aus der die Vorbildregelung des Ständemehrs stammt, als „päpstlicher als der Papst" zu sein, wenn Bedenken wegen des föderalistischen Staatsaufbaus gehegt werden (schriftl. Stellg. Jung, Ausschussdrucksache 14/809B, S. 32 (abgedruckt als Anlage zum Protokoll der 94. Sitzung des Innenausschusses des Deutschen Bundestages)). Leonardy sieht ein Föderalquorum als das einzig sinnvolle Instrument an, die fehlende Mitwirkung des Bundesrates bei einem Volksentscheid zu ersetzen; die Länderklausel ist seiner Ansicht nach dem Föderalismus förderlich (Leonardy, ZParl 1992, 163, 166). Weitere Vertreter, die die Bedenken bezüglich des Föderalismus nicht teilen bzw. die Einführung einer Länderklausel als Lösung ansehen: Stellg. Evers, abgedruckt in: Deutscher Bundestag (Hrsg.), Materialien zur Verfassungsdiskussion und zur Grundgesetzänderung in der Folge der deutschen Einigung, Bd. 2, S. 144+184; Evers, ArbU Nr. 57a, abgedruckt in: Deutscher Bundestag (Hrsg.), Materialien zur Verfassungsdiskussion und zur Grundgesetzänderung in der Folge der deutschen Einigung, Bd. 3, S. 361; Thaysen, ArbU Nr. 59+59a, abgedruckt in: Deutscher Bundestag (Hrsg.), Materialien zur Verfassungsdiskussion und zur Grundgesetzänderung in der Folge der deutschen Einigung, Bd. 3, S. 370+376; Stellg. Thierse, abgedruckt in: Deutscher Bundestag (Hrsg.), Materialien zur Verfassungsdiskussion und zur Grundgesetzänderung in der Folge der deutschen Einigung, Bd. 1, S. 366; Stellg. Schnoor, abgedruckt in: Deutscher Bundestag (Hrsg.), Materialien zur Verfassungsdiskussion und zur Grundgesetzänderung in der Folge der deutschen Einigung, Bd. 1, S. 370; Stellg. Vogel, abgedruckt in: Deutscher Bundestag (Hrsg.), Materialien zur Verfassungsdiskussion und zur Grundgesetzänderung in der Folge der deutschen Einigung, Bd. 1, S. 377; ders., abgedruckt in: Protokoll der 94. Sitzung des Innenausschusses des Deutschen Bundestages, S. 26; Stellg. Elmer, abgedruckt in: Deutscher Bundestag (Hrsg.), Materialien zur Verfassungsdiskussion und zur Grundgesetzänderung in der Folge der deutschen Einigung, Bd. 2, S. 816 f.; Stellg. Schmidt-Jortzig, abgedruckt in: Deutscher Bundestag (Hrsg.), Materialien zur Verfassungsdiskussion und zur Grundgesetzänderung in der Folge der deutschen Einigung, Bd. 2, S. 172; schriftl. Stellg. Degenhart, Ausschussdrucksache 14/809E, S. 11 (abgedruckt als Anlage zum Protokoll der 94. Sitzung des Innenausschusses des Deutschen Bundestages); ders., abgedruckt in: Protokoll der 94. Sitzung des Innenausschusses des Deutschen Bundestages, S. 13+49 f.; Stellg. Häfner, abgedruckt in: Protokoll der 94. Sitzung des Innenausschusses des Deutschen Bundestages, S. 42 f.; schriftl. Stellg. Weber, Ausschussdrucksache 14/809D, S. 8 (abgedruckt als Anlage zum Protokoll der 94. Sitzung des Innenausschusses des Deutschen Bundestages); Stellg. Däubler-Gmelin, Bundestagslesung zur BT-Drucks. 14/8503, 14. WP, 240. Sitzung, S. 24027

853 Schriftl. Stellg. Peschel-Gutzeit, Ausschussdrucksache 14/809G, S. 5 (abgedruckt als Anlage zum Protokoll der 94. Sitzung des Innenausschusses des Deutschen Bundestages).

854 Bosbach, Wirtschaftsdienst 2002, 518, 520

geschwächt.[855] Insbesondere könne der Bundesrat nicht ausgeschaltet werden, ohne einen adäquaten Ersatz für ihn zu schaffen. Die Länderklausel könne dessen Stellung auf Grund ihrer Formalität nicht einnehmen. Außerdem sei sie auf Grund der von ihr lediglich bewirkten personellen Duplizität nicht in der Lage, die vom Bundesrat angestrebte echte Einflussnahme auf die Willensbildung des Bundes zu gewährleisten. Die Befassung mit den einzelnen dazu vorgebrachten Argumenten muss insbesondere der Frage nachgehen, ob die Schwächung der föderalen Strukturen soweit geht, dass der Forderung des Art. 79 Abs. 3 GG nach Wahrung der Grundsätze des Bundesstaatsprinzips und grundsätzlicher Beteiligung der Länder an der Gesetzgebung nicht mehr nachgekommen werden kann.

a. Die Notwendigkeit der Ersetzung der Stellung des Bundesrates – Die Zulässigkeit der Senatslösung

Es ist zunächst zu untersuchen, inwiefern die Stellung des Bundesrates im plebiszitären Verfahren ersetzt werden muss. Es stellt sich hier die Problematik, ob die Beteiligung der Landesvölker an der Bundesgesetzgebung als zulässig anzusehen ist, was letztlich zu der Frage führt, ob eine Senatslösung, bei der in dem zur Mitwirkung an der Bundeswillensbildung berechtigten Organ vom Volk gewählte Vertreter sitzen, mit Art. 79 Abs. 3 GG vereinbar ist.[856] Bei einem negativen Befund wäre die Länderklausel auch aus diesem Grund nicht mit Art. 79 Abs. 3 GG vereinbar, wenn er sich darauf stützt, dass die Landesvölker nicht zu den im Verfahren der Länderbeteiligung an der Bundesgesetzgebung mitwirkungsberechtigten Organen gehören. Wenn danach nicht einmal die mittelbare Mitwirkung der Landesvölker über gewählte Vertreter zulässig wäre, so kann eine direkte Beteiligung dieser erst recht nicht von Art. 79 Abs. 3 GG umfasst sein.

Tatsächlich wollten in der Sachverständigenanhörung des Innenausschusses zur BT-Drucks. 14/8503 einige Sachverständige die Länderklausel an diesem Punkt scheitern lassen. Deren Ansicht nach schaltet sie den Bundesrat systemwidrig aus und richtet sich nicht nach dem Art. 51 GG zugrunde liegenden Konstruktionsprin-

855 Berlit, KritV 1993, 318, 351; Stellg. Geis, abgedruckt in: Deutscher Bundestag (Hrsg.), Materialien zur Verfassungsdiskussion und zur Grundgesetzänderung in der Folge der deutschen Einigung, Bd. 1, S. 363; ders., ArbU Nr. 21, abgedruckt in: Deutscher Bundestag (Hrsg.), Materialien zur Verfassungsdiskussion und zur Grundgesetzänderung in der Folge der deutschen Einigung, Bd. 3, S. 205; erwähnt auch bei: Hufschlag, Einfügung plebiszitärer Komponenten in das Grundgesetz?, S. 290

856 Wobei innerhalb der Senatslösung zwischen einer unmittelbar aus einer Volkswahl hervorgegangenen und einer mittelbar vom Landesparlament bestellten zweiten Kammer unterschieden werden kann (s. dazu z.B.: Schlussbericht der Enquête-Kommission Verfassungsreform, BT-Drucks. 7/5924, S. 97; Ehard, BayVBl. 1961, 1, 3).

zip, dass der Bundesrat aus Mitgliedern der Bundesregierung besteht.[857] Diese seit über fünfzig Jahren bewährte Struktur müsse auch bei Volksentscheiden weitestgehend erhalten bleiben.[858] Damit soll im Bundesrat eine Repräsentation des Landes mit seinen für den Gesamtstaat unentbehrlichen Charakteristika stattfinden und keine Repräsentation des Landesvolkes. Der Begriff „Länder" fordere die Mitwirkung dieser als eigenständige politische Entscheidungszentren, d.h. als Gebietskörperschaften, die durch ihre verfassungsmäßigen Organe handeln.[859] Nur die Länder als staatsrechtliche Rechtspersonen seien zur Mitwirkung an der Bundesgesetzgebung berufen.[860] Vom Volk gewählte Senatoren stellten keine Vertreter der Länder dar, da sie auf Grund ihres freien Mandats nicht die politische Auffassung des Landes artikulieren und ihre Stimmabgabe keine landesgebundene und landesbezogene sei.[861] Eine effektive Mitwirkung der Länder könne mit der Stimmabgabe durch Repräsentanten des Landesvolkes nicht gewährleistet werden, sondern nur durch Repräsentanten des Landes selbst, da nur nach dem Ratsprinzip der Wille der Länder als juristische und politische Einheit und nicht der Volkswille der Länder repräsentiert werden kann.[862] Denn nur, wenn die in dem jeweiligen Land maßgebenden politischen Kräfte die Stimmabgabe dirigieren können, kann die Mitwirkung als eine der Länder angesehen werden, da nur auf diese Weise gewährleistet ist, dass hinter der abgegeben Stimme nicht die persönliche Überzeugung des einzelnen Abstimmenden steht, sondern das ganze politische Gewicht eines Gliedstaates.[863] Die Vertretung der Völ-

857 Schriftl. Stellg. Badura, Ausschussdrucksache 14/809A, S. 7 f. (abgedruckt als Anlage zum Protokoll der 94. Sitzung des Innenausschusses des Deutschen Bundestages); ders., abgedruckt in: Protokoll der 94. Sitzung des Innenausschusses des Deutschen Bundestages, S. 41

858 Schriftl. Stellg. Peschel-Gutzeit, Ausschussdrucksache 14/809G, S. 4 (abgedruckt als Anlage zum Protokoll der 94. Sitzung des Innenausschusses des Deutschen Bundestages)

859 Evers, in: BK, Art. 79 Abs. 3 Rn 219 f.; Bosbach, Wirtschaftsdienst 2002, 518, 520; schriftl. Stellg. Huber, Ausschussdrucksache 14/809F, S. 2 f. (abgedruckt als Anlage zum Protokoll der 94. Sitzung des Innenausschusses des Deutschen Bundestages); Stellg. Kempen, abgedruckt in: Protokoll der 94. Sitzung des Innenausschusses des Deutschen Bundestages, S. 18; Klein, ArbU Nr. 48, abgedruckt in: Deutscher Bundestag (Hrsg.), Materialien zur Verfassungsdiskussion und zur Grundgesetzänderung in der Folge der deutschen Einigung, Bd. 3, S. 304+305 sowie Bd. 2, S. 148 f.; Ähnliche Bedenken hegt in diesem Zusammenhang: Engelken, BayVBl. 2002, 289, 296 f.

860 Harbich, Der Bundesstaat und seine Unantastbarkeit, S. 131; Flemming, Entwicklung und Zukunft des Föderalismus in Deutschland, S. 252; Nach Kriele, FAZ Nr. 262 vom 10.11.1992, S. 13 müssen die „organisatorischen Einzelstaaten" mitwirken. Reuter, Praxishandbuch Bundesrat, Art. 50 GG Rn 35 lehnt die Senatslösung ebenfalls ab, da die Länder als solche institutionell und als juristische Personen Einfluss auf die Bundesgesetzgebung haben müssen. Angesprochen wird dieses Argument auch bei: Ehard, BayVBl. 1961, 1, 3.

861 Evers, in: BK, Art. 79 Abs. 3 Rn 220; Maunz/Dürig, in: Maunz/Dürig, Art. 79 Abs. III Rn 36 Fn 1; Harbich, Der Bundesstaat und seine Unantastbarkeit, S. 132

862 Evers, in: BK, Art. 79 Abs. 3 Rn 220; Harbich, Der Bundesstaat und seine Unantastbarkeit, S. 131 f.; Stellg. Kempen, abgedruckt in: Protokoll der 94. Sitzung des Innenausschusses des Deutschen Bundestages, S. 45 f., der auch darauf verweist, dass die Länder durch die Landesregierungen einen eigenen Willen bilden, der von dem des Landesvolkes zu unterscheiden ist.

863 Harbich, Der Bundesstaat und seine Unantastbarkeit, S. 133 f.

ker finde dagegen im Bundestag vereint als Bundesvolk statt.[864] Neben der Unmöglichkeit der notwendigen einheitlichen Stimmabgabe mit nichtweisungsgebundenen Senatoren würde zudem bei einem Senatsmodell das Föderativorgan auf Grund seiner Ordnung nach ähnlichen Kriterien wie der Bundestag lediglich ein Abbild der Kräfteverhältnisse im Bundestag bewirken, was eine Abnahme des Einflusses der spezifischen Länderinteressen zur Folge hätte; damit wird der Zweck des Zweikammersystems verfehlt.[865] Die Entscheidung gegen einen Senat sei bereits 1948 mit der den deutschen Föderalismus konstituierenden Grundentscheidung für einen von den Länderregierungen zu beschickenden Bundesrat gefallen, was als Teil der staatsorganisatorischen Vorgaben nicht umkehrbar ist.[866] Dies werde auch dadurch belegt, dass die Formulierung des Art. 79 Abs. 3 GG im Parlamentarischen Rat erst vorgeschlagen wurde, als die Entscheidung für das Ratsmodell praktisch gefallen war.[867] Schließlich entspreche die Unzulässigkeit des Senatsmodells auch der deutschen bundesstaatlichen Tradition, in der sich das Föderativorgan stets aus instruktionsgebundenen ernannten Vertretern der Landesregierungen zusammengesetzt hat.[868]

Die eher überwiegende Ansicht in der Staatsrechtslehre folgt dem aus guten Gründen nicht. Die gegenwärtige Gestalt des Bundesrates ist nicht von Art. 79 Abs. 3 GG geschützt.[869] Dieser gewährleistet die Mitwirkung weder in konkreter Form noch durch ein konkretes Organ; der Bundesrat kann durch andere Mitwirkungsorgane ersetzt werden.[870] Der Bundesrat in seiner Ausgestaltung ist zwar eines der prägendsten Elemente des Bundesstaatsprinzips[871] und das in Deutschland vorherrschende Bundesstaatsbild wurde durch die jahrhundertelange Ausgestaltung des Bundesrates nach dem Ratsprinzip determiniert, dieses ist aber nicht unveränderlich. Die Beteiligung der Länder muss nicht zwingend über den Bundesrat bzw. die Landesregierungen erfolgen, da von den Landesregierungen in Art. 79 Abs. 3 GG keine

864 Harbich, Der Bundesstaat und seine Unantastbarkeit, S. 132 f.

865 Evers, in: BK, Art. 79 Abs. 3 Rn 220; Harbich, Der Bundesstaat und seine Unantastbarkeit, S. 132 f.

866 Jekewitz, RuP 2003, 89, 95

867 Sachs, VVDStRL 58 (1999), 39, 51+Fn 47

868 Evers, in: BK, Art. 79 Abs. 3 Rn 221

869 Stellg. Degenhart, abgedruckt in: Protokoll der 94. Sitzung des Innenausschusses des Deutschen Bundestages, S. 49; schriftl. Stellg. Kempen, Ausschussdrucksache 14/809H, S. 2 (abgedruckt als Anlage zum Protokoll der 94. Sitzung des Innenausschusses des Deutschen Bundestages); schriftl. Stellg. Jung, Ausschussdrucksache 14/809B, S. 32 (abgedruckt als Anlage zum Protokoll der 94. Sitzung des Innenausschusses des Deutschen Bundestages)

870 Lücke, in: Sachs (Hrsg.), Art. 79 Rn 28; Bryde, in: v. Münch/Kunig (Hrsg.), Art. 79 Rn 32; Hain, in: v. Mangoldt/Klein/Starck (Hrsg.), Art. 79 Abs. 3 Rn 133; Stern, Staatsrecht, Bd. I, § 5 IV 5 a β; Hufschlag, Einfügung plebiszitärer Komponenten in das Grundgesetz?, S. 121; BT-Drucks. 14/8503, S. 6; schriftl. Stellg. Degenhart, Ausschussdrucksache 14/809E, S. 11 (abgedruckt als Anlage zum Protokoll der 94. Sitzung des Innenausschusses des Deutschen Bundestages); Elgeti, Inhalt und Grenzen der Föderativklausel des Art. 79, III GG, S. 69 ff., der dies allerdings unter dem Punkt „Mitwirkung“ erörtert und nicht als ein Problem des Begriffs „Länder“.

871 Schefold, in: Stuby (Hrsg.), Föderalismus und Demokratie, S. 113

Rede ist; auch eine unmittelbare Beteiligung des Landesvolkes ist als Beteiligung der Länder anzusehen.[872] Der Begriff „Länder“ in Art. 79 Abs. 3 GG verbietet die Senatslösung also nicht, sondern eröffnet dem verfassungsändernden Gesetzgeber auch die Gestaltungsmöglichkeit, statt der Landesregierungen die Landesvölker zu beteiligen.[873] Die These der Gegenüberstellung von Landesvolk und Land als Gebietskörperschaft überzeugt nicht, da auch die Landesregierungen letztlich auf Grund der Legitimationskette auf das Landesvolk rückführbar sind.[874] Die Mitwirkung der Länder kann mittelbar oder unmittelbar demokratisch erfolgen, solange sie nur aus der Souveränität des Landes erfolgt.[875] Da das Volk in allen Landesverfassungen ausdrücklich als Träger der Staatsgewalt genannt ist, kann kein Vorrang von Regierungsentscheidungen vor denen des Volkes statuiert werden und es nicht als Einschränkung des föderalen Prinzips gewertet werden, wenn bei einem Volksentscheid das Volk selbst für das Land spricht.[876] Die Bundesländer bestehen eben nicht nur aus den Landesregierungen, sondern stellen eine die drei Elemente Staatsvolk, Staatsgebiet, Staatsgewalt umfassende Einheit dar, bei der das Landesvolk nicht herausdefiniert werden kann.[877] Auf Grund dessen kann die Mitwirkung der Länder bei einer Beteiligung des Landesvolkes auch nicht schwächer ausgeprägt sein als bei

872 Stern, Staatsrecht, Bd. I, § 5 IV 5 a β; Stellg. Degenhart, abgedruckt in: Protokoll der 94. Sitzung des Innenausschusses des Deutschen Bundestages, S. 12 f.+49; Stellg. Jung, abgedruckt in: Protokoll der 94. Sitzung des Innenausschusses des Deutschen Bundestages, S. 48; Die Zulässigkeit des Senatsmodells bejahen des Weiteren u.a.: Nawiasky, Die Grundgedanken des Grundgesetzes für die Bundesrepublik Deutschland, S. 63+122; Laux, Bedeutung und Inhalt der Grenzen der Grundgesetzänderung nach Art. 79 Abs. III des Bonner Grundgesetzes, S. 108; Curtius, Die Schranken der Änderung des Grundgesetzes, S. 80; Wagschal/Grasl, ZParl 2004, 732 ff.; wohl auch Lücke, in: Sachs (Hrsg.), Art. 79 Rn 28. Auch die Enquête-Kommission Verfassungsreform erörterte die Möglichkeit des Senatsmodells, ohne auf die verfassungsrechtliche Zulässigkeit dieses Modells einzugehen (BT-Drucks. 7/5924, S. 97). Die fehlende Diskussion darüber stellt ein Indiz dafür dar, dass die Mitglieder der Verfassungskommission selbstverständlich von seiner Zulässigkeit ausgingen.

873 Bryde, in: v. Münch/Kunig (Hrsg.), Art. 79 Rn 32; Dreier, in: Dreier (Hrsg.), Art. 79 III Rn 19; Hain, Die Grundsätze des Grundgesetzes, S. 414 f.; v. Arnim, Vom schönen Schein der Demokratie, S. 111 f.; Hufschlag, Einfügung plebiszitärer Komponenten in das Grundgesetz?, S. 121 f.; Weber, Die materiellen Schranken für die Änderung des Bonner Grundgesetzes nach Art. 79 Abs. III BGG, S. 141; schriftl. Stellg. Degenhart, Ausschussdrucksache 14/809E, S. 11 (abgedruckt als Anlage zum Protokoll der 94. Sitzung des Innenausschusses des Deutschen Bundestages)

874 Korioth, in: v. Mangoldt/Klein/Starck (Hrsg.), Art. 50 Rn 19; Hain, in: v. Mangoldt/Klein/Starck (Hrsg.), Art. 79 Abs. 3 Rn 133 Fn 487

875 Stern, Staatsrecht, Bd. I, § 5 IV 5 a β; Hufschlag, Einfügung plebiszitärer Komponenten in das Grundgesetz?, S. 122

876 Jung, FS v. Arnim, S. 357; Weber, ZfDD 2003, 30, 31; Stellg. Degenhart, abgedruckt in: Protokoll der 94. Sitzung des Innenausschusses des Deutschen Bundestages, S. 49 f.; Stellg. Vogel, abgedruckt in: Protokoll der 94. Sitzung des Innenausschusses des Deutschen Bundestages, S. 26; ähnlich: Stellg. Häfner, abgedruckt in: Protokoll der 94. Sitzung des Innenausschusses des Deutschen Bundestages, S. 43

877 Hufschlag, Einfügung plebiszitärer Komponenten in das Grundgesetz?, S. 122; Jung, FS v. Arnim, S. 356 f.

der Mitwirkung anderer Verfassungsorgane.[878] Damit würde sich innerhalb des Landes zwar eine Machtverschiebung vom Organ Landesregierung zum Organ Landesvolk ergeben, durch diese „neutrale" Machtverschiebung werden die Interessen der Länder jedoch nicht berührt.[879] Das Argument, ein Senat unterliege stärker der parteipolitischen Polarisierung, mag zutreffend sein, doch ist auch der jetzige Bundesrat nicht frei davon.[880] Zudem kann dies kein Kriterium für die verfassungsrechtliche Zulässigkeit einer Senatslösung sein. Es kann weiterhin nicht davon ausgegangen werden, dass die Landesparlamente, die das Grundgesetz in Vertretung für das Volk angenommen haben, mit der Garantie der Mitwirkung der Länder unbedingt und ausschließlich die Beteiligung der Landesregierungen sichern und die der Landesvölker ausschließen wollten.[881] Der Verweis auf die Tradition des deutschen Bundesstaates führt schließlich für die Geltung des Grundgesetzes ins Leere.[882]

Auch nach der hier vertretenen Ansicht erscheint die Argumentation, die einen Unterschied zwischen dem Land als staatsrechtliche Rechtsperson und dem Landesvolk herzuleiten versucht, zu konstruiert, da das Landesvolk ebenso ein Organ des Landes ist wie die Landesregierung. Die Verwendung des Begriffes „Länder" jedenfalls soll keine Aussage über das zur Mitwirkung berechtigte Organ treffen, sondern stellt lediglich eine allgemeine Bezeichnung für die Gliedstaaten dar. Zudem steht letztlich hinter der Landesregierung wieder das gesammelte Landesvolk, wenn man sich die demokratische Legitimationskette vor Augen führt, bei der das Landesvolk das Landesparlament wählt, dieses dann den Ministerpräsidenten, der die Landesregierung ernennt. Eine Unterscheidung zwischen dem Willen des Landes als Gebietskörperschaft, der nur von der Regierung gebildet werden kann, und dem Willen des Landesvolkes erscheint daher inakzeptabel. Im Ergebnis ist die Senatslösung letztendlich auch auf Grund des Demokratieprinzips, nach dem sich alle Staatsgewalt vom Volk ableitet, als zulässig anzusehen. Im Übrigen wurde auch in der Schweiz die Kritik laut, die anlässlich eines Volksentscheids gebildete kantonale Volksmehrheit könne nicht den Kanton repräsentieren. Diese Kritik wurde aber verschiedentlich zurückgewiesen, da nicht einsichtig ist, dass die so gebildete Mehrheit nicht genauso wie ein kantonales Parlament oder eine kantonale Regierung den Kanton repräsentieren können soll.[883] Der Forderung nach einer einheitlichen Stimmabgabe kann dann zwar auf Grund des freien Mandats der Vertreter in einem Senat[884] nicht mehr auf dem Weg der Weisungsgebundenheit der Vertreter des Föderativorgans nachge-

878 Stellg. Degenhart, abgedruckt in: Protokoll der 94. Sitzung des Innenausschusses des Deutschen Bundestages, S. 49 f.

879 Schriftl. Stellg. Jung, Ausschussdrucksache 14/809B, S. 32 (abgedruckt als Anlage zum Protokoll der 94. Sitzung des Innenausschusses des Deutschen Bundestages)

880 Korioth, in: v. Mangoldt/Klein/Starck (Hrsg.), Art. 50 Rn 19; Hain, in: v. Mangoldt/Klein/Starck (Hrsg.), Art. 79 Abs. 3 Rn 133 Fn 487

881 Jung, FS v. Arnim, S. 357

882 Korioth, in: v. Mangoldt/Klein/Starck (Hrsg.), Art. 50 Rn 19; Hain, in: v. Mangoldt/Klein/Starck (Hrsg.), Art. 79 Abs. 3 Rn 133 Fn 487

883 Schmid, ZParl 1977, 334, 339

884 Evers, in: BK, Art. 79 Abs. 3 Rn 220; Sachs, VVDStRL 58 (1999), 39, 50

kommen werden, möglich wäre jedoch z.B. die Anwendung der Mehrheitsregel auf die von einem Land abzugebenden Stimmen, so dass die Landesstimme sich nach der Mehrzahl der von den Vertretern des Landes abgegebenen Stimmen bemisst.[885] Letztlich ist nicht die Art der Organisation das entscheidende Kriterium, sondern dass die Möglichkeit einer effektiven Einflussnahme der Länder gewährleistet ist. Eine effektive Mitwirkung kann dabei ebenso durch ein Organ verwirklicht werden, in dem sich Vertreter des Landesvolkes befinden, da bei diesen die Vermutung des Vertretens der Landesinteressen nicht wesentlich schwächer ist als bei durch die Landesregierung instruierten Vertretern. Gerade die heutige politische Landschaft macht deutlich, dass auch die Landesregierung nicht ausschließlich die Wahrung der Interessen des Landes in den Vordergrund stellt, sondern ebenfalls von parteipolitischen Erwägungen geleitet wird. Senatoren können also die Kräfteverhältnisse des jeweiligen Landes ebenso darstellen wie von den Landesregierungen ernannte Vertreter. Bei dem vorliegenden Fall der Länderklausel geht es zudem nicht einmal um die gänzliche Abschaffung bzw. Umbildung des Bundesrates, sondern nur um den sehr wahrscheinlich nicht häufig eintretenden Fall der Durchführung eines Volksentscheides. Dies entschärft die Problematik der Beteiligung der Landesvölker erheblich, da im Regelfall weiterhin das Ratsprinzip mit der Beteiligung der Landesregierungen durchgeführt und nur in Ausnahmefällen davon abgewichen wird. Auch wenn das Bundesstaatsprinzip des Grundgesetzes zurzeit anders ausgestaltet ist, als dies mit einem Föderalquorum der Fall wäre, stellt die Beteiligung des Landesvolkes an der Bundesgesetzgebung doch eine im Rahmen des Art. 79 Abs. 3 GG vertretbare Abweichung vom derzeitig normierten Stand der Bundesstaatlichkeit dar. Eine Länderklausel ist also nicht aus dem Grund unzulässig, dass bei ihr die Landesvölker als Subjekte an der Bundesgesetzgebung mitwirken.

b. Das Erfordernis einer körperschaftlichen Organisation der Ländermitwirkung an der Bundesgesetzgebung

Daran anschließend stellt sich nun jedoch die weitere Frage, ob das bei einem Plebiszit handelnde Landesvolk direkt das Mitwirkungserfordernis erfüllen kann oder ob nicht zwingend ein körperschaftlich verfasstes Organ zu fordern ist, in dem sich die Mitwirkung entfaltet. Zu untersuchen ist demnach, in welcher Organisationsform das Landesvolk berechtigt ist mitzuwirken. Problematisch erscheint dies auf Grund der Tatsache, dass das Erfordernis der grundsätzlichen Mitwirkung der Länder an der Bundesgesetzgebung aus Art. 79 Abs. 3 GG die Möglichkeit der sachlichen Einflussnahme voraussetzt.[886] Es muss sichergestellt sein, dass die Interessen der Länder in sachangemessener Weise bei der Bundesgesetzgebung zum Ausdruck gebracht

885 S. dazu bereits oben 4. Kap. E. II. 5. a. ff.

886 Evers, in: BK, Art. 79 Abs. 3 Rn 219; Hain, in: v. Mangoldt/Klein/Starck (Hrsg.), Art. 79 Abs. 3 Rn 134

werden können.[887] Gerade bei der Gesetzgebung als einer der wichtigsten Funktionen der Zentralgewalt sollen die Länder in einer rechtlich relevanten Weise beteiligt werden, die Möglichkeit der Stellungnahme haben und ihren Willen geltend machen können, zumal nur so gewährleistet ist, dass der von den Ländern beim Vollzug der Gesetze gesammelte Sachverstand tatsächlich in die Bundesgesetzgebung einfließen kann.[888] Wichtigstes Kriterium bei der Beteiligung der Länder an der Bundesgesetzgebung ist also ein Mindestmaß an Effektivität hinsichtlich der Wahrung der Länderinteressen.[889] Eine lediglich formale Beteiligung wäre deshalb verfassungswidrig.[890] Die Mitwirkung darf nicht nur dem äußeren Schein nach bestehen.[891]

In der Literatur ist auf diese Problematik bisher kaum konkret eingegangen worden. Befürworter der Ansicht, es bedürfe keines Organs, um die Mitwirkung der Länder zu verwirklichen, sondern dies könne auch durch die Aktivbürgerschaft eines Landes geschehen, lassen sich nur wenige finden. Diese betonen unter Hinweis auf das Demokratiegebot, dass eine Mitwirkung der Länder selbstverständlich auch durch die Aktivbürgerschaft eines Landes selbst verwirklicht werden könnte.[892] Art. 79 Abs. 3 GG sei nicht als Garantie für ein föderatives Organ zu sehen, da die Ewigkeitsklausel nur die Mitwirkung an sich garantiere, jedoch keine verfahrensmäßigen Gewährleistungen biete und kein „Verfasstsein“ fordere, so dass das Gegengewicht zum Bundestag nicht unbedingt in Form einer Körperschaft bzw. eines Organs vorhanden sein muss.[893] Allerdings müsse die Mitwirkung trotzdem so ausgestaltet sein, dass die Länder in ihrer Gesamtheit ihren Willen dem der zur Bildung des Bundeswillens zuständigen Organe gegenüberstellen können.[894] Das Volk sei nicht die unorganisierte Masse, als die es häufig dargestellt werde, sondern zum Teil tatkräftiger als die Landesregierungen, die in einem Geflecht aus verschiedenen Interessen stehen, auf die sie Rücksicht nehmen müssen.[895] Andere erachten eine unmittelbare Mitwirkung von Landesorganen, insbesondere auch des Landesvolkes, an der Bun-

887 Schriftl. Stellg. Kempen, Ausschussdrucksache 14/809H, S. 2 (abgedruckt als Anlage zum Protokoll der 94. Sitzung des Innenausschusses des Deutschen Bundestages)

888 Weber, Die materiellen Schranken für die Änderung des Bonner Grundgesetzes nach Art. 79 Abs. III BGG, S. 142; Engelken, BayVBl. 2002, 289, 297

889 Hain, in: v. Mangoldt/Klein/Starck (Hrsg.), Art. 79 Abs. 3 Rn 134; Hufschlag, Einfügung plebiszitärer Komponenten in das Grundgesetz?, S. 123

890 Evers, in: BK, Art. 79 Abs. 3 Rn 219; Hain, in: v. Mangoldt/Klein/Starck (Hrsg.), Art. 79 Abs. 3 Rn 134

891 Weber, Die materiellen Schranken für die Änderung des Bonner Grundgesetzes nach Art. 79 Abs. III BGG, S. 142

892 Ridder, in: AK, Art. 79 Rn 32

893 Meyn, Kontrolle als Verfassungsprinzip, S. 228 f.

894 Meyn, Kontrolle als Verfassungsprinzip, S. 228

895 Jung, FS v. Arnim, S. 365 f.

desgesetzgebung zwar für zulässig, bezweifeln jedoch, dass diese Art der Mitwirkung eine effektive Wahrnehmung der Mitwirkungsbefugnis darstellt.[896]

Aus eben diesem Gesichtspunkt der Effektivität der Wahrung der Länderinteressen heraus wird die Zulässigkeit der Abschaffung eines föderativen Organs von der Mehrzahl der Autoren verneint. Ohne ein Föderativorgan können die Länderwillen nicht gebündelt werden und es existiert somit kein geordnetes Verfahren für die Willensbildung, was jedoch nötig erscheint, um ein effektives Gegengewicht zum Bundestag zu schaffen.[897] Schließlich wird aus demselben Argument, mit dem die Zulässigkeit eines Senats verneint wird – unumkehrbare Grundentscheidung der Verfassungsväter für das Ratsprinzip –, auch der ersatzlose Wegfall des Länderorgans als nicht möglich angesehen.[898] Der Bundesrat soll die Interessen der Länder zur Geltung bringen und unentbehrliches Bindeglied zwischen dem auf Bundesebene stattfindenden Prozess der Bundesgesetzgebung und dem auf Landesebene stattfindenden Vollzug der Gesetze sein, weshalb sich in der Praxis ein Ersatz für den Bundesrat herausbilden müsste, existierte er nicht.[899] Auch diese Argumentation zielt darauf, den Bundesrat oder ein ihm ähnliches Element als unentbehrlich für den Bundesstaat des Grundgesetzes einzustufen, da sonst die notwendige Vermittlung zwischen Bundes- und Landesebene fehlt.

896 Diese Ansicht von Evers, in: BK, Art. 79 Abs. 3 Rn 222 erscheint jedoch in Anbetracht seiner in Rn 220 dargestellten Ansicht, dass an der Bundesgesetzgebung keine Vertreter des Landesvolkes mitwirken dürfen, sondern nur Vertreter des Landes als Gebietskörperschaft selbst, inkonsequent.

897 Hain, in: v. Mangoldt/Klein/Starck (Hrsg.), Art. 79 Abs. 3 Rn 134; Sannwald, in: Schmidt-Bleibtreu/Klein (Hrsg.), Art. 79 Rn 44; Isensee, in: Isensee/Kirchhof (Hrsg.), HStR IV, § 98 Rn 280; Hain, Die Grundsätze des Grundgesetzes, S. 415; Barschel, Die Staatsqualität der deutschen Länder, S. 172; Kaufmann, Bundesstaat und Deutsche Einheit, S. 122, der jedoch nur eine allgemeine Feststellung trifft, dass die Existenz eines Föderativorgans geschützt ist, ohne sich dabei auf das Gebot der Effektivität zu beziehen. Auch für Bryde, in: v. Münch/Kunig (Hrsg.), Art. 79 Rn 32 scheint die Existenz eines Organs essentiell zu sein, da er die Ansicht von Meyn, es bedürfe keines besonderen Organs als „weitergehend" bezeichnet. Weber, Die materiellen Schranken für die Änderung des Bonner Grundgesetzes nach Art. 79 Abs. III BGG, S. 140 setzt die Existenz eines Föderativorgans augenscheinlich als selbstverständlich voraus, da die Ersetzung der derzeitigen Ländermitwirkung durch jede „andere, die Länder repräsentierende Körperschaft" möglich sei. Lücke, in: Sachs (Hrsg.), Art. 79 Rn 28 hat diesbezüglich seine Ansicht, die er noch in der ersten Auflage in Rn 29 vertreten hat, wohl geändert. Dort sah er in Art. 79 Abs. 3 GG zwar kein konkretes Organ gewährleistet, aber doch die Existenz eines solchen überhaupt. Zumindest konnte in diesem Sinne seine Aussage gedeutet werden, dass der Bundesrat durch andere Mitwirkungsorgane ersetzt werden könne und die Organisation dieses Organ letztendlich egal sei, Hauptsache, den Ländern sei die Möglichkeit der inhaltlichen Einflussnahme gewährt. Ab der zweiten Auflage geht er davon aus, dass die Substitution des Bundesrates nicht nur durch ein anderes Mitwirkungsorgan erfolgen kann, sondern auch durch „sonstige Mitwirkungsmöglichkeiten".

898 Jekewitz, RuP 2003, 89, 95; Diesem Argument kann aus denselben Gründen wie oben nicht gefolgt werden.

899 Schefold, in: Stuby (Hrsg.), Föderalismus und Demokratie, S. 113

Wird für die Länder lediglich die Aktivbürgerschaft in der bei einem Volksentscheid vorliegenden Form tätig, so hat diese keine Möglichkeit, auf den Inhalt des zukünftigen Gesetzes Einfluss zu nehmen, sondern sie kann dem Gesetzentwurf nur zustimmen oder ihn ablehnen. Organe wie der Vermittlungsausschuss, die wesentlich zur Effektivität der Länderbeteiligung beitragen, können nicht gebildet werden. Die Möglichkeit der inhaltlichen Einflussnahme ist auf diesem Weg nicht gegeben. Gerade dies sind jedoch die Anforderungen, die Art. 79 Abs. 3 GG an die Mitwirkung der Länder stellt. Diese sollen nicht nur in einer schematischen Weise beteiligt werden, bei der sie z.B. im repräsentativen Gesetzgebungsverfahren nur den vom Bundestag verabschiedeten Entwurf absegnen oder verwerfen können, sondern ihnen muss die Möglichkeit gegeben werden, aktiv in den Gesetzgebungsprozess eingreifen zu können. Solch eine aktive Beteiligung ist in einem Plebiszit oder einer sonstigen Form der Mitwirkung des gesamten Landesvolkes nicht möglich. Dafür ist das gesamte Landesvolk eine zu große und inhomogene Masse, die ihren Willen nicht spezifisch äußern kann, sondern nur dazu in der Lage ist, Zustimmung oder Ablehnung zu definieren. Steht dem Bund die Beteiligung der Länder an seiner Gesetzgebung in Form der Landesvölker gegenüber, ist es für ihn unmöglich, mit diesen zu verhandeln, da es kein Sprachrohr gibt, durch welches sich die Landesvölker konkret äußern können. Auch die quasi Übertragung der Einheitlichkeit der Stimmabgabe auf die Länderklausel insofern, als auch dort die Stimmen eines Landes nur einheitlich nach der obsiegenden Mehrheit vergeben werden und eine Splittung nicht möglich ist, kann daran nichts ändern. Zwar soll das Erfordernis der Einheitlichkeit der Stimmabgabe im Bundesrat die Hervorbringung eines einheitlichen Willens der jeweiligen Länder sicherstellen und die Mitwirkung der Länder als Rechtssubjekte unterstreichen,[900] wodurch das Bundesstaatsprinzip nochmals betont wird,[901] allein dieses Merkmal genügt jedoch nicht, um von einer effektiven Einbringung der Länderinteressen zu sprechen. Dazu gehört mehr als die Hervorbringung eines einheitlichen Länderwillens. Es ist somit auf jeden Fall eine körperschaftlich verfasste Organisation der Länder zu fordern, um deren effektive Beteiligung sicherstellen zu können. Es bedarf eines Organs, das die Interessen der Länder wirkungsvoll vertreten kann. Durch eine Länderklausel erfolgt somit keine Mitwirkung der Länder in der von Art. 79 Abs. 3 GG geforderten Weise. Auch aus diesem Grund kann sie der Verletzung des Mitwirkungserfordernisses der Länder an der Bundesgesetzgebung nicht entgegenwirken.

c. Weitere Gesichtspunkte der Effektivität

Hinsichtlich der geforderten Effektivität der Mitwirkung der Länder an der Bundesgesetzgebung ergeben sich nicht nur aus dem Gesichtspunkt des fehlenden Födera-

900 Deecke, Verfassungsrechtliche Anforderungen an die Stimmenverteilung im Bundesrat, S. 79
901 Deecke, Verfassungsrechtliche Anforderungen an die Stimmenverteilung im Bundesrat, S. 79

tivorgans heraus Bedenken. Weitere diskussionswürdige Aspekte stellen vor allem die oft beklagte Formalität einer Länderklausel sowie die durch sie bewirkte Duplizität der personellen Ebenen dar. Auch auf die Gewaltenteilung als zentralen Punkt der deutschen Bundesstaatlichkeit muss eingegangen werden.

aa. Die Formalität eines Föderalquorums

Kritik an der Einführung einer Länderklausel wird zu Recht vor allem hinsichtlich deren Formalität geübt, da die Länderklausel lediglich eine zusätzliche verfahrensrechtliche Sicherung darstellt, was dem Mitwirkungserfordernis aus Art. 79 Abs. 3 GG nicht gerecht wird.[902] Den Ländern wird lediglich eine rechnerische Beteiligung eingeräumt und keine Möglichkeit der aktiven Beteiligung an der Bundesgesetzgebung, weshalb sie bei dieser Lösung keinerlei Chance auf inhaltliche Einflussnahme haben.[903] Die Beteiligung der Länder ist auf eine reine Zählweise degradiert, ohne dass effektiv wirkliche Landesinteressen vertreten werden könnten. Die Bundesstaatlichkeit drückt sich nur noch formal in der gesonderten Auszählung der Länder aus, so dass kaum noch von einem föderativen Mitwirkungsrecht gesprochen werden kann, da dieses zumindest dann seinen Sinn verliert, wenn es zu einer bloßen zweiten Zählweise verkümmert.[904] Auch für die schweizerischen Verhältnisse wurde reklamiert, dass die völlige Ausschaltung der kantonalen Behörden beim Zustandekommen des Kantonsvotums nicht einer echten föderativen Gestaltung entspreche; das Ständemehr würde zur reinen Statistik in einem vom Bund bestimmten Volksabstimmungsverfahren degradiert.[905]

Äußerungen der Art, dass bei einer Beteiligung der Länder über eine Föderalklausel keine Kompromisssuche zwischen Bundes- und Landesinteressen möglich ist, wie sie im repräsentativen Verfahren vom Vermittlungsausschuss wahrgenommen werden kann,[906] können jedoch nur eingeschränkt Geltung verlangen. Hier ist Vorsicht geboten, dass sich die Argumentation nicht zu sehr an den status quo anlehnt und die bestehenden Verhältnisse determiniert. Dies ist gerade nicht Aufgabe des Art. 79 Abs. 3 GG, sondern dieser ist offen für eine Vielzahl von Gestaltungen für die Mitwirkung der Länder an der Bundesgesetzgebung. Eine Argumentation anhand einer fehlenden Möglichkeit der Kompromisssuche zwischen Bundes- und Landesin-

902 Stellg. Huber, abgedruckt in: Protokoll der 94. Sitzung des Innenausschusses des Deutschen Bundestages, S. 14

903 S. auch: Stellg. Bayern in: Bericht und Beschlussempfehlung des Arbeitsausschusses 2 zu „Plebiszitäre Elemente", ArbU Nr. 16, abgedruckt in: Deutscher Bundestag (Hrsg.), Materialien zur Verfassungsdiskussion und zur Grundgesetzänderung in der Folge der deutschen Einigung, Bd. 3, S. 188; In der Schweiz wird dies ebenfalls kritisiert (Wili, Kollektive Mitwirkungsrechte von Gliedstaaten in der Schweiz und im Ausland, S. 262 f.).

904 Wili, Kollektive Mitwirkungsrechte von Gliedstaaten in der Schweiz und im Ausland, S. 741

905 Imboden, Zeitschrift für Schweizerisches Recht, N.F., Bd. 74 (1955), 209, 235

906 Hufschlag, Einfügung plebiszitärer Komponenten in das Grundgesetz?, S. 291

teressen kann daher nicht überzeugen, sofern sich dabei an das Organ des Vermittlungsausschusses angelehnt wird. Zumindest müsste dargelegt werden, dass die bundesstaatlichen Verbürgungen in Art. 79 Abs. 3 GG eine solche Instanz zur Interessensvermittlung in jedem Fall vorsehen. Da die nahezu einhellige Auffassung in der Literatur jedoch den Ländern maximal Einspruchsrechte zubilligt, nicht aber absolute Vetorechte,[907] wird kaum vertretbar sein, ihnen auf jeden Fall die Instanz einer Kompromisssuche, bei der der Bund in gewissen Grenzen von der Beachtung der Länderinteressen abhängig ist und sich nicht allein gegen diese durchsetzen kann, zuzugestehen. Ähnliche Bedenken bestehen bei der Formulierung, dass das Modell der Länderklausel auf Grund deren Formalität das ausgewogene Verhältnis zwischen zentral- und gliedstaatlichen Entscheidungsbefugnissen zerstört, das im repräsentativen Verfahren mit dem Zusammenwirken von Bundestag und Bundesrat existiert.[908] Das bisherige Modell der Gliedstaatsbeteiligung ist nicht unveränderlich, weshalb Änderungen in der Gewichtung zwischen diesen beiden Ebenen bis zu einem gewissen Grad akzeptiert werden müssen. Das „ausgewogene Verhältnis" zwischen Entscheidungsbefugnissen des Bundes und der Länder kann daher zugunsten des Bundes verschoben werden, ohne dass in jedem Fall eine nicht hinnehmbare Beeinträchtigung der Bundesstaatlichkeit vorliegt. Hier hätte zumindest nach der Grenze, bis zu der eine Verschiebung der Gewichte erlaubt ist, differenziert werden müssen. Im Ergebnis sind auf Grund der Offenheit der Ewigkeitsklausel sämtliche Äußerungen, die anhand des Bundesrates argumentieren, kritisch zu hinterfragen, ob jeweils eine Determinierung der bestehenden Situation gewollt ist oder der Bundesrat lediglich als Vergleich für die bisherige Lage dient, die Vorgaben für die Zukunft aber offen formuliert werden. Problematisch erscheinen deshalb ebenfalls Anmerkungen, der Bundesrat stelle nicht wie die Länderklausel eine bloße Addition der Bundesländer dar,[909] sondern eine selbständige Einheit innerhalb der Machtverteilung in Deutschland,[910] da damit keine Aussage darüber getroffen wird, ob diese Ausgestaltung der föderativen Beteiligung zwingend erhalten bleiben muss. Akzeptabel ist im Hinblick dessen die Aussage, dass die durch den Bundesrat auf die gesamtstaatliche Ebene transportierte bundesstaatliche Vielfalt nicht auf Grund einer ursprünglichen Äußerung des Souveräns beiseite geschoben werden darf,[911] da hier nur mittelbar an den

907 Bryde, in: v. Münch/Kunig (Hrsg.), Art. 79 Rn 32; Hain, in: v. Mangoldt/Klein/Starck (Hrsg.), Art. 79 Abs. 3 Rn 134; Dreier, in: Dreier (Hrsg.), Art. 79 III Rn 19; Elgeti, Inhalt und Grenzen der Föderativklausel des Art. 79, III GG, S. 72

908 BT-Drucks. 12/6000, S. 86; erwähnt auch bei: Hufschlag, Einfügung plebiszitärer Komponenten in das Grundgesetz?, S. 290

909 Stellg. Kempen, abgedruckt in: Protokoll der 94. Sitzung des Innenausschusses des Deutschen Bundestages, S. 45

910 BT-Drucks. 12/6000, S. 86; Stellg. Geis, abgedruckt in: Deutscher Bundestag (Hrsg.), Materialien zur Verfassungsdiskussion und zur Grundgesetzänderung in der Folge der deutschen Einigung, Bd. 1, S. 363; erwähnt auch bei: Hufschlag, Einfügung plebiszitärer Komponenten in das Grundgesetz?, S. 290

911 Stellg. Badura, abgedruckt in: Deutscher Bundestag (Hrsg.), Materialien zur Verfassungsdiskussion und zur Grundgesetzänderung in der Folge der deutschen Einigung, Bd. 2, S. 140

Bundesrat als Organ angeknüpft wird und eher die Einbringung der bundesstaatlichen Vielfalt im Vordergrund steht, was ebenso durch andere Organe als den Bundesrat geschehen kann. Ob dieser Aussage letztlich gefolgt werden kann, erscheint demgegenüber eher zweifelhaft, da hier davon ausgegangen wird, dass stets die Beachtung der Bundesstaatlichkeit gefordert ist.[912]

Gegen das Argument der Formalität ließe sich einwenden, dass diese an sich im Entscheidungsprozess zwar gegeben sein mag, die Länderklausel aber auf Grund des Bewusstseins, dass sich auch in den Ländern Mehrheiten finden müssen, einen Diskussionsprozess im Vorfeld eines Volksentscheids bewirken würde, der auch die Länderinteressen beachtet. Man könnte vertreten, dass bei einer Länderklausel Ländergesichtspunkte Bestandteil der Abstimmungsmaterie und damit der politischen Diskussion werden und auf diese Weise dem Kritikpunkt der fehlenden Möglichkeit der Einbringung von Länderinteressen abgeholfen sei.[913] Allein das Ingangsetzen eines Diskussionsprozesses im Vorfeld der Abstimmung verschafft den Ländern jedoch nicht die gewichtige Position, die Art. 79 Abs. 3 GG für sie vorsieht. In den Entscheidungsprozess selbst können sie nicht effektiv eingreifen und auch bei der Erarbeitung des Gesetzentwurfes bleiben sie außen vor. Sie sind darauf angewiesen, sich in der politischen Diskussion vor der Abstimmung oder besser noch bereits während der Erarbeitung der Abstimmungsvorlage ausreichend Gehör verschaffen zu können. Vor allem aber wird den Ländern keine ausschließliche Position eingeräumt, so dass sie nicht verhindern können, dass in einigen Fällen vollkommen ohne Beachtung ihrer Interessen entschieden wird. Eine Garantie für die Berücksichtigung der Interessen der Länder bedeutet dies somit nicht. Das Mitwirkungserfordernis aus Art. 79 Abs. 3 GG garantiert den Ländern aber zumindest eine Mitbeteiligung an der Bundesgesetzgebung. Wenn diese auch nicht das Maß der Mitbestimmung oder das Niveau einer absoluten Vetoposition erreichen muss,[914] so ist dennoch erforderlich, dass die Länder sich als eigenständige Einheiten in den Gesetzgebungsprozess einbringen können. Dies wird den Ländern bei einem Föderalquorum nicht gewährt, da sie kein selbständiger Beteiligter sind, der sich zu inhaltlichen Fragen äußern kann und sie nicht die Möglichkeit einer sachlichen Einflussnahme haben, die Art. 79 Abs. 3 GG fordert.[915] Mit der aufgezeigten Möglichkeit der Einbringung in den politischen Diskurs erlangen die Rechte der Länder nicht einmal das Niveau von Anhörungsrechten, da diese zumindest eine von vornherein eingeräumte, feststehende Möglichkeit zur Äußerung voraussetzen, wobei selbst Anhörungsrechte das Mitwirkungserfordernis nicht erfüllen würden.[916]

912 Näheres dazu s.u. 4. Kap. H. I.

913 So: Evers, ArbU Nr. 57a, abgedruckt in: Deutscher Bundestag (Hrsg.), Materialien zur Verfassungsdiskussion und zur Grundgesetzänderung in der Folge der deutschen Einigung, Bd. 3, S. 361

914 Lücke, in: Sachs (Hrsg.), Art. 79 Rn 28

915 Evers, in: BK, Art. 79 Abs. 3 Rn 219

916 Dreier, in: Dreier (Hrsg.), Art. 79 III Rn 19; Elgeti, Inhalt und Grenzen der Föderativklausel des Art. 79, III GG, S. 72

Schließlich sei auch das Argument aufgegriffen, die Länderklausel könne in der absoluten Mehrzahl der Abstimmungen das Ergebnis des bundesweiten Volksentscheids nicht abändern. Für das schweizerische Ständemehr hat insofern bereits Meyer beklagt, dass das Ständemehr „zu einem bloßen Abbild des Volksmehrs herabgesunken ist“, was vor allem auch auf die Festlegung der kantonalen Willensäußerung durch den Bund seit 1874 zurückzuführen ist.[917] Der Aufbau eines Spannungsverhältnisses zwischen Gesamtvolk und Kantonen sei so nicht möglich.[918] Da die eine von den Bürgern abgegebene Stimme nur doppelt ausgezählt wird, kann sich ein Abweichen der beiden Voten regelmäßig nur in Fällen sehr knapper Mehrheiten ergeben, bei denen viele kleine Bundesländer entgegengesetzt zum Bundesergebnis abgestimmt haben. Da in Deutschland nicht unbedingt eine homogene Interessenlage unter den kleineren Bundesländern besteht, wie es für die Schweiz dargelegt wurde, wird solch eine Lage relativ selten eintreten. Vergegenwärtigt man sich dann, dass in der Schweiz bisher ganze acht Abstimmungen am Ständemehr gescheitert sind,[919] so lässt dies angesichts der Fülle der dort abgehaltenen Volksentscheide, die in Deutschland nicht einmal annähernd zu erwarten sein wird, erahnen, welch geringe Auswirkungen eine solche Länderklausel hätte. Sollten die Stimmen der Länder zusätzlich anhand z.B. des Bundesratsschlüssels gewichtet werden, verringert sich der Einfluss der kleineren Länder im Vergleich zur Schweiz, wo alle Kantone dasselbe Stimmgewicht besitzen, weiter, so dass die Chancen eines abweichenden Ländervotums weiter schwinden. Auch dies beweist, dass mit der Länderklausel die Intention des Grundgesetzgebers zur Schaffung des Ländermitwirkungsrechts an der Bundesgesetzgebung, eine effektive Einflussnahme der Länder auf die Bundesgesetzgebung zu gewährleisten, nicht berücksichtigt wird und ihnen nur jene formale Beteiligungsmöglichkeit geschaffen wird, auf die es Art. 79 Abs. 3 GG gerade nicht ankommt. Das Argument der Formalität hängt im Übrigen insofern in gewisser Weise mit der geführten Diskussion um die Notwendigkeit des Vorhandenseins eines Föderativorgans zusammen, da die feste Einbindung eines solchen in den Gesetzgebungsprozess immer eine gewisse Beachtung der Länderinteressen bewirken würde.

917 Meyer, Die Mitwirkungsrechte der Bundesglieder in der Schweizerischen Eidgenossenschaft, S. 59

918 Meyer, Die Mitwirkungsrechte der Bundesglieder in der Schweizerischen Eidgenossenschaft, S. 59

919 Vatter/Sager, Schweizerische Zeitschrift für Politische Wissenschaft 1996 Volume 2 Issue 2, 165; Hangartner/Kley, Die demokratischen Rechte in Bund und Kantonen der Schweizerischen Eidgenossenschaft, Rn 766

bb. Die Auswirkungen auf die föderale Gewaltenteilung – Einstieg in den Zentralismus

Die föderale Gewaltenteilung – notwendige Folge der Bundesstaatlichkeit[920] und als solche in den Schutz des Art. 79 Abs. 3 GG einbezogen – wurde als eines der Hauptzielsetzungen der Bundesstaatlichkeit erkannt.[921] Diese gründet sich darauf, dass zum einen zwei verschiedene Ebenen im Staat existieren, die sich gegenseitig kontrollieren (vertikale Gewaltenteilung), zum anderen mit dem Bundesrat ein Organ vorhanden ist, welches die Macht des Bundestages einschränkt (horizontale Gewaltenteilung). Der qualitative Aspekt der „balance of power" spielt dabei eine wichtige Rolle.[922] Für eine Gewaltenteilung muss ein echtes Gegenüber mehrerer annähernd gleichgewichtiger Größen vorhanden sein.[923] Es muss mehrere Funktionsträger geben, die in der Lage sind, ihren Teil eines einheitlichen Prozesses unabhängig voneinander in eigener Verantwortung zu erfüllen. Die Idee der vertikalen Gewaltenteilung verbietet ein bloßes „Dabeisein", welches nur eine Alibifunktion erfüllen würde.[924] Wird eine föderale Gewaltenteilung nicht mehr verwirklicht, kann das Bundesstaatsprinzip nicht mehr seine Funktion erfüllen, womit die Grenzen einer zulässigen Verfassungsänderung überschritten werden.[925]

Bei der Durchführung eines Volksentscheides mit der Beteiligung der Länder über ein Föderalquorum wird die horizontale Gewaltenteilung ausgeschaltet, da kein Föderativorgan an der Gesetzgebung mitwirken kann.[926] Auch auf Grund der dargestellten Formalität der Länderklausel, die ein echtes Sprachrohr der Länderinteressen vermissen lässt, gibt es keine Möglichkeit, länderwettbewerbliche Positionen einzubringen.[927] Die spezifischen Interessen der Staaten können keinen Einfluss auf das Bundesgesetz gewinnen.[928] Auch der durch die föderale Gewaltenteilung mit bewirkte Minderheitenschutz muss Einschnitte hinnehmen, wenn eine mögliche Opposition auf Landesebene sich nicht wirkungsvoll auf Bundesebene einbringen kann. Auf das bereits beim Punkt der Formalität eingegangene Argument, ohne die Mitwirkung des Bundesrates gehe die ausgewogene Balance zwischen zentral- und gliedstaatlichen Befugnissen bei der Gesetzgebung des Bundes, die durch das Zusammenwirken von Bundestag und Bundesrat verwirklicht wird, verloren,[929] kann sich aus den dort ge-

920 Ermacora, Allgemeine Staatslehre, 2. Teilband, S. 622
921 S.o. 1. Kap. B. III. 2.
922 Schenke, JuS 1989, 698, 699
923 Hesse, Der unitarische Bundesstaat, S. 27
924 Stern, Staatsrecht, Bd. I, § 5 IV 5 a β
925 Kramer, Grenzen der Verfassungsänderung im Bereich der bundesstaatlichen Finanzverfassung, S. 20
926 So auch: Stellg. Scholz, Bundestagslesung zur BT-Drucks. 14/8503, 14. WP, 240. Sitzung, S. 24029
927 Stellg. Scholz, Bundestagslesung zur BT-Drucks. 14/8503, 14. WP, 227. Sitzung, S. 22497
928 Kriele, FAZ Nr. 262 vom 10.11.1992, S. 12, 13
929 BT-Drucks. 12/6000, S. 86; erwähnt auch bei: Hufschlag, Einfügung plebiszitärer Komponenten in das Grundgesetz?, S. 290

nannten Gründen nicht gestützt werden. Ebenso kritisch muss die Aussage, die Mitwirkung des Bundesrates bedeute als lebendiger Ausdruck des Föderalismus, der die Vielfalt der Länder berücksichtigt, eine Begrenzung des Zentralismus, welche mit dem Vorschlag eines Föderalquorums angetastet würde,[930] gesehen werden, da auch diese argumentativ zu sehr an die derzeitige Ausgestaltung der Bundesstaatlichkeit angelehnt ist. So ist dann auch nicht erforderlich, dass beispielsweise die dem Bundesrat zugeschriebene Funktion, die Verwaltungserfahrung der Länder in den Prozess der Bundesgesetzgebung einzubringen, im Verfahren der direkten Demokratie vom Landesvolk wahrgenommen werden muss. Für eine Gewaltenteilung sind jedoch zumindest zwei verschiedene Machtträger erforderlich, die unabhängig voneinander Entscheidungen treffen können. Bei einer Länderklausel sind die Machtträger Bundes- und Landesvolk nur formal getrennt. Sie können keine eigenen, voneinander unabhängigen Entscheidungen treffen, da beiden zusammen nur eine Stimme zusteht. Hinter beiden Funktionsträgern stehen dieselben Menschen, die mit nur einer Stimme zwei Entscheidungen treffen sollen. Es gibt nicht zwei Wege, die zusammen zu einem Ergebnis führen, sondern ein Ergebnis wird künstlich aufgespalten. Es sind also keine zwei Ebenen vorhanden, die sich gegenseitig kontrollieren könnten, zumal auch die Landesvölker nur fiktiv beteiligt werden. Damit wird auch die vertikale Gewaltenteilung nicht verwirklicht. Durch eine reine Zählweise kann Gewaltenteilung kaum verwirklicht werden. Bundesvolk und Landesvölker stellen keine gleichberechtigten Gegenspieler dar, sondern der eine ist vom anderen abhängig. Für eine effektive föderale Gewaltenteilung wäre in jedem Fall ein gesonderter Abstimmungsakt der Länder zu fordern, bei dem die reale Chance auf Kontrolle der Bundesebene bestünde. Die „zentralisierende Wirkung“ von Plebisziten[931] in dieser Hinsicht kann also nicht von der Hand gewiesen werden. Andererseits lehren die Erfahrungen aus der Schweiz, dass plebiszitäre Elemente im Allgemeinen einer starken

930 Stellg. Bayern in: Bericht und Beschlussempfehlung des Arbeitsausschusses 2 zu „Plebiszitäre Elemente“, ArbU Nr. 16, abgedruckt in: Deutscher Bundestag (Hrsg.), Materialien zur Verfassungsdiskussion und zur Grundgesetzänderung in der Folge der deutschen Einigung, Bd. 3, S. 188; Stellg. Marschewski, Bundestagslesung zur BT-Drucks. 14/8503, 14. WP, 240. Sitzung, S. 24020; Stellg. Scholz, Bundestagslesung zur BT-Drucks. 14/8503, 14. WP, 240. Sitzung, S. 24029; Kriele, FAZ Nr. 262 vom 10.11.1992, S. 12, 13

931 Hufschlag, Einfügung plebiszitärer Komponenten in das Grundgesetz?, S. 290; Berlit, KritV 1993, 318, 351; Stellg. Klein, abgedruckt in: Deutscher Bundestag (Hrsg.), Materialien zur Verfassungsdiskussion und zur Grundgesetzänderung in der Folge der deutschen Einigung, Bd. 2, S. 181; Berichterstattung Ullmann, abgedruckt in: Deutscher Bundestag (Hrsg.), Materialien zur Verfassungsdiskussion und zur Grundgesetzänderung in der Folge der deutschen Einigung, Bd. 2, S. 816; Bosbach, Wirtschaftsdienst 2002, 518, 520 spricht von einem „massiven Unitarisierungsschub“.

Zentralisierung der politischen Macht eher entgegenstehen.[932] Gesetzesvorlagen, die die Kompetenzen des Gesamtstaates ausbauen wollten, hatten in Volksabstimmungen geringere Durchsetzungskraft.[933] Die Volksgesetzgebung kann in dieser Hinsicht als „struktureller Verbündeter“ des Föderalismus gelten, die die Gefahren des Zentralismus und der Machtkonzentration begrenzt.[934] Gerade das Föderalquorum wird z.T. auch als Chance gesehen: Die parteitaktisch motivierte Blockadepolitik des Bundesrates kann damit ausgeschaltet, der Föderalismus somit dynamischer ausgestaltet werden.[935] Bezüglich der erforderlichen Mitwirkung der Länder ändert dies jedoch nichts an der bei einer Länderklausel fehlenden föderalen Gewaltenteilung, deren Wirksamkeit ein Gradmesser für die Effektivität der Ländermitwirkung darstellt. Letztlich auch auf Grund der schwachen Auswirkungen, die eine Länderklausel regelmäßig auf das Ergebnis eines Volksentscheides hätte, geht die Effektivität der Beteiligung gen Null, so dass nicht von einem ausreichenden Maß an Ländermitwirkung gesprochen werden kann.

cc. Das Argument der lediglich personellen Duplizität

Ebenfalls wird das Problem gesehen, dass die Länderklausel lediglich eine personelle Duplizität ausnutzt, um zu zwei Entscheidungen zu gelangen, die verschiedenen Rechtspersonen zugerechnet werden sollen.[936] Die Länder müssen bei der Beteiligung an der Bundesgesetzgebung aber eine eigenständige Rolle spielen; bei der Entscheidungsfindung muss ihre Mitwirkung in einem eigenständigen Akt zum Ausdruck kommen.[937] Die eine abgegebene Stimme jedes Bürgers wird bei einem Föderalquorum jedoch einfach doppelt gewertet, ohne dass unterschiedliche Zielsetzungen hinter ihr stehen könnten. Es stellt sich damit die Frage, ob der einzelne Bürger mit der ihm zur Verfügung stehenden Stimme den eigentlichen Sinn der

932 Erne, in: Schiller/Mittendorf (Hrsg.), Direkte Demokratie, S. 84; Ähnlich äußerte sich der bayerische Innenminister Beckstein: „Das Beispiel der Schweiz zeige, dass Volksabstimmungen sogar der Stärkung des Föderalismus dienten.“ (zitiert bei: Jung, ZfP 2002, 267, 278). Klein dagegen ist der Überzeugung, dass der Volksgesetzgebung an sich eine zentralisierende Tendenz innewohnt (Stellg. Klein, abgedruckt in: Deutscher Bundestag (Hrsg.), Materialien zur Verfassungsdiskussion und zur Grundgesetzänderung in der Folge der deutschen Einigung, Bd. 2, S. 181). Ebenso: Menz, VBlBW. 1991, 401, 403, nach dem die zentralistische Wirkung der Volksgesetzgebung dem föderativen Element widerspricht.

933 Erne, in: Schiller/Mittendorf (Hrsg.), Direkte Demokratie, S. 84

934 Evers, ArbU Nr. 57a, abgedruckt in: Deutscher Bundestag (Hrsg.), Materialien zur Verfassungsdiskussion und zur Grundgesetzänderung in der Folge der deutschen Einigung, Bd. 3, S. 361; ders., abgedruckt in: Deutscher Bundestag (Hrsg.), Materialien zur Verfassungsdiskussion und zur Grundgesetzänderung in der Folge der deutschen Einigung, Bd. 2, S. 144

935 Erne, in: Schiller/Mittendorf (Hrsg.), Direkte Demokratie, S. 84 f.; zur Auseinandersetzung mit der Kritik der Blockadepolitik s. bereits oben 3. Kap. A.

936 Hufschlag, Einfügung plebiszitärer Komponenten in das Grundgesetz?, S. 291

937 Meyn, Kontrolle als Verfassungsprinzip, S. 228

Beteiligung der Länder an der Bundesgesetzgebung – die Einbringung der Länderinteressen – verwirklichen kann, da er zugleich als Bundes- und als Landesbürger abstimmen muss. Aus den oben bereits genannten Erwägungen heraus muss dies wohl verneint werden. Der einzelne Bürger ist nicht in der Lage, sein Gewicht entweder als Bundes- oder als Landesbürger auszuspielen. Werden bei einem Gesetzentwurf Bundes- und Landesinteressen verschieden tangiert, ist der Abstimmungsberechtigte gezwungen, eine der beiden Interessen zurückzustellen.[938] Ein Bürger, der als Teil des Gesamtstaatsvolkes abstimmt, kann somit nicht „in personeller Duplizität" bzw. „funktionaler Verdoppelung" zugleich für sein Land sprechen.[939] Unter diesem Aspekt ist die Länderklausel „keine tragfähige Grundlage für einen lebendigen Föderalismus",[940] sondern kann nur als Scheinlösung betrachtet werden.[941] Auch dieser Gesichtspunkt verwehrt der Länderklausel die nötige Effektivität hinsichtlich der Mitwirkung der Länder. Deutlich zutage treten hier Parallelen zu den vorherigen Punkten. Die personelle Duplizität ist neben der Formalität ein zweiter Punkt, der mit zur Schwächung der föderalen Gewaltenteilung beiträgt.

dd. Die unmittelbare Beteiligung der Landesvölker als Korrelat zur unmittelbaren Entscheidung des Bundesvolkes

Einige Stimmen wollen die genannten Schwierigkeiten, die ein Föderalquorum in Bezug auf die deutsche Bundesstaatlichkeit aufwirft, mit der These umgehen, dass die Mitwirkung der Länder nur unmittelbar erfolgen könne, da bei einem Volksentscheid die Bürger nur unmittelbar und nicht vermittelt durch Repräsentativorgane entscheiden.[942] Dem Organ Bundesvolk das Organ Landesvolk entgegenzuhalten, sei die einzig adäquate Lösung und die Beteiligung der Länder in Form der Länderklausel die einzig sinnvolle Regelung.[943] Diese Ansicht kann jedoch die Erfordernisse des Art. 79 Abs. 3 GG nicht außer Kraft setzen. Auch bei einem Volksentscheid ist für die Beteiligung der Länder an der Bundesgesetzgebung eine den grundgesetzlichen Anforderungen entsprechende Lösung zu finden. Kann eine unmittelbare Beteiligung

938 Hufschlag, Einfügung plebiszitärer Komponenten in das Grundgesetz?, S. 291

939 Klein, ArbU Nr. 48, abgedruckt in: Deutscher Bundestag (Hrsg.), Materialien zur Verfassungsdiskussion und zur Grundgesetzänderung in der Folge der deutschen Einigung, Bd. 3, S. 305; ders., abgedruckt in: Deutscher Bundestag (Hrsg.), Materialien zur Verfassungsdiskussion und zur Grundgesetzänderung in der Folge der deutschen Einigung, Bd. 2, S. 181; Hufschlag, Einfügung plebiszitärer Komponenten in das Grundgesetz?, S. 291; Berlit, KritV 1993, 318, 351 Fn 211

940 Klein, ArbU Nr. 48, abgedruckt in: Deutscher Bundestag (Hrsg.), Materialien zur Verfassungsdiskussion und zur Grundgesetzänderung in der Folge der deutschen Einigung, Bd. 3, S. 305; Hufschlag, Einfügung plebiszitärer Komponenten in das Grundgesetz?, S. 290 f.

941 Menz, VBlBW. 1991, 401, 403 Fn 27

942 BT-Drucks. 14/8503, S. 6

943 Stellg. Häfner, abgedruckt in: Protokoll der 94. Sitzung des Innenausschusses des Deutschen Bundestages, S. 43

der Länder in Form einer Föderalklausel dem nicht standhalten, so kann auch das Argument der einzig sinnvollen Regelung nicht darüber hinweg helfen. Dies kann also keine eigenständige Begründung für die Zulässigkeit einer Länderklausel sein. Insofern sind ihr die aufgeführten Argumente entgegenzuhalten. Nur weil die Bürger auf Bundesebene unmittelbar entscheiden, heißt das also nicht, dass auch die Mitwirkung der Länder nur unmittelbar erfolgen kann.[944]

ee. Die Bedenken hinsichtlich der Abstimmungsbeteiligung

Schließlich argumentieren einige Bedenkenträger auch mit dem Szenario einer verschwindend geringen Abstimmungsbeteiligung. Durch ein Föderalquorum wäre damit unter Umständen eine geringe Anzahl von Menschen in der Lage, das Votum des Landes abzugeben, was systeminkongruent sei. Damit könne keine sachangemessene Repräsentation des Länderwillens gewährleistet werden.[945] Da dieser Fall rein theoretischer Natur ist, kann dieses Argument nicht überzeugen. Nahezu alle bisherigen Entwürfe für die Einführung von direkter Demokratie in das Grundgesetz sahen entsprechende Quoren vor, um eine angemessene demokratische Repräsentation zu gewährleisten. Es ist nach dem derzeitigen Stand der Wissenschaft als unwahrscheinlich anzusehen, dass von diesem Erfordernis in Zukunft abgerückt wird. Die Forderung einer bestimmten Mindestabstimmungsbeteiligung erfasst bei der Länderklausel automatisch die Länderebene mit, so dass die Überlegung, nur wenige Menschen wären dazu in der Lage, für das gesamte Land zu sprechen, abwegig ist. Zudem zeigt die bisherige Beteiligung an Wahlen, dass es trotz sinkender Beteiligung noch ein sehr weiter (und utopischer) Weg bis zu einem Urnengang von nur noch einer Hand voll Bürgern ist. Ein näheres Eingehen auf diese Argumentation ist daher entbehrlich. Einer in diese Richtung eventuell aufziehenden Gefahr kann mit der Einführung von Beteiligungsquoren abgeholfen werden.

Zusammenfassend hat sich bisher gezeigt, dass ein Föderalquorum viele Schwachstellen hinsichtlich der Effektivität der Einflussnahme der Länder auf die Bundesgesetzgebung hat und das Maß dessen, was Art. 79 Abs. 3 GG an Anforderungen an das Mitwirkungserfordernis stellt, nicht erfüllen kann. Von einer Verwirklichung bundesstaatlicher Elemente im Sinne des Grundgesetzes kann nicht ausgegangen werden. Die Offenheit der Ewigkeitsklausel für andere bundesstaatliche Gestaltungen findet in einer solchen rein rechnerischen und fiktiven Beteiligung der

944 Schriftl. Stellg. Peschel-Gutzeit, Ausschussdrucksache 14/809G, S. 4 (abgedruckt als Anlage zum Protokoll der 94. Sitzung des Innenausschusses des Deutschen Bundestages)

945 Schriftl. Stellg. Kempen, Ausschussdrucksache 14/809H, S. 2 (abgedruckt als Anlage zum Protokoll der 94. Sitzung des Innenausschusses des Deutschen Bundestages); ders., abgedruckt in: Protokoll der 94. Sitzung des Innenausschusses des Deutschen Bundestages, S. 18 | 41 | 45

Länder ihre Grenze. Eine Mitwirkung der Länder an der Gesetzgebung des Bundes kann daher mit einer Länderklausel nicht konstruiert werden.

3. Eine Untersuchung des Vorbildcharakters des Schweizer Ständemehrs

Die Erörterungen zur Bundesstaatlichkeit im Rahmen des Lösungsmodells der Länderklausel abschließend soll im Folgenden auf das in der Schweiz angewandte Ständemehr eingegangen und seine Vorbildwirkung für die deutsche Regelung untersucht werden, da dieses für die deutschen Verhältnisse von der Schweiz kopiert und als Lösung des Problems der Mitwirkung der Länder an der Bundesgesetzgebung präsentiert wird. Diese Vorbildfunktion kann das Ständemehr nur dann erfüllen, wenn es in der Schweizer Bundesverfassung zumindest einem ähnlichen Zweck dient. Es sind daher die Zielsetzungen des Ständemehrs im Vergleich zu denen einer Länderklausel zu klären.

a. Die Funktion des Ständemehrs

Wurzel des Ständemehrs ist zunächst die historische Autonomie der Kantone der Alten Eidgenossenschaft, die es gebietet, sie an der Willensbildung des Gesamtstaates zu beteiligen und damit ihre Partizipationsbedürfnisse zu erfüllen.[946] Als Ausgleich für den Verlust ihrer Staatlichkeit bei der Gründung des Bundesstaates wurde den Kantonen das Instrument des Ständemehrs eingeräumt.[947] Da die Kantone alle gleichzeitig und in gleicher Weise bei der Gründung der Schweiz ihre Souveränität aufgaben, wurden sie danach automatisch im neuen Bund als gleich gewichtig angesehen, was die Einräumung eines gleich gewichteten Teilhaberechts zur Folge hatte.[948] In dem Institut des Ständemehrs kommt daher zum Ausdruck, dass die Kantone auch nach der Gründung des Bundesstaates souveräne Glieder dieses Staates und keine bloßen dezentralisierten Verwaltungseinheiten darstellen und deshalb an der Bildung des obersten Bundeswillens, der Verfassungsgebung, zu beteiligen sind.[949] Des Weiteren sollte bei der Errichtung des Bundesstaates 1848 nach den Erfahrungen mit der Helvetischen Republik sicher gegangen werden, dass es nicht ein weiteres Mal über die Kantone hinweg zu einer zentralistischen Verfassung kommt.[950]

946 Tschannen, Stimmrecht und politische Verständigung, S. 503; Hangartner/Kley, Die demokratischen Rechte in Bund und Kantonen der Schweizerischen Eidgenossenschaft, Rn 761; Neidhart, Die politische Schweiz, S. 391; http://de.wikipedia.org/wiki/St%E4ndemehr; s. zur Souveränität der Kantone bereits oben 4. Kap. E. III. 1.

947 Wili, Kollektive Mitwirkungsrechte von Gliedstaaten in der Schweiz und im Ausland, S. 698

948 Heger, Deutscher Bundesrat und Schweizer Ständerat, S. 77 ff.+87 f.

949 Hangartner/Kley, Die demokratischen Rechte in Bund und Kantonen der Schweizerischen Eidgenossenschaft, Rn 761

950 http://de.wikipedia.org/wiki/St%E4ndemehr

Das Ständemehr als Form der Beteiligung der Kantone wurde dabei vor allem auch aus minderheitenschützenden Gründen gewählt. Es wurde ursprünglich bei der Gründung des Bundesstaates 1848 als Eckpfeiler des schweizerischen Föderalismus eingeführt, um die 1847 im Sonderbundskrieg[951] unterlegenen Kantone vor der Majorisierung durch die großen Mittellandkantone zu schützen.[952] Es wurde damals befürchtet, dass bestimmte Volksgruppen in einer reinen Mehrheitsdemokratie systematisch übergangen werden könnten, da ethnische oder konfessionelle Minderheiten im Gegensatz zum Wechselspiel zwischen Regierung und Opposition nie die Chance haben, die Mehrheit zu stellen; ihre speziellen Interessen sind nie mehrheitsfähig.[953] Da sich die Mehrheitsverhältnisse in Bezug auf solche Komponenten nie ändern, war den Kantonen die Gefahr von Diskriminierungen struktureller Minderheiten zu hoch, so dass diese u.a. mit dem Ständemehr integriert werden sollten.[954] Die Gleichgewichtung der Kantone gibt allen lokal kompakt formierten Minderheiten die Chance, bei unterschiedlichen Sachfragen stets andere Bündnisse zu bilden und damit auch zur Mehrheit zu gehören; es besteht für keine Minderheit die Gefahr, ständig in der Minderheitenrolle verharren zu müssen.[955] Das Ständemehr schuf einen Minderheitenschutz besonders für religiöse, sprachliche und kulturelle Minderheiten. Vor allem aber auch soll es verhindern, dass die bevölkerungsreichen Kantone über die Interessen der kleineren Kantone hinweg bestimmen können.[956] Es bevorzugt daher die kleinen, ländlichen, konservativen Kantone der deutschen Schweiz, die eher gegen Neuerungen eingestellt sind, gegenüber den großen städtisch geprägten Kantonen oder wirkt sich zugunsten der französischsprachigen

951 Im Sonderbund schlossen sich die überzeugtesten Anhänger der Staatsform des Staatenbundes – die katholischen Kantone – zur gemeinsamen Verteidigung ihrer Interessen zusammen (Meyer, Die Mitwirkungsrechte der Bundesglieder in der Schweizerischen Eidgenossenschaft, S. 71; Linder, Schweizerische Demokratie, S. 29). Im Sonderbundskrieg standen sich schließlich die liberal-fortschrittlichen Protestanten und die katholisch-konservativen Kantone gegenüber; letztere unterlagen (Linder, Schweizerische Demokratie, S. 22+29; Helg, in: Aulehner/Dengler/Konrad/Langer/Leisner/Lepsius/Möller/Möstl/Pfab/Stender/Waldhoff (Hrsg.), Föderalismus – Auflösung oder Zukunft der Staatlichkeit?, S. 132).

952 Vatter/Sager, Schweizerische Zeitschrift für Politische Wissenschaft 1996 Volume 2 Issue 2, 165; Hangartner, Grundzüge des schweizerischen Staatsrechts, Bd. I, S. 225; Neidhart, Die politische Schweiz, S. 391; Heger, Deutscher Bundesrat und Schweizer Ständerat, S. 80; Wili, Kollektive Mitwirkungsrechte von Gliedstaaten in der Schweiz und im Ausland, S. 213 ff. (insbes. S. 229) konnte nachweisen, dass diese Integration zumindest bis zur Einführung der Volksinitiative auf Partialrevision der Bundesverfassung außerordentlich gut gelungen war. Allgemein kritisch zu diesem Vorrecht der ländlich geprägten Kantone: Seiler, http://ulseiler.ch/ERBE/II-43.htm, der dies als „gewisse Vorrechte germanisch-alamannischer Rechtsfortentwicklung feudalen Ursprungs“ bezeichnet.

953 Linder, Schweizerische Demokratie, S. 35

954 Linder, Schweizerische Demokratie, S. 35

955 Heger, Deutscher Bundesrat und Schweizer Ständerat, S. 77 ff.+87 f.

956 http://de.wikipedia.org/wiki/St%E4ndemehr

Schweiz aus.[957] Die Integration der konfessionellen Minderheiten dagegen spielt heute nur noch eine untergeordnete Rolle; der Schutz der römisch-katholischen Minderheit vor der evangelisch-reformierten Mehrheit ist vor dem Ziel des Schutzes der ländlichen Gebiete sowie der sprachlichen und kulturellen Minderheiten in den Hintergrund gerückt.[958] Das Ständemehr als föderalistisches Element unterstützt damit die Funktion des Föderalismus, dem Zusammenhalt einer kulturell gespaltenen Gesellschaft zu dienen, vor allem in solch einer wie der schweizerischen, in der die Sprachgrenzen noch heute politisch bedeutsam sind.[959] Damit wird deutlich, dass die Schweiz hauptsächlich einen Differenzierungsföderalismus verfolgt, der in erster Linie die Integration der Regionen anstrebt.[960] Sie muss deshalb auch keine Minderheiten-Artikel in die Bundesverfassung aufnehmen, da die Minderheiten durch den föderalistischen Staatsaufbau respektiert werden.[961] Die Verwirklichung der Integrationsinteressen der sehr verschiedenen Kantone dürfte als Hauptzielsetzung des Ständemehrs im Vordergrund stehen.

Ähnlichkeiten in der Funktion zu einem grundgesetzlichen Föderalquorum ergeben sich beim Ständemehr hinsichtlich der diesem unterliegenden obligatorischen Referenden über Verfassungsänderungen nach Art. 140 Abs. 1 BV, bei Verfassungsänderungen also, die von der Bundesversammlung – bestehend aus National- und Ständerat – beschlossen wurden und anschließend Volk und Ständen in einem obligatorischen Referendum zur Abstimmung unterbreitet werden. Hier fungiert das Ständemehr als Surrogat für die abgeschaffte Instruktion der Vertreter der Kantone im Ständerat.[962] Auch wenn der Ständerat die Kantone repräsentiert, wird er auf Grund der fehlenden Möglichkeit der Instruktion seiner Mitglieder durch die Kantone als eine zweite Kammer der Bundesgesetzgebung angesehen, die nach einem anderen Schlüssel direkt vom Volk gewählt wird, nicht aber unbedingt als politische

957 Hangartner, Grundzüge des schweizerischen Staatsrechts, Bd. I, S. 225 f.; Linder, Schweizerische Demokratie, S. 179; Hangartner/Kley, Die demokratischen Rechte in Bund und Kantonen der Schweizerischen Eidgenossenschaft, Rn 765; Kirchgässner/Feld/Savioz, Die direkte Demokratie, S. 37; Heger, Deutscher Bundesrat und Schweizer Ständerat, S. 80; Vatter/Sager, Schweizerische Zeitschrift für Politische Wissenschaft 1996 Volume 2 Issue 2, 165, 165+178 f.; www.kpm.unibe.ch/ladner/ss02/unterlagen/Literaturberich_Stefan_Schmid.doc; http://de.wikipedia.org/wiki/St%E4ndemehr; Eine ausführliche Auswertung, welche Kantone in welchen Situationen bevorzugt bzw. benachteiligt werden, nimmt: Wili, Kollektive Mitwirkungsrechte von Gliedstaaten in der Schweiz und im Ausland, S. 210 ff. vor, der hierbei von einem „Vetogürtel" spricht, der sich von der Westschweiz entlang dem Alpenkamm bis in den Osten des Landes zieht. Die Aussage der Benachteiligung der romanischsprachigen Kantone bestätigt er auf S. 229 ff.

958 Hangartner/Kley, Die demokratischen Rechte in Bund und Kantonen der Schweizerischen Eidgenossenschaft, Rn 765; Benz, Föderalismus und Demokratie, in: Benz/Simonis, S. 25

959 Benz, Föderalismus und Demokratie, in: Benz/Simonis, S. 25

960 Benz, Föderalismus und Demokratie, in: Benz/Simonis, S. 15

961 http://www.schluer.ch/aktuell/021223macht.htm

962 Wili, Kollektive Mitwirkungsrechte von Gliedstaaten in der Schweiz und im Ausland, S. 246+775

Vertretung der Kantone.[963] Der Ständerat bedeutet kein eigentliches Mitspracherecht der Kantone.[964] Dies rührt vor allem daher, dass sich die Mitglieder des Ständerates nicht den Staatsinteressen ihres Kantons verpflichtet fühlen, sondern direkt ihrer Wählerschaft.[965] Auf Grund dieses fehlenden echten Mitsprachrechts reklamieren die Kantone trotz der notwendigen Zustimmung bei Gesetzen durch den Ständerat oft, dass sie übergangen worden sind.[966] Bevor das Referendum über Verfassungsrevisionen durchgeführt wird, hat zwar bereits der Ständerat dem Entwurf zugestimmt; dieser bringt jedoch auf Grund der fehlenden Instruktion nicht unbedingt die Interessen der Kantone ein. Das Ständemehr soll dafür einen Ausgleich schaffen, indem die Bevölkerung des Kantons direkt an der Abstimmung beteiligt wird.[967] Würde hingegen eine Instruktionsgebundenheit der Mitglieder des Ständerats eingeführt, müssten im anschließenden Referendum keine föderativen Mitwirkungsrechte mehr gewährt werden.[968] Hierin zeigen sich durchaus Ähnlichkeiten zu dem mehr auf die Einbringung der Länderinteressen gerichteten föderativen Mitwirkungsrecht, welches das Grundgesetz fordert. Inwieweit dies dann jedoch für die Volksinitiative auf Teilrevision der Bundesverfassung übertragen werden kann, ist zweifelhaft, da hier keine Surrogatsfunktion für den Ständerat erfüllt werden kann. Organe des repräsentativen Verfahrens, speziell der Ständerat wirken an diesem Verfahren nicht mit. An dieser Stelle tritt dann doch wohl eher die Integrationsfunktion der Föderalklausel hervor.

963 Hangartner, Grundzüge des schweizerischen Staatsrechts, Bd. I, S. 112; Kirchgässner/Feld/Savioz, Die direkte Demokratie, S. 190; Häfelin/Haller, Schweizerisches Bundesstaatsrecht, Rn 1492; Wili, Kollektive Mitwirkungsrechte von Gliedstaaten in der Schweiz und im Ausland, S. 246; Meyer, Die Mitwirkungsrechte der Bundesglieder in der Schweizerischen Eidgenossenschaft, S. 45 ff.; Anders: Benz, Föderalismus und Demokratie, in: Benz/Simonis, S. 25, der von der Vermittlung der Kantonsinteressen bei der Bundespolitik durch den Ständerat spricht. Die Mitglieder des Ständerats können sich seiner Ansicht nach nicht von den kantonalen Bindungen lösen. Stern, Staatsrecht, Bd. I, § 19 III 8 i β spricht allgemein von der Vertretung der Kantone durch den Ständerat.

964 Häfelin/Haller, Schweizerisches Bundesstaatsrecht, Rn 959+1491

965 Linder, Schweizerische Demokratie, S. 152; Diese Sichtweise dürfte im Übrigen die Argumentation der Gegner einer Senatslösung für das deutsche Föderativorgan stützen. Lanz, in: Ehrenzeller/Mastronardi/Schweizer/Vallender (Hrsg.), Art. 150 Rn 2 sieht dies etwas positiver, da nach seinen Ausführungen die Nichtbeschränkung der Ständeräte auf eine Vertretung der Interessen ihres Kantons eine „besondere Sensibilität" dieser für die Belange ihrer Kantone nicht ausschließe.

966 Kirchgässner/Feld/Savioz, Die direkte Demokratie, S. 190; Meyer, Die Mitwirkungsrechte der Bundesglieder in der Schweizerischen Eidgenossenschaft, S. 47; vgl. zur Thematik der fehlenden Instruktion der Ständeratsmitglieder auch: Wili, Kollektive Mitwirkungsrechte von Gliedstaaten in der Schweiz und im Ausland, S. 674 ff.

967 Die Zweifel dahingehend, ob unter den grundgesetzlichen Bedingungen wirklich das Volk der Gliedstaaten beteiligt wird, wurden bereits dargelegt, wobei dies für die Schweiz angenommen werden kann (s.o. 4. Kap. E. III. 1.).

968 Wili, Kollektive Mitwirkungsrechte von Gliedstaaten in der Schweiz und im Ausland, S. 775; Damit wird im Übrigen auch die oben (2. Kap. A. V.) vertretene These unterstützt, dass bei Referenden über Gesetzesentwürfe, die bereits von den Repräsentativorganen angenommen wurden, kein nochmaliges föderatives Mitwirkungsrecht gewährleistet werden muss.

Das Ständemehr spielt im schweizerischen Verfassungsrecht noch eine weitere Rolle. Dies wird deutlich, wenn man die Konsequenzen einer Abschaffung des Ständemehrs betrachtet. Dann könnte die Verfassung mit einer einfachen Mehrheit des Volkes geändert werden, da im Referendum über eine Verfassungsänderung keine erhöhten Quoren vorgesehen sind, ebenso bei einer Verfassungsänderung, die auf eine Volksinitiative zurückgeht, zumal hier nicht einmal die beiden Gesetzgebungskammern zustimmen müssten.[969] Im Ergebnis würde die Verfassungsänderung in ihren Anforderungen bei einer Abschaffung des Ständemehrs so dem Erlass eines einfachen Gesetzes gleichgesetzt.[970] Dem Ständemehr kommt insofern die Funktion einer Erschwernisstufe für Verfassungsänderungen zu.

Indirekt dient es auch der Sicherung der Bundesstaatlichkeit der Schweiz, da die Kantone nicht ihrer eigenen Beseitigung auf dem Wege der Verfassungsänderung zustimmen werden, und übernimmt damit die Funktion, die Art. 79 Abs. 3 GG in Deutschland hinsichtlich der Sicherung der Bundesstaatlichkeit erfüllt.[971] Im Gegensatz zu Deutschland unterliegt die Bundesstaatlichkeit in der Schweiz keiner geschriebenen Unabänderlichkeitssperre, womit auch eine Beteiligung der Kantone an der Gesetzgebung des Gesamtstaates nicht verewigt ist. Es wird dort zwar diskutiert, ob gewisse Ewigkeitsgarantien, darunter auch die Bundesstaatlichkeit, als ungeschriebene Garantien existieren, allgemein anerkannt ist dies jedoch nicht.[972] Die unbedingte Notwendigkeit der Statuierung des Ständemehrs aus diesem Grund scheidet also aus.

b. Die Funktion der Länderklausel

Eine Länderklausel dagegen hätte weniger Integrations- und minderheitenschützende Funktion, sondern sie soll die nach dem deutschen Verständnis von Bundesstaatlichkeit unerlässliche Beteiligung der Gliedstaaten an der Gesetzgebung des Bundes

969 Kirchgässner/Feld/Savioz, Die direkte Demokratie, S. 37

970 Kirchgässner/Feld/Savioz, Die direkte Demokratie, S. 37+182 f.

971 Heger, Deutscher Bundesrat und Schweizer Ständerat, S. 80; Wili, Kollektive Mitwirkungsrechte von Gliedstaaten in der Schweiz und im Ausland, S. 277; Die zunehmende Übertragung von Kompetenzen auf den Bund hat jedoch auch das Ständemehr nicht verhindert (Wili, Kollektive Mitwirkungsrechte von Gliedstaaten in der Schweiz und im Ausland, S. 272). In Australien erfolgt ein überaus wirksamer Schutz der Bundesstaatlichkeit durch das plebiszitäre Element im Verfassungsänderungsverfahren, das mit der nötigen Mehrheit der Stimmberechtigten eine überaus hohe Hürde für Verfassungsänderungen aufstellt. Zusätzlich erfolgt der Schutz der Bundesstaatlichkeit noch durch das Föderalquorum (Doeker, Parlamentarische Bundesstaaten im Commonwealth of Nations: Kanada, Australien, Indien, Bd. I, S. 57+134).

972 S. dazu: Häfelin/Haller, Schweizerisches Bundesstaatsrecht, Rn 27 f.; Körkemeyer, Direkte Demokratie und Europäische Integration, S. 76; Zülch, Das Verbot von Verfassungsänderungen nach dem Bonner Grundgesetz, S. 96 ff.; Dieselbe Situation ergibt sich in Australien (Doeker, Parlamentarische Bundesstaaten im Commonwealth of Nations: Kanada, Australien, Indien, Bd. I, S. 55 f.).

verwirklichen und eine effektive Einflussnahme der Gliedstaaten auf die gesamtstaatliche Gesetzgebung sicherstellen. Ein Minderheitenschutz in der Form, wie er vom Ständemehr bewirkt wird, wäre in Deutschland zudem auch gar nicht möglich, da es hier im Wesentlichen keine solchen auf die Bundesländer aufgeteilten Minderheiten gibt. Zum einen fehlen tiefgreifende sprachliche und kulturelle Minderheiten bis auf wenige Ausnahmen wie die Dänen in Schleswig und die Sorben in der Lausitz,[973] zum anderen orientieren sich etwaige bestehende Unterschiede nicht unbedingt an den Ländergrenzen. Dies wird wiederum an den genannten Minderheiten deutlich: Die Dänen bevölkern lediglich einen Teil des Bundeslandes Schleswig-Holstein und stellen selbst innerhalb dessen eine Minderheit dar, die Sorben verteilen sich demgegenüber sowohl auf das Bundesland Sachsen als auch auf Brandenburg, stellen innerhalb dieser Bundesländer aber ebenfalls eine Minderheit dar. Das Fehlen anderer definierter Minderheiten ist zum einen schon durch die teilweise zufällig erfolgte Grenzziehung der Bundesländer nach dem Zweiten Weltkrieg bedingt, zum anderen hat die am Ende des Zweiten Weltkrieges und in der Nachkriegszeit einsetzende Fluchtbewegung vieler Bürger zu einer starken Durchmischung der Bevölkerung geführt. Einzig in religiöser Hinsicht kann wohl eindeutig zwischen evangelisch und katholisch geprägten Gebieten unterschieden werden, wobei auch hier in einem Bundesland beide Religionen in verschiedenen Landesgebieten die jeweils stärkste religiöse Kraft darstellen können. Minderheiten entlang der Grenzen der Bundesländer gibt es also nicht, weshalb schon aus diesem Grund der vom Ständemehr durchgesetzte Minderheitenschutz nicht verwirklicht werden kann. Es fehlen die Inhomogenität der Gesellschaft und territorial ausgeprägte Spaltungslinien,[974] die einen von einem föderativen Instrument wie dem Ständemehr bewirkten formellen Minderheitenschutz erforderlich machen. Dies hat auch zur Folge, dass in Deutschland kein Differenzierungsföderalismus wie in der Schweiz herrscht, der zuvörderst die Aufgabe hat, die verschiedenen Regionen zu integrieren („holding-together"), sondern ein Vereinigungsföderalismus, bei dem die Machtaufteilung zwischen Bund und Gliedstaaten im Vordergrund steht („coming-together").[975] Maximal zu Beginn des deutschen Nationalstaates konnte die Bundesstaatlichkeit jene Integrationsfunktion haben, als sie die ehemals selbständigen Staaten, die im Deutschen Reich vereint wurden, integrieren sollte; heute bedarf es dieser hingegen kaum noch.[976] Bei der Beteiligung der Gliedstaaten in Deutschland geht es vielmehr um ein allgemeines Mitspracherecht der Länder, um sie in ihrer Position gegenüber dem Bund zu stärken. Die Länder sollen insgesamt als gewichtige Faktoren der deutschen Bundesstaatlichkeit wirken können, damit der Bund diese und ihre Interessen nicht völlig

973 S. zum Schutz der Sorben durch die sächsische Verfassung: Degenhart, in: Stober (Hrsg.), HdbSächsStVerwR, § 2 Rn 31 f.

974 Vatter/Sager, Schweizerische Zeitschrift für Politische Wissenschaft 1996 Volume 2 Issue 2, 165, 169; Tschannen, Stimmrecht und politische Verständigung, S. 235+503; Benz, Föderalismus und Demokratie, in: Benz/Simonis, S. 8 f.

975 Benz, Föderalismus und Demokratie, in: Benz/Simonis, S. 15

976 Hesse, Der unitarische Bundesstaat, S. 26 f.

überspielen kann. Es stand bei der im Bundesrat gewählten Stimmenverteilung nicht im Vordergrund, bestimmte Bundesländer auf Dauer zu bevorzugen, um sie auf diese Weise in ihrer Position gegenüber anderen Bundsländern zu stärken. Auch der Grund der Beteiligung der Gliedstaaten an der Bundesgesetzgebung ist in der Schweiz ein anderer. Dort spielt vor allem der Ausgleich für die Aufgabe der Staatlichkeit eine Rolle, wohingegen in Deutschland eher der Aspekt des Schutzes der Gliedstaaten vor einem völligen Überspielen durch den Bund im Vordergrund steht. Die deutschen Bundesländer, denen es fast allen an historisch gewachsener Struktur mangelt und deren Entstehung eher auf historischen Zufälligkeiten beruht, gaben nicht ihre Staatlichkeit auf, um den Bundesstaat Deutschland zu gründen; es wurde im Gegensatz zur Schweiz nicht ein Bund bisheriger souveräner Einzelstaaten zu einem Bundesstaat verdichtet.[977]

In der Schweiz wird im Ergebnis mehr Wert auf einen formellen Minderheitenschutz gelegt, in Deutschland steht das Erfordernis der effektiven Einbringung der Länderinteressen in die Bundesgesetzgebung im Vordergrund. Unterschiede ergeben sich somit in der Intention zur Verwendung der Föderalklausel. Eine Länderklausel soll in Deutschland die sonst im repräsentativen Verfahren vom Bundesrat wahrgenommene Gliedstaatsbeteiligung ersetzen, was beim Ständemehr nicht der Fall ist. Beim obligatorischen Verfassungsreferendum soll zwar ebenfalls eine Beteiligungsmöglichkeit der Kantonsbevölkerung verwirklicht werden, nicht jedoch als Ersatz für den Ständerat, da er die Aufgabe einer Beteiligung der Kantone auf Grund der fehlenden Instruktion der Ständeräte durch die Kantone gar nicht unbedingt erfüllt und zudem bei einem Referendum an dem zur Abstimmung gestellten Gesetz bereits mitgewirkt hat. Bei der Initiative auf Teilrevision der Verfassung steht in erster Linie der Minderheitenschutz im Vordergrund. Auch wenn die Integration von Minderheiten unzweifelhaft immer auch etwas mit der Einräumung von Mitspracherechten zu tun hat, steht doch beim Ständemehr der rein rechnerisch bewirkte, formale Minderheitenschutz im Vordergrund. Die Begründungsansätze für die beiden Föderativklauseln sind daher nur zum Teil vergleichbar. Das Ständemehr dient nur in zweiter Linie dem Zweck, der die Notwendigkeit der Länderklausel begründen soll. Eine Vorbildfunktion für die Länderklausel kann das Ständemehr hinsichtlich seiner Zielsetzung demnach nur bedingt erfüllen. Die Einführung einer Länderklausel sollte daher vorrangig aus spezifisch deutschen bundesstaatlichen Erfordernissen heraus abgeleitet werden, was auf Grund der obigen Ausführungen jedoch schwierig ist.[978]

IV. Die Hinderung des Souveräns an der Durchsetzung seiner Entscheidung

Nachdem bisher die bundesstaatlichen Einwände gegen die Länderklausel dargestellt worden sind, müssen im Folgenden die mit einem Föderalquorum im Zusammen-

977 Heger, Deutscher Bundesrat und Schweizer Ständerat, S. 75 ff.
978 S.o. 4. Kap. E. III.

hang stehenden demokratietheoretischen Problematiken erörtert werden. In den bisherigen Diskussionen ist besonders kritisch der Punkt angesprochen worden, dass die Länder auf Grund der Länderklausel in der Lage wären, die mehrheitlich vom Souverän getroffene Entscheidung zu überstimmen.[979] Entscheiden viele kleine Bundesländer anders als die Mehrheit des Bundesvolkes, kann eine Vorlage, für die sich eine Mehrheit im Volk gefunden hat, durch eine fehlende Ländermehrheit doch noch abgelehnt werden, wofür es in der Bevölkerung kaum Verständnis geben wird.[980] Es müssen sich in den kleinen Bundesländern anteilsmäßig weniger Bürger finden, als dies in einem großen Bundesland nötig wäre, um eine Länderstimme zu erreichen; diese Minderheit ist so in der Lage, ein Vielfaches an Bürgern zu überstimmen und ihr ihren Willen aufzuzwingen. Dies soll zunächst präzisiert werden: Bezugspunkt ist bei der Länderklausel nicht die Einwohnerzahl der Bundesländer, sondern die Stimmengesamtheit der den Bundesländern verliehenen Stimmen. Die Länder, die nach der gesonderten Auszählung der abgegebenen Stimmen in jedem Bundesland anhand der ihnen von der Föderalklausel zugewiesenen Stimmen zusammen wenigstens den um eins den Rest eines Zahlenganzen übertreffenden Teil[981] bzw. das Erreichen eines Gleichstandes plus mindestens eine Stimme[982] repräsentieren, bestimmen das Landesvotum. Die Mehrheitsregel wird insofern korrekt angewandt, als die Mehrheit der abgegebenen Stimmen des Bundesvolkes das Ergebnis des Volksentscheides auf Bundesebene bewirkt, die in den einzelnen Bundesländern ausgezählten Stimmenmehrheiten dagegen die Ergebnisse auf Landesebene. Auch bei der Anwendung der Mehrheitsregel kann bei der Zugrundelegung verschiedener Bezugspunkte zu unterschiedlichen Mehrheiten gelangt werden, d.h. eine Bevölkerungsgruppe kann sich nach verschiedenen Kriterien in verschiedene Mehrheiten unterteilen. Auf dieser Ebene liegt das Problem also nicht. Erst wenn in einem zweiten Schritt auf die Zahl der damit repräsentierten Abstimmenden geschaut wird, wird das Problem deutlich: Die Zahl derjeniger, die hinter der Stimmenzahl der Mehrheit stehen, kann unter Umständen geringer sein als die Zahl der von der Minderheit Repräsentierten. Diese Gefahr bestünde z.B. bei der oft in Erwägung gezogenen Übernahme des Bundesratsschlüssels tatsächlich. Im Bundesrat gibt es 69 Stimmen, 35 Stimmen sind somit für die Mehrheit notwendig. Um diese zu erreichen, müssen sich die vier kleinsten Bundesländer mit jeweils drei Stimmen sowie sechs der sieben Länder mit jeweils vier Stimmen zusammenschließen. Dies ergibt eine Summe von 36 Stimmen. Sind sich diese 10 kleineren Länder einig, können sie die restlichen sechs größeren Länder überstimmen, obwohl hinter ihren 36 Stimmen nur ca. 23 Mio. Einwohner stehen im

979 S. die Nachweise dazu oben 4. Kap. A.

980 Stellg. Degenhart, abgedruckt in: Protokoll der 94. Sitzung des Innenausschusses des Deutschen Bundestages, S. 13

981 Eglin, Demokratie und Minderheiten, S. 188; Varain, in: Guggenberger/Offe (Hrsg.), An den Grenzen der Mehrheitsdemokratie, S. 51; ders., ZfP 1964, 239, 242; ähnlich: Paul, Parlamentarischer Minderheitenschutz, S. 2: „Minderheit ist der Teil eines Ganzen, der weniger als die Hälfte dieses Ganzen ausmacht."

982 Palzer-Rollinger, Zur Legitimität von Mehrheitsentscheidungen, S. 22

Gegensatz zu ca. 58,5 Mio. Einwohnern, die in den sechs größeren Ländern leben.[983] Es drängt sich daher hier die Frage auf, ob es zulässig ist, dass die vom Souverän mit Mehrheit getroffene Entscheidung wegen unterschiedlicher Mehrheitsverhältnisse in den einzelnen Bundesländern negiert werden kann.[984] Es geht dabei um die Verteilung der Stimmen, Stimmkraftunterschiede und das Problem der Gleichheit bei der Anwendung des Mehrheitsprinzips. Angesprochen sind damit gleichzeitig Probleme der demokratischen Repräsentation, denn umso weniger die Bevölkerungsverteilung der Bundesländer bei der Verteilung der Bundesratsstimmen beachtet wird, umso größer werden die Defizite bei der demokratischen Repräsentation.[985]

Für den Bundesrat stellen sich diese Fragen ebenso, das Problem wurde dort auch schon frühzeitig erkannt.[986] Kritisiert wurde am Föderativorgan, dass über den Bundesrat in dieser Zusammensetzung eine Minderheit der Bevölkerung in der Lage ist, die im Bundestag repräsentierte Mehrheit an der Durchsetzung ihres Willens zu hindern.[987] Hier zeigt sich also eine spezifisch bundesstaatliche Problematik, die immer dort besteht, wo eine Teilhaberschaft am Ganzen besteht, die jedoch nicht in Bezug auf das Ganze legitimiert ist.[988] Die Zusammensetzung des Föderativorgans ist im demokratischen Bundesstaat stets problematisch, da es einerseits zwar demokratisch legitimiert sein soll, sich andererseits aber auch von dem nach egalitär-demokratischen Grundsätzen gewählten Bundestag unterscheiden soll, um die Existenz zweier spiegelgleicher Organe zu verhindern.[989] Im Folgenden wird nach einigen allgemeinen Bemerkungen zunächst auf diese Situation des Bundesrates eingegangen werden, um daraus Konsequenzen für das direktdemokratische Verfahren ziehen zu können.

Auch in der Schweiz erfährt die Volkssouveränität durch das Ständemehr eine Einschränkung.[990] Die Regelung wird in dieser Hinsicht auch kritisch betrachtet, wobei aus demokratietheoretischer Sicht besonders problematisch ist, dass die Unterschiede zwischen der Zahl der Stimmberechtigten in den einzelnen Kantonen immer größer werden.[991] Vor allem der grundlegende Wandel des Demokratiebegriffs im letzten Jahrhundert durch die fortschreitende Demokratisierung, der dem Bürger die Möglichkeit der stärkeren Beteiligung am politischen Entscheidungsfindungsprozess

983 Die Einwohnerzahlen sind der Tabelle bei: Deecke, Verfassungsrechtliche Anforderungen an die Stimmenverteilung im Bundesrat, S. 166 entnommen.

984 Schriftl. Stellg. Degenhart, Ausschussdrucksache 14/809E, S. 11 (abgedruckt als Anlage zum Protokoll der 94. Sitzung des Innenausschusses des Deutschen Bundestages)

985 BT-Drucks. 7/5924, S. 99

986 So z.B. von: Stern, in: Böckenförde/Stern, Überlegungen zur Verfassungsreform, S. 64 ff.; Hein, Die demokratische Gemeinde 1972, 103, 104; Sachs, VVDStRL 58 (1999), 39, 53; Klein, AöR 108 (1983), 329, 346; BT-Drucks. 7/5924, S. 99 f.

987 Sachs, VVDStRL 58 (1999), 39, 53

988 Flemming, Entwicklung und Zukunft des Föderalismus in Deutschland, S. 254

989 Maurer, FS Winkler, S. 617

990 Vincenz, Die Erleichterung der Stimmabgabe, S. 22

991 Heger, Deutscher Bundesrat und Schweizer Ständerat, S. 80; Kirchgässner/Feld/Savioz, Die direkte Demokratie, S. 37+182 f.

gibt, haben dieses Spannungsfeld zwischen Demokratie und Föderalismus verschärft und die Diskussionen angeheizt.[992] Ebenso tritt diese Problematik sehr akut in Australien bei dem dortigen Föderalquorum auf, welches die Agrarländer des Westens und Südens die hochindustrialisierten Ostküstenstaaten majorisieren lässt.[993]

1. Der Begriff der Gleichheit als Voraussetzung des Mehrheitsprinzips

Das Mehrheitsprinzip als mit der Demokratie als Herrschaft der Mehrheit untrennbar verbundenes Prinzip[994] bezeichnet eine Methode zur Herstellung verbindlicher Ent-

992 Vatter/Sager, Schweizerische Zeitschrift für Politische Wissenschaft 1996 Volume 2 Issue 2, 165, 168

993 Doeker, Parlamentarische Bundesstaaten im Commonwealth of Nations: Kanada, Australien, Indien, Bd. I, S. 134

994 Böckenförde, in: Isensee/Kirchhof (Hrsg.), HStR II, § 24 Rn 52; Stern, Staatsrecht, Bd. I, § 18 II 5 c γ; Hofmann/Dreier, in: Schneider/Zeh (Hrsg.), Parlamentsrecht und Parlamentspraxis, § 5 Rn 48; Scheuner, Das Mehrheitsprinzip in der Demokratie, S. 9; Palzer-Rollinger, Zur Legitimität von Mehrheitsentscheidungen, S. 104; Storr, Verfassunggebung in den Ländern, S. 268; Varain, in: Guggenberger/Offe (Hrsg.), An den Grenzen der Mehrheitsdemokratie, S. 54; ders., ZfP 1964, 239, 245 f.; Gusy, ZfP 1985, 133; Krüger, BayVBl. 1988, 353; Bovenschulte/Fisahn, RuP 2000, 48, 52; Dreier, ZParl 1986, 94; Das Mehrheitsprinzip ist dabei aber nicht notwendige Folge des Demokratieprinzips; möglich wäre die Entscheidungsfindung genauso nach dem Einstimmigkeitsprinzip (Haberland, Die verfassungsrechtliche Bedeutung der Opposition nach dem Grundgesetz, S. 20 m.w.N.). Die Anwendung des Mehrheitsprinzips ist zudem nicht auf demokratische Entscheidungsfindungen beschränkt.

scheidungen.[995] Es ist ein politisches Formprinzip und Hauptfaktor bei der Bildung und Legitimierung des Gesamtwillens.[996] Abgeleitet werden kann es sowohl aus Art. 20 Abs. 1 GG als auch aus Art. 20 Abs. 2 GG; es gehört als wesentlicher Verfassungsgrundsatz und fundamentales Prinzip der Demokratie zu den Mindestbestandteilen der freiheitlichen demokratischen Grundordnung und ist somit nach Art. 79 Abs. 3 GG unabänderbar.[997] Voraussetzung für die Anwendung des Mehrheitsprinzips ist unter anderem ein gewisser Konsens über die grundlegenden Fragen der Gesellschaft, der in der Verfassung zum Ausdruck gebracht wird.[998] Die Legitimität des Mehrheitsprinzips ergibt sich zum einen aus der Pluralität der Anschauungen und zum anderen aus der Unentscheidbarkeit der Richtigkeitsfrage zwischen ihnen.[999]

995 Scheuner, Das Mehrheitsprinzip in der Demokratie, S. 13; Palzer-Rollinger, Zur Legitimität von Mehrheitsentscheidungen, S. 21; Varain, ZfP 1964, 239, 245; Zum Mehrheitsprinzip existiert eine Vielzahl an Literatur. Beispielhaft genannt seien hier nur: Scheuner, Das Mehrheitsprinzip in der Demokratie; Heun, Das Mehrheitsprinzip in der Demokratie; Palzer-Rollinger, Zur Legitimität von Mehrheitsentscheidungen; Höpker, Grundlagen, Entwicklung und Problematik des Mehrheitsprinzips und seine Stellung in der Demokratie; Schatz, Prinzip, Grenzen und Konsequenzen der Majorität; Schneider, Die Abstimmung unter besonderer Berücksichtigung der verschiedenen Mehrheitsbegriffe; Guggenberger/Offe (Hrsg.), An den Grenzen der Mehrheitsdemokratie; Hattenhauer/Kaltefleiter (Hrsg.), Mehrheitsprinzip, Konsens und Verfassung; Rothenstreich, in: Fach/Degen (Hrsg.), Politische Legitimität, S. 43 ff.; Zippelius, Zur Rechtfertigung des Mehrheitsprinzips in der Demokratie; Böckenförde, in: Isensee/Kirchhof (Hrsg.), HStR II, § 24 Rn 52 ff.; Hofmann/Dreier, in: Schneider/Zeh (Hrsg.), Parlamentsrecht und Parlamentspraxis, § 5 Rn 48 ff.; Varain, ZfP 1964, 239 ff.; Häberle, JZ 1977, 241 ff.; Gusy, ZfP 1985, 133 ff.; Dreier, ZParl 1986, 94 ff.; Krüger, BayVBl. 1988, 353 ff. m.w.N. in Fn 1; Hillgruber, AöR 127 (2002), 460 ff. Zur Geschichte des Mehrheitsprinzips: Scheuner, Das Mehrheitsprinzip in der Demokratie, S. 13 ff.; Schatz, Prinzip, Grenzen und Konsequenzen der Majorität, S. 16 ff. Die Kritik am Mehrheitsprinzip lässt sich in erster Linie auf die Formel bringen, eine qualitative Frage lasse sich nicht auf quantitativem Wege lösen (Lehmann, Das Recht der parlamentarischen Minderheiten, S. 20; dazu: Paul, Parlamentarischer Minderheitenschutz, S. 6; Schatz, Prinzip, Grenzen und Konsequenzen der Majorität, S. 6; Varain, in: Guggenberger/Offe (Hrsg.), An den Grenzen der Mehrheitsdemokratie, S. 50; ders., ZfP 1964, 239, 242). Zudem werde weder die persönliche Betroffenheit der Abstimmenden berücksichtigt noch der unterschiedliche Grad der Informiertheit des Einzelnen über die zu treffende Entscheidung (dazu: Palzer-Rollinger, Zur Legitimität von Mehrheitsentscheidungen, S. 141 ff.).

996 Scheuner, Das Mehrheitsprinzip in der Demokratie, S. 7; Rothenstreich, in: Fach/Degen (Hrsg.), Politische Legitimität, S. 43; Dreier, ZParl 1986, 94, 100

997 BVerfGE 2, 1, 12 f.; 29, 154, 165; Stern, Staatsrecht, Bd. I, § 18 II 5 c; Benda, in: Hattenhauer/Kaltefleiter (Hrsg.), Mehrheitsprinzip, Konsens und Verfassung, S. 61; Haberland, Die verfassungsrechtliche Bedeutung der Opposition nach dem Grundgesetz, S. 19

998 Stern, Staatsrecht, Bd. I, § 18 II 5 c γ; Hofmann/Dreier, in: Schneider/Zeh (Hrsg.), Parlamentsrecht und Parlamentspraxis, § 5 Rn 55; Scheuner, Das Mehrheitsprinzip in der Demokratie, S. 9 f.+54 ff.; Palzer-Rollinger, Zur Legitimität von Mehrheitsentscheidungen, S. 118 ff.; Haberland, Die verfassungsrechtliche Bedeutung der Opposition nach dem Grundgesetz, S. 26 f.; Scheuner, VVDStRL 33 (1975), 121, 122; Häberle, JZ 1977, 241, 243; Sahner, ZParl 1984, 571, 574 f.; weitere Voraussetzungen: Hofmann/Dreier, in: Schneider/Zeh (Hrsg.), Parlamentsrecht und Parlamentspraxis, § 5 Rn 54 ff.

999 Gusy, ZfP 1985, 133, 135

Die Majoritätsregel wirkt damit auch als Ausdruck der Anerkennung und Gleichberechtigung der Minderheit.[1000] Begründet werden kann es nur aus der auch für die Demokratie kennzeichnenden Synthese von Freiheit und Gleichheit.[1001] Die Anwendung des Mehrheitsprinzips kommt dem Ideal der freien Selbstbestimmung aller am nächsten und gewährt dem Einzelnen soviel Autonomie wie möglich, ohne das Zusammenhalten der Gesellschaft zu gefährden, da es einer größtmöglichen Zahl an Bürgern das Gefühl vermittelt, nur dem eigenen Willen unterworfen zu sein.[1002] Dass eine Entscheidung auf einen breitestmöglichen Konsens sowie auf eine gleichberechtigte Mitwirkung aller zu stützen ist, ergibt sich aus der Idee der gleichberechtigten moralischen Kompetenz eines jeden.[1003] Die diesbezüglichen Grundgedanken zum Majoritätsprinzip hat wohl Kelsen am besten zusammengefasst: „Nur der Gedanke, daß – wenn schon nicht alle – so doch möglichst viele Menschen frei sein, d.h. möglichst wenig Menschen mit ihrem Willen in Widerspruch zu dem allgemeinen Willen der sozialen Ordnung geraten sollen, führt auf einem vernünftigen Weg zum Majoritätsprinzip. Daß dabei natürlich die Gleichheit als eine Grundhypothese der Demokratie vorausgesetzt wird, zeigt sich eben darin, daß nicht gerade dieser oder jener frei sein soll, weil dieser nicht mehr gilt als jener, sondern daß möglichst viele frei sein sollen.“[1004] Für das Bundesverfassungsgericht wird das Mehrheitsprinzip durch den Gedanken der Gesamtrepräsentation legitimiert: Zweck der Anwendung des Mehrheitsprinzips ist die egalitäre Repräsentation des gesamten Volkes.[1005] Die Entscheidung der Mehrheit kann dabei als Wille der Gesamtheit gelten – die Mehrheit vertritt also die Gesamtheit des Volkes – und auf Grund der Idee der freien Selbstbe-

1000 Gusy, ZfP 1985, 133, 135

1001 Böckenförde, in: Isensee/Kirchhof (Hrsg.), HStR II, § 24 Rn 52; Heun, Das Mehrheitsprinzip in der Demokratie, S. 100; Palzer-Rollinger, Zur Legitimität von Mehrheitsentscheidungen, S. 104; Storr, Verfassunggebung in den Ländern, S. 268; Hillgruber, AöR 127 (2002), 460, 462; Dreier, ZParl 1986, 94, 105; Varain, ZfP 1964, 239, 246; a.A.: Kelsen, Vom Wesen und Wert der Demokratie, S. 9; Schatz, Prinzip, Grenzen und Konsequenzen der Majorität, S. 21; Haberland, Die verfassungsrechtliche Bedeutung der Opposition nach dem Grundgesetz, S. 24, die das Mehrheitsprinzip nur aus dem Prinzip der Freiheit ableiten, nicht jedoch aus dem der Gleichheit, da sonst das Mehrheitsprinzip jenen rein mechanischen Charakter hätte, der ihm verschiedentlich vorgeworfen wird. „Es wäre nur der notdürftig formalisierte Ausdruck der Erfahrung, dass die mehreren stärker sind als die wenigeren; ...“ (Schatz, Prinzip, Grenzen und Konsequenzen der Majorität, S. 21; dazu kritisch: Palzer-Rollinger, Zur Legitimität von Mehrheitsentscheidungen, S. 110 ff.).

1002 Stern, Staatsrecht, Bd. I, § 18 II 5 c γ; Zippelius, Zur Rechtfertigung des Mehrheitsprinzips in der Demokratie, S. 18; Rothenstreich, in: Fach/Degen (Hrsg.), Politische Legitimität, S. 50; Hillgruber, AöR 127 (2002), 460, 462 f.; Varain, ZfP 1964, 239, 246; Dreier, ZParl 1986, 94, 104 f.; Leibholz, VVDStRL 29 (1971), 103, 104

1003 Zippelius, Zur Rechtfertigung des Mehrheitsprinzips in der Demokratie, S. 16

1004 Kelsen, Vom Wesen und Wert der Demokratie, S. 9 f.

1005 Starck, FS Winkler, S. 1099

stimmung Verpflichtungskraft für alle Bürger entfalten.[1006] Durch die Teilnahme der Minderheit an der unter der Geltung des Mehrheitsprinzips gestellten Entscheidung trägt diese die Mehrheitsentscheidung mit.[1007] Dies erinnert an Rousseau, in dessen Sinne die Freiheit Folge dessen ist, dass die Menschen sich nur ihrem selbst gebildeten mehrheitlichen Willen unterwerfen, und die Bürger durch die Beteiligung aller an der Willensbildung gleich sind.[1008] Bei der Anwendung des Mehrheitsprinzips muss jedoch hinsichtlich seiner Ausgestaltung darauf geachtet werden, dass die wahre Mehrheit nicht durch eine bloß scheinbare Mehrheit überwunden werden kann.[1009] Andererseits begründet das Demokratieprinzip aber auch keinen Mehrheitsabsolutismus, sondern die Majoritätsregel unterliegt vielfältigen Einbindungen, Verflechtungen und Spannungsverhältnissen mit anderen Grundsätzen der Verfassung, durch die sie Beschränkungen erfahren kann.[1010] So erkannte u.a. das Bundesverfassungsgericht, dass der Mehrheitsherrschaft bundesstaatliche Grenzen gezogen sind.[1011] Die Kollision von Mehrheitsregel und Bundesstaatsprinzip wird auch hier eine Rolle spielen.

Die Gleichheit der politischen Rechte und das Prinzip der gleichen Chance aller denkbaren Meinungen ist für eine Demokratie unabdingbare Voraussetzung und Wesenskern und gehört mit zu den nach Art. 79 Abs. 3 GG i.V.m. Art. 20 Abs. 1 GG unabänderlichen Inhalten.[1012] Sie wird als Grundhypothese der Demokratie bei der Anwendung der Mehrheitsregel vorausgesetzt und ist mit dieser heute untrennbar

1006 BVerfGE 44, 125, 142; ebenso: Scheuner, Das Mehrheitsprinzip in der Demokratie, S. 7; Haberland, Die verfassungsrechtliche Bedeutung der Opposition nach dem Grundgesetz, S. 19; Hillgruber, AöR 127 (2002), 460, 463 f.; ähnlich: Zippelius, Zur Rechtfertigung des Mehrheitsprinzips in der Demokratie, S. 14

1007 Herzog, DÖV 1962, 81, 86 f.

1008 Varain, in: Guggenberger/Offe (Hrsg.), An den Grenzen der Mehrheitsdemokratie, S. 49; ders., ZfP 1964, 239, 241

1009 v. Gierke, in: Guggenberger/Offe (Hrsg.), An den Grenzen der Mehrheitsdemokratie, S. 35

1010 Sachs, in: Sachs (Hrsg.), Art. 20 Rn 23; Tschannen, Stimmrecht und politische Verständigung, S. 217; Häberle, JZ 1977, 241, 245

1011 BVerfGE 44, 125, 141

1012 Böckenförde, in: Isensee/Kirchhof (Hrsg.), HStR II, § 24 Rn 41; Badura, in: Isensee/Kirchhof (Hrsg.), HStR II, § 25 Rn 31; Paul, Parlamentarischer Minderheitenschutz, S. 7; v. Arnim, DÖV 1984, 85, 86

verknüpft.[1013] Die Gleichheit vermittelt die entscheidende Realisierung des demokratischen Prinzips, auf Grund derer eine nach dem Mehrheitsprinzip getroffene Entscheidung die nötige demokratische Legitimität erhält.[1014] Neben dem Gedanken der Freiheit gibt die Gleichheit diesem Entscheidungsverfahren die nötige materielle Komponente, da eine Legitimation allein aus dem Verfahren heraus abgelehnt wird und das Mehrheitsprinzip sonst nur eine formal-funktionale Entscheidungsregel wäre.[1015] Die Gleichheit fordert, alle Bürger bei der Ausübung von Volkssouveränität mit gleichen Teilhaberechten abstimmen und am staatlichen Willensbildungsprozess teilhaben zu lassen, ihnen somit gleiche Anteile an der Ausübung staatsbürgerlicher

1013 Stern, Staatsrecht, Bd. I, § 18 II 5 c δ; Böckenförde, in: Isensee/Kirchhof (Hrsg.), HStR II, § 24 Rn 41; Kelsen, Vom Wesen und Wert der Demokratie, S. 10; Scheuner, Das Mehrheitsprinzip in der Demokratie, S. 9+46; Varain, in: Guggenberger/Offe (Hrsg.), An den Grenzen der Mehrheitsdemokratie, S. 54 f.; Offe, in: Guggenberger/Offe (Hrsg.), An den Grenzen der Mehrheitsdemokratie, S. 174; Preuß, in: Guggenberger/Offe (Hrsg.), An den Grenzen der Mehrheitsdemokratie, S. 236; Rothenstreich, in: Fach/Degen (Hrsg.), Politische Legitimität, S. 44; Eglin, Demokratie und Minderheiten, S. 65; Schatz, Prinzip, Grenzen und Konsequenzen der Majorität, S. 20; Paul, Parlamentarischer Minderheitenschutz, S. 7; Haberland, Die verfassungsrechtliche Bedeutung der Opposition nach dem Grundgesetz, S. 24; Palzer-Rollinger, Zur Legitimität von Mehrheitsentscheidungen, S. 113 f.+124 (die allerdings davon ausgeht, dass gerade auf Grund der Gleichheit der mathematisch-formale Charakter des Mehrheitsprinzips gegeben ist, da das Mehrheitsprinzip in dieser Form nach einer Durchzählung der Stimmen drängt; die Formalität wird also auf die numerische Überlegenheit einer Entscheidungsregel bezogen); Sahner, ZParl 1984, 571, 575; Hillgruber, AöR 127 (2002), 460, 463; Rittner, JZ 2003, 641, 643; zur Gleichheit allgemein: Stern, Staatsrecht, Bd. I, § 18 II 5 d; Böckenförde, in: Isensee/Kirchhof (Hrsg.), HStR II, § 24 Rn 41 ff.; Scheuner, Das Mehrheitsprinzip in der Demokratie, S. 45 ff.; Zippelius, Zur Rechtfertigung des Mehrheitsprinzips in der Demokratie, S. 15 ff.; Heun, Das Mehrheitsprinzip in der Demokratie, S. 109 ff.; Rothenstreich, in: Fach/Degen (Hrsg.), Politische Legitimität, S. 44 f.; Eglin, Demokratie und Minderheiten, S. 65 ff.; Palzer-Rollinger, Zur Legitimität von Mehrheitsentscheidungen, S. 113 ff.; v. Arnim, DÖV 1984, 85 ff.

1014 Stern, Staatsrecht, Bd. I, § 18 II 5 d; Hofmann/Dreier, in: Schneider/Zeh (Hrsg.), Parlamentsrecht und Parlamentspraxis, § 5 Rn 54; Scheuner, Das Mehrheitsprinzip in der Demokratie, S. 9+46; Paul, Parlamentarischer Minderheitenschutz, S. 7; Es gibt hingegen auch durchaus Anwendungen des Mehrheitsprinzips, die nicht in Beziehung zur Vermittlung demokratischer Legitimität stehen, z.B. in richterlichen Kollegien. Fehlt bei diesen Anwendungen das Element der Gleichheit, hat die Anwendung des Mehrheitsprinzips nur formale Bedeutung, aber keine Beziehung mehr zu demokratischen Strukturen, weshalb in diesen Fällen nur sehr eingeschränkt demokratische Legitimität vermittelt werden kann. Das Mehrheitsprinzip impliziert also nicht stets zugleich auch Gleichheit (Bobbio, in: Guggenberger/Offe (Hrsg.), An den Grenzen der Mehrheitsdemokratie, S. 112; Palzer-Rollinger, Zur Legitimität von Mehrheitsentscheidungen, S. 115; Dreier, ZParl 1986, 94).

1015 Mandt, ZfP 1985, 115, 116 f. mit weiteren Ausführungen; Scheuner, Das Mehrheitsprinzip in der Demokratie, S. 29+49, der das z.B. in der mittelalterlichen Welt angewandte Mehrheitsprinzip nur als formales Prinzip ansieht ohne Beziehung zu einem demokratischen Gedanken; Palzer-Rollinger, Zur Legitimität von Mehrheitsentscheidungen, S. 125; Varain, in: Guggenberger/Offe (Hrsg.), An den Grenzen der Mehrheitsdemokratie, S. 54 f.; ders., ZfP 1964, 239, 246

Mitwirkungsrechte zu gewähren.[1016] Alle Bürger sollen in gleicher Weise Ausgangspunkt für die Legitimation der politischen Herrschaftsgewalt sein, genauso wie die gleiche Chance politischer Machtgewinnung gewährleistet werden muss.[1017] Es darf dem Status eines Menschen nicht mehr Gewicht beigemessen werden als dem eines anderen,[1018] sondern es muss eine „mathematisch-arithmetische Gleichheit" verwirklicht werden, nach der jeder Bürger ohne Differenzierung nach Anlagen, Bildung, Leistung, Eigentum oder sozialer Stellung gleich behandelt wird.[1019] Würde eine solche Abstufung durchgeführt, bedeutete dies nach der oben dargestellten Gleichsetzung des Mehrheitswillens mit dem Gesamtwillen eine verwerfliche Fälschung des Gesamtwillens.[1020] Es handelt sich also um eine schematische Gleichheit mit formalem Charakter,[1021] bei der Anknüpfungspunkt allein das Bürger-Sein ist, und nicht um eine abwägende, proportionale Gleichheit.[1022] Das Mehrheitsprinzip arbeitet mit einer abstrakten Teilhaberechtsgleichheit und lässt nach überwiegender Ansicht keine Stimmgewichtungen zu, die eine Minderheit in die Lage versetzen würde, die Mehrheit zu überstimmen; jeder Stimme muss dasselbe Gewicht zukommen.[1023] Die Stimmen werden nur gezählt, nicht gewogen („one man, one vote"), sie müssen also den gleichen Zählwert haben.[1024] Zudem muss jeder Stimme auch derselbe Erfolgswert zukommen.[1025]

1016 Stern, Staatsrecht, Bd. I, § 18 II 5 d; Böckenförde, in: Isensee/Kirchhof (Hrsg.), HStR II, § 24 Rn 52; Badura, in: Isensee/Kirchhof (Hrsg.), HStR II, § 25 Rn 31; Preuß, in: Guggenberger/Offe (Hrsg.), An den Grenzen der Mehrheitsdemokratie, S. 236; Eglin, Demokratie und Minderheiten, S. 66; Höpker, Grundlagen, Entwicklung und Problematik des Mehrheitsprinzips und seine Stellung in der Demokratie, S. 93; Krüger, BayVBl. 1988, 353, 354+358

1017 Böckenförde, in: Isensee/Kirchhof (Hrsg.), HStR II, § 24 Rn 41

1018 Kelsen, Vom Wesen und Wert der Demokratie, S. 10; Rothenstreich, in: Fach/Degen (Hrsg.), Politische Legitimität, S. 44; Hillgruber, AöR 127 (2002), 460, 463

1019 Böckenförde, in: Isensee/Kirchhof (Hrsg.), HStR II, § 24 Rn 42; Eglin, Demokratie und Minderheiten, S. 67; Krüger, BayVBl. 1988, 353, 354+358

1020 v. Gierke, in: Guggenberger/Offe (Hrsg.), An den Grenzen der Mehrheitsdemokratie, S. 35

1021 BVerfGE 11, 266, 272; 34, 81, 98

1022 Böckenförde, in: Isensee/Kirchhof (Hrsg.), HStR II, § 24 Rn 42; Dreier, ZParl 1986, 94, 106

1023 Böckenförde, in: Isensee/Kirchhof (Hrsg.), HStR II, § 24 Rn 43+52; Guggenberger, in: Guggenberger/Offe (Hrsg.), An den Grenzen der Mehrheitsdemokratie, S. 191; Palzer-Rollinger, Zur Legitimität von Mehrheitsentscheidungen, S. 141+156; Bovenschulte/Fisahn, RuP 2000, 48, 53; Hillgruber AöR 127 (2002), 460, 463; Peters, Die Problematik der deutschen Demokratie, S. 46 hält hingegen beschränkt ein Doppel- bzw. Pluralstimmrecht für möglich (Bsp.: Stimmrecht am Wohnsitz und Ort der gewerblichen Niederlassung, Zusatzstimmen für Familienväter oder Bürger mit erhöhtem Bildungsgrad).

1024 Böckenförde, in: Isensee/Kirchhof (Hrsg.), HStR II, § 24 Rn 42+52; Eglin, Demokratie und Minderheiten, S. 67; Rothenstreich, in: Fach/Degen (Hrsg.), Politische Legitimität, S. 44; Palzer-Rollinger, Zur Legitimität von Mehrheitsentscheidungen, S. 113+141; Guggenberger, in: Guggenberger/Offe (Hrsg.), An den Grenzen der Mehrheitsdemokratie, S. 191; Preuß, in: Guggenberger/Offe (Hrsg.), An den Grenzen der Mehrheitsdemokratie, S. 236; Höpker, Grundlagen, Entwicklung und Problematik des Mehrheitsprinzips und seine Stellung in der Demokratie, S. 93; Dreier, ZParl 1986, 94, 106; Krüger, BayVBl. 1988, 353, 354; Rittner, JZ 2003, 641, 643

1025 v. Arnim, DÖV 1984, 85, 86

Es begründet damit nicht das Mehrheitsprinzip, sondern das Demokratiegebot das Verbot der Stimmgewichtung. Dies bedeutet umgekehrt, dass das Mehrheitsprinzip in solchen Fällen Stimmgewichtungen zulässt, in denen nicht die aus dem Demokratiegedanke entspringende Gleichheit der Stimmen im Vordergrund steht.[1026] Hier deutet sich bereits an, dass bei einer Entscheidung, die zwar nach der Mehrheitsregel getroffen werden soll, bei der jedoch nicht lediglich das Demokratieprinzip und damit einhergehend eine egalitäre Repräsentation des gesamten Volkes verwirklicht werden soll, sondern andere gewichtige Prinzipien eine Rolle spielen, eine Stimmgewichtung zulässig sein muss. Bei verschiedenen möglichen Mehrheiten kommt es dann immer auf die Ausgestaltung des Mehrheitssystems an, die festlegt, welche Mehrheit sich durchsetzt. Die Mehrheitsregel kann und will also nicht gewährleisten, dass durch sie einzig die Mehrheit der politischen Aktivbürgerschaft vertreten wird.[1027]

Bei einer Länderklausel zählen die Stimmen zwar nur einmal, es wird mit jeder Stimme jedoch eine unterschiedlich große Zahl von Menschen repräsentiert. Allein die Zugehörigkeit zu einem der kleineren Bundesländer verleiht deren Einwohnern ein höheres Stimmgewicht, was sie in die Lage versetzt, die Einwohner der größeren Bundesländer zu überstimmen. Es kommen damit bei einem Volksentscheid, der mit einer Föderalklausel verbunden ist, nicht jedem Staatsbürger die gleichen Anteile an der Ausübung der staatsbürgerlichen Mitwirkungsrechte zu, sondern bei den größeren Bundesländern repräsentiert eine größere Anzahl von Menschen eine Landesstimme. Da ein Staatsbürger mehr gilt als ein anderer, werden die Pfade der formalen Gleichheit verlassen und eine proportionale Gleichheit eingeführt. Diese Stimmgewichtsunterschiede widersprechen dem Demokratieprinzip und müssen daher auf Grund anderer Prinzipien gerechtfertigt werden.

2. Die Bundesstaatlichkeit als Grenze der Volkssouveränität

Da die Länderklausel die Mitwirkung der Bundesländer bei der Bundesgesetzgebung sicherstellen soll, kommt als ein solches das Demokratieprinzip hier einschränkende Prinzip das der Bundesstaatlichkeit in Betracht. Es wird daher im Folgenden zu klären sein, auf welche Weise und in welchen Grenzen das Bundesstaatsprinzip als Rechtfertigung für eine Einschränkung der Volkssouveränität dienen kann. Trotz des umfassenden Bestandes an Literatur zum Mehrheitsprinzip haben sich bisher wenige

1026 Gusy, in: Guggenberger/Offe (Hrsg.), An den Grenzen der Mehrheitsdemokratie, S. 66; Bobbio, in: Guggenberger/Offe (Hrsg.), An den Grenzen der Mehrheitsdemokratie, S. 112; Andere Beispiele der Anwendung des Mehrheitsprinzips, bei der die Stimmen gewichtet werden, sind z.B. die Hauptversammlung einer Aktiengesellschaft, wo jeder Aktionär ein seinem Anteil am Gesellschaftsvermögen entsprechendes Stimmgewicht hat.

1027 S. dazu. Salmer, ZParl 1984, 571, 574, Varain, ZfP 1964, 239, 243

konkret mit dem Zusammenhang zwischen Mehrheitsprinzip und Föderalismus beschäftigt.[1028]

a. Die föderale Gleichheit – Das verzerrende Moment infolge der unterschiedlichen Gewichtung der Stimmen

Das Bundesstaatsprinzip findet seinen Ausdruck in der grundsätzlichen Gleichberechtigung aller Gliedstaaten. Diese föderale Gleichheit ist unabhängig von der demokratischen Gleichheit zu sehen. Sie weist gewisse Parallelen zur Gleichheit aller Staaten auf und ist Folge der Souveränität eines jeden Staates, die es verbietet, Abstimmungen unter Staaten nach dem Mehrheitsprinzip durchzuführen.[1029] Auf Grund der Staatengleichheit besitzt jeder Staat einen gleichgewichtigen Stimmenanteil, wobei kein Staat von einem anderen überstimmt werden darf. Damit wird ein Schutz der Schwachen verwirklicht, denn die kleineren Länder erhalten ein Gegengewicht zur faktischen Übermacht der führenden Staaten.[1030] Freilich darf dieser Minderheitenschutz nicht so weit führen, dass es zu einer weitestgehenden Lähmung jeder Aktivität kommt und sich eine Diktatur der Minderheiten ausbreitet.[1031] Auch die föderale Gleichheit fordert, dass alle Gliedstaaten als gleichwertig angesehen und nicht unterschiedlich behandelt werden.[1032] Sie gewährt jedem Gliedstaat ohne Rücksicht auf dessen Fläche, Bevölkerungszahl oder Wirtschaftskraft dieselbe Stimmenanzahl („one state, one vote"). Sie bringt damit die Ebenbürtigkeit der Gliedstaaten und den Respekt vor der staatlichen Eigenständigkeit sowie eine gewisse Anerkennung der prinzipiell gleichen Funktionserfüllung zum Ausdruck.[1033] Die kleineren Bundesländer erhalten dadurch ein besonderes überproportionales Stimmgewicht, was ihren numerischen Anteil am Ganzen z.T. erheblich überschreiten kann.[1034] Durch diese Verstärkung des Stimmgewichts der schwächeren Teile wird die Wirkung des Mehrheitsprinzips abgemildert.[1035] Auf diese Weise sind die kleineren Bundesländer in der Lage, sich gegen die Übermacht der größeren, bevölkerungsrei-

1028 So auch: Linder, Schweizerische Demokratie, S. 182 Fn 34, der die fehlende Diskussion in der internationalen Föderalismusliteratur zu dieser Frage bemängelt.

1029 Scheuner, Das Mehrheitsprinzip in der Demokratie, S. 50 ff.; s. dazu auch: Kokott, ZaöRV 2004, 517 ff. (Das Spannungsverhältnis zwischen Demokratie und souveräner Gleichheit wird auf S. 528 ff. beschrieben.)

1030 Scheuner, Das Mehrheitsprinzip in der Demokratie, S. 51

1031 Schatz, Prinzip, Grenzen und Konsequenzen der Majorität, S. 103 f.

1032 Deecke, Verfassungsrechtliche Anforderungen an die Stimmenverteilung im Bundesrat, S. 76; Zum Föderalismus als notwendige Ergänzung der Mehrheitsdemokratie: Abromeit, in: Guggenberger/Offe (Hrsg.), An den Grenzen der Mehrheitsdemokratie, S. 132+137 sowie Offe, in: Guggenberger/Offe (Hrsg.), An den Grenzen der Mehrheitsdemokratie, S. 173, der von einer Koexistenz von föderativen Entscheidungsverfahren und Mehrheitsprinzip spricht.

1033 Bohley, in: Bohr (Hrsg.), Föderalismus, S. 60

1034 Gross, Die Union 1998, 99, 103; Klein, AöR 108 (1983), 329, 346

1035 Scheuner, Das Mehrheitsprinzip in der Demokratie, S. 53+62

chen Länder zu wehren und ihre Interessen einzubringen, denn diese würden regelmäßig überstimmt und ihre Interessen übersehen, erhielten sie nur ein ihrer Größe entsprechendes Stimmgewicht.[1036] Da also jene strukturellen Minderheiten auf Dauer keine Möglichkeit hätten, die Mehrheitsverhältnisse umzukehren, wird bewusst vom Grundsatz strikter demokratischer Gleichheit abgewichen.[1037] Mit dem durch das überproportionale, besondere Beteiligungsrecht installierten Minderheitenschutz für die strukturell unterlegene Gruppe der bevölkerungsärmeren Bundesländer wird der Geltung des Mehrheitsprinzips eine Grenze gezogen; die demokratische Mehrheitsregel wird zugunsten der kleineren Einheiten föderalistisch gebrochen.[1038] In die Entscheidungsfindung auf Bundesebene findet damit neben dem demokratischen Prinzip auch das föderalistische Element Eingang.[1039] Konsequenz der Gleichgewichtung aller Gliedstaaten ist die Möglichkeit für die Landesebene, die Bundesebene konterkarieren zu können, wenn die Länder an der Gesetzgebung des Bundes beteiligt werden. Dieses Phänomen wurde als Teil des Sinn und Zwecks des bundesstaatlichen Aufbaus – vertikale Gewaltenteilung und damit Kontrolle des Bundes durch die Länder – beschrieben. Es ist also festzuhalten, dass in demokratischen Staaten Entscheidungen nicht nur auf der Basis der demokratischen Gleichheit getroffen werden, sondern es wird in demokratischen Bundesstaaten ebenfalls eine zweite Form der Gleichheit – die föderale Gleichheit – verwirklicht.

b. Der Bundesrat als föderales Mitentscheidungsorgan

Für das repräsentative Verfahren übernimmt der Bundesrat die Rolle des föderalen Mitentscheidungsorgans. Er wird gemäß Art. 76 ff. GG an der Gesetzgebung des Bundes beteiligt. Nach einem Gesetzesbeschluss im Bundestag wird der Gesetzentwurf dem Bundesrat zugeleitet, Art. 77 Abs. 1 S. 2 GG. Dem Bundesrat steht bei Einspruchsgesetzen ein suspensives Veto zu, bei Zustimmungsgesetzen ein absolutes Vetorecht. Es wird also im repräsentativen Gesetzgebungsverfahren ein zweites Organ neben dem Bundestag eingeschaltet, welches nach anderen, föderalen Mehrheiten entscheidet. Die im Bundesrat verwirklichte föderale Gleichheit wird dabei durch eine Orientierung an der Einwohnerzahl der Länder abgewandelt, so dass sich die Stimmenverteilung zwischen drei und sechs Stimmen staffelt, Art. 51 Abs. 2 GG. Damit ist dem Bundesrat die Möglichkeit eingeräumt, die im Parlament gefundene Mehrheitsentscheidung zu negieren, bei Zustimmungsgesetzen kann er dies bei Verweigern der Zustimmung sogar endgültig. Es sei insofern auf das für die Länderklausel angestellte Rechenbeispiel verwiesen. Diese Erscheinung muss nun für den Bun-

1036 Linder, Schweizerische Demokratie, S. 35; Gross, Die Union 1998, 99, 103

1037 Dreier, ZParl 1986, 94, 109

1038 Bohley, in: Bohr (Hrsg.), Föderalismus, S. 62; Varain, in: Guggenberger/Offe (Hrsg.), An den Grenzen der Mehrheitsdemokratie, S. 58; ders., ZfP 1964, 239, 248+249 f.; Gross, Die Union 1998, 99, 103; Dreier, ZParl 1986, 94, 109; Krüger, BayVBl. 1988, 353

1039 Scheuner, Das Mehrheitsprinzip in der Demokratie, S. 53

desrat und damit für das repräsentative Gesetzgebungsverfahren näher erläutert werden, um dann auf die Konsequenzen für das direktdemokratische Verfahren eingehen zu können.

aa. Die Anerkennung mehrerer Träger der einheitlichen Staatsgewalt als Voraussetzung für die Anerkennung eines föderalen Mitentscheidungsorgans

Um überhaupt eine Einschränkung der Parlamentssouveränität begründen zu können, muss zunächst kurz auf die Grundzüge der Entwicklung des Verhältnisses von Souveränität und Gewaltenteilungslehre eingegangen werden. Ursprünglich wurde es mit der Lehre von der Souveränität von Bodin als absolut ausgeschlossen angesehen, dass mehrere Träger die einheitliche Staatsgewalt ausüben. Der Staat bedürfe danach eines einheitlichen Willens, der auch nur von einem einzigen Organ geäußert werden kann.[1040] Gerade letztere These wurde stets stark kritisiert, da es zwar richtig sei, dass der Staat eines einheitlichen Willens bedarf, dieser jedoch nicht zwingend auch nur von einem einzigen Organ ausgehen muss.[1041] Im Gegenteil mache dies gerade das Wesen des Verfassungsstaates aus, dass sein Wille von mehreren Organen gebildet wird.[1042] Auch Abbé Siéyès erkennt nur eine Autorität an – den Mehrheitsbeschluss des Volkes.[1043] Nach ihm darf es keine zweite Kammer mit anderer Gewichtung der Stimmen geben, die in der Lage wäre, diesen Mehrheitsbeschluss aufzuheben, da dies einen Verstoß gegen den Grundsatz der Gleichheit aller Bürger darstelle.[1044] Dieser Aussage wurde ebenfalls mit Kritik entgegengetreten. Sie passe nur auf die Verhältnisse im zentralistischen Frankreich, nicht jedoch auf die in föderalistischen Staaten, wo nicht nur die Gleichheit der Bürger, sondern auch die der Gliedstaaten zählt.[1045] Das Verbot der Schaffung einer zweiten Kammer, in der das Volk nicht nach den Maßstäben der Proportionalität vertreten ist, verfehlt zumindest auch die Strukturprinzipien der Bundesrepublik Deutschland, nach denen nicht nur die Mehrheit des gesamten Volkes legitimierend wirkt.[1046] Im weiteren Verlauf konnten die Lehren von Althusius, Grotius, Hobbes, Pufendorf, Thomasius und Wolff im 17. und beginnenden 18. Jahrhundert durch die Zuerkennung der Souveränität an den Staat und einer Organsouveränität an den Herrscher die Teilbarkeit dieser Organsouveränität erklären; unteilbar ist danach nur die Souveränität des Staa-

1040 Stern, Staatsrecht, Bd. I, § 19 III 8 f α; s. auch: ders., Staatsrecht, Bd. II, § 36 I 2 a; Weiteres zur Souveränitätslehre von Bodin: Hancke, Bodin; Quaritsch, Staat und Souveränität, S. 243 ff.; Dennert, Ursprung und Begriff der Souveränität, S. 56 ff.; Zippelius, Allgemeine Staatslehre, § 9 III 1

1041 Jellinek, Allgemeine Staatslehre, S. 550

1042 Stern, Staatsrecht, Bd. I, § 19 III 8 f α

1043 Zitiert nach: Heger, Deutscher Bundesrat und Schweizer Ständerat, S. 81

1044 Zitiert nach: Heger, Deutscher Bundesrat und Schweizer Ständerat, S. 81

1045 Heger, Deutscher Bundesrat und Schweizer Ständerat, S. 81

1046 Vgl. zur Lehre von Siéyès: Heger, Deutscher Bundesrat und Schweizer Ständerat, S. 80 f.+89

tes.[1047] In einem weiteren Schritt wurde dann von Locke und Montesquieu die Gewaltenteilungslehre herausgearbeitet.[1048] Nach heutigem Verständnis steht die Gewaltenteilung nicht mit der Volkssouveränität im Widerspruch, sondern die Volkssouveränität bringt den Ursprung der Staatsgewalt zum Ausdruck, während die Frage der Verteilung der Staatsgewalt eine solche der Gewaltenteilung ist. Die Einheit der Staatsgewalt wird durch die Gewaltenteilung demnach nicht verletzt, da nur die Ausübung dieser geteilt ist.[1049] Bestimmte Grenzen der Volkssouveränität sind also heute in einem gewissen Rahmen grundsätzlich anerkannt.[1050] Die Verfassung bestimmt die Reichweite der parlamentarischen Mehrheitsentscheidung und kann dieser sowohl inhaltliche als auch formelle Grenzen ziehen, z.B. indem sie für das Wirksamwerden des Mehrheitswillens die Pflicht zur Mitwirkung anderer Organe statuiert.[1051] Es besteht also kein genereller Parlamentsvorbehalt in dem Sinne, dass die Ausübung aller staatlichen Macht nur dem Parlament übertragen ist, sondern die Befugnisse der Volksvertretung können durch anders strukturierte Organe wie z.B. den föderalistisch zusammengesetzten Bundesrat begrenzt werden.[1052] Gerade in einem Bundesstaat ist anerkannt, dass eine zweite Kammer als Vertretung der Länder existieren kann, die nach anderen Mehrheitskriterien zusammengesetzt ist als die Volksvertretung. Die einheitliche Staatsgewalt wird hier also u.a. durch die Beteiligung föderaler Machtträger aufgespalten.[1053]

bb. Die Verwirklichung der föderalen Gleichheit im Bundesrat als Ausdruck des demokratischen Bundesstaates

Innerhalb der Bundesstaatlichkeit Deutschlands geschieht die Einschränkung der Mehrheitsentscheidung des Souveräns durch den Bundesrat. Der durch ihn in die Gesetzgebung des Bundes einfließende föderativ legitimierte Wille zieht der Mehrheitsherrschaft jene bundesstaatliche Grenze, die bereits das Bundesverfassungsgericht anerkannt hat.[1054] Der Bundesrat ist Ausdruck eines „dédoublement fonctionnel", bei dem ein föderativ-demokratisches und ein unitarisch-demokratisches Organ bei der Erzeugung von Gesetzen zusammengekoppelt werden.[1055] Da nicht allein die

1047 Stern, Staatsrecht, Bd. II, § 36 I 4 a
1048 Stern, Staatsrecht, Bd. II, § 36 I 4 b
1049 S. zum Ganzen: Stern, Staatsrecht, Bd. II, § 36 IV 2 a+b
1050 Schmitt, Verfassungslehre, S. 201
1051 Sachs, VVDStRL 58 (1999), 39, 45
1052 Stern, Staatsrecht, Bd. I, § 19 III 8 g γ; Deecke, Verfassungsrechtliche Anforderungen an die Stimmenverteilung im Bundesrat, S. 67; Hablitzel, BayVBl. 1979, 39, 40
1053 Eckertz, FS Böckenförde, S. 14
1054 BVerfGE 44, 125, 141; Stern, Staatsrecht, Bd. I, § 19 III 8 f β
1055 Stern, Staatsrecht, Bd. I, § 19 III 8 f β; Doehring, Das Staatsrecht der Bundesrepublik Deutschland, S. 201; Stern, in: Böckenförde/Stern, Überlegungen zur Verfassungsreform, S. 63; Klein, AöR 108 (1983), 329, 347, Hablitzel, BayVBl. 1979, 39, 40+42

Mehrheit des Gesamtvolkes legitimierend wirkt, kann der Bundesrat auch nicht allein aus der Sicht des Demokratieprinzips begriffen werden.[1056] Ihm kommt eine eigenständige spezifisch bundesstaatliche Legitimation zu, weshalb er auch nicht mit den an eine Volksvertretung gestellten Maßstäben verglichen werden kann.[1057] Auf eine demokratische Legitimation aus dem gesamten Bundesvolk heraus muss er sich nicht berufen können. Dass das Grundgesetz keine prinzipielle Vorrangstellung des Demokratieprinzips kennt, ergibt sich zum einen aus der starken Hervorhebung des Bundesstaatsprinzips in Art. 79 Abs. 3 GG, der gerade nicht das Demokratieprinzip besonders betont, zum anderen aus Art. 79 Abs. 2 GG, wonach Bundestag und Bundesrat gleichberechtigt an Verfassungsänderungen zu beteiligen sind.[1058] Dahingehend genügt zudem auch die nur mittelbare demokratische Legitimation des Bundesrates durch den Willen der Landesvölker.[1059]

Die Existenz des Bundesrates neben dem Bundestag stellt eine Erscheinungsform der aus der Antike stammenden Idee der gemischten Verfassung dar. Sie geht auf Aristoteles, Diogenes-Laertius, Polybius und Cicero zurück und wurde im Mittelalter von v. Aquin und Calvin wieder aufgenommen. Diese Lehre wollte durch eine Verbindung der Elemente der Monarchie, Aristokratie und Demokratie die Verfassung vor der Übermacht eines der Elemente schützen und durch die richtige Mischung aller dieser Elemente jeweils die Vorzüge dieser zum Vorschein bringen; zugleich sollte damit aber auch Macht gemäßigt und kontrolliert werden.[1060] Gerade für die heutige Form des demokratischen Bundesstaates kann diese Idee mit ihrem Grundgedanken der sinnvollen Vereinigung verschiedener Prinzipien in einer Verfassung vieles erklären.[1061] Im Grundgesetz werden die beiden Elemente Demokratie und Bundesstaatlichkeit unter Wahrung ihrer arteigenen Grundzüge zum „demokratischen Bundesstaat" vereint und als komplementäre Prinzipien angesehen, die sich gegenseitig prägen und bedingen, obwohl beide Prinzipien unterschiedliche Ziele verfolgen und von unterschiedlicher Herkunft sind.[1062] Die Bundesstaatlichkeit will

1056 Klein, in: Bundesrat (Hrsg.), Vierzig Jahre Bundesrat, S. 103; Heger, Deutscher Bundesrat und Schweizer Ständerat, S. 89

1057 Sachs, in: Sachs (Hrsg.), Art. 20 Rn 61; Maurer, FS Winkler, S. 636 f.; Stern, in: Böckenförde/Stern, Überlegungen zur Verfassungsreform, S. 65 f.; Reuter, in: Schneider/Zeh (Hrsg.), Parlamentsrecht und Parlamentspraxis, § 56 Rn 78; Sachs, VVDStRL 58 (1999), 39, 44; Hablitzel, BayVBl. 1979, 39, 40

1058 Sachs, VVDStRL 58 (1999), 39, 44

1059 Hablitzel, BayVBl. 1979, 39, 40

1060 Stern, Staatsrecht, Bd. I, § 19 III 8 f α; Schmitt, Verfassungslehre, S. 202 ff.; Jellinek, Allgemeine Staatslehre, S. 550 Fn 1; Stern, FS Huber, S. 323; Schlaich, VVDStRL 39 (1981), 99, 116 Fn 56; Hablitzel, BayVBl. 1979, 39, 40

1061 Stern, Staatsrecht, Bd. I, § 19 III 8 f α; Dolzer, VVDStRL 58 (1999), 7, 19; Kritisch: Schlaich, VVDStRL 39 (1981), 99, 116 Fn 56, der diese Formulierung in der heutigen Zeit als nichtssagend empfindet und diesem Stichwort im Rahmen der geltenden Verfassung eine kompetenzauflösende und systemzerstörende Wirkung beimisst.

1062 Stern, Staatsrecht, Bd. I, § 19 III 8 f α; Stern, in: Böckenförde/Stern, Überlegungen zur Verfassungsreform, S. 66; Dolzer, VVDStRL 58 (1999), 7, 19; Auf das – bisweilen schwierige – Verhältnis dieser beiden Prinzipien wurde bereits oben eingegangen (1. Kap. B. IV. 2.).

die Vielheit in der Einheit sichern, das demokratische Prinzip aus dieser Vielheit eine Einheit herstellen.[1063] Werden beide vereint, erfolgt der Zusammenschluss zur Stärkung der Gesamtheit, gleichzeitig soll jedoch auch die Individualität und politische Gleichheit der Föderierten erhalten bleiben.[1064] Ein gewisser Widerspruch zwischen den beiden Prinzipien ist damit integraler Bestandteil des demokratischen Bundesstaates; er ist jedoch nur bis zur Grenze der Funktionsfähigkeit des Systems zu ertragen; ist diese erreicht, müssen die beiden Elemente neu einander zugeordnet werden.[1065]

Auf Grund der Einbringung eines föderativ legitimierten Willens begründet die Bundesstaatlichkeit durch den Bundesrat die bereits beschriebene föderative Gewaltenteilung.[1066] Um diese effektiv ausüben zu können, ist es unabdingbare Voraussetzung, dass der Bundesrat in der Lage ist, andere Mehrheiten zu bilden als der Bundestag. Eine Kontrolle der parlamentarischen Mehrheit kann nur durch ein auf Grund anderer Grundsätze und Bezugspunkte für das Mehrheitsprinzip gebildetes Organ erfolgen, damit sich die Abstimmungsergebnisse in beiden Organen nicht zwangsläufig decken und den gewaltenteilenden Zielen des Grundgesetzes als einer gemischten Verfassung Rechnung getragen wird.[1067] Die Mehrheitsverhältnisse im Bundesrat knüpfen deshalb an das Prinzip der föderalen Gleichheit an. Die föderale Struktur ermöglicht mit der Anerkennung der grundsätzlichen Gleichgewichtung aller Bundesländer die Existenz einer anders orientierten Bundesratsmehrheit, die neben der Bundestagsmehrheit entscheidungsberechtigt ist.[1068] Die unterschiedlichen Bezugspunkte für die in den beiden Gesetzgebungsorganen zu bildenden Mehrheiten können als gewollte Konsequenz zu unterschiedlichen Mehrheitsverhältnissen führen, so dass die Entscheidung des Souveräns überstimmt werden kann. Das Grundgesetz legt es gerade darauf an, dass sich im Bundesrat als der Repräsentanz der Länder andere Mehrheiten ergeben als im Bundestag, der als Volksvertretung die Gesamtheit des Bundesvolkes repräsentieren soll. Da das Grundgesetz die parlamentarische Mehrheit nicht in einer Vorrangstellung gegenüber der föderal legitimierten Mehrheit sieht, kann der die Befugnisse des Bundestages beschränkende Bundesrat nicht von vornherein als rechtfertigungsbedürftiger Fremdkörper in der verfassungsstaatlichen Gesamtordnung angesehen werden.[1069] Das demokratische Mehrheitsprinzip kann deshalb auch kein Faktor sein, der die Legitimität von föderalen Mitentscheidungen in Frage stellen könnte.[1070]

1063 Stern, Staatsrecht, Bd. I, § 19 III 8 f α; Hablitzel, BayVBl. 1979, 39, 40
1064 Stern, Staatsrecht, Bd. I, § 19 III 8 f α
1065 Dolzer, VVDStRL 58 (1999), 7, 19 f.
1066 S.o. 1. Kap. B. III. 3.
1067 Sachs, in: Sachs (Hrsg.), Art. 20 Rn 61
1068 Palzer-Rollinger, Zur Legitimität von Mehrheitsentscheidungen, S. 155
1069 Sachs, VVDStRL 58 (1999), 39, 43 f.; a.A.: Stellg. Schäfer, Sondervotum zum Schlussbericht der Enquête-Kommission Verfassungsreform, BT-Drucks. 7/5924, S. 109
1070 Sachs, VVDStRL 58 (1999), 39, 43

cc. Die Rechtfertigung der Stimmenstaffelung im Bundesrat im Schnittpunkt von Demokratie- und Bundesstaatsprinzip

Die Verwirklichung der föderalen Gleichheit als Grenze der demokratischen Mehrheitsherrschaft wird im föderalen Mitentscheidungsorgan Bundesrat nicht rein verwirklicht. Grundsätzlich bestehen zunächst zwei Ansätze für die Stimmenverteilung in einem föderalen Organ: Entweder wird jedem Bundesland dieselbe Stimmenzahl zuerkannt ohne Rücksicht auf deren Größe, Einwohnerzahl oder z.B. Wirtschaftskraft oder es findet eine Gewichtung der Stimmen anhand solcher Kriterien statt.[1071] Erstere Variante stellt nur auf die Einzelstaatlichkeit eines jeden Landes ab, was eine Annäherung an das bundesstaatliche Prinzip bedeutet, die zweite Variante bezieht den Repräsentationsgedanken mit ein und sucht eine Annäherung an das Demokratieprinzip.[1072] Bei einer reinen Verwirklichung der ersten Variante stellt sich das Problem der Überstimmung der Entscheidung des Souveräns in besonders hohem Maße. Angesichts des unterschiedlichen Gewichts der Länder wurde es bei der Schaffung des deutschen Bundesstaates als nicht rechtfertigbar angesehen, allen Bundesländern unabhängig von ihrer Größe und Einwohnerzahl dasselbe Stimmgewicht zu geben.[1073] Die Länder sollten entsprechend ihrer Bedeutung vertreten sein und nicht wie z.B. in der Schweiz – auch dort in langer Verfassungstradition –[1074] oder in den USA mit der jeweils gleichen Stimmenzahl. Eine allzu konsequente Verfolgung des Prinzips der Einzelstaatlichkeit, was theoretisch in einem Föderativorgan, welches allein auf die Einbringung der Länderinteressen angelegt ist, verwirklicht werden müsste,[1075] würde den vielen kleineren Ländern ein unangemessenes Übergewicht verschaffen,[1076] jegliche tatsächlich vorhandenen Unterschiede zwischen den Bundesländern negieren und den Gedanken der Repräsentation völlig außer Acht lassen,[1077] was schließlich zu einer gewissen „Bundesratsverdrossenheit"

1071 Korioth, in: v. Mangoldt/Klein/Starck (Hrsg.), Art. 51 Abs. 2 Rn 15; Busch, ZG 1990, 307, 308; BT-Drucks. 7/5924, S. 99; Die Staatslehre spricht von der „numerischen", „absoluten", „schematischen", „formellen" bzw. „arithmetischen" Gleichheit, bei der die Länder alle dieselbe Rechtsstellung haben, und der „geometrischen", „materiellen" bzw. „relativen" Gleichheit, d.h. einer proportionalen Gleichheit der Länder entsprechend bestimmter Kriterien (s. dazu: Pernthaler, Der differenzierte Bundesstaat, S. 4; Korioth, in: v. Mangoldt/Klein/Starck (Hrsg.), Art. 51 Abs. 2 Rn 15; Heger, Deutscher Bundesrat und Schweizer Ständerat, S. 81 f.).

1072 Korioth, in: v. Mangoldt/Klein/Starck (Hrsg.), Art. 51 Abs. 2 Rn 15; Deecke, Verfassungsrechtliche Anforderungen an die Stimmenverteilung im Bundesrat, S. 76 f.; Busch, ZG 1990, 307, 308 f.

1073 Stern, Staatsrecht, Bd. I, § 19 III 8 g δ

1074 Heger, Deutscher Bundesrat und Schweizer Ständerat, S. 70

1075 Stern, Staatsrecht, Bd. I, § 19 III 8 g δ

1076 Busch, ZG 1990, 307, 309; Der Grad der Überrepräsentation der bevölkerungsschwachen Gliedstaaten von verschiedenen Bundesstaaten der Welt wird im sog. Gini-Index dargestellt, der von den USA und der Schweiz als den Ländern mit der größten Ungleichheit bzgl. der territorialen Repräsentation angeführt wird (Helms, ZfP 2002, 125, 138 Fn 52).

1077 BT-Drucks. 7/5924, S. 100

bei den großen Ländern führen könnte.[1078] Zudem wäre die Zuerkennung eines gleich gewichteten Teilhaberechts an alle Bundesländer bereits aus der Entstehungsgeschichte der Länder heraus nicht erklärbar. Da die deutschen Bundesländer zum Zwecke der Gründung der Bundesrepublik Deutschland nicht ihre Staatlichkeit aufgaben und im Gegensatz zur Schweiz nicht ein Bund bisheriger souveräner Einzelstaaten zu einem Bundesstaat verdichtet wurde, kann der aus dem Völkerrecht stammende Gedanke der Gleichheit der Staaten nicht unbedingt in das deutsche Bundesstaatsrecht hinein übertragen werden.[1079] Eine gleichmäßige Vertretung der Länder würde in unsachgemäßer Weise allein an das Merkmal Staatlichkeit anknüpfen, was angesichts der historischen Zufälligkeit der Entstehung der Länder nicht gerechtfertigt wäre.[1080] Auch fehlt es in Deutschland auf Grund des 2. Weltkrieges, der anschließenden Fluchtwelle und der mehr zufälligen Bildung der Bundesländer an jenen lokal kompakten Minderheiten, die sich in variablen Mehrheiten zusammenfinden könnten und die nur durch die Einräumung eines gleichen Stimmrechts die Chance haben, zur Mehrheit zu gehören, wie sie in der Schweiz typisch sind.[1081]

Wird jedoch eine strikt an der Einwohnerzahl[1082] orientierte proportionale Stimmgewichtung eingeführt, würde der Bundesrat damit allein an demokratischen Grundsätzen ausgerichtet und die Eigenstaatlichkeit der Länder ignoriert, was dem

1078 Blumenwitz, in: BK, Art. 51 Rn 4

1079 Heger, Deutscher Bundesrat und Schweizer Ständerat, S. 75 ff.; a.A.: Scheuner, Das Mehrheitsprinzip in der Demokratie, S. 53; Korioth, in: v. Mangoldt/Klein/Starck (Hrsg.), Art. 51 Abs. 2 Rn 15 nimmt zumindest ein Nachwirken der völkerrechtlichen Gleichberechtigung in die bundesstaatliche Ordnung an. Für Herzog, in: Isensee/Kirchhof (Hrsg.), HStR II, 2. Aufl., § 46 Rn 1 gilt das Prinzip der Gleichheit der Gliedstaaten nicht auf Grund des Völkerrechts, sondern „auf Grund inhaltlich übereinstimmenden Bundesstaatsrechts", was er auf BVerfGE 34, 216, 231; 36, 1, 24 sowie 1, 14, 51 stützt. Wie erwähnt steht dazu die Schweiz mit ihrer Zuerkennung der strikten Gleichheit aller Kantone in Anlehnung an die völkerrechtliche Gleichheit der Staaten, bei der allein die Qualität als Kanton zählt, im Gegensatz. Da allen Kantonen in gleicher Weise Souveränität zukommt, wurden im Föderativorgan nie irgendwelche Differenzierungen vorgenommen. Diese Zuerkennung des gleichen Stimmgewichts wurde dann auch Grundlage für das Ständemehr. Damit werden die beiden gegenläufigen Prinzipien Gleichheit der Bürger und Gleichheit der Gliedstaaten in der Schweiz im Zweikammersystem jeweils in einer Kammer rein verwirklicht. Ebenso knüpft man im US-Senat einzig an die Eigenschaft als Bundesstaat an (Heger, Deutscher Bundesrat und Schweizer Ständerat, S. 77 ff.+87 f.; Tschannen, Stimmrecht und politische Verständigung, S. 234 f.; s. zur Entstehung der Eidgenossenschaft und zur Souveränität und Autonomie der Kantone oben 4. Kap. E. III. 1. sowie 3. a.).

1080 Heger, Deutscher Bundesrat und Schweizer Ständerat, S. 77

1081 Dazu: 4. Kap. E. III. 3.; Heger, Deutscher Bundesrat und Schweizer Ständerat, S. 89

1082 Zur Problematik der Bestimmung des Einwohnerbegriffs als Berechnungsgrundlage: Deecke, Verfassungsrechtliche Anforderungen an die Stimmenverteilung im Bundesrat, S. 20

demokratischen Bundesstaat ebenfalls nicht ohne Weiteres gerecht werden würde.[1083] Die bevölkerungsstarken Bundesländer bekämen dadurch eine derart dominante Stellung, dass die kleineren Länder ihr Gewicht verlören.[1084] Diese Folge ist auf Grund der Anerkennung der Eigenstaatlichkeit der Länder mit dem Föderalismus des Grundgesetzes nur schwer vereinbar, auch wenn eine solche Lösung die Bevölkerung eines jeden Landes repräsentieren kann und die Einwohnerzahl als Maßstab für den Einfluss des jeweiligen Landes auf die Bundesgesetzgebung definiert.[1085] Zudem war eine solche Lösung politisch nicht gewollt, da Vorsorge gegen hegemoniale Gefährdungen getroffen werden sollte, wie sie in der Geschichte mit der starken Stellung Preußens Wirklichkeit waren.[1086]

Im Ergebnis ist keine der beiden Varianten in einem Bundesstaat zwingend notwendig durchzuführen; wichtig ist vor allem, jedem Gliedstaat überhaupt ein Stimmrecht einzuräumen.[1087] Angesichts der Konstruiertheit der Länder ist auch deren Vertretung im Bundesrat konstruierbar; letztlich war der Parlamentarische Rat also frei in der Festlegung der Stimmverteilung.[1088] Die Lösung, jedem Bundesland dieselbe Stimmenzahl zuzuweisen, wurde dann im Parlamentarischen Rat auch verworfen und statt dessen mit dem in der deutschen Bundesstaatlichkeit traditionellen

1083 Reuter, in: Schneider/Zeh (Hrsg.), Parlamentsrecht und Parlamentspraxis, § 56 Rn 28; Höpker, Grundlagen, Entwicklung und Problematik des Mehrheitsprinzips und seine Stellung in der Demokratie, S. 197 f. dagegen betrachtet es als nahe liegende Konsequenz, dass jedem Land proportional zu seiner Bevölkerungszahl die Stimmenanzahl zugebilligt wird; auf den fehlenden Einfluss des bundesstaatlichen Elements bei dieser Lösung geht er nicht ein. Bohley, in: Bohr (Hrsg.), Föderalismus, S. 61 ff. vertritt dagegen die Ansicht, die Zuerkennung einer gleichen Stimmenzahl für jedes Land würde den deutschen Föderalismus festigen und hätte Symbolcharakter; dies entspräche zwar nicht der deutschen Tradition, früher waren die Größenunterschiede zwischen den Ländern jedoch auch extremer.

1084 Maunz/Zippelius, Deutsches Staatsrecht, § 32 II 1; v. Münch, Staatsrecht, Bd. 1, Rn 721; Heger, Deutscher Bundesrat und Schweizer Ständerat, S. 247; Busch, ZG 1990, 307, 309; BT-Drucks. 7/5924, S. 100

1085 BT-Drucks. 7/5924, S. 100

1086 Stern, Staatsrecht, Bd. I, § 19 III 8 g δ; ders., Staatsrecht, Bd. II, § 27 III 3 a; v. Münch, Staatsrecht, Bd. 1, Rn 721; Busch, ZG 1990, 307, 310; BT-Drucks. 7/5924, S. 100; zur Entwicklung der Stellung Preußens: Busch, ZG 1990, 307, 321 ff.

1087 Reuter, in: Schneider/Zeh (Hrsg.), Parlamentsrecht und Parlamentspraxis, § 56 Rn 27; Heger, Deutscher Bundesrat und Schweizer Ständerat, S. 72

1088 Heger, Deutscher Bundesrat und Schweizer Ständerat, S. 76

Prinzip der Staffelung der Stimmen ein Mittelweg zwischen beiden Varianten eingeschlagen.[1089]

Auf Grund der langen Tradition, die die Stimmenstaffelung im Föderativorgan in der deutschen Bundesstaatlichkeit hat, ist für diese Problematik ein besonderes historisches Verständnis vonnöten.[1090] Sämtliche Föderativorgane seit dem Frankfurter Bundestag von 1815 bis zum heutigen Bundesrat besaßen als Charakteristikum eine gewichtete Vertretung der Länder.[1091] Die Stimmenspreizung verlief dabei in jeder Periode unterschiedlich und variierte zwischen relativ geringen Spreizungen im Frankfurter Bundestag und im Bundesrat des Grundgesetzes und massiven Stimmenunterschieden im Deutschen Reich unter Bismarck und im Weimarer Reichsrat.[1092] Die Begründungen für die Stimmenstaffelung hingegen ähnelten sich stets stark. Insofern stützte sich Bismarck auf die Vereinbarung von 1815 und der Parlamentarische Rat auf einen Entwurf von Preuß, so dass lediglich 1815 und 1918/1919 die Frage der Stimmgewichtung neu durchdacht wurde.[1093] Dabei wurde bei jeder Verfassungsgebung darauf verwiesen, dass es unmöglich sei, einem kleinen Land genauso viele Stimmen zuzubilligen wie einem großen, welches ein Mehrfaches an Bevöl-

1089 Korioth, in: v. Mangoldt/Klein/Starck (Hrsg.), Art. 51 Abs. 2 Rn 16; Blumenwitz, in: BK, Art. 51 Rn 4; Stern, Staatsrecht, Bd. II, § 27 III 3 a+b; Deecke, Verfassungsrechtliche Anforderungen an die Stimmenverteilung im Bundesrat, S. 85; Hein, Die demokratische Gemeinde 1972, 103, 104; Jekewitz, RuP 2002, 83, 85; Herzog, in: Isensee/Kirchhof (Hrsg.), HStR II, 2. Aufl., § 46 Rn 1 sieht diese Stimmenverteilung dann auch als eine gewisse Abweichung von dem im Bundesstaat grundsätzlich geltenden Prinzip der Gleichheit aller Gliedstaaten, die jedoch „verfassungsrechtlich durch die Spezialität des Art. 51 Abs. 2 GG gedeckt ist"; zur Entwicklung des Art. 51 Abs. 2 GG im Zuge der Wiedervereinigung Deutschlands: Korioth, in: v. Mangoldt/Klein/Starck (Hrsg.), Art. 51 Abs. 2 Rn 18 f.; Deecke, Verfassungsrechtliche Anforderungen an die Stimmenverteilung im Bundesrat, S. 30 ff.; Jekewitz, RuP 2002, 83, 86; Kritik an der gewichteten Stimmenverteilung übte hingegen v. Mangoldt, da sich seiner Ansicht nach die Begründung der Bevorzugung der Bundesrats- vor der Senatsvariante, damit könne der Sachverstand der Länder eingebracht werden, auch in der Ausgestaltung des Organs wiederfinden müsste. Eine Orientierung der Stimmenzahl an der Bevölkerungszahl könne dem nicht gerecht werden, da sich der Sachverstand eines Landes nicht anhand seiner Bevölkerungszahl bemisst (v. Mangoldt, GG-Kommentar, 1. Aufl., S. 271; ähnlich argumentiert: Meyer, Die Mitwirkungsrechte der Bundesglieder in der Schweizerischen Eidgenossenschaft, S. 44). Letztlich kann dieser einseitige Schluss von einer der vielen Funktionen des Bundesrates auf seine mögliche Ausgestaltung wohl nicht überzeugen.

1090 So: Höpker, Grundlagen, Entwicklung und Problematik des Mehrheitsprinzips und seine Stellung in der Demokratie, S. 83; Meyer, Die Mitwirkungsrechte der Bundesglieder in der Schweizerischen Eidgenossenschaft, S. 33; Auch Linder, Schweizerische Demokratie, S. 182 Fn 34 stellt aus schweizerischer Sicht fest, dass außerhalb der Schweiz neben den Größenunterschieden der Länder auch die Geschichte die Dosis zwischen Demokratie- und Föderalismusprinzip bestimmt.

1091 Heger, Deutscher Bundesrat und Schweizer Ständerat, S. 70; zur geschichtlichen Entwicklung der Stimmenstaffelung ausführlich: Deecke, Verfassungsrechtliche Anforderungen an die Stimmenverteilung im Bundesrat, S. 85 ff.

1092 Heger, Deutscher Bundesrat und Schweizer Ständerat, S. 70

1093 Heger, Deutscher Bundesrat und Schweizer Ständerat, S. 72

kerung aufbringt.[1094] Bereits 1815 überwog die Annahme, einem Land, das auf Grund seiner Größe erhöhte Lasten trägt, müsse auch ein besonderes Mitspracherecht gegeben werden, um so seiner Bedeutung gerecht zu werden.[1095] Auch Bismarck konnte sich nicht dazu entschließen, die Stellung eines deutschen Kleinstaates mit der eines Schweizer Kantons oder eines Bundesstaates der USA gleichzusetzen und allen Gliedstaaten dieselbe Stimmenzahl zukommen zu lassen.[1096] Diese Gewichtung anhand der Bedeutung eines Landes wurde zwar von allen Verfassungsgebern als notwendig angesehen, die Bemessung der Stimmenzahl erfolgte jedoch durchaus unterschiedlich.[1097] 1815 und 1871 zählte die Macht der Landesfürsten und es wurde sich an einem geschichtlich begründeten Schlüssel orientiert; Preuß stellte schließlich den Zusammenhang zum Demokratieprinzip her und forderte eine an der Bevölkerungszahl orientierte Gewichtung, die 1919 und 1949 verwirklicht wurde.[1098] Um dabei die Übermacht eines oder weniger großer Länder – was naturgemäß besonders auf Preußen abzielte – und besonders das Innehaben der Mehrheit durch einen einzigen Gliedstaat zu verhindern, wurde die Berechnung nie exakt relativ vorgenommen, sondern es wurden stets Korrekturen vorgenommen.[1099]

Die Begründung der Stimmenstaffelung für das Grundgesetz schließlich kann allerdings trotz der Beibehaltung der Orientierung an der Bedeutung der Länder nicht nur aus einer historischen Betrachtung abgeleitet werden, da die besondere, in allen vorherigen Verfassungen existierende Situation, dass mit Preußen ein Großstaat vorhanden war, der mit weitem Abstand die höchste Bevölkerungszahl aufwies und an dem sich die Stimmenstaffelung stets ausrichtete, nicht mehr vorhanden war.[1100] Heute steht im Vordergrund, dass mit der Stimmenstaffelung sowohl die Eigenstaatlichkeit und Souveränität der Länder anerkannt als auch gleichzeitig deren Bedeutung berücksichtigt werden kann, ohne dabei ein Land im Bundesrat zahlenmäßig dominieren zu lassen.[1101] Für die „abgestufte Gleichheit"[1102] wurde die Einzelstaat-

1094 Heger, Deutscher Bundesrat und Schweizer Ständerat, S. 72

1095 Heger, Deutscher Bundesrat und Schweizer Ständerat, S. 72

1096 Höpker, Grundlagen, Entwicklung und Problematik des Mehrheitsprinzips und seine Stellung in der Demokratie, S. 85

1097 Heger, Deutscher Bundesrat und Schweizer Ständerat, S. 72

1098 Heger, Deutscher Bundesrat und Schweizer Ständerat, S. 72+74; Deecke, Verfassungsrechtliche Anforderungen an die Stimmenverteilung im Bundesrat, S. 85 f.

1099 Heger, Deutscher Bundesrat und Schweizer Ständerat, S. 73

1100 Heger, Deutscher Bundesrat und Schweizer Ständerat, S. 74 f.; Wobei Deecke, Verfassungsrechtliche Anforderungen an die Stimmenverteilung im Bundesrat, S. 17 zu Recht darauf hinweist, dass Art. 51 Abs. 2 GG bis auf die Diskussionen in der Enquête-Kommission Verfassungsreform und im Zuge der Wiedervereinigung kaum im Mittelpunkt des wissenschaftlichen Interesses stand.

1101 Blumenwitz, in: BK, Art. 51 Rn 4; Deecke, Verfassungsrechtliche Anforderungen an die Stimmenverteilung im Bundesrat, S. 78; Höpker, Grundlagen, Entwicklung und Problematik des Mehrheitsprinzips und seine Stellung in der Demokratie, S. 83; Jekewitz, RuP 2002, 83, 85

1102 Korioth, in: v. Mangoldt/Klein/Starck (Hrsg.), Art. 51 Abs. 2 Rn 16; Blumenwitz, in: BK, Art. 51 Rn 4

lichkeit jedes Landes als Ausgangspunkt genommen und um eine Orientierung an der Bevölkerungszahl erweitert; die Größe der Gliedstaaten bewirkt damit eine gewisse Nivellierung des Grundsatzes der föderalen Gleichheit.[1103] Ursprünglich waren die Länder in kleine mit drei Stimmen, mittlere mit vier Stimmen und große mit fünf Stimmen eingeteilt. Der gefundene Kompromiss drückt zwar eine Orientierung an der Bedeutung der Länder und den Willen zur Vermeidung von Hegemonien aus, den Hauch der Willkür kann er jedoch nicht abstreifen.[1104] So kam dann auch die Enquête-Kommission Verfassungsreform zu der Feststellung, dass die damals bestehende Stimmenstaffelung beibehalten werden sollte, da eine Neuregelung lediglich die Entscheidung des Grundgesetzgebers durch eine andere Wertung ersetzen würde, dies auf Grund des nicht erheblich veränderten Verhältnisses zwischen den Ländern und zum Bund hinsichtlich Einwohnerzahl und Grenzziehung verfassungsrechtlich jedoch nicht notwendig ist.[1105] Im Zuge der Wiedervereinigung befürchteten die größeren Länder durch das Hinzutreten der fünf neuen Bundesländer dann aber eine Verschiebung der Machtverhältnisse im Bundesrat und eine Störung des Kompromisses zwischen der Gleichheit der Länder und einer angemessenen Repräsentanz der Landesbevölkerung zu Lasten des Demokratieprinzips.[1106] Zudem sollte die Sperrminorität der vier großen Länder bei Verfassungsänderungen erhalten bleiben – eine Überlegung, die bei den Beratungen im Parlamentarischen Rat noch keine Rolle gespielt hatte.[1107] Deshalb wurde die Stimmenspreizung vergrößert und die Stimmenanzahl für Länder mit mehr als sieben Millionen Einwohnern auf sechs Stimmen erhöht, womit die vier großen Bundesländer mit ihrer Gesamtstimmenzahl von 24 Stimmen die für Verfassungsänderungen nach Art. 79 Abs. 2 GG auch im Bundesrat notwendige Zweidrittelmehrheit von 46 der 69 Stimmen verhindern können.

Diese Stimmenstaffelung ist hingegen „rechtlich nicht ohne Brisanz".[1108] Besonders die kleineren Länder erhalten durch die Mindeststimmenzahl von drei Stimmen einen überproportionalen Stimmenanteil im Vergleich zu den bevölkerungsstarken Bundesländern, da auch die Höchstzahl der Stimmen eher niedrig angesetzt ist.[1109] Bei der Erarbeitung dieser Stimmenstaffelung im Parlamentarischen Rat ging es

1103 Herzog, in: Isensee/Kirchhof (Hrsg.), HStR II, 2. Aufl., § 44 Rn 5; Busch, ZG 1990, 307, 309; Isensee, in: Bohr (Hrsg.), Föderalismus, S. 147 bezeichnet die stärkere Stimmenspreizung im Zuge der Wiedervereinigung dann auch folgerichtig als eine Schwächung des föderalen Prinzips, da man sich damit weiter vom Prinzip der Gleichheit der Gliedstaaten entfernt.

1104 Heger, Deutscher Bundesrat und Schweizer Ständerat, S. 77

1105 BT-Drucks. 7/5924, S. 100 (dies jedoch gegen eine starke Minderheit; s. z.B. das Sondervotum des Abg. Schäfer, BT-Drucks. 7/5924, S. 108 ff.)

1106 Deecke, Verfassungsrechtliche Anforderungen an die Stimmenverteilung im Bundesrat, S. 31

1107 Korioth, in: v. Mangoldt/Klein/Starck (Hrsg.), Art. 51 Abs. 2 Rn 19; Deecke, Verfassungsrechtliche Anforderungen an die Stimmenverteilung im Bundesrat, S. 31 f.; Busch, ZG 1990, 307, 307+313; Weis, AöR 116 (1991), 1, 28; Busse, DÖV 1991, 345, 350; Klein, DÖV 1991, 569, 573

1108 Deecke, Verfassungsrechtliche Anforderungen an die Stimmenverteilung im Bundesrat, S. 27

1109 Stern, Staatsrecht, Bd. II, § 27 III 3 b; Schenke, in: Schneider/Zeh (Hrsg.), Parlamentsrecht und Parlamentspraxis, § 55 Rn 27; Reuter, in: Schneider/Zeh (Hrsg.), Parlamentsrecht und Parlamentspraxis, § 56 Rn 26; Jekewitz, RuP 2002, 83, 85

jedoch im Wesentlichen vor allem darum, dass die kleinen Länder nicht an den Rand der Bedeutungslosigkeit gedrängt werden, große und bevölkerungsstarke Bundesländer sollten keine alles beherrschende Übermachtstellung bekommen. Die Abstufung der Stimmen versucht, die zwei Gleichheitsansprüche der föderalen Gleichheit und der Gleichheit der Bürger in Einklang zu bringen, obwohl diese naturgemäß widersprüchlich sind.[1110] Sie stellt einen Kompromiss „zwischen der föderativen Forderung nach Gleichbehandlung der Länder und dem demokratischen Ideal einer arithmetisch exakten Repräsentation der Bevölkerung" dar.[1111] Art. 51 Abs. 2 GG ist damit in seinem Kern Ausdruck des Ausgleichs der beiden Prinzipien Bundesstaat und Demokratie.[1112] Die Staffelung der Stimmen bedeutet im Gegensatz zur Regelung „one state, one vote" schon eine Annäherung an das Demokratieprinzip; der Bundesratsschlüssel mildert die Verzerrung der demokratischen Gleichheit der Bürger ab. Da mit der Entscheidung des Verfassungsgebers für das Bundesrats- und gegen das Senatsmodell und damit gegen einen höheren Grad an demokratischer Legitimation eine Stärkung des bundesstaatlichen Elements im Bundesrat erfolgte,[1113] wird dies durch die Anwendung des Bundesratsschlüssels wieder ein wenig relativiert. Verfassungsrechtlich zulässig ist diese Ausgestaltung in jedem Fall: die Zuordnung der beiden Elemente Bundesstaatlichkeit und Demokratie ist verfassungsrechtlicher Entscheidung vorbehalten.[1114] Sowohl die Entscheidung der Anknüpfung an die Bevölkerungszahl als auch der konkrete Verteilungsschlüssel ist auf Grund der Regelung durch den Verfassungsgesetzgeber demokratisch legitimiert.[1115] Es geht bei dieser Frage letztlich um die Zuweisung und Kontrolle staatlicher Macht durch ein Föderativorgan sowie die Festlegung des politischen Gewichts der einzelnen Gliedstaaten;[1116] wie stark das Bundesstaatsprinzip das Demokratieprinzip ein-

1110 d'Estaing/Amato/Dehaene, EuGRZ 2003, 686, 687; Die Lösung der Stimmenstaffelung wird dort als elegant bezeichnet und darin eine Lösungsmöglichkeit für den Ministerrat der EU gesehen, um so der doppelten Legitimation der EU als Union der Bürger und der Staaten Rechnung zu tragen (S. 687 f.).

1111 Reuter, in: Schneider/Zeh (Hrsg.), Parlamentsrecht und Parlamentspraxis, § 56 Rn 26; s. auch: Korioth, in: v. Mangoldt/Klein/Starck (Hrsg.), Art. 51 Abs. 2 Rn 17; Blumenwitz, in: BK, Art. 51 Rn 4; Stern, Staatsrecht, Bd. I, § 19 III 8 g δ; ders., Staatsrecht, Bd. II, § 27 III 3 b; v. Münch, Staatsrecht, Bd. 1, Rn 721; Deecke, Verfassungsrechtliche Anforderungen an die Stimmenverteilung im Bundesrat, S. 31+78; Busch, ZG 1990, 307, 309; Für Pernthaler, Der differenzierte Bundesstaat, S. 10 Fn 46 + S. 78 stellt sich eine solche Stimmenstaffelung entsprechend seiner oben (4. Kap. E. IV. 2. b. cc.) angedeuteten Differenzierung zwischen „geometrischer" und „arithmetischer" Gleichheit als ein Kompromiss dieser beiden Gleichheitsformen dar.

1112 Blumenwitz, in: BK, Art. 51 Rn 4; Reuter, in: Schneider/Zeh (Hrsg.), Parlamentsrecht und Parlamentspraxis, § 56 Rn 29

1113 Deecke, Verfassungsrechtliche Anforderungen an die Stimmenverteilung im Bundesrat, S. 72

1114 Busch, ZG 1990, 307, 331

1115 Deecke, Verfassungsrechtliche Anforderungen an die Stimmenverteilung im Bundesrat, S. 67

1116 Korioth, in: v. Mangoldt/Klein/Starck (Hrsg.), Art. 51 Abs. 2 Rn 15; Deecke, Verfassungsrechtliche Anforderungen an die Stimmenverteilung im Bundesrat, S. 20; Busch, ZG 1990, 307, 331

schränken können soll, ist also – natürlich bis zur Grenze des Art. 79 Abs. 3 GG – variabel und durch die Verfassung festzulegen. Schließlich ist auch anzumerken, dass im parlamentarischen Verfahren die Unterschiede zwischen Föderalismus- und Demokratieprinzip durch die Möglichkeit der Verhandlung zwischen den beiden Kammern ausgeglichen werden kann.[1117] So können im Vermittlungsausschuss die beiden Positionen von Bundestag und Bundsrat ausgetauscht und auf einen für beide Kammern zustimmungsfähigen Konsens gebracht werden. Dadurch werden die Unterschiede zwischen den beiden Organen erheblich abgemildert und die unterschiedliche Mehrheitsbildung kommt weit weniger zum Tragen.

c. Demokratische Gleichheit versus föderale Gleichheit bei der Länderklausel

Interessant ist nun, inwieweit die Aussagen zum Verhältnis von demokratischer und föderaler Gleichheit im repräsentativen Verfahren auf die Länderklausel übertragen werden können.

aa. Die Konsequenzen aus der Rechtfertigung der Überstimmung des Souveräns durch den Bundesrat

Zunächst sind dafür die für den Bundesrat gewonnenen Ergebnisse in Bezug auf die Länderklausel auszuwerten. Beim Bundesrat wird es als legitim angesehen, dass die dortige, sich auf Grund der Verwirklichung der Bundesstaatlichkeit ergebende Mehrheit in der Lage ist, die Entscheidung des Souveräns, der im Bundestag seinen Ausdruck gefunden hat, zu negieren. Die Rechtfertigung dafür wurde in den in diesem Fall gegenläufigen Prinzipien der Demokratie und der Bundesstaatlichkeit gesehen, die beide gleichberechtigt in der Verfassung zum Ausdruck kommen sollen.

Grundsätzlich bestehen keine Bedenken, dieses Rechtfertigungsmodell auf das direktdemokratische Verfahren zu übertragen. Auch hier ist es möglich, eine Form der föderalen Gleichheit zu verwirklichen, die als Rechtfertigung dafür dienen kann, den Souverän zu überstimmen. Im repräsentativen Verfahren bringt der Bundestag die demokratisch legitimierte Mehrheit und damit die Gleichheit der Bürger zum Ausdruck, der Bundesrat die zuvörderst in Anknüpfung an die Gleichheit der Gliedstaaten bundesstaatlich legitimierte. Im direktdemokratischen Verfahren kann dahingehend zwischen der demokratisch legitimierten, im Bundesvolk ermittelten Mehrheit als Pendant zum Bundestag und der durch die fiktive Aufteilung dieses Bundesvolkes in die verschiedenen Landesvölker hervorgebrachten Mehrheiten als Gegenstück zum Bundesrat, die das föderative Element zum Ausdruck bringen sollen, unterschieden werden. Der Länderklausel soll hier also die Aufgabe zukommen, in erster

1117 Linder, Schweizerische Demokratie, S. 182 Fn 34

Linie die föderale Gleichheit zwischen den Gliedstaaten zum Ausdruck zu bringen. Sofern ihr das gelingt, kann darin entsprechend der Argumentation für das repräsentative Verfahren die Rechtfertigung für die Negierung der Mehrheitsentscheidung gefunden werden. Es bedarf also der Verwirklichung der Bundesstaatlichkeit, um die Einschränkung des Souveräns durch dieses gegenläufige Verfassungsprinzip erklären zu können. Nur, wenn die Länderklausel wirklich als ein föderatives Element im von Art. 79 Abs. 3 GG geforderten Sinne angesehen werden kann, ist es gerechtfertigt, diese Konstruktion mit anderen Maßstäben zu messen als den demokratischen, nach denen eine Abstimmung grundsätzlich zu behandeln ist.

bb. Die Verwirklichung der Bundesstaatlichkeit bei der Länderklausel

Die Problematik führt also schließlich wieder zu der Frage, ob bei einer Regelung wie der Länderklausel überhaupt bundesstaatliche Elemente in dem Maße verwirklicht werden, wie es von Art. 79 Abs. 3 GG gefordert wird. Mit der Länderklausel soll der Kritik der fehlenden Mitwirkung der Länder bei einer Volksabstimmung auf Bundesebene begegnet und damit den bundesstaatlichen Erfordernissen des Art. 79 Abs. 3 GG Rechnung getragen werden. Sie soll eine effektive Beteiligung der Länder an der Bundesgesetzgebung sicherstellen. Das Fehlschlagen dieser Vorstellung wurde bereits eingehend erläutert.[1118] Die Formalität einer Länderklausel und eine fehlende effektive föderative Gewaltenteilung sind die hauptsächlichen Kritikpunkte. Im repräsentativen Verfahren existiert ein zweites Gesetzgebungsorgan, mit Hilfe dessen die Länder als untere Ebene die höhere Ebene des Bundes kontrollieren sollen, wenn dies notwendig ist auch mit der Konsequenz der Überstimmung des im Bundestag organisierten Souveräns. Dies kann nicht auf die Verhältnisse bei einer Volksabstimmung übertragen werden, wo nur eine Ebene entscheidet und föderative Gewaltenteilung nur anhand rechnerischer Spielereien verwirklicht wird, jedoch keine unterschiedlichen Kriterien, Werte, Interessen, Erfahrungen und Beurteilungen von einem mit anderen Personen besetzten Föderativorgan als Vertretung der Länderebene eingebracht werden können. Eine Beurteilung eines Sachverhalts aus anderer Perspektive, wie es das Ansinnen einer Beteiligung bundesstaatlich legitimierter Machtträger ist, kann von einem Föderalquorum nicht geleistet werden. Im Unterschied zum repräsentativen Verfahren handeln hier keine zwei verschiedenartig besetzten Organe, die zwei unterschiedlich strukturierte Mehrheiten zum Ausdruck bringen können und dies auch intendiert ist, damit sich beide Organe nicht gegenseitig überflüssig machen, sondern das einheitlich handelnde Bundesvolk soll auch den Aufbau nach föderalistischen Mehrheiten mit zum Ausdruck bringen. Beim repräsentativen Verfahren besteht also im Gegensatz zur Volksabstimmung keine unmittelbare Verknüpfung mit dem Bundesvolk als abstimmenden Souverän.[1119] Es handelt ein

1118 S.o. 4. Kap. E. III.
1119 Deecke, Verfassungsrechtliche Anforderungen an die Stimmenverteilung im Bundesrat, S. 82

zweites Organ, welches auf Grund seiner Ausgestaltung effektiv die Länderinteressen vertreten kann. Entscheidet der Bundesrat anders als der Bundestag, fällt dies nicht unmittelbar auf den Souverän zurück, sondern es ist ein Unterschied der beiden Organe gegenwärtig. Beim Bundesrat ist es daher einsichtiger, dass auf Grund einer anderen Zählmethode eine Minderheit die Mehrheit überstimmen kann, da eine Zweite Kammer ihre Rechtfertigung gerade aus der Beurteilung staatlicher Probleme nach anderen Kriterien als in der Ersten Kammer bezieht.[1120] Bei einer Volksabstimmung geschehen beide Abstimmungsvorgänge in einem Abstimmungsorgan und in einem Verfahren. Da bei der Länderklausel die Ermittlung der Entscheidung des Souveräns und die Überstimmung dieser Entscheidung im gleichen Akt zusammenfallen und nur das Volk als Abstimmungskörper agiert, tritt das Problem der Negierung des Mehrheitswillens hier auch extremer zu Tage. Als föderaler Machtträger, der die Volkssouveränität einschränken kann, kann das Landesvolk ohnehin nicht angesehen werden, da ihm die notwendige körperschaftliche Organisation fehlt, um effektiv die Landesinteressen wahrnehmen zu können.[1121] Ohne die Beteiligung eines Föderativorgans ist die Verwirklichung föderaler Gleichheit, die zur Rechtfertigung der Überstimmung des Souveräns führt, in dem von Art. 79 Abs. 3 GG geforderten Sinn nicht zulässig. Der vom Schweizer Ständemehr angestrebte strukturelle Minderheitenschutz als ein Teilaspekt der Bundesstaatlichkeit ist hingegen von der Länderklausel auf Grund der kaum vorhandenen strukturellen Minderheiten nicht intendiert.[1122] Mit einer Länderklausel wird das Bundesstaatsprinzip also – wenn überhaupt – so schwach verwirklicht, dass dies eine Überstimmung des Souveräns auf Grund dieser formalen Zählregel nicht legitimieren kann.[1123] Die Gemengelage zwischen den beiden Gleichheitsformen der demokratischen und der föderalen Gleichheit funktioniert daher im Plebiszit bei diesem Vorschlag nicht.

Abgesehen davon, dass eine Einbringung bundesstaatlich motivierter Interessen nicht effektiv möglich ist, könnte zudem bei einer Länderklausel auch keine Kompensation der Unterschiede zwischen den beiden Prinzipien der Demokratie und Bundesstaatlichkeit durch das Führen von Verhandlungen stattfinden. Unterschiedliche Positionen können nicht ausgetauscht und zur Diskussion gestellt werden, wie es im repräsentativen Verfahren beispielsweise durch den Vermittlungsausschuss geschieht. Dadurch wird eine Annäherung der beiden Prinzipien verhindert.

1120 Schmidt, DÖV 1973, 469, 472

1121 S.o. 4. Kap. E. III. 2. b.

1122 S.o. 4. Kap. E. III. 3. b.

1123 A.A.: Für Stellg. Vogel, abgedruckt in: Protokoll der 94. Sitzung des Innenausschusses des Deutschen Bundestages, S. 26 lässt sich die Überstimmung des Souveräns auch bei einer Länderklausel aus dem bundesstaatlichen Grundprinzip rechtfertigen.

cc. Die Rechtfertigung der Überstimmung der Mehrheitsentscheidung des Souveräns als Ausnahme – Anmerkungen zur Lösung in der Schweiz

Auch in der Schweiz wird das demokratietheoretische Problem erkannt, dass auf Grund des Ständemehrs rechnerisch eine sehr kleine Minderheit in der Lage ist, der Mehrheit ihren Willen aufzudrängen.[1124] Tschannen fordert dann auch, dass – sofern es überhaupt auf Grund des elementaren Grundsatzes der Stimmengleichheit Gründe für eine solche Hürde wie die des Ständemehrs geben darf – sich solche Gründe als „im Lichte spezifischer Ziele von Verfassungsrang als zwingend notwendig" ausweisen müssen.[1125] Da die Antinomie zwischen den beiden Prinzipien der föderalen Gleichheit und der Mehrheitsherrschaft letztlich nicht aufzuheben ist,[1126] wird in der Schweiz die Erklärung für das Phänomen der Überstimmung des Souveräns durch eine föderal legitimierte Mehrheit vor allem im Hinblick auf den Ausnahmecharakter einer solchen Erscheinung gesucht. Unter den wenigen Autoren, die sich überhaupt mit dem Problem beschäftigen, herrscht so beispielsweise die Ansicht, dass Doppelmehr-Referenden als Ausnahmen zulässig sind, solange sie seltene Ereignisse darstellen und eine sinnvolle föderalistische Struktur zum Ausdruck bringen.[1127] Hier tritt also neben die Begründung der föderalistisch legitimierten Mehrheit der zusätzliche Aspekt der Seltenheit einer Abstimmung, bei der die Möglichkeit der Überstimmung des Souveräns besteht. Da die Zahl der Referenden, bei denen die Erreichung des Ständemehrs notwendig ist, in den letzten Jahrzehnten deutlich angestiegen ist, wird das Problem der Überstimmung des Souveräns jedoch immer akuter. Während im Zeitraum von 1951 bis 1970 noch 50 Doppelmehr-Referenden stattfanden, waren es in den folgenden zwanzig Jahren bereits 120; heute findet im Durchschnitt alle zwei bis vier Monate ein solches Referendum statt.[1128] Das Doppelmehr-Referendum stellt also zunehmend nicht mehr die Ausnahme dar, sondern wird zur Regel.[1129] In dieser steigenden Zahl spiegelt sich dann auch eine Zunahme der Kollisionen zwischen Volk und Ständen wieder, deren Auftreten sich im Wesentlichen auf die letzten drei Jahrzehnte konzentrierte.[1130] Daran wird deutlich, dass die Inflation des Doppelmehr-Referendums ein erheblicher Faktor für die ansteigende Gefahr der

1124 Germann, in: Schweizerisches Jahrbuch für Politische Wissenschaft 1991, S. 263; Tschannen, Stimmrecht und politische Verständigung, S. 132

1125 Tschannen, Stimmrecht und politische Verständigung, S. 132

1126 v. Arnim, Vom schönen Schein der Demokratie, S. 112; Heger, Deutscher Bundesrat und Schweizer Ständerat, S. 83

1127 Germann, in: Schweizerisches Jahrbuch für Politische Wissenschaft 1991, S. 263

1128 Germann, in: Schweizerisches Jahrbuch für Politische Wissenschaft 1991, S. 263 f.; Linder/Ballmer-Cao, in: Schweizerisches Jahrbuch für Politische Wissenschaft 1991, S. 343; Vatter/Sager, Schweizerische Zeitschrift für Politische Wissenschaft 1996 Volume 2 Issue 2, 165, 172

1129 Linder/Ballmer-Cao, in: Schweizerisches Jahrbuch für Politische Wissenschaft 1991, S. 343

1130 Vatter/Sager, Schweizerische Zeitschrift für Politische Wissenschaft 1996 Volume 2 Issue 2, 165, 166; Germann, in: Schweizerisches Jahrbuch für Politische Wissenschaft 1991, S. 264

Kollision ist.[1131] Die Begründung des Ausnahmecharakters von Doppelmehr-Referenden und der damit verbundenen seltenen Gefahr der Überstimmung des Souveräns gerät damit zunehmend ins Wanken.

dd. Die Reformmodelle für das Schweizer Ständemehr zur Abfederung des demokratietheoretischen Problems

Mehrere Gründe haben in der jüngsten Vergangenheit zu erheblicher Kritik am Ständemehr Anlass gegeben. Neben der bereits erwähnten Inflation der Doppelmehr-Referenden und dem grundlegenden Wandel des Demokratiebegriffs auf Grund der immer weiter fortschreitenden Demokratisierung weiter Teile des gesellschaftlichen Lebens spielt der sich immer weiter verschärfende Gegensatz zwischen den Stimmkraftunterschieden auf Grund der Bevölkerungsentwicklung, die den kleinen Kantonen immer größere Stimmkraft verleiht, eine Rolle.[1132] Die Einseitigkeit des Minderheitenschutzes, der stets nur Rücksicht auf die kleinen Kantone hauptsächlich der Deutschschweiz nimmt, die urbanen Zentren und die Romandie hingegen vernachlässigt, sowie die innovationshemmenden Wirkungen des Doppelmehrerfordernisses kommen hinzu.[1133] Da gerade die konservativen und damit innovationshemmenden Kantone vom Ständemehr bevorzugt werden, wird ihm oftmals ein Effektivitätsdefizit bescheinigt.[1134] Schließlich besteht auch in der Schweiz auf Grund der Mobilität der Bevölkerung der Trend zur immer weiteren Auflösung der territorial definierten Minderheiten, was die Bestimmung der Minderheiten entlang der Kantonsgrenzen in Frage stellt und den föderalistisch legitimierten Institutionen der Schweiz zunehmend die Fähigkeit abspricht, die heutigen Probleme einer komplexen Gesellschaft zu lösen, da der Föderalismus nur solchen Minderheiten Schutz bieten kann, die sich

1131 Germann, in: Schweizerisches Jahrbuch für Politische Wissenschaft 1991, S. 264

1132 Vatter/Sager, Schweizerische Zeitschrift für Politische Wissenschaft 1996 Volume 2 Issue 2, 165, 167 f. (zur sich verändernden Kantonsdemographie insbes. S. 171 f.)

1133 Vatter/Sager, Schweizerische Zeitschrift für Politische Wissenschaft 1996 Volume 2 Issue 2, 165, 165+167 f.+178 ff.

1134 Wili, Kollektive Mitwirkungsrechte von Gliedstaaten in der Schweiz und im Ausland, S. 195; Vatter/Sager, Schweizerische Zeitschrift für Politische Wissenschaft 1996 Volume 2 Issue 2, 165, 165+179 f.; www.kpm.unibe.ch/ladner/ss02/unterlagen/Literaturberich_Stefan_Schmid.doc; Insbesondere auch für Australien muss heute konstatiert werden, dass das Erfordernis der Zustimmung der Gliedstaaten eine rasche Anpassung der Verfassung an die moderne wirtschaftliche Entwicklung des australischen Kontinents verhindert hat. Dies ist dort jedoch vor allem darauf zurückzuführen, dass nicht auf die Mehrheit der Abstimmenden abgestellt wird, sondern es muss sich eine Mehrheit der Stimmberechtigten finden, und zwar auch in den Gliedstaaten, was die Erreichung einer verfassungsändernden Mehrheit erheblich erschwert (Doeker, Parlamentarische Bundesstaaten im Commonwealth of Nations: Kanada, Australien, Indien, Bd. I, S. 134; schriftl. Stellg. Wili, Ausschussdrucksache 14/809C, Rechtsvergleichende Hinweise, S. 9 (abgedruckt als Anlage zum Protokoll der 94. Sitzung des Innenausschusses des Deutschen Bundestages); ders., abgedruckt in: Protokoll der 94. Sitzung des Innenausschusses des Deutschen Bundestages, S. 30).

über bestimmte Räume definieren lassen.[1135] Das Ständemehr verwirkliche daher nicht mehr in erster Linie einen Schutz für Minderheiten, sondern es diene immer mehr dem Machterhalt eines bestimmten politischen Lagers.[1136] Alle diese Gründe lassen das Ständemehr zunehmend an politischer Akzeptanz verlieren und es sich „von einem föderalistischen Integrations- zu einem gesellschaftlichen Spaltungsinstrument“ entwickeln.[1137] Dies führte dazu, dass in der letzten Zeit einige Lösungen zur Modifizierung des Ständemehrs vorgeschlagen wurden, die vor allem darauf abzielen, die Gefahr der Überstimmung des Souveräns zu minimieren.[1138] Ein erster Vorschlag, der vorgeblich eines mangelnden Handlungsbedarfs von der behandelnden Kommission des Parlaments abgelehnt wurde, sah vor, dass das Volksmehr nur von einem qualifizierten Ständemehr überstimmt werden kann, z.B. von Zweidrittel der Kantone.[1139] In eine ähnliche Richtung wies ein Vorschlag, das Ständemehr auch mit einer Minderheit der Kantone (z.B. der Zustimmung von acht Kantonen) zustande kommen zu lassen.[1140] Diese parlamentarische Initiative des Abgeordneten Jaeger wurde mit der Begründung, die föderalistische Struktur der Schweiz werde dadurch zu stark berührt, abgelehnt.[1141] Im Ergebnis käme diese Variante wohl auch einer faktischen Abschaffung der Ständemehrregelung gleich.[1142] Des Weiteren sehen einige die Lösung in einer Stimmgewichtung ähnlich dem deutschen Bundesrat, wonach den Kantonen zwischen einer und drei bzw. zwischen zwei und fünf Stimmen zustehen je nach kantonaler Demographie, wobei Bezugspunkt entweder die Einwohnerzahl oder die Zahl der Stimmberechtigten ist.[1143] Dies beweist erneut, dass die in Deutschland für den Bundesrat gewählte Lösung bereits eine Annäherung an das Demokratieprinzip darstellt und das Problem der Überstimmung des Souveräns dadurch nicht so akut ist wie in den Ländern, in denen jedem Gliedstaat dieselbe

1135 Vatter/Sager, Schweizerische Zeitschrift für Politische Wissenschaft 1996 Volume 2 Issue 2, 165, 169 f.; Tschannen, Stimmrecht und politische Verständigung, S. 235+503

1136 http://www.jusline.ch/jus.info.newsp.pm130103a.html

1137 Vatter/Sager, Schweizerische Zeitschrift für Politische Wissenschaft 1996 Volume 2 Issue 2, 165, 177; www.kpm.unibe.ch/ladner/ss02/unterlagen/Literaturberich_Stefan_Schmid.doc

1138 Lediglich hingewiesen werden soll auf die zahlreichen anderen Reformvorschläge, die sich nicht dem Problem der Überstimmung des Souveräns annehmen, sondern v.a. beim Anwendungsbereich des Ständemehrs Änderungen bewirken wollen oder sich mit der Frage der Beibehaltung der Halbkantone beschäftigen (s. dazu die Auflistung bei: Wili, Kollektive Mitwirkungsrechte von Gliedstaaten in der Schweiz und im Ausland, S. 682 ff.).

1139 Linder, Schweizerische Demokratie, S. 182; Vatter/Sager, Schweizerische Zeitschrift für Politische Wissenschaft 1996 Volume 2 Issue 2, 165, 181; www.kpm.unibe.ch/ladner/ss02/unterlagen/Literaturberich_Stefan_Schmid.doc

1140 Vatter/Sager, Schweizerische Zeitschrift für Politische Wissenschaft 1996 Volume 2 Issue 2, 165, 180; www.kpm.unibe.ch/ladner/ss02/unterlagen/Literaturberich_Stefan_Schmid.doc

1141 Vatter/Sager, Schweizerische Zeitschrift für Politische Wissenschaft 1996 Volume 2 Issue 2, 165, 180 f.

1142 Vatter/Sager, Schweizerische Zeitschrift für Politische Wissenschaft 1996 Volume 2 Issue 2, 165, 192

1143 Linder, Schweizerische Demokratie, S. 182; Vatter/Sager, Schweizerische Zeitschrift für Politische Wissenschaft 1996 Volume 2 Issue 2, 165, 167+181 ff.; www.kpm.unibe.ch/ladner/ss02/unterlagen/Literaturberich_Stefan_Schmid.doc

Stimmenzahl eingeräumt wird. Gegen die Modelle mit einer Gewichtung der Stimmen nach der Kantonsdemographie wird aber vor allem die Grundidee des schweizerischen Föderalismus ins Feld geführt. Diese werde durch eine solche Regelung in außerordentlich hohem Maße berührt, da die historischen Wurzeln des Föderalismus der Schweiz, die in dem Zusammenschluss souveräner und gleichberechtigter Kantone bestehen, negiert würden.[1144] Das zentrale Merkmal des Föderalismus – die Gleichbehandlung der Gliedstaaten – könne nicht umgangen werden.[1145] Als negativ wird zudem empfunden, dass die Gewinner (die großen, bevölkerungsstarken Kantone) und Verlierer (die kleinen, bevölkerungsschwachen Kantone) der neuen Regelung bereits im Voraus feststehen.[1146] An dieser Stelle zeigt sich wieder die stärkere Ausprägung des Föderalismus und der Souveränität der Kantone in der Schweiz, denn in Deutschland wird eine Stimmgewichtung im Hinblick auf den Föderalismus nicht als besonders problematisch angesehen, im Gegenteil wird sie eher als notwendig im Hinblick auf das Demokratieprinzip betrachtet. Weitere Modelle sehen die Zuerkennung besonderer Stimmgewichte an einzelne Minderheiten vor. So sollen z.B. den von der jetzigen Regelung benachteiligten Städten oder den französisch- und italienischsprachigen Kantonen zusätzliche Stimmen gegeben werden.[1147] Um im Besonderen die Fälle zu erfassen, in denen das Demokratieprinzip übermäßig stark eingeschränkt wird, könnte eine Lösung auch darin liegen, dass ein anderslautendes Ständemehr dann überstimmt wird, wenn sich das Volk mit einem eindeutigen Mehr für eine Vorlage ausspricht (als Zahl wird z.B. 5% Differenz zwischen zustimmenden und ablehnenden Stimmen genannt).[1148] Ein weiterer Vorstoß zur Reformierung des Ständemehrs wurde vom Nationalrat Fehr unternommen, dessen parlamentarische Initiative jedoch von der Staatspolitischen Kommission des Nationalrates verworfen wurde. Der Entwurf sah vor, das Ständemehr bei solchen Vorlagen, die nach der Annahme im Ständerat noch Volk und Ständen zur Abstimmung vorzulegen sind (Referenden), dann nicht anzuwenden, wenn sich der Ständerat bereits im vorherigen repräsentativen Verfahren mit qualifizierter Mehrheit für die Vorlage ausgesprochen hat.[1149] Damit sollte das Risiko sich widersprechender Ergebnisse in Volks- und Ständemehr verringert werden.[1150] Weiterhin könnte man bei

1144 Vatter/Sager, Schweizerische Zeitschrift für Politische Wissenschaft 1996 Volume 2 Issue 2, 165, 191

1145 Vatter/Sager, Schweizerische Zeitschrift für Politische Wissenschaft 1996 Volume 2 Issue 2, 165, 191

1146 Vatter/Sager, Schweizerische Zeitschrift für Politische Wissenschaft 1996 Volume 2 Issue 2, 165, 191

1147 Linder, Schweizerische Demokratie, S. 183; Vatter/Sager, Schweizerische Zeitschrift für Politische Wissenschaft 1996 Volume 2 Issue 2, S. 165 ff., S. 184 f.; www.kpm.unibe.ch/ladner/ss02/unterlagen/Literaturberich_Stefan_Schmid.doc

1148 Linder, Schweizerische Demokratie, S. 183; Vatter/Sager, Schweizerische Zeitschrift für Politische Wissenschaft 1996 Volume 2 Issue 2, 165, 193 ff. (dort auch ausführlich zu den Vor- und Nachteilen einer solchen Regelung)

1149 http://www.jusline.ch/jus.info.newsp.pm130103a.html

1150 http://www.jusline.ch/jus.info.newsp.pm130103a.html

ungleichem Volks- und Ständemehr auch das stärkere Mehr entscheiden lassen, was nicht eines der beiden Prinzipien von vornherein begünstigt, sondern die Entscheidung der konkreten Abstimmung überlässt.[1151] Schließlich könnten auch die Anwendungsfälle für die Ständemehrregelung eingeschränkt werden, indem eine Zustimmung der Kantone nur dann verlangt wird, wenn das Verhältnis vom Bund zu den Kantonen berührt ist.[1152] Dieser Vorschlag wirft jedoch das Problem auf, welche Materien dann der Ständemehrregelung unterfallen sollen und wer bei Streitfällen entscheidet.[1153] Eine gänzliche Abschaffung des Ständemehrs[1154] dürfte hingegen politisch am wenigsten realisierbar sein.

Problematisch an vielen der Vorschläge ist vor allem, dass der Grad zwischen der Minimierung der Gefahr der Überstimmung des Souveräns und der faktischen Außerkraftsetzung des Ständemehrs sehr schmal ist und oft überschritten wird.[1155] Je stärker das Demokratieprinzip berücksichtigt werden soll, umso mehr entfernen sich die Modelle von der Idee des Föderalismus. Für eine Übertragung auf deutsche Verhältnisse eignen sich die meisten der Modelle nicht. Die ersten beiden Vorschläge, die eine Mehrheit von Zweidrittel der Kantone fordern, die erst den Souverän überstimmen kann, bzw. die Zustimmung von nur 8 Kantonen vorsahen, sollen außer Betracht bleiben, da deren Umsetzung praktisch eine Verhinderung der Negierung der Mehrheitsentscheidung bedeuten würde und das Föderalismusprinzip damit nicht wirkungsvoll zur Geltung kommen kann. Das Modell der Zuerkennung besonderer Stimmgewichte an einzelne Kantone kann für die deutsche Bundesstaatlichkeit wenig bewirken. Die damit intendierte Aufwertung von chronisch benachteiligten Kantonen funktioniert in Deutschland nicht. Auf Dauer benachteiligt sind hier generell die großen, bevölkerungsreichen Bundesländer, die ein proportional kleineres Stimmgewicht haben als die bevölkerungsschwachen Bundesländer. Ihnen zusätzliche Stimmen zu geben, liefe im Ergebnis einzig auf eine breitere Stimmenspreizung hinaus, was gerade nicht unbedingt gewollt ist.[1156] Der nächste Vorschlag, dass ein anderslautendes Ständemehr ein eindeutig gegensätzliches Volksvotum nicht außer Kraft setzen kann, ist grundsätzlich geeignet, auf deutsche Verhältnisse übertragen zu werden, läuft jedoch bei einer sehr geringen Prozentzahlgrenze, die für die Differenz zwischen zustimmenden und ablehnenden Stimmen im Volksvotum gefordert wird, ebenso auf die Wirkungslosigkeit der Länderklausel hinaus. Jedenfalls wird auch hier einseitig nur das Demokratieprinzip gestärkt. Entscheidet bei einem ungleichen Volks- und Ständemehr hingegen das stärkere Mehr, hat der Souverän die

1151 Linder, Schweizerische Demokratie, S. 183

1152 Vatter/Sager, Schweizerische Zeitschrift für Politische Wissenschaft 1996 Volume 2 Issue 2, 165, 192

1153 Vatter/Sager, Schweizerische Zeitschrift für Politische Wissenschaft 1996 Volume 2 Issue 2, 165, 192

1154 So vorgeschlagen von: Wittmann, Die Schweiz, S. 233

1155 Vatter/Sager, Schweizerische Zeitschrift für Politische Wissenschaft 1996 Volume 2 Issue 2, 165 (Eine Auswertung der Wirksamkeit aller dieser Vorschläge findet sich auf S. 187 ff.)

1156 S.o. 4. Kap. E. IV. 2. b. cc.

Möglichkeit, durch ein entsprechend deutliches Votum eine gegensätzliche Entscheidung der Bundesländer unbeachtlich sein zu lassen, was als das sinnvollste aller angebotenen Modelle angesehen werden kann. Dem Volk als Souverän wird es hierbei selbst in die Hände gelegt, seiner Überstimmung entgegenzuwirken, wenn diese auch nicht vollkommen ausgeschlossen ist. Dieser Zustand kann jedoch nach dem oben Dargelegten nie erreicht werden, wenn neben der demokratischen auch die föderale Gleichheit verwirklicht werden soll.

Umgangen werden könnte das Problem im Übrigen weitestgehend insofern, als jedem Bundesland exakt proportional entsprechend seiner Einwohnerzahl Stimmen zugestanden werden.[1157] Diese nur an dem Maßstab Einwohnerzahl ausgerichtete Berechnung begegnet jedoch den bereits für das repräsentative Verfahren dargestellten Bedenken. Die Bundesstaatlichkeit mit ihrem Element der föderalen Gleichheit würde missachtet und sich zu sehr an demokratischen Grundsätzen orientiert. Kleine Länder hätten keine Chance, sich gegen die großen Bundesländer durchzusetzen, was den Gedanken der Gleichbehandlung der Gliedstaaten negiert. Zudem wäre die Gefahr groß, zwischen den beiden Mehrheiten kaum Unterschiede zu spüren. Im Bundesrat könnten wenigstens die unterschiedlichen Wahltermine für die Bundestags- und Landtagswahlen zu unterschiedlichen Kräfteverhältnissen führen, bei einer Volksabstimmung fallen beide Entscheidungen jedoch im selben Akt zusammen. Es soll sich daher im weiteren Verlauf auf das wahrscheinlichere Modell der Übernahme des Bundesratsschlüssels beschränkt werden. Dadurch erfolgt zwar eine erheblichere Verzerrung der Stimmengleichheit, diese Lösung mildert das Problem im Gegensatz zur reinen Verwirklichung der föderalen Gleichheit mit der Zuerkennung der gleichen Stimmenzahl an alle Gliedstaaten jedoch schon erheblich ab.[1158] Hingewiesen werden soll an dieser Stelle auch noch auf einen Vorschlag des Abgeordneten Schweitzer aus der Enquête-Kommission Verfassungsreform, der das Problem der Überstimmung des Souveräns weitestgehend lösen würde. Nach ihm soll im Bundesrat nicht nur eine Stimmenmehrheit gefordert werden, sondern zusätzlich muss mit der im Bundesrat gefundenen Mehrheit auch die Mehrheit der Wahlberechtigten repräsentiert werden (qualifizierte Mehrheit).[1159] Den Sinn der Beteiligung föderaler Machtträger, ihnen die Möglichkeit zu geben, eine andere Mehrheitsbildung auf Grund anderer Schwerpunkte zu geben, wird damit freilich in gewissem Maße eingeschränkt, da die föderal legitimierte Mehrheit bei dieser Lösung sehr eng an demokratische Grundsätze angelehnt ist. Die Enquête-Kommission selbst wies diesen Vorschlag dann auch zurück. Es wurde befürchtet, dass es zu einer Hegemonie der

1157 Für Berlit, KritV 1993, 318, 351 ist diese Lösung wohl aber denkbar, da es für ihn lediglich eine Frage der Ausgestaltung des Verfahrens darstellt, ob die Stimmenanzahl sich am Bundesratsschlüssel orientiert oder direktproportional bestimmt wird.

1158 Mit dieser Begründung allein sieht Weber in seiner schriftl. Stellg., Ausschussdrucksache 14/809D, S. 8 (abgedruckt als Anlage zum Protokoll der 94. Sitzung des Innenausschusses des Deutschen Bundestages) die Länderklausel wohl schon als gerechtfertigt und zulässig an.

1159 BT-Drucks. 7/5924, S. 110

bevölkerungsstärksten Länder kommt.[1160] Zudem passe dieser Repräsentativitätsgedanke nicht auf die Struktur des Bundesrates.[1161] Eine Übertragung dieser Lösung auf das direktdemokratische Verfahren erscheint hingegen durchaus als sinnvoll, da damit der bei einem Föderalquorum sehr deutlich in das Bewusstsein rückenden Überstimmung der Entscheidung des Souveräns auf eine im Vergleich mit den anderen Modellen noch föderalismusfreundlichen Weise entgegengetreten werden kann. Eine eingehende Untersuchung der Auswirkungen dieses Gedankens kann freilich hier nicht geleistet werden, die Zurückdrängung des Föderalismusgedanken erscheint bei einer solchen Lösung aber noch verträglich. Im Ergebnis wären somit dieses letzte Modell sowie der Vorschlag der Bevorzugung der jeweils stärkeren Mehrheit für die Lösung des Problems der Überstimmung des Souveräns näher in Betracht zu ziehen.

Ergebnis dieses Teils ist also, dass die Einführung einer Länderklausel einen Verstoß gegen den Grundsatz der Volkssouveränität (Art. 20 Abs. 1 GG) und damit das Demokratieprinzip darstellt. Die mögliche Überstimmung des Souveräns kann nicht durch ein anderes Verfassungsprinzip, konkret das der Bundesstaatlichkeit, gerechtfertigt werden. Die Unvereinbarkeit der Einführung eines Föderalquorums mit Art. 79 Abs. 3 GG ergibt sich somit nicht nur aus der Nichterfüllung der Erfordernisse des Bundesstaatsprinzips, sondern diese würde ebenfalls mit dem ewig geschützten Grundsatz der Volkssouveränität als unantastbarer Bestandteil des Demokratieprinzips kollidieren, wobei dieses Problem mit den dargestellten Vorschlägen erheblich abgemildert werden kann.

V. Die Ausgestaltung des Gesetzgebungsverfahrens

Für diejenigen, die die bisher dargestellten Bedenken hinsichtlich des Lösungsmodells der Länderklausel nicht teilen, stellt sich schließlich die Frage, inwieweit das für das repräsentative Verfahren ausgestaltete Gesetzgebungsverfahren auf das direktdemokratische Verfahren übertragen werden kann bzw. muss. Hält man die Einführung von Länderklauseln für notwendig, um der Bundesstaatlichkeit gerecht zu werden, so ist damit noch keine Aussage darüber getroffen, ob dies z.B. als zwingend für beide Gesetzgebungsarten, Einspruchs- und Zustimmungsgesetze, angesehen wird. Festzustellen ist dafür zunächst, dass die Kategorien der Einspruchs- und Zustimmungsgesetze nicht unabänderlich im Grundgesetz normiert sind; Art. 79

1160 BT-Drucks. 7/5924, S. 100
1161 BT-Drucks. 7/5924, S. 100

Abs. 3 GG fordert eine solche Einteilung nicht zwingend.[1162] Die Befürworter einer Länderklausel müssten daher klären, ob die Erfordernisse der Bundesstaatlichkeit aus Art. 79 Abs. 3 GG eine Einführung dieser für alle in Betracht kommenden Gesetzesmaterien notwendig macht, oder ob bestimmte Gebiete ausgeklammert werden können. Hier könnte man durchaus auch der Annahme sein, dass nur für die jetzige Kategorie der Zustimmungsgesetze, die eine stärkere Beteiligung der Länder an der Bundesgesetzgebung sicherstellt als die Einspruchsgesetze, eine Beteiligung der Länder in Form eines Föderalquorums nötig ist.[1163] Auf diese Frage wird noch in anderem Zusammenhang beim letzten Lösungsmodell näher eingegangen.[1164]

Zudem bedarf es einiger Überlegungen, ob die für Verfassungsänderungen erforderliche Zweidrittelmehrheit im Bundesrat auch von der Länderklausel erreicht werden muss.[1165] Mit guten Argumenten hat Weber gegen die Übertragung dieses Erfordernisses auf das direktdemokratische Verfahren plädiert. Eine Gleichbehandlung des Verfahrens in Repräsentativorganen mit dem Abstimmungsverhalten im Staatsvolk ist aus soziologischen Gründen nicht möglich. Dort werden Mehrheiten innerhalb einer überschaubaren Gruppe durch politische Verhandlungen erzeugt, im direktdemokratischen Verfahren unterliegt die Meinungs- und Willensbildung hingegen völlig anderen Prinzipien.[1166] Das Erreichen einer Zweidrittelmehrheit innerhalb der Länderklausel ist somit ungleich schwerer zu verwirklichen als im Bundesrat. Des Weiteren kann auch hinsichtlich der qualifizierten Mehrheit konstatiert werden, dass deren Erreichen nicht zwingend von Art. 79 Abs. 3 GG gefordert wird. Ein Übertragen dieses Erfordernisses auf das direktdemokratische Verfahren erscheint insofern als nicht sinnvoll.[1167]

1162 Hain, in: v. Mangoldt/Klein/Starck (Hrsg.), Art. 79 Abs. 3 Rn 133; Sannwald, in: Schmidt-Bleibtreu/Klein (Hrsg.), Art. 79 Rn 44; Evers, in: BK, Art. 79 Abs. 3 Rn 218; Pieroth, in: Jarass/Pieroth, Art. 79 Rn 9; Lücke, in: Sachs (Hrsg.), Art. 79 Rn 28; Bryde, in: v. Münch/Kunig (Hrsg.), Art. 79 Rn 32; Maunz/Dürig, in: Maunz/Dürig, Art. 79 Abs. III Rn 36; Nawiasky, Die Grundgedanken des Grundgesetzes für die Bundesrepublik Deutschland, S. 122; Harbich, Der Bundesstaat und seine Unantastbarkeit, S. 135

1163 So war es im Gesetzentwurf der Fraktionen von SPD und Bündnis 90/Die Grünen zur Einführung von Volksinitiative, Volksbegehren und Volksentscheid in das Grundgesetz, BT-Drucks. 14/8503, vorgesehen. Jung, RuP 2001, 144, 146 schlägt dies ebenfalls vor, zudem soll das Erfordernis der Zweidrittelmehrheit für Verfassungsänderungen auf das direktdemokratische Verfahren übertragen werden. Vogel erwägt in seiner Stellg., abgedruckt in: Protokoll der 94. Sitzung des Innenausschusses des Deutschen Bundestages, S. 26, ob man die Länderklausel auch auf Einspruchsgesetze überträgt; er ist sich jedoch nicht sicher, ob dies zwingend notwendig ist.

1164 S.u. 4. Kap. H. II. 1.+2.

1165 Der eben erwähnte Gesetzentwurf sah dies vor.

1166 Vgl. zum Ganzen: schriftl. Stellg. Weber, Ausschussdrucksache 14/809D, S. 8 (abgedruckt als Anlage zum Protokoll der 94. Sitzung des Innenausschusses des Deutschen Bundestages)

1167 Auch dazu finden sich weitergehende Erörterungen im Rahmen des noch darzulegenden Ausnahmemodells (s.u. 4. Kap. H. II. 3.).

Zusammenfassend kann somit konstatiert werden, dass die Länderklausel die Erwartungen, die in sie gesetzt werden, nicht erfüllen kann. Deren Einführung wäre bis auf die in Bezug auf das Mehrheitsprinzip angesprochenen Probleme zwar nicht nachteilig, eine Mitwirkung der Länder i.S.v. Art. 79 Abs. 3 GG wird damit jedoch auch nicht verwirklicht. Zur Wahrung des Föderalismusbildes des Grundgesetzes ist eine Länderklausel jedenfalls entbehrlich, da sie diese Funktion nicht erfüllen kann. Die durch sie eintretende Gefahr der Überstimmung der Mehrheitsentscheidung des Souveräns kann nicht gerechtfertigt werden. Wäre eine solche Rechtfertigung auf Grund des Bundesstaatsprinzips möglich, könnte eine Minimierung dieser Gefahr anhand der vorgeschlagenen Lösungen in Erwägung gezogen werden, die jedoch zumeist die Verwirklichung der föderalen Gleichheit einschränken und damit zu Lasten des Bundesstaatsprinzips gehen würden. Bei einem gänzlichen Ausschluss der Gefahr der Negierung der vom Souverän getroffenen Mehrheitsentscheidung wären die verfassungsrechtlichen Bedenken gegen dieses Modell zwar ausgeräumt, föderale Gleichheit ist dann aber erst recht nicht mehr realisierbar, weshalb in diesem Fall dann nicht mehr von einem „Föderal“-Quorum gesprochen werden kann.

F. Die Durchführung einer gesonderten Abstimmung in jedem Bundesland parallel zur bundesweiten Abstimmung

Als weiteres Lösungsmodell soll in aller gebotenen Kürze der Vorschlag angesprochen werden, in allen Bundesländern parallel zur bundesweiten Abstimmung gesonderte Abstimmungen durchzuführen und eine Mehrheit unter diesen zu verlangen.[1168]

I. Die (Nicht-)Beseitigung der Verstöße gegen Art. 79 Abs. 3 GG

An dieser Stelle ist eine kurze Darstellung verlangt, inwieweit eine gesonderte Abstimmung den bisherigen erörterten Problemfragen überhaupt begegnen kann. Das Problem des Verstoßes gegen die Verfassungsautonomie bleibt in vollem Umfang bestehen. Insoweit kann auf die Ausführungen dazu im Rahmen des Lösungsmodells

1168 Erwähnt wird dieses Modell von: Jung, FS v. Arnim, S. 364; Evangelische Akademie Hofgeismar/Stiftung Mitarbeit (Hrsg.), Direkte Demokratie in Deutschland (Hofgeismarer Entwurf), S. 43 Fn 53 sowie Sachs, VVDStRL 58 (1999), 108, 110. Ursprünglich wollte man in der Schweiz mit der Regelung vor 1874, als die Kantone noch freie Hand über die Festlegung ihrer Standesstimme hatten, erreichen, dass zwei Abstimmungen – eine eidgenössische und eine kantonale – durchgeführt werden. Da den Kantonen gleichzeitig aber auch die Möglichkeit eröffnet wurde, das Ergebnis der Volksabstimmung im eigenen Kanton als Standesstimme zu werten und die Kantone davon reichlich Gebrauch machten, führte die Rechtsentwicklung dahin, gleich in der schweizerischen Bundesverfassung die Regelung des heutigen Ständemehrs zu treffen (dazu: Meyer, Die Mitwirkungsrechte der Bundesglieder in der Schweizerischen Eidgenossenschaft, S. 58).

der Länderklausel verwiesen werden.[1169] Auch hier würde der Bund Zugriff auf das Organ Landesvolk nehmen und vorschreiben, auf welche Weise die Landesstimme zustande kommt. Die Landesvölker würden dann zwar endgültig als handelnde Subjekte in Erscheinung treten, das Problem der fehlenden Mitwirkung eines körperschaftlich verfassten Organs wäre jedoch nicht gelöst. Bezüglich der Verwirklichung der Bundesstaatlichkeit kann dieses Modell einige Fortschritte aufweisen. So wäre der bei der Länderklausel angeprangerten Formalität insofern zumindest teilweise abgeholfen, als dass die Landesvölker hier eigene Entscheidungen treffen können unabhängig von ihrer Meinungsbildung als Bundesbürger. Zwar wäre kein Föderativorgan vorhanden, welches effektiv die Interessen der Länder wahrnehmen kann, die Landesvölker sind jedoch durch ihre gesonderte Stimme in der Lage, ein Gegengewicht zur Mehrheit auf der Bundesebene darzustellen. Dadurch wird auch das Problem der lediglich personellen Duplizität entschärft, da nun eine Stimme nicht mehr einfach nur doppelt gewertet wird, sondern zwei Stimmen nach unterschiedlichen Interessen und Maßstäben von der Aktivbürgerschaft abgegeben werden können. Die föderale Gewaltenteilung erfährt mit dieser Regelung ebenso eine Stärkung. Da die Landesvölker hier mit der Abgabe einer zweiten Stimme ein echtes Gegengewicht zur bundesweiten Mehrheit darstellen können, stehen sich zwei verschiedene reale und nicht mehr nur fiktive Machtträger gegenüber, die die Entscheidungskompetenz des jeweils anderen Machtträgers einschränken. Somit besteht die reale Chance der Kontrolle der Bundesebene durch die Landesebene, wenngleich deren Wirkungen auf Grund der erwarteten, sogleich zu schildernden zumeist einheitlichen Stimmabgabe durch jeden Bürger erheblich abgeschwächt werden. Die Bedenken hinsichtlich der Bundesstaatlichkeit werden somit etwas abgemildert, wenn auch vor allem auf Grund der nicht verwirklichten Mitwirkung eines Föderativorgans und der dadurch bedingten fehlenden effektiven Einflussnahme der Länder nicht beseitigt. Demnach wäre auch hier eine Überstimmung des Souveräns nicht unbedingt gerechtfertigt. Letztlich kann also auch dieses Modell keine überzeugende Lösung für das Problem der Beteiligung der Länder an der Bundesgesetzgebung bieten.

II. Die schwierige Vermittelbarkeit dieser Lösung an die Aktivbürgerschaft als Akzeptanzhindernis

Als wohl größte Hürde für dieses Lösungsmodell dürfte sich jedoch die schwierige Vermittelbarkeit dieses Vorschlags an die Aktivbürgerschaft und dessen fehlende Praktikabilität erweisen.[1170] Das Volk wird es mit viel Unverständnis aufnehmen und den Sinn einer doppelten Stimmabgabe für dieselbe Frage nicht erfassen. Auf Grund dessen ist auch zu erwarten, dass die Abstimmenden ihr Votum kaum splitten wer-

1169 S.o. 4. Kap. E. II.

1170 So auch: Evangelische Akademie Hofgeismar/Stiftung Mitarbeit (Hrsg.), Direkte Demokratie in Deutschland (Hofgeismarer Entwurf), S. 43 Fn 53

den. Der Großteil der Stimmen wird nicht gesondert nach Bundes- und Landesinteressen abgegeben werden, sondern der Bürger wird sich eine einheitliche Meinung bilden, die aus einem Mix dieser Interessen besteht, welche er dann doppelt durch die Abgabe zweier gleicher Stimmen kundtun wird. Eine differenzierte Abgabe der Stimmen durch die Bürger gesondert nach ihrer Eigenschaft als Bundes- und Landesbürger erscheint als Wunschvorstellung, jedenfalls bei einem Modell wie diesem, wo eine Differenzierung im selben Zeitpunkt anhand zweier gleich gearteter Abstimmungsvorgänge geschehen soll. Hierin zeigt sich auch der Unterschied zu den Parlamentswahlen. Dort hat der Bürger ebenfalls zwei Stimmen zur Verfügung, er entscheidet jedoch auch über zwei verschiedene Inhalte, da die Erststimme den jeweiligen Wahlkreiskandidaten bestimmen soll, also eine Person gewählt wird, mit der Zweitstimme hingegen eine Partei. Diese Chance wird von den Wählern auch erkannt, so dass die Stimmen des Öfteren gesplittet werden. Bei der Volksabstimmung ist ein solcher inhaltlicher Unterschied hingegen nicht ersichtlich, da dem Bürger inhaltlich zweimal dieselbe Frage vorgelegt wird. Diese wird er auch gleich beantworten.[1171]

Da die Durchsetzung dieses Modell als höchst unwahrscheinlich anzusehen ist, soll es bei dieser kurzen Darstellung belassen werden.

G. Die Einbeziehung des Bundesrates als Organ der repräsentativen Demokratie

Um all den bisher erörterten Problemen im Zusammenhang mit dem Bundesstaats- und Demokratieprinzip aus dem Weg zu gehen, wäre die geeignetste Lösung, die Mitwirkung der Länder an der Bundesgesetzgebung bei der Durchführung einer Volksabstimmung wie im repräsentativen Verfahren durch den Bundesrat zu verwirklichen.[1172] Der Volksentscheid würde dann nur den Beschluss des Bundestages ersetzen; das restliche Verfahren liefe wie in der repräsentativen Gesetzgebung ab.

1171 A.A.: Jung, FS v. Arnim, S. 364

1172 Maurer, Plebiszitäre Elemente in der repräsentativen Demokratie, S. 27; in Erwägung gezogen von: v. Mutius, in: Landtag Nordrhein-Westfalen (Hrsg.), Plebiszitäre Elemente in der repräsentativen Demokratie?, S. 69; Einzig diese Lösung würde wohl Kriele, FAZ Nr. 262 vom 10.11.1992, S. 12 f. für verfassungsrechtlich zulässig erachten, da alle anderen Modelle den Art. 79 Abs. 3 GG umgehen. Die Äußerungen von Badura (schriftl. Stellg. Badura, Ausschussdrucksache 14/809A, S. 7 f. (abgedruckt als Anlage zum Protokoll der 94. Sitzung des Innenausschusses des Deutschen Bundestages); ders., abgedruckt in: Protokoll der 94. Sitzung des Innenausschusses des Deutschen Bundestages, S. 41), der Bundesrat dürfe nicht aus der Bundesgesetzgebung ausgeschlossen werden bzw. er dürfe nicht aus einer politischen Entscheidung verdrängt werden, sind wohl ebenfalls dahingehend zu verstehen, dass er die Mitwirkung nur des Bundesrates als zulässig ansieht und kein anderes Organ an seine Stelle treten darf. Dasselbe dürfte für Stellg. Scholz, Bundestagslesung zur BT-Drucks. 14/8503, 14. WP, 227. Sitzung, S. 22497 gelten, der die gemeinsame Zuständigkeit von Bundestag und Bundesrat für die Gesetzgebung als zentrales Element des Bundesstaates des Grundgesetzes ansieht, das nicht zur Disposition steht.

Der Bundesrat behielte seine Rechte aus Art. 78 GG und kann Einspruch gegen den Gesetzentwurf einlegen bzw. diesem die Zustimmung verweigern.[1173] Dass auch dies im Hinblick auf das Demokratieprinzip neue Probleme aufwirft, ist offensichtlich. Soll nach einem durchgeführten Plebiszit ein Bundesorgan bestehend aus den Landesexekutiven die Entscheidung des Volkes negieren können? Falls ja, wäre es unter dem Druck der Entscheidung des Volkes dazu tatsächlich in der Lage? Und welches Verfahren soll dann beginnen?[1174]

I. Die Mitwirkung eines Repräsentativorgans im Verfahren der direkten Demokratie als Verstoß gegen das Prinzip der Volkssouveränität

Bei einer Beteiligung des Bundesrates entstünde ein Mischsystem aus direkter und indirekter Demokratie. Es drängt sich dabei förmlich die Frage auf, ob der Wille eines Repräsentativorgans über dem des Volkes stehen kann. Ist es nicht eine „demokratisch unerträgliche Vorstellung", dass sich eine Mehrheit der Landesregierungen gegen das Ergebnis eines Bundesvolksentscheides auflehnen können soll?[1175] Befürchtet wird zumindest eine Entwertung der Volkssouveränität.[1176] Der Grundsatz der Volkssouveränität aus Art. 20 Abs. 1 GG gehört zu den unantastbaren Bestandteilen der Demokratie i.S.v. Art. 79 Abs. 3 GG. Er weist dem Volk als Souverän jegliche Entscheidungskompetenz zu. Der Ursprung jeglicher Staatsgewalt muss beim Volk liegen.[1177] Da Souveränität gleichbedeutend mit dem Innehaben des obersten politischen Bestimmungsrechts ist, kraft ihrer Souveränität die Staatsgewalt also die rechtlich höchste Gewalt ist, steht in einer Volkssouveränität die oberste Gewalt im Staat somit dem Volk zu.[1178] An die Feststellung der Trägerschaft der Staatsgewalt durch das Volk muss sich die Frage der Ausübung der dem Volk zustehenden Staatsgewalt, ob dies auf direktem oder indirektem Wege geschieht und ob die Ausübung der Staatsgewalt unmittelbar durch das Volk eine höhere Qualität besitzt als die Ausübung durch Repräsentativorgane, anschließen. Erst die Beantwortung dieser Frage gibt Aufschluss darüber, ob hier von einem Verstoß gegen das Prinzip der Volkssouveränität gesprochen werden kann.

1173 Hufschlag, Einfügung plebiszitärer Komponenten in das Grundgesetz?, S. 120

1174 Angesprochen wurden diese Probleme u.a. von Häfner in seiner Stellg., abgedruckt in: Protokoll der 94. Sitzung des Innenausschusses des Deutschen Bundestages, S. 43

1175 Evangelische Akademie Hofgeismar/Stiftung Mitarbeit (Hrsg.), Direkte Demokratie in Deutschland (Hofgeismarer Entwurf), S. 42 f.; Hufschlag, Einfügung plebiszitärer Komponenten in das Grundgesetz?, S. 120 bezeichnet diese Lösung dann auch als ein das Volksgesetzgebungsverfahren pervertierendes Verfahren.

1176 Weber, ZfDD 2003, 30, 32

1177 S. nur: Grawert, in: Isensee/Kirchhof (Hrsg.), HStR II, § 16 Rn 30; ausführlich zur Volkssouveränität und deren geschichtlichen Wurzeln sowie den Souveränitäts- und Repräsentationslehren: Kurz, Volkssouveränität und Volksrepräsentation

1178 Randelzhofer, in: Isensee/Kirchhof (Hrsg.), HStR II, § 17 Rn 35; Kurz, Volkssouveränität und Volksrepräsentation, S. 161; Vincenz, Die Erleichterung der Stimmabgabe, S. 20

1. Die Überlegenheit des vom Volk direkt geäußerten Willens

Die Befürchtung eines Verstoßes gegen das Prinzip der Volkssouveränität kann zunächst nur unter der Prämisse weiterverfolgt werden, dass den vom Volk selbst gebildeten Beschlüssen höchste Legitimität zuerkannt wird. Nur, wenn der vom Volk direkt geäußerte Wille dem der Repräsentativorgane überlegen ist, kommt ein Verstoß gegen das Prinzip der Volkssouveränität in Betracht. Die Problematik führt zur Frage der Stellung des Volkes als Staatsorgan und dem Verhältnis von direkter und indirekter Demokratie zueinander. Der Wortlaut des Art. 20 Abs. 2 GG lässt zunächst keine Rangfolge der Äußerung des Volkes in Wahlen und bei Abstimmungen erkennen, sondern durch die Verbindung der beiden Alternativen mit der Konjunktion „und" kann auf eine Gleichrangigkeit geschlossen werden.[1179] Überwiegend wird die These der Überlegenheit der Volksgesetzgebung dann wohl auch abgelehnt und eine normative Gleichrangigkeit der beiden Verfahren der direkten und der indirekten Demokratie angenommen trotz einer eventuellen faktischen Nachrangigkeit des direktdemokratischen Verfahrens.[1180] Eine Überordnung des bei einer Abstimmung handelnden Volkes sei nur dann gegeben, wenn der Begriff der Volkssouveränität nicht nur die Trägerschaft, sondern zwingend auch die Ausübung der Staatsgewalt erfasse, was angesichts der Erfordernisse eines modernen Großstaates nicht angenommen werden kann.[1181] So stellt dann auch das Bundesverfassungsgericht fest, dass das Prinzip der Volkssouveränität lediglich erfordere, dass alle Staatsakte zumindest mittelbar auf das Volk rückführbar sein müssen.[1182] Die Souveränitätsformel ist dieser Ansicht nach neutral gegenüber den beiden Formen der Demokratie und taugt nicht zur Herleitung einer „in dubio pro populo"-These bei Konflikten zwi-

1179 Bugiel, Volkswille und repräsentative Entscheidung, S. 113 f.; Hufschlag, Einfügung plebiszitärer Komponenten in das Grundgesetz?, S. 58 f.; Elicker, ZRP 2004, 225, 226; vgl. zum Argument eines Verfassungsvorbehalts für die Statuierung eines Rangunterschiedes zwischen volks- und parlamentsbeschlossenen Gesetzen: Borowski, DÖV 2000, 481, 485; Vorausgesetzt wird bei der folgenden Diskussion natürlich die Annahme der Vereinbarkeit der Einführung von Volksentscheiden in das Grundgesetz mit dem Demokratieprinzip.

1180 SächsVerfGH LKV 2003, 327; BayVerfGH NVwZ-RR 2000, 401, 402; SaarlVerfGH NVwZ 1988, 245, 248; Dreier, in: Dreier (Hrsg.), Art. 20 (Demokratie) Rn 93+98; Steiner, Verfassunggebung und verfassunggebende Gewalt des Volkes, S. 97 ff.+196 f.; Bugiel, Volkswille und repräsentative Entscheidung, S. 96+113 f.+401; Przygode, Die deutsche Rechtsprechung zur unmittelbaren Demokratie, S. 417 ff.; Degenhart, Der Staat 31 (1992), 77, 78; Sachs, JuS 2003, 705, 706; Berlit, KritV 1993, 318, 338; Borowski, DÖV 2000, 481, 486; Der indirekten Demokratie wird dann z.T. eine bloße Ergänzungsfunktion zur direkten Demokratie zugesprochen (so z.B. vom BayVerfGH NVwZ-RR 2000, 401, 402; ThürVerfGH LKV 2002, 83, 90; BremStGH DÖV 2000, 915, 917). Dies lehnt der Sächsische Verfassungsgerichtshof für die sächsische Landesverfassung ab (SächsVerfGH LKV 2003, 327 f.; Sachs, JuS 2003, 705, 706; Jutzi, ZG 2003, 273, 275). Zu den hier angeführten Urteilen der Landesverfassungsgerichte ausführlich: Jung, LKV 2003, 308, 310 f.; Schweiger, NVwZ 2002, 1471 ff.

1181 Peine, Der Staat 18 (1979), 375, 384 f.; Steiner, Verfassunggebung und verfassunggebende Gewalt des Volkes, S. 97 f.

1182 S. nur: BVerfGE 47, 253, 275; 83, 60, 72 f.

schen Staatsvolk und mittelbaren Staatsorganen.[1183] Das Volk trete bei einer Sachabstimmung nicht als höchstes Staatsorgan, sondern als ein den anderen Staatsorganen gleichrangiges Organ auf; unmittelbare Willensäußerungen des Volkes könnten keine besondere staatsrechtliche Behandlung beanspruchen.[1184] Es existiere daher auch keine Pflicht der Repräsentativorgane, den in einem förmlichen Verfahren ermittelten Willen des Volkes zu befolgen.[1185] Eine Höherwertigkeit der plebiszitären Gesetzgebung im Sinne einer Überordnung könne deshalb nicht begründet werden.[1186] Ein solcher Vorrang der Willensbekundungen des Volkes könne nur bei (ausdrücklicher) Anordnung in der Verfassung angenommen werden.[1187] Angemerkt sei noch, dass innerhalb dieser Ansicht zum Teil aber ein kompetenzrechtlicher Vorrang der Volksgesetzgebung angenommen wird.[1188]

Aus der Stellung des Volkes als höchstem Staatsorgan folgert die Gegenansicht eine höhere demokratische Qualität der Entscheidungen des Volkes.[1189] Diese Ansicht rekurriert damit auf ein engeres Verständnis von Volkssouveränität, wie es im klassischen Sinn verstanden wurde.[1190] So versuchte v.a. Jacobi, aus der Weimarer Verfassung einen Vorrang der unmittelbaren Willensäußerung des Volkes herzuleiten.[1191] Bei der Verwirklichung von Volksabstimmungen übt das Volk die oberste Funktion des Staates der Gesetzgebung selbst aus im Gegensatz zur repräsentativen Demokratie, wo es diese Aufgabe den gewählten obersten Behörden überträgt, und

1183 Steiner, Verfassunggebung und verfassunggebende Gewalt des Volkes, S. 197

1184 Peine, Der Staat 18 (1979), 375, 381+393; Rux, LKV 2002, 252, 257 Fn 41

1185 Bugiel, Volkswille und repräsentative Entscheidung, S. 399

1186 Peine, Der Staat 18 (1979), 375, 383 ff.; Im Gegenteil wird z.T. auch vertreten, dass gerade die Repräsentationsorgane die besseren Entscheidungen treffen als das Volk auf direktem Wege und sie nicht nur ein „Notnagel“ für die im modernen Massenstaat nicht realisierbare direkte Demokratie sind (Pollmann, Repräsentation und Organschaft, S. 37; Meyer, Wahlsystem und Verfassungsordnung, S. 199; Greifeld, Volksentscheid durch Parlamente, S. 20 ff.; kritisch: Kühne, ZG 1991, 116, 124; zur Repräsentation als Notbehelf: Krüger, Allgemeine Staatslehre, S. 235).

1187 Steiner, Verfassunggebung und verfassunggebende Gewalt des Volkes, S. 196 f.; Peine, Der Staat 18 (1979), 375, 389

1188 Grawert, in: Isensee/Kirchhof (Hrsg.), HStR II, § 16 Rn 31; Peine, Der Staat 18 (1979), 375, 399

1189 v. Mangoldt, AöR 77 (1951), 376, 378; s. dazu: Meyer, Wahlsystem und Verfassungsordnung, S. 198; Peine, Der Staat 18 (1979), 375, 388 (m.w.N. auf S. 382); Borowski, DÖV 2000, 481, 486 m.w.N.; Zum Teil wird dabei auch darauf verwiesen, dass nur im Wege der direkten Demokratie der wahre Wille des Volkes zum Ausdruck kommt (kritisch dazu: Dreier, in: Dreier (Hrsg.), Art. 20 (Demokratie) Rn 98; ders., JURA 1997, 249, 251; Krause, in: Isensee/Kirchhof (Hrsg.), HStR II, 2. Aufl., § 39 Rn 2 ff.; Scheuner, in: Rausch (Hrsg.), Zur Theorie und Geschichte der Repräsentation und Repräsentativverfassung, S. 405 f.; Berlit, KritV 1993, 318, 335). Der Gedanke der Richtigkeit der Entscheidung spielte in den Diskussionen um die „bessere“ Staatsform stets eine Rolle (s. dazu u.a.: Krüger, Allgemeine Staatslehre, S. 236 ff.).

1190 Peine, Der Staat 18 (1979), 375, 385

1191 Jacobi, in: Schreiber (Hrsg.), Die Reichsgerichtspraxis im deutschen Rechtsleben, Bd. 1, S. 233 ff.

bildet durch seine Beschlüsse unmittelbar selbst den höchsten Staatswillen.[1192] Diesen authentischen Entscheidungen des Volkes wohne grundsätzlich die höchste Legitimität inne und sie sollen Vorrang gegenüber allen anderen haben.[1193] Jedes andere Staatsorgan sei folglich dem Volk untergeordnet, so dass Art. 20 Abs. 2 S. 1 GG jeder Entscheidung eines repräsentativen Organs, die von der Willensäußerung des vereinigten Volkes abweicht, die Legitimation entziehe.[1194] Die den Akten des Bundestages innewohnende Vermutung, Akte der Selbstbestimmung des Volkes zu sein, werde in dem Moment der eigenen förmlichen Intervention des Volkes z.B. durch Volksgesetz widerlegt.[1195] Diese souveräne Willensbestimmung müsse durchgängig gesichert sein, was nur der Fall ist, wenn die souveräne Instanz ihren Willen jederzeit äußern kann und in dem Augenblick der Äußerung jeder andere Wille wirkungslos wird.[1196] Das Volk könne daher jederzeit intervenieren, eine eigene Entscheidung treffen und diese über die der Repräsentativorgane stellen. Wenn das Volk in einem förmlichen Verfahren zu Wort gekommen ist, könne der Repräsentant nicht mehr für sich in Anspruch nehmen, abweichend davon zu entscheiden; der artikulierte Volkswille verdränge den der Repräsentativorgane. Die beiden Voraussetzungen, die von dieser Ansicht für das Tätigwerden des Volkes aufgestellt werden, sind bereits angeklungen. Zum einen muss das Volk ein willensfähiges Subjekt sein, da die souveräne Instanz in der Lage sein muss, ihren Willen zu äußern.[1197] Zudem kann das Volk nur in einem förmlichen Verfahren, einem anerkannten „Willensvereinheitlichungs- und -ermittlungsprozess“,[1198] als organisierte Einheit organschaftlich tätig werden.[1199] Dieser Prozess wird in der Verfassung geregelt, die die Voraussetzungen und das Verfahren bestimmt, unter denen eine Äußerung des Volkes staatsrechtlich erheblich ist.[1200] Nur auf Grund einer verfassungsrechtlichen Kompetenzzuweisung kann das Volk somit als legitimiertes Organ tätig werden.[1201] Das organisierte Volk (Aktivvolk) rekrutiert sich dabei aus der Gesamtheit des Staatsvolkes (Passivvolk).[1202] Vertreter dieser Ansicht sehen daher beispielsweise unverbindliche Volksbefragun-

1192 Vincenz, Die Erleichterung der Stimmabgabe, S. 16+21

1193 So für die Schweiz: Linder, Schweizerische Demokratie, S. 238; Diese Aussage könnte ohne Weiteres auf deutsche Verhältnisse übertragen werden (vgl. die Begründung bei: Jacobi, in: Schreiber (Hrsg.), Die Reichsgerichtspraxis im deutschen Rechtsleben, Bd. 1, S. 233 ff.).

1194 Krause, in: Isensee/Kirchhof (Hrsg.), HStR II, 2. Aufl., § 39 Rn 17 (kritisch dazu: Bugiel, Volkswille und repräsentative Entscheidung, S. 403 f.); Vincenz, Die Erleichterung der Stimmabgabe, S. 21; Kurz, Volkssouveränität und Volksrepräsentation, S. 295+324 ff.; Bugiel, Volkswille und repräsentative Entscheidung, S. 374

1195 Kurz, Volkssouveränität und Volksrepräsentation, S. 329 f.

1196 Kurz, Volkssouveränität und Volksrepräsentation, S. 164

1197 Kurz, Volkssouveränität und Volksrepräsentation, S. 163 (Detailliertere Aussagen zu diesem Erfordernis finden sich auf S. 193+201.)

1198 Kurz, Volkssouveränität und Volksrepräsentation, S. 192

1199 Grawert, in: Isensee/Kirchhof (Hrsg.), HStR II, § 16 Rn 31

1200 Badura, in: Isensee/Kirchhof (Hrsg.), HStR II, § 25 Rn 28

1201 Grawert, in: Isensee/Kirchhof (Hrsg.), HStR II, § 16 Rn 31

1202 Grawert, in: Isensee/Kirchhof (Hrsg.), HStR II, § 16 Rn 31; Kurz, Volkssouveränität und Volksrepräsentation, S. 192 f.

gen als unvereinbar mit dem Prinzip der Volkssouveränität aus Art. 20 Abs. 1 GG an, da in diesem das Volk in einem förmlichen Verfahren seinen Willen äußert und einer abweichenden Entscheidung der Repräsentativorgane auf Grund deren Anspruch, den vereinigten Volkswillen zu repräsentieren, die Legitimation entzogen ist.[1203] Bei einer vorhergehenden verbindlichen Volksabstimmung müssten die Repräsentativorgane dann erst recht gebunden sein.

Praktische Relevanz erhält dieser Streit um die Annahme einer Höherwertigkeit des direkt vom Volk geäußerten Willens bei der vor allem in der Weimarer Zeit, aber auch heute für die Länderebene geführten Debatte um die Befugnis des Parlaments zur Abänderung eines volksbeschlossenen Gesetzes,[1204] auf die an anderer Stelle im Rahmen des letzten Lösungsmodells noch detailliert eingegangen werden wird.[1205] Auch hier stellt sich die Frage, ob ein Repräsentativorgan gültig von dem einmal direkt vom Volk geäußerten Willen abweichen kann, wobei sowohl die Zulässigkeit einer solchen Abänderung des volksbeschlossenen Gesetzes als auch eine Bindung der Repräsentativorgane an den Willen des Volkes zumindest für eine gewisse Zeit vertreten wird. Da bei dieser Diskussion auch verfassungspolitische Gesichtspunkte eine Rolle spielen und mit außerhalb des Prinzips der Volkssouveränität liegenden Argumenten gearbeitet wird, können daraus nur bedingt Rückschlüsse auf das vorliegende Problem gezogen werden. Im Unterschied zum vorliegenden Fall, wo das Verfahren der direkten mit dem der indirekten Demokratie gekoppelt wird, handelt es sich bei diesem Beispiel zudem um zeitlich versetzte Akte. Da sich im Laufe der Zeit sowohl die einem Gesetz zugrunde liegende reale Situation als auch der Volkswille ändern können, erscheint die Berechtigung der Repräsentativorgane zur Abänderung des vormals geäußerten Volkswillens hier noch eher einsichtig.

Folgt man jedenfalls der Ansicht, Volksgesetzen gebührt kein höherer Rang als parlamentarischen Gesetzen, ist durch die Mitwirkung des Bundesrates am Verfahren der Volksgesetzgebung ein Verstoß gegen das Prinzip der Volkssouveränität nicht gegeben. Befürwortet man allerdings die andere Ansicht, ist weiterhin zu prüfen, ob in dieser Konstellation ein Konflikt zwischen Staatsvolk und repräsentativem Organ

1203 Krause, in: Isensee/Kirchhof (Hrsg.), HStR II, 2. Aufl., § 39 Rn 17; weitere Nachweise bei: Bugiel, Volkswille und repräsentative Entscheidung, S. 96 Fn 112 sowie S. 397 ff.; vgl. zu diesem ganzen Fragenkomplex auch: Sträuli, Die konsultative Volksabstimmung in der Schweiz, S. 73 ff.; kritisch: Obst, Chancen direkter Demokratie in der Bundesrepublik Deutschland, S. 186 Fn 31; Das Bundesverfassungsgericht musste diese Frage im Volksbefragungsurteil nicht entscheiden, da es bereits die Kompetenz der Landesvölker zum Tätigwerden verneinte (BVerfGE 8, 104, 115 ff.). Probleme ergeben sich dann auch hinsichtlich der Weisungsfreiheit der Abgeordneten des Bundestages, Art. 38 Abs. 1 S. 2 GG (dazu: Elicker, ZRP 2004, 225, 227).

1204 S. dazu u.a.: Przygode, Die deutsche Rechtsprechung zur unmittelbaren Demokratie, S. 427 ff.; Borowski, DÖV 2000, 481 ff.; Sachs, JuS 2003, 705, 707; Einen Überblick über die Nachkriegsliteratur zu diesem Thema gibt: Peine, Der Staat 18 (1979), 375 Fn 3, der auf S. 378 f. auch auf die Verhältnisse in der Schweiz eingeht.

1205 S.u. 4. Kap. II. III. 2. a.

überhaupt vorliegt. Wird dies verneint, ist eine weitergehende Auseinandersetzung mit den dargelegten Ansichten entbehrlich.

2. Der Bundesrat als Repräsentativorgan

Es muss sich daher mit der Frage auseinandergesetzt werden, ob der Bundesrat als ein solches Repräsentativorgan angesehen werden kann und wenn ja, ob er auf Grund seiner Zusammensetzung und Legitimation nicht doch in der Lage ist, die Entscheidung des Volkes zu überstimmen. Zum Begriff der Repräsentation herrscht eine unüberschaubare Vielzahl an Literatur, in der verschiedene Lehren zur Repräsentation entwickelt wurden.[1206] Definiert werden kann Repräsentation allgemein als die Umschreibung eines sozialen Vorganges, kraft dessen ein nicht als soziale Einheit unmittelbar Wahrnehmbares durch ein anderes soziales Substrat als Einheit gegenwärtig gemacht wird.[1207] Gekennzeichnet ist die formale Repräsentation durch einen Autorisations- und Legitimationszusammenhang, wodurch den Leitungsorganen die Befugnis verliehen wird, mit ihrem Handeln das Volk zu verpflichten.[1208] Inhalt der in einer realisierten Demokratie ebenfalls erforderlichen inhaltlichen Repräsentation ist die Aktualisierung und Darstellung des Volkswillens durch die Repräsentativorgane; nur durch deren Verwirklichung wird eine Folgebereitschaft der Repräsentierten bewirkt.[1209] Durch die Repräsentation wird der Repräsentant Träger einer übergeordneten, über das eigene Wesen hinausgreifenden Werteinheit, die durch die Repräsentation erst wahrnehmbar wird.[1210] Die Funktionsweise der Repräsentation knüpft an den Gedanken an, dass der Volkswille nicht latent vorhanden ist, sondern durch ein Verfahren zum Vorschein gebracht werden muss. In der repräsentativen Demokratie wird diese Aufgabe den Repräsentativorganen übertragen, in der direkten Demokratie wird durch das Verfahren des Volksentscheids der Wille hervorgebracht. Zweitrangig ist somit zunächst, durch welches Verfahren der Wille hervorgebracht wird, wichtig ist nur, dass ein solches geordnetes Verfahren überhaupt besteht.

Dem Bundesrat wird von einigen Literaturstimmen die Eigenschaft als Repräsentativorgan nicht zuerkannt; die nur sehr mittelbare Beziehung zum Volk soll das

1206 Eine zusammenfassende Darstellung der Repräsentationslehren findet sich bei: Herrmann, Volksgesetzgebungsverfahren, S. 17 ff.

1207 Schmitt, Verfassungslehre, S. 209

1208 Böckenförde, in: Isensee/Kirchhof (Hrsg.), HStR II, 2. Aufl., § 30 Rn 18; Peters, Die Problematik der deutschen Demokratie, S. 31

1209 Böckenförde, in: Isensee/Kirchhof (Hrsg.), HStR II, 2. Aufl., § 30 Rn 18 (zu konkreteren Erfordernissen der inhaltlichen Repräsentation vgl. Rn 19 ff.)

1210 Vonderbeck, Der Bundesrat - ein Teil des Parlaments der Bundesrepublik Deutschland?, S. 24 f.

Hindernis für die Anerkennung als Repräsentativorgan sein.[1211] Zudem schließe die Weisungsgebundenheit der Mitglieder des Bundesrates jegliche Repräsentation aus, da das Fehlen eines Weisungsverhältnisses unabdingbare Voraussetzung für die Eigenschaft der Repräsentation sei.[1212] Schließt man sich dieser Ansicht an, ist in noch größerem Maße zweifelhaft, ob der Bundesrat zur Abweichung vom vom Souverän geäußerten Willen berechtigt ist, wenn er zum Volk nur in einer so entfernten und mittelbaren Beziehung steht. Nach anderer Ansicht kann der Bundesrat durchaus in die Kategorie der Repräsentativorgane eingeordnet werden. Schließlich verlautbare er nur noch die von den Landesregierungen gebildeten Willen.[1213] Die Landesregierungen wiederum sind unzweifelhaft Repräsentanten, womit der Bundesrat als Bote dieses repräsentativen Willens angenommen werden kann.[1214] Ob es für eine Repräsentation notwendig ist, den repräsentierten Willen in diesem Organ selbst zu bilden, oder ob es genügt, den anderweitig gebildeten repräsentierten Willen nur zum Ausdruck zu bringen, wird letztlich unterschiedlich beurteilt.[1215] Je nach Auffassung kann dann der Ansicht, der Bundesrat sei ein Repräsentativorgan, gefolgt werden. Auf diese Streitfragen kann im Rahmen dieser Bearbeitung nicht weiter eingegangen werden. Als wichtigster Punkt ist demgegenüber festzuhalten, dass der Bundesrat dem repräsentativen Gesetzgebungsverfahren zuzuordnen ist, er also nicht wie das Volk als Staatsorgan der direkten Demokratie eine ursprüngliche Äußerung des Souveräns zum Ausdruck bringt. Insofern käme ihm grundsätzlich jener oben beschriebene, von einer Ansicht angenommene Nachrang gegenüber einer vom Volk im direktdemokratischen Verfahren getroffenen Entscheidung zu.

1211 Vgl. die Nachweise bei: Pollmann, Repräsentation und Organschaft, S. 106 Fn 25, der auf S. 107 ff. dazu eine eher kritische Stellung bezieht, sowie bei Deecke, Verfassungsrechtliche Anforderungen an die Stimmenverteilung im Bundesrat, S. 73 f., der die bestehenden Ansichten kurz darstellt. Kurz, Volkssouveränität und Volksrepräsentation, S. 320 f. hingegen unterscheidet hinsichtlich der Repräsentation nicht zwischen Parlament und Föderativorgan. Er bezieht sich dabei jedoch nicht konkret auf Bundestag und Bundesrat, so dass offen bleibt, ob dies auch für ein Föderativorgan vertreten wird, welches nach dem Rats- und nicht dem Senatsprinzip aufgebaut ist.

1212 Maunz, in: Maunz/Dürig, Art. 38 Rn 9; Badura, in: BK, Art. 38 Rn 49; Deecke, Verfassungsrechtliche Anforderungen an die Stimmenverteilung im Bundesrat, S. 73; Pollmann, Repräsentation und Organschaft, S. 104; a.A.: Reuter, in: Schneider/Zeh (Hrsg.), Parlamentsrecht und Parlamentspraxis, § 56 Rn 85

1213 Reuter, in: Schneider/Zeh (Hrsg.), Parlamentsrecht und Parlamentspraxis, § 56 Rn 85; Pollmann, Repräsentation und Organschaft, S. 108

1214 Eingehende Erläuterungen dazu bei: Pollmann, Repräsentation und Organschaft, S. 108; Strittig ist hier jedoch, welche Einheit der Bundesrat repräsentiert: das Bundesvolk, die Landesvölker oder die Länder? Eine Übersicht über den Meinungsstand gibt: Deecke, Verfassungsrechtliche Anforderungen an die Stimmenverteilung im Bundesrat, S. 74 ff.

1215 Pollmann, Repräsentation und Organschaft, S. 104

3. Die Gebundenheit des Bundesrates an die Äußerung des Souveräns

Die entscheidende Frage ist nun schließlich, ob der Bundesrat angesichts seiner Stellung als Föderativorgan durch die vorhergehende Äußerung des Volkes tatsächlich gebunden und damit in seiner Entscheidungsfreiheit eingeschränkt wäre. Zu untersuchen ist sowohl das Vorhandensein einer rechtlichen Gebundenheit in Anknüpfung an die vorhergehenden Erörterungen als auch das einer faktischen.

a. Rechtliche Gebundenheit

Eine rechtliche Gebundenheit des Bundesrates würde eine Pflicht zur Befolgung des vom Souverän geäußerten Willens bedeuten. Diese hat nicht nur die Annahme eines wie auch immer gearteten Vorrangs einer direkten Äußerung des Volkes als Voraussetzung, sondern kann zusätzlich nur dann angenommen werden, wenn die direkte Entscheidung des Volkes anstelle der sonst im repräsentativen Verfahren ergehenden Entscheidung des Bundesrates erfolgt. Nur, wenn die Entscheidung des Volkes eine Doppelung der im repräsentativen Verfahren zu fällenden Entscheidung des Repräsentativorgans darstellen würde, dürfte der Bundesrat sich nicht über die Entscheidung des Volkes hinwegsetzen. Das Äquivalent zum im Volksentscheid abstimmenden Bundesvolk ist jedoch nicht der Bundesrat, sondern der Bundestag. Dieser gilt im repräsentativen Verfahren als Vertretung des Bundesvolkes, die dazu berufen ist, dessen Willen zum Ausdruck zu bringen. Der Bundesrat hingegen stellt die Vertretung der Länder dar. Eine Doppelung der Entscheidungsträger wäre also nur gegeben, wenn der Bundestag im Anschluss an die Entscheidung des Volkes entscheidungsberechtigt wäre.[1216] Dessen Entscheidung wird durch die Äußerung des Volkes im direktdemokratischen Gesetzgebungsverfahren ersetzt. Der Bundesrat soll demgegenüber als Föderativorgan die Ansichten der Länder, sei es der Länder als Gebietskörperschaften oder der Landesvölker, in den Gesetzgebungsprozess einbringen. Er ist nicht vordergründig dazu berufen, die Interessen des Bundesvolkes wahrzunehmen, sondern föderative Prämissen in den Prozess der Bundesgesetzgebung einfließen zu lassen. Da er neben dem demokratischen vor allem das bundesstaatliche Element in den Gesetzgebungsprozess einbringen soll, ist er in diesem Sinne auch berechtigt, die Entscheidung des Bundesvolkes als Souverän zu überstimmen. Er ist rechtlich nicht an die vom Bundesvolk im Volksentscheid getroffene Entscheidung gebunden, sondern er kann den Willen des Bundesvolkes einschränken. Selbst wenn man demzufolge die eingangs geschilderte Frage, ob der direkt vom Volk geäußerte Wille dem in einem repräsentativen Verfahren gebildeten Willen überlegen ist, bejaht, so ist doch das primär nach föderativen Grundsätzen gebildete Organ Bundes-

1216 Die Existenz der Möglichkeit einer solchen Doppelung der Entscheidungsmacht scheint hingegen ausgeschlossen. Bugiel, Volkswille und repräsentative Entscheidung, S. 94 verweist in diesem Zusammenhang auf den Grundsatz der Ausschließlichkeit der Zuständigkeiten.

rat, das seine Legitimation hauptsächlich aus dem Bundesstaatsprinzip bezieht, in jedem Fall dazu befugt, sich über einen vom Bundesvolk gefassten Beschluss hinwegzusetzen.[1217] Ein Verstoß gegen das Prinzip der Volkssouveränität kann somit letztlich nach keiner vertretenen Ansicht angenommen werden.

b. Faktische Gebundenheit

Auf einer anderen Ebene bewegt sich hingegen die Frage, ob der Bundesrat in der dann anstehenden tatsächlichen Entscheidungssituation einer freien Willens- und Meinungsbildung unterliegt oder ob er sich faktisch durch die Äußerung des Volkes gebunden fühlt. Die politische Gebundenheit der Repräsentativorgane an die Entscheidung des Volkes wird u.a. damit begründet, dass der Wähler eine Negierung seiner Entscheidung mit der Abwahl der bestehenden Mehrheit bei den nächsten Wahlen quittiert.[1218] Diese Gefahr kann hier nur bedingt gesehen werden. Sollte sich der Bundesrat dem Votum des Volkes nicht anschließen und wöllten die Wähler daraus bei den nächsten Wahlen Konsequenzen ziehen, so könnten sie dies nur bei den jeweiligen Landtagswahlen deutlich machen, indem die regierende Mehrheit abgewählt werden würde. Ob die Wähler in der Mehrheit diese Verbindung vom Plebiszit über den Bundesrat zu den Landesregierungen und den dahinter stehenden Parteien ziehen, darf bezweifelt werden. Eine politische Gebundenheit träte hier wohl nur verstärkt auf, wenn das Plebiszit unmittelbar vor Landtagswahlen stattfindet, der Eindruck der Ablehnung beim Wähler somit noch frisch ist. Trotzdem kann eine freie Willens- und Meinungsbildung im Bundesrat wohl mit guten Gründen bezweifelt werden. Zunächst kann an dieser Stelle wiederum ein Vergleich mit der Problematik der unverbindlichen Volksbefragungen gezogen werden. Auch dort wird über eine Bindungswirkung für die nach der Durchführung einer Volksbefragung entscheidungsbefugten Parlamente diskutiert und zumindest das Vorhandensein eines politisch-moralischen Drucks bejaht, da das Repräsentativorgan sich kaum in der Lage fühlen wird, die vom Volk vorgegebene Tendenz zu ignorieren und zu einem anderen Ergebnis zu kommen als das Ergebnis der Befragung.[1219] Diese moralisch-politische Verbindlichkeit des Ergebnisses einer Volksbefragung unterscheidet

1217 S. dazu bereits oben 4. Kap. E. IV. 2. b. bb.

1218 Borowski, DÖV 2000, 481, 483

1219 Vgl. dazu ausführlich: Rommelfanger, Das konsultative Referendum, S. 62 ff.; Obst, Chancen direkter Demokratie in der Bundesrepublik Deutschland, S. 186 ff.; Bugiel, Volkswille und repräsentative Entscheidung, S. 425 ff. m.w.N.; Sträuli, Die konsultative Volksabstimmung in der Schweiz, S. 59 ff.; zurückhaltend in der Annahme einer „faktisch unentrinnbaren Gebundenheit des Abgeordneten“: Degenhart, Der Staat 31 (1992), 468, 469; Strittig ist v.a., ob der von der Volksbefragung ausgehende Druck in dieser Intensität wirklich besteht und ob er so stark ist, dass er im Hinblick auf Art. 38 Abs. 1 S. 2 GG als unzulässig anzusehen ist. Da für den Bundesrat eine ähnliche Vorschrift nicht existiert, stellt sich dieses Problem hier nicht.

sich in seiner Intensität kaum von einer verfassungsrechtlichen Verbindlichkeit,[1220] so dass die Abgeordneten des Parlaments faktisch genötigt wären, der Entscheidung des Volkes zu folgen.[1221] Folgen sie dem Ergebnis der Volksbefragung nicht, werden „schwere Erschütterungen der Legitimität des repräsentativen Systems" befürchtet, da einer solchen Befragung im Volksbewusstsein durchaus verbindliche Wirkung zukäme.[1222] Auch der Bundesrat wird sich dem vom Volk direkt geäußerten Willen kaum widersetzen wollen. Zwar kann bei ihm nicht von Erschütterungen des repräsentativen Systems die Rede sein, da er nicht dazu berufen ist, den Willen des Bundesvolkes zu repräsentieren. Das Volk macht hinsichtlich dessen aber kaum Unterschiede. Wird die Entscheidung der Bevölkerung von einem Repräsentativorgan negiert, noch dazu von einem Organ, in dem nicht einmal gewählte Vertreter sitzen, wird sich innerhalb der Bevölkerung ein Sturm der Entrüstung entfalten. Dem kann der Bundesrat nur ausweichen, wenn er die Entscheidung des Volkes aus der Volksabstimmung bestätigt. Hinzu kommt beim Bundesrat das Bewusstsein, dass es um die Negierung der Entscheidung des Souveräns geht. Auch wenn dieser im rechtlichen Sinne keine erhöhte Geltungskraft zukommen sollte, wird sich der Souverän in seinem Selbstbewusstsein als den anderen Staatsorganen überlegen ansehen, wenn er schon einmal unmittelbar zu Wort kommen darf. In den Bundestagsdebatten wurde das Modell der Einbeziehung des Bundesrates in das Verfahren der direkten Demokratie aus diesem Grund auch als „Scheinlösung"[1223] bezeichnet. Der Bundesrat könne „unter dem zentralistischen und massiv zentralisierenden Druck einer Abstimmung, die das Bundesvolk in seiner Gesamtheit, ohne Rücksicht auf regionale, auf föderative Unterschiede getroffen hat", keine „eigenständige, den Länderinteressen, denen er verpflichtet ist, gerecht werdende Entscheidung treffen".[1224] Das latente Problem des Bundesrates, dem Volk seine andersartigen Entscheidungsprämissen nicht genügend deutlich machen zu können, tritt an dieser Stelle mit verstärktem Gewicht hervor. Es wird vom Volk, gerade in einer solchen Situation, wo es seine Meinung selbst und nicht vermittelt durch Repräsentativorgane äußern konnte, nicht wahrgenommen, dass der Bundesrat als Föderativorgan primär nach föderativen Interessen entscheiden soll und daher zu anderen Ergebnissen kommen kann als die vom Bundesvolk direkt oder repräsentativ ermittelte Entscheidung. Dass der Bundesrat auf Grund der dortigen verstärkten Einbringung von Länderinteressen im Gegensatz zum Bundestag zu einer anderen Entscheidung gelangen kann, dürfte dem Volk schwer vermittelbar sein. Es würde daher kaum einsehen, wenn seine Entscheidung von einem aus Vertretern der Landesregierungen besetzten Organ negiert werden

1220 Herzog, in: Maunz/Dürig, Art. 20 II. Rn 45; Bugiel, Volkswille und repräsentative Entscheidung, S. 397

1221 Meissner, in: Degenhart/Meissner (Hrsg.), HdbSächsVerf, § 13 Rn 21; Kriele, VVDStRL 29 (1971), 46, 61; kritisch dazu: Bugiel, Volkswille und repräsentative Entscheidung, S. 430

1222 Kriele, VVDStRL 29 (1971), 46, 61; Obermayer, NJW 1958, 1174, 1175; kritisch dazu: Bugiel, Volkswille und repräsentative Entscheidung, S. 397+428 ff.

1223 Stellg. Scholz, Bundestagslesung zur BT-Drucks. 14/8503, 14. WP, 227. Sitzung, S. 22498

1224 Stellg. Scholz, Bundestagslesung zur BT-Drucks. 14/8503, 14. WP, 227. Sitzung, S. 22498

würde, was sehr wahrscheinlich einen Beitrag zur Abstimmungsverdrossenheit leistet. Der Sinn der Volksgesetzgebung, dass gerade das Volk eine letztverbindliche Entscheidung soll treffen können, würde zudem durch eine Einbeziehung des Bundesrates in das Verfahren zum Teil konterkariert, da dann die Annahme eines Gesetzes doch wieder von einem nur mittelbar demokratisch legitimierten Bundesorgan abhängig ist. Eine gewisse Entwertung des Souveräns kann in diesem Sinne nicht von der Hand gewiesen werden. Aus diesen Gründen wird man wohl einen faktischen Druck auf den Bundesrat, sich an der vom Souverän getroffenen Entscheidung zu orientieren, annehmen können. Ob dieser die Stufe einer echten Gebundenheit erreicht, wird ohne praktische Erfahrungen mit diesem Lösungsmodell kaum zu beantworten sein und nur auf Spekulation beruhen.

II. Die Instruktion der Mitglieder des Bundesrates als Verstoß gegen das Bundesratssystem

Schließlich erübrigt sich hier auf Grund der Abstimmung des Bundesvolkes und nicht der Landesvölker auch ein weiteres im Zuge des Streites vor dem Bundesverfassungsgericht über die Volksbefragungsgesetze von Hamburg und Bremen vorgebrachtes Argument, dass die Befragung eine unzulässige Einflussnahme auf die Mitglieder des Bundesrates sei. Dort wurde die Einführung plebiszitärer Elemente in den Willensbildungsprozess des Bundesrates als Angriff auf die Grundlagen des Bundesratssystems gewertet.[1225] Dahinter stand der Gedanke, dass der Parlamentarische Rat das Senatssystem für den Bundesrat verworfen hatte und dass nun nicht über die Hintertür einer Volksbefragung, durch die den Vertretern des jeweiligen Landes eine unzulässige Weisung erteilt werde, doch eine Abhängigkeit der Mitglieder des Bundesrates vom Volk eingeführt werden könne.[1226] Eine auch bloß rechtlich unverbindliche Instruktion der Mitglieder der Landesregierung im Bundesrat durch das Landesvolk, etwa indem das Ergebnis der Befragung als Orientierung für die Vertreter im Bundesrat gelten soll, sei nach der Struktur des Bundesrates ausgeschlossen.[1227] Zwar wurde ein gewisser politischer Druck auf die Mitglieder des Bundesrates, dem Volksvotum zu folgen, auch hier bestätigt, im Unterschied zu den Volksbefragungen hat die vorhergehende Volksabstimmung jedoch nicht die Intention, als Instruktion oder zumindest rechtlich unverbindliche Orientierung der Bundesratsmitglieder zu gelten. Im Gegenteil ist mit der Durchführung der Volksabstimmung nicht einmal gewollt, dass sich die Mitglieder des Bundesrates an diesem Ergebnis orientieren. Eine Volksabstimmung kann diese Funktion auch schlechterdings nicht innehaben, da das Volk in seiner Gesamtheit abstimmt und nicht nach Ländern gegliedert, so

1225 BVerfGE 8, 104, 108

1226 BVerfG 8, 104, 120 f.; Obst, Chancen direkter Demokratie in der Bundesrepublik Deutschland, S. 28; ausführlich dazu: Maunz, DÖV 1959, 1, 3 f.

1227 BVerfGE 8, 104, 121

dass keine landesspezifischen Voten die jeweiligen Vertreter der Länder instruieren oder ihnen als Orientierungshilfe dienen könnten. Da hier das Bundesvolk abstimmt, stellt sich also das Problem einer unzulässigen Instruktion der Bundesratsmitglieder durch die Landesvölker nicht.

III. Die Inkompatibilität der Verfahren

Stellt man sich nun die Durchführung einer Volksabstimmung nach diesem Lösungsmodell vor, stößt man unweigerlich auf erhebliche Schwierigkeiten im Hinblick auf die Kombination von Volksabstimmung und anschließendem Bundesratsentscheid, wenn man unterstellt, dass das derzeitige Gesetzgebungsverfahren unverändert bleibt und nur die Annahme des Gesetzentwurfs vom Bundestag durch den Volksentscheid ersetzt wird.[1228] Vor allem eine Ablehnung des volksbeschlossenen Entwurfs seitens des Bundesrates durch die Einlegung eines Einspruchs bzw. die Verweigerung der Zustimmung würde das direktdemokratische Verfahren vor große Herausforderungen stellen. Problematisch wäre z.B. das Verfahren im Vermittlungsausschuss (Art. 77 Abs. 2 GG). Auf Seiten der Vertreter des Bundestages müsste dann das gesammelte Volk stehen, das im ersten Schritt der Volksabstimmung den Beschluss des Bundestages ersetzt hat. Allein dies würde die Funktionsfähigkeit des Vermittlungsausschusses, ein Institut, das darauf ausgerichtet ist, die unterschiedlichen Positionen von Bundestag und Bundesrat durch Diskussionen miteinander auf einen gemeinsamen Nenner zu bringen, vernichten. Zieht man in Betracht, in das Vermittlungsverfahren Mitglieder des Bundestages einzubeziehen, müssten diese dort eventuell für einen Gesetzentwurf eintreten, der nicht ihrer Überzeugung entspricht, was mit Art. 38 Abs. 1 S. 2 GG unvereinbar wäre.[1229] Ein ähnliches Problem ergibt sich hinsichtlich Art. 77 Abs. 2 S. 4 GG. Danach kann der Bundestag die Einberufung des Vermittlungsausschusses verlangen, wenn der Bundesrat seine Zustimmung verweigert hat. Da dieses Recht schlechterdings auf das Volk übertragen werden kann – ein Volksentscheid über die Frage, ob der Vermittlungsausschuss einberufen werden soll oder nicht, würde die Aktivbürgerschaft wohl eindeutig überstrapazieren – müsste auch hier der Bundestag diese Aufgabe übernehmen, obwohl ihm unter Umständen nichts an dem Gesetzentwurf gelegen ist. Auch hier ist die Kollision mit Art. 38 Abs. 1 S. 2 GG eindeutig. Handelt der Bundestag hingegen in diesem Fall entsprechend seiner eigenen Auffassung, steht diese aber im Gegensatz

1228 Zweifel an der Kompatibilität beider Verfahren hegen ebenso: Hufschlag, Einfügung plebiszitärer Komponenten in das Grundgesetz?, S. 119 ff.; Jung, FS v. Arnim, S. 353; Weber, ZfDD 2003, 30, 32; Stellg. Degenhart, abgedruckt in: Protokoll der 94. Sitzung des Innenausschusses des Deutschen Bundestages, S. 49. Auch Kriele, FAZ Nr. 262 vom 10.11.1992, S. 12 f. sieht hier erhebliche Schwierigkeiten, favorisiert diese Lösung aber trotzdem.

1229 So auch: Hufschlag, Einfügung plebiszitärer Komponenten in das Grundgesetz?, S. 120; V. Mutius, in: Landtag Nordrhein-Westfalen (Hrsg.), Plebiszitäre Elemente in der repräsentativen Demokratie?, S. 69 sieht darin offensichtlich keine Probleme.

zur Meinung des Volkes, würde die „pervertierende“[1230] Wirkung der Kombination von direkter und indirekter Demokratie wieder deutlich werden, wenn das Volk erst über einen Entwurf abstimmen durfte, ihm dann jedoch dessen weitere Durchsetzung aus den Händen genommen wird. Beschließt der Vermittlungsausschuss eine Änderung des eingebrachten Gesetzentwurfs, muss der Bundestag erneut darüber Beschluss fassen, Art. 77 Abs. 2 S. 5 GG. Bei einem Verfahren der Volksabstimmung würde dies bedeuten, das Volk müsste erneut zur Abstimmung gerufen werden – ein riesiger und teurer Aufwand, der dem Volk nicht zu vermitteln ist. Das Vermittlungsverfahren ist somit gänzlich ungeeignet zur Übertragung auf ein Verfahren, welches direkte mit indirekter Demokratie auf diese Weise verbindet. Eine eventuell erforderliche Konsensfindung zwischen dem Volk und dem Bundesrat müsste daher auf einem anderen Weg erreicht werden bzw. das Verfahren so ausgestaltet werden, dass eine solche nicht nötig ist. Genauso sieht es für den Fall der Zurückweisung eines Einspruchs des Bundesrates aus, Art. 77 Abs. 4 S. 1 GG. Auch hier müsste ein erneuter Volksentscheid stattfinden, was die Aktivbürgerschaft wohl mit einigem Unwillen quittieren würde angesichts ihres bereits geäußerten Willens.[1231] Zudem stünde hier das Problem der in einem erneuten Volksentscheid zu erreichenden Quoren, da Art. 77 Abs. 4 S. 2 GG ein qualifiziertes Quorum für den Fall, dass der Bundesrat mit Zweidrittelmehrheit Einspruch erhoben hat, vorsieht. Eine Übertragung dieses für das repräsentative Verfahren vorgesehenen Quorums auf das direktdemokratische Verfahren dürfte nicht problemlos sein.

Im Zuge der Sachverständigenanhörung im Innenausschuss des Bundestages zur BT-Drucks. 14/8503 sah der Sachverständige Huber in der Einbeziehung des Bundesrates eine Lösung, das bundesstaatliche System des Grundgesetzes zu wahren. Hinsichtlich der beschriebenen Schwierigkeiten schlug er vor, die Beteiligungsintensität des Bundesrates zu reduzieren, indem z.B. höhere, qualifizierte Mehrheiten für ein Veto des Bundesrates gegen volksbeschlossene Gesetze, unter Umständen auch Einstimmigkeit bei Verfassungsänderungen etwa, eingeführt werden.[1232] Angesichts der dargestellten Inkompatibilitäten ist allerdings nicht ersichtlich, inwiefern dieser Vorschlag Abhilfe bringen soll. Es würde dadurch lediglich eine Reduzierung der Zahl der auftretenden Problemfälle bewirkt, nicht jedoch deren Lösung. Das grundsätzliche Problem der Inkompatibilität der beiden Verfahren bleibt bestehen, da der Bundesrat weiterhin die Möglichkeit hat, ein Vetorecht geltend zu machen, was unter Umständen den Einstieg in das Verfahren des Vermittlungsausschusses bedeuten kann.

Zusammenfassend eignet sich das Verfahren der Gesetzgebung durch Repräsentativorgane nicht für die Übertragung auf das hier vorgesehene Verfahren der Gesetz-

1230 Hufschlag, Einfügung plebiszitärer Komponenten in das Grundgesetz?, S. 120

1231 Hufschlag, Einfügung plebiszitärer Komponenten in das Grundgesetz?, S. 121

1232 Schriftl. Stellg. Huber, Ausschussdrucksache 14/809F, S. 4 (abgedruckt als Anlage zum Protokoll der 94. Sitzung des Innenausschusses des Deutschen Bundestages); ders., abgedruckt in: Protokoll der 94. Sitzung des Innenausschusses des Deutschen Bundestages, S. 47

gebung in direkter Demokratie,[1233] sofern durch die Volksabstimmung lediglich der Bundestagsbeschluss ersetzt wird. Eine Lösung könnte hier letztlich wohl nur in einem gänzlich neuen Verfahren gefunden werden, das an die Gegebenheiten eines direktdemokratischen Verfahrens angepasst werden muss. Vorgeschlagen wurde in diese Richtung von Herrmann eine „Einspruchsbefugnis" für den Bundesrat gegen die in einem plebiszitären Verfahren angenommenen Gesetze.[1234] Näher spezifiziert hat er dies jedoch nicht. Auch die soeben angesprochene Lösung von Huber wurde in der Literatur als Vorschlag eines Vetorechts des Bundestages außerhalb des von Art. 76 ff. GG vorgegebenen Verfahrens interpretiert.[1235] Den geschilderten Problemen der Unvereinbarkeit der Einbeziehung eines Repräsentativorgans in das Verfahren der direkten Demokratie könnte damit zwar begegnet werden, nicht jedoch den zuvor angesprochenen der Gebundenheit des Repräsentativorgans. Eine etwa befürchtete „Überhöhung" des Bundesrates[1236] könnte hingegen mit den von Huber vorgeschlagenen höheren Quoren für die Einlegung eines Vetos entkräftet werden.

Dem Lösungsmodell der Einbeziehung des Bundesrates in das direktdemokratische Verfahren können aus den geschilderten Gründen – Entwertung des Souveräns, faktische Gebundenheit der Bundesratsmitglieder und gegebenenfalls Inkompatibilität der Verfahren der direkten und indirekten Demokratie – keine größeren Sympathien entgegengebracht werden. Eine Realisierung dieses Modells erscheint unwahrscheinlich. Der Volksentscheid wird also nicht nur die Entscheidung des Bundestages ersetzen, sondern verdrängt sämtliche sonstigen gesetzgebenden Organe des repräsentativen Verfahrens.[1237]

H. Die Nichtbeteiligung der Länder als legitime Ausnahme vom Erfordernis der grundsätzlichen Ländermitwirkung an der Bundesgesetzgebung

Schließlich ist als Lösung des Problems der Beteiligung der Länder an der Bundesgesetzgebung bei der Durchführung von Plebisziten in Erwägung zu ziehen, eine solche Beteiligung ausnahmsweise als entbehrlich anzusehen. Die Entscheidung des Volkes wäre in diesem Fall dann „nur" demokratisch legitimiert, auf eine bundesstaatliche Legitimierung würde verzichtet. Damit würde den Ländern zwar eine erhebliche Einflussmöglichkeit im föderativen Staatsgefüge genommen, eine Stütze für dieses Modell bietet Art. 79 Abs. 3 GG aber selbst, da die Beteiligung der Länder an der Gesetzgebung dort nur grundsätzlich gesichert ist. In der Verfassung könnte der Ausschluss des Bundesrates und der Länder generell dann unter Umständen eine

1233 Dies für die Kategorie der Einspruchsgesetze feststellend: Stellg. Degenhart, abgedruckt in: Protokoll der 94. Sitzung des Innenausschusses des Deutschen Bundestages, S. 50
1234 Herrmann, Volksgesetzgebungsverfahren, S. 100
1235 Weber, ZfDD 2003, 30, 30+32
1236 Weber, ZfDD 2003, 30, 32
1237 Vgl. Maurer, Plebiszitäre Elemente in der repräsentativen Demokratie, S. 27

dementsprechende Andeutung im VII. Abschnitt des Grundgesetzes erwarten lassen.[1238]

Bei dieser Lösung stellt sich drängend die Frage der Vereinbarkeit einer Nichtbeteiligung der Länder mit der von der Ewigkeitsgarantie geschützten Auffassung der deutschen Bundesstaatlichkeit. Insbesondere wird eine vertiefte Auseinandersetzung mit dem Merkmal „grundsätzlich" notwendig und eine Behandlung der Frage, inwiefern dieses die Statuierung einer ausnahmsweisen Nichtbeteiligung der Länder für die Fälle des Volksentscheids mittragen würde. Die im ersten Kapitel dazu überblicksmäßig getätigten Äußerungen werden dabei wieder aufgegriffen.[1239]

I. Die Auslegung des Begriffs „grundsätzlich"

Nach der Behandlung der in der Lehre zu findenden Aussagen über den Inhalt des Merkmals „grundsätzlich" entwickelt die Bearbeitung eine – spezifisch auf diesen Fall ausgerichtete – eigene Argumentation, die vor allem die Gesamtbilanz der Länderrechte im Auge zu behalten hat. Sie wird sich in deren Rahmen mit einer Parallelauslegung des von Art. 79 Abs. 3 GG verwendeten Begriffs der „Grundsätze" auseinandersetzen sowie mit der Frage, ob die Einführung von Volksentscheiden in das Grundgesetz ohne die Beteiligung der Länder einen Widerspruch zur Intention des Grundgesetzgebers für diese Regelung darstellt, der es ausschließen würde, die Fälle des Volksentscheids als eine vom Begriff „grundsätzlich" umfasste Ausnahme anzusehen. Im Anschluss wird der Zusammenhang zum Verbot der „Berührung" der in Art. 79 Abs. 3 GG geschützten Elemente herausgearbeitet und schließlich auch die Systematik des Art. 20 Abs. 2 S. 2 GG mit einbezogen.

1. Die Auffassungen der Lehre

Das Bundesverfassungsgericht musste sich bisher nicht zur Frage der Auslegung dieses Begriffs äußern. Auf Grund der mangelnden bisherigen Relevanz finden sich auch in der Lehre kaum genauere Aussagen über den konkreten Wortsinn des Merkmals „grundsätzlich", sondern meist nur sehr allgemein gehaltene Formulierungen, die bei der Auslegung wenig behilflich sind.[1240] Trotzdem soll versucht werden, zwei Hauptlinien der Argumentation herauszufiltern. Als Grundforderung ist wohl anerkannt, dass die grundsätzliche Mitwirkung der Länder in zweifacher Hinsicht gewahrt werden muss: sowohl „in inhaltlicher Hinsicht, in Bezug auf den Kanon substantieller Landesgesetzgebungszuständigkeiten", als auch hinsichtlich der Ausge-

1238 Herbst, ZRP 2005, 29, 31

1239 S.o. 1. Kap. B. II. 4.

1240 So helfen z.B. die Ausführungen von: Bryde, in: v. Münch/Kunig (Hrsg.), Art. 79 Rn 32 sowie von: Evers, in: BK, Art. 79 Abs. 3 Rn 218 in diesem Zusammenhang nicht weiter.

staltung des Verfahrens.[1241] Für welche der beiden Komponenten das Merkmal „grundsätzlich" nun aber Einschränkungen zulässt, wird unterschiedlich beurteilt.

a. Die Bezugnahme auf die jeweilige Gesetzgebungsmaterie

Zum Teil wird ein „auf bestimmte Sachgebiete bezogener Ausschluss der Mitwirkung der Länder" bei der Bundesgesetzgebung ausnahmsweise anerkannt.[1242] Das Merkmal „grundsätzlich" beziehe sich auf die Gesetzgebungsmaterien und kann nicht in Bezug auf unterschiedliche Arten der Abstimmungen fruchtbar gemacht werden. Allein schon aus dem historischen Zusammenhang heraus müsse man ablesen, dass Art. 79 Abs. 3 GG kein Regel-Ausnahme-Verhältnis statuiert, sondern es sich dabei um eine qualitative Festlegung handelt. Insofern kann die Volksgesetzgebung, selbst wenn sie als Ausnahme zur parlamentarischen Gesetzgebung aufgefasst wird, nicht als einer der von „grundsätzlich" gemeinten Fälle angesehen werden.[1243] Da die Ewigkeitsgarantie entsprechend des von ihr dem Demokratie- und dem Bundesstaatsprinzip eingeräumten gleichen Ranges keinen Unterschied zwischen parlamentarischer und plebiszitärer Gesetzgebung mache, müsse der Kreis der Gesetze, bei dem den Ländern die Beteiligungsmöglichkeit eingeräumt wird, nach dem Gegenstand der Gesetzgebung und nicht nach der Verfahrensart bestimmt werden.[1244] Die Länder können somit nicht generell bei dem Verfahren der Volksgesetzgebung ausgeschlossen werden, sondern ihnen muss bei solchen Gegenständen, die ihnen im repräsentativen Verfahren eine Beteiligungsmöglichkeit eröffnen, auch im Volksge-

1241 Schriftl. Stellg. Kempen, Ausschussdrucksache 14/809H, S. 2 (abgedruckt als Anlage zum Protokoll der 94. Sitzung des Innenausschusses des Deutschen Bundestages)

1242 Laux, Bedeutung und Inhalt der Grenzen der Grundgesetzänderung nach Art. 79 Abs. III des Bonner Grundgesetzes, S. 104+108, bei dem allerdings nicht ersichtlich ist, warum er den ausnahmsweisen Ausschluss der Länder von der Mitwirkung nur auf bestimmte Sachgebiete bezieht.

1243 Zum Ganzen: Stellg. Kempen, abgedruckt in: Protokoll der 94. Sitzung des Innenausschusses des Deutschen Bundestages, S. 17 f.; Ebenso scheint es Hesse, AöR 98 (1973), 1, 18 f. zu sehen, der darauf verweist, dass Art. 79 Abs. 3 GG keine „Gewährleistung bestimmter Materien der Bundesgesetzgebung, bei denen eine Mitwirkung zwingend erforderlich wäre", beinhaltet.

1244 Hufschlag, Einfügung plebiszitärer Komponenten in das Grundgesetz?, S. 122 f.; Leonardy, ZParl 1992, 163, 166; Auch Harbich, Der Bundesstaat und seine Unantastbarkeit, S. 135 kann wohl als Vertreter dieser Ansicht eingeordnet werden. Seine Feststellung, es wäre zulässig, im Verfassungstext einzelne Fälle aufzuführen, in denen eine Mitwirkung der Länder nicht erforderlich ist, solange es sich dabei um Ausnahmen handelt, lässt zwar zunächst offen, welche Fälle für ihn dafür in Betracht kommen. Damit wird weder etwas über den möglichen Umfang der ausgeschlossenen Länderbeteiligung ausgesagt noch über die Frage, ob die aufgezählten Fälle bestimmte Gesetzgebungsmaterien betreffen oder sich auf den Ausschluss in bestimmten Verfahrensarten beziehen dürfen. Da er in Fn 85 dann jedoch die Aufzählung der Ausnahmefälle mit der Aufzählung der Zustimmungsbedürftigkeit im Grundgesetz vergleicht, kann angenommen werden, dass er die Ausnahmefälle ähnlich wie die Fälle der Zustimmungsbedürftigkeit auf bestimmte Sachmaterien beziehen will.

setzgebungsverfahren eine solche eingeräumt werden.[1245] Die Auslegung des Begriffs „grundsätzlich“ als ein Regel-Ausnahme-Verhältnis entspräche nicht den Vorstellungen des Bundesrates[1246] und wäre zudem verfassungsrechtlich nicht haltbar, wenn man den systematischen Zusammenhang mit den übrigen unabänderlichen Gehalten des Art. 79 Abs. 3 GG betrachtet, die ersichtlich nicht im Sinne eines Regel-Ausnahme-Verhältnisses verstanden werden könnten.[1247] Daraus könne geschlossen werden, dass auch das Prinzip der grundsätzlichen Mitwirkung der Länder nicht als ein solches angesehen werden könne.[1248] Die Ländermitwirkung an sich dürfe damit nicht in Frage gestellt werden, Art. 79 Abs. 3 GG eröffne dem verfassungsändernden Gesetzgeber lediglich Wahlmöglichkeiten hinsichtlich der Ausgestaltung der Mitwirkung.[1249]

b. Die Vertreter eines weiteren Verständnisses

Diesem engen Verständnis des Begriffs „grundsätzlich“ wollen sich andere hingegen nicht anschließen. Sie sehen die Annahme, dass Art. 79 Abs. 3 GG nicht als Regel-Ausnahme-Verhältnis aufgefasst werden kann, nicht als zwingend an und erweitern die möglichen Ausnahmefälle neben der Zulässigkeit der Nichtbeteiligung im Hinblick auf einige Gesetzgebungsmaterien um solche Verfahrensarten, die als Ausnahme zum parlamentarischen Gesetzgebungsverfahren gelten können. Die grundsätzli-

1245 Hufschlag, Einfügung plebiszitärer Komponenten in das Grundgesetz?, S. 122 f.; Leonardy, ZParl 1992, 163, 166; ders., in: Landtag Nordrhein-Westfalen (Hrsg.), Plebiszitäre Elemente in der repräsentativen Demokratie?, S. 61; Geis, ArbU Nr. 21, abgedruckt in: Deutscher Bundestag (Hrsg.), Materialien zur Verfassungsdiskussion und zur Grundgesetzänderung in der Folge der deutschen Einigung, Bd. 3, S. 205; Alle drei begrenzen diese Aussage auf den Kreis der zustimmungspflichtigen Gesetze. Leonardy stützt diese Aussage zusätzlich auf Maunz/Dürig, in: Maunz/Dürig, Art. 79 Abs. III Rn 36. Dort wird jedoch lediglich festgelegt, dass ein bestimmter Kreis an Gesetzen vorhanden sein muss, bei denen die Länder beteiligt werden. Über mögliche Ausnahmen hingegen besagt dies nichts. Diese Aussage ist so allgemein, dass sich darin durchaus auch die Vertreter der Ansicht, „grundsätzlich“ könne sich auch auf den Ausschluss der Mitwirkung bei bestimmten Verfahrensarten beziehen, wiederfinden könnten. Des Weiteren: Klein, ArbU Nr. 48, abgedruckt in: Deutscher Bundestag (Hrsg.), Materialien zur Verfassungsdiskussion und zur Grundgesetzänderung in der Folge der deutschen Einigung, Bd. 3, S. 305; Kriele, FAZ Nr. 262 vom 10.11.1992, S. 12 f.; Im Ergebnis müssen hier wohl all diejenigen eingeordnet werden, die eine Mitwirkung der Länder im Volksgesetzgebungsverfahren als unbedingt erforderlich ansehen (s. dazu die Aufstellung zu Beginn des Vierten Kapitels, 4. Kap. A.).

1246 Kriele, FAZ Nr. 262 vom 10.11.1992, S. 12; Unklar bleibt, inwiefern dieses Argument verfassungsrechtlich relevant sein soll.

1247 Kriele, FAZ Nr. 262 vom 10.11.1992, S. 12

1248 Kriele, FAZ Nr. 262 vom 10.11.1992, S. 12; Es liegt auf der Hand, dass dieser Schluss nicht zwingend sein muss, da schon der Wortlaut des Art. 79 Abs. 3 GG zwischen den Alternativen der Unberührbarkeit der Grundsätze der Art. 1 und 20 GG und der grundsätzlichen Mitwirkung der Länder einen deutlichen Bruch vollzieht.

1249 Kriele, FAZ Nr. 262 vom 10.11.1992, S. 12

che Mitwirkung der Länder lasse somit Ausnahmen speziell auch zugunsten direktdemokratischer Rechtsetzung zu, solange die Länder ansonsten im Regelfall an der Bundesgesetzgebung beteiligt werden.[1250] Da der Begriff „grundsätzlich“ üblicherweise in Gesetzestexten als Hinweis auf eine Regel zu verstehen ist, von der Ausnahmen zulässig sind, bedeutet das Postulat der grundsätzlichen Mitwirkung der Länder an der Gesetzgebung nicht, „dass die Bundesländer ausnahmslos an jedem Bundesgesetz entscheidend mitwirken müssten“.[1251]

2. Die Entwicklung einer eigenen Argumentation

Da die beiden in der Literatur vertretenen Ansichten bisher kaum eine ausreichend fundierte Argumentation bieten, werden im Folgenden einige Gedanken dazu niedergelegt, inwiefern die jeweilige Auslegung des Begriffs „grundsätzlich“ von Art. 79 Abs. 3 GG gedeckt ist. Nur, wenn dabei die Vereinbarkeit der weiteren Auslegung, die auch den Ausschluss der Beteiligung der Länder bei bestimmten Verfahrensarten als zulässig erachtet, mit Art. 79 Abs. 3 GG konstatiert werden kann, wäre das Aus-

1250 Berlit, KritV 1993, 318, 351; Elgeti, Inhalt und Grenzen der Föderativklausel des Art. 79, III GG, S. 74, der neben Ausnahmen für bestimmte Sachgebiete auch „Ausnahmen im Einzelfall“ für zulässig erachtet, dabei jedoch zunächst offen lässt, was darunter zu verstehen ist, und erst auf S. 75 feststellt, dass die Einführung von Volksentscheiden zulässig wäre. Er verweist hier auf Zinn, AöR 75 (1949), 291, 299 sowie Grewe, DRZ 1949, 349, 350, die dazu jedoch nichts sagen, sondern sich lediglich auf die Gesetzgebungs- sowie Kompetenzkompetenz des Bundes beziehen. Die Aussage Zinns, AöR 75 (1949), 291, 299, die Gesetzgebungsautonomie dürfe nicht grundsätzlich beseitigt oder berührt werden, ist für die Auslegung des Begriffs „grundsätzlich“ wenig hilfreich, da zu unkonkret. Auch Evers, ArbU Nr. 57 a, abgedruckt in: Deutscher Bundestag (Hrsg.), Materialien zur Verfassungsdiskussion und zur Grundgesetzänderung in der Folge der deutschen Einigung, Bd. 3, S. 361 zieht diese Lösung in Betracht und würde wohl diese Ansicht vertreten. Von Hufschlag, Einfügung plebiszitärer Komponenten in das Grundgesetz?, S. 122 Fn 53 wird auch Lücke, in: Sachs (Hrsg.), Art. 79 Rn 29 als ein Vertreter dieser Ansicht zitiert. Da dieser jedoch nur eine allgemeine Aussage dahingehend tätigt, dass Art. 79 Abs. 3 GG keine ausnahmslose und grundlegende Mitwirkung bei der Gesetzgebung sichert und daher ein Ausschluss der Länder auch in gewichtigen Fällen zulässig sein soll, kann dem keine Aussage entnommen werden, ob er einen generellen Ausschluss bei Plebisziten befürworten würde oder „gewichtig“ nur auf einige Gesetzgebungsmaterien bezieht. Dasselbe Problem ergibt sich bei: Sannwald, in: Schmidt-Bleibtreu/Klein (Hrsg.), Art. 79 Rn 44, der einen völligen Ausschluss der Mitwirkung in besonderen, insgesamt nicht als wichtig anzusehenden Fällen für zulässig erachtet, dabei jedoch Zurückhaltung im Hinblick auf das von Art. 79 Abs. 3 GG ebenfalls geschützte Bundesstaatsprinzip anmahnt. Ebenso legt sich Pieroth, in: Jarass/Pieroth, Art. 79 Rn 9 nicht fest, sondern konstatiert lediglich, dass die Länderbeteiligung in Ausnahmefällen ausgeschlossen werden kann. Dreier, in: Dreier (Hrsg.), Art. 79 III Rn 18 bestimmt immerhin noch, dass diese Ausnahmefälle staatspolitisch extraordinäre sein müssen, auch wenn er eine nähere Erklärung dieser Begrifflichkeit schuldig bleibt.

1251 Möller, Die verfassungsgebende Gewalt des Volkes und die Schranken der Verfassungsrevision, S. 160+167; ähnlich: Huber, ZRP 1984, 245, 248

nahmemodell geeignet, den Ausschluss der Länder beim Volksgesetzgebungsverfahren zu stützen. Auf dieses Verständnis des Begriffs „grundsätzlich“ muss sich daher konzentriert werden.

a. Die Parallele zur Auslegung des in Art. 79 Abs. 3 GG verwendeten Begriffs der „Grundsätze“

Zunächst soll versucht werden, aus einer Parallelauslegung des Begriffs der „Grundsätze“ aus Art. 79 Abs. 3 GG einen zusätzlichen Erkenntnisgewinn für die Ausfüllung des Begriffs „grundsätzlich“ herbeizuführen. In der Rechtssprache wird unter dem Begriff „Grundsatz“ neben vielen anderen Deutungsmöglichkeiten der fundamentale und wesentliche Kerninhalt einer Aussage verstanden; Grundsätze bezeichnen das Grundlegende eines bestimmten Gebietes.[1252] Art. 79 Abs. 3 GG lehnt sich daran an und will die Grundsätze in ihren tragenden, für den Inhalt der sie ausprägenden Rechtsnormen maßgeblichen Teilen erhalten; es geht somit um den Schutz des die Verfassungsordnung in ihrer Identität prägenden Wesentlichen.[1253] Der Schutz der Grundsätze bedeutet einen Schutz der Fundamentalnormen bzw. der Leitgedanken des Grundgesetzes.[1254] Die Grundsätze der von Art. 79 Abs. 3 GG geschützten Prinzipien dürfen also auch nicht ausnahmsweise angetastet werden.[1255] Das Sondervotum zum jetzt bereits vielfach zitierten „Abhörurteil“ des Bundesverfassungsgerichts arbeitet dementsprechend genauer als die das Urteil tragenden Gründe, wenn es für den Begriff der Grundsätze auf die „konstituierenden Elemente“ abstellt und so deutlicher hervortreten lässt, dass nicht Art. 1 und 20 GG als solche nicht berührt werden dürfen, sondern eben nur deren Grundsätze und nicht die positiven Ausprägungen dieser Artikel in einzelnen Verfassungsvorschriften; auf diese darf für die Bestimmung des Gehalts der durch die Sperrklausel für unantastbar er-

1252 Larenz, in: FS Nikisch, S. 300; Hain, Die Grundsätze des Grundgesetzes, S. 82; Stern, JuS 1985, 329, 333; s. auch bereits: Deutsche Akademie der Wissenschaften zu Berlin (Hrsg.), Deutsches Rechtswörterbuch, Bd. 4 („grundlegende Bestimmung“); Den Gebrauch des Begriffs „Grundsatz“ beim Bundesverfassungsgericht stellt Schreckenberger, Rhetorische Semiotik eingehend dar.

1253 Hain, in: v. Mangoldt/Klein/Starck (Hrsg.), Art. 79 Abs. 3 Rn 43; Stern, JuS 1985, 329, 331+333; ThürVerfGH zu Art. 83 Abs. 3 ThürVerf, der Art. 79 Abs. 3 GG inhaltlich sehr nahe ist: LKV 2002, 83, 85

1254 Nawiasky, Die Grundgedanken des Grundgesetzes für die Bundesrepublik Deutschland, S. 122; Dürig, AöR 81 (1971), 117, 122

1255 Dürig, Festgabe Maunz, S. 43; Waigel, Die Unabhängigkeit der Europäischen Zentralbank, S. 236; vgl. zum Ganzen auch ausführlich: Even, Die Bedeutung der Unantastbarkeitsgarantie des Art. 79 Abs. 3 GG für die Grundrechte, S. 55 ff.

klärten Grundsätze nicht zurückgegriffen werden.[1256] Der Begriff „grundsätzlich" wird hingegen im Regelfall in der Rechtssprache als Regel verstanden, welche Ausnahmen zulässt.[1257] „Grundsätzlich" ist demzufolge hier in dem Sinne zu verstehen, dass die Zulassung von Ausnahmen in einem gewissen Rahmen nicht den strikten und absoluten Schutz des Berührungsverbots unterläuft; die Benutzung des Begriffs „grundsätzlich" impliziert, dass es von der im Regelfall zu verwirklichenden Beteiligung der Länder an der Gesetzgebung Ausnahmen geben kann.[1258] Es stellt also einen Unterschied dar, ob die Grundsätze nicht berührt werden dürfen, oder ob etwas grundsätzlich nicht berührt werden darf.[1259] Bei der Anwendung der beiden Begriffe minimieren sich die Unterschiede zwischen diesen dann allerdings erheblich. Die Auslegung der vom Begriff „grundsätzlich" gesetzten Schranken erfordert zwangsweise ebenso ein Eingehen auf den Kerngehalt eines Prinzips, da dieser von der Zulassung einer Ausnahme nicht berührt werden darf. Letztlich muss also bei beiden Begriffen jeweils mit dem Kerngehalt des geschützten Elements argumentiert werden. Die zum Begriff der „Grundsätze" entwickelten Auslegungsergebnisse werden damit auch bei der Anwendung des Begriffs „grundsätzlich" auftauchen. Zudem wurde bereits angedeutet, dass sich die beiden föderalen Garantien des Art. 79 Abs. 3 GG kaum auseinanderdividieren lassen und zusammen geprüft werden. Auch insofern wird eine Vermischung der Begriffe „grundsätzlich" und „Grundsatz" nicht zu vermeiden sein, wenn es um die Bestimmung des Kerngehalts des gliedstaatlichen Mitwirkungsrechts geht. In der Zusammenschau hält sich dieses Lösungsmodell also dann in den Grenzen zulässiger Verfassungsänderung, solange die Nichtbeteiligung der Länder im Hinblick auf deren grundsätzliche Mitwirkung ausnahmsweise zulässig ist und dadurch nicht der Kernbereich der grundgesetzlichen Bundesstaatlichkeit berührt wird.

b. Der Blick auf die Gesamtbilanz der Länderrechte

Die Betrachtungsweise hat sich nun vor allem auf die Kernaussage des Art. 79 Abs. 3 GG zu besinnen. Das Grundgesetz schützt die Ländermitwirkung nicht absolut, sondern sichert nur einen Kernbestand an Beteiligungsrechten, die in Ausnahmefällen ausgeschlossen werden können. Das Erfordernis der grundsätzlichen Mitwirkung

1256 BVerfGE 30, 1, 41; s. auch: BVerfGE 84, 90, 121; 94, 49, 103; Degenhart, Staatsrecht I, Rn 692; Maunz/Zippelius, Deutsches Staatsrecht, § 6 III 2; Hufschlag, Einfügung plebiszitärer Komponenten in das Grundgesetz?, S. 115; Degenhart, ThürVBl. 2001, 201, 202; ders., Ausschussdrucksache 14/809E, S. 1 f. (abgedruckt als Anlage zum Protokoll der 94. Sitzung des Innenausschusses des Deutschen Bundestages)

1257 Even, Die Bedeutung der Unantastbarkeitsgarantie des Art. 79 Abs. 3 GG für die Grundrechte, S. 56

1258 S. nur Pieroth, in: Jarass/Pieroth, Art. 79 Rn 9; Harbich, Der Bundesstaat und seine Unantastbarkeit, S. 136

1259 Stern, JuS 1985, 329, 333

der Länder an der Gesetzgebung fordert in erster Linie, den Ländern insgesamt Mitsprachemöglichkeiten von substantiellem Gewicht zu belassen und sie nicht zu einer letztlich vernachlässigenswerten Größe zu reduzieren.[1260] Entscheidend ist also immer die Gesamtbilanz der gliedstaatlichen Einwirkungsmöglichkeiten.[1261] Der Begriff „grundsätzlich" bringt damit zum Ausdruck, dass die Länder nicht an allen bundesgesetzgeberischen Entscheidungen zwingend zu beteiligen sind, solange ihnen in der Gesamtbilanz hinreichend gewichtige Einwirkungsmöglichkeiten verbleiben und sich die Reduzierung der Mitwirkungsmöglichkeiten im Rahmen des von Art. 79 Abs. 3 GG für vertretbar erachteten Rahmens hält.

Eine so erstellte Gesamtbilanz muss hinsichtlich des Maßes einer möglichen Reduzierung das im Grundgesetz bei dessen Erlass vorgesehene Niveau an Beteiligungsrechten beachten. Ein Vergleich mit der ursprünglichen Ausgestaltung des Verfassungsprinzips durch den Verfassungsgeber gibt Aufschluss darüber, welches Maß an Mitwirkung der Länder bei der Gesetzgebung der Grundgesetzgeber für notwendig erachtet hat. Es kann davon ausgegangen werden, dass diese ursprüngliche Ausgestaltung dem von Art. 79 Abs. 3 GG gesteckten Rahmen entsprach, jedoch u.U. nur eine mögliche Ausgestaltungsform darstellt, den Rahmen also nicht ausgeschöpft hat. Unter Einbeziehung der gewandelten realen Situation ist dann zu ermitteln, ob sich die vorgenommene Abweichung noch im Rahmen der Grenzen des Art. 79 Abs. 3 GG hält. Es kommt damit entscheidend auf die Bestimmung der äußersten Grenzen dessen, was Art. 79 Abs. 3 GG noch zulässt, an.[1262] Eine Auslegung der Begriffe hat also den historischen Hintergrund der Entwicklung des Grundgesetzes zu beachten, da die von Art. 79 Abs. 3 GG geschützten Elemente wesentlich von diesem geprägt sind.[1263] Änderungen im Verständnis des Begriffs der Bundesstaatlichkeit sind dennoch nicht ausgeschlossen; der weit gespannte Bundesstaatsbegriff kann durchaus von Sinn und Aufgabe der föderativen Ordnung abhängende, geschichtlich sich wandelnde Konkretisierungen erfahren.[1264] Nur auf diese Weise wird das verfassungspolitische Ermessen des verfassungsändernden Gesetzgebers gewahrt.[1265] Gefolgt wird damit gerade nicht der Auffassung, die die Zulässigkeit einer Verfassungsänderung allein danach bemisst, ob nach der Urfassung des Grundgesetzes von 1949 eine Änderung erlaubt gewesen wäre, da die Begriffe der Ewigkeitsgarantie nur mit ihrem ursprünglichen Inhalt in Bezug genommen werden könnten und

1260 Dreier, in: Dreier (Hrsg.), Art. 79 III Rn 19

1261 Dreier, in: Dreier (Hrsg.), Art. 79 III Rn 19

1262 Vgl. zum Ganzen: Hain, in: v. Mangoldt/Klein/Starck (Hrsg.), Art. 79 Abs. 3 Rn 57; ähnlich auch: Isensee, in Isensee/Kirchhof (Hrsg.), HStR IV, § 98 Rn 272 ff.

1263 Laux, Bedeutung und Inhalt der Grenzen der Grundgesetzänderung nach Art. 79 Abs. III des Bonner Grundgesetzes, S. 30

1264 Hesse, Grundzüge des Verfassungsrechts der Bundesrepublik Deutschland, § 7 Rn 219; Curtius, Die Schranken der Änderung des Grundgesetzes, S. 76

1265 Stellg. Degenhart, abgedruckt in: Protokoll der 94. Sitzung des Innenausschusses des Deutschen Bundestages, S. 12

nicht aus ihrem heutigen Umfeld heraus ausgelegt werden dürften.[1266] Aus dem Argument, der Anwendungsbereich der Sperrklausel dürfe vom verfassungsändernden Gesetzgeber weder erweitert noch verkürzt werden, kann nicht geschlossen werden, dass die Grenzen für eine Verfassungsänderung heute immer noch genauso weit oder eng zu bestimmen sind wie bei In-Kraft-Treten des Grundgesetzes.[1267]

Betrachtet man beim Ausnahmemodell den Saldo, ergibt sich ein reiner Verlust, da den Ländern für die Fälle des Volksentscheids die Beteiligung genommen wird und sie keine Einwirkungsmöglichkeiten hinzugewinnen. Bei dem jetzigen hohen Beteiligungsgrad der Länder, der u.a. durch die immer weitere Ausdehnung der Zustimmungsbedürftigkeit von Gesetzen entstanden ist, so vom Verfassungsgeber also nicht vorgesehen war, ist jedoch durchaus Spielraum für eine Reduzierung der Beteiligung. Der Verfassungsgeber, dessen Regeln als Vergleichsgrundlage bei der Prüfung einer Verletzung des Art. 79 Abs. 3 GG dienen und dessen angesetztes Niveau der Beteiligung sich nach der Aussage von Hain mit höchster Wahrscheinlichkeit im Rahmen von Art. 79 Abs. 3 GG gehalten hat, hat zwar die Beteiligung der Länder an jeglicher bundesgesetzgeberischer Entscheidung vorgesehen, in der überwiegenden Zahl der Fälle sollte jedoch nur die schwache Beteiligungsform des Einspruchs zum Zuge kommen. Die Vetomacht Zustimmungsbedürftigkeit war nur gelegentlich vorgesehen.[1268] Eine Reduktion des heutigen hohen Niveaus stellt letztlich also lediglich eine Annäherung an das ursprüngliche Niveau dar.

Entscheidend ist jedoch nicht nur diese Gesamtbilanz der gliedstaatlichen Einwirkungsmöglichkeiten. So wurden für Art. 79 Abs. 3 GG Kriterien in Bezug auf den Ausgleich von verloren gehenden Landeskompetenzen an den Bund durch Mitwirkungsrechte der Länder aufgestellt. Diese beziehen sich zwar nicht auf das grundsätzliche Ländermitwirkungsrecht, sondern auf den Mindestbestand an eigenverantwortlichen Kompetenzen, der den Ländern verbleiben muss, um sie als Zentren demokratisch legitimer Entscheidung zu erhalten. Sie stellen das System des bundesstaatlichen Föderalismus, in dem der Bund und die Länder in vielfältiger Weise miteinander verflochten sind, jedoch so dar, dass sie auf das Mitwirkungserfordernis übertragen werden bzw. eine übergreifende Diskussion hin zum Bundesstaatsprinzip im Allgemeinen eröffnen können. Für eine Prüfung des Art. 79 Abs. 3 GG genügt es demnach nicht, einzelne Veränderungen hinsichtlich des gliedstaatlichen Mitwirkungsrechts zu betrachten, sondern der Blick ist stets auf die Gesamtbilanz der verbliebenen Länderkompetenzen und das gesamte bundesstaatliche Gefüge zu richten, da der Verlust etwaiger Rechte eventuell an anderer Stelle kompensiert werden kann.[1269] Die Bestimmung der Anforderungen hat sich insgesamt am Leitbild

1266 Möller, Die verfassungsgebende Gewalt des Volkes und die Schranken der Verfassungsrevision, S. 3+214 f.

1267 So aber: Möller, Die verfassungsgebende Gewalt des Volkes und die Schranken der Verfassungsrevision, S. 3+214 f.

1268 Eine Zustimmung sollte in ca. 10% der Fälle notwendig sein (Stern, Staatsrecht, Bd. II, § 27 II 3 b α).

1269 Hesse, AöR 98 (1973), 1, 41

der Gesamtbalance von Bund und Ländern und der Bindung des Bundes durch die Verschränkung mit den Ländern zu orientieren. Das Mindestmaß an Mitwirkung ist dabei unter Berücksichtigung der übrigen rechtlichen Ausgestaltung der Bundesstaatlichkeit im Grundgesetz und den sie umgebenden tatsächlichen Bedingungen so festzulegen, dass das erforderliche Maß an Bindung des Bundes im Hinblick auf diese Gesamtbalance erreicht wird.[1270] Die Verluste an gliedstaatlichen Kompetenzen dürfen in der Gesamtbilanz nicht so weit gehen, dass die regionale Leitungsgewalt der Länder preisgegeben wird.[1271] Da eine exakte Bestimmung des notwendigen Maßes an Länderkompetenzen kaum möglich ist, muss es sich für einen Verstoß gegen Art. 79 Abs. 3 GG zudem um eine eindeutige Unterschreitung des von Art. 79 Abs. 3 GG geforderten Mindestmaßes an eigenständigen Handlungsmöglichkeiten der Länder handeln.[1272] In Anbetracht der Tatsache, dass die Länderkompetenzen durch die Art der Praktizierung des Föderalismus in Deutschland mit der erfolgten Abwanderung zahlreicher Gesetzgebungskompetenzen an den Bund schon ausgezehrt sind, erscheint der Verlust weiterer Kompetenzen – und sei es in Form der Beteiligung an der Bundesgesetzgebung – problematisch. Der Bund wurde in den letzten Jahrzehnten systematisch gestärkt, wohingegen die Länder große Teile des ihnen vom Grundgesetz ursprünglich zugedachten Spielraums an Möglichkeiten eingebüßt haben. Auch im Bereich der Verwaltung beschränken zahlreiche Regelungen des Bundes, die Organisation und Verfahren betreffen, die Organisationshoheit der Länder.[1273] Dem sind jedoch zunächst zwei Argumente entgegenzuhalten. Erstens sieht sich der bundesdeutsche Föderalismus durch diese schleichende Kompetenzausweitung des Bundes und die Abwanderung auch von Länderkompetenzen an die EU weitaus anderen Gefährdungspotentialen ausgesetzt, so dass ein gelegentlicher bundesweiter Volksentscheid wenig ins Gewicht fallen würde.[1274] Zudem wurde der Kompetenzauszehrung der Länder durch die bereits erwähnte extensive Ausweitung der Zustimmungsmöglichkeiten, die Beteiligungsmöglichkeiten im Rahmen von Art. 23 Abs. 2-6 GG sowie anderweitige Verfassungsänderungen Rechnung getragen,[1275] wenn dadurch freilich auch der Verlust von Kompetenzen nicht gänzlich

1270 Hain, in: v. Mangoldt/Klein/Starck (Hrsg.), Art. 79 Abs. 3 Rn 134; ders., Die Grundsätze des Grundgesetzes, S. 433 f.

1271 Hesse, AöR 98 (1973), 1, 40 f.

1272 Hesse, AöR 98 (1973), 1, 42

1273 Huber, Deutschland in der Föderalismusfalle?, S. 8; Seidel, RuP 2004, 86, 89

1274 Schmack-Reschke, in: Konegen/Nitschke (Hrsg.), Revision des Grundgesetzes?, S. 97; unter Bezugnahme auf Evers, ArbU Nr. 57a, abgedruckt in: Deutscher Bundestag (Hrsg.), Materialien zur Verfassungsdiskussion und zur Grundgesetzänderung in der Folge der deutschen Einigung, Bd. 3, S. 361; Paterna, Volksgesetzgebung, S. 136 schließt sich dieser Ansicht an; ebenso: Berlit, KritV 1993, 318, 352. Auch: Weber, ZfDD 2003, 30, 32 sieht eine Stärkung der Eigenstaatlichkeit der Länder als vordringlichere Methode des Schutzes des Föderalismus als eine Ablehnung von Volksentscheiden aus dem Argument heraus, sie würden den Föderalismus schwächen.

1275 Degenhart, ZfA 1993, 409, 422 f.; Seidel, RuP 2004, 86, 88; dazu kritisch: Kramer, Grenzen der Verfassungsänderung im Bereich der bundesstaatlichen Finanzverfassung, S. 65 ff.; Huber, Deutschland in der Föderalismusfalle?, S. 4 ff. beschreibt diese Situation ausführlich.

ausgeglichen werden kann, insbesondere im Hinblick auf die immer weiter an Einfluss verlierenden Länderparlamente. Bezieht man in die Überlegungen nun den Grund für die Ausweitung der Zustimmungsbedürftigkeit mit ein, erscheint die Annahme eines zu großen Minussaldos hinsichtlich des Bundesstaatsprinzips wiederum nicht ausgeschlossen. Wenn die erweiterten Mitwirkungsrechte eine Kompensation für die verloren gegangenen Gesetzgebungskompetenzen der Länder darstellen sollen, so könnte argumentiert werden, eine Reduktion dieser als Kompensation gedachten Rechte, die die Funktion der Kompensation nicht einmal im vollem Umfange erfüllen können, unterschreite das vom Verfassungsgeber gesetzte Niveau an gliedstaatlicher eigener Macht. So hat das Bundesstaatsprinzip als Garant für eine effektive Beteiligung der Länder an der Bundesgesetzgebung bereits schwerwiegende Gewichtsverlagerungen weg von den Länderparlamenten hin zum Bundesrat erfahren. Das Schwergewicht wurde von der Gewährleistung der ländereigenen Gesetzgebung hin zur Gewährleistung der Mitwirkung an der Bundesgesetzgebung durch den Bundesrat verlagert, die immer wichtiger geworden ist. Dem Bundesrat kommt somit als Ausgleich für den Verlust von Landeskompetenzen eine gestiegene Bedeutung zu. Daraus könnte sich die Schlussfolgerung ziehen lassen, dass das Merkmal „grundsätzlich" heute eher eng auszulegen ist und die Beteiligungsrechte ein höheres Niveau erreichen müssen als bei Schaffung des Grundgesetzes. Dann wäre es durchaus denkbar, die Nichtbeteiligung der Länder bei einem Volksgesetzgebungsverfahren als Verstoß gegen Art. 79 Abs. 3 GG zu werten. Dafür wäre jedoch wiederum kumulative Voraussetzung, dass der Zweck und die Funktion des vom Grundgesetz konstruierten Typus bundesstaatlicher Ordnung mit der neu entstehenden Kompetenzlage nicht mehr erfüllt werden könnte. Nur dann wäre das Mindestmaß an Beteiligungsrechten, welches Art. 79 Abs. 3 GG fordert, unterschritten.

c. Die Vereinbarkeit mit der Intention des Grundgesetzgebers für diese Regelung

In Bezug auf die beiden Auslegungsvarianten muss daher untersucht werden, ob diejenige, die auch einen gänzlichen Ausschluss der Ländermitwirkung hinsichtlich bestimmter Verfahrensarten für zulässig erachtet, gegen die Intention des Grundgesetzgebers zur Schaffung der Unabänderlichkeit des grundsätzlichen Mitwirkungsrechts der Länder an der Bundesgesetzgebung und den Sinn und Zweck dieser Regelung verstößt. Die Nichtbeteiligung der Länder darf den Sinn und Zweck der Regelung nicht in einem solchen Maße berühren, dass von einer Vereitelung des angestrebten Zwecks gesprochen werden kann.

Der Verfassungsgeber wollte die Rechtsstellung der Länder und den bundesstaatlichen Aufbau überhaupt, hiervon wiederum jedoch nur die Kerninhalte, sichern.[1276] Hinsichtlich des allgemeinen Schutzes der Bundesstaatlichkeit stand vor allem die

1276 BayVerfGH BayVBl. 1999, 719, 721; Isensee, in: Isensee/Kirchhof (Hrsg.), HStR IV, § 98 Rn 270 f.

Konstruktion eines funktionsfähigen Bundesstaates im Vordergrund, da man der Ansicht war, eine föderale Struktur sei das Beste für den Gesamtverband.[1277] Dieser durch das Grundgesetz konstruierte Typus bundesstaatlicher Ordnung sollte erhalten werden, weshalb Art. 79 Abs. 3 GG dessen Reduzierung auf Restbestände, die ein sinnvolles Funktionieren nicht mehr ermöglichen, verhindern will.[1278] Es sollen die Grundbedingungen gesichert werden, die mindestens erfüllt sein müssen, um die vom Grundgesetz ausgestaltete Bundesstaatlichkeit sinnvoll funktionsfähig zu erhalten.[1279] Eine wichtige Rolle spielen dabei die durch den bundesstaatlichen Aufbau bewirkten Effekte der vertikalen und horizontalen Gewaltenteilung; Sinn der Unantastbarkeitsbestimmung ist die Sicherstellung dieser.[1280] Die Unabänderlichkeit eines grundsätzlichen Mitwirkungsrechts der Länder beruht vor allem auf der Annahme, dass den Ländern dort ein Einflussrecht zugebilligt werden muss, wo sie der Bundesgewalt unterworfen sind, um ihren Staatscharakter zu erhalten.[1281] Zudem sollten die Länder auf Grund der Normenhierarchie nicht völlig überspielt werden können.[1282] Auslöser dessen war wohl die Erkenntnis der Verfassungsväter im Parlamentarischen Rat, dass für die Länder und ihre Interessen ohne eine Beteiligung an der Gesetzgebung des Bundes die Gefahr eines Abgleitens in die Bedeutungslosigkeit besteht. Art. 79 Abs. 3 GG will deshalb sicherstellen, dass die Interessen der Länder in sachangemessener und wirkungsvoller Weise im Bundesgesetzgebungsverfahren zum Ausdruck gebracht werden können.[1283] Durch eine Beteiligung der Länder an der höheren Ebene des Bundes soll außerdem einer drohenden provinziellen Verkümmerung und partikularen Absonderung einzelner Länder vorgebeugt werden.[1284] Allgemein wollte der Verfassungsgeber durch alle der in Art. 79 Abs. 3 GG normierten Tatbestände Verfassungsänderungen ausschließen, die die Identität der geschichtlich-konkreten Ordnung des Grundgesetzes aufheben.[1285] Die geltende Verfassungsordnung soll in ihrer Substanz nicht „auf dem formal-legalistischen Weg eines verfassungsändernden Gesetzes beseitigt und zur nachträglichen Legalisierung eines totalitären Regimes missbraucht werden“ können.[1286]

1277 Evers, in: BK, Art. 79 Abs. 3 Rn 205; Hesse, AöR 98 (1973), 1, 43

1278 Hesse, AöR 98 (1973), 1, 7+43

1279 Hesse, AöR 98 (1973), 1, 43

1280 Even, Die Bedeutung der Unantastbarkeitsgarantie des Art. 79 Abs. 3 GG für die Grundrechte, S. 280; vgl. dazu: Hesse, Der unitarische Bundesstaat, S. 27 ff.

1281 Elgeti, Inhalt und Grenzen der Föderativklausel des Art. 79, III GG, S. 75

1282 Elgeti, Inhalt und Grenzen der Föderativklausel des Art. 79, III GG, S. 75

1283 Schriftl. Stellg. Kempen, Ausschussdrucksache 14/809H, S. 2 (abgedruckt als Anlage zum Protokoll der 94. Sitzung des Innenausschusses des Deutschen Bundestages)

1284 Schriftl. Stellg. Kempen, Ausschussdrucksache 14/809H, S. 2 (abgedruckt als Anlage zum Protokoll der 94. Sitzung des Innenausschusses des Deutschen Bundestages); Äußerung des Bundesratspräsidenten Kiesinger, abgedruckt bei: Hempel, Der demokratische Bundesstaat, S. 205 Fn 22

1285 Stern, JuS 1985, 329, 331

1286 BVerfGE 30, 1, 24

Auch wenn die Zweckbestimmung in ihrer Gesamtheit nicht unantastbar im Grundgesetz von den Verfassungsvätern festgeschrieben war, sie sich teilweise im Laufe der Zeiten ändern kann,[1287] kann sie trotz dessen zu verwertbaren Ergebnissen führen, da bestimmte Funktionen stets erfüllt sein müssen, um von einem bundesstaatlichen Aufbau sprechen zu können. Föderative Gewaltenteilung und das Vorhandensein mehrerer regional gegliederter mit existenziellen Kompetenzen ausgestatteter Entscheidungszentren sind der Bundesstaatlichkeit zwingend immanente Merkmale, ohne die nicht von einem Bundesstaat gesprochen werden kann. Diese Merkmale wiederum führen zwingend zu einer Unterstützung der Demokratie und Rechtsstaatlichkeit. Nur wenn diese Funktion auch von künftigen Ausgestaltungen der Bundesstaatlichkeit erfüllt wird, werden die Grundsätze der Bundesstaatlichkeit im Sinne von Art. 79 Abs. 3 3. Alt. i.V.m. Art. 20 Abs. 1 GG nicht berührt.[1288]

Befürchtungen einer Vereitelung der Intention des Grundgesetzgebers zur Schaffung des Ländermitwirkungsrechts angesichts der Einführung von Plebisziten ohne die Beteiligung der Länder zu hegen, erscheint nicht gerechtfertigt. Die Durchführung eines Plebiszits wird auf Grund des komplizierten Verfahrensablaufs und der hohen Verfahrensanforderungen immer eine seltene Ausnahmeerscheinung bleiben, wie es zur Zeit auch auf Länderebene zu beobachten ist.[1289] Bei einer solchen vereinzelten Nichtbeteiligung der Länder kann wohl nicht angenommen werden, dass die Grundfeste der grundgesetzlichen Ordnung, speziell auch im Hinblick auf das Bundesstaatsprinzip, angegriffen werden. Die Grundsätze des Bundesstaates und der Länderbeteiligung werden dadurch nicht erschüttert, die Staatsfundamente ebenso wenig. Von einer Veränderung oder gar Aufhebung der Identität der geschichtlich-konkreten Ordnung des Grundgesetzes kann man auf Grund der selten auftretenden Fälle nicht sprechen. Plebiszite ohne eine Länderbeteiligung würden auf Grund der fehlenden Umstürzung der bestehenden Verhältnisse keine Revolution darstellen, der die Maske der Legalität genommen werden muss. Die Gefahr der Schaffung eines totalitären Regimes, dessen Legalisierung verhindert werden muss, besteht durch die ausnahmsweise Nichtberücksichtigung der Länder nicht, da dadurch nicht Zentralisierungstendenzen in der Intensität ausgelöst werden, die für die Annahme eines totalitären Regimes notwendig wären. Das Gewicht der Länder wäre durch den seltenen Fall der Verweigerung der Mitwirkungsmöglichkeit nicht derart geschwächt, dass das Funktionieren des Bundesstaates in Gefahr wäre. Der vom Grundgesetz bisher ausgestaltete Bundesstaat bleibt für die absolute Mehrzahl der gesetzgeberi-

1287 Wie oben (1. Kap. B. III. 3.) bereits beschrieben, spielt z.B. die Funktion der Bewahrung regionaler Eigenheiten heute nur noch eine untergeordnete Rolle.

1288 Diesen Gedanken verfolgt wohl ähnlich: Hain, Die Grundsätze des Grundgesetzes, S. 433 f.

1289 Ebenso: SächsVerfGH LKV 2003, 327; Degenhart, in: Neumann (Hrsg.), Sachunmittelbare Demokratie im Freistaat Thüringen, S. 55; Hufschlag, Einfügung plebiszitärer Komponenten in das Grundgesetz?, S. 128; Im Gegensatz zur Schweiz, wo mit rund 300 Vorlagen pro Jahr nicht von Ausnahmen gesprochen werden kann (nicht alle davon unterfallen dem Ständemehr). Diese Masse resultiert v.a. aus leichten Verfahrensanforderungen und der gewachsenen direktdemokratischen Tradition in der Schweiz.

schen Entscheidungen erhalten und wird nur für den äußerst selten auftretenden Fall des Volksentscheides modifiziert.[1290] So werden auch die Effekte der in der bisherigen Ordnung auftretenden föderalistischen Gewaltenteilung nur vereinzelt abgeschwächt, die grundsätzliche Machtbalance zwischen den im Bundesrat institutionalisierten Ländern und dem Bund bleibt erhalten. Der Gesamtbestand der Länderkompetenzen wird durch den partikularen und vereinzelt auftretenden Fall des Volksentscheids kaum berührt, so dass sich kaum Änderungen im Kräfteverhältnis zwischen Bund und Ländern ergeben. Die Verlagerung des Gewichts hin zum Bund wird im bundesstaatlichen Gesamtkontext kaum spürbar sein. Das für eine Gewaltenverschränkung notwendige Maß an Einfluss der Länder auf den Bund wird durch die hohe Zahl an Zustimmungs- und Einspruchsrechten genügend abgesichert. Den Ländern verbleibt somit für fast alle gesetzgeberischen Entscheidungen die Möglichkeit der Einflussnahme auf die Bundesgesetzgebung und der Einbringung ihrer Interessen. Die Substanz des Ländermitwirkungsrechts wird daher bei der Einführung eines Plebiszits ohne Beteiligung der Länder nicht untergraben. Die Gefahr der Überspielung der Länder oder des Verlusts deren Staatscharakters auf Grund der bestehenden Normenhierarchie kann auf Grund des absoluten Ausnahmecharakters von Plebisziten hier nicht gesehen werden. Das vom Grundgesetz bisher gezeichnete Modell der Länderbeteiligung wird im Gegensatz zu tiefer greifenden Modifizierungen, wie z.B. der für zulässig erachtete Übergang zum Senatsmodell oder die Abschaffung der Kategorie der Zustimmungsgesetze, die für letzteren Fall mehr als die Hälfte aller Mitwirkungsfälle erfassen würde, für das erstgenannte Beispiel sogar sämtliche Fälle der Beteiligung der Länder an der Gesetzgebung des Bundes, nur minimal verändert, wenn auch in diesen Fällen die Mitwirkung nicht ganz verloren gehen würde, sondern durch eine andere bzw. bei der Abschaffung der Zustimmungsbedürftigkeit mildere Form etwa ähnlich den bisherigen Einspruchsgesetzen ersetzt werden soll.

Im Übrigen sei hier noch auf einen anderen Aspekt verwiesen. Der Unterschied in der Häufigkeit der Auslassung der Länder zwischen den beiden zur Diskussion stehenden Ansichten zur Auslegung des Begriffs „grundsätzlich“ ist wohl nur ein marginaler. Die Vertreter der anderen Auffassung, die den Ausschluss der Länder lediglich für bestimmte Sachmaterien befürworten, können ihre Ansicht letztlich genauso nur mit der Begründung belegen, der Verlust des Mitspracherechts bei nur bestimmten Materien schränke die Mitwirkung nicht übermäßig ein, wobei es hier sicher stark auf die ins Auge gefassten Gebiete und deren Anzahl ankommt. Wie oft die Mitwirkung ausgeschlossen sein wird, kann letztlich bei beiden Ansätzen nicht sicher vorausgesagt werden. Ob aber Fälle des Volksgesetzgebungsverfahrens häufiger auftreten als die Inanspruchnahme einer Kompetenz hinsichtlich einer bestimmten

1290 Stellg. Evers, abgedruckt in: Deutscher Bundestag (Hrsg.), Materialien zur Verfassungsdiskussion und zur Grundgesetzänderung in der Folge der deutschen Einigung, Bd. 2, S. 144 verweist mit dem Hinweis, dass 99% der Gesetzgebung im vertrauten parlamentarischen Rahmen mit der Mitwirkung des Bundesrates verbleibt, ebenfalls auf dieses Argument.

Sachmaterie, darf doch bezweifelt werden, ist aber naturgemäß neben der Art der Sachmaterie von der Ausgestaltung des Volksgesetzgebungsverfahrens abhängig.

Jedenfalls wird die Intention des Grundgesetzgebers zur Schaffung des Ländermitwirkungsrechts und zur Ausgestaltung der deutschen Bundesstaatlichkeit in dieser Form mit der gelegentlichen Durchführung eines Volksentscheids ohne Beteiligung der Länder nicht konterkariert, solange das Regel-Ausnahme-Verhältnis zwischen repräsentativer und direktdemokratischer Gesetzgebung zumindest faktisch bestehen bleibt. Damit kann im Sinne der eingangs gestellten Frage auch der Einfluss der Auslassung der Länder bei Volksentscheiden auf die Gesamtbilanz der Länderkompetenzen nicht als so gravierend angesehen werden, dass das von Art. 79 Abs. 3 GG geforderte Mindestmaß unterschritten wird.

d. Das Zusammenspiel mit dem Verbot der „Berührung“ der in Art. 79 Abs. 3 GG geschützten Elemente

Des Weiteren – mit den Darlegungen zum Sinn und Zweck jedoch zusammenhängend – muss die Frage gestellt werden, ob sich aus dem Verbot der „Berührung“ der in der Ewigkeitsgarantie geschützten Elemente Einschränkungen für die Ansicht, der Begriff „grundsätzlich“ umfasse auch Ausnahmen zugunsten bestimmter Verfahrenstypen, ergeben. Auch hier sollen die bereits dargestellten Erörterungen hinsichtlich des Verbotes einer „Berührung“ der geschützten Inhalte aufgegriffen werden.[1291] Nach den vom Bundesverfassungsgericht im „Abhörurteil“ festgelegten Leitlinien muss den Grundsätzen des Art. 79 Abs. 3 GG nur im Allgemeinen Rechnung getragen werden. Sie dürfen für Sonderlagen entsprechend ihrer Eigenart aus evident sachgerechten Gründen modifiziert werden. Art. 79 Abs. 3 GG verbiete somit lediglich eine prinzipielle Preisgabe der dort niedergeschriebenen Grundsätze.[1292] Nach anderer Meinung schützt diese Ansicht den Prinzipiengehalt der von Art. 79 Abs. 3 GG umfassten Grundsätze nicht effektiv genug.[1293] Es muss gewährleistet werden, dass der Grundsatzgehalt der Prinzipien nicht angetastet werde.[1294] Nur die Sicherung der absoluten Geltung könne ausreichend Schutz vor Versuchen der Beeinträchtigung des Verfassungskerns, wie in Weimar geschehen, bieten.[1295] Würde der Schutz erst bei einer prinzipiellen Preisgabe der Grundsätze einsetzen und müsste den Grundsätzen nur im Allgemeinen Rechnung getragen werden, könne das Einsetzen eines allmählichen Verfallsprozesses nicht verhindert werden und sowohl der

1291 S.o. 1. Kap. A. III.

1292 Vgl. zum Ganzen: BVerfGE 30, 1, 24 f.; Den Passus der „prinzipiellen Preisgabe“ verfolgte das Bundesverfassungsgericht allerdings später nicht mehr: BVerfGE 84, 90, 121; 94, 49, 103.

1293 Bryde, in: v. Münch/Kunig (Hrsg.), Art. 79 Rn 28; Dreier, in: Dreier (Hrsg.), Art. 79 III Rn 15; Sachs, LKV 2002, 249, 250

1294 Stern, JuS 1985, 329, 334

1295 Stern, JuS 1985, 329, 333 f.; Alberts, JuS 1972, 319, 321

Bedeutung, dem Zweck als auch dem Wortlaut der Ewigkeitsgarantie, der von einem eher einsetzenden „Berühren“ spricht und nicht von einer generellen Preisgabe, würde nicht entsprochen.[1296] Daher genügt es für eine Überschreitung der Grenzen der Ewigkeitsgarantie, wenn in einem Teilbereich die geschützten Grundsätze ganz oder zum Teil außer Acht gelassen werden.[1297] Es wird nicht nur auf die Verhinderung revolutionärer Bestrebungen abgestellt, sondern bereits auf die „scheibchenweise Aushöhlung“ der Grundsätze durch immer weitergehende Verfassungsänderungen.[1298] „Systemimmanente Modifizierungen“[1299] werden ganz abgelehnt.[1300] Der Kern der Diskussion dreht sich somit um die Frage, ob der Begriff des Berührens bereits das Einleiten eines allmählichen Verfallsprozesses der von der Ewigkeitsgarantie geschützten Elemente umfasst oder erst die völlige Preisgabe eines dieser Elemente. Es soll insofern auf die strengere Ansicht abgestellt werden, da eine nähere Auseinandersetzung mit dieser Streitfrage dann unterbleiben kann, wenn die Annahme der Zulässigkeit von Ausnahmen hinsichtlich bestimmter Verfahrensarten bereits nach dieser kein Berühren der von Art. 79 Abs. 3 GG geschützten Grundsätze darstellt.

Es ist nicht erkennbar, dass die Nichtbeteiligung der Länder bei Volksentscheiden der Anfang einer immer weitergehenden Aushöhlung des Bundesstaatsprinzips darstellen könnte. Insofern behält das eben Gesagte volle Gültigkeit. Die Beteiligung der Länder wird nur bei einigen verschwindend wenigen Fällen – mögen diese auch zum Teil nicht unbedeutend sein, denn anderenfalls wird sich kaum das Volk für einen Volksentscheid mobilisieren lassen – umgangen. Deshalb eine Antastung des Prinzipiengehaltes des Bundesstaatsprinzips anzunehmen, erscheint als nicht gerechtfertigt. Auch wenn vor allem bedeutende Fälle der Gesetzgebung dem direktdemokratischen Verfahren überlassen werden würden, so kann dies auf Grund der Seltenheit dieses Ereignisses keine so weit gehende Intensität begründen, dass von einer Berührung des nur grundsätzlich gewährleisteten Mitwirkungsrechts der Länder gesprochen werden könnte. Zudem wird z.T. auch in der Literatur anerkannt, dass die Länder auch in gewichtigen Fällen der Bundesgesetzgebung ausgeschlossen werden dürfen.[1301] In der Praxis wird sich an dem bisherigen Verfahren der Einbringung der Länderinteressen bis auf die gelegentliche Nichtberücksichtigung der Länder nichts ändern. Die Sicherung des absoluten Gehalts der Mitwirkung der Länder an der Gesetzgebung ist daher nicht in Gefahr und hinsichtlich dessen der Verfassungskern, der nicht berührt werden darf, nicht erreicht. Es kann keine Rede davon sein, dass das Bundesstaatsprinzip durch eine lediglich ausnahmsweise Nichtbeteili-

1296 Sondervotum zum BVerfG-Urteil: BVerfGE 30, 1, 41 f.; ThürVerfGH LKV 2002, 83, 85; Evers, in: BK, Art. 79 Abs. 3 Rn 150; Erichsen, VerwArch. 62 (1971), 291, 295

1297 Sondervotum zum BVerfG-Urteil: BVerfGE 30, 1, 41; dem folgend: Evers, in: BK, Art. 79 Abs. 3 Rn 149

1298 Stern, JuS 1985, 329, 331; s. dazu ausführlich oben 1. Kap. A. III.

1299 BVerfGE 30, 1, 25

1300 Hall, JuS 1972, 132, 136; Häberle, JZ 1971, 145, 149 f.

1301 Lücke, in: Sachs (Hrsg.), Art. 79 Rn 29

gung der Länder nur noch in Restbeständen existiert, die ein Funktionieren des Bundesstaates nicht mehr gewährleisten würden. Die Einbringung der Länderinteressen als eine wesentliche Säule der deutschen Bundesstaatlichkeit wird durch die gelegentliche Nichtbeteiligung der Länder nicht so geschwächt, dass die Funktionsfähigkeit des Bundesstaates in Gefahr wäre. Das Erfordernis der grundsätzlichen Mitwirkung der Länder würde dadurch nicht missachtet oder in Teilen außer Acht gelassen, sondern lediglich für einen besonderen Fall des Gesetzgebungsverfahrens, bei dem eine solche Mitwirkung schwer zu realisieren wäre, modifiziert. Auch das Argument, hier würden die Länder erstmals bei einer gesamten Verfahrensart nicht mit einbezogen, kann daran nichts ändern, da es nicht darauf ankommt, die Fälle der Nichtbeteiligung zu kategorisieren und bestimmte Kategorien grundsätzlich als Verstoß gegen Art. 79 Abs. 3 GG zu werten, sondern entscheidend ist, in welcher Intensität die Beteiligungsmöglichkeit verloren geht. Ein Aufschrei, die Nichtbeteiligung der Länder bei einer gesamten Verfahrensart würde gegen das Gebot der grundsätzlichen Mitwirkung der Länder an der Gesetzgebung verstoßen, erscheint auch unter diesem Blickwinkel äußerst fragwürdig.

Das Ausnahmemodell erwächst aus den Gegebenheiten des Volksentscheides, die eine Beteiligung der Länder auf Grund der dargestellten Schwierigkeiten mit allen anderen Lösungsmodellen als mindestens genauso problematisch erscheinen lassen wie die Nichtbeteiligung. Die Nichtbeteiligung ist insofern jedoch auf den Spezialfall des Volksentscheids beschränkt und wird keine Entwicklung hin zu anderen Fällen der Nichtbeteiligung auslösen, da in anderen denkbaren Fällen eine Beteiligung weniger problematisch zu verwirklichen ist. Es wird schon insofern keine „scheibchenweise Aushöhlung“, kein „Erosionsprozess“[1302] des Bundesstaatsprinzips in Gang gesetzt. Eine solche schleichende Aushöhlung der Rechtsstellung der Länder könnte beispielsweise dann angenommen werden, wenn man die bereits erwähnte und noch darzustellende Ansicht vertritt, einmal durch das Volk beschlossene Gesetze könnten nur auf direktdemokratischem Wege wieder geändert bzw. außer Kraft gesetzt werden.[1303] Denn in diesem Fall würde der direktdemokratische Gesetzgeber nach und nach Kompetenzen an sich ziehen und damit die am repräsentativen Verfahren beteiligten Länder immer mehr an Einfluss verlieren, da sich die Möglichkeiten zur Partizipation reduzieren. Da diese Auffassung letztlich heute wohl nur noch vereinzelt vertreten wird, sie ansonsten als überholt gilt,[1304] kann davon ausgegangen werden, dass die im Plebiszit getroffenen Entscheidungen im repräsentativen Verfahren geändert werden können, das Parlament seine Kompetenz in dieser Materie also nicht verliert. Somit bleibt es bei der Aussage, dass Volksentscheide als die absolute Ausnahme angesehen werden können, da sich ihre Zahl nicht auf Grund einer bewirkten Kompetenzverschiebung zugunsten des direktdemokratischen Verfahrens zwangsweise erhöhen wird. Solange Plebiszite in der Verfassungswirklichkeit also die tat-

1302 Bryde, Verfassungsentwicklung, S. 242
1303 S.u. 4. Kap. H. III. 2. a.
1304 S.u. 4. Kap. H. III. 2. a.

sächliche Ausnahme zur repräsentativen Demokratie bleiben, wird kein Verfallsprozess in Gang gesetzt und das Bundesstaatsprinzip keinesfalls aufgehoben. Problematisch würde es erst bei einer regelmäßigen, nicht nur vereinzelten Durchführung von Volksentscheiden, der jedoch mit der Einführung entsprechender Quoren entgegengewirkt werden kann.

Somit kann sogar unter Annahme der weiteren Auslegung des Berührungsverbots eine Verletzung dessen in diesem Fall nicht konstatiert werden. Bei Zugrundelegung der Ansicht des Bundesverfassungsgerichts, dass den Grundsätzen des Art. 79 Abs. 3 GG nur im Allgemeinen Rechnung getragen werden muss und sie für eine Sonderlage entsprechend deren Eigenart aus evident sachgerechten Gründen modifiziert werden dürfen, kann eine Berührung dann erst recht nicht angenommen werden. Die Schwelle zur Revolution, deren Legalisierung Art. 79 Abs. 3 GG nach Auffassung des Gerichts verhindern will, ist keinesfalls erreicht. Ein Volksentscheid stellt einen sachgerechten Grund dar, der die Modifizierung des Beteiligungsrechts der Länder erfordert, da eine Beteiligung der Länder aus den bei den übrigen Lösungsmodellen dargestellten Gründen heraus nicht zu verwirklichen ist. Im Übrigen bleibt es bei dem jetzigen Mitwirkungsrecht, so dass der grundsätzlichen Pflicht zur Beteiligung der Länder im Allgemeinen Rechnung getragen wird. Zusammenfassend ist ein Berühren der grundsätzlichen Mitwirkung der Länder an der Gesetzgebung somit abzulehnen.

Unterstützung für diese Argumentation insgesamt ergibt sich aus einem Vergleich mit der Diskussion um die Zulässigkeit von Plebisziten in Bezug auf das Demokratieprinzip, speziell den Verfassungsgrundsatz parlamentarischer Demokratie. Art. 79 Abs. 3 GG schützt über die Bezugnahme auf Art. 20 GG das Demokratieprinzip, welches vom Grundgesetz bisher strikt repräsentativ ausgestaltet wurde. Der Grundsatz des parlamentarischen Regierungssystems gehört zwar nicht zu den vom Kerninhalt des Demokratieprinzips erfassten unabänderlichen Inhalten, die Funktionsfähigkeit des jeweils gewählten Systems – sei es ein strikt repräsentatives oder ein mit direktdemokratischen Elementen angereichertes Mischsystem – hingegen schon.[1305] Nach zähem Ringen ist heute weitestgehend anerkannt, dass der bisherige strikt repräsentative Grundsatz von der Einfügung plebiszitärer Sachentscheidungsmöglichkeiten so lange unberührt bleibt, wie die Staatswillensbildung durch Gesetzgebung im Regelfall bei den Repräsentativkörperschaften verbleibt.[1306] Abweichungen von der repräsentativen Demokratie in den Formen der unmittelbaren Demokratie sind zulässig, wenn der Vorrang und die Funktionsfähigkeit des parlamentarischen Regierungssystems gewahrt bleiben.[1307] Parlament und Regierung muss die generelle

1305 Hufschlag, Einfügung plebiszitärer Komponenten in das Grundgesetz?, S. 124 f.; zu den Auswirkungen verschieden hoher Quoren auf die parlamentarische Demokratie: Degenhart, ThürVBl. 2001, 201, 204 ff.

1306 v. Danwitz, DÖV 1992, 601, 606; vgl. dazu ausführlich: Hufschlag, Einfügung plebiszitärer Komponenten in das Grundgesetz?, S. 124 ff.

1307 Nierhaus, in: Sachs (Hrsg.), Art. 28 Rn 14; Hufschlag, Einfügung plebiszitärer Komponenten in das Grundgesetz?, S. 125

Staatsleitungsfunktion verbleiben.[1308] Plebiszite sind daher nicht unbegrenzt zulässig, sondern dürfen nur punktuelle Erscheinungen darstellen und die Volksvertretung nicht verdrängen.[1309] Es wird also ähnlich der hier vorgeschlagenen Lösung mit einem Regel-Ausnahme-Verhältnis argumentiert, indem angenommen wird, dass vom Grundsatz der repräsentativen Demokratie ausnahmsweise abgewichen werden kann, solange der Grundsatz im Regelfall bestehen bleibt. Diese Argumentation kann mit gewissen Modifizierungen in der oben beschriebenen Weise auf das Bundesstaatsprinzip übertragen werden, da es dort ebenso darum geht, die Funktionsfähigkeit des neuen Systems hinsichtlich der Bundesstaatlichkeit zu begründen. Hier wie dort kann eine Bedrohung der angestammten Prinzipien durch Volksentscheide nicht angenommen werden, sofern dieses Mittel nur punktuell eingesetzt wird. Die Funktionsfähigkeit des Prinzips der repräsentativen Demokratie erleidet durch gelegentliche Volksentscheide keinen Schaden, so dass dies bei dem Prinzip der Bundesstaatlichkeit ebenfalls nicht zu erwarten ist. Das Argument der absoluten Ausnahmeerscheinung kann somit sowohl für das Prinzip der parlamentarischen Demokratie als auch für das der Bundesstaatlichkeit die Zulässigkeit von Volksentscheiden auf Bundesebene begründen.

Bei einem Aufgreifen der Ansicht, dass eine strikte Kontrolle der Einhaltung der Grenzen der Ewigkeitsgarantie bei solchen Grundsätzen, die im Interesse einer nicht durch die Sperrklausel geschützten Verfassungsentscheidung verändert werden, angezeigt ist, bei solchen, wo es um den Ausgleich zwischen zwei oder mehreren in Art. 79 Abs. 3 GG enthaltenen Grundsätzen geht, müsse hingegen dem Gesetzgeber ein weiter Gestaltungsspielraum eingeräumt werden,[1310] bestätigt sich erst recht das bisher gefundene Ergebnis. Bei der Einführung von Volksentscheiden konkurrieren wie dargestellt das Demokratie- mit dem Bundesstaatsprinzip. Nach dieser Ansicht steht dem Gesetzgeber dann ein weiter Spielraum zu, inwiefern er für die Durchsetzung einer anderen Form der Demokratie das Bundesstaatsprinzip einschränkt. Freilich darf der Gesetzgeber dabei den Kerninhalt des Bundesstaatsprinzips nicht abändern, er tut dies jedoch wie gezeigt auch nicht. Ansonsten ist diese Sichtweise für das vorliegende Problem der Bestimmung des unantastbaren Kerngehalts der von Art. 79 Abs. 3 GG geschützten Prinzipien nicht weiter hilfreich, da bestimmte Grenzen der unantastbaren Grundsätze nicht überschritten werden dürfen, auch nicht, wenn zwei solcher Grundsätze miteinander konkurrieren, und es gerade darum geht, diese Grenzen zu bestimmen.

Zudem kommt auf Grund der Problembehaftetheit der anderen Lösungen einzig praktikabel nur das Ausnahmemodell in Betracht. Würde diesem die Gefolgschaft verwehrt mit dem Argument, dies verstoße gegen ewig geschützte bundesstaatliche Elemente des Grundgesetzes, würde damit genau der Versteinerung der Verfassung Vorschub geleistet, die durch die Auslegung des Art. 79 Abs. 3 GG gerade nicht

1308 Löwer, in: v. Münch/Kunig (Hrsg.), Art. 28 Rn 20

1309 BremStGH NVwZ-RR 2001, 1, 2; Löwer, in: v. Münch/Kunig (Hrsg.), Art. 28 Rn 20

1310 S.o. 1. Kap. A. III.; angesprochen von: ThürVerfGH LKV 2002, 83, 86

bewirkt werden soll.[1311] Gerade der Schutz lediglich der „Grundsätze" der in Art. 79 Abs. 3 GG enthaltenen Prinzipien bzw. des nur „grundsätzlich" geschützten Ländermitwirkungsrechts gebietet, dass trotz Art. 79 Abs. 3 GG dem verfassungsändernden Gesetzgeber genug Raum gelassen werden muss, um auf neue Situationen reagieren zu können.[1312] Es kann nicht bei jeder Neuerung, die die bisherigen Gewichte ein wenig verschiebt, ein Berühren der Elemente des Art. 79 Abs. 3 GG angenommen werden. Letztlich bedeutete die enge Sichtweise der Ablehnung der Einbeziehung bestimmter Verfahrensarten in den Begriff „grundsätzlich" die Verhinderung der Einführung von Volksentscheiden auf Bundesebene, wenn nicht eine Lösung des Problems in einem Föderalquorum gesehen wird. Angesichts der dort auftretenden Schwierigkeiten erscheint die Lösung über eine ausnahmsweise Nichtbeteiligung der Länder jedoch als wesentlich überzeugender. Denn letztlich soll das Ergebnis nicht heißen, dass eine Einführung von Volksentscheiden auf Bundesebene auf Grund des Prinzips der Bundesstaatlichkeit ausgeschlossen ist.[1313] Solche Auswirkungen waren bei der Normierung der Unabänderbarkeit der grundsätzlichen Mitwirkung der Länder bei der Gesetzgebung wohl nicht gewollt und würden die Gestaltungsfreiheit des verfassungsändernden Gesetzgebers über die Maßen einschränken.

Schließlich ist noch darauf hinzuweisen, dass der Bundesrat bei der Einführung von Volksentscheiden in das Grundgesetz selbst mitwirkt, da es für Verfassungsänderungen auch einer Zweidrittelmehrheit im Bundesrat bedarf, Art. 79 Abs. 2 GG. Bei einer Zustimmung durch den Bundesrat signalisiert dieser sein Einverständnis mit einem Volksgesetzgebungsverfahren, an dem die Länder nicht beteiligt sein werden. Das Föderativorgan selbst legitimiert also mit die zukünftige Nichtbeteiligung der Länder. Dies lässt die Bedenken hinsichtlich der Bundesstaatlichkeit weiter schwinden, da die Länder damit in gewissem Sinne selbst ein Stück weit über die Aufgabe ihrer Kompetenzen entscheiden und sich dagegen wehren werden, wenn sie dies als Aushöhlung ihres Mitwirkungsrechts ansehen.

Die Regelung eines direktdemokratischen Verfahrens ohne die Beteiligung der Länder verbleibt im Ergebnis also im Rahmen der Gestaltungsfreiheit des verfassungsändernden Gesetzgebers und überschreitet die Grenze eines Berührens der von Art. 79 Abs. 3 GG geschützten Elemente nicht.

1311 Zur Gefahr der Versteinerung der Verfassung: s.o. 1. Kap. A. III.; Maunz/Dürig, in: Maunz/Dürig, Art. 79 Abs. III Rn 31; Dreier, in: Dreier (Hrsg.), Art. 79 III Rn 15; ders., JZ 1994, 741, 749 f.; Degenhart, Staatsrecht I, Rn 520b; ders., Ausschussdrucksache 14/809E, S. 2 (abgedruckt als Anlage zum Protokoll der 94. Sitzung des Innenausschusses des Deutschen Bundestages); Das Bundesverfassungsgericht umschreibt dies damit, dass es sich bei Art. 79 Abs. 3 GG „um eine Ausnahmevorschrift handelt, die jedenfalls nicht dazu führen darf, dass der Gesetzgeber gehindert wird, durch verfassungsänderndes Gesetz auch elementare Verfassungsgrundsätze systemimmanent zu modifizieren" (BVerfGE 30, 1, 25; ähnlich: BVerfGE 84, 90, 121; zur Frage des Ausnahmecharakters des Art. 79 Abs. 3 GG: s.o. 1. Kap. A. III.)

1312 Bryde, in: v. Münch/Kunig (Hrsg.), Art. 79 Rn 28

1313 Weber, ZfDD 2003, 30, 31 würde ein solches Ergebnis als widersprüchlich bezeichnen, da Art. 79 Abs. 3 GG dann dem Wortlaut des in den Grundsätzen geschützten Art. 20 GG entgegen stünde.

e. Die Systematik des Art. 20 Abs. 2 S. 2 GG

Weitere Gedanken führen schließlich zu der Überlegung, inwiefern Art. 20 Abs. 2 S. 2 GG und Art. 79 Abs. 3 GG zusammenspielen. Der Grundgesetzgeber hat in Art. 20 Abs. 2 S. 2 GG das Gegensatzpaar Ausübung staatlicher Gewalt durch das Volk in Wahlen bzw. Abstimmungen und durch besondere Organe, hier interessierend der Gesetzgebung, aufgestellt. Es erfolgt eine eindeutige Unterscheidung von mittelbarer und unmittelbarer Demokratie; beide Formen der Gesetzgebung stehen sich gegenüber. Streng systematisch sind Abstimmungen also als reine Willensäußerung des Souveräns gedacht und nicht als ein Gesetzgebungsverfahren, an dem die Länder durch ein Föderativorgan oder sonst in irgendeiner Art beteiligt sind. Der Bundesrat als Gesetzgebungsorgan gehört eindeutig in die zweite Alternative und ist nicht für das Volksgesetzgebungsverfahren vorgesehen. Es könnte deshalb der Gedanke aufkommen, dass eine Beteiligung der Länder am Volksentscheid auch vom Grundgesetzgeber nicht gewollt war und Art. 79 Abs. 3 GG insofern restriktiv auszulegen ist. Äußerst zweifelhaft ist jedoch, ob dem Verfassungsgeber das Problem bewusst war, dass in Art. 79 Abs. 3 GG die Ländermitwirkung festgeschrieben ist, gleichzeitig in Art. 20 Abs. 2 S. 2 GG aber auch direktdemokratische Formen. Angesichts der Entstehungsgeschichte erscheint dies unwahrscheinlich, da sich dort keinerlei Hinweise auf das Erkennen eines Zusammenhangs finden lassen.[1314] Da sich ein solcher nach heutigem Meinungsstand jedoch herstellen lässt und auch herstellen lassen muss, ist das Ergebnis, Abstimmungen und Repräsentativverfahren als gänzliches Gegenpaar erscheinen zu lassen, überholt. Es gelten ausweislich des Wortlautes von Art. 79 Abs. 3 GG die Anforderungen an die Gesetzgebung für alle Verfahren, nicht nur für das repräsentative; für eine restriktive Auslegung des Art. 79 Abs. 3 GG ergeben sich insofern keine stichhaltigen Anhaltspunkte. Hierin zeigt sich ein weiteres Mal nach der dazu bereits für das Demokratieprinzip geführten Debatte, dass Abstimmungen zwar als eine zweite Säule der Gesetzgebung im Grundgesetz angelegt sind, diese jedoch bisher nur unvollständig als „Sockel“ existiert, da den Verfassungsvätern für eine umfassende Ausgestaltung der Volksgesetzgebung die Zeit noch nicht reif schien.[1315] Ob diese nähere Ausgestaltung des Volksgesetzgebungsverfahrens doch nicht nur in der reinen Willensäußerung des Volkes bestehen kann, wird durch eine Betrachtung der Systematik des Art. 20 Abs. 2 S. 2 GG nicht geklärt.

Aus all den zuvor dargestellten Gründen ist die erste der beiden Auslegungsvarianten des Begriffs „grundsätzlich“ nicht nachvollziehbar. Es kann keine einleuchtende Begründung gefunden werden, warum Ausnahmen nur im Hinblick auf bestimmte Gesetzgebungsmaterien zulässig sein sollen und aus welchem Grund zwischen Ausnahmen für bestimmte Sachmaterien und Ausnahmen für bestimmte Verfahrensarten

1314 Wenngleich das Problem auf Grund von Art. 106 HChE, der bereits eine Länderklausel vorsah, durchaus hätte bewusst sein können (s. dazu oben 2. Kap. B. III.).

1315 Paterna, Volksgesetzgebung, S. 46

unterschieden werden soll. Solange die inhaltlichen Grenzen der föderalen Garantien der Ewigkeitsklausel nicht angetastet werden, ist kein Grund ersichtlich, warum sich der mögliche Ausschluss der Länder nur auf bestimmte Sachmaterien beziehen kann. Da mit der Einführung eines Volksgesetzgebungsverfahrens ohne Beteiligung der Länder der Kern der föderalen Unantastbarkeitsgarantien nicht berührt wird, kann somit der Auslegung des Begriffs „grundsätzlich" gefolgt werden, die von den möglichen Ausnahmen des Mitwirkungserfordernisses auch bestimmte Verfahrensarten umfasst sieht. Es kann im Ergebnis festgehalten werden, dass Art. 79 Abs. 3 GG eine Nichtbeteiligung der Länder im Hinblick auf das Erfordernis der grundsätzlichen Mitwirkung der Länder bei der Gesetzgebung tragen würde. Aus diesem Grunde verstieße die Einführung von Volksentscheiden in das Grundgesetz ohne eine Beteiligungsmöglichkeit der Länder nicht gegen Art. 79 Abs. 3 GG.

II. Die Notwendigkeit einer differenzierten Behandlung der verschiedenen Gesetzgebungsarten

In der bisherigen Behandlung ausgeblendet wurde die Frage, ob die Vereinbarkeit des Ausnahmemodells mit Art. 79 Abs. 3 GG für sämtliche verschiedenen Formen der Gesetzgebung Geltung beanspruchen kann. In der Sachverständigenanhörung im Innenausschuss des Deutschen Bundestages zum Gesetzentwurf einer Einführung direktdemokratischer Elemente in das Grundgesetz (BT-Drucks. 14/8503) wurde zum Teil die Notwendigkeit einer differenzierten Behandlung der verschiedenen Gesetzgebungsarten vertreten, teilweise wurden aber auch keine Unterschiede gemacht. In der heutigen Verfassungsordnung kennt das Grundgesetz drei verschiedene Stufen der Beteiligungsintensität der Länder durch den Bundesrat. Bei Einspruchsgesetzen steht dem Föderativorgan lediglich das Recht zur Einlegung eines Einspruchs zu, welcher vom Bundestag mit der entsprechenden Mehrheit zurückgewiesen werden kann, Art. 77 Abs. 3, 4 GG. Zustimmungsgesetze hingegen verleihen dem Bundesrat eine absolute Vetomacht, Art. 77 Abs. 2a GG i.V.m. Art. 78 GG. Der Bundestag hat bei dieser Form keine Möglichkeit, die Entscheidung des Bundesrates durch eine eigene zu übergehen. Sie stellen demzufolge eine intensivere Form der Beteiligung der Länder dar. Als dritte Stufe gehören die Verfassungsänderungen, bei denen der Bundesrat ebenso wie der Bundestag mit Zweidrittelmehrheit zustimmen muss, Art. 79 Abs. 2 GG, in diese Reihe. Sie stellen die intensivste Form der Beteiligung der Länder dar. Ob diese stufenartige Differenzierung auch für das Volksgesetzgebungsverfahren übernommen werden muss und wenn ja, in welcher Weise, ist Gegenstand der nachfolgenden Erörterungen. Es stellt sich im Kern die Problematik, ob eine Beteiligung der Länder auch bei den im Repräsentativverfahren mitwirkungsintensiven Gesetzgebungsarten ausgeschlossen werden kann.

1. Der Ausgangsfall: Einspruchsgesetze

Einspruchsgesetze stellten zumindest nach der Intention des Grundgesetzgebers den Großteil der Gesetzgebung dar. Heute kann nicht mehr von einem überwiegenden Anteil der Einspruchsgesetze ausgegangen werden, sie machen gerade noch knapp die Hälfte aller Gesetzesentwürfe aus.[1316] Da sie aber immerhin noch diese knappe Hälfte darstellen und von den Verfassungsvätern als die anteilsmäßig überragende Gesetzgebungsart erdacht wurden, erachten es einige Stimmen als nicht zulässig, die Länder gerade bei diesem wichtigsten Teil der Bundesgesetzgebung von dieser auszuschließen. Es dürfe nicht eine neue Art von Gesetzgebung geschaffen werden, bei der die Länder gänzlich außen vor bleiben; dies sei gegen die Grundüberzeugungen des deutschen Föderalismus.[1317] Der Bundesrat dürfe nicht praktisch vollständig aus der Bundesgesetzgebung ausgeschlossen werden.[1318] Diese Vertreter erkennen praktisch keinen Ausnahmefall an, bei dem eine Mitwirkung der Länder nicht notwendig ist. Zumindest eine Beteiligungsform ähnlich dem Einspruchsrecht muss danach erhalten bleiben. Dem muss jedoch entgegengehalten werden, dass die Länder bei Einspruchsgesetzen die Entscheidung des Bundestages nie endgültig blockieren können, wenn der Bundestag den Einspruch zurückweist.[1319] Die Macht des Bundesrates zur Beeinflussung der gesetzgeberischen Entscheidung ist hier eng begrenzt und im Wesentlichen auf Überzeugungsarbeit im Vermittlungsausschuss reduziert; die Intensität der Beteiligung ist die geringste. Die Länder haben bei dieser Form der Gesetzgebung nur eine geringe Chance, ihre Interessen in den Gesetzgebungsprozess des Bundes effektiv einbringen zu können. Sie und ihre Interessen sind am wenigsten geschützt. Daher erscheint es gerechtfertigt, die Länder bei dieser schwächsten Form

1316 Ebke, Bundesstaat und Gewaltenteilung, S. 90 f.; Leonardy, ZParl 1992, 163, 166

1317 Dies sind naturgemäß vor allem diejenigen, die gänzlich gegen eine Einführung von Plebisziten ohne Länderbeteiligung sind (stellvertretend dazu die Äußerung von Kempen in seiner schriftl. Stellg., Ausschussdrucksache 14/809H, S. 2 (abgedruckt als Anlage zum Protokoll der 94. Sitzung des Innenausschusses des Deutschen Bundestages); ders., abgedruckt in: Protokoll der 94. Sitzung des Innenausschusses des Deutschen Bundestages, S. 17+41).

1318 Stellg. Badura, abgedruckt in: Protokoll der 94. Sitzung des Innenausschusses des Deutschen Bundestages, S. 41; Dieses Argument wurde bereits hinreichend widerlegt. Erstens kann der Bundesrat durchaus von der Bundesgesetzgebung ausgeschlossen werden, da nach einhelliger Auffassung seine Existenz in dieser Form nicht einmal von Art. 79 Abs. 3 GG geschützt wird. Auf Grund des Ausnahmecharakters von Plebisziten kann zudem keine Rede davon sein, dass der Bundesrat aus der Bundesgesetzgebung „vollständig ausgeschlossen wird“, da er an sämtlichen, nicht auf dem Weg des Volksentscheides zustande kommenden Gesetzen mitwirkt.

1319 Stellg. Degenhart, abgedruckt in: Protokoll der 94. Sitzung des Innenausschusses des Deutschen Bundestages, S. 50

der Beteiligung auch bei Plebisziten außen vor zu lassen.[1320] Gerade für die Einspruchsgesetze muss das oben gefundene Ergebnis, dass eine Nichtbeteiligung der Länder keinen Verstoß gegen Art. 79 Abs. 3 GG darstellt, Gültigkeit beanspruchen.

2. Der Ruf nach einer Verschärfung der Anforderungen bei Zustimmungsgesetzen

Die verfassungsrechtliche Qualität der Zustimmungsbedürftigkeit rangiert deutlich über der der Einspruchsmöglichkeit.[1321] Zustimmungsgesetze berühren – oftmals weil sie Vorschriften über die Einrichtung von Landesbehörden und deren Verwaltungsverfahren enthalten (Art. 84, 85 GG) – die Länderbelange im Regelfall wesentlich stärker, weshalb dem Bundesrat im Repräsentativverfahren hier ein stärkeres Beteiligungsrecht eingeräumt wurde. Die Mitwirkungsbefugnisse sind grundsätzlich in ihrem Intensitätsgrad an die Stärke der Berührung des bundesstaatlichen Verhältnisses durch die jeweilige Maßnahme geknüpft; danach wird bemessen, inwiefern die Einschaltung des Föderativorgans zum Schutz der Länder geboten ist.[1322] Es stellt sich daher die Frage, ob dies Konsequenzen für die Annahme der Zulässigkeit einer Ausnahme hat und ob diese hier eventuell weniger gerechtfertigt ist als bei Einspruchsgesetzen. Erfordert die erhöhte Schutzbedürftigkeit der Länder bei Materien, die im Repräsentativverfahren der Zustimmungspflicht unterliegen, dass sich diese auch im direktdemokratischen Verfahren durch eine Beteiligung der Länder nieder-

1320 So auch: Stellg. Degenhart, abgedruckt in: Protokoll der 94. Sitzung des Innenausschusses des Deutschen Bundestages, S. 50; schriftl. Stellg. Huber, Ausschussdrucksache 14/809F, S. 4 (abgedruckt als Anlage zum Protokoll der 94. Sitzung des Innenausschusses des Deutschen Bundestages), der allerdings nur dies als begrenzte Durchbrechung des grundsätzlichen Mitwirkungsauftrages anerkennen will; Stellg. Vogel, abgedruckt in: Protokoll der 94. Sitzung des Innenausschusses des Deutschen Bundestages, S. 26 zweifelt, ob es notwendig ist, die für Zustimmungsgesetze vertretene Lösung des Föderalquorums auch auf Einspruchsgesetze zu übertragen und erwägt damit, Einspruchsgesetze auch gänzlich ohne eine Mitwirkung der Länder auskommen zu lassen.

1321 Stellg. Vogel, abgedruckt in: Protokoll der 94. Sitzung des Innenausschusses des Deutschen Bundestages, S. 38

1322 Stern, Staatsrecht, Bd. II, § 27 IV 6; Interessanterweise würde Ebke, Bundesstaat und Gewaltenteilung, S. 88 f. generell ein suspensives Veto des Bundesrates für ausreichend erachten, da das Verhältnis der beiden Gesetzgebungsorgane anhand der Betrachtung der umfassenden Machtverteilung zwischen Bund und Ländern ermittelt werden muss und bei der Zuständigkeitsverteilung unter dem Grundgesetz ein annäherndes Gleichgewicht zwischen Bund und Gliedstaaten bestehe. Eine absolute Vetomacht für den Bundesrat sei demzufolge für eine funktionsfähige Gewaltenteilung nicht erforderlich, da den Ländern durch die Kompetenzverteilung bereits genügend Schutz geboten werde. Bei Annahme dieser Auffassung müsste die Kategorie der Zustimmungsgesetze nicht zwingend existieren, so dass sie auch schwerlich auf das direktdemokratische Verfahren übertragen werden könnte. Die Voraussetzung, dass ein annäherndes Gleichgewicht der Kompetenzen zwischen Bund und Ländern besteht, erscheint jedoch äußerst zweifelhaft, zumindest spricht das Erscheinungsbild der Länder in der Verfassungswirklichkeit nicht unbedingt dafür. Es soll daher die weitere Argumentation nicht auf dieser Überlegung aufbauen.

schlägt? Zumindest wird auf Grund dieser Überlegung für Zustimmungsgesetze nun schon auf breiterer Front eine Beteiligung der Länder gefordert.[1323] Bei einer Nichtbeteiligung der Länder wird dann z.B. von einer qualitativen Berührung des Art. 79 Abs. 3 GG gesprochen.[1324] Zu beachten ist jedoch zum einen, dass die Theorie der intensiveren Berührung von Länderinteressen bei Zustimmungsgesetzen durchaus für einige Beispiele widerlegt werden kann,[1325] zum anderen beruht es bei der jetzigen Anwendung der Zustimmungsgesetze teilweise auf Zufälligkeiten, ob ein Gesetz der Zustimmung des Bundesrates bedarf oder nicht. So entscheidet in vielen Fällen, ob die Behördeneinrichtung bzw. das Verwaltungsverfahren für den Vollzug des Bundesgesetzes mit geregelt wird, wenn dieser auf Landesebene stattfindet. Finden sich Regelungen darüber im Gesetzentwurf, ist der gesamte Entwurf nach Art. 84 Abs. 1 2. HS GG bzw. Art. 85 Abs. 1 2. HS GG zustimmungsbedürftig (Gesetz als gesetzgebungstechnische Einheit). Wird hingegen das Gesetz in der Weise in zwei Teile geteilt, dass ein Teil nur den organisatorischen Teil betrifft, ist auch nur dieser zustimmungsbedürftig; die eigentlichen inhaltlichen Regelungen unterliegen dann nur dem Einspruchsrecht, sofern diese nicht ihrerseits auf Grund anderer Grundgesetzbestimmungen zustimmungsbedürftig sind.[1326] Es hängt also oftmals vom Wille des Erstellers des Gesetzentwurfes ab, in welcher Reichweite die zur Regelung des Sachverhaltes notwendigen Normen der Zustimmungspflicht unterliegen. Die Orientierung an der Kategorie der Zustimmungsgesetze erscheint daher bereits aus diesem Umstand heraus als unglücklich.

Gegen eine zwingende Beteiligung der Länder bei Materien, die der Zustimmungspflicht unterliegen, spricht jedoch vor allem, dass die Kategorie der Einspruchs- und Zustimmungsgesetze nicht von Art. 79 Abs. 3 GG geschützt ist.[1327] Die Unterscheidung in Einspruchs- und Zustimmungsgesetze stellt eine vom Grundgesetz vorgenommene konkrete Ausformung des Föderalismusprinzips dar, die nicht mit dem von Art. 79 Abs. 3 GG geschützten Bundesstaatsprinzip ohne Weiteres

1323 Jung, Die Logik direkter Demokratie, S. 288; Leonardy, ZParl 1992, 163, 166; Stellg. Kempen, abgedruckt in: Protokoll der 94. Sitzung des Innenausschusses des Deutschen Bundestages, S. 41; Stellg. Badura, abgedruckt in: Protokoll der 94. Sitzung des Innenausschusses des Deutschen Bundestages, S. 41

1324 Schriftl. Stellg. Huber, Ausschussdrucksache 14/809F, S. 4 (abgedruckt als Anlage zum Protokoll der 94. Sitzung des Innenausschusses des Deutschen Bundestages); ders., abgedruckt in: Protokoll der 94. Sitzung des Innenausschusses des Deutschen Bundestages, S. 14

1325 S.o. 3. Kap. C.

1326 Vgl. zum Ganzen: Dittmann, in: Sachs (Hrsg.), Art. 84 Rn 15; Ebke, Bundesstaat und Gewaltenteilung, S. 90 f.

1327 Hain, in: v. Mangoldt/Klein/Starck (Hrsg.), Art. 79 Abs. 3 Rn 133; Sannwald, in: Schmidt-Bleibtreu/Klein (Hrsg.), Art. 79 Rn 44; Evers, in: BK, Art. 79 Abs. 3 Rn 218; Pieroth, in: Jarass/Pieroth, Art. 79 Rn 9; Bryde, in: v. Münch/Kunig (Hrsg.), Art. 79 Rn 32; Lücke, in: Sachs (Hrsg.), Art. 79 Rn 28; Maunz/Dürig, in: Maunz/Dürig, Art. 79 Abs. III Rn 36; Nawiasky, Die Grundgedanken des Grundgesetzes für die Bundesrepublik Deutschland, S. 122; Harbich, Der Bundesstaat und seine Unantastbarkeit, S. 135

gleichgesetzt werden kann.[1328] Eine Orientierung an diesen Kategorien im Rahmen der Prüfung des Art. 79 Abs. 3 GG verbietet sich also. Eine Diskussion über die Notwendigkeit der Beteiligung der Länder könnte demnach lediglich über eine generelle Abstufung nach der Berührung von Länderinteressen stattfinden. Angesichts des Wortlautes von Art. 79 Abs. 3 GG, der in dieser Hinsicht keine Spezifizierung andeutet, ist dies jedoch nicht angezeigt. Den Ländern ist dadurch eine Mitbeteiligung an der Bundesgesetzgebung garantiert, die aber nicht zwingend das Maß der Mitbestimmung erreichen muss.[1329] Es ist nicht notwendig, dass zumindest partiell Zustimmungserfordernisse gewährleistet werden,[1330] die Einräumung einer Vetoposition ist also nicht zwingend erforderlich. Es könnte folglich für das repräsentative Verfahren auch eine Beteiligungsmöglichkeit geschaffen werden, die sich nicht an der Intensität der Berührung der Länderbelange ausrichtet, sondern beispielsweise lediglich ein Einspruchsrecht für alle Gesetzgebungsmaterien vorsieht. Wäre das Grundgesetz so ausgestaltet, würde vermutlich niemand in Erwägung ziehen, im plebiszitären Verfahren dann eine Abstufung nach Länderbelangen vorzunehmen. Da das Zustimmungsrecht und damit eine zweite Stufe höherer Beteiligungsintensität von Art. 79 Abs. 3 GG nicht verbürgt ist, muss eine Differenzierung nach der Berührung von Länderbelangen auch nicht im direktdemokratischen Verfahren geschehen. Da der Begriff „grundsätzlich" dieser Bearbeitung nach auch Ausnahmen hinsichtlich bestimmter Verfahrensarten zulässt, wäre es zudem inkonsequent, dieses Ergebnis durch eine Abstufung nach der Beteiligungsintensität zu verwischen. Wenn das Argument des Ausnahmecharakters die Zulässigkeit des Ausschlusses der Länder bei Plebisziten über Gesetzesmaterien, die im Repräsentativverfahren dem Einspruchsrecht unterliegen, rechtfertigt, dann muss dies ebenso für zustimmungspflichtige Materien Gültigkeit beanspruchen können, da gerade nicht nach Materien unterschieden wird. Selbst bei im repräsentativen Verfahren beteiligungsintensiven Materien muss es also möglich sein, die Länderbeteiligung für Ausnahmefälle auszuschließen.

Nach den Vertretern einer an dieser Stelle gegenteiligen Ansicht müsste im direktdemokratischen Verfahren für die Gesetzesvorlagen, die im Repräsentativverfahren der Zustimmungspflicht unterliegen, eine Form der Länderbeteiligung geschaffen werden. Auf Grund des Ausschlusses aller übrigen Modelle wäre die einzig dafür in Betracht kommende Variante die des Föderalquorums, welches jedoch nach der hier vertretenen Ansicht die von Art. 79 Abs. 3 GG geforderte Länderbeteiligung nicht verwirklichen könnte. Zudem wäre man mit dem Problem konfrontiert, wie hoch das

1328 Stellg. Degenhart, abgedruckt in: Protokoll der 94. Sitzung des Innenausschusses des Deutschen Bundestages, S. 50

1329 Lücke, in: Sachs (Hrsg.), Art. 79 Rn 28

1330 Bryde, in: v. Münch/Kunig (Hrsg.), Art. 79 Rn 32; Hain, in: v. Mangoldt/Klein/Starck (Hrsg.), Art. 79 Abs. 3 Rn 134; Dreier, in: Dreier (Hrsg.), Art. 79 III Rn 19; Elgeti, Inhalt und Grenzen der Föderativklausel des Art. 79, III GG, S. 72

zu erreichende Quorum angesetzt werden muss bzw. soll.[1331] Schließlich wäre auf Grund der fehlenden Abhilfe des bundesstaatlichen Problems durch ein Föderalquorum wohl in Erwägung zu ziehen, Volksentscheide über zustimmungspflichtige Gesetzesvorlagen ganz auszuschließen. Damit würden jedoch über die Hälfte aller möglichen Gesetzesmaterien der Abstimmung durch das Volk entzogen, womit das gesamte Institut in Frage gestellt wäre. Praktikabel erscheint daher auch dies nicht, weshalb diese Ansicht auch aus diesem Grund abzulehnen ist.

3. Verfassungsänderungen

Schließlich muss dieses Ergebnis auch für die Gesetzgebung in Form der Verfassungsänderungen hinterfragt werden. Diejenigen, die eine Mitwirkung der Länder bei zustimmungspflichtigen Gesetzesvorlagen befürworten, arbeiten dann bei der Frage der Beteiligung an Verfassungsänderungen mit einem Erst-Recht-Schluss und fordern die Mitwirkung „natürlich" erst recht bei Änderungen der Verfassung.[1332] In der Verfassung wird u.a. die Verteilung der Kompetenzen zwischen Bund und Ländern geregelt, was für die Länder eine existenzielle Frage darstellt. Eine Ausschaltung der Länder auf diesem Gebiet komme daher nicht in Frage und würde ebenfalls eine qualitative Berührung ihres Mitwirkungsrechts darstellen, was über die von Art. 79 Abs. 3 GG erlaubten Grenzen hinausgeht.[1333]

Die verfassungsändernde Gesetzgebung steht hierarchisch über der normalen Gesetzgebung im formellen Sinn, da die Verfassung die Rahmenordnung für die Gesamtheit des Volkes darstellt und die rechtlichen Grundlagen für die Verhältnisse der

1331 Weber gibt in seiner Stellg., abgedruckt in: Protokoll der 94. Sitzung des Innenausschusses des Deutschen Bundestages, S. 29 sowie in seiner schriftl. Stellg., Ausschussdrucksache 14/809D, S. 8 (abgedruckt als Anlage zum Protokoll der 94. Sitzung des Innenausschusses des Deutschen Bundestages) zu Bedenken, dass sich eine Übertragung der im Bundesrat notwendigen Mehrheiten auf das direktdemokratische Verfahren nicht so einfach gestaltet, da die Meinungs- und Willensbildung in der Bevölkerung anders verlaufe als in einem Repräsentativorgan. Er schlägt vor, generell 35 von 69 Stimmen bei zustimmungspflichtigen Gesetzen zu verlangen, auch für Verfassungsänderungen, das Erfordernis der Zweidrittelmehrheit also nicht auf Verfassungsänderungen zu übertragen. Ähnlich: Degenhart, ThürVBl. 2001, 201, 208, der ebenfalls auf den Unterschied zwischen einem Tätigwerden von Repräsentanten und dem Volk als Souverän hinweist. Stellg. Wili, abgedruckt in: Protokoll der 94. Sitzung des Innenausschusses des Deutschen Bundestages, S. 30 merkt zudem an, dass entschieden werden muss, ob auf die Mehrheit der Stimmenden oder die der Stimmberechtigten abgestellt wird.

1332 Stellg. Badura, abgedruckt in: Protokoll der 94. Sitzung des Innenausschusses des Deutschen Bundestages, S. 41; schriftl. Stellg. Huber, Ausschussdrucksache 14/809F, S. 4 (abgedruckt als Anlage zum Protokoll der 94. Sitzung des Innenausschusses des Deutschen Bundestages)

1333 Schriftl. Stellg. Huber, Ausschussdrucksache 14/809F, S. 4 (abgedruckt als Anlage zum Protokoll der 94. Sitzung des Innenausschusses des Deutschen Bundestages); ders., abgedruckt in: Protokoll der 94. Sitzung des Innenausschusses des Deutschen Bundestages, S. 14

im Verfassungsleben bedeutsamen Kräfte festlegt.[1334] Der höhere Rang von Verfassungsnormen lässt sich zum einen aus der Grundsätzlichkeit der in einer Verfassung getroffenen Entscheidungen, zum anderen aus dem damit verbundenen sachlichen Gewicht dieser Entscheidungen ableiten.[1335] Dieser höhere Rang ist nur gerechtfertigt, wenn der Verfassung gleichzeitig ein erhöhter Bestandsschutz innewohnt, der den Vorrang der Verfassung sowie ihre spezifische normative Stabilität sichert, da ansonsten auch der Schutz der Minderheiten nicht gewährleistet wäre.[1336] Eine Verfassungsänderung soll deshalb nur dann möglich sein, wenn ein breiter gesellschaftlicher Konsens besteht.[1337] Der erhöhte Bestandsschutz ist sowohl im Bund als auch in den Ländern anerkannt[1338] und zeigt sich u.a. in den für eine Änderung der Verfassung notwendigen höheren Mehrheiten sowie in der Unabänderlichkeitssperre des Art. 79 Abs. 3 GG, die bestimmte Inhalte gänzlich von einer Verfassungsänderung ausnimmt.

Zu untersuchen ist nun, ob als Konsequenz daraus die Länder bei Verfassungsänderungen zwingend und ohne Ausnahme zu beteiligen sind. Dies wäre nur dann der Fall, wenn die im repräsentativen Verfahren notwendige Zweidrittelmehrheit ein Signal für das direktdemokratische Verfahren gibt, dass auch dort eine erhöhte Länderpartizipation stattfinden muss, wenn also der höhere Rang der Verfassung auch hinsichtlich des Bundesstaatsprinzips zu einer Abgrenzung zur normalen Gesetzgebung führen muss. Die erschwerte Abänderbarkeit der Verfassung zwingt hinsichtlich des Demokratieprinzips zu Überlegungen, ob höhere Quoren für die Annahme einer verfassungsändernden Gesetzesvorlage notwendig sind. Abgesehen davon, dass dies durchaus bezweifelt wird,[1339] kann aus der Annahme einer erhöhten Bestandskraft zumindest nicht automatisch auf erhöhte bundesstaatliche Erfordernisse für eine Verfassungsänderung auf plebiszitärem Weg geschlossen werden, da es bei der erschwerten Abänderbarkeit vor allem um eine gesteigerte demokratische Legitimation und eine hohe Akzeptanz der plebiszitären Verfassungsänderung geht.[1340] Diese Überlegung taugt somit nicht für die bundesstaatliche Dimension von Verfassungsänderungen. Hier zählt nur das Argument der Wahrung des Einflusses der Länder.

1334 BremStGH NVwZ-RR 2001, 1, 3; Harbich, Der Bundesstaat und seine Unantastbarkeit, S. 136

1335 Zippelius, Zur Rechtfertigung des Mehrheitsprinzips in der Demokratie, S. 23; vgl. dazu auch ausführlich: Hamm, Die ausdrücklichen Schranken der Verfassungsänderung im Bonner Grundgesetz, S. 5 ff.

1336 Degenhart, ThürVBl. 2001, 201, 208; Rux, ThürVBl. 2002, 48, 50

1337 BT-Drucks. 14/8503, S. 6

1338 BayVerfGH NVwZ-RR 2000, 401, 402+403; ThürVerfGH LKV 2002, 83, 96; BremStGH NVwZ-RR 2001, 1, 3 (Diese Verfassungsgerichte der Länder zählen die erschwerte Abänderbarkeit der Verfassung sogar zu einem der Elemente des demokratischen Rechtsstaates.); s. auch: Jutzi, ZG 2003, 273, 278; Rux, ThürVBl. 2002, 48, 50

1339 S. nur: Degenhart, in: Neumann (Hrsg.), Sachunmittelbare Demokratie im Freistaat Thüringen, S. 75 f.; ders., ThürVBl. 2001, 201, 208; Schweiger, NVwZ 2002, 1471, 1473

1340 BayVerfGH NVwZ-RR 2000, 401; Degenhart, in: Stober (Hrsg.), HdbSächsStVerwR, § 2 Rn 90, Jutzi, ZG 2003, 273, 278

Ursprünglicher Gedanke der Beteiligung der Länder an Verfassungsänderungen war vor allem, dass eine zentrale Kompetenz zur Änderung der Verfassung und somit auch zur Änderung der Kompetenzverteilung zwischen Bund und Ländern nur dann eingerichtet werden darf, wenn eine Beteiligung der Gliedstaaten gesichert ist, da sonst allein der Bund die Macht über die Bestimmung der Aufgabenbereiche beider Ebenen hat und den Ländern Aufgaben immer dann entziehen könnte, wenn sie nicht dem Willen des Bundes entsprechen.[1341] Auch unter diesem Gesichtspunkt gilt das bisher Gesagte. Die Begründung zur Zulässigkeit der Nichtbeteiligung der Länder kann ohne Abstriche auch auf Verfassungsänderungen übertragen werden, da es bei einer Argumentation mit dem Ausnahmecharakter der Durchführung von Plebisziten nicht auf die jeweilige Gesetzgebungsart ankommt. Auch die Verfassungsänderung wird als Bestandteil der Bundesgesetzgebung nur „grundsätzlich" von der erforderlichen Ländermitwirkung erfasst. Art. 79 Abs. 3 GG differenziert auch in diesem Punkt nicht, was eine Gleichbehandlung mit den anderen Arten der Gesetzgebung rechtfertigt.[1342] Nur für die verschwindend geringe Anzahl an Verfassungsänderungen auf plebiszitärem Weg bleiben die Länder außen vor, was ihre Gesamtmacht im Hinblick auf den Einfluss bei Verfassungsänderungen kaum schmälern kann.

Es kann somit konstatiert werden, dass eine unterschiedliche Behandlung der verschiedenen Gesetzgebungsarten im direktdemokratischen Verfahren nicht geboten ist. Die Länderbeteiligung kann für alle Formen der Gesetzgebung ausgeschlossen werden, solange sich dies auf einzelne Fälle beschränkt und die Länder in der Regel am Gesetzgebungsprozess beteiligt werden.

III. Die Möglichkeiten der Milderung des Machtverlustes der Länder

Abschließend sei auf einige Erwägungen hingewiesen, die den Machtverlust der Länder im direktdemokratischen Verfahren ein wenig ausgleichen können. Zunächst ist dafür auf die bei den relevanten Volksrechten angedeutete Möglichkeit zurückzukommen, föderalistische Belange auf den Stufen der Volksinitiative bzw. des Volksbegehrens zu beachten, sofern dies beim Volksentscheid nicht getan wird. Die Einführung von föderalen Quoren ähnlich der Regelung in Russland[1343] ist nicht erstrebenswert, da ähnliche Bedenken bestehen wie bei einer Länderklausel beim Volksentscheid. Es bestünde aber z.B. die Möglichkeit, dem Bundesrat während des Volksgesetzgebungsverfahrens die Gelegenheit zur Stellungnahme zu geben, was

1341 Elgeti, Inhalt und Grenzen der Föderativklausel des Art. 79, III GG, S. 75

1342 Auch Elgeti, Inhalt und Grenzen der Föderativklausel des Art. 79, III GG, S. 75 sieht Volksentscheide über Verfassungsänderungen im Kontext der Ländermitwirkung als zulässig an. Er geht dabei offensichtlich davon aus, dass die Länder bei einem Volksentscheid nicht beteiligt werden.

1343 S.o. 2. Kap. A. III.

freilich lediglich gutachtlichen Charakter hätte.[1344] Daneben existiert der Gedanke, den Ländern die Möglichkeit der Klage vor dem Bundesverfassungsgericht wegen Verletzung ihrer föderalen Belange durch einen konkreten Volksentscheid einzuräumen.[1345] Vor allem aber kann dem Bundesrat ein eigenes Gesetzesinitiativrecht in Bezug auf die zur Abstimmung stehende Gesetzesmaterie zuerkannt werden, wodurch er seine Belange, die vorrangig aus Interessen der Länder bestehen können, in das Gesetzgebungsverfahren einfließen lassen kann.

1. Die Konkurrenzvorlage

Eine Möglichkeit, den Bundesrat indirekt in das Verfahren der Volksabstimmung mit einzubinden, ist die der Konkurrenzvorlage. Hierbei wird neben der vom Volk eingebrachten Gesetzesinitiative ein zweiter Gesetzentwurf mit zur Volksabstimmung gestellt. Zwei Wege stehen hierfür zur Verfügung. Im Normalfall wird unter einer Konkurrenzvorlage eine solche des Parlaments verstanden. Lässt man diese wie jede sonstige Gesetzesinitiative des Bundestages entstehen, wäre keine Mitwirkung des Bundesrates gegeben. Denkbar wäre es jedoch auch, das Entstehen der Konkurrenzvorlage nach Art. 77 GG auszugestalten, d.h. der von den in Art. 76 Abs. 1 GG genannten Organen eingebrachte Gesetzentwurf muss zunächst das repräsentative Verfahren wie gewohnt durchlaufen und wird anschließend bei einer Verabschiedung durch den Bundestag unter Mitwirkung des Bundesrates als Gegenvorschlag mit zur Volksabstimmung gestellt.[1346] Als dritte Variante könnte auch ein eigens für die Erarbeitung eines Alternativentwurfs ausgestaltetes Verfahren eingeführt werden, welches eine Beteiligung von Bundestag und Bundesrat vorsehen könnte. In den letzteren beiden Fällen wäre die Beteiligung des Bundesrates vom Wohlwollen des Bundestages abhängig, da es keinen Konkurrenzentwurf gibt, wenn dieser keinen Alternativentwurf stellen will oder dem Gesetzentwurf nicht zustimmt bzw. nicht an ihm mitwirkt. Da der Bundesrat hier also auf das politische Ermessen des Bundestages angewiesen ist, gewährleisten diese Vorschläge keine konstitutive Beteiligung der Länder.[1347] Eine erheblich stärkere Position würde dem Bundesrat eingeräumt, wenn er das Recht hätte, einen eigenen Alternativentwurf mit zur Abstimmung zu

1344 Engelken, BayVBl. 2002, 289, 297; Die Möglichkeit der Stellungnahme für den Bundesrat während der Phase des Volksbegehrens sah auch ein Grundsatzpapier der SPD zur Verfassung des deutschen Staates vom Juli 1990 vor (abgedruckt in: RuP 1990, 207, 211 f.; dazu: Jung, RuP 2001, 144, 145).

1345 Engelken, BayVBl. 2002, 289, 297

1346 So war es wohl im Gesetzentwurf (BT-Drucks. 14/8503) mit Art. 82c Abs. 2 GG vorgesehen.

1347 Schriftl. Stellg. Huber, Ausschussdrucksache 14/809F, S. 4 (abgedruckt als Anlage zum Protokoll der 94. Sitzung des Innenausschusses des Deutschen Bundestages)

stellen, sei es neben, anstelle oder gemeinsam mit dem des Bundestages.[1348] Dieser müsste nicht erst vom Bundestag angenommen werden, sondern könnte direkt vom Bundesrat eingebracht werden. Dadurch erfolgt zwar keine direkte Mitwirkung des Bundesrates, falls das Volksbegehren und nicht der Alternativentwurf angenommen wird, die Abstimmenden hätten aber immerhin die Chance gehabt, mit der Annahme des Alternativentwurfs vom Bundesrat den Länderinteressen den Vorzug zu geben.

Dies scheint dann wohl auch eine der besten Lösungen für die gesamte Problematik der Beteiligung der Länder am Verfahren des Volksentscheids zu sein. Die Länder werden ausnahmsweise nicht an der Bundesgesetzgebung beteiligt, haben jedoch die Möglichkeit, sich durch die Erstellung eines eigenen Gesetzentwurfs, der mit zur Abstimmung gestellt wird, selbst in den Gesetzgebungsprozess einzubringen.

2. Die Kassation des volksbeschlossenen Gesetzes

Des Weiteren ist auch zu bedenken, dass der Bundesrat bei sämtlichen Änderungen, die das vom Volk beschlossene Gesetz in der Zukunft im repräsentativen Verfahren erfahren wird, bzw. bei einer Kassation dieses Gesetzes beteiligt ist. Er wirkt sowohl bei Änderungen des Gesetzes als auch bei dessen eventueller Außerkraftsetzung mit. Sollte er also der Auffassung sein, ein soeben im Wege der Volksabstimmung beschlossenes Gesetz lässt wichtige Länderbelange außer Acht, so kann er eine Änderung dieses Gesetzes anregen, indem er z.B. einen Gesetzentwurf, der das ursprüngliche Gesetz abändert, gemäß Art. 76 Abs. 1 GG in den Bundestag einbringt.[1349] Er ist zwar auch hier auf das Wohlwollen des Bundestages angewiesen, um diese Änderungen dann auch durchsetzen zu können, dies jedoch wie bei jedem anderen im repräsentativen Verfahren verabschiedeten Gesetz auch.

a. Die Zulässigkeit der Kassation

Einige Autoren melden dabei Bedenken an, dass die Entscheidung des Souveräns auf Grund der „durch die demokratische Theorie verliehenen höheren Weihen einer plebiszitären Volkssouveränität“[1350] von Repräsentativorganen nicht so einfach ab-

1348 Dies schlägt auch Evers in seiner Stellg., abgedruckt in: Deutscher Bundestag (Hrsg.), Materialien zur Verfassungsdiskussion und zur Grundgesetzänderung in der Folge der deutschen Einigung, Bd. 2, S. 144; ders., ArbU Nr. 57a, abgedruckt in: Deutscher Bundestag (Hrsg.), Materialien zur Verfassungsdiskussion und zur Grundgesetzänderung in der Folge der deutschen Einigung, Bd. 3, S. 361 vor. Schmack-Reschke, in: Konegen/Nitschke (Hrsg.), Revision des Grundgesetzes?, S. 97 Fn 27 schließt sich dem an.

1349 Darauf verweist auch: Evers, ArbU Nr. 57a, abgedruckt in: Deutscher Bundestag (Hrsg.), Materialien zur Verfassungsdiskussion und zur Grundgesetzänderung in der Folge der deutschen Einigung, Bd. 3, S. 361.

1350 Schulz-Schaeffer, JZ 2003, 554, 559

geändert werden dürfe. Sie bezweifeln damit die Zulässigkeit einer solchen Kassation des volksbeschlossenen Gesetzes durch Repräsentativorgane. Die Befugnis des parlamentarischen Gesetzgebers zur sofortigen Abänderung des volksbeschlossenen Gesetzes sei der Gesetzgebung durch den Souverän nicht angemessen und missachtet die Stellung des Volkes als höchstes Staatsorgan.[1351] Daher wird entweder die Befugnis des parlamentarischen Gesetzgebers zur Abänderung des volksbeschlossenen Gesetzes generell verneint oder diese nur unter bestimmten Voraussetzungen angenommen, z.B. bei grundlegend veränderten Umständen, nur in Verbindung mit einem besonderen Aufhebungsreferendum oder nach Abwarten einer bestimmten Frist (z.B. die nächsten Parlamentswahlen).[1352] Die Gegner dieser Ansicht sehen das Parlament in diesen Fällen in seinen Handlungsbefugnissen nicht eingeschränkt, da dem Volk keine höheren Befugnisse zustehen als dem Parlament und es diesem auch nicht übergeordnet sei; die Frage, wann und unter welchen Umständen das Parlament ein volksbeschlossenes Gesetz ändern kann, sei eine politische.[1353] An diesem Punkt spielt also unter anderem wieder die bereits dargestellte Debatte über die Höherwer-

1351 Heyen, Das höchste Reichsorgan, S. 59 ff.; Jung/Knemeyer, Im Blickpunkt: Direkte Demokratie, S. 53

1352 Wolff/Bachof/Stober, Verwaltungsrecht, Bd. 1, § 25 VII 1; Püttner/Kretschmer, Staatsorganisation, S. 97; Jung/Knemeyer, Im Blickpunkt: Direkte Demokratie, S. 53; v. Mangoldt, AöR 77 (1951), 376, 378; Peine, Der Staat 18 (1979), 375, 399 ff. (m.w.N. auf S. 380 Fn 24); Przygode, Die deutsche Rechtsprechung zur unmittelbaren Demokratie, S. 432 ff. postuliert zunächst eine Gleichrangigkeit beider Gesetzgeber und damit eine jederzeitige Änderungsbefugnis des parlamentarischen Gesetzgebers. Später erlegt er dann doch noch dem Parlament für eine Änderungskompetenz die Darlegungslast einer Änderung der Sach- und Rechtslage auf (vgl. dazu auch die weiteren Nachweise auf S. 428 Fn 48). S. auch: Greifeld, Volksentscheid durch Parlamente, S. 65 ff. sowie Jung, FS Schefold, S. 145, 157 ff., die – ohne einen höheren Rang der Volksgesetzgebung anzunehmen – eine konkludente Aufhebungssperre für volksbeschlossene Gesetze propagieren mit der Begründung, dass sich das Volk mit der Annahme des Volksentscheids gegen den vom Parlament eventuell eingebrachten Alternativvorschlag entschieden hat und diese Entscheidung akzeptiert werden müsse, will man nicht das Volksgesetzgebungsverfahren ad absurdum führen.

1353 Dreier, in: Dreier (Hrsg.), Art. 20 (Demokratie) Rn 93+98; Löwer, in: v. Münch/Kunig (Hrsg.), Art. 28 Rn 20; Schneider, in: Benda/Maihofer/Vogel (Hrsg.), HdbVerfR, § 13 Rn 138; Schneider, Gesetzgebung, Rn 182; Pestalozza, Der Popularvorbehalt, S. 28; Schilling, Rang und Geltung von Normen in gestuften Rechtsordnungen, S. 444; Evangelische Akademie Hofgeismar/Stiftung Mitarbeit (Hrsg.), Direkte Demokratie in Deutschland (Hofgeismarer Entwurf), S. 59; Grawert, JURA 1982, 300, 304; Schlenker, VBlBW. 1988, 121, 122; Starck, ZG 1992, 1, 18; Berlit, KritV 1993, 318, 344 f.; Rux, LKV 2002, 252, 257 Fn 41; für die sächsische Verfassung: SächsVerfGH NVwZ 2003, 472, 472 f.; für die bayerische Verfassung: BayVerfGH NVwZ-RR 2000, 401, 402; Nawiasky/Leusser, Die Verfassung des Freistaates Bayern, Art. 74 (S. 154); Meder, Die Verfassung des Freistaates Bayern, Art. 72 Rn 1; Fessmann, BayVBl. 1976, 389, 393; Giehl/v. Scheurl, BayVBl. 1976, 486, 488 Fn 7; für die hessische Verfassung: Schonebohm, FS Stein, S. 335; für die brandenburgische Verfassung: BbgVerfG LKV 2002, 77, 81; für die saarländische Verfassung: SaarlVerfGH NVwZ 1988, 245, 249 m.w.N.; jüngst auch: HbgVerfG DVBl. 2005, 439 ff.; s. auch die weiteren Nachweise bei: Przygode, Die deutsche Rechtsprechung zur unmittelbaren Demokratie, S. 428 Fn 45 und für die Länderverfassungen bei: Borowski, DÖV 2000, 181, 184 Fn 19

tigkeit des direkt vom Volk geäußerten Willens eine Rolle. Praktisch geworden ist dieses Thema z.B. in Schleswig-Holstein, wo der parlamentarische Gesetzgeber als erstes Parlament unter einer deutschen Verfassung binnen Jahresfrist die vom Volk getroffene Entscheidung der Ablehnung der Rechtschreibreform revidiert hat.[1354]

Heftig debattiert wurde über diese Problematik vor allem in der Weimarer Zeit, da dort direkte Demokratie auf gesamtstaatlicher Ebene möglich war. Während des Bestehens der Weimarer Republik wandelte sich die zunächst vorherrschende Ansicht, dass Volksgesetzen kein höherer Rang zukommen könne als Parlamentsgesetzen, was bedeutete, dass der Reichstag ein Volksgesetz jederzeit ändern bzw. aufheben konnte,[1355] zu der Annahme, dass Volksgesetzen doch ein höherer Rang zukommen müsse.[1356] Beschränkt wurde dies z.T. durch die These eines zeitlichen Vorrangs, so dass z.B. nur der jeweilige Reichstag an das Gesetz gebunden sein sollte, nach Neuwahlen hingegen sollte der Reichstag auch vor der Wahl vom Volk beschlossene Gesetze ändern können bzw. wurden feste Jahresfristen vorgesehen oder eine Änderung der Sach- und Rechtslage für die Befugnis des Parlaments, volksbeschlossene Gesetze zu ändern, gefordert.[1357] Begründet wurde dies entweder mit der gegenüber den Reichsorganen höheren Stellung einer unmittelbaren Äußerung des souveränen Volkswillens[1358] oder, wenn diese Ansicht abgelehnt wurde, mit der Korrektivfunktion der Plebiszite, welche eine Berichtigung des Parlamentswillens durch den Volkswillen darstellen; das Parlament könne diese Korrektur nicht sogleich wieder revidieren.[1359] Motiviert waren diese Ansichten daneben jedoch weniger von demokratietheoretischen Erwägungen, sondern vielmehr standen politische Kalküle im Vordergrund. So wurde angeführt, dass der Reichstag allmählich seiner Kompetenzen beraubt werden würde, wenn nur das Volk seine selbst be-

1354 Löwer, in: v. Münch/Kunig (Hrsg.), Art. 28 Rn 20; Borowski, DÖV 2000, 481

1355 So z.B.: Anschütz, Die Verfassung des Deutschen Reichs vom 11. August 1919, Art. 73 Anm. 4 m.w.N.; Schmitt, Verfassungslehre, S. 98; Liermann, Das deutsche Volk, S. 152; Huber, Deutsche Verfassungsgeschichte seit 1789, Bd. VI, S. 431 m.w.N.; Mügel, DJZ 1926, Sp. 693, 694; Wunderlich, DJZ 1926, Sp. 701, 705; vgl. auch die Nachweise bei: Peine, Der Staat 18 (1979), 375, 380 Fn 20 und Borowski, DÖV 2000, 481, 484 Fn 19

1356 Huber, Deutsche Verfassungsgeschichte seit 1789, Bd. VI, S. 431; Rux, KritV 2002, 273, 277 m.w.N.; Borowski, DÖV 2000, 481, 484; Für einen generellen Vorrang der Volksgesetzgebung traten z.B. Heyen, Das höchste Reichsorgan, S. 59 ff.; Venator, AöR 43 (1922), 40, 98 sowie Metzges, Leipziger Zeitschrift für Deutsches Recht 1926, Sp. 719, 728 f. ein. Eine eingehende Auseinandersetzung mit dieser Auffassung findet sich bei Steiner, Verfassunggebung und verfassunggebende Gewalt des Volkes, S. 194 ff. Zur Entwicklung der Diskussion in der Weimarer Republik auch: Jung, FS Schefold, S. 151 ff.

1357 Jellinek, in: Anschütz/Thoma (Hrsg.), Handbuch des deutschen Staatsrechts, Bd. 2, S. 181 f.; Thoma, in: Anschütz/Thoma (Hrsg.), Handbuch des deutschen Staatsrechts, Bd. 2, S. 114 ff.; Jacobi, in: Schreiber (Hrsg.), Die Reichsgerichtspraxis im deutschen Rechtsleben, Bd. 1, S. 256; Rux, KritV 2002, 273, 277 m.w.N. in Fn 25; Borowski, DÖV 2000, 481, 484 m.w.N.

1358 Jacobi, in: Schreiber (Hrsg.), Die Reichsgerichtspraxis im deutschen Rechtsleben, Bd. 1, S. 242 ff.

1359 Huber, Deutsche Verfassungsgeschichte seit 1789, Bd. VI, S. 431 f.

schlossenen Gesetze ändern könne.[1360] Eine dadurch entstehende Gefahr einer Blockade der Politik wollte die am Ende der Weimarer Zeit vorherrschende Ansicht eines höheren Ranges der volksbeschlossenen Gesetze dann auch mit der Orientierung an der Legislaturperiode oder an den oben beschriebenen sonstigen Fristen verhindern.[1361] In der Praxis galt hingegen der lex-posterior-Grundsatz, so dass sich der Reichstag lediglich auf Grund seines Respekts vor der Entscheidung der Bürger und den Auswirkungen bei den nächsten Wahlen an einer sofortigen Änderung eines Volksgesetzes gehindert sah.[1362]

Letztlich überzeugt die Auffassung, ein vom Volk beschlossenes Gesetz könne gar nicht oder nur unter bestimmten Bedingungen von den Repräsentativorganen angetastet werden, nicht. Die These, dass Volksabstimmungen auf Grund einer höheren demokratischen Qualität eine generell höherwertige Form der Gesetzgebung darstellen, wird mit der überwiegenden Ansicht abgelehnt.[1363] Akte der Volksgesetzgebung können deshalb vom parlamentarischen Gesetzgeber aufgehoben bzw. geändert werden. Ein im Wege des Volksentscheides zustande gekommenes Gesetz wird behandelt wie jedes andere auch; es gilt der Grundsatz „lex posterior derogat legi priori“, es sei denn die Verfassung ordnet ausdrücklich an, dass ein volksbeschlossenes Gesetz (für eine bestimmte Zeit) nicht von Repräsentativorganen angetastet werden darf.[1364] Es muss für den repräsentativen Gesetzgeber möglich sein, auf eine sich ändernde Situation in den realen Gegebenheiten reagieren zu können, auch wenn das Volk unter Umständen die Notwendigkeit einer Änderung (noch) nicht einsieht und sich daher schwer mobilisieren ließe. Zu denken ist auch an kurzfristig erforderliche Anpassungen, die noch nicht einmal dem Regelungsziel des Volksgesetzes zuwiderlaufen müssen.[1365] Hier eine Änderungskompetenz nur des Volksgesetzgebers anzunehmen, hieße, den Inhalt eines einst volksbeschlossenen Gesetzes auf unabsehbare Zeit festzuschreiben.[1366] Zudem würde eine solche Ansicht die verfassungsrechtlichen Kompetenzen der gesetzgebenden Körperschaften unangemessen einschränken.[1367] So würde ein auf ewig vom Parlament unabänderbares Volksgesetz einen schleichenden Kompetenzverlust des Parlaments bedeuten, der nicht von der Intention zur Einführung der Volksgesetzgebung gedeckt ist.[1368] Vereinzelt wird auch dar-

1360 Rux, KritV 2002, 273, 277

1361 Rux, KritV 2002, 273, 277

1362 Rux, KritV 2002, 273, 278

1363 S.o. 4. Kap. G. I. 1.

1364 Schonebohm, FS Stein, S. 335; So kann z.B. der Bürgerentscheid in Baden-Württemberg und Schleswig-Holstein während der nächsten drei bzw. zwei Jahre nicht durch Gemeinderatsbeschluss angetastet werden, sondern nur durch weiteren Bürgerentscheid, § 21 Abs. 7 S. 2 GO Ba-Wü, § 16g Abs. 8 S. 2 GO SchlH (s. auch: Schilling, Rang und Geltung von Normen in gestuften Rechtsordnungen, S. 444 Fn 229). Przygode, Die deutsche Rechtsprechung zur unmittelbaren Demokratie, S. 432 f. ist von dieser Lösung hingegen nicht überzeugt.

1365 Przygode, Die deutsche Rechtsprechung zur unmittelbaren Demokratie, S. 433

1366 Borowski, DÖV 2000, 481, 487

1367 Kriele, FAZ Nr. 262 vom 10.11.1992, S. 12

1368 Przygode, Die deutsche Rechtsprechung zur unmittelbaren Demokratie, S. 429

auf hingewiesen, dass eine prinzipielle Änderungsfestigkeit volksbeschlossener Gesetze die generelle Staatsleitungsfunktion von Parlament und Regierung verletzen würde und schon aus diesem Grunde unzulässig ist.[1369] Würde der Volksgesetzgebung ein höherer Rang zugesprochen, ergäbe sich ein nicht auflösbarer Legitimationskonflikt zwischen zwei demokratischen Prinzipien, der letztlich beiden schadet.[1370] Zudem deutet bereits der Wortlaut des Art. 20 Abs. 2 S. 2 GG, der beide Arten der Gesetzgebung ohne Rangunterschiede nebeneinander aufstellt, auf eine Gleichrangigkeit hin.[1371] Bedeutsam ist des Weiteren, dass das Volk bei einer Volksabstimmung als konstituiertes Gesetzgebungsorgan agiert und nicht als staatskonstituierendes Kreationsorgan.[1372] Es besitzt damit keine staatsrechtlich höhere Qualität als die Organe der repräsentativen Gesetzgebung.[1373] Da die Bürger bei einer Volksabstimmung als Teil der verfassten Gewalt auftreten, hat sich ihr Vorhaben in den bestehenden verfassungsrechtlichen Grenzen zu halten, so dass auch die Gefahr der Umgehung von Minderheiteninteressen relativiert ist.[1374] Auch die Grenze, ab der von einer Änderung des volksbeschlossenen Gesetzes gesprochen werden kann, somit der genaue Gegenstand des Vorrangs ist schwer zu bestimmen. Gelegentlich wird dieser mit dem eigentlichen „Regelungsziel" des Gesetzes benannt.[1375] Ein Grenzfall wäre beispielsweise der Erlass eines Parlamentsgesetzes, welches zwar den Wortlaut des volksbeschlossenen Gesetzes nicht ändert, möglicherweise jedoch dessen Auslegung.[1376] Ungeklärt wäre auch das System des Stufenbaus, ob z.B. ein volksbeschlossenes Gesetz im Rang über einer parlamentsbeschlossenen Verfassungsbestimmung steht oder ob sich die Höherwertigkeit nur innerhalb der jeweiligen Stufe auswirkt.[1377] Schließlich ist auch das Argument, das Ergebnis eines Volksentscheids entfalte Bindungswirkung, da Volksabstimmungen selten erfolgreich seien und dieser schwer erringbare Erfolg zumindest nicht ohne erschwerte Voraussetzungen vereitelt werden können dürfe, nicht akzeptabel.[1378]

Auch der actus-contrarius-Gedanke, aus dem die Forderung nach einem Referendum für die Änderung eines volksbeschlossenen Gesetzes durch das Parlament heraus entwickelt wurde, überzeugt letztlich nicht. Diese Ansicht begründet die zwingende Mitwirkung des Volkes bei der Änderung von auf direktdemokratischem Weg zustande gekommenen Gesetzen damit, dass ein Gesetz nur auf dem Weg, auf dem es entstanden ist, und von dem Kompetenzträger, der es erlassen hat, wieder geändert

1369 Löwer, in: v. Münch/Kunig (Hrsg.), Art. 28 Rn 20
1370 Preuß, ZRP 1993, 131, 136; Berlit, KritV 1993, 318, 344
1371 S.o. 4. Kap. G. I. 1.
1372 Schmitt, Verfassungslehre, S. 98; Przygode, Die deutsche Rechtsprechung zur unmittelbaren Demokratie, S. 429; Grawert, JURA 1982, 300, 304; Preuß, DVBl. 1985, 710, 711; Berlit, KritV 1993, 318, 344
1373 Peine, Der Staat 18 (1979), 375, 383 ff. mit ausführlicher Begründung
1374 Berlit, KritV 1993, 318, 344 f.
1375 So: Peine, Der Staat 18 (1979), 375, 400 f.
1376 Borowski, DÖV 2000, 481, 487
1377 S. dazu: Borowski, DÖV 2000, 481, 486
1378 S. dazu: Borowski, DÖV 2000, 481, 486

werden könne.[1379] Deshalb müsse bei einer Änderung eines volksbeschlossenen Gesetzes durch das Parlament das Volk wenigstens in Form eines Referendums mitwirken. Dies bedeutet in der Konsequenz dann jedoch auch, dass kein Volksentscheid ein Parlamentsgesetz ändern könnte, was nicht tragbar ist.[1380]

Die Thesen eines zeitlich befristeten Vorrangs würden zum Großteil dieselben Probleme aufwerfen, wenn auch in manchen Fällen in etwas abgemildertem Umfang. Dafür ergäbe sich z.B. bei der Annahme einer Bindung des parlamentarischen Gesetzgebers bis zu einer wesentlichen Änderung der Sach- oder Rechtslage daneben das Problem der Bestimmung dieses Zeitpunkts.[1381] Ein Schutz der Volksgesetze für die laufende Legislaturperiode wird vor allem damit begründet, dass die Abstimmenden mit ihrer Bereitschaft, einer Initiative aus dem Volk zu folgen, dem Parlament die Legitimation entziehen, in dieser Angelegenheit einen anderen Volkswillen zu bilden.[1382] Die Entscheidung des Volkes soll an die Stelle der Entscheidung des Parlaments treten und erst mit einer neuen Wahl werde der Dissens zwischen Parlament und Volk überwunden.[1383] Die für eine Änderung eines volksbeschlossenen Gesetzes notwendige Äußerung des Volkes müsse also nicht zwingend in einem Volksentscheid bestehen.[1384] Dies bedeutet jedoch einen ungerechtfertigten unterschiedlich langen Schutz für volksbeschlossene Gesetze, je nachdem ob sie zu Beginn oder gegen Ende einer Legislaturperiode angenommen wurden.[1385] Zudem erscheint es unangemessen, den ordentlichen Gesetzgeber in sich rasch verändernden Sachmaterien vier Jahre vom Gesetzgebungsrecht auszuschließen.[1386]

Zusammenfassend können wohl keine derartigen Vorteile einer Bindungswirkung gesehen werden, die die Nachteile der Schwächung des Parlaments und die Entstehung einer Rechtsunsicherheit aufwiegen würden.[1387] Die politische Bindungswirkung eines Volksentscheides und die Langwierigkeit der politischen Prozesse genügt, um ein ewiges Wechselspiel zwischen Volks- und parlamentarischer Gesetzgebung in dem Sinne, dass der eine Kompetenzträger ständig die Entscheidung des anderen abändert, zu verhindern. Ist eine Angelegenheit durch Volksentscheid geregelt, ist das Parlament von der Verantwortung zur Regelung dieser Materie zunächst befreit und es wird sich – auch angesichts des permanenten Regelungsdrucks – anderen Gesetzgebungsvorhaben widmen.[1388] Der Bundestag ist demzufolge zur Kassa-

1379 Peine, Der Staat 18 (1979), 375, 398 f.

1380 Przygode, Die deutsche Rechtsprechung zur unmittelbaren Demokratie, S. 431

1381 Versuche einer Definition dieses Zeitpunktes (z.B. bei: Peine, Der Staat 18 (1979), 375, 400) müssen – was in der Natur der Sache liegt – unbefriedigend bleiben, da dieser kaum genau beziffert werden kann.

1382 Greifeld, Volksentscheid durch Parlamente, S. 67

1383 Przygode, Die deutsche Rechtsprechung zur unmittelbaren Demokratie, S. 430

1384 Jacobi, in: Schreiber (Hrsg.), Die Reichsgerichtspraxis im deutschen Rechtsleben, Bd. 1, S. 256

1385 Przygode, Die deutsche Rechtsprechung zur unmittelbaren Demokratie, S. 430

1386 Przygode, Die deutsche Rechtsprechung zur unmittelbaren Demokratie, S. 430

1387 Borowski, DÖV 2000, 481, 488

1388 Greifeld, Volksentscheid durch Parlamente, S. 68

tion des in einem Volksentscheid angenommenen Gesetzes befugt, womit auch dem Bundesrat seine ihm im Repräsentativverfahren zustehenden Möglichkeiten zur Mitwirkung eröffnet sind.

b. Die Abhängigkeiten des Bundesrates

Diese Möglichkeit zur Mitwirkung an der Kassation des volksbeschlossenen Gesetzes ist jedoch durch starke Abhängigkeiten des Bundesrates gekennzeichnet, die diese Option hinsichtlich einer Milderung des Machtverlustes erheblich entwerten. Zum einen ist der Bundesrat wie schon angesprochen auf das Wohlwollen des Bundestages angewiesen, dass dieser z.B. einem etwaigen Änderungs- bzw. Abschaffungswunsch, den der Bundesrat auf Grund seines Rechts zur Gesetzesinitiative in den Bundestag eingebracht hat, entspricht, da der Gesetzentwurf erst dann in den Bundesrat gelangt, wo das Föderativorgan seine Einspruchs- bzw. Zustimmungsrechte ausüben kann. Zum anderen tritt hier in ähnlicher Form das bereits bei dem Lösungsmodell der Beteiligung des Bundesrates am direktdemokratischen Verfahren erläuterte Problem auf, dass sich der Bundesrat nach einer Abstimmung durch das Volk kaum in der Lage sehen wird, sich diesem Votum durch eine eigene abändernde Entscheidung entgegenzusetzen, sondern er wird sich dem Votum des Souveräns verpflichtet fühlen. Zudem wird sich nicht nur der Bundesrat, sondern auch der Bundestag, auf dessen Mitwirkung der Bundesrat angewiesen ist, kaum zu einer Kassation des volksbeschlossenen Gesetzes entschließen.[1389] Vom Bundestag ist dies tendenziell sogar noch weniger zu erwarten, da er das das Volk repräsentierende Organ darstellt und sich damit dem Votum des Volkes noch stärker verpflichtet fühlen wird als der Bundesrat, dessen vorrangiges Ziel die Einbringung der Länderinteressen in den Bundesgesetzgebungsprozess sein soll. Vor allem dem Bundestag gilt der Volksentscheid als politisches Signal, da das Volk eine Initiative im Regelfall in solchen Bereichen anstrengt, in denen es mit der bisherigen Politik der politischen Mehrheiten nicht einverstanden ist.[1390] Widersetzt sich das Parlament dem vom Volk geäußerten Willen, muss es um seine Wiederwahl fürchten, wenngleich bei der Frage der Wahlentscheidung natürlich auch andere Faktoren ausschlaggebend sind, z.B. der Zeitraum bis zur nächsten Wahl.[1391] Eine gewisse politische Bindungswirkung eines Volksentscheides ist demnach unzweifelhaft gegeben, sie sollte jedoch auch nicht zu hoch bewertet werden, wie das Beispiel Schleswig-Holsteins zeigt. Dieses Problem schwächt sich außerdem nach Ablauf einer gewissen Zeitspanne immer mehr ab, da sich das Bewusstsein des Volksgesetzgebers auf neue Probleme konzentriert und sich zudem die Realitäten so ändern können, dass eine Änderung des einst beschlossenen

1389 Der ThürVerfGH LKV 2002, 83, 91 sieht bei einer Kassation die Gefahr einer „politischen Krise"; Berlit, KritV 1993, 318, 345 spricht von „verfassungspolitischen Verwerfungen".

1390 Borowski, DÖV 2000, 481, 483

1391 Borowski, DÖV 2000, 481, 483 f.

Gesetzes notwendig werden kann. In einem solchen Fall wird dann auch das Volk seine Vertreter in den Repräsentativorganen für eine mögliche Abänderung ihres Votums nicht mehr strafen.

3. Das parallel zum Volksgesetzgebungsverfahren eingeleitete parlamentarische Verfahren

Schließlich könnte der Bundesrat auch insofern an der Bearbeitung des von einer Volksinitiative aufgegriffenen Regelungsziels beteiligt werden, als ein parlamentarisches Verfahren, bei dem der Bundesrat die üblichen Mitwirkungsrechte innehat, während der Durchführung eines Volksgesetzgebungsverfahrens eingeleitet wird, wobei der Bundesrat dabei naturgemäß den gleichen Abhängigkeiten vom Bundestag unterliegt wie sie bei der Kassation eines volksbeschlossenen Gesetzes auftreten. In diesem Zusammenhang wird – in gewissen Zügen ähnlich dem Problem der Zulässigkeit einer Kassation eines volksbeschlossenen Gesetzes – überlegt, ob dem Volksgesetzgebungsverfahren eine Sperrwirkung hinsichtlich der parlamentarischen Gesetzgebung zukommen soll, dem parlamentarischen Gesetzgeber in dieser Zeit also die Befugnis zur Gesetzgebung fehlt. Die wenigen Vertreter dieser Auffassung begründen dies damit, dass ansonsten der parlamentarische Gesetzgeber das Volksgesetzgebungsverfahren „überholen“ und ihm so die Grundlage entziehen könnte; dies würde den Gewaltenteilungsgedanken konterkarieren, der Korrektivfunktion des Volksgesetzgebungsverfahrens zuwiderlaufen und es zu einer „zahnlosen Verfassungsinstitution“ degradieren.[1392] So kann der parlamentarische Gesetzgeber tatsächlich Normen erlassen, die den Erfolg eines volksbeschlossenen Gesetzes mehr oder weniger vereiteln können. Selbst wenn der Volksentscheid dann Erfolg hat, kann der vom Volk zum Ausdruck gebrachte Wille damit zu einem Großteil umgangen werden.[1393] Trotzdem kann dieser Ansicht mit in vielerlei Hinsicht ähnlichen Argumenten wie bei der Frage der Zulässigkeit der Kassation eines volksbeschlossenen Gesetzes durch das Parlament entgegengetreten werden. Die fehlende Sperrwirkung allerdings mit einem Erst-Recht-Schluss aus der Gleichrangigkeit der beiden Verfahren herleiten zu wollen, wäre nach einer Ansicht in der Literatur verfehlt.[1394] Ob der parlamentarische Gesetzgeber wirklich dazu berechtigt ist, den Erfolg eines Volksgesetzgebungsverfahrens durch eine Gegeninitiative vereiteln zu wollen, sei damit nicht gesagt, da er in diesem Fall eher mit versteckter Manipulation arbeite im Gegensatz zur Kassation, wo er in offener Wahrnehmung seiner politischen Verantwortung handele.[1395] Inwiefern diese Argumentation stichhaltig ist, sei hier dahingestellt, sie darf aber bezweifelt werden. Eine Gegeninitiative des Parlaments während eines

1392 Przygode, Die deutsche Rechtsprechung zur unmittelbaren Demokratie, S. 421 ff.
1393 Borowski, DÖV 2000, 481, 489
1394 So allerdings: SaarlVerfGH NVwZ 1988, 245, 249
1395 Borowski, DÖV 2000, 481, 489

Volksgesetzgebungsverfahrens als versteckte Manipulation zu bezeichnen, erscheint gewagt, da die öffentliche Aufmerksamkeit gerade in dieser Zeit auf das Thema des Volksgesetzgebungsverfahrens gerichtet sein wird. Jedenfalls ergäben sich bei der Annahme einer Sperrwirkung wiederum Probleme hinsichtlich des Zeitraums und des Gegenstandes einer solchen. Das Ende der Sperrwirkung ist mit Abschluss des Volksgesetzgebungsverfahrens noch deutlich benennbar, der Beginn hingegen birgt Probleme. Die Sperrwirkung ab der Phase der Volksinitiative gelten zu lassen könnte angesichts der zahlreichen Verfahren, die nicht bis zum Volksentscheid kommen, eine unangemessene Blockierung des Parlaments bedeuten.[1396] Bei Beginn erst ab der Phase des Volksbegehrens wäre der Schutz hingegen unvollständig.[1397] Bezüglich des Gegenstandes würde sich bei vielen vom Parlament erlassenen Gesetzen die Frage der Nichtigkeit stellen, wenn sie zufällig mittelbare Auswirkungen auf ein schwebendes Volksgesetzgebungsverfahren haben.[1398] Letztlich muss auch hier gesehen werden, dass eine solche das Volksgesetzgebungsverfahren konterkarierende Parlamentsinitiative erhebliche Verwerfungen der Repräsentativorgane mit dem Wahlvolk hervorrufen und das Parlament damit folglich sehr restriktiv umgehen wird. Im Ergebnis ist wohl diese politische Bindungswirkung als Vorkehrung gegen eine Gegeninitiative des Parlaments als ausreichend zu betrachten.[1399] In Erwägung könnte maximal noch gezogen werden, aus dem Grundsatz der Organtreue, nach dem sich alle Staatsorgane zueinander so zu verhalten haben, dass sie ihre verfassungsrechtlichen Zuständigkeiten verantwortlich ausüben können,[1400] eine Missbrauchsschranke für den parlamentarischen Gesetzgeber herzuleiten. Dem Parlament wären danach gesetzgeberische Aktivitäten nur in konkreten Missbrauchsfällen verboten, wobei an das Vorliegen eines Missbrauchsfalles hohe Anforderungen zu stellen sind.[1401]

Anhand der vorstehenden Erörterungen ist deutlich geworden, dass der Bundesrat trotz einer fehlenden Mitwirkung der Länder am Volksgesetzgebungsverfahren dennoch erhebliche Einflussmöglichkeiten im Hinblick auf das zu verwirklichende Regelungsziel haben kann. Die vorbezeichneten geeigneten Gegenmaßnahmen können den durch die Nichtbeteiligung der Länder am Volksentscheid bewirkten Verlust ihres Einflusses in erheblichem Maße kompensieren. Aus diesem Gesichtspunkt heraus erscheint der Machtverlust der Länder durch deren ausnahmsweise Nichtbeteiligung am Volksgesetzgebungsverfahren weniger gravierend als von den Gegnern dieser Lösung angeführt. Ein Verstoß gegen Art. 79 Abs. 3 GG rückt damit in noch weitere Ferne.

1396 Przygode, Die deutsche Rechtsprechung zur unmittelbaren Demokratie, S. 424; Borowski, DÖV 2000, 481, 490
1397 Borowski, DÖV 2000, 481, 490
1398 Borowski, DÖV 2000, 481, 490
1399 So auch: Borowski, DÖV 2000, 481, 489
1400 Stern, Staatsrecht, Bd. I, § 4 III 8 c
1401 Borowski, DÖV 2000, 481, 490 f.

Die Bearbeitung favorisiert damit dieses letzte Lösungsmodell, da es das einzig praktikable zur Lösung des Problems der Beteiligung der Länder an Volksentscheiden auf Bundesebene darstellt. Sämtliche übrigen Modelle erwecken lediglich den Schein einer Mitwirkung der Länder, sehen sich zum Teil schwerwiegenden verfassungsrechtlichen Bedenken in Bezug auf andere Prinzipien ausgesetzt oder versprechen bei einer praktischen Umsetzung keine rechte Erzeugung von Verständnis für dieses Modell bei der Aktivbürgerschaft. Da die Lösung des Problems nicht darin liegen soll, die Einführung von Volksentscheiden in das Grundgesetz am Bundesstaatsprinzip scheitern zu lassen, sollte der Weg der ausnahmsweisen Nichtbeteiligung der Länder an der Bundesgesetzgebung, getragen durch die selbst vom Grundgesetz vorgenommene Einschränkung der nur grundsätzlichen Erforderlichkeit der Mitwirkung, beschritten werden.

Zusammenfassung

I.

Die Problematik der Vereinbarkeit der Einführung plebiszitärer Elemente in das Grundgesetz der Bundesrepublik Deutschland mit dem Bundesstaatsprinzip wirft die Frage des Schutzumfangs des unabänderlichen grundsätzlichen Rechts der Länder zur Mitwirkung an der Gesetzgebung aus Art. 79 Abs. 3 GG auf, inwieweit föderative Rechte der Länder also auch bei direktdemokratischen Verfahren zu wahren sind. Bisher wird die Ländermitwirkung über den Bundesrat als föderatives Verfassungsorgan verwirklicht, dessen Legislativkompetenz von der Einführung von Volksentscheiden betroffen ist. Die deutsche Verfassungsgeschichte bietet für die Problematik einen interessanten Anknüpfungspunkt in Art. 106 HChE, in dem ein Föderalquorum ähnlich dem schweizerischen Ständemehr für Verfassungsreferenden vorgesehen war, was jedoch nicht in die endgültige Version des Grundgesetzes übernommen wurde. Die Unabänderlichkeitssperre sieht die Beteiligung der Länder als elementaren Verfassungsgrundsatz an, der zu den materiellen, vom verfassungsändernden Gesetzgeber nicht abänderbaren Schranken gehört. Die Entstehungsgeschichte im Parlamentarischen Rat bringt kaum Erkenntnisgewinn für die Frage, welchen Mindeststandard der Schutz der grundsätzlichen Mitwirkung der Länder bei der Gesetzgebung fordert, da dieses konkrete Merkmal erst relativ spät und ohne Begründung in die Beratungen eingebracht wurde. Die allgemeine Sicherung der Bundesstaatlichkeit über den Schutz der Grundsätze des Art. 20 GG erscheint demgegenüber als reine Zufälligkeit, die vom Parlamentarischen Rat in dieser Weise nicht vorgesehen war.

Die Funktion der Unabänderlichkeitssperre wird neben der Verhinderung der Legalisierung einer Revolution vor allem im Schutz der Identität der geschichtlich-konkreten Ordnung des Grundgesetzes gesehen. Das Bundesstaatsprinzip soll in der vom Grundgesetz konstituierten Form gesichert werden. Das grundsätzlich geschützte Recht der Länder zur Mitwirkung an der Gesetzgebung stellt einen Aspekt der Bewahrung der Länder als gewichtige Entscheidungszentren dar und bewirkt die föderative Gewaltenteilung in Ergänzung zur klassischen Gewaltenteilung. Es sollen die Interessen der Länder in den Gesetzgebungsprozess des Bundes eingebracht werden können, womit in einem gewissen Maß die Nachteile der Einbindung der Länder in den Bund ausgeglichen werden sollen. Eine Berührung der geschützten Grundsätze ist nach Ansicht des Bundesverfassungsgerichts erst dann anzunehmen, wenn einzelne Elemente völlig preisgegeben werden, nach Auffassung eines Großteils der Literatur soll hingegen bereits die Einleitung eines allmählichen Verfallsprozesses von Art. 79 Abs. 3 GG verhindert werden. Geschützt ist aber jedenfalls nur der Kerngehalt der jeweiligen Prinzipien, nicht deren konkrete Ausprägung in einzelnen Verfassungsvorschriften, um so die nötige Flexibilität der Verfassung zu gewährleisten.

Die Gewährleistung der Gliederung des Bundes in Länder verbürgt sowohl die Existenz der Länder als rechtsfähige Einheiten als auch die Essentialen deren Staatlichkeit, wozu der Verbleib eines Hausgutes an unentziehbaren Aufgaben und der Verfassungsautonomie gehört. Der Schutz der grundsätzlichen Mitwirkung der Länder an der Gesetzgebung gewährleistet ihnen eine Beteiligung an der Gesetzgebung des Bundes, die ein Mindestmaß an Wirksamkeit und Effektivität beherbergen muss. Von der bisherigen Ausgestaltung über den Bundesrat und das System der Einspruchs- und Zustimmungsgesetze kann abgewichen werden, sofern den Ländern nicht lediglich nur Anhörungsrechte eingeräumt werden und sie nicht auf eine formale Position ohne sachliche Einflussmöglichkeiten reduziert werden. Vorsicht ist dabei stets bei Äußerungen geboten, die zukünftige Ausgestaltungen der Ländermitwirkung zu sehr mit der jetzigen Form des Bundesrates vergleichen. Das Merkmal „grundsätzlich" deutet an, dass es Ausnahmefälle geben kann, in denen die Mitwirkung der Länder ausgeschlossen werden kann. Anhand welcher Kriterien sich die zulässigen Ausnahmen bestimmen lassen, hat diese Arbeit ein Stück weit geklärt. Die verschiedenen bundesstaatlichen Gewährleistungen in Art. 79 Abs. 3 GG ergänzen sich gegenseitig. Art. 79 Abs. 3 1. Alt sowie 2. Alt. GG enthalten nicht alle für den Bundesstaat des Grundgesetzes relevanten Merkmale, weshalb die fehlenden in der 3. Alt. verbürgt sind. Eine Auseinanderdividierung der verschiedenen Gehalte ist bei näherer Betrachtung praktisch jedoch nicht durchführbar, da sich die verschiedenen bundesstaatlichen Elemente gegenseitig bedingen und beeinflussen, weshalb von einer einheitlichen Absicherung der Bundesstaatlichkeit ausgegangen wird. Erhalten bleiben muss vor allem die Verbindung der Prinzipien Demokratie und Bundesstaat zum demokratischen Bundesstaat und die dadurch bewirkte föderale Gewaltenteilung und Machthemmung, was gewichtige Mitspracherechte der Länder voraussetzt. Hinsichtlich des Schutzes der Grundsätze des Demokratieprinzips ist bei verschiedenen Lösungsmodellen vor allem das Prinzip der Volkssouveränität berührt, ebenso das Mehrheitsprinzip mit seiner Voraussetzung der Verwirklichung demokratischer Gleichheit und dessen Grenzen. Gerade in diesen zeigt sich das mitunter schwierige Verhältnis der beiden Prinzipien Demokratie und Bundesstaat, das nicht nur als so harmonisch gekennzeichnet werden kann, wie dies bisweilen geschieht.

II.

Vom Problemkreis der Vereinbarkeit plebiszitärer Elemente mit dem Bundesstaatsprinzip sind nur diejenigen Formen direkter Demokratie erfasst, die Gesetzgebung i.S.v. Art. 79 Abs. 3 GG darstellen und bei denen die Länder nicht bereits ausreichend beteiligt sind. Bei Referenden hat der Bundesrat an der vorherigen Beschlussfassung im repräsentativen Verfahren mitgewirkt, weshalb den Ländern hier nicht zusätzlich eine Beteiligungsmöglichkeit eingeräumt werden muss, da den Erfordernissen des Art. 79 Abs. 3 GG bereits Genüge getan ist. Die Einführung einer Länderklausel ist zwar auch für Referenden denkbar, so wie es in der Schweiz, Australien und Mikronesien gehandhabt wird, sie ist jedoch entbehrlich. Für Sonderfälle der Gesetzgebung wie Zustimmungsgesetze zu völkerrechtlichen Verträgen nach Art. 59 Abs. 2 S. 1 GG oder die Zustimmung zur Übertragung von Hoheitsrechten auf die EU ist eher die Einführung von Referenden denkbar, so dass diese vom Problemkreis ausgenommen sind. Das Problem stellt sich drängend einzig bei Volksentscheiden. Sofern auf dieser Stufe keine Mitwirkung der Länder realisiert werden kann, ist über deren Beteiligung bei Volksbegehren und Volksinitiative nachzudenken, sofern letzteres als integraler Teil der Volksgesetzgebung ausgestaltet ist.

III.

Bei einer Abschaffung der bundesstaatlichen Garantien aus Art. 79 Abs. 3 GG wäre die Schranke der Bundesstaatlichkeit beseitigt, da die Normierung dieser in der Ewigkeitsklausel konstitutiven Charakter hat. Die Bundesstaatlichkeit zählt nicht zu jenen Grundsätzen der Verfassungsordnung, die auch ohne eine Nennung in einer Unabänderlichkeitssperre absolut gelten z.B. als überpositives Recht. Allerdings kann nicht dem verfassungsändernden Gesetzgeber die Berechtigung eingeräumt werden, die Inhalte des Art. 79 Abs. 3 GG zu ändern. Eine andere Auffassung würde den Zweck der Ewigkeitsgarantie, der verfassungsändernden Gewalt Schranken zu setzen, konterkarieren.

Die Ansicht, eine Beteiligung der Länder sei bei einer Volksabstimmung bereits auf Grund der Tatsache verwirklicht, dass mit der Abstimmung des Bundesvolkes gleichzeitig auch die Landesvölker handeln, ist abzulehnen. Zwar ist das Landesvolk als Organ in der Lage, Staatsgewalt auszuüben, es tritt bei dieser Konstruktion jedoch nicht mit einer eigenen Handlung in Erscheinung. Eine rein gedankliche Aufsplittung des handelnden Bundesvolkes in Landesvölker ist nicht möglich. Problematisch ist hier bereits, ob ein Handeln einer abgrenzbaren organschaftlichen Einheit gegeben ist. Zwar steht hinter der Summe der Landesvölker dasselbe personelle Substrat wie hinter dem Bundesvolk, der in einem Bundesland lebende Teil des Bundesvolkes kann jedoch nicht unbesehen gleichgesetzt werden mit dem dortigen Landesvolk. Nur wenn man der Ansicht folgt, dass das Bundesvolk bei der Ausübung von Landesstaatsgewalt lediglich territorial untergliedert handelt, es also keine eigenen Landesvölker gibt, könnte durch eine gedankliche Aufsplittung ein Hervorbringen von Landesstaatsgewalt begründet werden. Nach herrschender Auffassung kann das Landesvolk jedoch nicht mit einem Teil des Bundesvolkes identifiziert werden und letzteres nicht als Träger der Summe aller Landesstaatsgewalten angesehen werden. Endgültig abgelehnt werden muss dann der Besitz entsprechender Entscheidungs- und Handlungsfähigkeit für die gedanklich handelnden Landesvölker. Da den Bürgern nur eine Stimme in der Abstimmung zur Verfügung steht, können sie nicht nach Bundes- und Landesinteressen differenzieren und als Bundesbürger keine andere Entscheidung treffen als als Landesbürger. Damit scheidet auch eine

Rückführbarkeit der ausgeübten Staatsgewalt auf eine der beiden Ebenen aus, da nicht erkennbar ist, wem die ausgeübte Staatsgewalt genau zugerechnet werden soll. Einer Zurechnung beider Ebenen steht der Gedanke des Verantwortungszusammenhanges entgegen.

Bei dem Modell der Länderklausel werden die im Volksentscheid abgegebenen Stimmen sowohl insgesamt auf Bundesebene ausgezählt als auch getrennt in den jeweiligen Ländern, um so ein Votum des Landes zu ermitteln. Optional kann dabei eine Stimmengewichtung entsprechend der Stimmenstaffelung im Bundesrat vorgenommen werden. Vorbild für diese Regelung ist das Ständemehr in der Schweiz. Angewandt wird es dort neben einigen weiteren Verfahren vor allem bei obligatorischen Referenden über Verfassungsänderungen. Das Schweizer Ständemehr kann nur bedingt den Vorbildcharakter erfüllen, der ihm von deutscher Seite aus zugeschrieben wird. Die Funktion des Ständemehrs liegt neben der Anerkennung der Autonomie der Kantone, die es gebietet, sie an der Willensbildung des Gesamtstaates zu beteiligen, vor allem in der Verwirklichung des Minderheitenschutzes für die sich entlang der Kantonsgrenzen ziehenden Minderheiten. Die in Deutschland ausdrücklich geschützte Beteiligung der Gliedstaaten an der Gesetzgebung des Bundes und damit die effektive Einbringung von Länderinteressen in den Gesetzgebungsprozess auf Bundesebene steht hingegen weniger im Vordergrund.

Eine Beeinträchtigung der zum Hausgut der Länder gehörenden Verfassungsautonomie kann bei einem Föderalquorum nicht gesehen werden, wenngleich die jetzige Regelung des Art. 51 GG nicht als Argument für die Zulässigkeit eines Föderalquorums dienen kann, da diese als Norm des Verfassungsgebers nicht den Bindungen des Art. 79 Abs. 3 GG unterliegt. Zwar handelt hier ein Landesorgan, dessen Zuständigkeiten grundsätzlich vom Landesverfassungsgeber zu bestimmen sind, dieses wird jedoch im Bundesgesetzgebungsprozess tätig, ist also im Rahmen eines vom Bund zu regelnden Verfahrens eingebunden. Das Landesorgan verbleibt nicht auf der Landesebene, sondern begibt sich in die Sphäre des Bundes, der dann auch das Recht zur Regelung haben muss. Regelungsgegenstand der Landesverfassungen ist vor allem die Selbstorganisation des Landes und die Festlegung der Regeln für die Ausübung der Staatsgewalt innerhalb des Landes. Dem Bund steht die Regelung der verfassungsmäßigen Ordnung des Gesamtstaates zu, er muss einen funktionierenden Bundesstaat gewährleisten. Über das Verhältnis von konkurrierenden Regelungen auf dem Gebiet des Staatsorganisationsrechts herrscht Uneinigkeit, z.T. wird eine in die Verfassungsautonomie der Länder eingreifende Regelung des Bundes wegen Kompetenzverstoßes für nichtig erklärt und somit ein Kollisionsfall ausgeschlossen, z.T. wird eine Anwendung des Art. 31 GG befürwortet. Berührt ist zunächst sowohl das Staatsorganisationsrecht des Bundes, da es sich um ein Bundesgesetzgebungsverfahren handelt, als auch das der Länder, da es um die Regelung eines Landesorgans geht. Entscheidend sind letztlich die Kriterien der Willensbildung, die von den Ländern geregelt wird, und der Durchsetzung dieses von den Ländern gebildeten Willens auf der Bundesebene, die der Regelungskompetenz des Bundes unterliegt. Für die Zulässigkeit der Länderklausel bedeutet dies, dass der Bund festlegen darf, welches

Landesorgan an der Gesetzgebung des Bundes beteiligt wird. Zwar betrifft die Frage des zuständigen Organs auch die Form der Willensbildung innerhalb des Landes, indem der Wille aber durch dieses Organ auf der Bundesebene auch kundgetan wird, kann nicht mehr von einer Regelungsbefugnis der Länder ausgegangen werden. Problematisch ist dahingehend jedoch die Festlegung der auf Länderebene für eine zustimmende Landesstimme zu erreichenden Mehrheit. Gegen einen Verstoß gegen die Verfassungsautonomie spricht hingegen auch der Zweck der Gewährung dieser an die Länder. Nach der Regelung eines Föderalquorums bleibt kein bloßer Verfassungstorso zurück. Jedenfalls fällt es angesichts eines Vergleichs mit der Schweiz schwer, einen Verstoß gegen die Verfassungsautonomie anzunehmen, wenn selbst in diesem durch eine wesentlich höhere Autonomie der Kantone gekennzeichneten Land der Bund das zuständige Organ bestimmt. Schließlich bleibt noch der Hinweis auf Art. 31 GG, der eine Lösung für den Fall bietet, dass die Kompetenz zur Festlegung des zu beteiligenden Organs nicht eindeutig zugeordnet werden kann, die Kriterien der Willensbildung und -durchsetzung also abgelehnt werden. Die Möglichkeit der Existenz von Kollisionsfällen auf der Ebene des Staatsorganisationsrechts zwischen Bund und Ländern wird damit bejaht. Art. 28 Abs. 1 GG allein kann das Verhältnis von Bundes- und Landesstaatsorganisationsrecht nicht beschreiben.

Die bei einer Länderklausel erfolgende gesonderte Auszählung der Stimmen und deren eventuelle Gewichtung lässt die Bedenken hinsichtlich der Beteiligung der Landesvölker nicht schwinden. Die Trennung der Völker wird damit zwar sichtbar gemacht, trotzdem kann bei einem Handeln des Bundesvolkes keine einfache Aufsplittung in die Landesvölker vorgenommen werden. Zudem werden dadurch auch nicht die Einwände, die sich aus der fehlenden Entscheidungs- und Handlungsfähigkeit der Landesvölker ergeben, ausgeräumt. Die Abstimmenden werden nicht in die Lage versetzt, als Bundesbürger anders abstimmen zu können als als Landesbürger. Auch hier ist nur ein Akt der Staatsgewalt vorhanden, bei dem nicht zu beiden Ebenen eindeutig ein Verantwortungszusammenhang hergestellt werden kann. Das Ständemehr in der Schweiz kann hingegen durchaus als Akt der Mitwirkung der Kantonsvölker aufgefasst werden, da dort bei einer Abstimmung auf Bundesebene ein Zusammenschluss der Kantonsvölker auftritt und kein einheitliches Bundesvolk. Dies ist das Ergebnis der mehr föderalistischen Prägung der Schweiz, in der der Bund nicht von einem einheitlichen Staatsvolk getragen wird wie in Deutschland, sondern von den Kantonen, die den Bund konstituieren. Dies ist das Resultat aus der Entstehungsgeschichte der Eidgenossenschaft, in der sich die ehemals souveränen, in Sprache, Kultur und Religion sehr verschiedenen Kantone zu einem Bund zusammengeschlossen haben.

Die Beteiligung der Landevölker als solche ist nicht von Art. 79 Abs. 3 GG ausgeschlossen, womit auch die Senatslösung als zulässig anzusehen ist. Eine Unterscheidung zwischen den Staatsorganen Landesregierung uns Landesvolk und deren Willensbildung kann nicht vorgenommen werden. Dagegen spricht bereits das Demokratieprinzip, nach dem sich alle Staatsgewalt vom Volk ableitet. Notwendig ist jedoch in jedem Fall eine körperschaftlich verfasste Organisation der Mitwirkung der Landesvölker, da sonst das Erfordernis einer sachlichen und effektiven Einflussnahme auf die Bundesgesetzgebung nicht gewahrt werden kann. Bei einem Föderalquorum können die Länder nicht aktiv in den Gesetzgebungsprozess eingreifen, da das Volk in seiner Gesamtheit nur in der Lage ist, Zustimmung oder Ablehnung zu äußern, jedoch kein Partner der Vermittlung von Länderinteressen für den Bund sein kann.

Das Kriterium der inhaltlichen Einflussnahme bringt einen weiteren Kritikpunkt an der Lösung des Föderalquorums hervor. Als Mitwirkung der Länder kann es schon auf Grund seiner Formalität kaum gewertet werden. Es wird lediglich eine rein rechnerische Zählweise verwirklicht, die den Ländern keine Chance zur Mitgestaltung des Gesetzes gibt. Auch wenn die Diskussion im Vorfeld eines Volksentscheids auch auf Länderinteressen eingehen würde, so kann darin nicht die notwendige effektive Beachtung der Länderinteressen gesehen werden. Auch die föderative Gewaltenteilung erfährt durch dieses Lösungsmodell eine Einschränkung, da von einem echten Gegenüber mehrerer gleichgewichtiger Gegenspieler keine Rede sein kann. Notwendig dafür wäre zumindest wiederum ein Föderativorgan bzw. wenigstens die Möglichkeit, dass die Machtträger voneinander unabhängige Entscheidungen treffen können. Eine gegenseitige Kontrolle der zwei Ebenen ist bei dieser künstlichen Aufspaltung eines einheitlichen Ergebnisses nicht zu verwirklichen. Da die Bürger nur eine Stimme zur Verfügung haben, kann zudem auch nicht nach Bundes- und Länderinteressen unterschieden werden. Die Abstimmenden haben keine Möglichkeit, die Akzente hier jeweils verschieden zu setzen. Ein Föderalquorum kann damit zusammenfassend die Anforderungen, die Art. 79 Abs. 3 GG an die Ländermitwirkung stellt, nicht verwirklichen.

Mit einer Länderklausel ist zudem das Problem verbunden, dass mit ihr eine Minderheit der Bevölkerung die Chance bekommt, die Mehrheit zu überstimmen. Die Einwohner der kleineren Bundesländer bekommen ein höheres Stimmgewicht als die der bevölkerungsreichen, was im Widerspruch zur demokratischen Egalität als Voraussetzung der Anwendung des Mehrheitsprinzips steht. Diese fordert, dass die Stimmen aller Bürger bei einer Abstimmung gleiches Gewicht besitzen. Bei der Anwendung der Mehrheitsregel kann die aus dem Demokratiegedanken entspringende Gleichheit durch andere Prinzipien eingeschränkt werden. So wird im Bundesrat hauptsächlich eine föderale Gleichheit verwirklicht, nach der jedem Bundesland dieselbe Stimmenzahl zusteht. Damit werden im Bundesrat andere Mehrheiten ermöglicht, die in der Lage sind, die demokratisch legitimierte Mehrheit des Bundestages zu kontrollieren, was der Idee der föderalen Gewaltenteilung entspricht. Die im Bundesrat vorgenommene Stimmenstaffelung bedeutet eine Kombination der föderalen und demokratischen Egalität, die die kleinen Bundesländer in die Lage versetzt, den großen Ländern entgegenzutreten, ihnen aber nicht jenes außerordentliche Übergewicht verschafft, was in der Schweiz mit der Zuerkennung derselben Stimmenzahl an alle Kantone eintritt. So sollte in gewissem Maße die Bedeutung der Bundesländer berücksichtigt werden, zu deren Bestimmung die Einwohnerzahl als Anknüpfungspunkt diente. Eine Übertragung dieses Modells der Rechtfertigung der Überstimmung des Souveräns durch eine föderal legitimierte Mehrheit würde voraussetzen, dass eine solche mit der Länderklausel verwirklicht wird. Die Bundesstaatlichkeit wird nach den obigen Feststellungen mit einem Föderalquorum jedoch nur so marginal verwirklicht, dass damit eine Überstimmung des Souveräns nicht gerechtfertigt werden kann, auch wenn mit einer Übertragung des Bundesratsschlüssels auf die Länderklausel die Gefahr der Überstimmung des Souveräns erheblich reduziert werden kann. Zur Lage in der Schweiz sei angemerkt, dass die Überstimmung des Souveräns dort nicht nur aus bundesstaatlichen Aspekten heraus legitimiert, sondern zusätzlich davon ausgegangen wird, dass es sich dabei um Ausnahmefälle handeln muss. Trotzdem werden dort einige Reformmodelle für das Ständemehr diskutiert, um dieses Problem zu minimieren, von denen die meisten allerdings nicht auf die deutschen Verhältnisse übertragbar sind. Möglicherweise kann jedoch in dem Vorschlag, das jeweils stärkere Mehr entscheiden zu lassen, eine sinnvolle Regelung gesehen werden. Möglich wäre auch, eine gegenüber der demokratischen Mehrheit stärkere „föderale" Mehrheit nur anzuerkennen, wenn letztere wiederum die Mehrheit der Wahlberechtigten repräsentiert.

Die Durchführung von gesonderten Abstimmungen in den Bundesländern parallel zum bundesweiten Volksentscheid kann die erörterten Probleme nur z.T. ausräumen. Das Problem des Verstoßes gegen die Verfassungsautonomie und der Überstimmung des Souveräns bleibt bestehen, ebenso fehlt ein Organ für die Ländermitwirkung. Da die Landesvölker in der Lage wären, eine eigene Entscheidung zu treffen, wäre hingegen der Formalität und der personellen Duplizität ein wenig Abhilfe getan und die föderative Gewaltenteilung gestärkt. Die Überstimmung des Souveräns könnte deshalb noch eher gerechtfertigt werden als bei einer Länderklausel. Dieses Modell wird jedoch auf nur wenig Verständnis in der Bevölkerung stoßen, da diese zwei Stimmen zu inhaltlich gleichen Fragen abgeben müsste. Eine Realisierung erscheint daher unwahrscheinlich.

Alle bisher erörterten Probleme wären gelöst, würde die Beteiligung der Länder wie bisher über den Bundesrat geschehen. Dann taucht jedoch die Frage auf, ob der vom Volk als Souverän geäußerte Wille von einem Organ der repräsentativen Demokratie negiert werden kann. Dies beinhaltet die Thematik der Höherwertigkeit des direkt vom Souverän geäußerten Willens, die unterschiedlich beurteilt wird. Darauf kommt es hier letztlich jedoch nicht an, da der Bundesrat in jedem Fall berechtigt wäre, die Entscheidung des Volkes zu überstimmen, da er nicht für sich in Anspruch nimmt, den Willen des Volkes zu repräsentieren, sondern nach föderalen Gesichtspunkten entscheidet. Eine rechtliche Gebundenheit des Bundesrates an die Äußerung des Souveräns scheidet damit aus. Eine faktische Gebundenheit wird jedoch in einem gewissen Maße trotzdem bestehen, da sich der Bundesrat dem Votum des Volkes verpflichtet fühlen kann und diesem nur schwer vermitteln kann, dass er als Föderativorgan zu einem anderen Ergebnis gelangen kann. Der Inkompatibilität der beiden Verfahren, die sich bei einer Einbeziehung des Bundesrates in das Verfahren der direkten Demokratie ergeben kann, sofern die Volksabstimmung lediglich den Bundestagsbeschluss ersetzt, das übrige Verfahren aber wie bei der Gesetzgebung im repräsentativen Verfahren abläuft, kann nur damit abgeholfen werden, dass der Bundesrat in ein eigens für die Volksgesetzgebung geschaffenes Verfahren einbezogen wird.

Am erstrebenswertesten und auf Grund der Problembehaftetheit der übrigen Lösungen einzig praktikabel ist im Ergebnis die Lösung, die Länder bei der Volksgesetzgebung ausnahmsweise nicht zu beteiligen. Eine solche Ausnahme ist vom Begriff „grundsätzlich“ aus Art. 79 Abs. 3 GG erfasst. Es wird damit die Ansicht abgelehnt, dass sich eine im Rahmen des Art. 79 Abs. 3 GG zulässige Ausnahme nur auf den Ausschluss hinsichtlich bestimmter Sachmaterien, nicht aber Verfahrensarten beziehen kann. In der Argumentation können dabei z.T. die mit den Grundsätzen der Bundesstaatlichkeit im Zusammenhang stehenden Erfordernisse geprüft werden. Betrachtet man die Gesamtbilanz der gliedstaatlichen Mitwirkungsrechte, so ergibt sich bei diesem Modell ein reiner Verlust, da die Länder bei der Volksgesetzgebung außen vor bleiben und keine neuen Einwirkungsmöglichkeiten hinzugewinnen. Da die Beteiligungsrechte seit Erlass des Grundgesetzes jedoch kontinuierlich ausgebaut wurden, bedeutet eine Reduzierung dieser nicht sofort einen Verstoß gegen Art. 79 Abs. 3 GG. Bei einem Blick auf die Gesamtbalance zwischen Bund und Ländern muss zunächst konstatiert werden, dass die Länderkompetenzen im Laufe der Jahrzehnte erheblich ausgezehrt wurden, diese Gefahr jedoch wiederum wesentlich gravierender ist als der Verlust der Beteiligungsmöglichkeit bei einem gelegentlichen Volksentscheid. Zudem wurde dieser Verlust – wenn auch z.T. nur ansatzweise – durch die Schaffung eines höheren Niveaus an Mitwirkungsrechten für die Länder ausgeglichen. Die Reduzierung dieser als Ausgleich geschaffenen Mitwirkungsrechte kann gerade auf Grund ihrer Ausgleichsfunktion dann eine Unterschreitung des von Art. 79 Abs. 3 GG geforderten Maßes an Mitwirkung darstellen, wenn der Zweck dieser Regelung nicht mehr erfüllt wird. Da Plebiszite in der Verfassungswirklichkeit jedoch seltene Ereignisse darstellen werden, kann nicht von einer umfassenden Verschiebung der Gewichte zwischen Bund und Ländern hin zu einer Schwächung der Länder ausgegangen werden. Vereinzelte Volksentscheide berühren den Gesamtbestand der Länderkompetenzen kaum, weshalb die Gefahr einer Überspielung der Länder nicht gesehen werden kann. Andere für zulässig erachtete Ausgestaltungen der Bundesstaatlichkeit wie bspw. die Umwandlung aller Zustimmungsgesetze in Einspruchsgesetze würden den Status der Länder erheblich stärker berühren. Es wird keine Reduzierung auf einen nicht mehr funktionierenden Restbestand an Bundesstaatlichkeit bewirkt und auch kein Erosionsprozess der Bundesstaatlichkeit in Gang gesetzt, da die Länder für die absolute Mehrzahl der Fälle ihre normalen Mitwirkungsrechte bei den Gesetzgebungsverfahren der repräsentativen Demokratie behalten.

Dieses Ergebnis gilt sowohl für Einspruchs- und Zustimmungsgesetze als auch für Verfassungsänderungen. Auch wenn bei letzteren beiden die Interessen der Länder in stärkerem Maße berührt werden, differenziert Art. 79 Abs. 3 GG hinsichtlich dessen nicht. Die Unterscheidung in Einspruchs- und Zustimmungsgesetze stellt lediglich eine mögliche Form der Ausgestaltung der Ländermitwirkung dar, die geändert werden kann. Eine Übertragung dieser Kategorien auf das direktdemokratische Verfahren ist deshalb nicht zwingend. Auch hinsichtlich Verfassungsänderungen wird das Ländermitwirkungsrecht nur grundsätzlich geschützt.

Um die bundesstaatlichen Auswirkungen der Volksgesetzgebung ein wenig zu mildern, kann vor allem in Erwägung gezogen werden, dem Bundesrat die Möglichkeit zu geben, einen eigenen Konkurrenzentwurf mit zur Abstimmung stellen zu können. Zudem besitzt der Bundesrat bei jeder späteren Änderung des volksbeschlossenen Gesetzes im repräsentativen Gesetzgebungsverfahren seine gewöhnlichen Mitwirkungsrechte, durch die er Länderinteressen einfließen lassen kann, wobei gegen die Zulässigkeit einer solche Kassation keine Bedenken erhoben werden sollten.

Eine Unvereinbarkeit von direkter Demokratie auf Bundesebene mit dem Föderalismus kann im Ergebnis somit nicht festgestellt werden. Die Probleme, die die bundesstaatlichen Garantien des Art. 79 Abs. 3 GG der Einführung von plebiszitären Elementen in das Grundgesetz bereiten, sind in der vorbeschriebenen Weise lösbar und können eine solche nicht hindern.

Literaturverzeichnis

Abendroth, Wolfgang: „Zwiespältiges Verfassungsrecht in Deutschland“, AöR 76 (1950), 1 ff.

Abromeit, Heidrun: „Mehrheitsprinzip und Föderalismus“, in: Guggenberger, Bernd / Offe, Claus (Hrsg.): „An den Grenzen der Mehrheitsdemokratie“, Opladen 1984

Adamovich, Ludwig Karl / *Funk*, Bernd-Christian: „Österreichisches Verfassungsrecht“, 2. Auflage, Wien u.a. 1984

Alberts, Hans-W.: „Auflösung der Verfassung? – Noch einmal BVerfGE 30, 1“, JuS 1972, 319 ff.

Anschütz, Gerhard: „Die Verfassung des Deutschen Reichs vom 11. August 1919“, unveränderter Nachdruck der 1933 in Berlin erschienenen 14. Auflage, Darmstadt 1965

Anschütz, Gerhard / *Thoma*, Richard (Hrsg.): „Handbuch des deutschen Staatsrechts“, Bd. 2, Tübingen 1932

Antoni, Michael: „Zustimmungsvorbehalte des Bundesrates zu Rechtsetzungsakten des Bundes – Die Zustimmungsbedürftigkeit von Bundesgesetzen“, AöR 113 (1988), 329 ff.

Arnim, Hans Herbert v.: „Vom schönen Schein der Demokratie“, München 2002

- „Der strenge und der formale Gleichheitssatz“, DÖV 1984, 85 ff.

Bachof, Otto: „Verfassungswidrige Verfassungsnormen?“, Tübingen 1951

Badura, Peter: „Staatsrecht“, 3. Auflage, München 2003

- Kommentierung zu Art. 38 GG, in: Dolzer, Rudolf / Vogel, Klaus / Graßhof, Karin (Hrsg.): „Bonner Kommentar zum Grundgesetz“, Bd. 6 (Art. 38-49), Loseblattsammlung, Stand: 115. Lieferung (Dezember 2004), Heidelberg
- „Die parlamentarische Demokratie“ (§ 25), in: Isensee, Josef / Kirchhof, Paul (Hrsg.): „Handbuch des Staatsrechts der Bundesrepublik Deutschland“, Bd. II, 3. Auflage, Heidelberg 2004
- „Arten der Verfassungsrechtssätze“ (§ 159), in: Isensee, Josef / Kirchhof, Paul (Hrsg.): „Handbuch des Staatsrechts der Bundesrepublik Deutschland“, Bd. VII, Heidelberg 1992
- „Verfassungsänderung, Verfassungswandel, Verfassungsgewohnheitsrecht“ (§ 160), in: Isensee, Josef / Kirchhof, Paul (Hrsg.): „Handbuch des Staatsrechts der Bundesrepublik Deutschland“, Bd. VII, Heidelberg 1992
- „Schlussbericht: Der Bundesrat in der Verfassungsordnung“, in: Bundesrat (Hrsg.): „Vierzig Jahre Bundesrat“, Baden-Baden 1989

Barschel, Uwe: „Die Staatsqualität der deutschen Länder“, Heidelberg u.a. 1982

Bartlsperger, Richard: „Das Verfassungsrecht der Länder in der gesamtstaatlichen Verfassungsordnung“ (§ 96), in: Isensee, Josef / Kirchhof, Paul (Hrsg.): „Handbuch des Staatsrechts der Bundesrepublik Deutschland“, Bd. IV, 2. Auflage, Heidelberg 1999

Bauer, Hartmut: „Entwicklungstendenzen und Perspektiven des Föderalismus in der Bundesrepublik Deutschland“, DÖV 2002, 837 ff.

Beaud, Olivier: „Föderalismus und Souveränität“, Der Staat 35 (1996), 45 ff.

Benda, Ernst: „Konsens und Mehrheitsprinzip im Grundgesetz und in der Rechtsprechung des Bundesverfassungsgerichts“, in: Hattenhauer, Hans / Kaltefleiter, Werner (Hrsg.): „Mehrheitsprinzip, Konsens und Verfassung“, Heidelberg 1986

Benz, Arthur: „Föderalismus und Demokratie", herausgegeben von Benz, Arthur / Simonis, Georg, Hagen 2003

Berlit, Uwe: „Soll das Volk abstimmen? Zur Debatte über direktdemokratische Elemente im Grundgesetz", KritV 1993, 318 ff.

Bilfinger, Karl: „Der Einfluss der Einzelstaaten auf die Bildung des Reichswillens", Tübingen 1923

Birkenheier, Manfred: „Wahlrecht für Ausländer", Berlin 1976

Blumenwitz, Dieter: Kommentierung zu Art. 51 GG, in: Dolzer, Rudolf / Vogel, Klaus / Graßhof, Karin (Hrsg.): „Bonner Kommentar zum Grundgesetz", Bd. 7 (Art. 50-74), Loseblattsammlung, Stand: 115. Lieferung (Dezember 2004), Heidelberg

Bobbio, Norberto: „Die Mehrheitsregel: Grenzen und Aporien", in: Guggenberger, Bernd / Offe, Claus (Hrsg.): „An den Grenzen der Mehrheitsdemokratie", Opladen 1984

Böckenförde, Ernst-Wolfgang: „Demokratie als Verfassungsprinzip" (§ 24), in: Isensee, Josef / Kirchhof, Paul (Hrsg.): „Handbuch des Staatsrechts der Bundesrepublik Deutschland", Bd. II, 3. Auflage, Heidelberg 2004

- „Demokratische Willensbildung und Repräsentation" (§ 30), in: Isensee, Josef / Kirchhof, Paul (Hrsg.): „Handbuch des Staatsrechts der Bundesrepublik Deutschland", Bd. II, 2. Auflage, Heidelberg 1987

Boehl, Henner Jörg: „Verfassunggebung im Bundesstaat", Berlin 1997

- „Landesverfassunggebung im Bundesstaat", Der Staat 30 (1991), 572 ff.

Bohley, Peter: „Chancen und Gefährdungen des Föderalismus", in: Bohr, Kurt (Hrsg.): „Föderalismus", München 1992

Borowski, Martin: „Parlamentsgesetzliche Änderungen volksbeschlossener Gesetze", DÖV 2000, 481 ff.

Bosbach, Wolfgang: „Mit der Staatsform spielt man nicht - Gegen eine plebiszitäre Umgestaltung unserer Demokratie", Wirtschaftsdienst 2002, 518 ff.

Bovenschulte, Andreas / *Fisahn*, Andreas: „Volksgesetzgebung in den Ländern – Vereinbarkeit mit dem Grundgesetz", RuP 2000, 48 ff.

Brugger, Winfried: „Einführung in das öffentliche Recht der USA", 2. Auflage, München 2001

Bryde, Brun-Otto: „Verfassungsentwicklung", Baden-Baden 1982

- Kommentierung zu Art. 79 GG, in: von Münch, Ingo / Kunig, Philip (Hrsg.): „Grundgesetz-Kommentar", Bd. 3 (Art. 70 bis Art. 146 und Gesamtregister), 4./5. Auflage, München 2003

Bugiel, Karsten: „Volkswille und repräsentative Entscheidung", Baden-Baden 1991

Bulla, Eckart: „Die Lehre von der streitbaren Demokratie" AöR 98 (1973), 340 ff.

Bullinger, Martin: „Die Zuständigkeit der Länder zur Gesetzgebung II.", DÖV 1970, 797 ff.

Burkiczak, Christian: Besprechung zu BVerfG, Urt. v. 18.12.2002 („Zuwanderungsgesetz"), JA 2003, 463 ff.

Busch, Eckart: „Die Stimmenverteilung im Bundesrat", ZG 1990, 307 ff.

Bushart, Christoph: „Verfassungsänderung in Bund und Ländern", München 1989

Busse, Volker: „Das vertragliche Werk der deutschen Einheit und die Änderungen von Verfassungsrecht", DÖV 1991, 345 ff.

Campenhausen, Axel Freiherr v.: Kommentierung zu Art. 144 GG, in: Mangoldt, Hermann v. / Klein, Friedrich / Starck, Christian (Hrsg.): „Das Bonner Grundgesetz", Bd. 3: Artikel 79-146, 4. Auflage, München 2001

Chen, Tsi-Yang: „Die immanenten materiellen Schranken der verfassungsändernden Gewalt in der Verfassung der Republik China (Taiwan) und in dem Grundgesetz für die Bundesrepublik Deutschland unter besonderer Berücksichtigung des Art. 79 III des Grundgesetzes", Bochum 1993

Curtius, Carl Friedrich: „Die Schranken der Änderung des Grundgesetzes", Köln 1953

- „Die Verfassungsnovelle vom 26. März 1954 und die Schranken der Verfassungsrevision", DÖV 1954, 705 ff.

Danwitz, Thomas v.: „Plebiszitäre Elemente in der staatlichen Willensbildung" DÖV 1992, 601 ff.

Deecke, Carsten: „Verfassungsrechtliche Anforderungen an die Stimmenverteilung im Bundesrat", Berlin 1998

Degenhart, Christoph: „Staatsrecht I. Staatsorganisationsrecht", 20. Auflage, Heidelberg 2004

- „Verfassungsrecht" (§ 2), in: Stober, Rolf (Hrsg.): „Handbuch des Sächsischen Staats- und Verwaltungsrechts", Stuttgart u.a. 1996
- „Volksgesetzgebungsverfahren und Verfassungsänderung nach der Verfassung des Freistaates Thüringen", in: Neumann, Peter (Hrsg.): „Sachunmittelbare Demokratie im Freistaat Thüringen", Baden-Baden 2002
- „Volksgesetzgebungsverfahren und Verfassungsänderung nach der Verfassung des Freistaats Thüringen", ThürVBl. 2001, 201 ff.
- „Rechtseinheit und föderale Vielfalt im Verfassungsstaat", ZfA 1993, 409 ff.
- „Direkte Demokratie in den Ländern – Impulse für das Grundgesetz?", Der Staat 31 (1992), 77 ff.
- Besprechung zu Bugiel, Karsten: „Volkswille und repräsentative Entscheidung", Der Staat 31 (1992), 468 ff.
- „Gesetzgebung im Rechtsstaat", DÖV 1981, 477 ff.

Degenhart, Christoph / *Šarčević*, Edin: „Landesstaatlichkeit im Rahmen bundesstaatlicher Rechtsordnung des Grundgesetzes" (§ 3), in: Degenhart, Christoph / Meissner, Claus (Hrsg.): „Handbuch der Verfassung des Freistaates Sachsen", Stuttgart u.a. 1997

Dennert, Jürgen: „Ursprung und Begriff der Souveränität", Stuttgart 1964

Deutsche Akademie der Wissenschaften zu Berlin (Hrsg.): „Deutsches Rechtswörterbuch", Bd. 4, Weimar 1939-1951

Dittmann, Armin: Kommentierung zu Art. 84 GG, in: Sachs, Michael (Hrsg.): „Grundgesetz", 3. Auflage, München 2003

Doehring, Karl: „Das Staatsrecht der Bundesrepublik Deutschland", 3. Auflage, Frankfurt am Main 1984

Doeker, Günther: „Parlamentarische Bundesstaaten im Commonwealth of Nations: Kanada, Australien, Indien", Bd. I, Tübingen 1980

Doemming, Klaus-Berto v. / *Füsslein*, Rudolf Werner / *Matz*, Werner: „Entstehungsgeschichte der Artikel des Grundgesetzes", JöR n.F. 1 (1951), 1 ff.

Dolzer, Rudolf: „Das parlamentarische Regierungssystem und der Bundesrat – Entwicklungsstand und Reformbedarf", VVDStRL 58 (1999), 7 ff.

Dreher, Eduard / *Tröndle*, Herbert: „Strafgesetzbuch und Nebengesetze", StGB-Kommentar, 38. Auflage, München 1978

Dreier, Horst: Kommentierung zu Art. 20, 31, 79 III GG, in: Dreier, Horst (Hrsg.): „Grundgesetz Kommentar", Bd. II (Artikel 20-82), Tübingen 1998

- „Das Demokratieprinzip des Grundgesetzes", JURA 1997, 249 ff.

- „Grenzen demokratischer Freiheit im Verfassungsstaat“, JZ 1994, 741 ff.

- „Das Majoritätsprinzip im demokratischen Verfassungsstaat“, ZParl 1986, 94 ff.

Dürig, Günter: „Zur Bedeutung und Tragweite des Art. 79 Abs. III des Grundgesetzes“, in: Spanner, Hans / Lerche, Peter / Zacher, Hans / Badura, Peter / Campenhausen, Axel Freiherr v. (Hrsg.): „Festgabe für Theodor Maunz“, München 1971

- „Der Grundrechtssatz von der Menschenwürde“, AöR 81 (1971), 117 ff.

Ebke, Klaus: „Bundesstaat und Gewaltenteilung“, Göttingen 1965

Eckertz, Rainer: „Bundesstaat und Demokratie“, in: Grawert, Rolf / Schlink, Bernhard / Wahl, Rainer / Wieland, Joachim (Hrsg.): „Offene Staatlichkeit“, Festschrift für Ernst-Wolfgang Böckenförde, Berlin 1995

Eglin, Dieter: „Demokratie und Minderheiten“, Bern u.a. 1998

Ehard, Hans: „Aufgabe und Bewährung des Bundesrates“, in: Süsterhenn, Adolf (Hrsg.): „Föderalistische Ordnung“, Koblenz 1961

- „Das Verhältnis zwischen Bund und Ländern und der Bundesrat“, BayVBl. 1961, 1 ff.

Ehmke, Horst: „Grenzen der Verfassungsänderung“, Berlin 1953

Ehrenzeller, Bernhard: Kommentierung zur Präambel der Schweizer Bundesverfassung, in: Ehrenzeller, Bernhard / Mastronardi, Philippe / Schweizer, Rainer J. / Vallender, Klaus A. (Hrsg.): „Die schweizerische Bundesverfassung“, Lachen u.a. 2002

Elgeti, Axel: „Inhalt und Grenzen der Föderativklausel des Art. 79, III GG“, Marburg/Lahn 1968

Elicker, Michael: „Verbietet das Grundgesetz ein Referendum über die EU-Verfassung?“, ZRP 2004, 225 ff.

Engelken, Klaas: „Der Bürgerentscheid im Rahmen des Verfassungsrechts“, DÖV 2002, 977 ff.

- „Plebiszitäre Instrumente auf Bundesebene? Volksinitiative als Einstieg in Volksbegehren und -entscheid oder als bloß petitionsähnliche Regelung?“, BayVBl. 2002, 289 ff.

Erbguth, Wilfried: Kommentierung zu Art. 29 GG, in: Sachs, Michael (Hrsg.): „Grundgesetz“, 3. Auflage, München 2003

Erichsen, Hans-Uwe: „Die Verfassungsänderung nach Art. 79 GG und der Verfassungsbeschluß nach Art. 146 GG“, JURA 1992, 52 ff.

- „Zu den Grenzen von Verfassungsänderungen nach dem Grundgesetz“, VerwArch. 62 (1971), 291 ff.

Ermacora, Felix: „Allgemeine Staatslehre“, 2. Teilband, Berlin 1970

Erne, Roland: „Obligatorisches Referendum, Plebiszit und Volksbegehren – drei Typen direkter Demokratie im europäischen Vergleich“, in: Schiller, Theo / Mittendorf, Volker (Hrsg.): „Direkte Demokratie“, Wiesbaden 2002

Estaing, Valéry Giscard d' / *Amato*, Guiliano / *Dehaene*, Jean-Luc: „Die verschiedene Größe der EU-Mitgliedstaaten und die doppelte Mehrheit als Ausdruck der Union der Bürger und der Union der Staaten“, EuGRZ 2003, 686 ff.

Evangelische Akademie Hofgeismar / Stiftung Mitarbeit (Hrsg.): „Direkte Demokratie in Deutschland“ (Hofgeismarer Entwurf), Bonn 1991

Even, Burkhard: „Die Bedeutung der Unantastbarkeitsgarantie des Art. 79 Abs. 3 GG für die Grundrechte“, Frankfurt am Main u.a. 1988

Evers, Hans-Ulrich: Kommentierung zu Art. 79 Abs. 3 GG, in: Dolzer, Rudolf / Vogel, Klaus / Graßhof, Karin (Hrsg.): „Bonner Kommentar zum Grundgesetz“, Bd. 8 (Art. 75-88), Loseblattsammlung, Stand: 115. Lieferung (Dezember 2004), Heidelberg

Evers, Tilman: „Mehr Demokratie durch Volksentscheid?“, in: Evangelische Akademie Hofgeismar / Evers, Tilman (Hrsg.): „Autonomie als Verfassungsprinzip?“ (Hofgeismarer Protokolle – Tagungsbeiträge aus der Arbeit der Evangelischen Akademie Hofgeismar), 1987

Fessmann, Ingo: „Volksbegehren und Volksentscheid im Verhältnis zum Verbot des Art. 73 BV“, BayVBl. 1976, 389 ff.

Flemming, Klaus: „Entwicklung und Zukunft des Föderalismus in Deutschland“, Freiburg 1980

Franz, Thorsten: „Die Zukunft der deutschen Bundesstaatlichkeit: Verfassungsrechtliche Vorgaben für einen Systemwandel“, ZParl 2004, 409 ff.

Friedrich, Thomas: „Chancen und Spielräume gliedstaatlicher Verfassungsautonomie – von den Runden Tischen zu den Landesverfassungen in den neuen Ländern“, in: Aulehner, Josef / Dengler, Andreas / Konrad, Karlheinz / Langer, Stefan / Leisner, Anna / Lepsius, Oliver / Möller, Johannes / Möstl, Markus / Pfab, Susanne / Stender, Michael / Waldhoff, Christian (Hrsg.): „Föderalismus – Auflösung oder Zukunft der Staatlichkeit?“, Stuttgart u.a. 1997

Friesenhahn, Ernst: „Zur Indemnität der Abgeordneten in Bund und Ländern“, DÖV 1981, 512 ff.

Frotscher, Werner / *Pieroth*, Bodo: „Verfassungsgeschichte“, 4. Auflage, München 2003

Fuß, Ernst-Werner: „Die Nichtigerklärung der Volksbefragungsgesetze von Hamburg und Bremen“, AöR 83 (1958), 383 ff.

Germann, Raimund E.: „Die Europatauglichkeit der direktdemokratischen Institutionen der Schweiz“, in: „Direkte Demokratie“, Schweizerisches Jahrbuch für Politische Wissenschaft 1991, S. 257 ff.

Giehl, Friedrich / *Scheurl*, Guntram v.: „Volksgesetzgebung und Staatshaushalt“, BayVBl. 1976, 486 ff.

Giehl, Joachim: „Direkte Demokratie: verfassungsrechtliche, verfassungshistorische und verfassungspolitische Überlegungen zu einer Einführung plebiszitärer Elemente auf Bundesebene“, München 1996

Gierke, Otto v.: „Über die Geschichte des Majoritätsprinzips“, in: Guggenberger, Bernd / Offe, Claus (Hrsg.): „An den Grenzen der Mehrheitsdemokratie“, Opladen 1984

Goerlich, Helmut: „„Formenmissbrauch“ und Kompetenzverständnis“, Tübingen 1987

Grawert, Rolf: „Staatsvolk und Staatsangehörigkeit“ (§ 16), in: Isensee, Josef / Kirchhof, Paul (Hrsg.): „Handbuch des Staatsrechts der Bundesrepublik Deutschland“, Bd. II, 3. Auflage, Heidelberg 2004

- „Die Bedeutung gliedstaatlichen Verfassungsrechts in der Gegenwart“, NJW 1987, 2329 ff.

- „Gesetz und Gesetzgebung im modernen Staat“, JURA 1982, 300 ff.

Greifeld, Andreas: „Volksentscheid durch Parlamente“, Berlin 1983

Grewe, Wilhelm: „Das bundesstaatliche System des Grundgesetzes“, DRZ 1949, 349 ff.

Grimm, Dieter: „Verfassungsfunktion und Grundgesetzreform“, AöR 97 (1972), 489 ff.

Gross, Andreas: „Die schweizerische Direkte Demokratie“, in: Heußner, Hermann K. / Jung, Otmar (Hrsg.): „Mehr direkte Demokratie wagen“, München 1999

- „Föderalismus und direkte Demokratie“, in: Die Union. Vierteljahreszeitschrift für Integrationsfragen, Heft 4 1998, S. 99 ff.

Groß, Rolf: „Presse, Presserecht und Gesetzgebungskompetenz“, VR 2004, 289 ff.

Guggenberger, Bernd: „An den Grenzen der Mehrheitsdemokratie“, in: Guggenberger, Bernd / Offe, Claus (Hrsg.): „An den Grenzen der Mehrheitsdemokratie“, Opladen 1984

Guggenberger, Bernd / *Offe*, Claus (Hrsg.): „An den Grenzen der Mehrheitsdemokratie", Opladen 1984

Gusy, Christoph: „Das Mehrheitsprinzip im demokratischen Staat", in: Guggenberger, Bernd / Offe, Claus (Hrsg.): „An den Grenzen der Mehrheitsdemokratie", Opladen 1984

- „Konsensprinzip oder Demokratie", ZfP 1985, 133 ff.

Haberland, Stephan: „Die verfassungsrechtliche Bedeutung der Opposition nach dem Grundgesetz", Berlin 1995

Häberle, Peter: „Das Mehrheitsprinzip als Strukturelement der freiheitlich-demokratischen Grundordnung", JZ 1977, 241 ff.

- „Die Abhörentscheidung des Bundesverfassungsgerichts vom 15.12.1970", JZ 1971, 145 ff.

Hablitzel, Hans: Besprechung zu Rührmair, Alfred: „Der Bundesrat zwischen Verfassungsauftrag, Politik und Länderinteressen", NWVBl. 2003, 80

- „Das politische Mandat des Bundesrates", BayVBl. 1979, 39 ff.

Häfelin, Ulrich / *Haller*, Walter: „Schweizerisches Bundesstaatsrecht", 5. Auflage, Zürich 2001

Hafner, Felix / *Schweizer*, Rainer J.: Kommentierung zu Art. 1 BV, in: Ehrenzeller, Bernhard / Mastronardi, Philippe / Schweizer, Rainer J. / Vallender, Klaus A. (Hrsg.): „Die schweizerische Bundesverfassung", Lachen u.a. 2002

Hain, Karl Eberhard: „Die Grundsätze des Grundgesetzes", Baden-Baden 1999

- Kommentierung zu Art. 79 GG, in: Mangoldt, Hermann v. / Klein, Friedrich / Starck, Christian (Hrsg.): „Das Bonner Grundgesetz", Bd. 3: Artikel 79-146, 4. Auflage, München 2001

Halfmann, Ralf: „Entwicklungen des deutschen Staatsorganisationsrechts im Kraftfeld der europäischen Integration", Berlin 2000

Hall, Karl-Heinrich: „Abhörentscheidung und Grundgesetz – BVerfGE 30, 1", JuS 1972, 132 ff.

Hamm, Ludwig: „Die ausdrücklichen Schranken der Verfassungsänderung im Bonner Grundgesetz", Mainz 1952

Hancke, Ernst: „Bodin", Aalen 1969 (Neudruck der Ausgabe Breslau 1894)

Hangartner, Yvo: „Grundzüge des schweizerischen Staatsrechts", Erster Band: Organisation, Zürich 1980

Hangartner, Yvo /*Kley*, Andreas: „Die demokratischen Rechte in Bund und Kantonen der Schweizerischen Eidgenossenschaft", Zürich 2000

Harbich, Jürgen: „Der Bundesstaat und seine Unantastbarkeit", Berlin 1965

Hattenhauer, Hans / *Kaltefleiter*, Werner (Hrsg.): „Mehrheitsprinzip, Konsens und Verfassung", Heidelberg 1986

Haug, Hans: „Die Schranken der Verfassungsrevision", Zürich 1946

Hebeler, Timo: „Verfassungsrechtliche Stellung und Funktion des Bundesrates", JA 2003, 522 ff.

Heger, Matthias: „Deutscher Bundesrat und Schweizer Ständerat", Berlin 1990

Hein, Edgar: „Stimmenverteilung im Bundesrat", Die demokratische Gemeinde 1972, 103 ff.

Helg, Felix: „Föderalismus aus schweizerischer Sicht: Perspektiven einer Erneuerung", in: Aulehner, Josef / Dengler, Andreas / Konrad, Karlheinz / Langer, Stefan / Leisner, Anna / Lepsius, Oliver / Möller, Johannes / Möstl, Markus / Pfab, Susanne / Stender, Michael / Waldhoff, Christian (Hrsg.): „Föderalismus – Auflösung oder Zukunft der Staatlichkeit?", Stuttgart u.a. 1997

Helms, Ludger: „Strukturelemente und Entwicklungsdynamik des deutschen Bundesstaates im internationalen Vergleich", ZfP 2002, 125 ff.

Hempel, Wieland: „Der demokratische Bundesstaat", Berlin 1969

Herbst, Tobias: „Volksabstimmung ohne Grundgesetz?“, ZRP 2005, 29 ff.

Herdegen, Matthias: „Strukturen und Institute des Verfassungsrechts der Länder“ (§ 97), in: Isensee, Josef / Kirchhof, Paul (Hrsg.): „Handbuch des Staatsrechts der Bundesrepublik Deutschland“, Bd. IV, 2. Auflage, Heidelberg 1999

Herrmann, Klaus: „Volksgesetzgebungsverfahren“, Frankfurt am Main u.a. 2003

Herzog, Roman: Kommentierung zu Art. 20 GG, in: Maunz, Theodor / Dürig, Günter / Badura, Peter / Fabio, Udo di / Herdegen, Matthias / Herzog, Roman / Klein, Hans H. / Korioth, Stefan / Lerche, Peter / Papier, Hans-Jürgen / Randelzhofer, Albrecht / Schmidt-Assmann, Eberhard / Scholz, Rupert: „Grundgesetz Kommentar“, Bd. III (Art. 17-27), Loseblattsammlung, Stand: 43. Lieferung (Februar 2004), München

- „Stellung des Bundesrates im demokratischen Bundesstaat“ (§ 44), in: Isensee, Josef / Kirchhof, Paul (Hrsg.): „Handbuch des Staatsrechts der Bundesrepublik Deutschland“, Bd. II, 2. Auflage, Heidelberg 1998

- „Aufgaben des Bundesrates“ (§ 45), in: Isensee, Josef / Kirchhof, Paul (Hrsg.): „Handbuch des Staatsrechts der Bundesrepublik Deutschland“, Bd. II, 2. Auflage, Heidelberg 1998

- „Zusammensetzung und Verfahren des Bundesrates“ (§ 46), in: Isensee, Josef / Kirchhof, Paul (Hrsg.): „Handbuch des Staatsrechts der Bundesrepublik Deutschland“, Bd. II, 2. Auflage, Heidelberg 1998

- „Zwischenbilanz im Streit um die bundesstaatliche Ordnung“, JuS 1967, 193 ff.

- „Bundes- und Landesstaatsgewalt im demokratischen Bundesstaat“, DÖV 1962, 81 ff.

Hesse, Konrad: „Grundzüge des Verfassungsrechts der Bundesrepublik Deutschland“, 20. Auflage, Heidelberg 1995

- „Der unitarische Bundesstaat“, Karlsruhe 1962

- „Bundesstaatsreform und Grenzen der Verfassungsänderung“, AöR 98 (1973), 1 ff.

Heun, Werner: „Das Mehrheitsprinzip in der Demokratie“, Berlin 1983

Heußner, Hermann K. / *Jung*, Otmar (Hrsg.): „Mehr direkte Demokratie wagen“, München 1999

Heyen, Erich: „Das höchste Reichsorgan“, Berlin 1930

Heyland, Carl: „Zur Lehre von der staatsrechtlichen Stellung der Reichsratsmitglieder nach dem deutschen Reichs- und Landesstaatsrecht“, Stuttgart 1927

Hillgruber, Christian: „Klarere Verantwortungsteilung von Bund, Ländern und Gemeinden?“, JZ 2004, 837 ff.

- „Die Herrschaft der Mehrheit“, AöR 127 (2002), 460 ff.

Hofmann, Hasso / *Dreier*, Horst: „Repräsentation, Mehrheitsprinzip und Minderheitenschutz“ (§ 5), in: Schneider, Hans-Peter / Zeh, Wolfgang (Hrsg.): „Parlamentsrecht und Parlamentspraxis“, Berlin u.a. 1989

Holste, Heiko: „Der deutsche Bundesstaat im Wandel (1867-1933)“, Berlin 2002

Höpker, Heinrich: „Grundlagen, Entwicklung und Problematik des Mehrheitsprinzips und seine Stellung in der Demokratie“, Köln 1957

Huber, Bertold: „Formen direktdemokratischer Staatswillensbildung – eine Herausforderung an das parlamentarische System der Bundesrepublik Deutschland?“, ZRP 1984, 245 ff.

Huber, Ernst Rudolf: „Deutsche Verfassungsgeschichte seit 1789“, Bd. III (Bismarck und das Reich), Stuttgart u.a. 1988; Bd. VI (Die Weimarer Reichsverfassung), Stuttgart u.a. 1981

- (Hrsg.): „Dokumente zur deutschen Verfassungsgeschichte“, Bd. 2 (Deutsche Verfassungsdokumente 1851-1900), 3. Auflage, Stuttgart u.a. 1986; Bd. 4 (Deutsche Verfassungsdokumente 1919-1933), 3. Auflage, Stuttgart u.a. 1991

- (Hrsg.): „Quellen zum Staatsrecht der Neuzeit“, Bd. 2, Tübingen 1951

Huber, Peter M.: „Deutschland in der Föderalismusfalle?“, Heidelberg 2003

- „Volksgesetzgebung und Ewigkeitsgarantie“, Stuttgart u.a. 2003

- „Maastricht – ein Staatsstreich?“, Stuttgart u.a. 1993

- Kommentierung zur Präambel des GG, in: Sachs, Michael (Hrsg.): „Grundgesetz“, 3. Auflage, München 2003

Hufen, Friedhelm: „Die Bedeutung gliedstaatlichen Verfassungsrechts in der Gegenwart“, BayVBl. 1987, 513 ff.

Hufschlag, Hans-Peter: „Einfügung plebiszitärer Komponenten in das Grundgesetz?“, Baden-Baden 1999

IDEE – Initiative DEmokratie entwickeln e. V. (Hrsg.): „Direkte Demokratie für Deutschland“, Bonn 1991

Imboden, Max: „Die staatsrechtliche Problematik des schweizerischen Föderalismus“, in: Zeitschrift für Schweizerisches Recht, NF, Bd. 74 (1955) S. 209 ff.

Ipsen, Jörn: „Staatsrecht I“, 16. Auflage, München 2004

Isensee, Josef: „Idee und Gestalt des Föderalismus im Grundgesetz“ (§ 98), in: Isensee, Josef / Kirchhof, Paul (Hrsg.): „Handbuch des Staatsrechts der Bundesrepublik Deutschland“, Bd. IV, 2. Auflage, Heidelberg 1999

- „Einheit in Ungleichheit: der Bundesstaat – Vielfalt der Länder als Legitimationsbasis des deutschen Föderalismus“, in: Bohr, Kurt (Hrsg.): „Föderalismus“, München 1992

- „Abschied der Demokratie vom Demos“, in: Schwab, Dieter / Giesen, Dieter / Listl, Joseph / Strätz, Hans-Wolfgang (Hrsg.): „Staat, Kirche, Wissenschaft in einer pluralistischen Gesellschaft“, Festschrift für Paul Mikat, Berlin 1989

- „Chancen und Grenzen der Landesverfassung im Bundesstaat“, SächsVBl. 1994, 28 ff.

- „Der Föderalismus und der Verfassungsstaat der Gegenwart“, AöR 115 (1990), 248 ff.

Jacobi, Erwin: „Reichsverfassungsänderung“, in: Schreiber, Otto (Hrsg.): „Die Reichsgerichtspraxis im deutschen Rechtsleben“ (Festgabe der juristischen Fakultäten zum 50jährigen Bestehen des Reichsgerichts), Bd. 1, Berlin u.a. 1929

Jaeger, Richard: „Demokratie – Rechtsstaat – Föderalismus“, in: Süsterhenn, Adolf (Hrsg.): „Föderalistische Ordnung“, Koblenz 1961

Jahrreiß, Hermann: „Die Gliederung des Bundes in Länder. Bundesstaat im Sinne des Grundgesetzes für die Bundesrepublik Deutschland.“, in: Conrad, Hermann / Jahrreiß, Hermann / Mikat, Paul / Mosler, Hermann / Nipperdey, Hans Carl / Salzwedel, Jürgen (Hrsg.): „Gedächtnisschrift Hans Peters“, Berlin u.a. 1967

Jarass, Hans D.: Kommentierung zur Präambel des GG, in: Jarass, Hans D. / Pieroth, Bodo: „Grundgesetz für die Bundesrepublik Deutschland“, 7. Auflage, München 2004

Jekewitz, Jürgen: „Deutscher Föderalismus: Fehlentwicklung oder Vorbild in Europa?“, RuP 2003, 89 ff.

- „Der Streit um das Zuwanderungsgesetz“, RuP 2002, 83 ff.

Jellinek, Georg: „Allgemeine Staatslehre“, 3. Auflage, Kronberg/Ts. 1976

Jellinek, Walter: „Grenzen der Verfassungsgesetzgebung“, Berlin 1931

Jestaedt, Matthias: „Bundesstaat als Verfassungsprinzip“ (§ 29), in: Isensee, Josef / Kirchhof, Paul (Hrsg.): „Handbuch des Staatsrechts der Bundesrepublik Deutschland“, Bd. II, 3. Auflage, Heidelberg 2004

Jung, Otmar: „Grundgesetz und Volksentscheid“, Opladen 1994

- „Direkte Demokratie und Föderalismus“, in: Brink, Stefan / Wolff, Heinrich Amadeus (Hrsg.): „Gemeinwohl und Verantwortung“, Festschrift für Hans Herbert von Arnim, Berlin 2004

- „„Die rebellierende Vertretung“ (H. Nawiasky)“, in: Bovenschulte, Andreas / Grub, Henning / Löhr, Franziska Alice / Schwanenflügel, Matthias v. / Wietschel, Wiebke (Hrsg.): „Demokratie und Selbstverwaltung in Europa“, Festschrift für Dian Schefold, Baden-Baden 2001

- „Direkte Demokratie – vom Kopf auf die Füße gestellt“, LKV 2003, 308 ff.

- „Volksentscheid ins Grundgesetz?“, ZfP 2002, 267 ff.

- „Noch einmal: Eckpunkte nicht überzeugend gesetzt“, RuP 2001, 144 ff.

Jung, Otmar / *Knemeyer*, Franz Ludwig: „Im Blickpunkt: Direkte Demokratie“, München 2001

Jung, Sabine: „Die Logik direkter Demokratie“, Wiesbaden 2001

Jutzi, Siegfried: „Landesverfassungsrecht und Bundesrecht“, Berlin1982

- „Volksgesetzgebung und Verfassungsrechtsprechung“, ZG 2003, 273 ff.

Kägi, Werner: „Von der klassischen Dreiteilung zur umfassenden Gewaltenteilung“, in: „Verfassungsrecht und Verfassungswirklichkeit“, Festschrift für Hans Huber, Bern 1961

Kampwirth, Ralph: „Der ernüchterte Souverän. Bilanz und Perspektiven der direkten Demokratie in den 16 Bundesländern und auf Kommunalebene“, ZParl 2003, 657 ff.

Katz, Alfred: „Staatsrecht“, 15. Auflage, Heidelberg 2002

Kaufmann, Robert: „Bundesstaat und Deutsche Einheit“, Heidelberg 1992

Kelsen, Hans: „Vom Wesen und Wert der Demokratie“, Aalen 1963 (Neudruck der zweiten, umgearbeiteten Auflage von 1929)

Kempen, Otto Ernst: „Historische und aktuelle Bedeutung der „Ewigkeitsklausel“ des Art. 79 Abs. 3 GG“, ZParl 1990, 354 ff.

Kersten, Jens: „Homogenitätsgebot und Landesverfassungsrecht“, DÖV 1993, 896 ff.

Kimminich, Otto: „Deutsche Verfassungsgeschichte“, Frankfurt am Main 1970

Kirchgässner, Gebhard / *Feld*, Lars P. / *Savioz*, Marcel R.: „Die direkte Demokratie“, Basel u.a. 1999

Klages, Andreas / *Paulus*, Petra: „Direkte Demokratie in Deutschland“, Marburg 1996

Klein, Eckart: „Der Einigungsvertrag“, DÖV 1991, 569 ff.

Klein, Hans H.: „Die Legitimation des Bundesrates und sein Verhältnis zu Landesparlamenten und Landesregierungen“, in: Bundesrat (Hrsg.): „Vierzig Jahre Bundesrat“, Baden-Baden 1989

- „Der Bundesrat im Regierungssystem der Bundesrepublik Deutschland“, ZG 2002, 297 ff.

- „Der Bundesrat der Bundesrepublik Deutschland – die „Zweite Kammer““, AöR 108 (1983), 329 ff.

Kley, Andreas: Kommentierung zu Art. 142 BV, in: Ehrenzeller, Bernhard / Mastronardi, Philippe / Schweizer, Rainer J. / Vallender, Klaus A. (Hrsg.): „Die schweizerische Bundesverfassung“, Lachen u.a. 2002

Kloepfer, Michael: „Verfassungsänderung statt Verfassungsreform“, Berlin u.a. 1995

- „Zur historischen Legitimation des Grundgesetzes“, ZRP 1983, 57 ff.

Knies, Wolfgang: „Der Bundesrat: Zusammensetzung und Aufgaben“, DÖV 1977, 575 ff.

Kokott, Juliane: „Souveräne Gleichheit und Demokratie im Völkerrecht", ZaöRV 2004, 517 ff.

Kölble, Josef: „Finanzreform und Bundesstaatsprinzip", DÖV 1967, 1 ff.

- „Bundesstaat und Festlandssockel", DÖV 1964, 217 ff.

Konow, Gerhard: „Kooperativer Föderalismus und Gemeinschaftsaufgaben", DÖV 1966, 368 ff.

Korioth, Stefan: Kommentierung zu Art. 50, 51 GG, in: Mangoldt, Hermann v. / Klein, Friedrich / Starck, Christian (Hrsg.): „Das Bonner Grundgesetz", Bd. 2: Artikel 20-78, 4. Auflage, München 2000

Körkemeyer, Stephan: „Direkte Demokratie und Europäische Integration", Bern 1995

Kramer, Johannes: „Grenzen der Verfassungsänderung im Bereich der bundesstaatlichen Finanzverfassung", Aachen 2000

Krause, Peter: „Verfassungsrechtliche Möglichkeiten unmittelbarer Demokratie" (§ 39), in: Isensee, Josef / Kirchhof, Paul (Hrsg.): „Handbuch des Staatsrechts der Bundesrepublik Deutschland", Bd. II, 2. Auflage, Heidelberg 1998

Kriele, Martin: „Plebiszite in das Grundgesetz?", FAZ Nr. 262 vom 10.11.1992, S. 12 f.

- „Das demokratische Prinzip im Grundgesetz", VVDStRL 29 (1971), 46 ff.

Krüger, Hartmut: „Die Entscheidungsbefugnis in der demokratischen Ordnung des Grundgesetzes", BayVBl. 1988, 353 ff.

Krüger, Herbert: „Allgemeine Staatlehre", Stuttgart 1964

Kruis, Konrad: „Finanzautonomie und Demokratie im Bundesstaat", DÖV 2003, 10 ff.

Kühne, Jörg-Detlef: „Volksgesetzgebung in Deutschland", ZG 1991, 116 ff.

Kunig, Philip: Kommentierung zur Präambel des GG, in: Münch, Ingo v. / Kunig, Philip (Hrsg.): „Grundgesetz-Kommentar", Bd. 1 (Präambel bis Art. 19), 5. Auflage, München 2000

- Kommentierung zu Art. 29 GG, in: Münch, Ingo v. / Kunig, Philip (Hrsg.): „Grundgesetz-Kommentar", Bd. 2 (Art. 21 bis Art. 69), 2. Auflage, München 1983; Bd. 2 (Art. 20 bis Art. 69), 4./5. Auflage, München 2001

Küpper, Herbert: „Die Mitgliedschaft im Bundesrat – Schwachstellen eines widersprüchlichen Konzepts", Der Staat 42 (2003), 387 ff.

Kurz, Hanns: „Volkssouveränität und Volksrepräsentation", Köln u.a. 1965

Kuttenkeuler, Benedikt P.: „Die Verankerung des Subsidiaritätsprinzips im Grundgesetz", Frankfurt am Main u.a. 1998

Laband, Paul: „Das Staatsrecht des Deutschen Reiches", Bd. 1, 5. Auflage, Tübingen 1911

Lameyer, Johannes: „Streitbare Demokratie", Berlin 1978

Lange, Klaus: „Die Legitimationskrise des Bundesrates", in: Avenarius, Hermann / Engelhardt, Hanns / Heussner, Hermann / Zezschwitz, Friedrich v. (Hrsg.): „Festschrift für Erwin Stein", Bad Homburg vor der Höhe 1983

Lanz, Christoph: Kommentierung zu Art. 150 BV, in: Ehrenzeller, Bernhard / Mastronardi, Philippe / Schweizer, Rainer J. / Vallender, Klaus A. (Hrsg.): „Die schweizerische Bundesverfassung", Lachen u.a. 2002

Larenz, Karl: „Wegweiser zu richterlicher Rechtsschöpfung", in: „Festschrift für Arthur Nikisch", Tübingen 1958

Laufer, Heinz / *Münch*, Ursula: „Das föderative System der Bundesrepublik Deutschland", Bonn 1997

Laux, Joachim: „Bedeutung und Inhalt der Grenzen der Grundgesetzänderung nach Art. 79 Abs. III des Bonner Grundgesetzes", Kiel 1956

Lehmann, Kurt: „Das Recht der parlamentarischen Minderheiten", Berlin 1933

Leibholz, Gerhard: Wortbeitrag, VVDStRL 29 (1971), 103 ff.

- „Der Begriff der freiheitlichen demokratischen Grundordnung und das Bonner Grundgesetz", DVBl. 1951, 554 ff.

Leonardy, Uwe: „Plebiszit und Bundesstaat: Eine Rezension mit Ergänzungen zur Diskussion", ZParl 1992, 163 ff.

- Wortbeitrag, in: Landtag Nordrhein-Westfalen (Hrsg.): „Plebiszitäre Elemente in der repräsentativen Demokratie?" (Protokoll einer Fachtagung des Landtags von Nordrhein-Westfalen am 28. Februar 1991 in Düsseldorf), Düsseldorf 1991

Lerche, Peter: „Die Gesetzgebungskompetenz von Bund und Ländern auf dem Gebiete des Presserechts", JZ 1972, 468 ff.

Liebrecht, Heinz: „Der kooperative Föderalismus", DVBl. 1967, 72 ff.

Liermann, Hans: „Das deutsche Volk", Berlin u.a. 1927

Linder, Wolf: „Schweizerische Demokratie", Bern u.a. 1999

Linder, Wolf / *Ballmer-Cao*, Thanh-Huyen: „Das politische System in der Schweiz von morgen", in: „Direkte Demokratie", Schweizerisches Jahrbuch für Politische Wissenschaft 1991, S. 337 ff.

Lombardi, Aldo: Kommentierung zu Art. 138 BV, Vorbemerkungen zu Art. 192-195 BV, in: Ehrenzeller, Bernhard / Mastronardi, Philippe / Schweizer, Rainer J. / Vallender, Klaus A. (Hrsg.): „Die schweizerische Bundesverfassung", Lachen u.a. 2002

Löwer, Wolfgang: Kommentierung zu Art. 28 GG, in: Münch, Ingo v. / Kunig, Philip (Hrsg.): „Grundgesetz-Kommentar", Bd. 2 (Art. 20 bis Art. 69), 4./5. Auflage, München 2001

Lücke, Jörg: Kommentierung zu Art. 79 GG, in: Sachs, Michael (Hrsg.): „Grundgesetz", 1. Auflage, München 1996; 3. Auflage, München 2003

Mager, Ute / *Uerpmann*, Robert: „Überhangmandate und Gleichheit der Wahl", DVBl. 1995, 273 ff.

Mandt, Hella: „Kritik der Formaldemokratie und Entförmlichung der politischen Auseinandersetzung", ZfP 1985, 115 ff.

Mangoldt, Hermann v.: „Das Bonner Grundgesetz", Berlin u.a. 1953

- Besprechung von Geller, Georg / Kleinrahm, Kurt: „Die Verfassung des Landes Nordrhein-Westfalen" und Vogels, Alois: „Die Verfassung für das Land Nordrhein-Westfalen", AöR 77 (1951), 376 ff.

März, Wolfgang: „Bundesrecht bricht Landesrecht", Berlin 1989

- Kommentierung zu Art. 31 GG, in: Mangoldt, Hermann v. / Klein, Friedrich / Starck, Christian (Hrsg.): „Das Bonner Grundgesetz", Bd. 2: Artikel 20-78, 4. Auflage, München 2000

Maunz, Theodor: „Staatlichkeit und Verfassungshoheit der Länder" (§ 94), in: Isensee, Josef / Kirchhof, Paul (Hrsg.): „Handbuch des Staatsrechts der Bundesrepublik Deutschland", Bd. IV, 2. Auflage, Heidelberg 1999

- Kommentierung zu Art. 32, 38 GG, in: Maunz, Theodor / Dürig, Günter / Badura, Peter / Fabio, Udo di / Herdegen, Matthias / Herzog, Roman / Klein, Hans H. / Korioth, Stefan / Lerche, Peter / Papier, Hans-Jürgen / Randelzhofer, Albrecht / Schmidt-Assmann, Eberhard / Scholz, Rupert: „Grundgesetz Kommentar", Bd. IV (Art. 28-69), Loseblattsammlung, Stand: 43. Lieferung (Februar 2004), München

- „Grundgesetz und Volksbefragungsgesetze", DÖV 1959, 1 ff.

- „Die verfassunggebende Gewalt im Grundgesetz“, DÖV 1953, 645 ff.

Maunz, Theodor / *Dürig*, Günter: Kommentierung zu Art. 79 Abs. III GG, in: Maunz, Theodor / Dürig, Günter / Badura, Peter / Fabio, Udo di / Herdegen, Matthias / Herzog, Roman / Klein, Hans H. / Korioth, Stefan / Lerche, Peter / Papier, Hans-Jürgen / Randelzhofer, Albrecht / Schmidt-Assmann, Eberhard / Scholz, Rupert: „Grundgesetz Kommentar“, Bd. V (Art. 70-99), Loseblattsammlung, Stand: 43. Lieferung (Februar 2004), München

Maunz, Theodor / *Herzog*, Roman / *Scholz*, Rupert: Kommentierung zu Art. 29 GG, in: Maunz, Theodor / Dürig, Günter / Badura, Peter / Fabio, Udo di / Herdegen, Matthias / Herzog, Roman / Klein, Hans H. / Korioth, Stefan / Lerche, Peter / Papier, Hans-Jürgen / Randelzhofer, Albrecht / Schmidt-Assmann, Eberhard / Scholz, Rupert: „Grundgesetz Kommentar“, Bd. IV (Art. 28-69), Loseblattsammlung, Stand: 43. Lieferung (Februar 2004), München

Maunz, Theodor / *Scholz*, Rupert: Kommentierung zu Art. 50, 51 GG, in: Maunz, Theodor / Dürig, Günter / Badura, Peter / Fabio, Udo di / Herdegen, Matthias / Herzog, Roman / Klein, Hans H. / Korioth, Stefan / Lerche, Peter / Papier, Hans-Jürgen / Randelzhofer, Albrecht / Schmidt-Assmann, Eberhard / Scholz, Rupert: „Grundgesetz Kommentar“, Bd. IV (Art. 28-69), Loseblattsammlung, Stand: 43. Lieferung (Februar 2004), München

Maunz, Theodor / *Zippelius*, Reinhold: „Deutsches Staatsrecht“, 30. Auflage, München 1998

Maurer, Hartmut: „Staatsrecht I“, 3. Auflage, München 2003

- „Plebiszitäre Elemente in der repräsentativen Demokratie“, Heidelberg 1997

- „Volkswahl des Ministerpräsidenten?“, in: Faber, Heiko / Frank, Götz (Hrsg.): „Demokratie in Staat und Wirtschaft“, Festschrift für Ekkehart Stein, Tübingen 2002

- „Der Bundesrat im Verfassungsgefüge der Bundesrepublik Deutschland“, in: Haller, Herbert / Kopetzki, Christian / Novak, Richard / Paulson, Stanley L. / Raschauer, Bernhard / Ress, Georg / Wiederin, Ewald (Hrsg.): „Staat und Recht“, Festschrift für Günther Winkler, Wien u.a. 1997

Meder, Theodor: „Die Verfassung des Freistaates Bayern“, 4. Auflage, Stuttgart u.a. 1992

Meissner, Claus: „Gesetzgebung“ (§ 10), in: Degenhart, Christoph / Meissner, Claus (Hrsg.): „Handbuch der Verfassung des Freistaates Sachsen“, Stuttgart u.a. 1997

Menz, Lorenz: „Das Grundgesetz im vereinten Deutschland – zur Diskussion um eine Verfassungsreform“, VBlBW. 1991, 401 ff.

Menzel, Eberhard: „Rechtsformen der formalen Verfassungsänderung“, in: „Festschrift für Friedrich Giese“, Frankfurt am Main 1953

Menzel, Jörg: „Landesverfassungsrecht“, Stuttgart u.a. 2002

Merten, Detlef: Wortbeitrag, VVDStRL 58 (1999), 125 ff.

Metzges, Friedrich: „Aufwertung und Volksbegehren“, Leipziger Zeitschrift für Deutsches Recht 1926, Sp. 719 ff.

Meyer, Hans: „Wahlsystem und Verfassungsordnung“, Frankfurt am Main 1973

Meyer, Hans Jörg: „Die Mitwirkungsrechte der Bundesglieder in der Schweizerischen Eidgenossenschaft“, Basel 1957

Meyer-Arndt, Lüder: „Rechtsfragen der Grundgesetzänderung“, AöR 82 (1957), 275 ff.

Meyer-Lüerßen, E. U.: „Die rechtliche Stellung der Bevollmächtigten zum Reichsrat“, Berlin 1924

Meyer-Teschendorf, Klaus-Georg: Kommentierung zu Art. 29 GG, in: Mangoldt, Hermann v. / Klein, Friedrich / Starck, Christian (Hrsg.): „Das Bonner Grundgesetz“, Bd. 2: Artikel 20-78, 4. Auflage, München 2000

Meyn, Karl-Ulrich: „Kontrolle als Verfassungsprinzip“, Baden-Baden 1982

Möckli, Silvano: „Direkte Demokratie“, Bern u.a. 1994

Möller, Hauke: „Die verfassungsgebende Gewalt des Volkes und die Schranken der Verfassungsrevision“, Berlin 2004

Möllers, Christoph: „Der parlamentarische Bundesstaat – Das vergessene Spannungsverhältnis von Parlament, Demokratie und Bundesstaat“, in: Aulehner, Josef / Dengler, Andreas / Konrad, Karlheinz / Langer, Stefan / Leisner, Anna / Lepsius, Oliver / Möller, Johannes / Möstl, Markus / Pfab, Susanne / Stender, Michael / Waldhoff, Christian (Hrsg.): „Föderalismus – Auflösung oder Zukunft der Staatlichkeit?“, Stuttgart u.a. 1997

Monz, Heinz: „Das Verhältnis der Bundesländer untereinander“, Göttingen 1964

Mügel, ohne Vorname: „Die Volksbegehren zur Aufwertung“, DJZ 1926, Sp. 693 ff.

Münch, Ingo v.: „Staatsrecht“, Bd. 1, 5. Auflage, Stuttgart u.a. 1993

Murswiek, Dietrich: „Die verfassunggebende Gewalt nach dem Grundgesetz für die Bundesrepublik Deutschland“, Berlin 1978

Mußgnug, Reinhard: „Zustandekommen des Grundgesetzes und Entstehen der Bundesrepublik Deutschland“ (§ 8), in: Isensee, Josef / Kirchhof, Paul (Hrsg.): „Handbuch des Staatsrechts der Bundesrepublik Deutschland“, Bd. I, 3. Auflage, Heidelberg 2003

Mutius, Albert v.: Wortbeitrag, in: Landtag Nordrhein-Westfalen (Hrsg.): „Plebiszitäre Elemente in der repräsentativen Demokratie?“ (Protokoll einer Fachtagung des Landtags von Nordrhein-Westfalen am 28. Februar 1991 in Düsseldorf), Düsseldorf 1991

- „Zum Verhältnis von gleichlautendem Bundes- und Landesverfassungsrecht“, VerwArch. 66 (1975), 161 ff.

Nawiasky, Hans: „Die Grundgedanken des Grundgesetzes für die Bundesrepublik Deutschland“, Stuttgart u.a. 1950

Nawiasky, Hans / *Leusser*, Claus: „Die Verfassung des Freistaates Bayern“, München u.a. ca. 1948

Nef, Hans: „Materielle Schranken der Verfassungsrevision“, Zeitschrift für Schweizerisches Recht, N.F. 61 (1942), 108 ff.

Neidhart, Leonhard: „Die politische Schweiz“, Zürich 2002

Neumann, Peter: „Reform der Volksgesetzgebung im Freistaat Thüringen“, in: Neumann, Peter (Hrsg.): „Sachunmittelbare Demokratie im Freistaat Thüringen“, Baden-Baden 2002

- „Die zunehmende Bedeutung der Volksgesetzgebung im Verfassungsrecht – Das Beispiel Nordrhein-Westfalen“, in: Neumann, Peter / Raumer, Stefan v. (Hrsg.): „Die verfassungsrechtliche Ausgestaltung der Volksgesetzgebung“, Baden-Baden 1999

Nicolaus, Helmut: „Grundmandatsklausel, Überhangmandate & Föderalismus“, Heidelberg 1995

- „Demokratie, Verhältniswahl & Überhangmandate“, Heidelberg 1995

Nierhaus, Michael: Kommentierung zu Art. 28 GG, in: Sachs, Michael (Hrsg.): „Grundgesetz“, 3. Auflage, München 2003

Obermayer, Klaus: „Über die zwei Arten von Volksabstimmungen“, NJW 1958, 1174 ff.

Oberreuter, Heinrich: „Direkte Demokratie und die repräsentative Verfassung der Bundesrepublik Deutschland“, ZfP 2002, 290 ff.

Obst, Claus Henning: „Chancen direkter Demokratie in der Bundesrepublik Deutschland“, Köln 1986

Oeter, Stefan: „Integration und Subsidiarität im deutschen Bundesstaatsrecht“, Tübingen 1998

Offe, Claus: „Politische Legitimation durch Mehrheitsentscheidung“, in: Guggenberger, Bernd / Offe, Claus (Hrsg.): „An den Grenzen der Mehrheitsdemokratie“, Opladen 1984

Ossenbühl, Fritz: „Föderalismus nach 40 Jahren Grundgesetz", DVBl. 1989, 1230 ff.
- „Die Zustimmung des Bundesrates beim Erlaß von Bundesrecht", AöR 99 (1974), 369 ff.

Palzer-Rollinger, Birgit: „Zur Legitimität von Mehrheitsentscheidungen", Baden-Baden 1995
Papier, Hans-Jürgen: „Überhangmandate und Verfassungsrecht", JZ 1996, 265 ff.
Paterna, Tatiana: „Volksgesetzgebung", Frankfurt am Main 1995
Paul, Hansjürgen: „Parlamentarischer Minderheitenschutz", Göttingen 1953
Pechstein, Matthias / *Weber*, Anja: „Gesetzgebungskompetenzen nach dem Grundgesetz", JURA 2003, 82 ff.
Peine, Franz-Joseph: „Volksbeschlossene Gesetze und ihre Änderung durch den parlamentarischen Gesetzgeber", Der Staat 18 (1979), 375 ff.
Pernthaler, Peter: „Der differenzierte Bundesstaat", Wien 1992
Pestalozza, Christian: „Der Popularvorbehalt", Berlin u.a. 1981
- „Die Bedeutung gliedstaatlichen Verfassungsrechts in der Gegenwart", NVwZ 1987, 744 ff.
- „Thesen zur kompetenzrechtlichen Qualifikation von Gesetzen im Bundesstaat", DÖV 1972, 181 ff.
Peters, Hans: „Die Gewaltentrennung in moderner Sicht", Köln u.a. 1954
- „Die Problematik der deutschen Demokratie", Zürich 1948
Pflüger, Friedbert: „Mehr innerparteiliche Demokratie statt mehr Direkte Demokratie", RuP 2000, 142 ff.
Pieroth, Bodo: Kommentierung zu Art. 20, 28, 29, 50, 79 GG, in: Jarass, Hans D. / Pieroth, Bodo: „Grundgesetz für die Bundesrepublik Deutschland", 7. Auflage, München 2004
Pietzcker, Jost: „Zuständigkeitsordnung und Kollisionsrecht im Bundesstaat" (§ 99), in: Isensee, Josef / Kirchhof, Paul (Hrsg.): „Handbuch des Staatsrechts der Bundesrepublik Deutschland", Bd. IV, 2. Auflage, Heidelberg 1990
Platter, Julia: „Neue Entwicklungen in der Rechtsprechung zum Haushaltsvorbehalt bei der Volksgesetzgebung", ZRP 2004, 496 ff.
Polaschek, Martin F.: „Föderalismus als Strukturprinzip? Bundesstaaten und Staatenbünde in der europäischen Verfassungstradition", in: Aulehner, Josef / Dengler, Andreas / Konrad, Karlheinz / Langer, Stefan / Leisner, Anna / Lepsius, Oliver / Möller, Johannes / Möstl, Markus / Pfab, Susanne / Stender, Michael / Waldhoff, Christian (Hrsg.): „Föderalismus – Auflösung oder Zukunft der Staatlichkeit?", Stuttgart u.a. 1997
Pollmann, Hans: „Repräsentation und Organschaft", Berlin 1969
Preuß, Ulrich K.: „Die Zukunft: Müllhalde der Gegenwart?", in: Guggenberger, Bernd / Offe, Claus (Hrsg.): „An den Grenzen der Mehrheitsdemokratie", Opladen 1984
- „Plebiszite als Formen der Bürgerbeteiligung", ZRP 1993, 131 ff.
- „Das Landesvolk als Gesetzgeber", DVBl. 1985, 710 ff.
Przygode, Stefan: „Die deutsche Rechtsprechung zur unmittelbaren Demokratie", Baden-Baden 1995
Pünder, Hermann: „Die Abstimmung des Bundesrates über das Zuwanderungsgesetz", JURA 2003, 622 ff.
Püttner, Günter / *Kretschmer*, Gerald: „Staatsorganisation", 2. Auflage, München 1993
Pützer, Hanns-Jakob: „Landesorganisationshoheit als Schranke der Bundeskompetenzen", Frankfurt am Main u.a. 1988

Quaritsch, Helmut: „Staat und Souveränität“, Bd. 1, Frankfurt am Main 1970

- „Kirchen und Staat“, Der Staat 1 (1962), 175 ff.

Randelzhofer, Albrecht: „Staatsgewalt und Souveränität“ (§ 17), in: Isensee, Josef / Kirchhof, Paul (Hrsg.): „Handbuch des Staatsrechts der Bundesrepublik Deutschland“, Bd. II, 3. Auflage, Heidelberg 2004

Reuter, Konrad: „Praxishandbuch Bundesrat“, Heidelberg 1991

- „Föderalismus“, Heidelberg u.a. 1983

- „Der Bundesrat als Parlament der Länderregierungen“ (§ 56), in: Schneider, Hans-Peter / Zeh, Wolfgang (Hrsg.): „Parlamentsrecht und Parlamentspraxis“, Berlin u.a. 1989

Ridder, Helmut: Kommentierung zu Art. 79 GG, in: Wassermann, Rudolf (Hrsg.): „Kommentar zum Grundgesetz für die Bundesrepublik Deutschland“ (Alternativkommentar), Bd. 2 (Art. 38-146), 2. Auflage, Neuwied 1989

Rinken, Alfred: „Demokratie als Organisationsform der Bürgergesellschaft“, in: Bovenschulte, Andreas / Grub, Henning / Löhr, Franziska Alice / Schwanenflügel, Matthias v. / Wietschel, Wiebke (Hrsg.): „Demokratie und Selbstverwaltung in Europa“, Festschrift für Dian Schefold, Baden-Baden 2001

Rittger, Gebhard: „Der Streit um die direkte Demokratie in der Bundesrepublik Deutschland“, Bonn 1992

Rittner, Fritz: „Demokratie als Problem: Abschied vom Parlamentarismus?“, JZ 2003, 641 ff.

Robbers, Gerhard: Kommentierung zu Art. 50 GG, in: Sachs, Michael (Hrsg.): „Grundgesetz“, 3. Auflage, München 2003

Rommelfanger, Ulrich: „Das konsultative Referendum“, Berlin 1988

Rothenstreich, Nathan: „Mehrheitsherrschaft oder Herrschaft durch Prinzipien“, in: Fach, Wolfgang / Degen, Ulrich (Hrsg.): „Politische Legitimität“, Frankfurt am Main 1978

Rubel, Rüdiger: Kommentierung zu Art. 79 GG, in: Umbach, Dieter C. / Clemens, Thomas (Hrsg.): „Grundgesetz – Mitarbeiterkommentar und Handbuch“, Bd. II (Art. 38-146 GG), Heidelberg 2002

Ruland, Franz: „Indemnität und Amtshaftung für Abgeordnete“, Der Staat 14 (1975), 457 ff.

Rümelin, Max: „Die bindende Kraft des Gewohnheitsrechtes und ihre Begründung“, Tübingen 1929

Rupp, Hans Heinrich: Anmerkung zum Urteil des BVerfG vom 15.12.1970, NJW 1971, 275 ff.

Rux, Johannes: „Die Haushaltsvorbehalte in Bezug auf die direktdemokratischen Verfahren in den Verfassungen der neuen Bundesländer“, LKV 2002, 252 ff.

- „Weitere Anmerkung zu ThürVerfGH, Urteil vom 15.8.2001 – VerfGH 4/01 – verkündet am 19.9.2001“, ThürVBl. 2002, 48 ff.

- „Direkte Demokratie in der Weimarer Republik“, KritV 2002, 273 ff.

Sachs, Michael: Kommentierung zu Art. 20 GG, in: Sachs, Michael (Hrsg.): „Grundgesetz“, 3. Auflage, München 2003

- „Das materielle Landesverfassungsrecht“, in: Burmeister, Joachim (Hrsg.): „Verfassungsstaatlichkeit“, Festschrift für Klaus Stern, München 1997

- „Kann im Rahmen der Volksgesetzgebung in Nordrhein-Westfalen bei einem auf eine Verfassungsänderung gerichteten Volksentscheid auf qualifizierte Anforderungen verzichtet werden?“, in: Neumann, Peter / Raumer, Stefan v. (Hrsg.): „Die verfassungsrechtliche Ausgestaltung der Volksgesetzgebung“, Baden-Baden 1999

- Anmerkung zum Urteil des SächsVerfGH vom 11.07.2002, JuS 2003, 705 ff.

- „Ewigkeitsgarantie für Grenzen der Volksgesetzgebung?“, LKV 2002, 249 ff.

- „Das parlamentarische Regierungssystem und der Bundesrat – Entwicklungsstand und Reformbedarf“, VVDStRL 58 (1999), 39 ff.

- Wortbeitrag, VVDStRL 58 (1999), 108 ff.

- „Die Landesverfassung im Rahmen der bundesstaatlichen Rechts- und Verfassungsordnung“, ThürVBl. 1993, 121 ff.

- „Die Bedeutung gliedstaatlichen Verfassungsrechts in der Gegenwart“, DVBl. 1987, 857 ff.

- „Das Staatsvolk in den Ländern“, AöR 108 (1983), 68 ff.

Sacksofsky, Ute: „Landesverfassungen und Grundgesetz – am Beispiel der Verfassungen der neuen Bundesländer“, NVwZ 1993, 235 ff.

Sahner, Heinz: „Wer fordert die parlamentarische Mehrheitsdemokratie heraus?“, ZParl 1984, 571 ff.

Sannwald, Rüdiger: Kommentierung zu Art. 79 GG, in: Schmidt-Bleibtreu, Bruno / Klein, Franz (Hrsg.): „Kommentar zum Grundgesetz“, 9. Auflage, Neuwied u.a. 1999

Šarčević, Edin: „Das Bundesstaatsprinzip“, Tübingen 2000

Sartorius, Carl (Hrsg.): „Verfassungs- und Verwaltungsrecht“, 15. Auflage, München u.a. 1944

Sauerwein, Herbert: „Die „Omnipotenz“ des pouvoir constituant“, Frankfurt am Main 1960

Schaal, Diana: „Das Verfahren zur Herbeiführung eines Volksentscheids als Filter am Beispiel eines Drei-Länder-Vergleichs“, in: Schiller, Theo / Mittendorf, Volker (Hrsg.): „Direkte Demokratie“, Wiesbaden 2002

Schäfer, Hans: „Der Bundesrat“, Köln u.a. 1955

Schambeck, Herbert: „Föderalismus und Gewaltenteilung“, in: Leibholz, Gerhard / Faller, Hans Joachim / Mikat, Paul / Reis, Hans (Hrsg.): „Menschenwürde und freiheitliche Rechtsordnung“, Festschrift für Willi Geiger, Tübingen 1974

Schatz, Kurt: „Prinzip, Grenzen und Konsequenzen der Majorität“, Heidelberg 1951

Schauer, Martin (Hrsg.): „Österreichische Gesetze“, Loseblattsammlung, Stand: 35. Ergänzungslieferung (14. November 2004), Wien u.a. 2004

Schefold, Dian: „Der Bundesrat als konkordanzpolitisches Stabilisierungselement“, in: Stuby, Gerhard (Hrsg.): „Föderalismus und Demokratie“, Baden-Baden 1992

Schenke, Wolf-Rüdiger: „Gesetzgebung zwischen Parlamentarismus und Föderalismus“ (§ 55), in: Schneider, Hans-Peter / Zeh, Wolfgang (Hrsg.): „Parlamentsrecht und Parlamentspraxis“, Berlin u.a. 1989

- „Föderalismus als Form der Gewaltenteilung“, JuS 1989, 698 ff.

Scheuner, Ulrich: „Das Mehrheitsprinzip in der Demokratie“, Opladen 1973

- „Das repräsentative Prinzip in der modernen Demokratie“, in: Rausch, Heinz (Hrsg.): „Zur Theorie und Geschichte der Repräsentation und Repräsentativverfassung“, Darmstadt 1968

- Wortbeitrag, VVDStRL 33 (1975), 121 ff.

- „Struktur und Aufgabe des Bundesstaates in der Gegenwart“, DÖV 1962, 641 ff.

Schiller, Theo / *Mittendorf*, Volker: „Neue Entwicklungen der direkten Demokratie“, in: Schiller, Theo / Mittendorf, Volker (Hrsg.): „Direkte Demokratie“, Wiesbaden 2002

Schilling, Theodor: „Rang und Geltung von Normen in gestuften Rechtsordnungen“, Berlin u.a. 1994

Schlaich, Klaus: „Die Verfassungsgerichtsbarkeit im Gefüge der Staatsfunktionen", VVDStRL 39 (1981), 99 ff.

Schlenker, Heinz: „Das Landesvolk als Gesetzgeber", VBlBW. 1988, 121 ff.

Schlink, Bernhard: „Das Abhör-Urteil des Bundesverfassungsgerichts", Der Staat 12 (1973), 85 ff.

Schmack-Reschke, Tobias: „Bürgerbeteiligung und Plebiszite in der Debatte der Gemeinsamen Verfassungskommission", in: Konegen, Norbert / Nitschke, Peter (Hrsg.): „Revision des Grundgesetzes?", Opladen 1997

Schmid, Gerhard: „Föderalismus und Ständerat in der Schweiz", ZParl 1977, 334 ff.

Schmidt, Hans-Jürgen: „Zum Verhältnis von Bundesrat und Landesparlamenten", DÖV 1973, 469 ff.

Schmidt, Rolf: „Die Zustimmungsbedürftigkeit von Bundesgesetzen", JuS 1999, 861 ff.

Schmidt, Walter: „Das Verhältnis von Bund und Ländern im demokratischen Bundesstaat des Grundgesetzes", AöR 87 (1962), 253 ff.

Schmitt, Carl: „Verfassungslehre", 5. Auflage, Berlin 1970 (unveränderter Nachdruck der 1928 erschienenen ersten Auflage)

Schnapp, Friedrich E.: Kommentierung zu Art. 20 GG, in: Münch, Ingo v. / Kunig, Philip (Hrsg.): „Grundgesetz-Kommentar", Bd. 2 (Art. 20 bis Art. 69), 4./5. Auflage, München 2001

Schneider, Hans: „Gesetzgebung", 2. Auflage, Heidelberg 1991

- „Fünf Jahre Grundgesetz", NJW 1954, 937 ff.

Schneider, Hans-Peter: „Das parlamentarische System" (§ 13), in: Benda, Ernst / Maihofer, Werner / Vogel, Hans-Jochen (Hrsg.): „Handbuch des Verfassungsrechts der Bundesrepublik Deutschland", 2. Auflage, Berlin u.a. 1994

- „Verfassungsrecht der Länder – Relikt oder Rezept?", DÖV 1987, 749 ff.

Schneider, Karl Georg: „Die Abstimmung unter besonderer Berücksichtigung der verschiedenen Mehrheitsbegriffe", Heidelberg 1951

Schodder, Thomas F. W.: „Föderative Gewaltenteilung in der Bundesrepublik Deutschland", Frankfurt am Main u.a. 1989

Schonebohm, Friedrich Karl: „Die Volksgesetzgebung nach hessischem Verfassungsrecht", in: Avenarius, Hermann / Engelhardt, Hanns / Heussner, Hermann / Zezschwitz, Friedrich v. (Hrsg.): „Festschrift für Erwin Stein", Bad Homburg vor der Höhe 1983

Schreckenberger, Waldemar: „Rhetorische Semiotik", Freiburg u.a. 1978

Schreiber, Wolfgang: „Handbuch des Wahlrechts zum Deutschen Bundestag", 6. Auflage, Köln u.a. 1998

Schröder, Meinhard: „Rechtsfragen des Indemnitätsschutzes", Der Staat 21 (1982), 25 ff.

Schubert, Björn G.: „Normative und strukturelle Grundlagen des Bundesstaatsprinzips", JURA 2003, 607 ff.

Schulz-Schaeffer, Helmut: „Der demokratische Rechtsstaat als Republik, als „gemeinsame Sache aller"", JZ 2003, 554 ff.

Schweiger, Karl: „Volksbegehren und „Volksinitiative" – Verfassungsgerichtliche Vorprüfung von Anträgen auf ihre Zulassung", NVwZ 2002, 1471 ff.

Schweitzer, Michael: „Die Zustimmung des Bundesrates zu Gesetzen", Der Staat 15 (1976), 169 ff.

Schweizer, Rainer J.: Kommentierung zu Art. 3 BV, in: Ehrenzeller, Bernhard / Mastronardi, Philippe / Schweizer, Rainer J. / Vallender, Klaus A. (Hrsg.): „Die schweizerische Bundesverfassung", Lachen u.a. 2002

Seidel, Gerd: „Bundesstaat auf ewig?", RuP 2004, 86 ff.

Siegenthaler, Paul: „Die materiellen Schranken der Verfassungsrevision als Problem des positiven Rechts“, Bern 1970

Spreitler, Wolfgang: „Die Abänderbarkeit der Unabänderbarkeitsklausel“, Augsburg 1971

Starck, Christian: Kommentierung zur Präambel des GG, in: Mangoldt, Hermann v. / Klein, Friedrich / Starck, Christian (Hrsg.): „Das Bonner Grundgesetz“, Bd. 1: Präambel, Artikel 1-19, 4. Auflage, München 1999

- „Grundrechtliche und demokratische Freiheitsidee“ (§ 29), in: Isensee, Josef / Kirchhof, Paul (Hrsg.): „Handbuch des Staatsrechts der Bundesrepublik Deutschland“, Bd. II, 2. Auflage, Heidelberg 1998

- „Wahlen im demokratischen Verfassungsstaat“, in: Haller, Herbert / Kopetzki, Christian / Novak, Richard / Paulson, Stanley L. / Raschauer, Bernhard / Ress, Georg / Wiederin, Ewald (Hrsg.): „Staat und Recht“, Festschrift für Günther Winkler, Wien u.a. 1997

- „Legitimation politischer Entscheidungen durch Verfahren“, ZG 2003, 81 ff.

- „Verfassunggebung in den neuen Ländern“, ZG 1992, 1 ff.

Stein, Ekkehart / *Frank*, Götz: „Staatsrecht“, 18. Auflage, Tübingen 2002

Steiner, Udo: „Verfassunggebung und verfassunggebende Gewalt des Volkes“, Berlin 1966

Stern, Klaus: „Das Staatsrecht der Bundesrepublik Deutschland“, Bd. I, 2. Auflage, München 1984; Bd. II, München 1980

- „Föderative Besinnungen“, in: „Recht als Prozess und Gefüge“, Festschrift für Hans Huber, Bern 1981

- „Die bundesstaatliche Ordnung in den Empfehlungen der Enquête-Kommission Verfassungsreform des deutschen Bundestages“, in: Böckenförde, Ernst-Wolfgang / Stern, Klaus: „Überlegungen zur Verfassungsreform“, 1977

- „Die Bedeutung und Tragweite der Unantastbarkeitsgarantie des Art. 79 III GG für die Grundrechte“, JuS 1985, 329 ff.

Stiens, Andrea: „Chancen und Grenzen der Landesverfassungen im deutschen Bundesstaat der Gegenwart“, Berlin 1997

Storr, Stefan: „Verfassunggebung in den Ländern“, Stuttgart u.a. 1995

Sträuli, Regine: „Die konsultative Volksabstimmung in der Schweiz“, Zürich 1982

Strohmeier, Gerd: „Der Bundesrat – Vertretung der Länder oder Instrument der Parteien?“, ZParl 2004, 717 ff.

Sturm, Roland: „Vorbilder für eine Bundesratsreform? Lehren aus den Erfahrungen der Verfassungspraxis Zweiter Kammern“, ZParl 2002, 166 ff.

Tetzlaff, Thilo: „Die Bedeutung des Landesverfassungsrechts bei der Beurteilung der Abstimmung über das Zuwanderungsgesetz im Bundesrat“, DÖV 2003, 693 ff.

Thaysen, Uwe: „Schritte zur partizipatorischen Demokratie“, RuP 1993, 190 ff.

Thieme, Werner: „Föderalismus im Wandel“, Köln u.a. ca. 1969

Thürer, Daniel: „Direkte Demokratie für Deutschland?“, SJZ 98 (2002), 593 ff.

Tosch, Erich: „Die Bindung des verfassungsändernden Gesetzgebers an den Willen des historischen Verfassunggebers“, Berlin 1979

Troitzsch, Klaus G.: „Volksbegehren und Volksentscheid“, Meisenheim am Glan 1979

Trute, Hans-Heinrich: Kommentierung zu Art. 46 GG, in: Münch, Ingo v. / Kunig, Philip (Hrsg.): „Grundgesetz-Kommentar“, Bd. 2 (Art. 20 bis Art. 69), 4./5. Auflage, München 2001

Tschannen, Pierre: „Stimmrecht und politische Verständigung“, Basel u.a. 1995

Tüller, Alexander: „Die Rechtsstellung der Länder und des Bundesrates im Prozeß der politischen Willensbildung in Angelegenheiten der Europäischen Union (Art. 23 GG n.F.)“, Göttingen 1999

Varain, Heinz Josef: „Die Bedeutung des Mehrheitsprinzips im Rahmen unserer politischen Ordnung“, in: Guggenberger, Bernd / Offe, Claus (Hrsg.): „An den Grenzen der Mehrheitsdemokratie“, Opladen 1984

- „Die Bedeutung des Mehrheitsprinzips im Rahmen unserer politischen Ordnung“, ZfP 1964, 239 ff.

Vatter, Adrian / *Sager*, Fritz: „Föderalismusreform am Beispiel des Ständemehrs“, in: Schweizerische Zeitschrift für Politische Wissenschaft 1996 Volume 2 Issue 2, S. 165 ff.

Venator, Hans: „Volksentscheid und Volksbegehren im Reich und den Ländern“, AöR 43 (1922), 40 ff.

Vincenz, Claudia: „Die Erleichterung der Stimmabgabe“, Bern u.a. 1978

Vitzthum, Wolfgang Graf: „Die Bedeutung gliedstaatlichen Verfassungsrechts in der Gegenwart“, VVDStRL 46 (1988), 7 ff.

Vogel, Hans-Jochen: „Die bundesstaatliche Ordnung des Grundgesetzes“ (§ 22), in: Benda, Ernst / Maihofer, Werner / Vogel, Hans-Jochen (Hrsg.): „Handbuch des Verfassungsrechts der Bundesrepublik Deutschland“, 2. Auflage, Berlin u.a. 1994

Vonderbeck, Hans-Josef: „Der Bundesrat - ein Teil des Parlaments der Bundesrepublik Deutschland?“, Meisenheim am Glan 1964

Wagschal, Uwe / *Grasl*, Maximilian: „Die modifizierte Senatslösung. Ein Vorschlag zur Verringerung von Reformblockaden im deutschen Föderalismus“, ZParl 2004, 732 ff.

Waigel, Christian: „Die Unabhängigkeit der Europäischen Zentralbank“, Baden-Baden 1999

Walle, Heinz: „Die Staatlichkeit der deutschen Länder und ihre Bestandsgarantie in Art. 79 Abs. III GG“, Heidelberg 1956

Weber, Hans Hugo: „Die materiellen Schranken für die Änderung des Bonner Grundgesetzes nach Art. 79 Abs. III BGG“, Köln 1954

Weber, Tim: „Sind Volksgesetzgebung und Föderalismus vereinbar?“, ZfDD 2003, 30 ff.

Weis, Hubert: „Verfassungsrechtliche Fragen im Zusammenhang mit der staatlichen Einheit Deutschlands“, AöR 116 (1991), 1 ff.

Wili, Hans-Urs: „Kollektive Mitwirkungsrechte von Gliedstaaten in der Schweiz und im Ausland“, Bern 1988

Wittmann, Walter: „Die Schweiz“, München 1998

Wolff, Hans J.: „Rechtsgrundsätze und verfassunggestaltende Grundentscheidungen als Rechtsquellen“, in: Bachof, Otto / Drath, Martin / Gönnenwein, Otto / Walz, Ernst (Hrsg.): „Forschungen und Berichte aus dem Öffentlichen Recht“, Gedächtnisschrift für Walter Jellinek, 2. Auflage, München 1955

Wolff, Hans J. / *Bachof*, Otto / *Stober*, Rolf: „Verwaltungsrecht“, Bd. 1, 11. Auflage, München 1999

Wolfrum, Rüdiger: „Indemnität im Kompetenzkonflikt zwischen Bund und Ländern“, DÖV 1982, 674 ff.

Wunderlich, ohne Vorname: „Aufwertung, Fürstenauseinandersetzung und Volksentscheid“, DJZ 1926, Sp. 701 ff.

Wyduckel, Dieter: „Der Bundesrat als Zweite Kammer“, DÖV 1989, 181 ff.

Zinn, Georg August: „Der Bund und die Länder“, AöR 75 (1949), 291 ff.

Zippelius, Reinhold: „Allgemeine Staatslehre“, 14. Auflage, München 2003

- „Zur Rechtfertigung des Mehrheitsprinzips in der Demokratie“, Mainz u.a. 1987

Zülch, Wilhelm: „Das Verbot von Verfassungsänderungen nach dem Bonner Grundgesetz“, Düsseldorf 1957

Materialien

Schlussbericht der Enquête-Kommission Verfassungsreform, BT-Drucks. 7/5924

Grundsatzpapier der SPD zur Verfassung des deutschen Staates vom Juli 1990 (abgedruckt in: RuP 1990, 207 ff.)

Änderung des Grundgesetzes (Antrag des Abgeordneten Häfner und der Fraktion Die Grünen/Bündnis 90), BT-Drucks. 11/8412

Entwurf eines Gesetzes zur Einführung von Volksinitiative, Volksbegehren und Volksentscheid im Grundgesetz (Gesetzentwurf der Abgeordneten Dr. Wolfgang Ullmann, Ingrid Köppe, Konrad Weiß (Berlin) und der Gruppe Bündnis 90/Die Grünen), BT-Drucks. 12/3826

Bericht der Gemeinsamen Verfassungskommission, BT-Drucks. 12/6000

Entwurf eines ... Gesetzes zur Änderung des Grundgesetzes (Gesetzentwurf der Fraktion der SPD), BT-Drucks. 12/6323

Deutscher Bundestag (Hrsg.), Materialien zur Verfassungsdiskussion und zur Grundgesetzänderung in der Folge der deutschen Einigung, Bd. 1-3, Bonn 1996

Entwurf eines Gesetzes zur Einführung von Volksinitiative, Volksbegehren und Volksentscheid in das Grundgesetz (Gesetzentwurf der Abgeordneten Hermann Bachmaier, Wilhelm Schmidt (Salzgitter), Dr. Peter Struck und der Fraktion der SPD sowie der Abgeordneten Gerald Häfner, Cem Özdemir, Irmingard Schewe-Gerigk, Antje Vollmer, Kerstin Müller (Köln), Rezzo Schlauch und der Fraktion Bündnis 90/Die Grünen), BT-Drucks. 14/8503; geänderte Fassung vom 05.06.2002 nach der Expertenanhörung im Innenausschuss: Beschlussempfehlung und Bericht des Innenausschusses, BT-Drucks. 14/9260

Änderungsantrag der Fraktion der FDP zur BT-Drucks. 14/8503, BT-Drucks. 14/9296

Protokoll der Bundestagslesung zur BT-Drucks. 14/8503 vom 21.03.2002, 14. WP, 227. Sitzung, sowie vom 07.06.2002, 14. WP, 240. Sitzung

Protokoll der 94. Sitzung des Innenausschusses des Bundestages in der 14. WP

Stellungnahmen zur Anhörung vor dem Innenausschuss des Deutschen Bundestags zur BT-Drucks. 14/8503 – Ausschussdrucksachen 14/809-14/809H (abgedruckt in der Anlage zum Sitzungsprotokoll):

14/809	Vogel, Hans-Jochen
14/809A	Badura, Peter
14/809B	Jung, Otmar
14/809C	Wili, Hans-Urs
14/809D	Weber, Tim
14/809E	Degenhart, Christoph
14/809F	Huber, Peter M.
14/809G	Peschel-Gutzeit, Lore Maria
14/809H	Kempen, Bernhard

Änderungsantrag der Fraktion der FDP: Ausschussdrucksache des Innenausschusses 14/841

Änderungsantrag der Fraktionen SPD und Bündnis 90/Die Grünen: Ausschussdrucksache des Innenausschusses 14/843

FSC
www.fsc.org
MIX
Papier | Fördert gute Waldnutzung
FSC® C083411

Kolibri 360 GmbH
Ferdinand-Jühlke-Straße 7
99095 Erfurt, Deutschland
produktsicherheit@kolibri360.de